•1月24日至27日， NAMM乐器展在美国加州阿纳海姆举办。

•3月12日至15日，法兰克福国际乐器展在德国举办。

•4月14日至17日，中国乐器协会六届六次理事（扩大）会议在德清召开。

•4月14日，中国乐器协会表彰“2013年度中国乐器行业50强”。

•4月23日，提琴分会二届四次会议在江苏泰兴召开。

•6月6日，民乐制作技艺传承人徐振高获“中华非物质文化遗产传承人薪传奖”。

•6月17日，第二届全国乐器标准化技术委员会换届大会在常州召开。

•7月7日至8日，口琴专业委员会五届五次会议在台州举行。

•7月21日至22日，钢琴调律师资考委工作会议在北京召开。

•8月4日至5日，中国轻工业联合会授予德清县洛舍镇“中国钢琴之乡”称号。

•9月2日，第十五届“星海杯”全国少年儿童钢琴比赛在京落下帷幕。

•10月7日，中国乐器协会与欧洲音乐产业联盟在上海举行座谈会。

•10月8日至11日，中国（上海）国际乐器展览会在上海举行。

•10月8日，中国轻工业联合会副会长杜同和参观考察上海乐器展。

•10月12日，提琴制作师分会在苏州召开换届会议。

•10月14日，中国音乐家协会授予宜昌市“中国钢琴之城”称号。

•11月15日，钢琴分会、琴行分会、材料配件专业委员会在宁波召开。

•12月4日，乐器行业科技工作交流研讨会在成都召开。

琴弦
德国Roslau琴弦，在强大的张力作用下依然保持优美的音色效果。
弱音毡
德国RENNER演奏会级弱音毡，柔软的横向纤维毛毡，提供良好的制音效果。
击弦系统
德国原装RENNER演奏会级击弦系统，精选枫木制作结合特殊处理的击弦系统毛毡有效降低了击弦系统运动中摩擦力，使弹奏性能更加灵敏、运动回馈更加精准。
键盘系统
采用原装进口的演奏会级键盘，配备亚光矿物质白键片和名贵非洲乌木黑键，触键舒适灵敏，控制自如。
弦轴板
德国DEHONIT演奏会级弦轴板，采用多层硬质榉木交叉粘合而成，木材纹理顺直对称。提供持久、均衡、稳定的握钉力，保障了音准的稳定性和调音动作的顺畅性。
音板
德国STRUNZ演奏会级白松实木音板，精选过百年树龄的阿尔卑斯白松径切纹理、按不同声部的振动而配作加工的非规则不等厚实木音板，可最大限度的挖掘出音板每一寸地方的振动潜力，达到无与伦比的演奏会琴的音响效果。在琴弦巨大张力的作用下仍保持非同一般的稳定性能和振动性能。
移键盘
踏瓣移键盘功能，向右移动键盘，轻松达到弱音效果。
弦槌
德国RENNER演奏会级弦槌，硬度与弹性完美结合带出钢琴优美的音色。
恺撒堡KD系列
演奏会三角钢琴
珠江·恺撒堡KD系列演奏会三角钢琴是由国际著名的钢琴设计制作大师托马先生主持设计，德国调律师协会副会长Schaeffler先生领衔手工雕琢，钢琴制造大师(Klavierbaumeister) Kerstan 先生监制，由德国技师团队完全按欧洲演奏会级钢琴的工艺要求进行精细制作，整个装配过程全部在德国工厂完成，主要零部件皆精选欧洲演奏会级材料，使产品拥有卓越不凡的音色品质和弹奏性能。
弦轴板——德国进口DEHONIT演奏会级弦轴板，采用多层硬质榉木交叉粘合而成，木材纹理顺直对称。提供持久、均衡、稳定的握钉力，保障了音准的稳定性和调音动作的顺畅性。
音板——德国进口STRUNZ演奏会级白松实木音板，精选过百年树龄的阿尔卑斯白松径切纹理、按不同声部的振动而配作加工的非规则不等厚实木音板，可最大限度的挖掘出音板每一寸地方的振动潜力，达到无与伦比的演奏会琴的音响效果。在琴弦巨大张力的作用下仍保持非同一般的稳定性能和振动性能。
肋木——德国进口STRUNZ演奏会级白松肋木。精选阿尔卑斯白松径切纹理制作的肋木，肋木末端完全延伸至音板垫边缘，独有弯压成型技术，提供持久稳定的支撑力使音板在琴弦巨大张力的作用下仍保持稳定的拱形曲面并极富弹性。
弦码——采用硬枫木竖直弯压粘合而成。独有添加多层特殊硬木技术，提供持久稳定的结构性能和精准灵敏的振动传递。
复振弦列——中高音区域的前后复振弦列，增加音色的饱满度尤其使高音区域的音色更加丰满。
铁板——经典翻砂铸造工艺制造的铁板，支持着钢琴弦列巨大的张力。为钢琴的整体结构稳定性提供强大的结构保障。
弦轴——车牙螺纹配合DEHONIT演奏会级弦轴板，提供持久稳定的握钉力和顺畅的调音动作；镀铬钉头提供优良的外观品质和防锈性能。
琴弦——德国进口Röslau琴弦，在强大的张力作用下依然保持优美的音色效果。
弦槌——德国进口RENNER演奏会级弦槌，硬度与弹性完美结合带出钢琴优美的音色。
制音器——德国进口RENNER演奏会级制音器，柔软的横向纤维毛毡，提供良好的制音效果。
击弦系统——德国原装进口RENNER演奏会级击弦系统，精选枫木制作结合特殊处理的击弦系统毛毡有效降低了击弦系统运动中摩擦力，使弹奏性能更加灵敏、运动回馈更加精准。
键盘系统——采用原装进口演奏会级键盘，配备亚光矿物质白键片和名贵非洲乌木黑键，触键舒适灵敏，控制自如。
外壳涂饰——采用名牌的不饱和树脂环保漆，并应用静电喷涂、自动淋油等先进涂饰工艺，令漆面光亮平整。
恺撒堡KD系列
立式钢琴
珠江·恺撒堡KD系列立式钢琴是由国际著名的钢琴设计制作大师托马先生主持设计，由德国技师完全按欧洲顶级钢琴的工艺要求进行精细制作和控制。整个装配过程全部在德国工厂完成，关键零部件精选多种进口优质材料制作。使产品拥有完美的音色品质和弹奏性能。
音板——德国进口STRUNZ白松实木音板，精选阿尔卑斯白松径切纹理、配作不等厚加工的实木音板，在琴弦巨大张力的作用下仍保持非同一般的稳定性能和振动性能。
肋木——德国进口STRUNZ白松肋木。精选阿尔卑斯白松径切纹理制作的肋木，肋木末端完全延伸至音板垫边缘，独有弯压成型技术，提供持久稳定的支撑力使音板在琴弦巨大张力的作用下仍保持稳定的拱形曲面。
弦码——采用硬枫木竖直弯压粘合而成。独有添加多层特殊硬木技术，提供持久稳定的结构性能和精准灵敏的振动传递。
铁板——经典翻砂铸造工艺制造的铁板，支持着钢琴弦列巨大的张力。为钢琴的整体结构稳定性提供强大的结构保障。
琴弦——进口德国Röslau琴弦，在强大的张力作用下依然保持优美的音色效果。
弦槌——德国进口RENNER弦槌，硬度与弹性完美结合带出钢琴优美的音色。
键盘系统——采用德国原装进口Aug.Laukhuff键盘，配备名贵非洲乌木黑键，触键舒适灵敏，控制自如。
缓冲器——采用原装进口键盖缓冲器，安全耐用。
脚轮——采用新型金属双轮脚轮，外形美观高贵，具有转动灵活、推行顺畅、噪声低的特点。
外壳涂饰——采用名牌的不饱和树脂环保漆，并应用静电喷涂、自动淋油等先进涂饰工艺，令漆面光亮平整
珠江·恺撒堡

造世界最好的钢琴
做世界最强的乐器企业

广州珠江钢琴集团股份有限公司是一家集钢琴、数码乐器和音乐文化教育协同发展的综合乐器制造企业。是全球产销规模领先的钢琴制造商、具有国际竞争力的中国乐器龙头企业，具有国际影响力的中国民族乐器品牌，是中国乐器行业首家上市公司，是“国家文化出口重点企业”、“国家文化产业示范基地”、“高新技术企业”，荣获“全国质量奖”、“广东省政府质量奖”等殊荣。

珠江钢琴集团拥有完整的国际化品牌体系，包括恺撒堡、珠江、京珠、里特米勒四大钢琴品牌。其中，恺撒堡牌专业高档钢琴填补了国内高档钢琴的空白，被列入“国家重点新产品计划”。2012年，在由中国轻工业联合会、中国乐器协会联合组织的恺撒堡艺术家（KA）系列产品鉴定会上，周广仁、刘诗昆、鲍蕙荞、石叔诚、吴迎等专家一致评定：恺撒堡艺术家（KA）系列钢琴，产品的整体性能达到国内同类钢琴的领先水平，并达到（欧洲）高档钢琴水平，该系列产品的出现对中国钢琴制造业水准达到国际最高端水平起到极大的促进作用。

德国生产制造的恺撒堡KD275九尺音乐会钢琴是中国音乐最高奖项——金钟奖比赛指定用琴，先后在奥地利金色大厅、国家大剧院、人民大会堂等殿堂，以及国庆60周年大型音乐舞蹈史诗《复兴之路》、亚运会开幕式、中共中央元宵晚会、中央电视台大型活动中精彩亮相，获得业界高度认可。

热烈祝贺
珠江·恺撒堡KA艺术家系列钢琴
达到国际（欧洲）高档钢琴水平

恺撒堡 KA 艺术家系列钢琴是由国际著名钢琴设计制作大师托马先生主持设计，装配过程按欧洲顶级钢琴传统手工工艺制作，关键工序由欧洲资深钢琴制作及时史蒂芬先生亲自制作和全程监制。

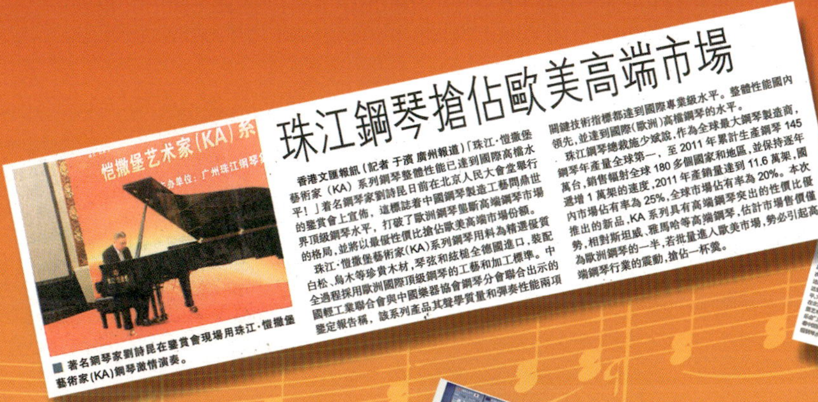

珠江鋼琴搶佔歐美高端市場

珠江钢琴奏响"中国智造"进行曲

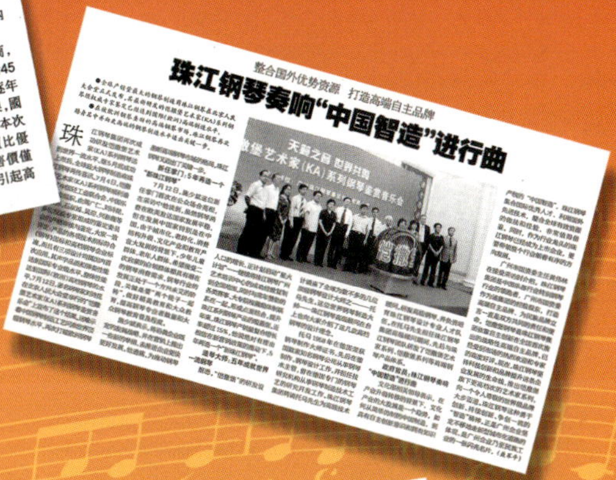

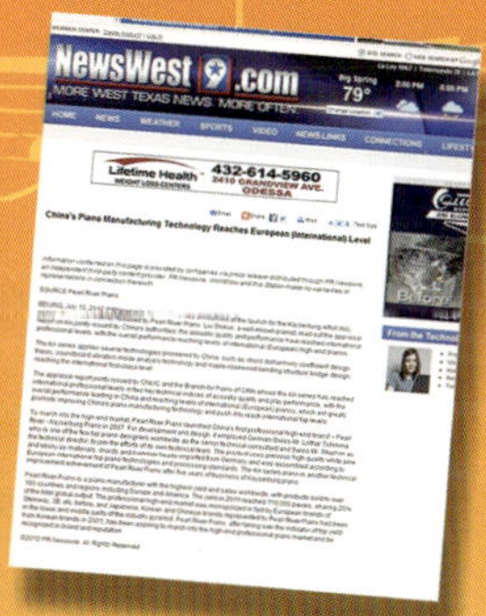

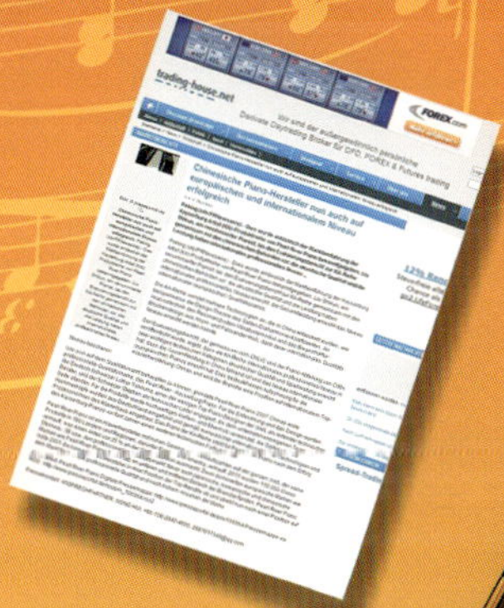

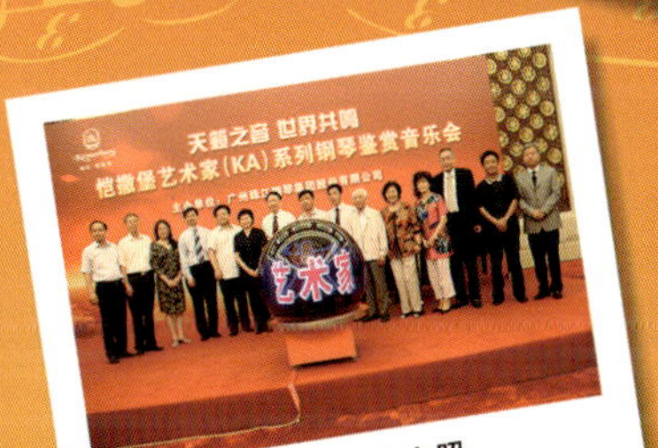

鉴赏音乐会合照

珠江·恺撒堡

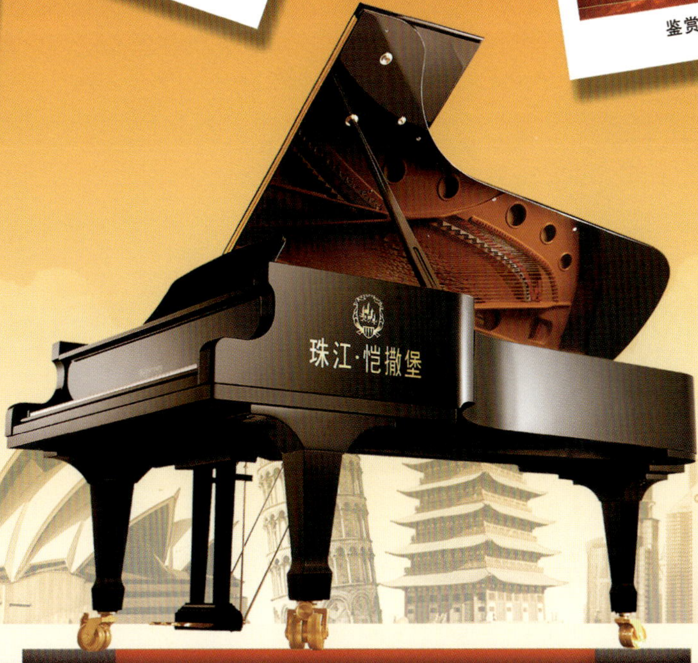

更多企业详情，敬请关注——

敦煌国乐网：http：//www.dunhuangguoyue.com

企业网址：http://www.dunhuang-yueqi.com

1.	
2.	3.
4.	5.

1. 敦煌国乐——纪念闵惠芬大师音乐会
2. 敦煌之夜 · 十大青年古筝演奏家音乐会
3. “敦煌杯”中国古筝艺术菁英展演
4. 北京音乐生活展
5. 敦煌国乐——上海馨忆民族室内乐团音乐会

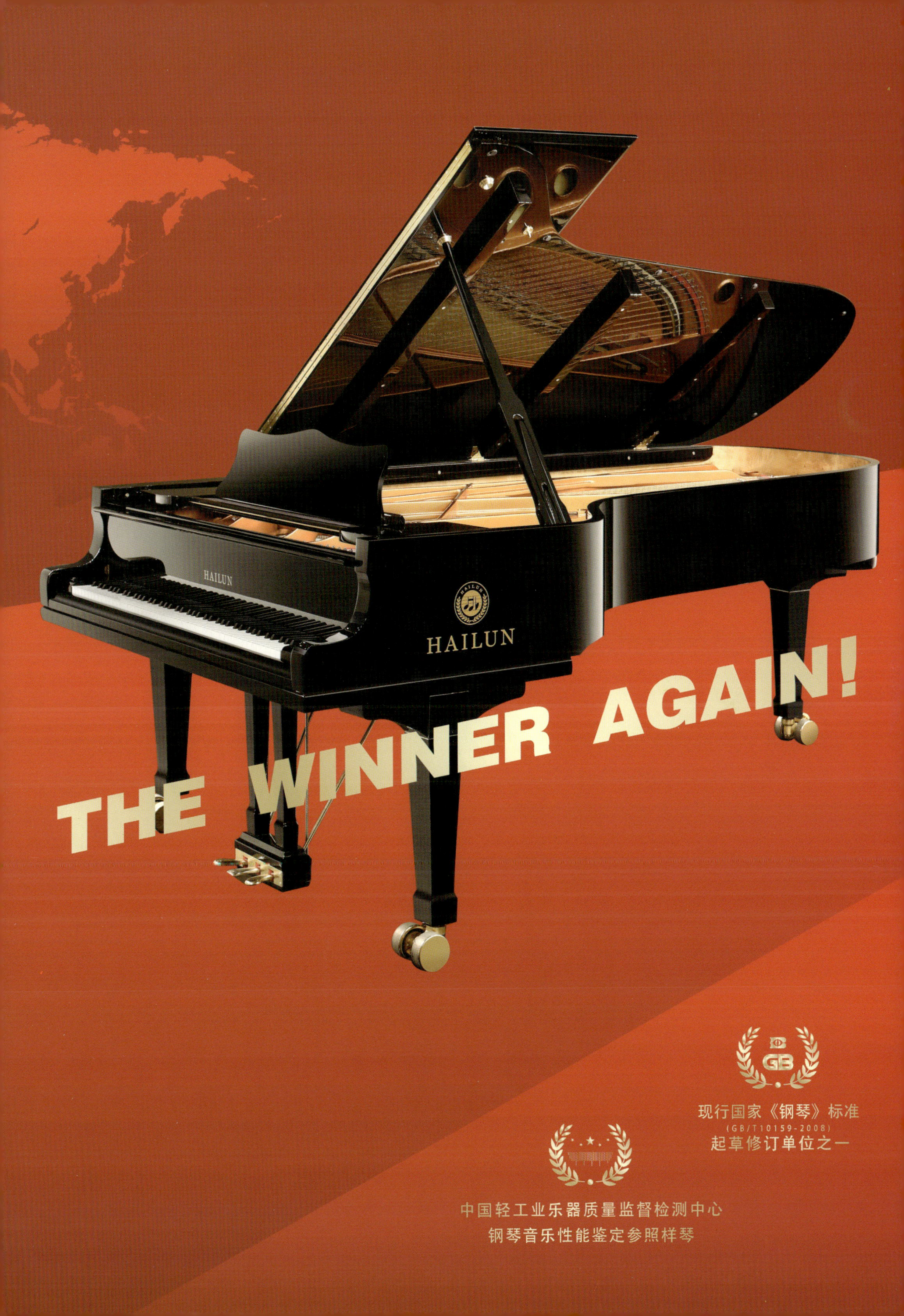
HAILUN
HAILUN
THE WINNER AGAIN!
现行国家《钢琴》标准
(GB/T10159-2008)
起草修订单位之一
中国轻工业乐器质量监督检测中心
钢琴音乐性能鉴定参照样琴

长江钢琴精选世界最适合钢琴制造的高品质木材；传承钢琴发源地—欧洲传统手工技艺；以坚稳厚实之技术为根基，以追求终极理想为原点，起步于成功设计与生产演奏会专用的九尺钢琴。这一创举不仅在世界钢琴制造史上镌刻了新的一笔，同时也掀开了一场永无止尽的极致挑战。

作为中国宜昌长江钢琴音乐节、中国音乐“小金钟”奖长江钢琴全国钢琴比赛指定用琴，长江钢琴以优雅大方的外观和圆润饱满的音质，赢得了业内专家的一致好评。其无与伦比的演奏性能，必将引领我们步入钢琴铸造世界的最高潮流，让永恒的璀璨之声响彻世界舞台！

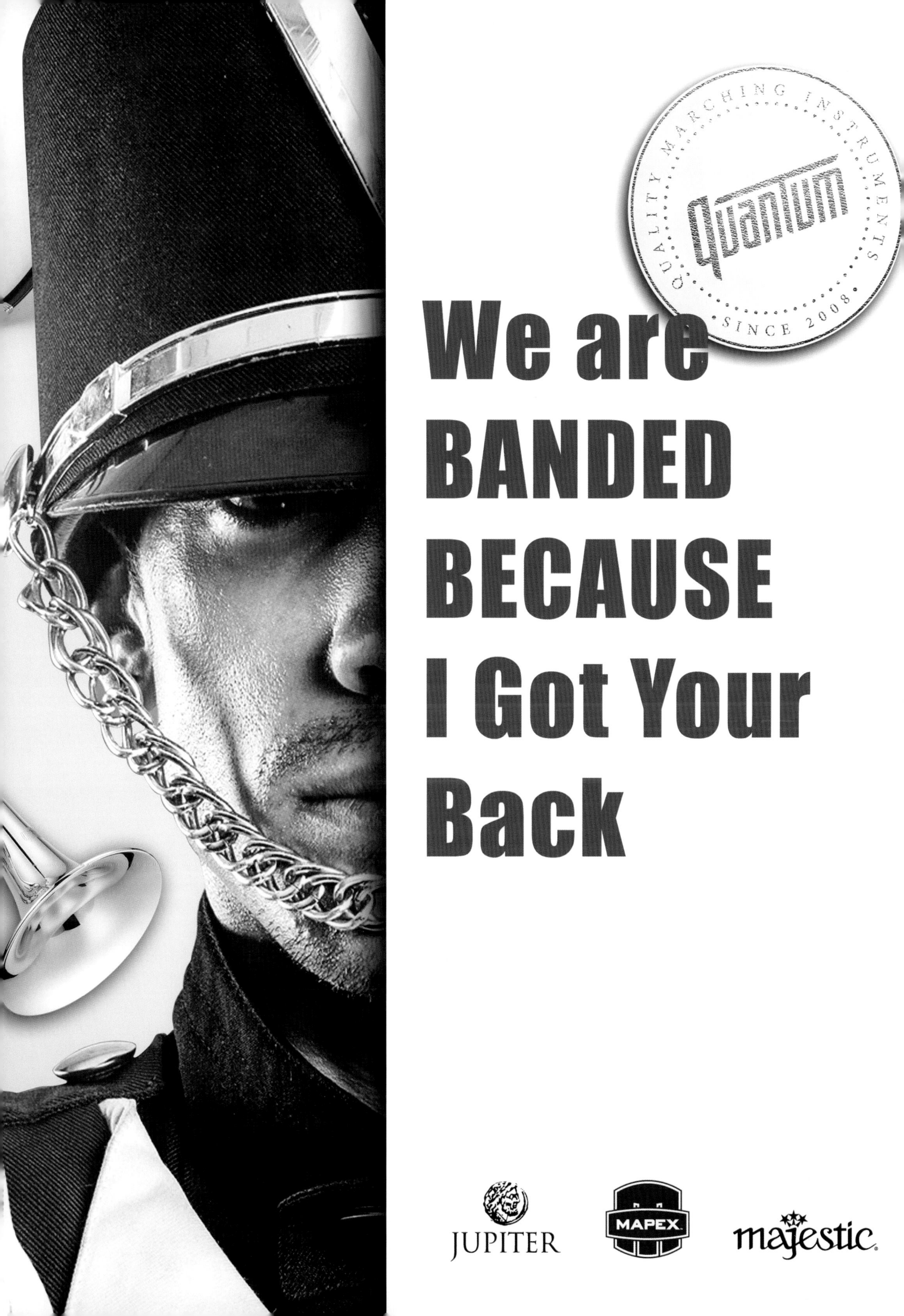
QUALITY MARCHING INSTRUMENTS
QUANTUM
SINCE 2008
We are BANDED BECAUSE I Got Your Back
JUPITER
MAPEX
majestic

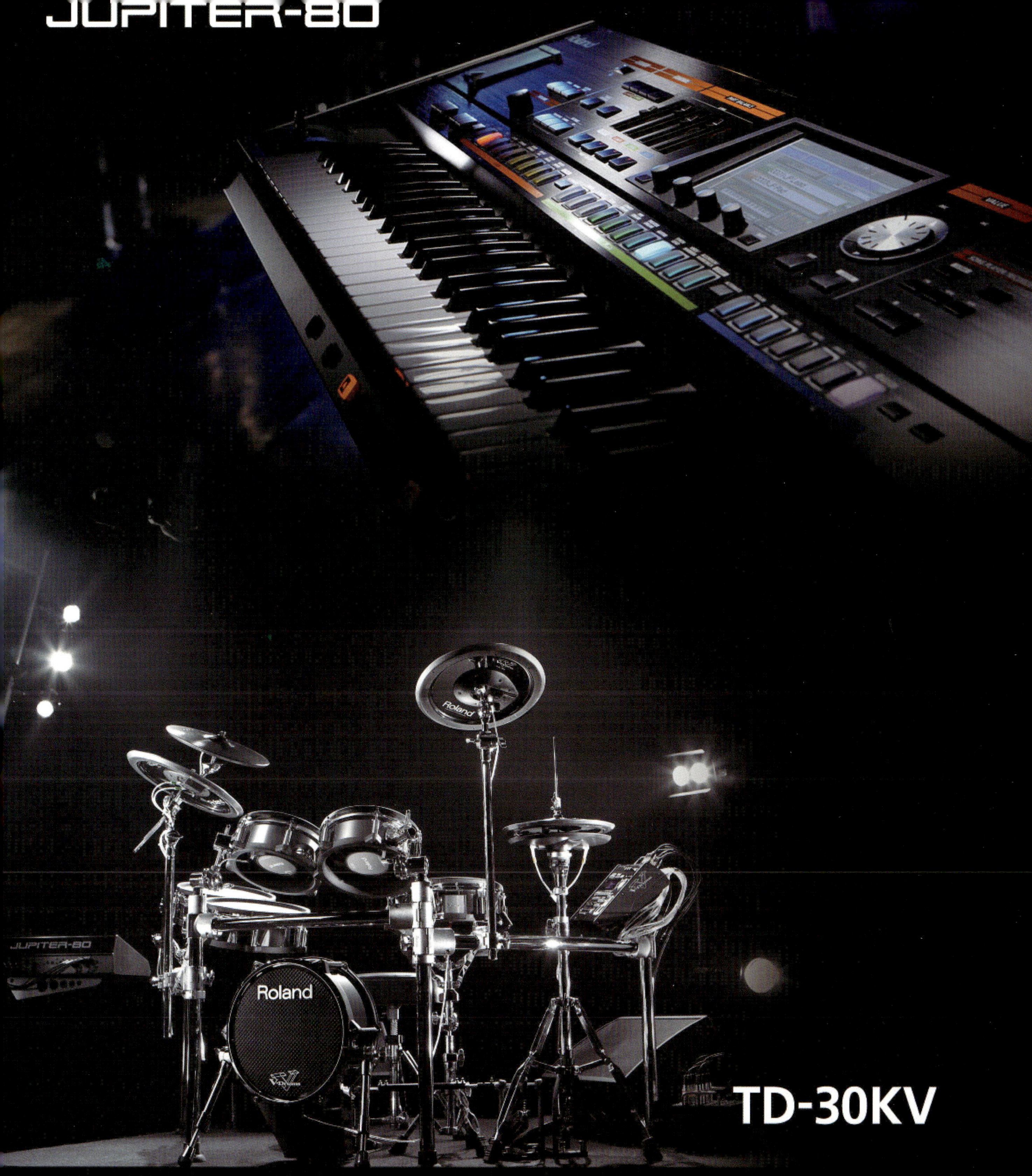
JUPITER-80
Roland
Roland
TD-30KV

中国乐器年鉴

CHINA MUSICAL INSTRUMENT YEARBOOK

(2015)

中国乐器协会　编

中国轻工业出版社

中国乐器年鉴 (2015)
CHINA MUSICAL INSTRUMENT YEARBOOK

主办单位：中国乐器协会
协办单位：广州珠江钢琴集团股份有限公司

支持单位：上海民族乐器一厂
海伦钢琴股份有限公司
宜昌金宝乐器制造有限公司
功学社（天津）商贸有限公司
上海乐兰电子有限公司

地　　址：北京市丰台区顺三条 21 号嘉业大厦二期 1 号楼 706 室
电　　话：010-67665718
传　　真：010-67666220
邮　　编：100079
网　　址：www.cmia.com.cn
电子邮箱：zgyq@vip.sina.com

《中国乐器年鉴》编辑委员会

责任编辑：高　萍

编　　辑：刘　勇　常　杰　黄　伟　张芳芳

刘金荣　刘佳雨　王　超　郑　雷

设计制作：北京蓝色目标企划有限公司

出版单位：中国轻工业出版社

编 辑 说 明

一、《中国乐器年鉴》由中国乐器协会编辑出版。本书以汇总乐器行业年度经济运行主要指标数据、发展特点、大事记及趋势预测为主，囊括当年度全行业管理、生产、经营、进出口等主要方面发展的基本情况，国内各省市乐器制造业及市场信息、国外乐器发展动态等重要内容，是一本为乐器行业及社会相关部门和单位提供最新资讯服务的大型权威性行业工具书。

《中国乐器年鉴》（2015）版是继《中国乐器年鉴》（2014）版之后第十次出版发行。年鉴编辑部以乐器行业发展为主线，按时间顺序，力求客观真实记载展现年度乐器行业发展脉络和特点，配合方便查阅的分类设置，尽可能详尽的数据图表展示，希望能在编辑的内容和形式上有所突破，突出特色，编出新意，以更好地满足读者不断提升的要求。

二、《中国乐器年鉴》（2015）设有“行业篇”“指标数据篇”“协会工作篇”“科技篇”“海外资讯篇”5个栏目。

三、中国乐器制造行业是一个历史悠久、门类繁多、与音乐文化教育密切相关内涵丰富的行业，同时又处在高速发展和调整升级关键期，由于时间仓促、能力所限、经验不足，不可能将乐器行业一年来所有的重要事件和相关信息全部收集到《年鉴》中，今后我们将加强信息汇集工作，不断提高《年鉴》的编辑质量和水平。同时希望继续得到各企业、单位和相关人士的理解和大力支持。敬请各界读者对《中国乐器年鉴》在内容、编辑和出版中的不足给予批评指正。

四、《中国乐器年鉴》（2015）在组稿、编辑、出版过程中得到乐器生产企业、经营单位、音乐艺术教育单位以及我国台湾、香港、澳门地区的同仁、朋友们的大力支持和帮助，在此一并表示感谢。

《中国乐器年鉴》编辑部

2015年9月

中国乐器年鉴(2015)
CHINA MUSICAL INSTRUMENT YEARBOOK

目录

行业篇

名牌产品

指标数据篇

协会工作篇

工作要点

协会活动

分支机构活动

科技篇

海外资讯篇

CHINA MUSICAL INSTRUMENT YEARBOOK (2015)

Contents

Industry

Statistical Data

Tasks of Association

Overseas Information

2015
中国乐器年鉴
CHINA MUSICAL INSTRUMENT YEARBOOK

新闻综述

2014年度中国乐器行业新闻综述

1月

1、国家统计局发布，2013年我国乐器行业217家规模以上生产企业主要经济指标继续保持平稳增长态势。共计实现主营业务收入280.92亿元，同比增长6.84%，出口交货值87.86亿元，同比增长8.28%。

2、国家海关总署公布，2013年中国乐器进出口增速放缓，累计出口金额16.60亿美元，同比下降2.45%；进口乐器金额2.92亿美元，同比下降3.50%；进出口贸易总额19.92亿美元，同比下降2.64%；贸易顺差13.63亿美元，顺差比值为5.68：1。

3、凤凰卫视·凤凰生活“美动华人”颁奖盛典于15日晚在深圳举行，珠江钢琴集团荣膺改变华人生活方式品牌大奖。

4、中国音乐家协会管乐学会于19日在北京召开年会，总结过去一年的工作，研究谋划2014年工作。中国文联办公厅副主任王仁刚、中国音乐家协会分党组成员、秘书长韩新安等到会祝贺。

5、广东红棉乐器有限公司与美国Opus-the Rerlm of music学校合作成立的“Hong Xiao Bao Art Center,USA”于21日在美国加州隆重举行开业典礼。

6、北京乐器研究所新任所长孟宇、书记陈晋武于22日到访中国乐器协会，双方就乐标委秘书处工作，行业杂志定位与合作，二手钢琴市场调研，以及二手钢琴翻新企业的质量、标识监督等问题进行了探讨。

7、2014 NAMM乐器展览会于24日至27日在美国加州阿纳海姆举办。展会吸引来自94个国家和地区的96129名观众参观。

2月

8、中国国民党荣誉主席、两岸和平发展基金会董事长连战一行于18日参观了中国平谷产业基地，并题词“一弦一柱 锦绣中华”。

9、广州市优秀文化企业、企业家和重点文化产业园区（集聚区）授牌仪式于24日在广州市新图书馆举行，珠江钢琴集团、广州红棉公司被评为首批广州市优秀文化企业。

10、河南省委书记、省人大常委会主任郭庚茂于26日莅临河南中州民族乐器有限公司，并表示河南要发展文化产业，把兰考这个民乐生产基地做大做强。

11、28日，中国乐器协会就“规范和管理进口二手钢琴”在京召开专题研讨会。就规范和管理二手钢琴提出五点建议，进一步向有关部门报告，并委托律师事务所向国家商务部提出“进口二手钢琴反倾销调查申请”。

3月

12、扬州市古筝协会会长熊立群、秘书长李同志一行于5日到访中国乐器协会，针对如何开展地方行业协会的组织工作以及地区性品牌文化建设等议题展开交流和探讨。

13、中国乐器协会理事长安志一行与欧洲音乐产业联盟于12日在德国法兰克福举行会谈，双方就海关关税、乐器用木材原产地认证、乐器原产地标

识、乐器的电子商务等议题展开讨论。

14、2014法兰克福国际乐器展于12日至15日在德国举办，展会共吸引了来自142个国家和地区的113576名观众参观。

15、中国乐器协会理事长安志一行于15日拜访了保加利亚中小企业发展促进局，双方介绍了各自国家乐器行业的发展现状，探讨了合作发展的可能性。

16、“施坦威中国十周年”启动仪式于19日在无锡举办。施坦威公司秉承创始人亨利·E·施坦威“制造世界上最好钢琴”的使命，致力于将“天籁般”的施坦威之声传至华夏大地。

17、江苏省文化艺术科学技术协会乐器技术专业委员会于23日在江苏省泰兴市宣布正式成立，凤灵集团董事长李书任会长。

18、中国乐器协会提琴分会二届四次会议于23日在江苏泰兴市召开。提琴分会会长李书做了关于中国乐器协会提琴分会二届四次会议的工作报告。

19、中国（广州）国际乐器展览会于24日至27日在中国进出口商品交易会展馆隆重举办。本届展会乐器展示面积2.2万平方米，展商数量450多家。

20、中国轻工业联合会授予广州珠江钢琴的“高档钢琴音质和音板振动模态的研究”、福州和声钢琴的“‘R版’系列创新技术的钢琴”科学技术进步三等奖，吟飞科技的“电子管风琴”获科学技术优秀奖。

21、广州老字号协会于28日在广州举办了2013年荣获“广州老字号”及“广州十大手信”称号企业的授牌仪式，广州红棉吉它有限公司荣获“广州老字号”称号，并获授“广州老字号”牌匾。

4月

22、中国乐器协会六届六次理事（扩大）会议于14日至17日在浙江德清召开。会议听取了安志理事长的工作报告，各分会就理事长工作报告和行业面临的形势与任务展开分组讨论。珠江、上民一、红棉、金音等公司及洛舍乐器协会介绍了改革创新的经验体会。

23、中国乐器协会按照历年行业评选规则，根据企业所报数据指标测评和广泛征求意见并公示，授予广州珠江钢琴集团股份有限公司等50家单位“2013年度中国乐器行业50强”称号、授予中国乐器协会钢琴分会等3个分支机构“先进集体”称号。

24、提琴制作大师郑荃2012年小提琴作品试奏会于29日在中央音乐学院举行。莅临会场的提琴演奏家试奏郑荃大师新近制作的艺术提琴，并就不同提琴作品的声音个性和风格，与郑荃大师展开面对面互动交流。

5月

25、德国钢琴制造协会向中国乐器协会提议联合开展品牌打假工作。中国乐器协会发表声明和诫勉通知，在行业倡导守法自律，不造假、不虚假宣传；同时还请上海乐器展知识产权办公室于展会期间协助开展打假调查与协调。

26、中华号角——2014上海之春国际音乐节管乐艺术节于1日至3日在上海市成功举办。来自国内外的80余支管乐团队，近5000人参加了丰富多彩的活动。

27、12日10时05分，我国著名的二胡表演艺术家闵慧芬同志因病于上海逝世，享年69岁。

28、教育部教育装备研究与发展中心于16日至17日在京举办了全国中小学音乐学科装备管理及应用实践培训班，意在加强音乐学科的装备管理工作，提升音乐学科教研人员的理论水平和实践能力。2014年共举办4期，600余人参加培训。

29、第五届全国自强模范暨助残先进表彰大会于16日在北京人民大会堂举行。星海钢琴集团公司荣获“全国助残先进集体”称号。

30、第二十三届中国国际专业音响·灯光·乐器及技术展览会于26至29日在北京新国际展览中心隆重举行，500余家乐器企业参展。

6月

31、经各地组织申报、相关部门评审，商务部、中宣部、财政部、文化部、新闻出版广电总局共同认定了2013～2014年度国家文化出口重点企业和2013～2014年度国家文化出口重点项目，珠江、星海、海伦、宜昌金宝等23家乐器企业入选。

32、中国乐器协会行业信息工作会议暨通讯员培训班于5日在京召开。会议总结了乐器协会信息工作，对行业信息工作先进企业和优秀通讯员进行了表彰，并对下阶段加强信息工作提出新的要求。

33、第三届“中华非物质文化遗产传承人薪传奖”颁奖仪式于6日在北京中国艺术研究院·中国非物质文化遗产保护中心隆重举行。上海民族乐器制作技艺国家级传承人徐振高获得了薪传奖。

34、经中国轻工业联合会信息统计部评价、各行业协会确认，中国轻工业联合会会长办公会审定通过，广州珠江钢琴集团股份有限公司等10家企业被授予“中国轻工业乐器行业十强企业”。

35、第二届全国乐器标准化技术委员会换届大会于17日在常州召开。经选举，中国乐器协会秘书长曾泽民担任主任委员，中国乐器协会名誉理事长王根田任顾问，秘书处工作由北京乐器研究所继续承担。

36、加拿大西北大学钢琴技术专业的安妮主任于19日到访中国乐器协会，交流两国钢琴调律行业现状和有关技术教学等内容。下午，安妮一行参观了北京盲人学校，观看盲人调律的教学和成果后，表示愿意为盲人学校钢琴调律班的进一步发展提供帮助。

37、乐标委民族乐器制修订工作组第一次会议于21日至22日在扬州召开。会议讨论审定了民族乐器标准工作组《章程》和秘书处《工作细则》；认真研究了民族乐器《标准体系》，根据标准体系和当前民族乐器行业需求，讨论制定了近期工作计划。

38、《琵琶的前世今生》主题展览于25日亮相国家大剧院艺术沙龙展厅，展出方锦龙先生30余年来收藏的世界各地、各民族的“琵琶”类乐器逾30件，形象地展示了琵琶的发展及传承历史。

39、由深圳市人民政府主办、市文体旅游局和市对外文化交流协会承办，柏斯音乐集团赞助的“第三届中国深圳国际钢琴协奏曲比赛”闭幕式于27日晚在深圳音乐厅举办。该赛事是继“中国国际钢琴比赛”和“上海国际青年钢琴比赛”之后，经文化部正式批准的第三个国际钢琴赛事。

7月

40、根据会员单位提出“争取提高出口退税”的诉求，中国乐器协会在51家骨干乐器企业内进行了“乐器企业出口情况调查”，归纳整理后，向政府主管部门提交了“乐器行业扩大出口有关意见”的报告。

41、中国乐器协会口琴专业委员会于7日至8日在浙江台州举行了五届五次会议暨2014年年会，上海口琴总厂等12家口琴生产企业参加了此次会议。

42、Muza魔鲨2014中国电鼓秀于18日在北京上演。来自全国的10余家鼓俱乐部以及40多位选手进入北京总决赛。

43、中国乐器协会钢琴调律师资考委工作会议于21日至22日在北京召开。会议研究、讨论、修订了2003年版钢琴调律师《国家职业标准》；并在对修订《标准》形成初步统一意见后，对2014年申报钢琴调

律技师、高级技师人员的资格进行了评审工作。

44、广东省省长朱小丹、副省长刘志庚于23日上午，视察了广东红棉乐器公司位于河源市高新技术开发区的新产业基地，对红棉乐器公司坚持绿色低碳、自主创新、创新发展理念给予了充分肯定。

8月

45、由中华口琴会、杭州市下城区人民政府主办，下城区教育局、下城区青少年活动中心承办的第十届亚太口琴艺术节的序幕于2日在杭州举办。

46、经中国轻工业联合会批复，考评专家组于4日至5日，对德清县洛舍镇进行了实地考评。专家组一致通过评审，并于10月正式授予德清县洛舍镇"中国钢琴之乡"称号。

47、由中国音乐家协会和青岛市人民政府主办，中国音协管乐学会与青岛市教育局承办的中国音乐小金钟奖——第三届"中国管乐杯"全国中小学生管乐独奏展演于3日至8日在青岛市成功举办。来自北京、上海、天津、重庆市和山东省等21个省市的600余名中小学生管乐演奏者齐聚青岛，开展了一系列活动。

48、由山东省临沂市文化广电出版局、河东区人民政府主办，河东区文广新局、教体局承办的首届中国（临沂·河东）国际陶笛艺术交流会于16日至18日在临沂举办。6个国家37名陶笛演奏专家和上千名听众参加交流活动。

49、中央政治局委员、广东省委书记胡春华于18日视察了广东红棉乐器有限公司位于河源市高新技术开发区的新产业基地，胡春华对红棉乐器通过异地搬迁升级改造实现新的发展表示充分肯定。

9月

50、由中央音乐学院、国家大剧院和北京星海钢琴集团共同主办的第十五届"星海杯"全国少年儿童钢琴比赛于2日在国家大剧院圆满落下帷幕。

51、江苏泰兴黄桥镇王晓云镇长一行于9日拜访了中国乐器协会，汇报了提琴产业之都变化和黄桥文化产业园建设情况。

52、由国际音乐制品协会（NAMM）及法兰克福展览公司共同举办的第三届俄罗斯乐器及灯光音响展于11日至14日在俄罗斯首府莫斯科举办。

53、中国乐器协会电鸣乐器分会年会暨MIDI技术普及讲座于18日在上海举行，会议就MIDI历史和发展情况、有关产品和组织介绍以及MIDI标准协议、文件格式、硬件接口等方面进行普及介绍。

54、亚太口琴节理事会会议于22日至23日在中国江阴召开。经过理事投票，中国乐器协会口琴专业委员会获得了2018年第十二届亚太口琴节举办权，艺术节举办地拟定中国首都北京。

10月

55、中国乐器协会与欧洲音乐产业联盟于7日在上海举行座谈会，就中欧乐器行业关注的市场信息、音乐教育、贸易关税、行业自律等问题广泛交换了意见。

56、2014中国（上海）国际乐器展览会于8日至11日在上海新国际博览中心隆重举行。本届展会的展览面积达98000平方米，来自29个国家和地区的1775家展商参展，观众人数达到71591人，各项指标均创历史新高。

57、中国轻工业联合会杜同和副会长一行于8日参观考察了第13届中国（上海）国际乐器展，杜同和副会长对透过展会所展示出的乐器行业广大企业在积极调结构、转方式，在技术和品牌方面不断创新的成果表示了赞赏和祝贺。

58、2014中国黄桥上海国际乐器专题招商会于8日上午在新国际博览中心会议室召开。招商会上，黄桥镇部分乐器企业与国内外客商进行了项目签约。

59、第八届"NAMM CMIA"行业论坛于8日下午在上海新国际博览中心举办。论坛嘉宾围绕移动互联时代乐器营销热点进行了热烈广泛的讨论。

60、由中国乐器协会与美国MIDI制造商协会组织的"首届国际MIDI技术研讨会"于10日在上海举办。研讨会围绕"谷歌与MIDI技术结合的互联网音乐体验"的主题展开讨论。

61、由中国乐器协会和日本KAWAI钢琴公司共同组织的高级钢琴调律师培训活动于10日在上海举行。活动邀请了KAWAI公司MPA技师竹田雅彦作了"走向国际水准调律师之路—KAWAI MPA的工作"专题讲座。共有来自全国各地的钢琴技师230余人参加。

62、中国乐器协会理事长安志于10日会见来访的巴西乐器协会会长科斯塔一行，双方均表示，希望两国乐器协会会员积极把握当前音乐教育市场良机，增进交流，务实合作，为促进乐器市场发展做出新贡献。

63、中国乐器协会提琴制作师分会于12日在苏州召开换届会议，大会选举郑荃任第三届中国乐器协会提琴制作师分会会长，华天礽、朱明江任副会长，秘书长王志明。近百名会员代表出席了本次会议。

64、经中国文联批准，中国音乐家协会授予宜昌市"中国钢琴之城"称号，宜昌市副市长王应华代表宜昌市人民政府接受"中国钢琴之城"牌匾。

65、由中国音乐家协会、宜昌市人民政府主办，中国音协大型活动办公室、中国音协高校联盟、柏斯音乐集团、中国音协钢琴分会承办的"第四届中国宜昌长江钢琴音乐节"于14日至22日在湖北宜昌举行。

66、15日至16日，中国乐器协会钢琴调律师分会应邀参加第二届APTA亚洲钢琴技师协会年会，会议主要围绕各地区钢琴高级技师的培训展开交流。

11月

67、中国乐器协会钢琴分会、琴行分会、材料配件专业委员会年会于15日在宁波召开。近150余名代表出席会议。会议聚焦钢琴全产业链的资源整合，探寻在移动互联思维下，如何优化产业链各经营要素，强化互联互通，合作共赢，谋求钢琴产业和乐器市场创新发展。

12月

68、由中国乐器协会组织的乐器行业科技工作交流研讨会于4日在成都川雅木业"声学木材研发基地"召开，意在借行业科研基地交流和现场学习的机会，研究探讨行业科技合作的方法与途径。

69、中国乐器协会提琴制作师分会副会长、全国劳动模范、国际提琴制作大师协会会员、中国提琴制作大师朱明江先生因心脏功能衰竭，抢救无效，于12月1日8时35分在广州市第十二人民医院辞世，终年58岁。

70、美国《音乐贸易》杂志2014年第12期公布了2013年全球乐器与音响制品行业225强榜单。全年225强销售收入194亿美元，较2012年增长1.3%，员工总数共计115472人，较2012年下降0.63%。225强榜单中包括中国台湾和中国香港在内的中国企业共有33家入选，其中中国大陆20家，中国香港4家，中国台湾9家。

71、2014年，由国家知识产权局公布的中国各类乐器专利共计998件，发布数量较2013年度的975件小幅增长2%。乐器行业的知识产权专利申请结构更加优化，质量逐步提升。

年度报告

2014年中国乐器行业年度报告

一、综合篇

概述

2014年是中国乐器行业在转方式、调结构中不断历练和创新的一年，适逢国家深化改革和反腐倡廉攻坚克难之际，乐器行业新常态呈“增速放缓、深度调整、矛盾加剧和风险凸现”三大特点。“增速放缓”是行业主营业务收入虽然保持稳定增长态势，但是增速明显放缓，主要经济技术指标有升有降，全年起伏变数加大。“深度调整、矛盾加剧”表现在，市场竞争日益激烈，品牌打假纠纷频发，企业维权成本增高；技术突破面临高端人才匮乏；市场营销面对音乐培训延伸和电子商务的挑战。“风险凸现”则反映在人口红利弱化；投资成本高、周期长；产业主要聚集区环境发生较大变化。面对发展新常态下的诸多矛盾和问题，乐器行业以市场为导向、创新为动力，加强行业合作，克服重重困难，仍然实现收入、效益稳增，进出口由降转升的好势头。

2014年乐器行业数据分析

国家统计局数据表示，中国乐器规模以上企业（年主营业务收入2000万元以上）220家，2014年主营业务收入322.81亿元，比上年同期的292.54亿元增长10.35%。其中：中乐器33.76亿元，同比下降0.51%；西乐器169.89亿元，同比增长9.55%；电子乐器68.72亿元，同比增长10.84%；其他乐器及零配件50.42亿元，同比增长21.47%。

2014年规模企业出口交货值110.27亿元，比上年96.78亿元增长13.93%。其中，中乐器12.48亿元，同比增长10.06%；西乐器58.68亿元，同比增长13%；电子乐器30.02亿元，同比增长7.96%；其他乐器及零配件8.08亿元，同比增长68.62%。

国家海关总署数据表示，2014年中国乐器进出口金额为20.29亿美元，其中出口金额17.11亿美元，同比增长3.05%；进口金额3.18亿美元，同比增长8.84%，实现进出口双增，且进口增幅大于出口增长。乐器主要产品进出口量：钢琴出口35952架，同比下降9.79%，钢琴进口继续增长，从2013年121415架（含立式钢琴和三角钢琴）增长到2014年131103架，增长7.98%，进口钢琴中大部分是二手钢琴；弓弦乐器出口1380217支，同比增长5.54%；西管乐器出口669786支，同比下降5.31%；电声乐器出口4846255件，同比下降7.16%；口琴出口7875206只，同比增长5.77%。数据表明2014年乐器进出口呈稳步增长态势，主要产品结构有所变化。

2014年乐器行业运行特点

（一）市场需求变化加剧，倒逼企业转型升级

1、国际市场在多变中回暖，进出口由降转升

2014年乐器出口结构调整继续加速，数据反映出口欧美的乐器数量减少，出口金额增加，说明新产品、高附加值产品增加；新兴发展中国家和地区市场以俄罗斯、印度和中东市场呈明显上升趋势；巴西等南美市场的下降则是由于美元汇率变化和当地进口政策制约，内在的用户需求呈现上升趋势。

从乐器行业进出口调查情况看，乐器出口企业制造成本增长10%～20%的占38%，增长30%以上的占45%，可见乐器企业出口承受了极大的压力。虽然出口价格有小幅增长的占75%，有较大增长的占19%，但是盈利空间大大压缩；数据还表明，乐器企业自营出口占比77.6%，自主品牌出口占比47.2%。由此可见，在国际市场环境变化中，乐器企业以变应变，利用调整产品结构、发展新客户和适

度调整价格等措施，规模以上企业出口交货值增长22.7%，实乃来之不易。

2、内销需求变化促进市场创新

从乐器企业内销业绩和中心城市各大琴行经营情况反映，省会以上中心城市乐器销售持续火热，但区域品牌竞争更加激烈；二、三线城市从以大城市辐射为主，变为辐射与厂家直销双轮驱动，成为企业竞争的热土。从不少中小品牌发展的数百新生琴行可以证明品牌多元化和中小城市升温的态势。2014年乐器市场发生了5大变化：一是消费引导产品结构变化。主要产品钢琴继续保持高位运营，仍然是各地琴行的主要收入，民族乐器持续升温，古筝成为百万考级大军的第二把交椅，电钢、电子鼓以及新型电子娱乐、演奏设备受青少年追捧，吉他、提琴、手风琴和口琴等产品也卖的不错，产品多元化分流了客户，单一品种专卖店、连锁店有所增加；二是国内市场国际化步伐加快。施坦威钢琴高端店在南京开业，日韩新钢琴国内销量超过9万架，罗兰乐器加速扩展大众市场，进口吉他、管乐受青睐等，表明国际知名乐器品牌消费增速；三是乐器零售与器乐培训结合更加紧密。90%以上的琴行都有器乐培训，有的还以培训为主，乐器销售为辅；四是中小学音乐教育标准化升级，催生了教学用乐器采购潮；五是互联网电商从专业公司扩展到制造企业、琴行和个体创业者，例如：《星夜钢琴网》建立网络销售联合体，在“新三板”上市，不少企业建立电商策划推广部门等等。以上变化，构成了乐器市场的新特点、新动向。

（二）企业科技创新积极踊跃，行业技术交流摸索前行

1、科技投资加大，行业合作意识增加

乐器企业科技创新和新材料、新技术、新工艺、新装备的应用推广，提升了企业的产品开发和质量提升能力。2014年各个骨干企业加大科技投入，珠江、红棉、玛珂等企业完成新厂搬迁和扩建，乐器制造及环保设备投入加大。为了加强行业科技合作，乐器协会先后命名了四家行业科研基地，包括：“蟒皮乐器材料研发基地”“手风琴簧片研发基地”“乐器声学木材研发基地”和“吉他通用技术及产业化应用研发基地”，12月在成都川雅木业公司召开了行业科技工作交流研讨会，大力倡导整合资源、优势互补的行业科技合作精神。

2、品牌意识加强，技术标准化引起重视

市场倒逼企业质量与品牌建设求真务实，2014年中轻联发布的“对第二批中国轻工品牌培育先进企业和品牌竞争力优势产品表彰决定”中，广州珠江钢琴、烟台金斯伯格钢琴评为“轻工品牌培育体系先进企业”；“珠江恺撒堡”“星海”“海伦”“凤灵”“津宝”“敦煌”“乐海”等评为优势品牌产品。商务部、中宣部、财政部、国家新闻出版广电总局2014年第35号公告，珠江、星海、海伦、金音、津宝、杰麦多、得理、红棉、奇美等23家乐器企业被列入《2013~2014年度国家文化出口重点企业和重点项目目录》。2014年乐器行业技术专利1067项，比上年同期增长8%；其中发明专利290项，占总数量的27.18%。

（三）实施进口二手钢琴行业监督，行业打假维权、规范化经营引热议

1、反映行业诉求，对进口二手钢琴假冒伪劣、倾销等问题组织调研和监督

近几年进口二手钢琴数量猛增，其中不少产品和质量信息不透明，进口超低价倾销等问题造成不平等的竞争，加上假冒伪劣等不法行为，对中国钢琴产业和乐器市场造成严重不良影响，为此钢琴企业和琴行反映强烈。中国乐器协会曾经中轻联多次向商务部、海关总署、质检总局等国家主管部委反映情况，并组织修订《钢琴》国家标准。2014年2月协会就“规范和管理进口二手钢琴”在京召开专题研讨会。参加会议的有钢琴骨干企业、琴行、地方行业协会、法律顾问和媒体代表。会议集中讨论了目前我国进口二手钢琴的现状，对钢琴产业的冲击和影响以及境外回收、流通、翻新和销售中存在的问题。并就规范进口二手钢琴提出五点建议，向有关部门报告。随后，协会秘书处、钢琴骨干企业和地方行业协会进一步组织二手钢琴产业链及相关案例的调查研究，先后撰写了多篇专题调研报告。与此同时，钢琴行业提出二手钢琴反倾销调查申请。

2、打假维权新闻频发，企业维权道路坎坷

2014年5月德国钢琴制造协会向中国乐器协会提议，联合开展德国制造钢琴品牌打假活动，引起行业和媒体极大的关注。协会一方面发表声明和戒勉通知，在行业倡导自律守法，不造假、不虚假宣传；另一方面配合德国钢琴制造协会研究打假策略与方法，请上海乐器展知识产权办公室协助开展打假调查与协调，积极宣传，正面引导，避免过激行为。

由于一些国际品牌在企业并购转让几经周折，有的将商标和公司分别转让给两家公司，造成一些企业发生知识产权或商标争议；也有个别工厂、琴行采取仿造和委托加工等方式侵权，造成恶性竞争事件时有发生。可以说，2014年是打假维权事件多发的一年，也是行业规范化经营阵痛的一年。

（四）社会音乐教育备受关注，行业积极探索增量市场

1、《2014中国音乐产业发展报告》传递新信号

报告表明，2013年乐器制造业规模企业总产值281亿元，而中国音乐培训行业的总产值约为577亿元，其中，艺术高考培训行业的产值约为77亿元，社会音乐考级的产值为467亿元，其他行业如短期培训产值约为33亿元。艺术高考培训和社会音乐考级培训是产业产值的主要来源。音乐教育培训行业整体规模呈上升趋势。国家音乐产业基地总资产已达82.43亿元，比2011年增长184.2%，国家音乐产业基地入驻企业总量已达2318个。

2、乐器企业音乐教育投资和投融资机构涉入社会音乐教育十分活跃

珠江钢琴集团设立并购基金，加速文化战略转型。投资1560万元组建文化教育投资公司，与广州证券创新投资公司共同投资成立“广证珠江文化教育壹号投资企业”。近日又宣布“关于北京趣乐科技有限公司投资意向书”，致力于打造智能乐器品牌以及音乐学习平台。海伦钢琴布局艺术培训，进军音乐教育。2014年7月投资5000万元在宁波设立全资子公司“海伦艺术教育投资有限公司”，近日启动全国艺术教育品牌合作签约仪式，公司与上海、昆明、成都、南宁、深圳等地文化艺术机构正式签约。中信证券等投资基金和海外音乐培训组织关心和研究中国音乐教育发展趋势。另外得理、乐兰的电钢、电鼓的网络培训，雅马哈、功学社音乐培训中心等系统培训项目已经在全国范围展开，各地琴行传统的销售与培训结合的模式悄然变化，大量线上线下互动，网络与实体配合犹如雨后春笋。

（五）产业集群环境变化，特色产业基地建设有喜有忧

1、地方政府支持，新的特色产业基地成长

中国乐器制造业是以中小企业为主的劳动密集型和技术密集型行业，一般是按照乐器用材、产品分布、技术人才流动及地方产业优势等要素，形成了众多地方性乐器产业集群，按照中轻联的部署，协会努力做好乐器特色产业基地建设。年初浙江德清洛舍镇向协会提出申请，8月份中轻联与协会联合组织行业专家考评组，对洛舍钢琴产业集群基地建设情况进行认证测评，经过专家组审核和中轻联审批，批准浙江洛舍镇为“中国钢琴之乡”称号，并于上海乐器展期间组织了授牌活动。年中扬州市政府和行业协会也提出了创建乐器特色产业基地“中国琴筝之都”的申请，随后积极组织创建活动，并于2015年初通过了中轻联和乐器协会联合组织的行业专家组考评认证。江苏黄桥“中国提琴之都”召开行业总结交流会，政府积极筹建泰兴乐器产业园，并在上海乐器展举办了招商发布会。

2、部分乐器产业集群内外环境变化，特色基地发展遭遇瓶颈

山东郿部“电声乐器产业基地”因出口市场变化，企业转型需要时间和机遇；浙江中泰“竹笛之乡”内部分割需要整合，行业服务平台有待提升；上海、营口等乐器老工业基地，随着环境与人才的变迁，产业集群面临并购重组。这里既反映了乐器产业发展的规律，又提出了行业亟待解决的课题。新疆喀什少数民族乐器村、山东临沂庙山镇二胡等产业集群，处在边缘化或低端生产阶段，虽然十分努力但发展空间较小，少数民族乐器发展需要认真研究。

（六）跨界合作、国际交流，促进音乐文化活动不断创新

1、音乐推广与市场营销紧密结合，提高客户的凝聚力和品牌影响力

2014年乐器企业组织或参与的音乐文化活动内容丰富、形式多样，呈明显上升之势。以钢琴骨干企业的各种“杯赛”“专题音乐会”为代表的音乐推广活动，此起彼伏不断创新；“品牌代理”“校企联手”和“行业合作”调动了企业和老师的积极性。“星海杯”“恺撒堡杯”“海伦杯”“魔鲨杯”等知名乐器赛事动则几千人，多则上万人踊跃参加；连续4年的“长江音乐节”集钢琴比赛、大师讲坛、音乐会和乐器下社区、进学校为一体，成为企业、政府、院校、音乐家群英聚会的地方文化品牌。

2、联合举办特色音乐文化活动增添新气象

口琴专业委员会多家企业参加了在杭州举办的亚太国际口琴艺术节，随后决定以协会口琴专业委员会名义申办2018年北京国际口琴艺术节。经过充分准备和多家竞争，取得了下一届口琴国际艺术节的主办权。上海乐器展期间，14家音乐教育机构参加“音乐教育展区”，多种形式的培训与体验活动吸引了众多国内外客户的眼球。周广仁钢琴艺术中心与秦川琴行的联手，亚马逊与企业的合作等众多音乐教育和文化活动的推进，为开辟大众音乐生活市场，奠定了良好的基础。为此“北京音乐生活展”应运而生。

西管乐器企业积极参与音协管乐学会等单位联合举办的“上海之春国际管乐艺术节”，成为管乐文化的亮丽品牌；得理乐器的“电子鼓大赛”、吟飞科技的“电子管风琴比赛”等活动，坚持企业与院校、演艺专家紧密合作，渐入佳境；协会MIDI技术专业委员会与美国MIDI协会合作，在上海乐器展期间组织了“国际MIDI技术研讨会”，乐器企业与谷歌互联网专家、国际MIDI技术专家深入探讨“移动互联网音乐市场”。

（七）乐器技术人才培养助力企业转型升级，高技能人才匮乏令人担忧

1、企校合作、行业技能培训与考核，扩展乐器制造人才培养路径

随着市场竞争日益激烈，乐器产品更新换代和品质提升离不开技术专家和一线高级技能人才。珠江、星海、红棉等企业与专业院校多年合作组建钢琴调律及乐器制造大中专班，定向培养专业技能人才，收到很好的效果；协会与加拿大西北大学钢琴制造专业探讨中加合作开展钢琴调律培训项目；与日本卡瓦依公司联合举办钢琴高级调律师培训活动。各企业都感到高技能人才的紧缺，纷纷采取送出去、请进来等方法开展员工技术培训。

2014年乐器行业技能培训与考核认证有所突破。职工技能鉴定完成钢琴调律师考核鉴定20批次，共有513人通过了钢琴调律师五个级别的考核鉴定。行业提出钢琴职业技能国家标准修改方案，研究上报了“乐器设计技术”专业技术标准基本要素。

2、人才竞争矛盾加剧，“四新”推进时而力不从心

制造企业技术人才匮乏，琴行市场营销、网络人才不足，成为2014年困扰经营者的大难题。乐器行业高级经营管理人才流动加速，企业明里暗里的挖人请人不在少数，时而发生企业之间因人员流动产生隔阂。企业内部人才培养是双刃剑，不培养人不行，培养了又怕替人做嫁衣裳。乐器企业的小、散且门槛低的特点，造成一些人才有一定本钱了就想当老板，企业经营者往往左右为难。以设计为先行，新材料、新技术、新工艺、新设备为支撑的企业技术创新离不开技术人员和一线高级技能人才。2014年人才矛盾更加突出，而且会持续一个相当长的时间才有可能有所好转。

2015年乐器行业展望

1、环境与形势分析

2015年乐器行业与其他制造业一样，面临着国内经济新常态和国际市场复苏缓慢的压力。增速放缓、求质求效是主基调。保持平常心、适应新常态，一要走规则之路；二是注意市场延伸和增量市场；三是继续转变发展方式、调整结构，调整经营策略，变成本和环境压力为发展动力；四是坚持科技创新技术进步和人才培养，提升企业核心竞争力；五是行业内外合作共赢，互联互通，实现资源

整合、优势互补，加速行业、企业转型升级。

中国乐器行业经过20年筑基，10年高速发展，取得了令人瞩目的成绩。据国家统计局统计数据，乐器规模以上企业主营业务收入从2003年62亿元，增长到2014年322亿元，增长了4倍；出口交货额从36亿元增长到110亿元，增长2.06倍。国家海关总署数据，乐器全行业出口金额从2003年6亿美元，增长到2014年17.11亿美元，增长了1.85倍；进口金额从0.99亿美元增到3.18亿美元，增长2.21倍。社会经济指标数据表明，城镇居民文化、娱乐、教育年人均支出，从2003年934元，增长到2013年2294元，增长了1.45倍；农村居民文化、娱乐、教育年人均支出从235.7元增长到485.6元，增长1.06倍。从以上数据说明十余年乐器行业实现了跨越式发展，同时也看到我国文化、娱乐、教育市场发展潜力巨大。

2015年是深化改革的关键一年，经济下行压力较大，结构调整阵痛显现，乐器企业生产经营困难增多，出口风险加大。准确把握经济新常态要看到，模仿型、排浪式消费阶段基本结束，个性化、多样化消费渐成主流；互联网环境下新技术、新产品、新业态、新商业模式的投资机会大量涌现；乐器制造低成本优势随着工资、五险一金的调整已经大幅减弱；2015年新的环保法生效实施，国家整治工业生产环境力度加大，一批中小企业难以承受，倒逼企业要么重金投入，要么关停并转；国际化的乐器市场竞争更加激烈，市场竞争逐步转向质量型、差异化为主的竞争；部分落后产能过剩和企业盲目投资会加剧部分行业重新洗牌。

2、前景展望

困难预测，2015年乐器企业要过三道坎，第一道坎，职工工资随着物价指数增长成为必然，占职工工资40%～50%的五险一金更增加了企业压力；第二道坎，国家环保法正式实施，各地对工业企业环境要求和监督会更加严格，倒逼企业要尽快投入环保技术改造资金，少则十几万，多则上百万，相当于企业1～2年的利润收入，此项投入能提升企业综合实力，但是没有直接经济效益；第三道坎，年初欧元贬值，欧元对人民币汇率“破7”，从2010年初的1：8.72调整为2015年初的1：6.95，下浮了20.3%，这将大幅收窄出口欧元区国际的收益，原来就微利的产品可能会出现亏损或压缩订货。还有一些硬碰硬的困难值得大家警惕。

乐器市场展望，预计2015年乐器市场会有两个重大变化，一是由于钢琴出口退税从13%提到17%，提琴、吉他、管乐、电声乐器等产品结构调整等因素，加上欧美市场缓慢复苏，乐器出口会保持增长；国内音乐教育与音乐生活的拉动也会刺激内销市场。虽然按乐器市场规律是“前松后紧”，但是总额增长还是有希望的；二是消费者品牌意识提升，质量要求提高，劣质低价产品会被打压或淘汰，市场品牌与服务的竞争会更加激烈。同时，社会音乐教育多元化、专业化、个性化，以及移动互联网浪潮下的电商冲击，乐器行业将是幸运与风险同行，机遇与挑战并存。

企业创新展望，面对瞬息万变的市场和生存环境，乐器行业大部分骨干企业已经形成了自己的发展战略，抓住了科技投入、品牌塑造、资源整合和管理创新的关键，但是也有一些企业对乐器行业发展局势了解不全，或盲目投资；或偷工减料、低价倾销；或采取不正当的竞争手段。事实证明，脱离市场和企业实际情况，不想动脑、不愿出力的投机取巧行为只会自食其果。企业只有正确定位，及时调整经营策略，扎扎实实练内功，诚心诚意抓市场，才能克服前进中的困难实现健康成长。所以，在乐器市场急转弯时，一定会有部分企业越来越强大，也会有一些企业被市场淘汰，可谓优胜劣汰，适者生存。

投资导向展望，随着乐器行业自身成长和音乐教育、文化产业的迅猛发展，会有越来越多的国外乐器企业渴望进入中国市场，欧洲、美国、日本的乐器制造企业和连锁贸易机构已经策划进军中国乐器、教育和文化市场；乐器企业上下游产业链合作，制造企业与经销商的合作，乐器企业与音乐教育、大众文化活动的互联互通，将会更加多样和紧密；国内投资公司、投融资基金也看好乐器、音乐教育和音乐生活市场。传统的乐器产销模式一定会被复合要素的新型关系所打破，乐器市场也一定会融入文化产业大市场，乐器行业实际体量将被大市场、大融资、大组合快速放大。为此，2015年将是乐器行业改革创新加速转型升级的一年。

二、钢琴篇

2014年，欧美经济局势复苏迟缓，国内钢琴产业首次面对进出口双向下行压力。钢琴行业通过产品结构的拓展与调整，以科技创新和进驻音乐培训市场拉动行业升级转型，取得全年产销基本稳定的发展格局。盘点过去的一年，2014年，国内钢琴产业结构调整力度加大，行业产销规模稳定，骨干钢琴企业加大厂房和生产流水线硬件设施投入，并通过研发制造数码钢琴，向线上线下音乐培训市场延伸和转型。在欧美经济危机和进口二手钢琴的冲击影响下，如何从粗放型中低端向精细化中高端产业模式转型，提升国产钢琴品牌文化影响力，以创新思维整合完善社会音乐培训体系偕同发展，是我国钢琴行业进入深度结构调整期所面临的新课题。

2014年钢琴行业数据分析

钢琴全年产能略有下降。据中国乐器协会和国家轻工业乐器信息中心统计，从2014年钢琴产量统计数据看，三角钢琴产量略有增长，立式钢琴产量略有下降，主要表现为低价位普及钢琴产量下降明显。2014年中国钢琴总产量365903架，比上年下降2.57%，其中立式钢琴351122架，同比下降2.72%。从钢琴年产量和进出口数量测算，2014年钢琴出口近3.59万架，进口钢琴中扣除二手钢琴，进口新琴2.57万架，匡算2014年中国新钢琴市场在35.57万架左右。

钢琴进出口呈现海水倒灌态势。2014年，钢琴进口额1.52亿美元(占乐器行业进口额的47.73%)，同比增长18.51%。据国家海关总署数据显示，2014年中国出口钢琴35952架，比上年下降9.7%。出口立式钢琴平均价格1465.30美元，三角钢琴平均价格4308.82美元。2014年中国进口钢琴131103架，达到我国早前钢琴出口的峰值，比上年增长7.98%，进出口格局呈现海水倒灌态势。

二手钢琴进口总量持续增长。2014年，进口钢琴主要源于日本、韩国、印度尼西亚，合计达127851架，占进口钢琴总量的97.51%。进口的125511架立式钢琴中，从日本进口58329架，同比增长0.92%，平均价格903.3美元（大部分为二手钢琴）；从韩国进口49151架，同比增长13.24%，平均价格316.57美元（基本上是二手钢琴）。数据分析，2014年进口二手钢琴达到9万架以上，相当于中国钢琴生产总量的24.6%，呈快速增长趋势。

2014年钢琴行业运营特点

1、钢琴企业发展层次更加明晰　自主品牌创新发展后劲足

综观2014年钢琴企业的发展布局，钢琴行业大致已呈现为四类典型企业：(1)、全功能型钢琴企业，具备从产品设计到击弦机、音源、键盘等主要部件的研发制造实力，以广州珠江、雅马哈、北京星海、宜昌金宝、宁波海伦等少数骨干企业为代表；(2)、具有自主设计和品牌经营能力的企业，产能为中型规模，企业具备自主研发实力，产品以中端为主体。如福州和声、南京摩德利、烟台博斯纳等钢琴企业；(3)、品牌经营性钢琴企业，以沿袭或仿制为主，部分产品自主制作研发，部分产品采取委托加工，企业运营内容涉足房地产、金融证券等跨界项目，为钢琴制造进行资金输血；(4)、纯委托加工贴牌钢琴企业，没有自主品牌和知识产权，完全按照采购商要求进行钢琴组装加工，企业订单受市场影响因素显著，处于产业链最底端。从行业发展趋势看，在经济下行的趋势下，具有自主钢琴品牌和科技研发实力的钢琴企业，逐步呈现出发展后劲，而对钢琴制造工艺缺乏客观认识，采取市场投机行为的钢琴企业，生存空间将日渐萎缩。中国的钢琴行业面对市场运营机制的成熟与完善，同样要遵循淘汰落后产能，最终走向技术专业化、服务个性化的发展路径。

2、钢琴产业加大硬件投入　技术创新拉动产业升级

2014年，国内钢琴产业进入扩充发展巩固期，尤其是骨干企业都在厂房扩建和硬件基础设施加大资金投入力度。从生产技术层面看，各骨干企业进

入生产技术的深度调整和巩固发展期，当是技术创新与产品研发齐头并进的一年。珠江恺撒堡钢琴在增城扩产和创办数码乐器产业基地，邀请德国专家进行技术指导和把关；海伦钢琴投资全新生产线；宜昌金宝创办铁板铸造工厂，长江钢琴借助各方专家支撑和音乐节造势提升品牌影响力；哈曼尼、博斯纳技术创新支持市场开发取得喜人业绩。透过这些钢琴企业的商业动作和布局，国内钢琴产业已经由简单的产品规模扩充，向技术投入和转型升级的方向有序发展。在规模效应的基础上，通过技术创新，拉动企业升级转型，新工艺的采纳，新产品的投产，反映出行业总体的技术升级和进步。

3、企业上市融资突破资金瓶颈 研发数码钢琴拓宽产品结构

2014年，在广州珠江和宁波海伦钢琴成功上市后，突破资本瓶颈后的钢琴企业，同样需要面对资金链的管控和创造新的利润增长点的现实问题。为顺应时代科技进步和受众文化消费习惯的改变，传统钢琴行业已开始向数码钢琴领域延伸扩展，成为2014钢琴行业发展一个鲜明特征。2014年，珠江钢琴增城生产基地落成投产，旗下艾茉森数码钢琴的产能预计从3万架拓展到10万架；海伦钢琴在2014年从音源到产品设计，对数码钢琴进行了系列研发和投入，并成立专门研究机构推出“天使”和“启航”两大系列数码钢琴产品；柏斯集团通过与KAWAI的合作共同研发生产数码钢琴，且初具生产规模。当前，随着数字音乐科技的进步与快速发展，以数码乐器为主导电声乐器为大众带来更富娱乐性的音乐消费体验，上市大型钢琴产业如何立足固有优势，嫁接和整合数字创新技术，延伸和拓展产品的结构和功能，成为所有钢琴企业必须面对的科技和市场营销课题。

4、进驻音乐教育培训产业 企业主动培育创新渠道

2014年，我国社会音乐培训教育市场活跃异常，《2014中国音乐产业发展报告》显示，2013年中国音乐教育培训行业总产值约为577亿元。以珠江和海伦钢琴为主导的大型乐器企业积极投资音乐文化教育产业，包括其他钢琴企业支持下游渠道开展音乐教育培训，成为2014年钢琴产业扩容的重要热点。2014年，珠江钢琴公司和海伦钢琴都已创办音乐教育子公司，进驻社会音乐培训市场。在2014上海国际乐器展期间，关于琴行社会音乐培训课程，全国各地的音乐培训机构表现出强烈的需求和参与感，直接反应出地方社会音乐培训市场的消费热度。

2014年，在国家教育部强化素质教育的政策出台后，各类钢琴公司不失时机，积极推进线上线下文化艺术教育项目，以求在未来音乐培训市场占得先机。但来自业内专业人士的建议是，在国内开展音乐教育培训，需要面对师资队伍建设，教材和教学方法的规范性，教学体系的管理，资金链的管控等多元问题。正所谓艺术教育投资同样存在风险，企业有钱但还不能过份任性。

5、强化品牌打假维权力度 维护知识产权合法权益

2014年，钢琴品牌打假和维权，维护知名品牌的合法权益和市场秩序，成为行业关注的焦点。综观2014年国内钢琴行业，确实存在部分品牌宣传不实的问题。2014年，德国钢琴制造协会率先在国内发起品牌维权行动，并偕同中国乐器协会针对原装德国品牌钢琴进行了维权声明，中国乐器协会也利用上海国际乐器展的平台和契机，在钢琴行业发布了展会期间杜绝虚假宣传的诫勉通知。在国内钢琴市场打假维权案例中，福州和声钢琴打假案例比较典型，2013年在南京发现冒牌和声钢琴，随后展开打假，通过市场追溯，对违规的上海某经销商进行了工商罚款，2014年打假进一步获得显著成效。

其次，2014年国内二手钢琴进口总量达到9万架，韩国二手钢琴进口量增长近30%。针对二手钢琴对国内钢琴行业造成的冲击和违规操作问题，中国乐器协会在2014年展开了深度的市场调查，并委托地方协会展开区域性市场调研。同时，行业内部在二手钢琴标准制修订的基础上，通过行业内部磋商机制，最终由协会牵头，多家企业联名向上级主管部分递交二手钢琴反倾销诉讼申请。全行业的品牌维权意识再次得到强化和推进。

6、钢琴产品出口退税 获政府关注和政策支持

2014年，面对乐器出口下行的压力和风险，中国乐器协会不断通过中国轻工业联合会向政府主管部门，广东乐器协会向地方政府和国税总局反映乐器出口退税问题，2014年协会又开展了乐器出口情况调查并提交专题报告，终于引起主管部门的重视并得以解决。自2015年1月1日起，国家财政部财税[2014]150号《关于调整部分产品出口退税率的通知》第92章表明，“竖式钢琴、大钢琴、其他钢琴出口退税率由13%调整为17%”。说明国家对文化出口产品的重视和对乐器制造业地位的肯定，钢琴行业和骨干企业“提高出口退税的诉求”得到了政府主管部门的理解和支持。钢琴企业应把握政策实施的大好时机，加速转变发展方式和调整结构，淘汰落后产品产能，加强自主品牌打造，稳固发达国家和地区市场，用优质的产品质量和快捷周到的服务赢得国际客户的信任。

2015年钢琴行业展望

1、市场仍处于一段稳定发展期。通过2014年各钢琴企业的商业动作和取得的市场成效看，当前，国内钢琴出口量日渐放缓，除原有国际市场以外，国产钢琴自主品牌建设尚需加强，除珠江、海伦和少数外销品牌钢琴，其他国产钢琴品牌很难在国际市场露面，其他钢琴企业仍主要以OEM贴牌出口为主。国产钢琴品牌缺乏影响力，市场赢利水平远不能与国际品牌抗衡。建议国产钢琴加紧修炼内功，摆脱仿造他人的运营思维，走自主知识产权的发展道路，未来行业发展将仍处于一段稳定发展期。

2、深入关注市场投资风险。当前，钢琴行业全行业投资占比近50%，投资金额从5～8亿不等。我国钢琴行业已从单纯制造业投资转向音乐教育和文化产业的投资，这种市场重心转移，符合大众音乐文化消费需求，得到证券业和社会金融资本的关注和支持。在当前的市场环境下，如何保证产品的利润率和投资回报率，包括资金链、物流成本控制，乃至运营途径是否通畅，深入研究投资风险，成为当前钢琴行业需要密切关注的问题。

3、自主知识产权、品牌建设仍是关键。当前。共建行业规则和品牌维权，规范化经营成为钢琴产业纵身发展的关键问题。2014年由于产品恶性竞争引发地区经销商上演全武行，不同经销商之间互相诋毁，竞相杀价的恶性市场竞争行为，钢琴市场的竞争加剧，决定钢琴产业的发展必须要向着规范经营方向行进和发展。渠道管理、价格和售后服务体系的监管，物流和资金链的管控必须要有章可循。

结束语：2015年，随着乐器行业出口业务放缓，内销市场竞争持续增压。钢琴行业面对制造业新时期的市场环境，进入了深层次的结构调整期。现代化钢琴企业不仅要解决自身管理机制的完善和科技创新问题，更要面对品牌营销创新，以及如何在音乐培训市场发力的多元问题。可以说，需求在哪里，市场就在哪里，能否真正读懂市场需求，且看企业如何修行和作为。

三、民族乐器篇

2014年，在我国“三期叠加”效果的影响下，经济运行总体继续呈增速放缓态势，民族乐器产业也是喜忧参半。喜的方面是民族乐器的普及市场有所扩大，教育部下文对学生学乐器提高到前所未有的高度，要求在校学生都要学习一至二件乐器。忧的方面是受经济大环境的影响，民族乐器原材料与人工成本上升，市场不畅，部分民族乐器生产供大于求，产品过剩的状况有所显现，民族乐器结构调整，产业升级势在必行。

与此同时，我们也要看到国家提升软实力的文化战略没有改变，各级政府扶持文化产业的政策倾向没有改变，民乐消费群体对民乐喜爱的趋势没有改变，这些都是民族乐器行业稳定向好发展的重要因素。

2014年民族乐器行业数据分析

主营业务收入保持稳定。据国家统计局公布的2014年乐器行业规模以上生产企业主要经济指标完成情况，2014年我国乐器行业规模以上企业220家（规模以上企业是指注册资金在2000万元以上的企业），主营业务收入322.8亿元人民币，同比增长

10.35%。

其中民族乐器行业的30家规模以上企业实现主营业务收入33.76亿元，同比下降0.51%；出口交货值13.48亿元，同比增长10.06%；利润总额2.64亿元，同比增长4.91%；总资产13.26亿元，同比增长18.63%。按主营业务收入排名，河北、江苏、河南、广东、上海是我国民族乐器主要生产地区。2014年主营业务收入分别达到11.32亿元、4.94亿元、4.85亿元、3.10亿元、3.0亿元。

产品产量有增有减。2014年国内民族乐器主要产品产量，据中国乐器协会对行业骨干民乐企业生产的主要乐器产量调查显示，2014年生产古筝27.33万架；二胡26.81万把；琵琶7.55万把；扬琴4.71万台；阮4.06万把；古琴1.33万架；月琴1.14万把；京胡9956把。

其中：古筝产量前三位分别是上民一、河北乐海和扬州天韵；二胡产量前三位分别是上民一、河北乐海和饶阳北方；琵琶产量前三位分别是河北乐海、上民一和河南中州。

专利数量有所下降。2014年民族乐器专利发布共计306项，同比下降11.05%，其中，发明专利46项，同比增长39.39%，占全部专利的15.03%；实用新型专利110项，同比下降32.52%，占全部专利的35.94%；外观设计专利150项，同比增长1.35%，占全部专利的49.5%。

按乐器类别划分，弹拨乐器专利164项，同比增长12.32%；吹管乐器专利76项，同比下降35.59%；拉弦乐器专利66项，同比下降17.5%。古筝专利数量最多，二胡、古琴次之。

2014年民族乐器行业发展特点

1、民族乐器向海外进军速度加快

据国家统计局数据显示，2014年民族乐器出口交货值达到1.34亿元，同比增长10.06%。民乐企业在海外文化交流上也开展了大量活动，上海民族乐器一厂远赴美国、德国、法国、加拿大、日本、韩国、印尼等国家进行乐器展览、文化交流和访问演出活动，让敦煌品牌在国内外频繁亮相，实现了参展经济和文化价值的最优化。通过在海外建立的十余所敦煌音乐教室，与当地琴行合作推广中国的民族乐器和音乐。

海外市场的开拓和企业主动向海外传播文化密不可分，只有使外国顾客更好地了解中国民族乐器，增强认同感，销量才能提升，企业才能不断拓展海外市场。

2、民族乐器加快产品升级换代和技术改造

从2014年各大展会上的民族乐器产品来看，民乐企业在产品升级换代、新产品研发上都有较大投入，并取得很好的市场反应。上海民族乐器一厂在新品乐器中融入了鲜明的文化元素，突破性地运用了珐琅、漆器等装饰工艺，增添了民族乐器少有的色彩感。江苏大风乐器有限公司不仅将中国古老的景泰蓝技术用到古筝上，还将中国螺佃镶嵌工艺应用到吉他等西洋乐器上，也取得了很好的国际市场反馈。

在乐器改良方面，上海民乐一厂在低音古筝、低音拉弦乐器、篓篌、琴弦等方面进行了研发、改良、试制，并取得了一定的成绩，为民族乐器演奏艺术的发展提供了更广阔的空间。河北乐海公司研发的竹乐器系列不仅亮相国家大剧院进行展览，还和上海乐器展期间发布的低音扬琴“龙吟”一起迎接市场的检验；河南中州民族乐器有限公司开发的新型古筝、古琴、琵琶和文琴，投放市场后受到普遍欢迎。

为进一步提高生产效率，用先进的生产工艺流程管理和加工机械设备来改变民族乐器作坊式的手工生产。河北乐海2014年通过大规模技术改造，完成2.4万平方米厂房改造，建立古筝流水线，投入400万引进设备，为企业进一步的快速发展打下了良好基础。

3、民族乐器发挥区域特色，协作发展效果明显

民族乐器行业在历史条件下形成了河北肃宁、河南开封、江苏扬州等民乐企业相对集中的特色区域。在国家长江经济带、中部经济圈发展战略、京津冀一体化发展战略等有关政策指导带动下，呈现出不同的发展特点，也有不同程度的进步。

江苏扬州地区的古筝制作企业有数十家，年产

古筝近20万架，并于2003年获得文化部颁发的“中国古筝之乡”称号，地方政府2014年初也向中国乐器协会提出了申报“中国琴筝产业之都”的申请，并通过了专家组的考评，正在按程序稳步进行。

河北省政府近几年加大了对乐器产业的支持力度，投入了几百万的技术改造资金，同时制定了600亩的乐器园区建设规划，并将结合京津冀一体化发展战略，与北京星海等公司进行全方面的合作，共同发展。

河南兰考当年县委书记的好榜样焦裕禄书记种下的泡桐树已经长大成林，成为乐器的主要原材料，为河南民族乐器产业立下了丰功伟绩。现在兰考县政府对乐器产业也是很支持的，成立了乐器园区，专门制作乐器的企业都可以进入到这个园区里面。另外兰考县还在固安镇筹划建设一个乐器城，目前该项目已经提升到河南省的开发项目。

存在的问题和解决办法

当前我国整个乐器产业都面临转型升级的问题。不仅是产品换代、设备更新，更要在思维模式上进行转型升级，要用现代化的管理模式代替传统管理模式，要学会利用互联网宣传和营销平台进入海内外客户终端，实现跨界销售。

产能过剩是民族乐器生产厂家过多、生产效率提高的必然结果。在市场容量没有大幅提升的形势下，盲目扩大产能就会造成产品库存增加，在资金周转上给企业带来困难。企业必须在产品品质上多下功夫，多开发新产品，通过提升产品的附加值来提高企业收入，在激烈的市场竞争环境中求得生存。

跨界经营是一些乐器企业寻求自身多元化发展的一种方式，借助自身资源、技术优势等，开展和乐器并不直接相关的其他产业，比如钢琴音板制作企业成都川雅木业公司在掌握木材资源的前提下，拓展了木结构建筑业务；海南东盛弘蟒业公司在为二胡提供蟒皮材料的前提下，利用人工养殖蟒蛇的资源优势，拓展了莽油、蟒皮制品等。而在民族乐器行业中，由于大多数企业规模较小，在资金实力上还不足以拓展新的业务，但有实力的民乐企业就需要尽早思考、研究、决策，为使企业持续走在行业发展前列提供更多的渠道支持。

四、提琴篇

2014年，提琴市场面临的内外压力有所减缓，企业加快适应变化的步伐，通过有效的转型升级实现新发展，实现全行业发展稳中有升的良好态势。然而，结构变化速度明显加快，对乐器行业产业结构、产品结构调整以及过剩产能压缩等提出了新的要求。

2014年提琴行业数据分析

产品产量同比增长——据中国乐器协会对提琴行业骨干企业生产的主要产品产量调查显示，2014年，我国提琴行业总产量约为94.99万把，同比增长6.06%。其中，生产小提琴84.12万把，同比增长3.64%；中提琴1.92万把，同比增长60.64%；大提琴2.67万把，同比增长43.22%；贝司8524把，同比增长5.37%。其中：小提琴产量前三位分别是江苏凤灵、河北金音及北京华东乐器。

进出口单价均上涨——据海关总署数据显示，2014年弓弦乐器（含提琴）出口总量为138.02万把，同比增长5.54%；出口总额为7854.97万美元，同比增长14.62%。美国依然为弓弦乐器主要出口国之首，扭转了2013年的颓势，出口量及总额均现上行：2014年出口美国市场总量为40.18万把，同比增长0.61%；出口美国市场金额为2853.37万美元，同比增长11.33%。数据显示，2014年，弓弦乐器出口前十的国家中，除德国外，其余九个国家，不论增减，出口额增减幅均超产量，出口单价上升，从而反映出我国提琴企业产品结构调整成效显著。

2014年，我国弓弦乐器进口数量为4810把，同比增长显著，涨幅创近年新高，达88.18%；进口金额为187.97万美元，同比增长179.83%。弓弦乐器进口的国家和地区数量为16家，同比减少3家，按照进口金额的排顺，意大利、德国及美国位于前三。其中，意大利弓弦乐器进口量为35把，同比减少4把，但进口金额为87.54万美元，同比增长1075.06%，平均单价2.50万美元，主要是来自意大利的手工工艺提

琴，国内对高端提琴需求增长显著。

专利数量有所下降——2014年提琴专利发布共计15项，较2013年24项减少较多，同比下降37.50%。其中，发明专利4项，同比减少1项；实用新型专利11项，同比持平；2014年提琴行业无外观设计专利，而2013年申请外观设计专利8项。

2014年提琴行业发展特点

企业转型升级调整产品结构显成效——中国提琴的产量世界第一已成为不争的事实，但常常被冠以“普及琴”的称号，附加值低，利润率低是中国工业提琴行业的特点。根据这种情况，提琴行业紧紧围绕结构调整与转型升级，特别是科技创新、产品升级和建立公平竞争良好氛围，不断由生产低档琴向中、高档提琴方向发展，通过近年来的努力，克服了国际市场需求乏力，国内市场竞争激烈，以及材料人工上涨等难题，我国提琴总量中，中、高档琴份额大幅提高。由海关总署发布2014年出口数据显示，我国出口弓弦乐器出口量及出口额均有所增长，出口额涨幅超过出口量近10个百分点，平均单价56.91美元，同比增长8.61%。这些数字足以说明我国提琴企业产品结构调整成效显著，产品品质及附加值为主的核心竞争力不断提升。

政策导向利于国内市场发展——各级政府扶持文化产业的政策倾向给予行业发展提供了沃土，教育部将提琴系列产品列入中小学音乐教学器材标准之中，也给企业带来更大发展空间，提琴普及市场有所扩大。据不完全统计，近两年我国提琴产品内销市场增速均在25%左右，占到总产量近1/4，增幅明显高于出口。此外，国内规模以上琴行和艺术培训中心也以年均10%以上速度发展，大大扩充了内销市场容量。

提琴企业向全产业链成功转型——由企业向全产业链成功转型，是提琴行业发展中又一个突出特点。黄桥文化产业园、北京平谷“乐谷”、河北武强乐器文化产业园和音乐小镇以及广州红棉乐器乐器文化产业园等，形成以区域提琴骨干企业，带动地方中小型提琴企业协同发展的产业格局，蓬勃兴起的一个个乐器文化产业园区带动了提琴行业更快发展。2014年初，凤灵乐器启动了“数字乐器博览馆”的研究项目，将通过作品收集、虚拟展示、乐器历史与文化展示，乐器经典乐章欣赏以及虚拟演奏、网上交流等各种科技手段，建立起线上套餐式服务和线下体验式互动的立体式游馆空间。用最先进的科技手段让人们享受音乐文化的多元化魅力；以提琴制作为基础的北京平谷乐谷，近年来成功举办了多届音乐节，成千上万的年轻人来这里向音乐“朝圣”，将旅游与提琴制造、文化娱乐结合起来，为下一步的全面发展打下基础；红棉乐器公司在全球各地建立红小宝艺术中心，积极扩展音乐文化产业。企业还组建了自主品牌电子商务平台——《红棉商城》，通过线上线下优势互补，使企业经营规模不断扩大，抗风险能力不断增强。此外，公司还拓展动漫产业，制作了《开心红小宝》动漫系列片，使文化产业链不断扩展，形成强有力的向上发展态势。

手工工艺琴受追捧——近年来，国内外市场对手工提琴需求升温较快，2014年手工提琴制作发展稳中有升，从北京、上海、广州等传统提琴制作业中心，已辐射到全国许多中小城市。其中，北京马驹桥地区自然形成的手工提琴制作集聚区，已有三百余家提琴制作工厂，主要以小微作坊和个人工作室为主，OEM和口碑营销模式占主导。成功举办了两届国际提琴制作比赛，促进了国际提琴制作界的交流，同时扩大了中国提琴制作的影响力，我国手工提琴出口比重加大。2014年，中国进口的4810支弓弦乐器（包括提琴）中，手工提琴占主导，进口额增幅超进口量一倍，平均单价390.79美元，同比增长48.69%。国内外的手工琴均受到了前所未有的追捧，市场发展远景良好。

存在的问题和解决办法

红利优势逐年下降——我国加工业的低价值链已受到马来亚、巴西等国家和地区的冲击，成本红利几乎消失殆尽，指望着靠劳动力成本优势已经不现实。由于市场人力资源相对紧张，且用工代价偏高，雇佣成本逐年提升，企业压力不断增加。在各种生产压力的倒逼下，企业家们只有加快传统企业转型升级，变外贸发展方式、优化贸易结构、提高出口产品的技术含量和文化附加值等方面来适应当前的困境，以提高乐器行业在竞争中的优势。与此同时，企业还应提高自动化程度，引进高科技设备，以机械化智能化代替人工操作，既能解决技能参差不齐影响产品质量，又解决了用工难成本高的问题。

小微企业缺乏品牌，步履维艰——除去纯手工提琴工作室及规模化工业提琴企业，一些半手工、半机械化加工为主导的小微提琴制造企业，大多集中在北京的通州和大兴地区。这些企业在生产销售产业链条中，赚到的利润有限，在产业波动中却承担了最大的风险，缺乏品牌是主因。但建立一个品牌需要时间、资金以及智慧的投入，这对于这些小微企业有一定的局限性。因此，对于这样一批劳动密集型的，无法规模生产的产业，集中打造产地品牌无疑是最为快捷的方式。

五、电声乐器篇

行业数据分析——国内增长明显，出口能力下降

据国家统计局数据，2014年度，我国电声乐器行业增长明显，25家规模以上企业实现主营业务收入68.72亿元（占总量的21.29%），同比增长10.84%，增速高于西乐器的9.55%。实现出口交货值为30.02亿元（占总量的27.22%），同比增长7.96%，低于西乐器的13%和中乐器的10%。由此看出，我国电子乐器在国际市场上的竞争力需要进一步提升。

另外根据海关数据，2014年“通过电产生或扩大声音的键盘乐器”共出口484万件，同比下降7.16%；但对应出口金额却上升1.81%，由此反映出产品单价有所上涨，这不仅是因为生产要素成本的上涨，也是产品品质提升的必然结果。而出口量的下降，既有欧洲经济尚未恢复的原因，也有其他国家和地区同类产品贸易的影响。

另据了解，2014年电子琴产量在下降，电钢琴产量在上升，电子鼓产量相对平稳。

行业发展特点——整体平稳，智能乐器发展迅猛，科研步骤加快

整体运行平稳——2014年的中国电子乐器行业尽管从企业角度来看是有上有下，但总体处于平稳状态。企业的状态和国际市场的形势直接相关，如果企业的产品主要市场是在国内，或者销往美国、第三世界国家等，企业的经营形势就不错；而如果主要销往欧洲、日本，那么生产就会有所下滑。

主要原因是欧洲的经济自欧债危机以来，一直没有很好的恢复，欧元也一直在贬值，即便是订单情况可以，汇率因素也会给企业带来一定损失。而日本市场主要是对电子乐器产品的要求比较精细，自身也有很多企业在生产电子乐器，所以对电子乐器进口的需求很少，而且主要是低档产品。

另外，OEM是电子乐器企业在起步发展中所面对的一个阶段，企业在稳步发展中也一直在有计划的减少OEM的比重，但市场变化太快，随着我国整体经济的快速发展，国内的人工材料成本大幅增加，导致一些原本在国内订单生产的国外品牌组件将生产转移到了成本更低的东南亚国家。

智能乐器发展迅猛——电子乐器尽管是乐器行业中最容易和高新技术结合的一个门类，但由于产品的结构相对简单，只要有好的外壳、好的芯片，就很容易形成产品投入市场，因此，行业中企业的变化也是很频繁，近来就不断有新的企业加入，特别是智能乐器企业。

2014年国内表现最突出的智能钢琴品牌——The One，通过与网络技术、智能终端、计算机软件的结合以及创新的营销策略，不仅大大提升了公众对钢琴学习的热潮，也助推了行业内乐器智能化的实现。公司产品销量位居同类产品首位。

科技研发步骤加快——电子乐器行业是一个发展变化很快的行业，只有掌握核心技术的企业才能在不断变化的市场中掌握主动，持续发展，否则就只会越走路越窄。

得理乐器拥有100多人的研发团队，根据集团的整体规划从事产品的研发设计，并适时推向市场，在国内率先推出了电子鼓，并即将推出智能电鼓。和得理的自主研发不同，吟飞电子采取的是和国外

公司共同研发的策略，在国内电子乐器行业中发展势头也很好，是国内双排键电子琴的带动者。而没有研发团队的企业，是不可能采购到最新技术的芯片，产品也自然只能是处于行业中下游的水平，在产品日益个性化的今天，适应市场需求的能力也就大打折扣，企业的发展面临很多限制，需要引起有关企业领导的高度重视。

行业存在的问题及思考

电子乐器企业要想取得很好的发展，除了有坚实的技术基础外，一个稳定的领导团队，高效的营销团队也是必不可少的。企业的产品研发设计都要符合消费者需求才可能得到市场认可，不能停滞不前，特别要注重核心技术研发，不管是独立研发，还是合作开发，一定要掌握核心科技。企业领导班子要团结和谐，对于企业发展的大方向要一致认可并坚决贯彻，只有这样才能在设计、生产、销售和管理等工作中始终保持同步，才能健康发展。

追求技术的同时，不能放松对品质的要求。市场是最好的试金石，随着消费者越来越精明，购买力的提高，人们对产品品质的追求也是越来越高，只有不断提升品质，才能不被市场淘汰。只重技术而忽视品质，是企业产品生产的一个错误，必须及时改正。

智能乐器是传统乐器的有益补充。传统乐器的学习需要从小培养，长期坚持。相对于传统乐器，智能乐器更适合那些没有乐器基础的成年人来使用。也许短时间内，智能乐器对传统乐器市场会有一些影响，但它把那些想学乐器但又被复杂的演奏所阻挡的人拉回到乐器学习上来，它丰富了乐器种类，创新了学习乐器演奏的方式，扩大了社会的音乐人口。

六、材料配件篇

2014年，国内乐器材料配件行业发展平稳，面对行业市场竞争日趋激烈，国内中小型材料配件企业基本完成技术改造，为全行业制造工艺发展助力，使得材料配件产业分工更加细化，产业结构向专业化发展，取而代之的是一批诸如：钢琴击弦机、键盘、外壳、成品组装等专业制造厂家，细化分工促进钢琴产业的科技进步。

2014年材料配件行业宏观市场数据

乐器用弦和弓弦乐器零配件出口增幅明显。2014年，材料配件行业工业总产值为9.63亿元，同比增长7.6%，主营业务收入8.68亿元，利润总额6106万元。据海关统计，2014年各类乐器零配件出口金额1.11亿美元，同比增长8.84%，占全国乐器总出口额的4.9%。其中，乐器用弦出口金额872万美元，同比增长6.99%；钢琴零件附件出口金额4317万美元，同比增长0.37%；弓弦乐器零配件4319万美元，同比增长25.58%；电声乐器零配件4230万美元，同比下降0.87%；其他零配件8811万美元，同比下降0.04%。

乐器用弦与电声乐器配件进口增幅显著。2014年，各类乐器零配件进口金额1.107亿美元，同比下降9%，占全国乐器总进口额的34.8%。其中，乐器用弦进口金额653万美元，同比增长13.48%；钢琴零件附件进口金额2900万美元，同比下降9.09%；弓弦乐器零配件1107万美元，同比下降3.15%；电声乐器零配件3032万美元，同比增长7.04%；其他零配件3383万美元，同比下降23.56%。

2014年材料配件行业总体运营特点

材料配件行业有三种业态：其一，将提高配件质量和服务作为第一要务，持续加大技术、质量和管理各类资源投入，履行高端客户、高品质和高附加值的经营思想，维系和促进企业安全、健康发展，已渐趋成为配件行业主流；其二，经过十几年或者更长时间的创业积累，企业不可避免地进入发展惰性期，部分企业或因满足财富积累，而致经营注意力转移，内部改善和必要资源投入跟进不足，企业运行和产出质量看似平稳，实则已显病老之态；其三，当前乐器制造业局部竞争无序，部分行业进驻者从业资质偏低，缺乏对材料配件行业阶段性发展地认识和理解，绝大多数新进入者的低质低值生存状态，在一定时间内成为行业局部无序化竞

争的主要因素。

中小型材料配件企业完成技术改造。2014年，乐器材料配件行业总体发展平稳，特别是在钢琴的音源设计制造上，国内稍有实力的中小型企业完成了技术改造，大量数控设备的引进，有效提升产品标准化程度，为国内中小型钢琴企业提升产品品质，提供了关键的技术基础保障。值得一提的是，作为乐器材料配件行业上游的设备制造商，北京东奇众科技术有限公司提供的数控机床设备，为钢琴行业上游企业的品质保障起到了关键性作用，其产品采用海外西门子工艺软件，包括自动化的机床轴承和连动杆，都是按照钢琴音源制造工艺需要，通过自动化设备进行组装和连接。

材料配件行业发展加强产业上下游合作。从产品功能性需求的角度出发，企业将产品作为零部件的加工者和产品制造的参与者。如宁波森鹤乐器与德国贝西斯坦钢琴的技术合作中，不断在外方的工艺要求汲取技术经验，不断提升对钢琴部件的功能和品质认识。森鹤乐器反映，近年来，国内钢琴产品技术进步很快，但真正要与国际钢琴匹敌，还需要不断地努力和提升。当前，世界钢琴制造业以欧洲、北美、日韩和中国为主要生产基地，美国年产量预计不过千架左右，欧洲以德国为主体，代表钢琴制造业的高端地位，以零配件组装为主。海外除雷诺击弦槌外，国内钢琴配件企业基本都可以提供配套服务。

原料进口存在短板。2014年，材料配件行业还存在不少短板，如钢琴和其他乐器所用的琴钢丝，制造规格高，市场需求尚有限，每年国内依然需要进口；钢琴羊毛毡依然依赖德国进口，国内虽然具备钢琴尼毡的生产能力，但缺乏对产品精细化加工的精神和工艺追求，对自身制作工艺缺乏自信；第三，国内大量化工胶水依然需要日本进口，原因在产品的干燥速度、粘度，以及抵抗其他配件的温度等功能，国产化工胶水还无法与国外抗衡；第四、国外钢琴外壳的油漆和打磨技术都不及国外，反映出国内钢琴材料配件制造工艺与国际差距尚存。

音源技术和替代材料研发仍需加大科研力度。当前，国内钢琴制造业在钢琴共鸣系统的设计技术上还有很多的路要走。要真正实现系统的科学力学计算而配置的音板弓高弧度和肋木的几何尺寸等，需要钢琴制造企业投入相当的资金和人力，采取和具备振动、声学测试和分析科研实力的高校、科研院所进行钢琴声学测量项目的对接，通过对优质钢琴的音板振动特性进行客观的量化分析，找到内在相互联系的规律，实现理论指导实践的成果;其次，建议国产钢琴要加大材料的科研立项。从材料替代、材料力学、材料声学多个范畴展开深入科研工作。当前，已有钢琴企业的击弦机中档和背档使用铝合金替代木质材料，又出现工程塑料替代击弦机木制配件，近年也出现碳素纤维制作击弦机产品的成功科研案例。同时，材料科研项目中还涉及木材的改性问题，即是将软性木材用高压压缩和浸渍的技术，提升木材自身的密度。在节约资源和绿色环保的概念下，如何以低质原料通过科技加工，替代高品质原料，其科研意义显而易见。

2015年材料配件行业展望

当前，材料配件行业面对上下游的合作关系多数局限于产品“供需”原始层面，如何在合作广度、深度进行纵深发展，譬如工艺技术交流机制、功能性探讨和评价机制，以及在构建文化认同机制范畴寻求突破，成为材料配件行业面对的现实课题。由于国内各材料配件企业的定位和价值观不同，导致企业发展水平非常不均衡。优秀材料配件制造企业更加希望得到民族钢琴制造企业深层次的认同和支持，各分支行业资源强强联手，促进民族乐器制造业有序发展。

第二，鉴于钢琴本身的特性所决定，冗长的产程链和庞大的资金周转承载，无疑是钢琴企业经营的难点和风险所在，专业化配套企业的作用恰恰在于解决和转移了这个问题。必须更加充分认识当今社会分工极致细化所产生的客观红利，钢琴制造企业和配套企业可以采纳互相认可的且符合法律和技术的操作手段，在满足和确保双方企业经营安全的条件下，不同性质企业以最精炼的运行模式、最小化的资源投入，发挥自身核心优势和核心竞争力，实现目标市场的最大化。

第三，在全面提高钢琴品质方面。尽管最近几

年由于钢琴部件制造业的关键技术工艺、技术装备和现代化检测设备的改进和使用，钢琴零部件品质今非昔比。如何达到钢琴结构性的配合联动，以及在钢琴安装后声学品质和演奏性能的预期效果，需要主机厂家的共同配合和提高；同时，钢琴是工业化和艺术性的统一。工业化的要求就是标准化，要求包括钢琴各个组件规范标准、整齐划一，击弦系统灵敏、耐候性能强等等。特别是随着音乐人口素质不断提高以及对高品质钢琴的需求，对钢琴艺术性的期望值会越来越高，这又是值得主机和配套企业需要共同合作来完成的事情。

在新的一年里，材料配件专业委员会希望在中国乐器协会的领导之下，进一步、更广泛地参与会员企业之间、与各兄弟分会之间的交流、沟通和合作，多做一些有利于行业发展和进步的实际事务，希望我们所从事的产业和我们所从事的钢琴产品的文化品性和应有价值实现合理的回归。

七、西管乐器篇

2014年，西管乐器行业全年生产经营继续保持维稳态势。铜管乐器产能有所提升。国际区域市场进出口业务出现阶段性波动。国内乐器企业通过强化生产标准化流程，提升产品的制造水准，在外销市场疲软，内销市场渠道多元，成本上升的不利因素下，获得全年西管乐器生产经营和文化市场协同发展的总体格局。

2014年西管乐器行业宏观数据

全年产能继续拓展，区域市场出口量降幅明显。2014年，西管乐器行业总产量为119.96万支，同比增加18.09%，其中长笛产能增长显著。2014西管乐器规模以上企业主营业务收入8.49亿元，利润总额8455万元。据海关统计，2014年西管乐器出口总量66.97万支，出现小幅下降为5.31%，出口金额下降2.26%。出口的国家地区中，仍以北美和欧洲国家为主导，其中铜管乐器巴西出口量降幅明显，达到56.64%，出口金额降幅达到52.86%，其他管乐器香港和巴西出口量降幅明显，分别为48.67%和38.47%，出口金额降幅分别为26.88%和36.35%。针对巴西管乐出口大幅降低，或由巴西乐器市场外汇出口审批严格，造成乐器出口巴西出现阶段性的大幅下调，实际是该地区的乐器需求依然旺盛，但多数乐器采购商由于没有拿到政府的采购配额，而造成巴西乐器出口量下降。

全年进口量小幅增长，局部市场出现波动。2014年，西管乐器进口总量为73306支，同比增长56%，进口金额为707.6万美元，同比增长5.6%。其中，铜管乐器进口量增幅44.56%，进口金额出现小幅下降为2.96%；其他管乐器进口量增幅显著为57.31%，进口金额同比增长13.86%。在进口前10名国家中，出现两极化发展势头。其中，铜管乐器进口美国和日本增幅明显，美国的进口量和金额分别达到44.73%和62.78%。而对于德国、我国台湾地区、法国等地却出现不同程度下滑，其中法国进口量降幅达到86.62%；其他管乐器，日本和英国增幅显著，其中日本进口量同比增加33.32%，进口金额同比增加33.46%。法国进口量降幅达到63.04%，进口金额反向增长59.44%，反映出国内对法国高端管乐的需求增长，德国其他管乐器首次出现进口量和金额的双向下滑，分别为70.59%和51.97%。

2014年西管乐器行业总体运营特点

2014年，西管乐器行业总体处于产销稳定、产品结构处于调整维稳阶段，国产管乐声学品质有待提升。西管乐器全年产能近120万支，出口90万支的配比属于正常经营状态。从生产数据看，总体呈现铜管乐器产能继续呈现上升趋势，木管乐器有所收减的态势，但不排除局部乐器出现市场波动现象。当前，内销市场仍以黑管、长笛、小号、萨克斯普及品为主体，成为行进管乐队的主要配器设备，中音号、双簧管、巴松居次，产品主要面对院校管乐学生和普及管乐爱好者，在北美市场多以礼品赠送为主要消费特征，在美国中小学开学期间，学校会集中大批量采购管乐器，成为校内管弦乐团体的主要占比。国产西管乐器占乐器消费市场近70%左右份额，中档管乐器以天津功学社和欧美品牌（德国铜管、法国木管、美国中低音管）乐器为主，专业

管乐学习者和乐团演奏者仍以欧美管乐品牌消费为主，价格比国产管乐贵近10～20倍。

当前，国产管乐面临的主要问题是普及品向中高端产品转型，在关键声学品质、乐器演奏键感在精细度和准确度上还有待提升，对专业管乐产品的市场需求、专业制造工艺标准认识不足，技术改进措施不够有力，国产管乐仍然处于中低档普及品的生产制造期。国产管乐专业化产品的制造仍处于瓶颈期。由于环境压力、人力成本等诸多压力，造成企业运营成本增高，利润下降，成为西管行业发展的共性问题。

企业注重技术进步，新产品更换率速度提升。河北金音、天津津宝、河北华声乐器等企业，2014年都有不少新品问世。同时，国内中小西管乐器企业通过引进和技术合作，也研发出不少新品。从普及乐器产品向中档型号产品的尝试和转型，透过2014年上海国际乐器展众多商家的展品看，西管乐器产品的升级换代成为2014年西管乐器行业的突出特点。2014年，天津津宝乐器西管乐器生产总量近20万支，产品结构以小号居多，产量近9万支，萨克斯和长笛近2万支，全年产量处于维稳态势。产品外销市场比例达75%，产品以OEM和自主品牌协同发展，通过不断提升产品的标准化工艺水平，以提升市场的竞争力。

设备机械化程度提升，提升生产效率，抵御成本增长压力。西管乐器的机械化加工不亚于钢琴的机械化加工程度，从前期部件加工到乐器零配件的自动化生产，以及乐器组装流水线的模具化和标准化程度提升，西管乐器企业的设备升级改造和专用设备定制，成为2014年行业发展的明显特征。以津宝乐器为例，通过引进先进数控设备，并通过企业的自主创新，将设备应用设备流水线中，有效提高劳动效率、保证质量、节省人力，从产品加工的标准化入手，解决产品提档升级的现实问题。2014年，津宝乐器为顺应国家绿色低碳的产业发展政策，在企业环保设备投资上达到近2000万，包括乐器喷漆设备有害物质排放、粉尘的过滤和控制，以及生产环境的空气净化，津宝新增1000万的设备投资，淘汰传统静电喷涂设备，引进全自动、绿色环保的静电油漆喷涂设备。面对未来发展，津宝乐器还会扩建2万多平米的打击乐厂房，改善提升工人的生产环境。

部分企业围绕电子商务和学校音乐教育，开发中小学校和网络用户定制产品。2014年，金音乐器集团针对院校师生和老年乐器爱好者开发了专属产品，同时在工艺上进行改革和创新，集团申报乐器科技专利近40个，全线产品实现标准化制造和生产，其中，萨克斯、长笛、黑管产品，都按照中小学生的生理特征进行了乐器形制的研发和配置，从而来进行深入技术改造。同时与国家教育装备中心进行积极沟通和研发，与边缘地区的学校进行合作，来开拓和支撑学生管乐市场。2014年，河北金音乐器集团反馈，企业西管乐器产值较2013年增长超过10%，木管乐器长笛产能增幅显著，或与国家倡导推行素质教育、乐器进校园政策相关，长笛乐器轻巧便携，更始于学校乐器普及教学所致。2014年，金音乐器集团继续发挥武强产业园区的龙头作用，不断协同当地政府进行招商引资工作，如德国GEWA品牌在武强产业园区占地面积已拓展至6万平米，实现了电子乐器配套产品生产制造体系。当前，园区入驻品牌企业近十几家。管乐产销与音乐文化活动紧密结合，通过校企联合和师资培训，向基层教学单位推广优秀教学法和配套设备。2014年1月19日，中国音乐家协会管乐学会于在北京召开年会，中国文联、中国音乐家协会、解放军军乐团等有关部门负责同志到会。管乐学会领导、高级顾问、会员代表、全国各地管乐组织负责同志及乐器厂商代表共聚一堂，畅谈工作，为新年工作开展谋篇布局。

2014年5月1日至3日，中华号角——2014上海之春国际音乐节管乐艺术节于在上海市成功举办。本届规模之大、水平之高、亮点之多、影响之大，均创历届之最。来自国内外的80余支管乐团队，近5000人参加了各项丰富多彩的演出活动。中国文联副主席、中国音乐家协会分党组书记徐沛东、上海市、中国音协及中国音协管乐学会、解放军军乐团等单位领导出席管乐节各项活动，数十万观众通过各种媒体观看了管乐节的盛况和各项演出活动，中央电视台、上海电视台等数十家媒体宣传报道了这一盛会。

2014年8月3日至8月8日，第三届“中国管乐杯”全国中小学生管乐独奏展演于在青岛市成功举办。来自北京、上海、天津、重庆市和山东省等21个省的600余名中小学生管乐演奏者齐聚青岛，开展了一系列丰富多彩的活动。通过观摩大师课和第九届中国音乐金钟奖（长笛、单簧管）比赛，展演活动在青岛和全国产生了广泛的影响，对于推动全国中小学生管乐艺术的发展起到了重要推动作用。

2014年，为培育管乐学习人群，肩负社会音乐普及推广责任，津宝乐器向国内12所行进管乐团体赠送配套乐器设备，其中包括湖南和湖北海军基地，同时包括国内数十所贫困山区的学校。为提升国内行进管乐队的教学水平，津宝乐器与中国管乐学会行进艺术联合会、中国打击乐协会鼓手联合会共同主办行进管乐师资培训班，惠及国内20多个省市的100多名师资，且津宝乐器会将此培训作为常设项目，每年分期分批进行管乐师资艺术培训。无论是管乐社会组织，还是乐器企业，都在创造性地开展管乐文化品牌的创建和市场培育活动，构成2014年管乐市场的新亮点。

2015年西管乐器行业展望

评估未来西管乐器行业的发展，由于西管乐器属于市场需求稳定，产业持续发展乐器分支行业，乐器出口占70%以上，国内西管乐器普及率仍处于高位，国内西管行进乐队仍处于成长的阶段，未来市场仍有需求空间，从普及到专业，西管乐器成为多元化发展路径的乐器产品，产业规模化发展空间和产品质量效益提升幅度仍有潜力可挖，西管乐器仍是一个具有发展潜力的行业。国产管乐未来发展，必须要突破普及品向专业化产品转型的技术瓶颈，有序开发国产管乐的中高档产品，最终能与日本和台湾地区的品牌产品相提并论；其次，研发市场的拓展，包括对于室内音乐和行进管乐细分市场的研究仍有待加强，国内懂得产品演奏的高级专业技师人才相对匮乏，与专家团队结合度不高。且国内高校的管乐修造专业人才，最终流向了乐器维修行业，高级技术人才的短缺成为制约行业发展的现实因素。评估未来西管乐器市场，我国院校乃至音乐普及人口众多，市场消费潜力难以预估，在国家素质教育的政策指引下，乐器营销的重心将从外销市场转向内销市场。

八、打击乐器篇

2014年打击行业数据分析

据海关总署数据显示，2014年我国打击乐器外销市场扭转疲态，行业发展态势良好，全年向150个国家和地区出口打击乐器1329.89万件，同比增长25.68%；出口总额1.49亿美元，同比增长10.49%，扭转了2013年双线下滑的态势，市场颓势正在消退。美国依然为打击乐器主要出口国之首，出口量及出口额均现上行：2014年出口美国市场总量为228.71万件，同比增长5.91%，出口美国市场金额为3973.67万美元，同比增长16.19%；德国打击乐器市场出现弹跳性增长，出口总量为369.53万件，同比涨幅创近年来新高，增长263.94%，出口美国市场金额为845.94万美元，同比增长70.37%。数据显示，2014年，打击乐器出口前十的国家中，大多出口额增减幅超出口量，出口单价上升，从而反映出我国打击乐器企业产品结构调整成效显著。

2014年中国从世界36个国家和地区进口各类打击乐器58.11万件，同比增长6.20%，进口金额1023.74万美元，同比增长19.76%。主要进口国家和地区为印尼、美国、荷兰、德国等国家和我国台湾地区。其中，德国和台湾的进口量及进口额现下行，降幅均超过两位数。

2014年，打击乐器中仅鼓的专利发布共计33项，其中，发明专利6项，实用新型专利14项，外观设计专利13项，均较2013年有所增长，企业研发创新能力逐年提升。

行业年度生产经营发展特点

1、电鼓发展势头强劲

2014年我国打击乐行业迎来春天，儿童启蒙及成人音乐教育市场不断升温，为打击乐的发展培育了无限的市场空间。其中，电鼓受到热捧，它不仅能够表现多种鼓的音色，而且也解决了练习中的噪音问题，为打击乐器行业的发展开辟了许多新思路，创造了更多商机。包括罗兰、柏斯、九拍等机构都推出了电鼓的网络课程，可以帮助乐手在任何时间任何地点独立学习演奏和练习课程，这种模式迎合了很多成年人的生活习惯。与传统打击乐器相比，电子打击乐器的技术含量和产品附加值较高，市场前景很好，因此发展潜力更大。

2、儿童打击乐器市场空间大

相对于传统的一对一教学，近年来，音乐启蒙集体课受到关注，各类儿童打击乐器被广泛使用在课程中，产销量增长较快。与此同时，过去主要以玩具类产品出现的儿童打击乐器，也呈现出了多样化、专业化、功能化的特点，在追求形制和娱乐功能的基础上，对产品的音色和教育功能的追求也更为突出。集中在河北廊坊一带的儿童打击乐器制造企业，已形成特色产业区域，但企业规模都不大，仍以贴牌为主，对出口依存度较高。

3、传统文化热潮促民族打击乐发展

打击乐器门类繁多，特别是中西打击乐器演奏形式以及对生产条件和制作技术的要求差别较大，因此，从事打击乐器制造的企业数量众多，且地区分散。随着越来越多的人钟情于传统文化，民族乐器产业的发展势不可挡，其中，民族打击乐器得到了空前的发展机遇。在一些民族打击乐艺术发源地和传统艺术聚集区，如陕西、山西、安徽、湖北、广西等地，依托民族打击乐器制作的传统优势，出现了一批颇具规模的民族鼓和响铜乐器生产企业，其产品不仅供应国内市场，也出口海外，成为新的经济增长点。

4、打击乐器进入品牌营销时代

随着打击乐行业不断发展提升，越来越多的消费者在选择打击乐器时不仅关注产品价格、质量、售后服务，更关注品牌的知名度和商家的美誉度。各打击乐企业积极进行大胆的尝试，将品牌文化渗透到各类相关的音乐活动中，对品牌进行营销，培育市场口碑，赞助了国内大中小学乐队及各类艺术节、举办行进管乐培训及比赛，品牌效应意义凸显。

存在的问题和解决办法

(1)、2014年，打击乐器企业在技术创新和文化市场培育方面不断寻求新的突破。在市场经济的作用下，原有的OEM贴牌逐步被弱化，占比逐年减少，开拓国内市场打造自有品牌迫在眉睫。欣慰的是，很多企业已经着眼于此，并且也尝到了甜头。但品牌的营造绝非一朝一夕之功，需要的是长期的口碑积累、品牌营销、市场培育以及产品不断的优化与提升，打击乐器企业需从“贴牌加工”转型至“产品+服务+品牌”。与此同时，高品质的产品是品牌建设的保障。以产品品质为基础，进行品牌的长远推广，才能达到最高效的品牌传播效。

(2)、很长一段时间里，中国的打击乐器产品主要集中于普及型的大众消费产品，其中爵士鼓、军鼓、拉丁鼓、镲片等产品由于性价比较优，大量出口海外市场。随着打击乐器受众群体品牌消费意识增强，出现普及打击乐消费市场逐步降温，中高端打击乐产品消费逆势升温的趋势。企业应针对这一市场需求变化，迅速做出反应，加快调整产业结构，满足当下市场的新需求。

(3)、未来，打击乐器行业还将继续面临成本快速增长的挑战。生产成本、管理成本、劳动成本等各个环节逐年增长，高成本难获高收益，企业压力增大。长远来看，提升企业研发力度、设备更新换代、需找替代材料是降低制造成本的有效方法。与此同时，节能环保要求也在不断提高，如不尽早部署和规划，在史上最严环保法下，企业的未来发展将举步维艰。

九、口琴、手风琴、竖笛篇

口琴、手风琴、竖笛自20世纪初传入中国，以其携带方便、价格便宜、简单易学等特点逐渐为国人接受，成为我国社会音乐文化生活的重要组成部分，也是各地中小学校园乐器学习的传统项目，对大众音乐的传播与交流起到积极的推动作用。口琴、手风琴、竖笛企业因由这种历史优势，发展状况相比其他类乐器行业更加稳定。盘点过去一年，各骨干企业通过学校音乐设备采购招标、参加国内

外乐器展览会、网络销售、与院校合作举办音乐会和培训、自主研发新产品新技术等多元化的手段，不断扩大企业在国内外的知名度、提高产品品质，保持了产销基本平稳的态势。

行业主要运行数据

据不完全统计，行业骨干企业产销量平稳。2014年口琴年产1441.47万只，同比减少2.43%。口风琴年产542.2万只，同比增长25.96%。竖笛年产1716.84万支，同比增长49.03%。48贝司以上手风琴年产8.34万台，同比增长1.3%。

据中国海关数据，2014年，口琴出口数量787.52万只，同比增长5.77%；出口金额1175.62万美元，同比减少5.57%。口琴出口到世界101个国家和地区，出口前10位的分别是美国、日本、德国、马来西亚、英国、韩国、印度、巴西、厄瓜多尔、阿拉伯联合酋长国。中国从世界8个国家和地区共进口口琴2.74万只，同比减少72.73%；进口金额45.3 万美元，同比增长61.63%。其中，从美国进口3007只，进口金额5.1万美元，美国成为继日本、德国后的第三大口琴进口国。以进出口前三位国家为例，口琴出口数量虽有所增长，但是出口平均单价有所下降，进口平均单价则高达17.6美元，数据反映出我国口琴仍然以中低端产品作为主要出口品类，国内市场对进口产品的需求减少，国内外产品价格差距明显。

手风琴及类似乐器出口世界85个国家和地区，出口数量58.75万只，同比减少12.31%；出口金额2087.64万美元，同比增长5.5%。出口前10位的国家分别是巴西、美国、韩国、墨西哥、德国、智利、日本、哥伦比亚、阿根廷、荷兰。中国从世界7个国家和地区进口手风琴及类似乐器862只，同比增长612.4%；进口金额7.97万美元，同比增长330.07%，企业产品结构调整稳步进行，产能变化不大，效益提高；国内市场对进口手风琴仍有很高的热情。

据国家知识产权局网站统计，2014年口琴、手风琴、竖笛类专利总数为108件，同比增长42.11%。其中，口琴57件，同比增长42.5%；手风琴39件，同比增长18.18%；竖笛12件，同比增长300%。三类产品的外观设计专利较2013年均增幅显著，达到82件，同比增长412.5%。

总体运营状况与特点

1、文化活动活跃促进市场繁荣

教育部为了落实德、智、体、美全面发展的教育方针，推动学校体育和美育的改革与发展，逐步推进素质教育，决定在全国义务教育阶段学校实施“体育、艺术2+1项目”。让学生掌握一门乐器，口琴则成为很多学校的选择，例如北京朝阳区武圣庙小学的口琴乐团，经过多年发展，已成为80人规模的大团，在各类国际、国内口琴比赛中屡获大奖。

企业积极利用文化教育的平台举办各类演出、比赛，开设培训班等。中国乐器协会口琴专业委员会获得了2018年第十二届亚太口琴节举办权。江苏东方乐器与北京海燕乐团合作举办“‘追梦100’2014北京中外名家口琴音乐会”，并通过网络进行全球直播；协办韩国口琴大赛，“东方鼎”口琴进入韩国市场。由上海口琴总厂、上海国光口琴厂、上海凯恩乐器、苏东方乐器等企业支持的程明德口琴作品音乐会。由金杯安琪乐器公司、南京艺术学院主办，上海师范大学音乐学院、江阴市文化艺术集团协办的“金杯之夜手风琴音乐会”在江阴大剧院举行。天鹅乐器与北京大学、北京海淀区教委、武汉硚口区教委等举办“天鹅”口琴、口风琴比赛。第三届“佰笛杯”全国手风琴大赛。江苏奇美多次配合全国各地教委举办一系列“奇美杯”课堂器乐演奏比赛和培训班等。各类活动如火如荼的举行，学习和购买口琴、手风琴、竖笛产品的热情空前高涨，对于培育和推动口琴市场起到了积极的作用，对于公司的品牌推广更是效果显著。

2、科技创新提升产品品质

2014年，国内多数口琴、手风琴、竖笛企业调整产能，将新技术、新工艺应用到企业生产中，提升产品品质，提高产品价格，保证市场利润。江苏东方乐器公司自主研发设备，根据产品特点定制机床，自行调试，成品设备销售或出租给其他研发能力弱的企业，企业目前在开发全自动、数字化操控的激光调音设备。成功研发双联贝斯和48组贴膜和

弦口琴，受到好评并成功进入国际市场。天鹅乐器对半音阶系列口琴进行改良，开发的半音阶黑色系列口琴，在质量和外观上都有了显著提高。金杯安琪乐器公司的“手风琴簧片研发基地”在困难中前行，与南京大学声学研究所和意大利司康达利公司深度合作，研制开发新型高档手风琴簧片，对已有的高档手风琴机械部分进行改进，提高产品的音质音量。改进琴体外观、减轻琴体重量，完善巴扬琴的品种，弥补了国内产品类别缺口。

3、调结构、转方式取得初步成效

口琴、手风琴、竖笛类产品，国内外市场基本处于供不应求局面，企业根据各自市场需求，有些投入设备、建厂房，扩大产能，有些调整产品结构，提升产品品质。奇美乐器公司投入资金创建了集现代化、信息化、自动化、智能化为一体的新厂区，厂区投产使用促进奇美乐器快速发展，提升生产能力和效率。东方乐器在2014年上半年就完成了50万支10孔20音口琴外贸任务。T008S、梦想者、T2406复音口琴也成功进入东南亚及欧美市场，获高度评价和连续返单。天鹅乐器在保持半音阶口琴国内占有率60%以上的同时，将出口美国、澳大利亚等国家的出口额上升了11.8%。金杯安琪公司对中高档手风琴倾注了更多的热情，有意识的向国外百年品牌学习，中高档产品增量，提升了企业效益。

行业存在的问题和未来展望

原材料采购成本高，研发新材料、新技术仅靠单一企业进行，既缺乏相关专业的高学历人才，新型研究设备、研究资金也捉襟见肘，各大企业之间信息交流不畅等问题也使研发课题的深入研究变得较为艰难，研发成本居高不下。而成本的增加又限制了新技术、新材料的普及推广，减缓了行业整体品质提升的步伐。

企业内部，工人的品牌意识、高质量意识不强仍然困扰企业发展。在材料、设备、技术与国外厂家持平的条件下，国内企业领导者和工人的个人素质差距成为影响产品质量的重要环节。面对行业未来发展，我国口琴、手风琴、竖笛制造业依然要积极利用文化教育平台，结合企业实际，利用电商等新型营销手段积极发展国内市场。同时在科技创新中逐步完成产业的升级转型，以高品质的产品、借助国际音乐平台推广国产品牌，提高国际影响力，使口琴、手风琴、竖笛产业持续健康发展。（完）

专 题

2014年我国乐器行业经济运行情况要览

乐器行业整体运行平稳 外贸形势乍暖还寒

重点提示:

● 220家乐器行业规模以上企业累计完成主营业务收入322.81亿元，同比增长10.35%；应收账款同比增长5.79%；产成品存货增长14.19%；出口交货值110.27亿元，同比增长13.93%；

● 全国乐器行业完成累计利润总额20.51亿元，同比增长19.04%；

● 全国乐器行业亏损企业数25家，比2013年减少7家。累计亏损额1.83亿元，同比增长29.63%，亏损面为11.36%，为近8年来最低水平；

● 2014年，全国乐器行业进出口总额20.29亿美元，同比增长3.91%。出口额17.11亿美元，同比增长3.05%；进口额3.18亿美元，同比增长8.84%；贸易顺差13.93亿美元，较2013年增加了2400万美元；

● 对欧盟累计出口额4.06亿美元，同比增长7.58%。钢琴出口额0.17亿美元（占4.31%），同比下降15.14%；

● 对金砖国家出口额1.27亿美元，同比下降6.62%。对巴西出口额0.7亿美元（占对金砖国家出口额的55.67%），同比下降7.82%；对俄罗斯出口额0.24亿美元（占19.35%），同比增长14.54%。

景气度处稳定区间 行业总体运行平稳

据中国轻工业信息中心发布的“2014年中轻乐器景气指数”走势看，全年12个月运行均处于稳定区域内，总体运行平稳。

从分指标看，只有主营业务收入指数一直处在稳定区域内，而出口指数、资产指数、利润指数走势变化不一。

分地区看，2014年12月，安徽省乐器指数处于过热区间；天津市处于渐热区间；处于过冷区间的地区有：辽宁、吉林、黑龙江、甘肃和湖北省；处于渐冷区间的地区有：河北、江苏和浙江省；处于稳定区间的地区有：北京、山东、河南、福建和广东省。与2013年同期相比，稳定地区有所增加。

从子行业指数看，只有西乐器一直处于稳定区

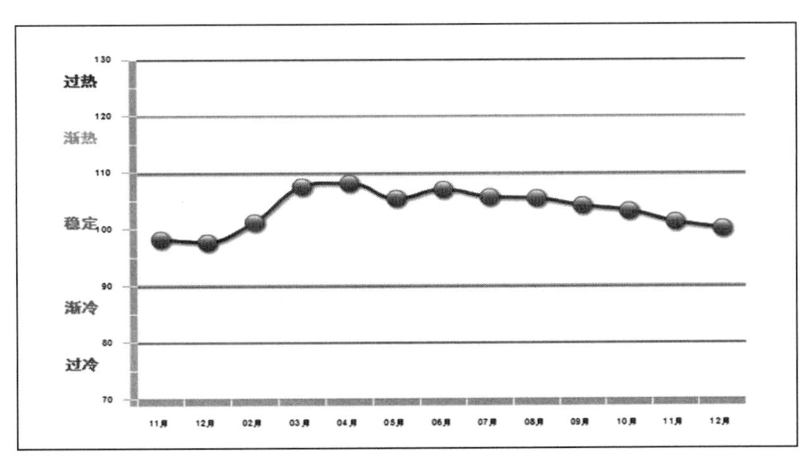

2014年乐器行业中轻指数走势

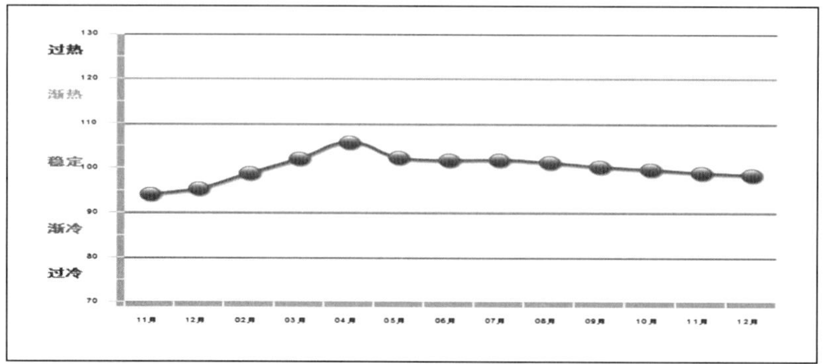

2014年乐器主营业务收入指数走势

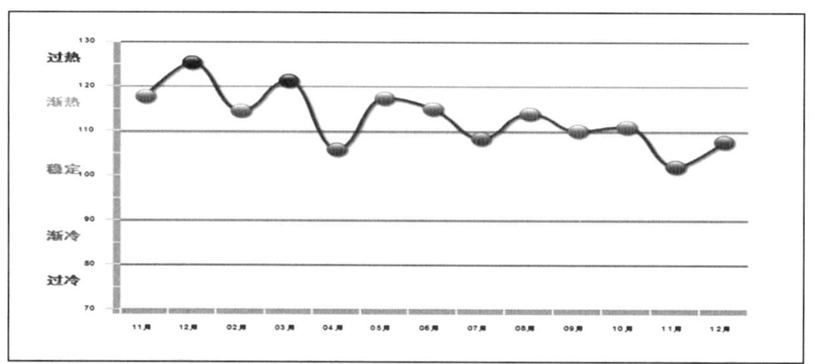

2014年乐器出口指数走势图

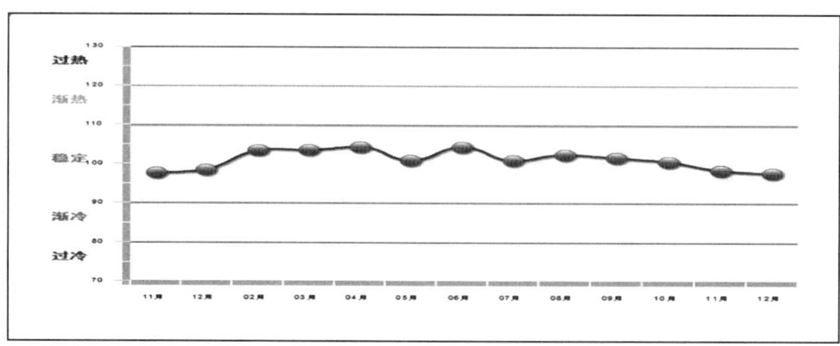

2014年西乐器及零件制造景气指数走势

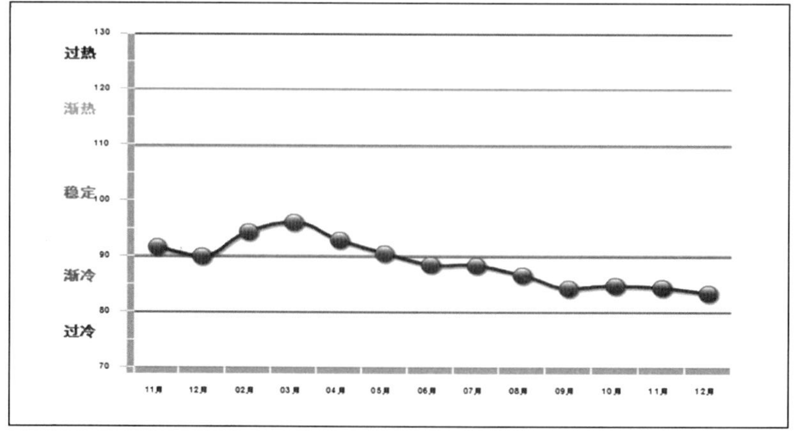

2014年中乐器及零件制造景气指数走势

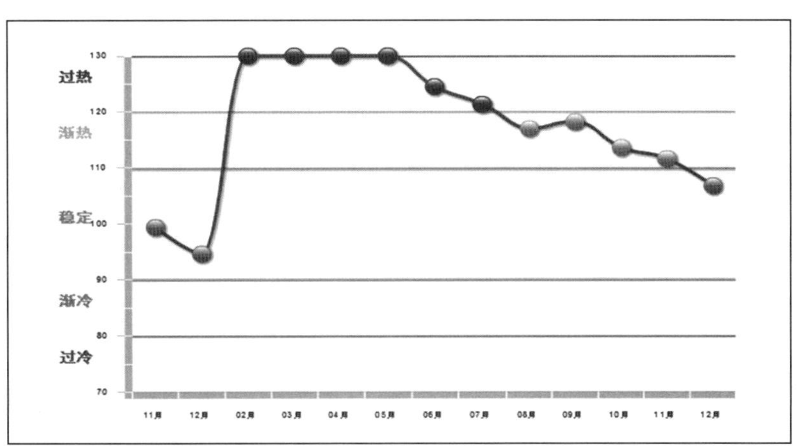

2014年电子乐器及零件制造景气指数走势

域内；中乐器从下半年起一直处于渐冷区间；电子乐器在3-11月间一直在过热、渐热区域内；其他乐器及零件制造景气指数波动较大，从6月份起在过热和渐热区间波动。

企业布局变化不大 广东仍居首位

2014年12月止，全国乐器行业规模以上企业共220家。从企业注册类型看，内资企业143家，比上一年同期增加7家；外商投资企业53家，比上一年同期减少2家；港澳台投资企业24家，比上一年同期减少2家。

从企业规模看，小型企业171家，比上一年同期增加5家；中型企业41家，与上一年持平；大型企业只有8家，比上一年减少2家。

从地区分布看，广东省、山东省企业数位于前两位，江苏和浙江省企业数并列第三位。

从子行业分布看，西乐器规模以上企业数118家，其他乐器及附件47家，中乐器30家，电子乐器25家。

主营业务收入继续快速增长 月度走势好于往年同期

2014年，全国乐器行业累计主营业务收入322.81亿元，同比增长10.35%，月度走势好于2012、2013年同期。其中，1月份主营业务收入19.57亿元，同比增长10.72%；2月份主营业务收入19.57亿元，同比增长10.72%；3月份主营业务收入24.88亿元，同比增长20.61%；4月份主营业务收入25.96亿元，同比增长30.02%；5月份主营业务收入22.36亿元，同比增长1.64%；6月份主营业务收入28.93亿元，同比增长11.43%；7月份主营业务收入30.11亿元，同比

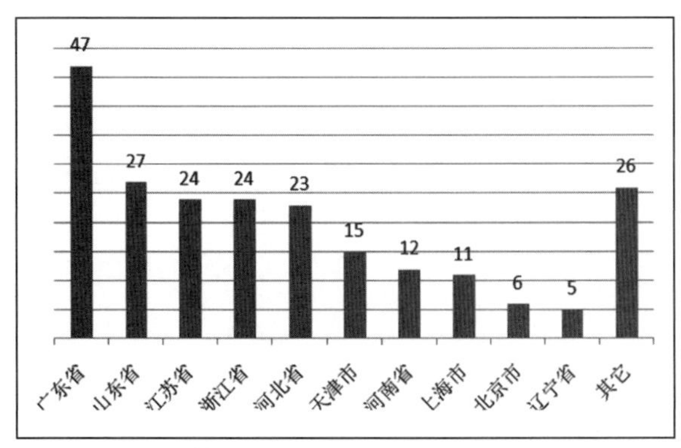

2014年12月止全国规模以上乐器行业企业数地区分布（家）

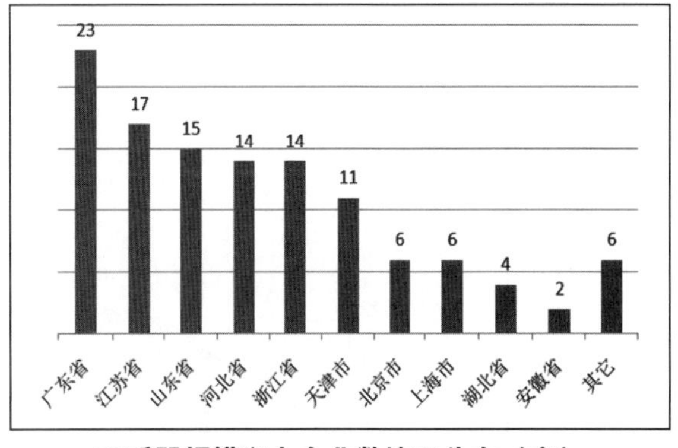

西乐器规模以上企业数地区分布（家）

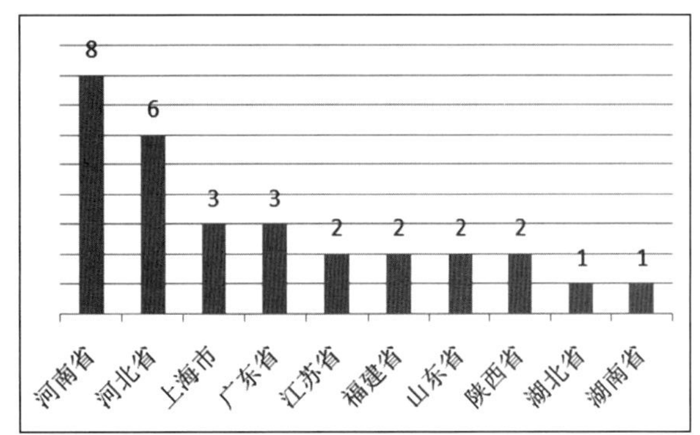

中乐器规模以上企业数地区分布（家）

11
5
3
2
1
1
1
1
广东省
山东省
江苏省
浙江省
天津市
辽宁省
上海市
福建省

电子乐器规模以上企业数地区分布（家）

增长14.31%；8月份主营业务收入28.08亿元，同比增长9.89%；9月份主营业务收入32.77亿元，同比增长6.25%；10月份主营业务收入29.61亿元，同比增长6.74%；11月份主营业务收入29.3亿元，同比增长3.84%；12月份主营业务收入31.68亿元，同比增长5.78%。

2014年，除中乐器外，其余子行业主营业务收入均保持增长态势。其中，西乐器累计主营业务收入169.89亿元（占52.63%），同比增长9.55%；电子乐器累计主营业务收入68.73亿元（占21.29%），同比增长10.84%；其他乐器及零件累计主营业务收入50.43亿元（占15.62%），同比增长21.47%；中乐器累计主营业务收入33.76亿元（占10.46%），同比下降0.51%。

大中小型企业主营业务收入均保持增长态势。其中，小型乐器企业累计主营业务收入149.05亿元

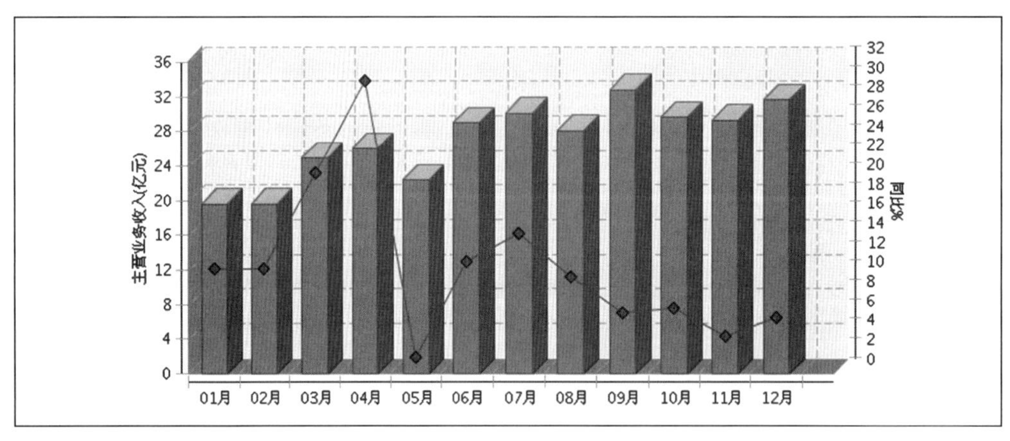

2014年全国乐器行业月度主营业务收入及同比

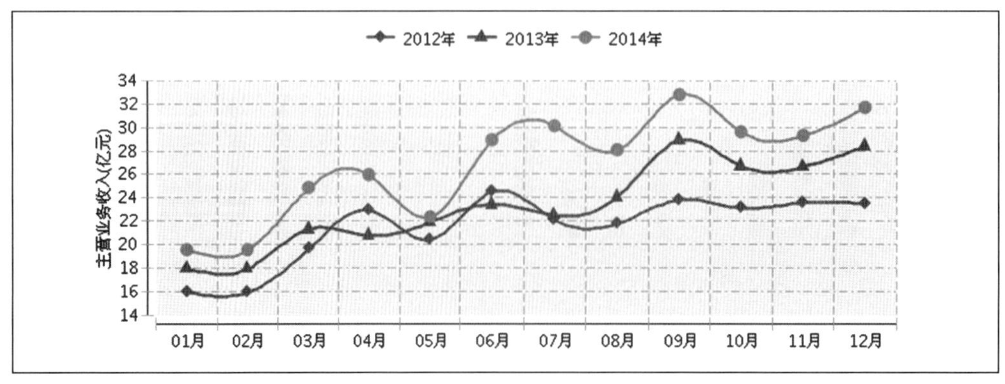

2012-2014年全国乐器行业月度主营业务收入对比

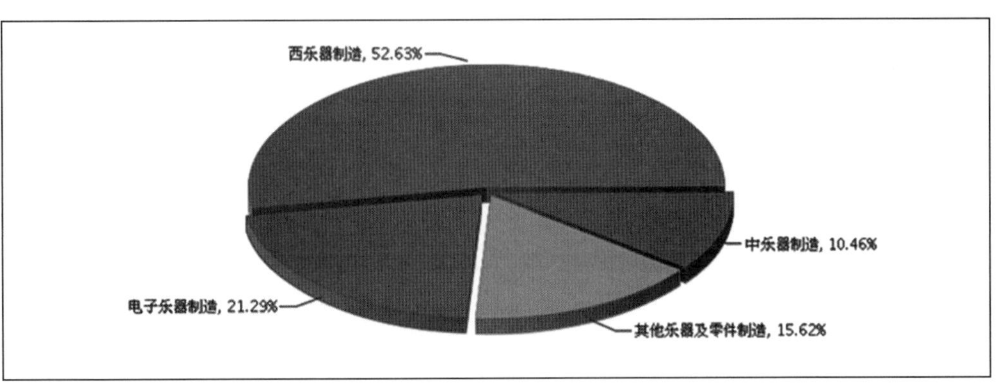

2014年全国乐器行业累计主营业务收入行业分类占比

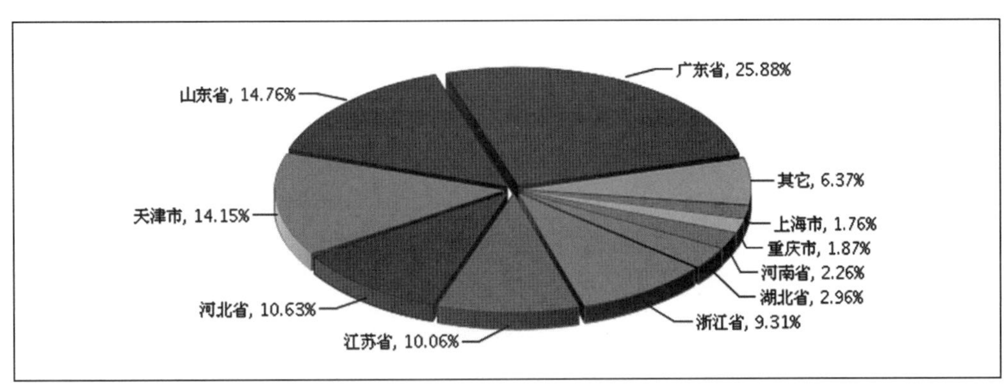

2014年全国乐器制造行业累计主营业务收入地区占比

（占46.17%），同比增长9.33%；中型企业累计主营业务收入106.14亿元（占32.88%），同比增长17.84%；大型企业累计主营业务收入67.62亿元（占20.95%），同比增长2.24%。

2014年全国乐器行业主营业务收入主要集中在广东省、山东省、天津市、河北省、江苏省、浙江省、湖北省、河南省、重庆市、上海市等地区。其中：广东省累计主营业务收入83.55亿元（占乐器行业25.88%），同比增长14.93%。

出口交货值波动较大 西乐器成出口主力

2014年，全国乐器行业累计出口交货值110.27亿元，同比增长13.93%。各月份出口交货值均好于2012及2013年。其中，1月份出口交货值5.45亿元，同比增长16.91%；2月份出口交货值5.45亿元，同比增长16.91%；3月份出口交货值7.78亿元，同比增长23.74%；4月份出口交货值8.33亿元，同比增长8%；5月份出口交货值8.88亿元，同比增长19.8%；6月份出口交货值10亿元，同比增长17.35%；7月份出口交货值9.54亿元，同比增长10.5%；8月份出口交货值10.05亿元，同比增长16.26%；9月份出口交货值11.19亿元，同比增长12.3%；10月份出口交货值10.33亿元，同比增长13.17%；11月份出口交货值10.2亿元，同比增长4.1%；12月份出口交货值10.15亿元，同比增长9.78%。

各子行业的出口交货值同比均有增长，西乐器成出口主力，占比超50%。其中，西乐器累计出口交货值58.68亿元（占乐器行业的53.22%），同比增长13%；电子乐器累计出口交货值30.02亿元（占27.22%），同比增长7.96%；中乐器累计出口交货值13.48亿元（占12.23%），同比增长10.06%；其他乐器及零件累计出口交货值8.09亿元（占7.33%），同比增长68.62%。

从企业规模分布来看，大型企业出口态势较好，累计出口交货值38.05亿元（占34.51%），同比增长21.31%；中型乐器企业累计出口交货值45.92亿元（占乐器行业的41.64%），同比增长15.68%；小

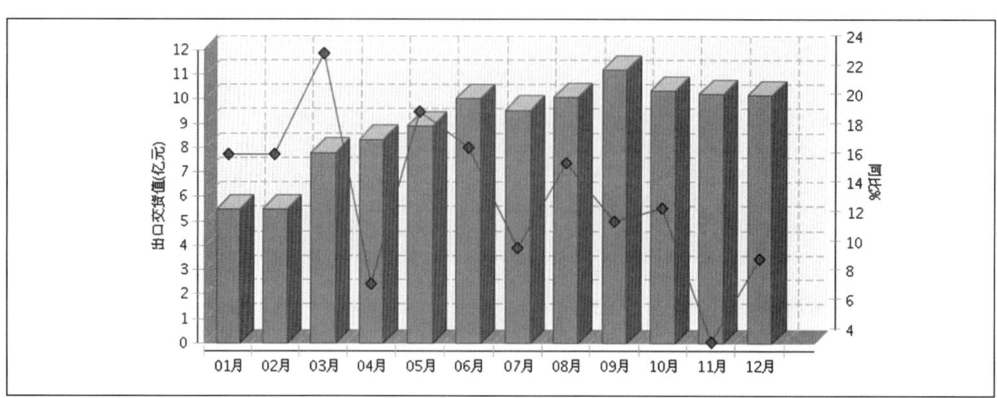

2014年全国乐器制造行业月度出口交货值及同比

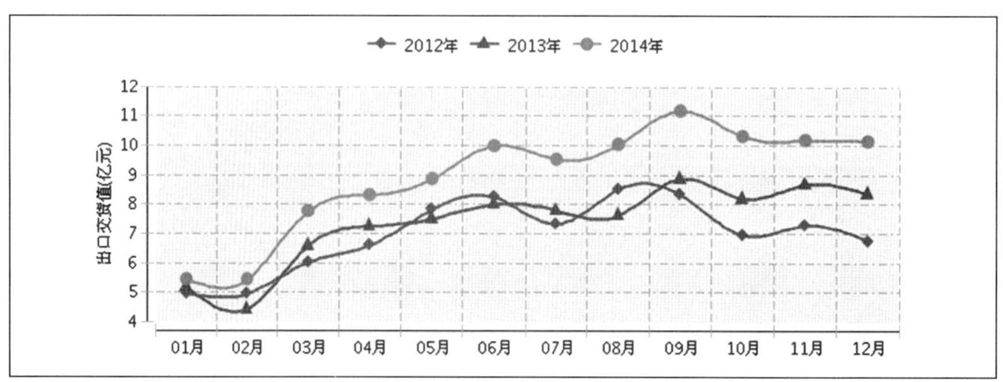

2012-2014年全国乐器行业月度出口交货值对比

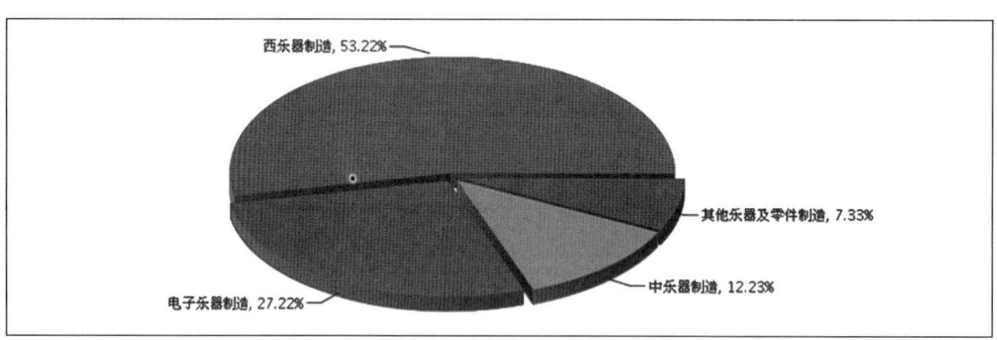

2014年全国乐器行业累计出口交货值行业分类占比

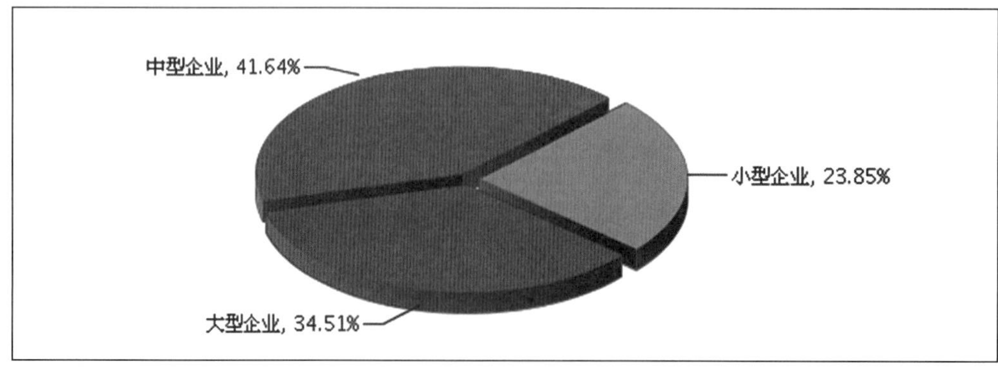

2014年全国乐器制造行业累计出口交货值企业规模占比

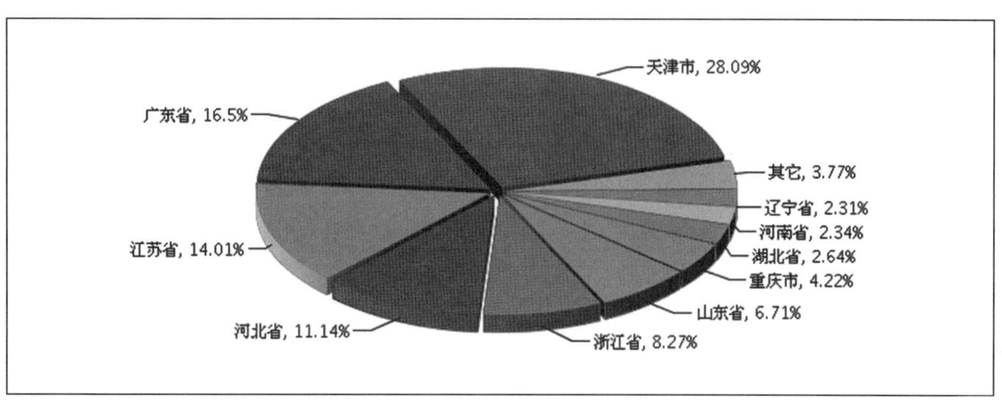

2014年全国乐器制造行业累计出口交货值地区占比情况

型企业累计出口交货值26.3亿元（占23.85%），同比增长2.24%。

2014年，规模企业出口主产区集中在天津市、广东省、江苏省、河北省、浙江省、山东省、重庆市、湖北省、河南省、辽宁省等地区。其中：天津市累计出口交货值30.98亿元（占乐器行业的28.09%），同比增长18.56%；广东省出口交货值18.19亿元（占16.5%），同比增长10.67%；江苏省累计出口交货值15.44亿元（占14.01%），同比增长1.9%；河南、辽宁等地有不同幅度的下降。

大型企业利润总额下降显著 电子乐器增长创新高

2014年，全国乐器行业完成累计利润总额20.51亿元，同比增长19.04%。其中，西乐器制造完成累计利润总额8.55亿元（占41.67%），同比增长5.41%；电子乐器制造完成累计利润总额6.17亿元（占30.08%），同比增长56.78%；其他乐器及零件制造完成累计利润总额3.15亿元（占15.35%），同比增长18.18%；中乐器制造完成累计利润总额2.65亿元（占12.9%），同比增长4.91%。

利润总额从企业规模分布来看，2014年乐器小型企业累计利润总额8.03亿元（占乐器行业的39.13%），同比增长27.91%；中型企业累计利润总额7.03亿元（占34.3%），同比增长44.11%；大型企业累计利润总额5.45亿元（占26.57%），同比下降10.27%。

2014年，广东省完成累计利润总额7.31亿元（占35.63%），同比增长39.74%；天津市完成累计利润总额3.83亿元（占18.67%），同比增长28.71%；山东省完成累计利润总额2.6亿元（占12.68%），同比增长18.62%。

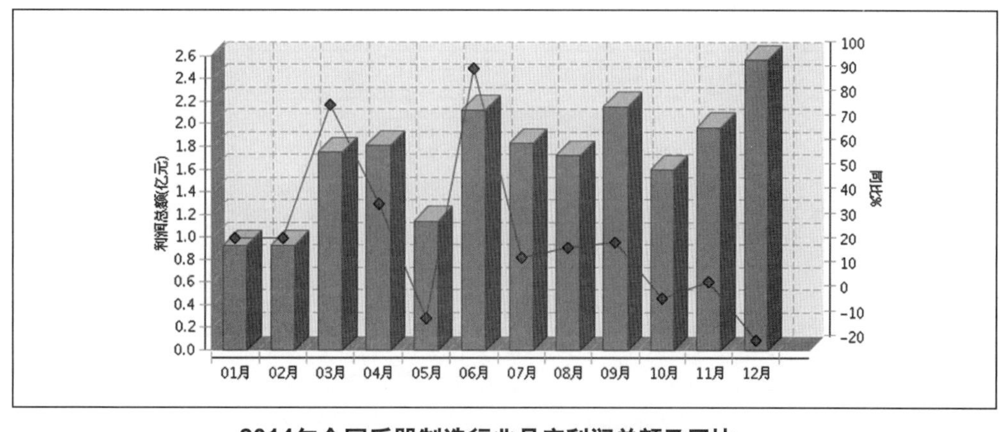

2014年全国乐器制造行业月度利润总额及同比

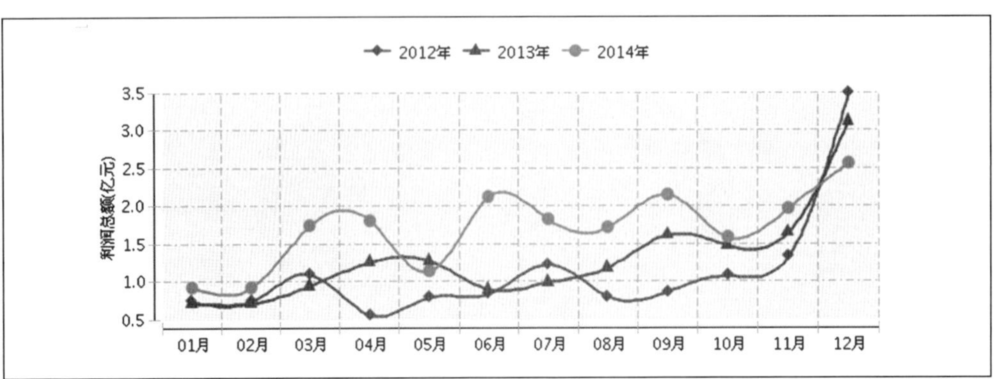

2012-2014年全国乐器制造行业月度利润总额对比

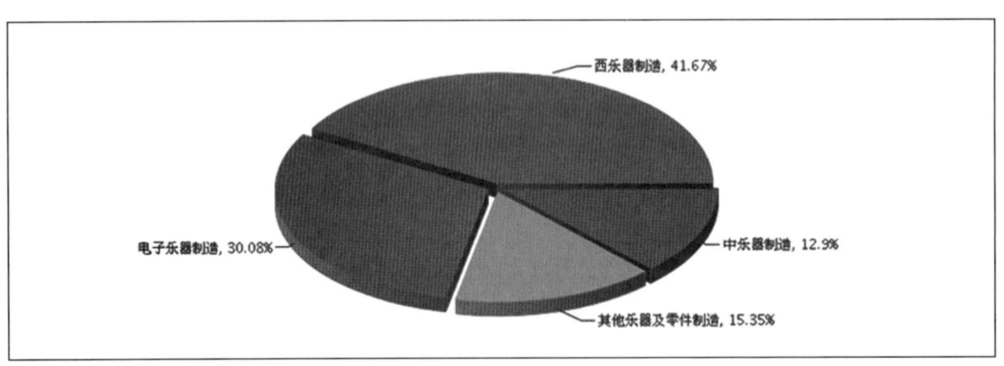

2014年全国乐器行业累计利润总额行业分类占比

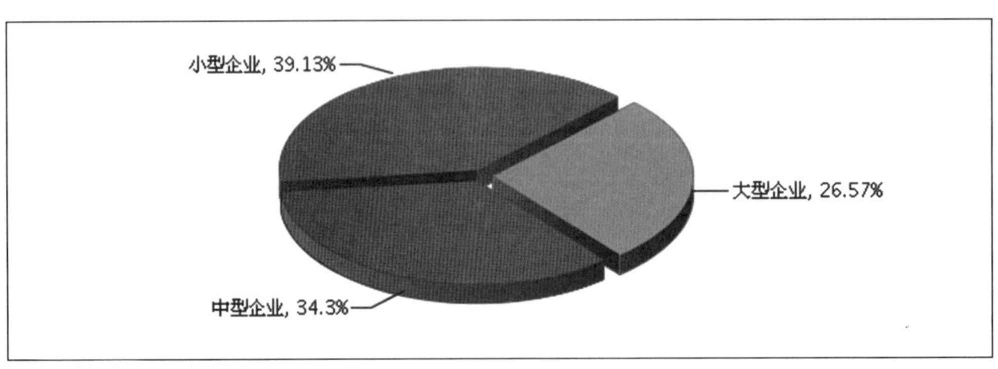

2014年全国乐器行业累计利润总额企业规模占比情况

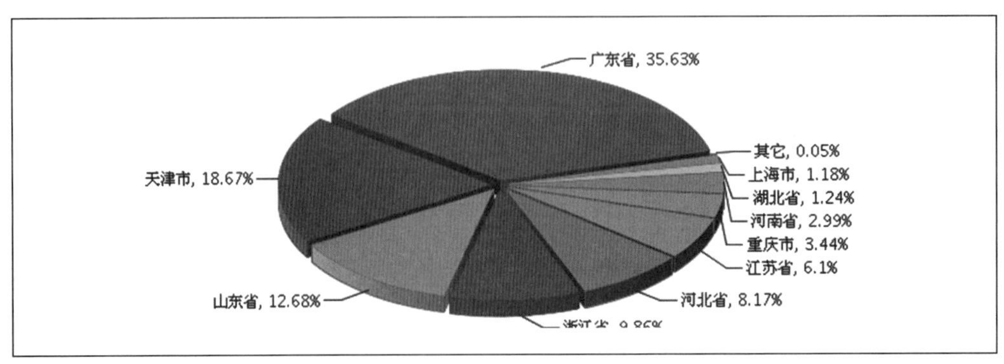

2014全国乐器行业累计利润总额地区占比情况

亏损面创八年来新低 西乐、电子乐高于平均水平

2014年，全国乐器行业累计亏损额1.83亿元，同比增长29.63%。其中，中型企业累计亏损额1.17亿元，占乐器行业的64.06%，同比增长33.03%；小型企业亏损额占31.12%，同比增长7.33%；大型企业亏损额占4.82%。

全国乐器行业亏损企业数25家，比2013年减少7家。其中：西乐器亏损企业数20家，电子乐器亏损企业数3家，中乐器和其他乐器及零件亏损企业数各1家；从亏损企业数企业规模分布看，小型企业亏损企业数15家，中型企业亏损企业数9家，大型企业，亏损企业数1家；从亏损企业数地区分布看，25家亏损企业数主要集中在广东省7家、上海市5家、辽宁省和江苏省各3家；天津市亏损企业数2家，北京市、浙江省、福建省、山东省和湖北省亏损企业数各1家。

全国乐器行业累计亏损面为11.36%，为近八年来最低水平。西乐器、电子乐器亏损面高于乐器行业平均水平，分别为16.95%和12%；中乐器在2013年没有亏损，2014年也出现3.33%亏损面；其他乐器及零件亏损面从2013年的12.77%下降到2014年的2.13%。

乐器出口稳中有升 主要出口国复苏较强劲

2014年，全国乐器行业累计出口额17.11亿美元，同比增长3.05%。其中：对亚洲累计出口额5.25亿美元（占30.65%），同比增长4.66%；对北美洲累计出口额4.87亿美元（占28.47%），同比增长5.03%；对欧洲累计出口额4.36亿美元（占25.5%），同比增长7.3%；对南美洲累计出口额1.76亿美元（占10.26%），同比下降9.73%；对非洲累计出口额0.46亿美元（占2.7%），同比下降11.66%；对大洋洲累计出口额0.41亿美元（占2.41%），同比下降1.89%。

2014年，一般贸易出口额9.37亿美元（占54.77%），同比增长1.03%；进料加工贸易出口额5.22亿美元（占30.5%），同比增长4.84%；保税区仓储转口货物出口额1.43亿美元（占8.37%），同比

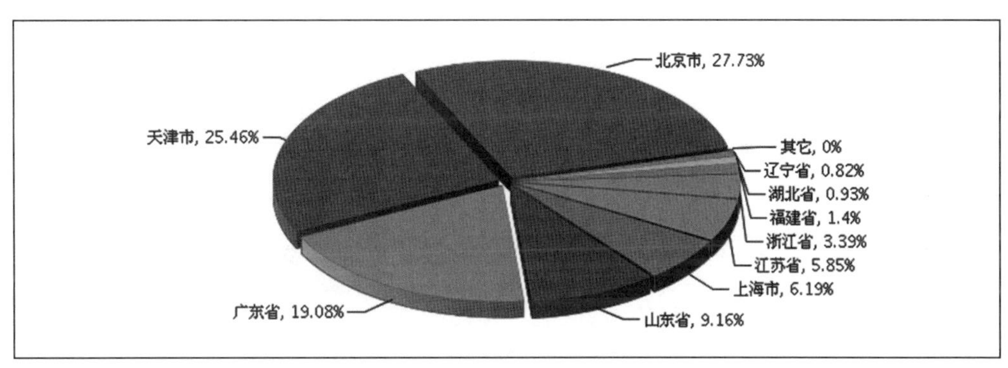

2014年全国乐器行业累计亏损额地区占比情况

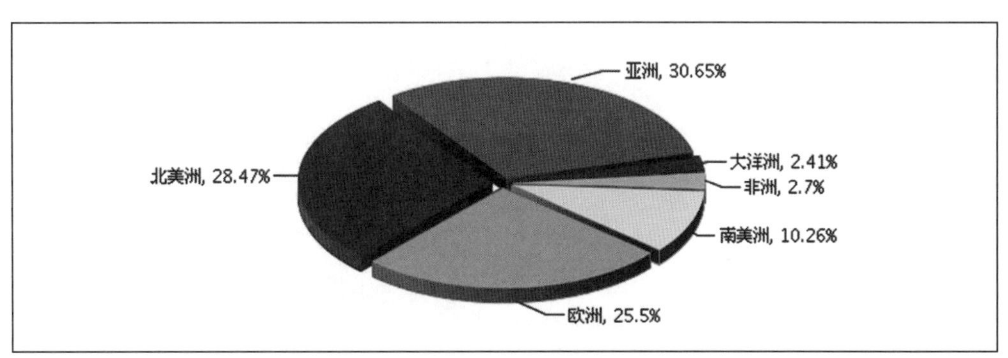

2014年乐器行业出口额各大洲分布情况

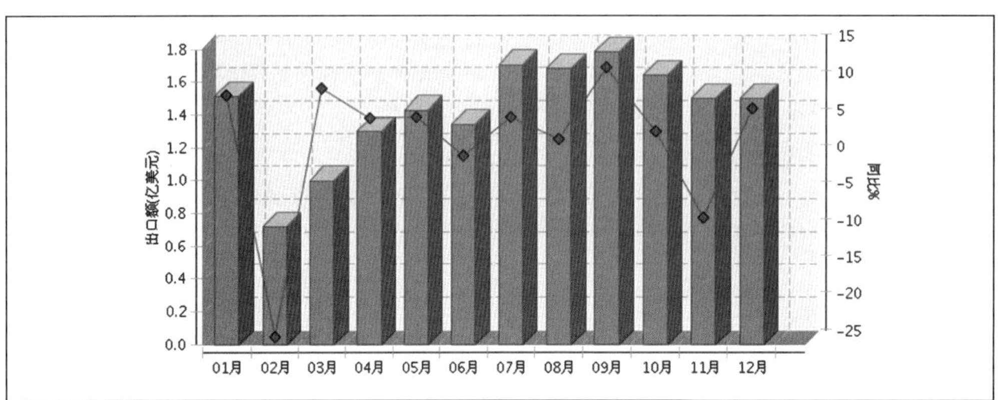

2014年全国乐器行业月度出口额及同比

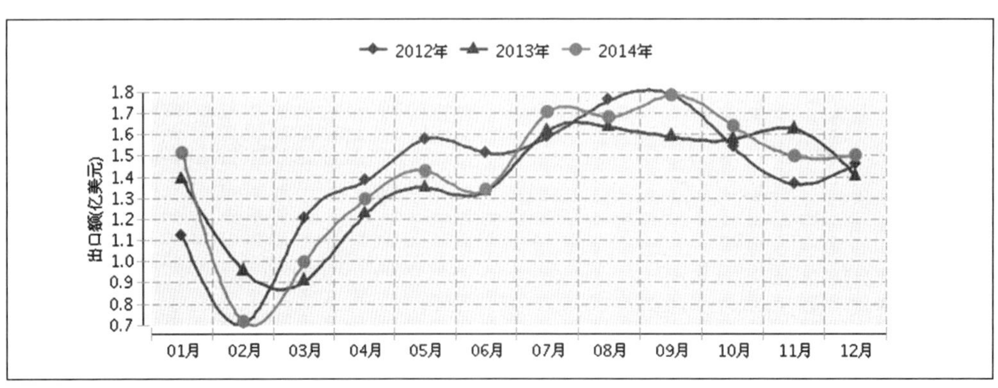

2012-2014年全国乐器行业月度出口额对比

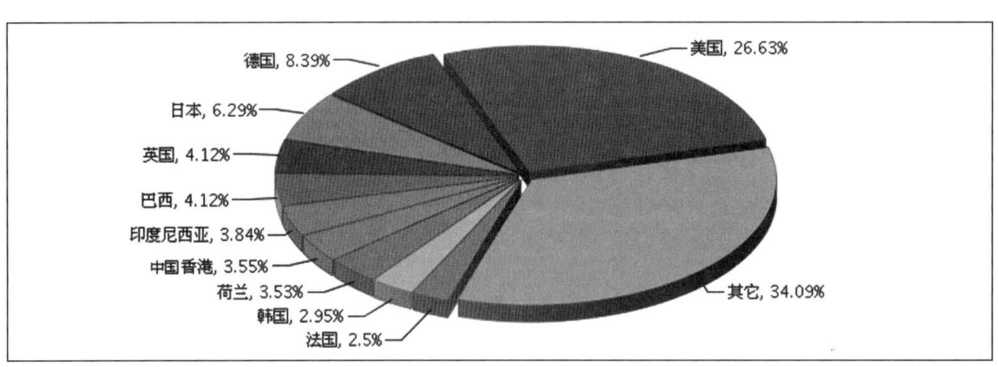

2014年全国乐器行业累计出口额贸易国占比情况

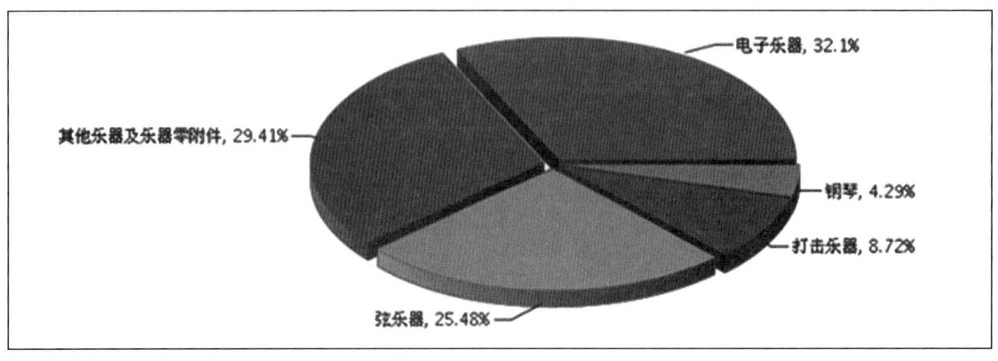

2014年全国乐器行业累计出口额子行业占比情况

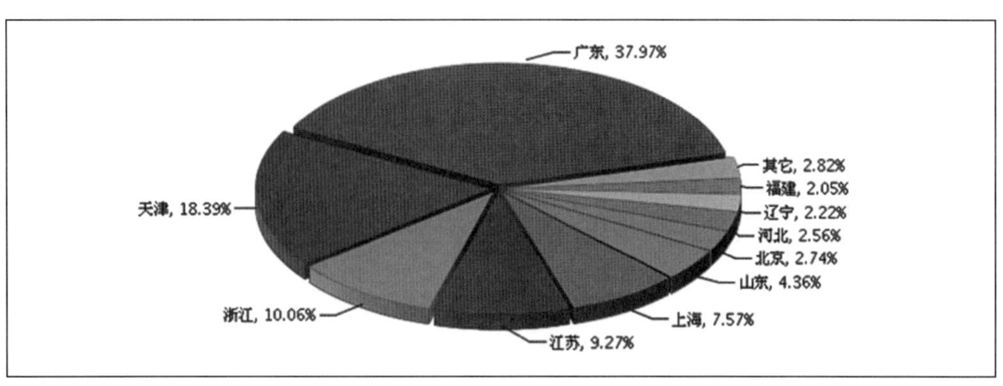

2014年乐器行业累计出口额地区占比情况

增长9.51%。

2014年，中国对美国出口额4.56亿美元（占26.63%），同比增长5.62%；对德国出口额1.44亿美元（占8.39%），同比增长10.31%；对日本出口额1.08亿美元（占6.29%），同比增长11.08%。

2014年，电子乐器完成累计出口额5.49亿美元（占乐器行业的32.1%），同比增长3.58%；其他乐器及乐器零附件出口额5.03亿美元（占29.41%），同比增长1.32%；弦乐器出口额4.36亿美元（占25.48%），同比增长3.28%；打击乐器出口额1.49亿美元（占8.72%），同比增长10.49%；钢琴出口额0.73亿美元（占4.29%），同比下降3.88%。

2014年乐器行业出口主要集中在广东、天津、浙江、江苏、上海、山东、北京、河北、辽宁、福建等地区。其中：广东省出口额6.5亿美元（占37.97%），同比增长4.22%；天津市出口额3.15亿美元（占18.39%），同比增长8.7%；浙江省出口额1.72亿美元（占10.06%），同比增长4.34%。

乐器进口持续增长 二手钢琴比重较大

2014年，全国乐器行业累计进口额3.18亿美元，同比增长8.84%。其中：从亚洲累计进口额2.45亿美元（占77.02%），同比增长6.04%；从欧洲累计进口额0.57亿美元（占18.06%），同比增长20.73%；北美洲累计进口额0.14亿美元（占4.27%），同比增长10.06%；南美洲累计进口额0.02亿美元（占0.49%），同比增长29.39%。

一般贸易2.23亿美元（占70.15%），同比增长19.12%；进料加工贸易占18.64%，同比下降18.47%；保税区仓储转口货物进口额占8.79%，同比增长19.63%；来料加工装配贸易进口额占1.83%，同比下降11.45%。

2014年，钢琴进口额1.52亿美元（占乐器行业进口额的47.73%），同比增长18.51%；进口到中国的立式钢琴数量是出口钢琴4倍，中国出口立式钢琴单价为1465美元，同比增长4.11%，进口立式钢琴每

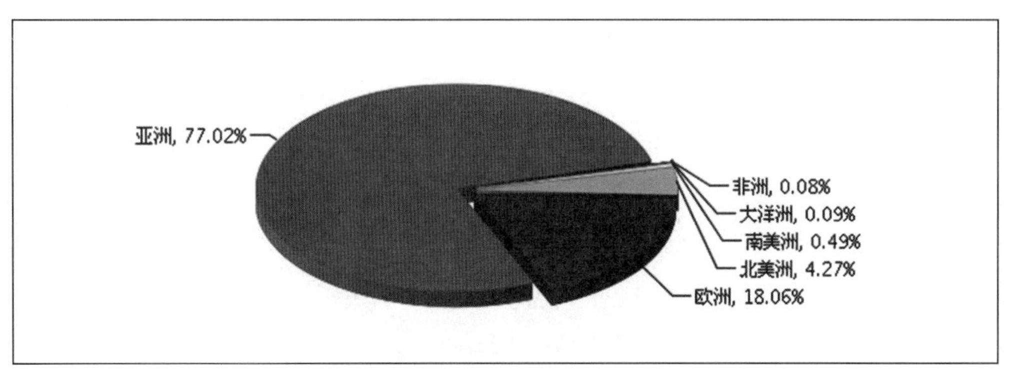

2014年全国乐器行业累计进口额各大洲分布情况

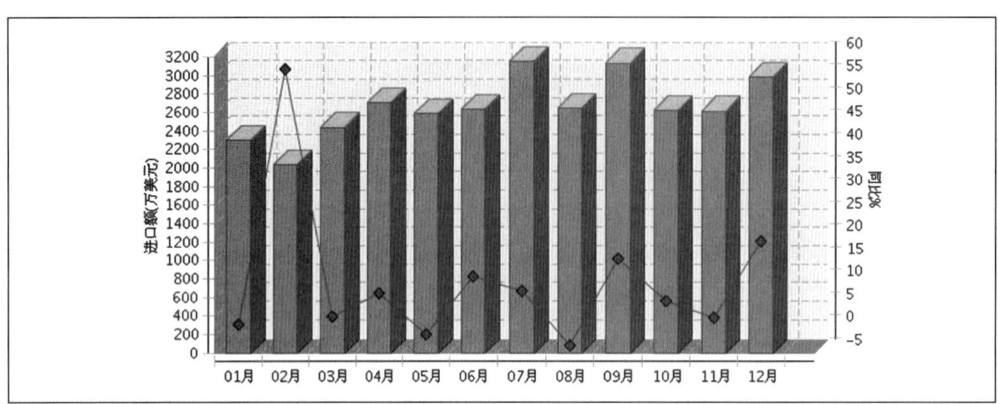

2014年全国乐器行业月度进口额及同比

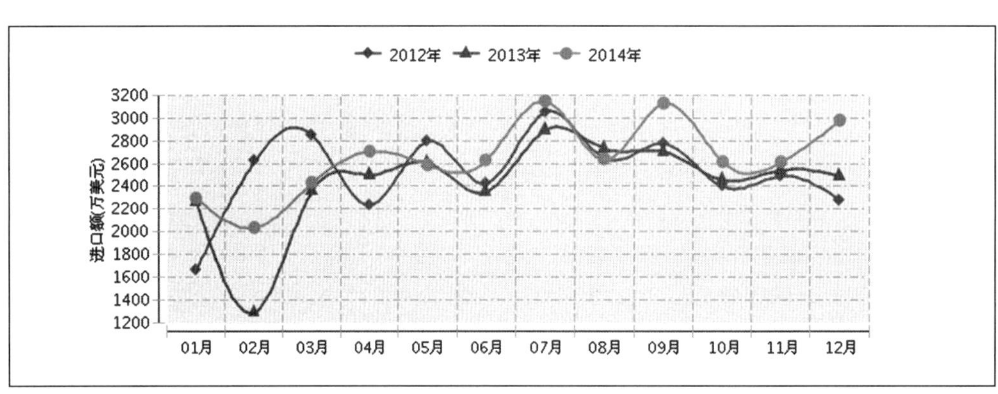

2012-2014年全国乐器行业月度进口额对比

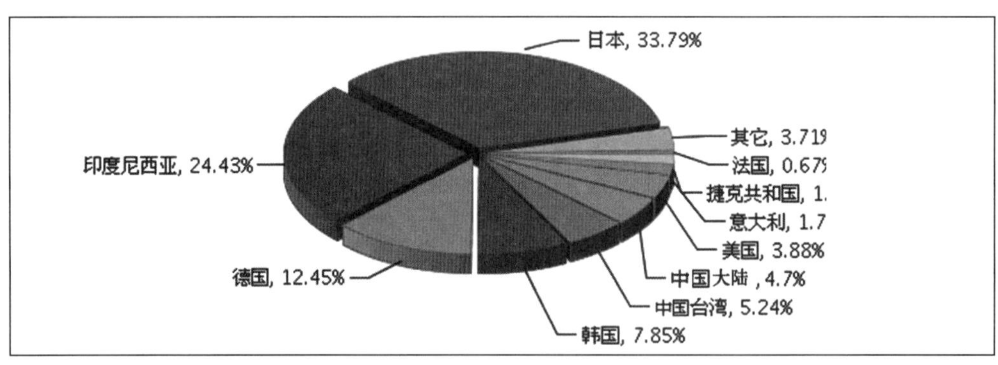

2014年全国乐器行业进口额贸易国（地区）占比情况

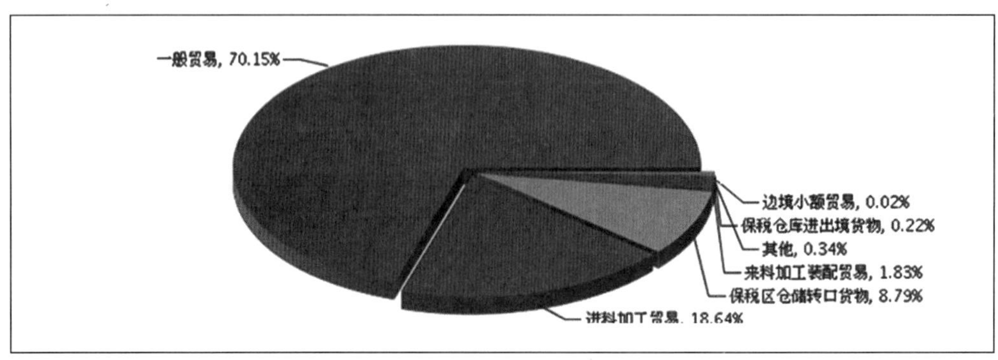

2014年全国乐器行业进口额贸易方式占比情况

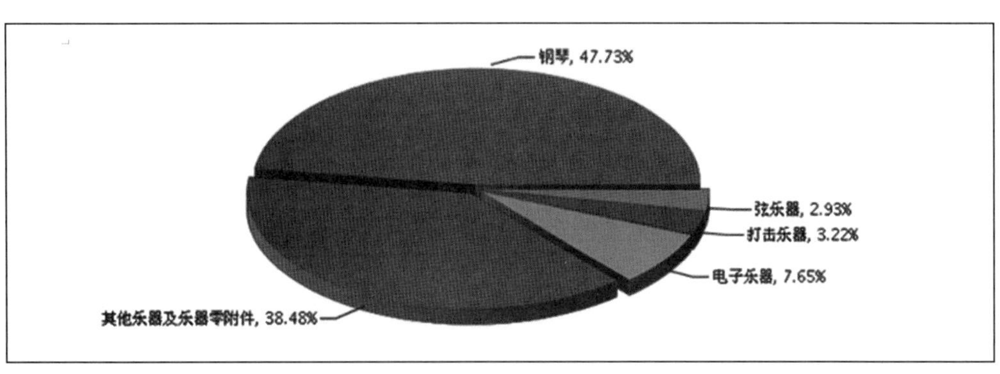

2014年全国乐器行业累计进口额子行业占比情况

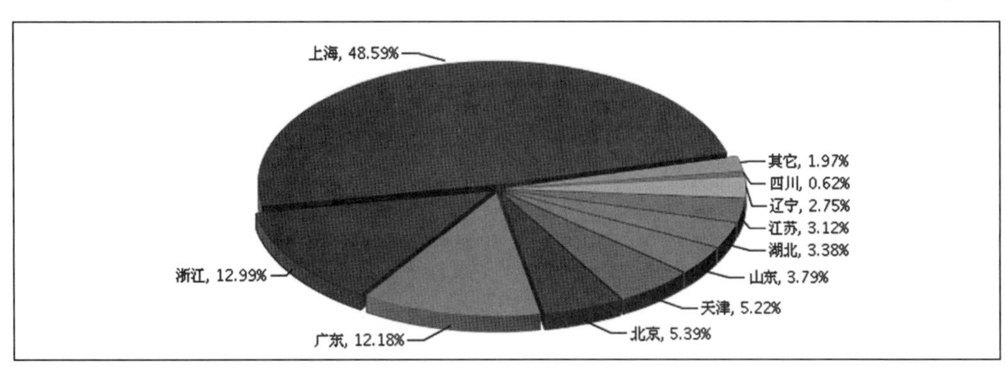

2014年全国乐器行业累计进口额地区占比情况

台单价为861美元，同比增长8.66%，中国出口钢琴单价比高于进口钢琴单价67.77%。在进口立式钢琴中，日韩两国的立式钢琴为107480架，占全部进口钢琴的85.63%，占比进一步扩大。进口钢琴快速增长，主要是二手钢琴数量猛增，已经对钢琴产业和乐器市场造成重大影响。

2014年,日本、印度尼西亚和德国为我国乐器三大进口来源。其中：从日本进口额1.08亿美元（占乐器行业进口额的33.79%），同比下降1.7%；从印度尼西亚进口额0.78亿美元（占24.43%），同比增长21.55%；从德国进口额0.4亿美元（占12.45%），同比增长20.44%。

2014年，上海乐器行业进口额1.55亿美元（占乐器行业进口额的48.59%），同比增长18.87%；浙江省进口额占12.99%，同比下降19.82%；广东进口额占12.18%，同比增长2.97%。

对欧盟出口整体好转 钢琴仍未走出困境

2014年，全国乐器行业对欧盟累计出口额4.06亿美元，同比增长7.58%。其中，电子乐器出口额1.4亿美元（占34.57%），同比增长3.07%；其他乐器及乐器零附件出口额1.09亿美元（占26.98%），同比增长11.42%；弦乐器出口额1.03亿美元（占25.49%），同比增长9.48%；打击乐器出口额0.35亿美元（占8.65%），同比增长26.58%；钢琴出口额0.17亿美元（占4.31%），同比下降15.14%。

全国乐器行业对欧盟出口比重主要集中在德国、英国、荷兰、法国、意大利、西班牙、比利时、芬兰、瑞典、捷克共和国等地区。其中：对德国出口额1.44亿美元（占35.38%），同比增长10.31%；对英国出口额占17.38%，同比增长10.37%；对荷兰出口额占14.87%，同比增长11.47%；对法国出口额占10.54%，同比增长10.18%。

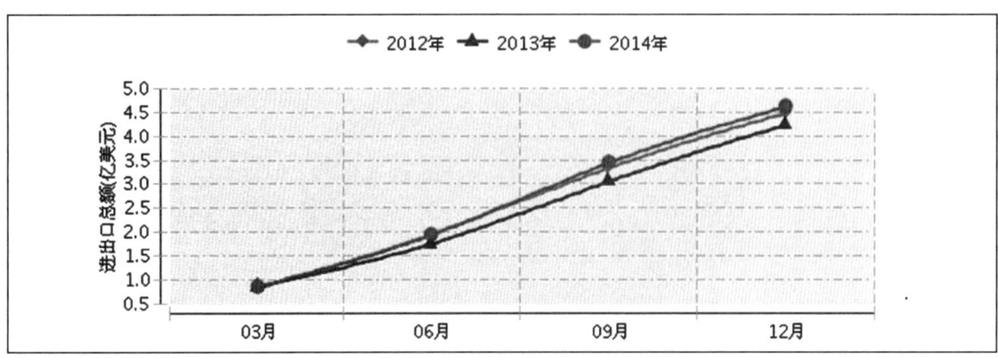

2014年乐器行业对欧盟累计进出口总额年度对比

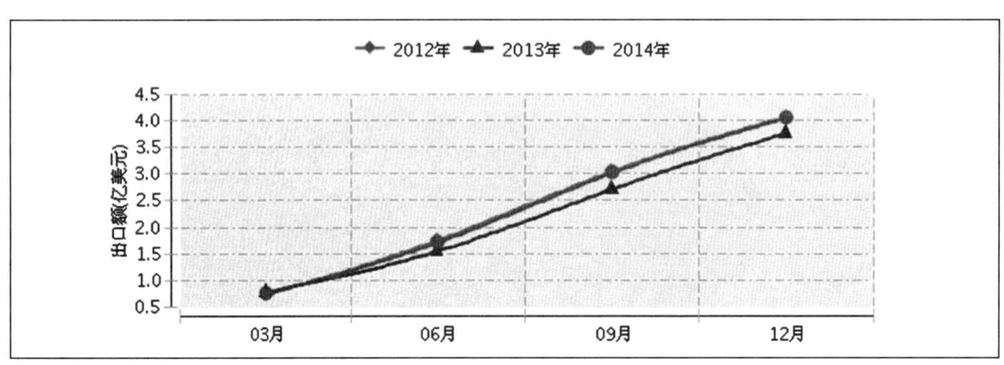

2014年全国乐器行业对欧盟累计出口额年度对比

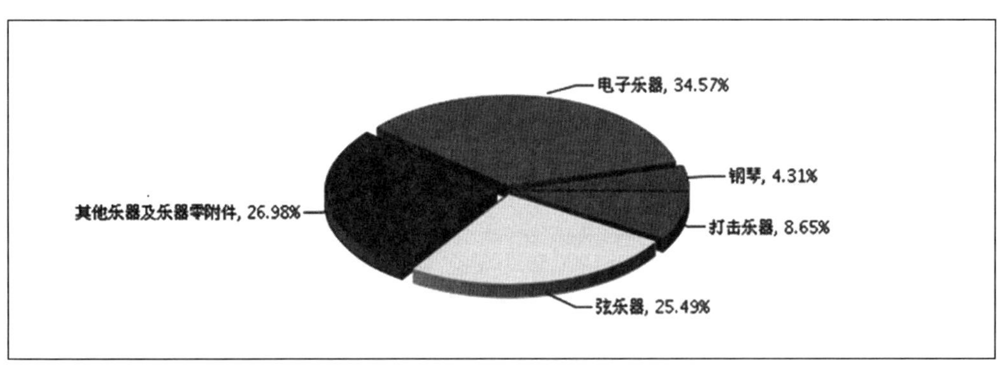

2014年我国对欧盟出口乐器子行业占比

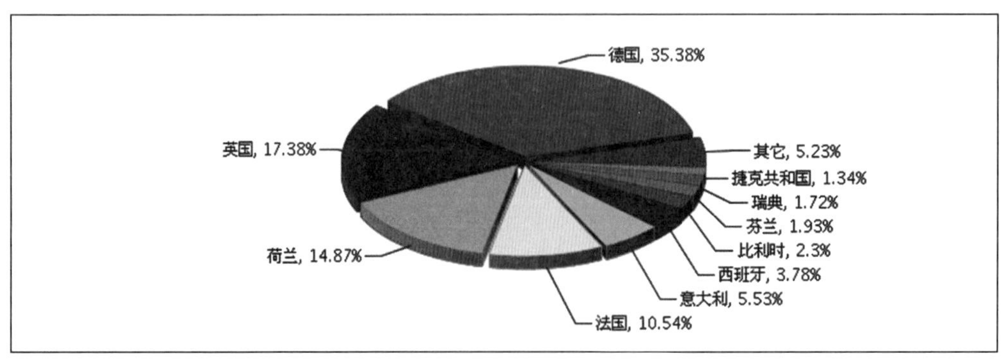

2014年全国乐器行业对欧盟累计出口额贸易国占比情况

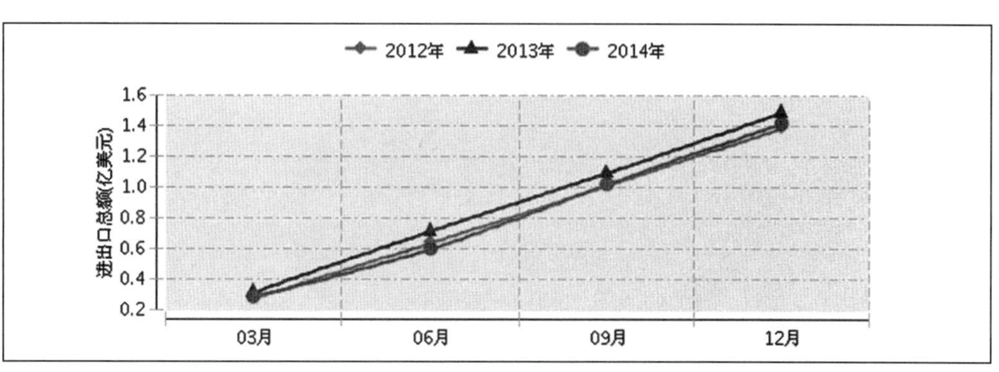

2014年全国乐器行业对金砖国家累计进出口总额年度对比

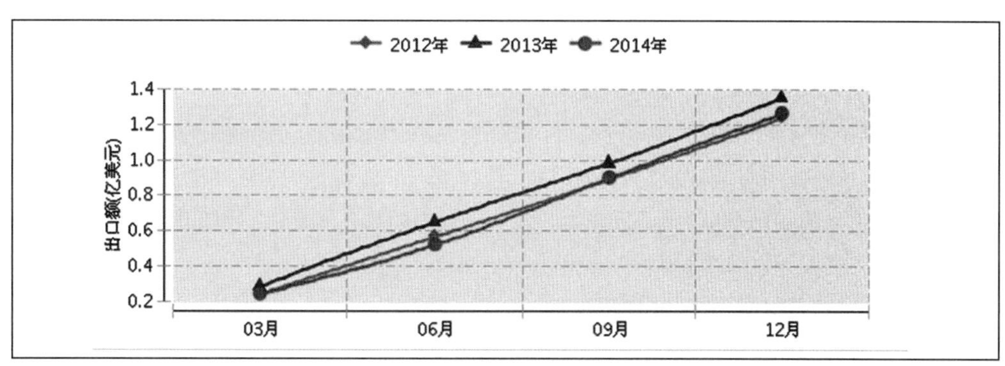

2014年全国乐器行业对金砖国家累计出口额年度对比

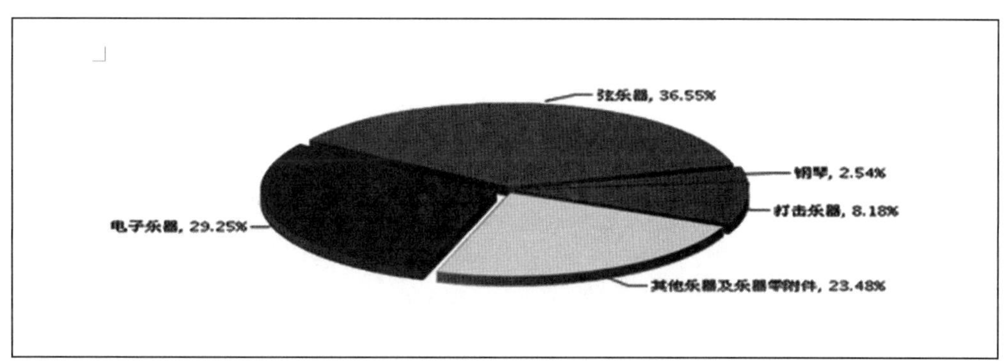

2014年乐器行业对金砖国家累计出口额子行业占比情况

对金砖国家出口现下行 形势不容乐观

2014年，全国乐器行业对金砖国家出口额1.27亿美元，同比下降6.62%。其中，弦乐器累计出口额0.46亿美元（占36.55%），同比下降2.5%；电子乐器累计出口额0.37亿美元（占29.25%），同比下降2.88%；其他乐器及乐器零附件累计出口额0.3亿美元（占23.48%），同比下降21.02%；打击乐器累计出口额0.1亿美元（占8.18%），同比增长7.97%；钢琴累计出口额0.03亿美元（占2.54%），同比增长16.83%。

2014年，全国乐器行业对巴西出口额0.7亿美元（占对金砖国家出口额的55 .67%），同比下降7.82%；对俄罗斯联邦出口额0.24亿美元（占19.35%），同比增长14.54%；对印度出口额0.23亿美元（占18.32%），同比下降1.41%；南非完成累计

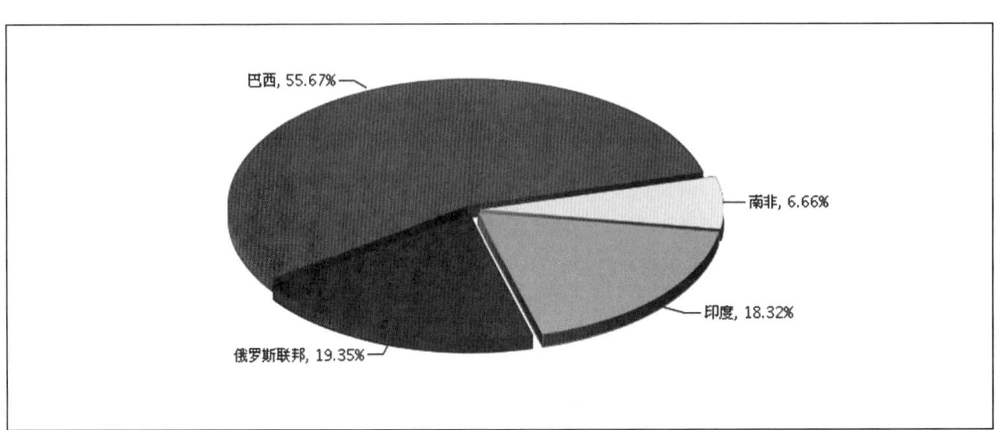

2014年乐器行业对金砖国家累计出口额贸易国占比情况

出口额0.08亿美元（占6.66%），同比下降40.6%。

2014年，广东乐器行业对金砖国家出口额0.61亿美元（占48.03%），同比下降6.29%；天津出口额0.22亿美元（占17.35%），同比增长0.52%；浙江出口额0.13亿美元（占9.92%），同比下降0.57%；江苏出口额0.11亿美元（占8.32%），同比增长14.67%；上海出口额0.08亿美元（占6.46%），同比下降1.97%；河北出口额0.03亿美元（占2.27%），同比下降61.77%。　（高萍）

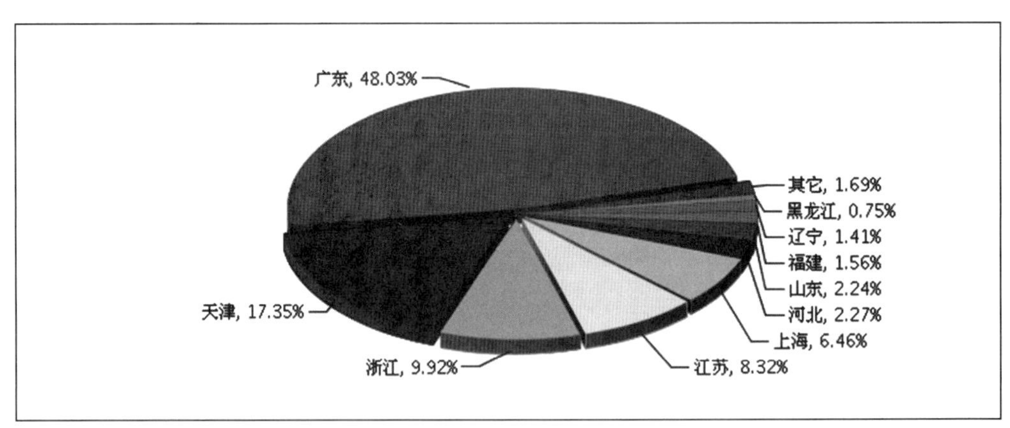

2014年乐器行业对金砖国家累计出口额国内地区占比情况

2014乐器产业出口专题调研报告

前言：欧美金融危机以来，受外部需求不稳、国内成本上升等多种因素影响，乐器对外贸易下行压力上升。面对我国较为复杂的乐器进出口形势，如何采取措施保持进出口贸易稳定发展，培育外贸竞争新优势，成为行业持续发展的现实课题。本文立足跟踪乐器进出口形势，邀请行业同仁抽丝剥茧，透过表象分析乐器出口市场中利弊因素，帮扶企业理性认知出口瓶颈，加快转变外贸发展方式，优化贸易结构，提高出口产品的技术含量和文化附加值，同时针对乐器出口退税等政策提出行业诉求。

当前，制造成本增高、国际市场复苏缓慢、品牌竞争力弱成为国内自主品牌出口创汇的瓶颈。但依然要看到，国际乐器市场刚需稳定、产品出口仍具调价空间、骨干企业规模化生产设备升级，同样成为乐器行业发展出口的三大优势。透过乐器协会出口调研数据显示，在出口路径方面，超过半数企业可实现完全自营出口，说明企业对委托出口依赖度不强；半数企业自主品牌出口比例低于30%，自主品牌出口比例呈现两极分化现象，批量大、利润率低成为贴牌出口的集中体现；企业制造成本增长率30%以上居多，人工成本影响最大；其次是材料、能源交通费，品牌、经销商、汇率变化成为影响国内乐器企业自营出口的普遍因素。据调研，我国乐器行业境外注册商标覆盖国家数量的数值离散度非常大，不同企业发展程度相差很大。

行业主要出口数据与焦点分析

据国家轻工业信心中心数据显示，2014年1～6月，全国乐器行业累计完成出口交货值47.32亿元，同比增长16.18%。海关显示出口额7.3亿美金，同比增长1.95%。美国继续成为我国乐器最大出口市场，占比上升超过四分之一；欧盟作为我国乐器第二大出口市场，已连续两年出现出口下降，1～6月我国向欧盟出口乐器1.72亿美元，占我乐器出口额的23.56%；日本虽然占比下滑，但仍是我乐器最大进口来源地，占比从去年同期的38.5%下滑至34%。乐器企业克服内外经济环境不利因素，取得逆势上行的发展业绩着实不易。当前，我国乐器出口区域主要分布在广东、山东、江浙、河北沿海地区，在我国乐器出口产品比例中，西乐器占据主导，电声乐器其次，有微弱下行，中乐器出现明显增幅。

当前，国内钢琴、提琴、管乐、吉他、手风琴、口琴、电声乐器、打击乐器、民族乐器等9大分支行业出口形势各有不同，从同比增长看,今年上半年好于去年同期,打击乐器保持两位数同比增长(22.19%)，其他乐器及乐器零附件（2.73%)，电子乐器(1.89%)低速增长，弦乐器和钢琴出口分别下降4.2%和1.79%。1～6月，其他乐器及乐器零附件出口额2.28亿美元，电子乐器出口额2.25亿美元，弦乐器出口额1.76亿美元，打击乐器出口额6660.59万美元，钢琴出口额3412.58万美元。

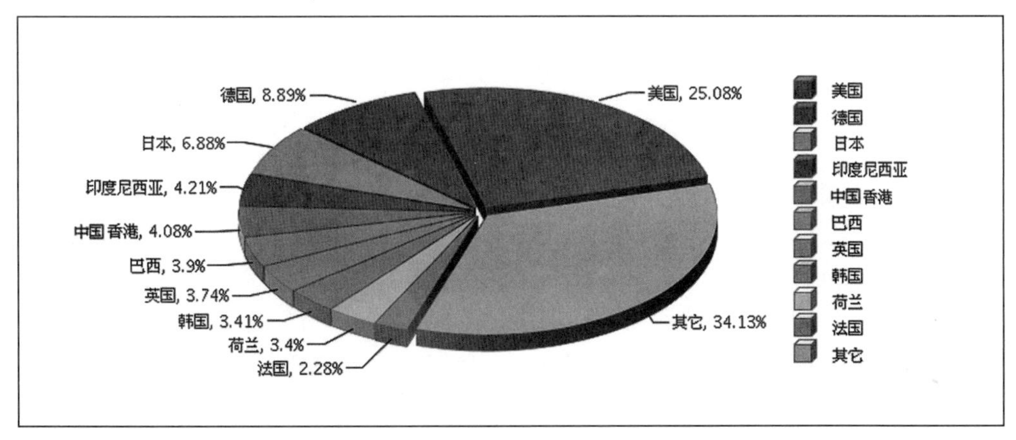

表1、国产乐器出口国家（地区）销量配比图示

由此看来，分支行业的特性不同，国际市场需求变化，企业应对的产品结构调整，多种因素都会导致乐器出口形势出现不同变化。针对乐器出口的策略因分支行业不同，会在局部出现调整和变化。整体上，产业发展方向是以市场需求为基础，站在全球经济一体化的角度看，不同市场对位不同细分产品。国内乐器行业要客观把握自身优势，积极应对国际市场需求的变化。值得关注的是，来自上海民族乐器一厂的调研数据显示，中乐器的出口比例呈增长趋势，在国际乐器市场中渐有一席之地。随着中国经济的发展，中国在世界上的影响力越来越大，中国文化也逐渐被其他国家了解与接受。这对于国内乐器出口来说，即是挑战也是机遇，如何扩大市场，提升国际市场占有率，是当前应该考虑的问题。

来自行业出口数据显示，出口问题比较突出的是钢琴。全球钢琴销量50万架，中国钢琴吞吐量就达到40万架，钢琴消费热点向中国市场转移。当前，钢琴行业的现状是进口大于出口，构成钢琴行业发展的不平衡因素。2014年，日本、韩国设在印尼的钢琴工厂，运营成本低于国内钢琴企业，进口零关税给国产钢琴出口造成压力。随着原料和人工的增长，国产钢琴综合竞争优势逐渐弱化。博兰斯勒钢琴方扬认为，欧洲传统钢琴市场容量和消耗率降速着实出人意料，国产钢琴海外主要竞争对手还是雅马哈和卡瓦依。钢琴产业现在走向两极化发展，一是走规模化发展，以珠江、海伦、星海、宜昌钢琴为代表，另外是走中小型特色经营产品为主。森鹤乐器总经理罗建峰表示，如何尊重钢琴产品的文化内涵和工艺品特性，以及如何与当地文化嫁接融合，在积累相应的产能和资金后，借助外来资源优势，提升品牌的综合运营能力，是企业面对出口难题需要重视的要素。

客观面对乐器出口的利弊因素

1、从全局视野理性面对乐器出口

从历史发展的角度看，世界乐器产业历经4次产业转移，当前中国已成为世界最大的乐器生产和消费大国。根据世界乐器产业转移的历史背景，乐器生产的规模化，以及中国乐器产业在全球乐器产业链中的分工和地位，决定了乐器行业在当前阶段还是要坚持以出口为主的发展导向。乐器协会秘书长曾泽民认为，从乐器消费和市场需求看，美国的乐器消费一直占据全球首位，人均乐器消费超过20美金，乐器消费占据全球40%份额，美国和加拿大乐器消费市场刚需依然存在。欧洲现在是由27个成员国组成的联盟市场处于第二出口市场。亚洲以日韩市场为主体，包括东南亚、澳大利亚和非洲市场，乐器消费需求所占比重较小。分析全球的乐器制造产业区域分布，中国、日本、韩国以及东南亚国家以生产成本低，乐器工业化批量生产模式为主体，而在北美和欧洲市场则以乐器消费为主导。欧美乐器制造业以专业化产品为主导，除电声乐器采取规模化生产外，钢琴、管乐、提琴专业化产品以手工加工为主体，产品经济价值高，产量规模有限。可以说，规模化生产的优势在中国。

从全球乐器制造业分工协作和中国乐器产业的国际地位角度看，乐器行业要具备历史责任感，要站在历史和全局视野，增强对乐器出口的信心，抓住出口发展的历史机遇。面对出口，首先要在营销理念上对关键问题进行客观分析，适时转变观念，要避免用惯性思维去看待市场问题。要跳出行业，看到国际市场出现的深层次变化。

2、化解成本与价格矛盾因素

据本刊调研，2013年至今，电鸣乐器出口增幅变化不明显，主要原因在于外部环境购买能力下降，特别是巴西乐器出口量出现不同程度缩减，预计受世界杯因素影响所致。得理乐器副总裁盛子斐反映：由于国内制造成本增幅过高，为保证职工队伍的稳定，企业被动提高员工薪资和福利待遇；其次，销售商和消费者认为电鸣乐器就该是廉价产品，价格一压再压，企业遭受成本和价格双向挤压，迫使企业不得不放弃掉低价出口市场，但得理乐器依然坚守价格底线，因为低价也意味着低成本运作，超出底线产品的工艺标准化难以保障，海外采购商明白这个道理后，最终还是会选择有品质保障的品牌产品进行合作。来自烟台金斯波格的调研观点显示，国内各厂家缺乏明确的发展思路，结构比较单一，同质化依然存在，在品牌建设上没有大的创新和提升。国外知名品牌及二手钢琴的大量涌

入。这些因素必将影响我国钢琴行业的健康发展，低品质、低价格的恶性竞争影响了中国钢琴在国际市场的形象，也拖累整个行业。一诺乐器总经理钱军建认为，价格竞争迫使中国的企业在机械化革新方面迅猛提升，中国的乐器制造业机械化水平，由传统的全手工生产，变为半手工生产，甚至流水线生产。

近年，制造成本上升后，不少乐器企业面对海外市场不敢提出涨价，担心客户流失。曾泽民认为，这其中存在的思想障碍是，企业经理人没有了解到国际市场上存在的合理价格差价空间，且企业缺乏产品在国际市场的定位研究。当前，从制造企业供货价格的市场定位看，主要分为高端专业、中端院校和普及爱好者三个层次，其次还有音乐礼品市场定位，国内很多乐器产品流通到礼品市场。当前，乐器专业消费领域主要是进口品牌占据主导，国内乐器品牌影响力偏弱，国内乐器品牌在国际乐器礼品市场占有相当比重，产品以批量销售为主导。当前，中国大陆产乐器与中国台湾品牌乐器市场差价在1倍左右，与日本品牌乐器差价在2倍左右，与欧美乐器品牌差价在5～10倍左右。乐器企业容易忽略的是，中国大陆产乐器的市场定位和质量标准并未按照国际市场要求执行，如果中国大陆产乐器在材料选择和制作工艺提档升级和精细化处理，外观款式紧跟现代市场流行趋势，中国大陆产乐器还是会有大幅度涨价空间，这个涨价空间会远远高于物料成本的增长空间。

3、品牌建设要有企业文化魂魄

面对出口市场，品牌竞争力偏弱构成为国产乐器的软肋。中国大陆产乐器多是通过外销订单成长起来，企业品牌建设也是按照外销订单的要求进行推进，但立足自主知识产权的创新乐器品牌要素份额有限。若中国大陆产乐器在外销订单中不断吸纳国外品牌的市场运营和技术优势，创造具有百年基业的民族品牌，这样的民族品牌保有量越多，中国大陆产乐器的市场提升空间便会更加开阔。这是企业进行品牌建设，走上国际舞台必经的历史阶段，在此阶段中，有很多市场机遇需要企业主动捕捉，企业经营者要学会借力，真正做到洋为中用。中国大陆产乐器已经走过了30多年的品牌建设历程，市场空间要求中国大陆产乐器在未来10年的时间里，在品牌建设问题上必须要取得突破性进展。台湾功学社生产的双燕乐器、美派司爵士鼓、阿塔斯长笛在国际市场销售看好，且收购德国著名簧片乐器HORNER公司，通过投入人力、物力，不断修正经营战略，并持之以恒地贯彻执行，稳住了品牌的地位。企业创业，确实是一件非常艰苦的事情。企业经营要有灵魂，品牌建设是产品的灵魂，抓住品牌建设即抓住企业的灵魂。

新跨乐公司董事长赵易天认为，关于出口下行，产品单价降低可能是比较重要的因素之一，这也是全世界乐器产业的问题，即没有革命性的新技术诞生，就失去了刺激市场增长的原动力。中国的企业可以大致分为两类：一类就是纯粹代工（好比初期的富士康），他们不用考虑做品牌，只需要紧紧盯住市场的刚需，不断提高加工水平和效率即可；另一类希望获得较高利润的企业则需要在“创意”和“创新”上下功夫，没有与众不同的产品，高附加价值无从谈起。想要在海外建立自主品牌声誉，创新的产品是第一位。目前，大多数企业还是将眼光放在价格因素上，认为物美价廉能够抓住消费者，但实际情况是海外销售渠道牢牢把握着定价权和分销权，如果是同质化的产品，自主品牌何来价格优势呢？除非砍自己的利润，但没有利润又用什么做品牌推广呢？所以说，只有拿出真正独一无二的创新产品，才能得到话语权。

新时期乐器出口应对策略

1、深抓市场节奏与产品质量

面对乐器出口，有几个基本要素需要把握：首先是年度市场走势。年初库存增加，订单减少，1～6月份是销售淡季，到暑期国外库存消耗见底，出口订单上扬，国内院校出现政府采购乐器叠加效应，7～9月份出现订单高峰期，在海外圣诞节前期，从10～11月份出口集中发货，在12月25日圣诞节前，西方国家出现超市甩卖促销的高峰。可以说，国内乐器销售仅在暑期出现一次销售峰值，而海外则出现了两次销售高峰。这种市场销售规律企业要掌握，提前做好材料储备和产品开发，做好主要客户沟通，都是扩大出口的重要环节；其次，企业要坚定不移提升产品质量和技术附加值，保证质量的稳定性和可靠性，服务的及时性和准确性。企业品牌的市场声誉同步提升。应当说，企业提升质量的空间不小，难度在于技术队伍、设备装备，以及企业的标准化和定位问题。定位高则会拉动企业设备升级和人才引进，加大专利和技术研究，以低端普及品定位市场，品牌的附加值提升的空间有限。在出口环节，质量是决定因素，背后的核心要素是企业的质量标准定位。企业标准要高于国标和行标，在执行标准中具备一套严格的管理制度，使批量化产品达到企业标准。如此操作，是对乐器出口最有力的支撑；再次，乐器企业高端技术人才和一线技术骨干不稳定，人员的流动性过大成为企业执行技术标准的瓶颈。关于技术人员的稳定和激励制度，也是在企业品牌运营中要审慎思考的事情。

2、营销创新拓展出口市场

当前，扩大国际音乐文化交流和电商网络，成为乐器企业在传统营销基础上，采取的新的营销手段。随着移动终端的国际化和电商的全球化，已经提升到出口市场创新的高度上来，成为营销创新的趋势，在质量标准化的基础上，不断开发电商网络的专属产品，这也成为企业扩大国际市场关键点之一，但国内电商网络还在完善阶段，海外电商网络已实现全球化的服务和发展态势，都有专门的物流和产品储备机构；从文化传媒合作角度看，主要面向未来的市场开发而言，或者是大众音乐市场的培育。音乐文化交流与乐器消费紧密相联，像上海民族乐器一厂通过组织特色乐团，组织大量文化演出，在市场不断创造文化品牌效应，提前在未来市场进行布局。

据本刊调研，各骨干乐器企业都针对出口下行不利因素，因地制宜，研究出口市场对策。年初，河北金音集团因拿下巴西世界杯文艺表演的乐器采购订单，出口市场业绩显著提升。

同时在南美其他地区市场，乐器出口销路不错，2014年金音外销订单已处于饱和状态。由于金音集团旗下产品门类齐全，集团充分发挥产品多元互补优势，同时提升企业的工艺和管理创新，给客户准确的交货时间，多样新品满足客户需求，在市场不利的环境要素下，不盲目涨价，帮扶海外经销商度过难关，多种组合措施增强客户对品牌的信心，以诚信赢得市场口碑。天津津宝乐器在欧洲和北美市场疲软态势下，紧抓与世界高端爵士鼓珍珠和TAMA品牌进行代工的契机，年出口总额达到4000万美金。在和名企合作赢利同时，不断吸收技术营养，为自身的自主品牌创建投石铺路。天津圣迪管乐面对外部市场波动因素，提升内销市场销量，以中高端产品为主，用低产能高附加值产品面向欧美和日本，虽然全年产能规模不高，但企业年出口赢利超过1亿元。多年来，圣迪管乐不骄不躁，企业长年扎实管控质量监督体系，新品投放市场不断进行跟踪和培育。在技术和管理积累经验，形成综合性的良性循环。为打造海内外品牌形象，得理乐器公司逐步缩小OEM贴牌出口比例，以创新思维为基础，研发自主品牌，以高品质特色产品行走市场，加大品牌建设力度。为此，得理乐器公司重新设计了品牌LOGO形象，对于国内琴行的品牌陈列进行统一包装设置，以时尚、诚信打造品牌市场形象，同时加强海外渠道宣传力度。加大新品电钢琴的音色和键盘手感技术投入，在核心技术层面解决困扰电鸣乐器的瓶颈。天鹅乐器依托素质教育培训市场和科技创新动力，走文化和品牌发展战略，突破产能和成本束缚，在兼顾内部教育市场的同时，有序拓展外销市场，在科技创新中逐步完成产业的升级转型，以个性化和高附加值的产品，助力产业持续健康发展。

结束语：

面对成本与价格、国际市场下滑与刚性需求、品牌影响力弱化与技术实力的平衡，相信乐器行业有志之士，能够客观站在历史发展角度上，客观定位企业现行发展战略，调整产品结构，不断增强外贸出口信心。在扩大各国文化融合交流，运用电商网络加快品牌传播基础上，不骄不躁，扎实有序地实现民族品牌的国际化梦想。（黄伟）

关于乐器企业出口困难调查问卷的报告

行业专题调研项目说明

根据会员单位提出“争取提高出口退税”的诉求，协会决定在较全面进行行业调研的基础上，拟向政府主管部门提交“乐器行业扩大出口有关意见”的报告，争取在“文化产品出口”和“提高出口退税率”等方面有更多更好的政策支援。现将各骨干企业调查问卷整理报告如下。

本次“乐器企业出口情况调查”共收回42份有效问卷，涉及51家骨干乐器企业。调查问卷分为12个小专题，反馈意见后，归纳整理为八个方面。

一、近五年，出口产品成本增长主要因素为材料、人工成本、能源交通费、汇率等，对出口企业成本和收入的影响

制造成本增长率	个数
10%	3
10%～20%	16
30%以上	19
未表示	4

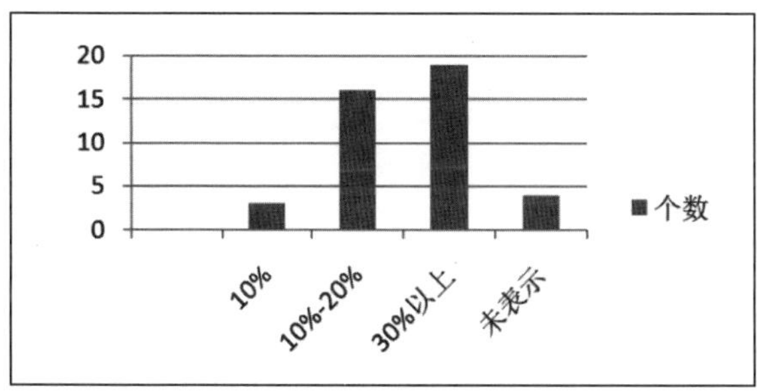

制造成本增长

有关企业的制造成本增长率30%以上的居多，占全部结果的45%。其次是10%～20%，占全部结果38%，可以看出制造成本对总成本和乐器出口的影响比较显著。

	材料	人工成本	能源交通费	其他
最高值	80%	80%	50%	20%
最低值	0%	0%	0%	0%
中位值	13%	25%	8%	0%
平均值	16%	28%	12%	4%
方差	0.15	0.20	0.12	0.06

根据下表分析，人工成本对出口产品成本的影响最大，中位值为25%，同时有48%的企业认为人工成本上升超过30%；其次是材料，76%的企业认为材料成本上升幅度小于20%，再次是能源交通费的影响，78%的企业认为能源交通费上升幅度低于30%。其他因素对成本的影响不是很大，变化幅度中位值是0%。从方差上来看，人工成本因素的离散度比较大，不同企业的人工成本因素的影响差距较大，材料及能源交通费、汇率等因素离散度较小，不同企业间的情况比较一致。

近年汇率变化对乐器出口影响	个数
没有影响	0
影响不大	11
影响较大	18
影响很大	12
未表示	1

年份	人民币对美元平均汇率
2010	6.77
2011	6.46
2012	6.31
2013	6.19
2014	6.12

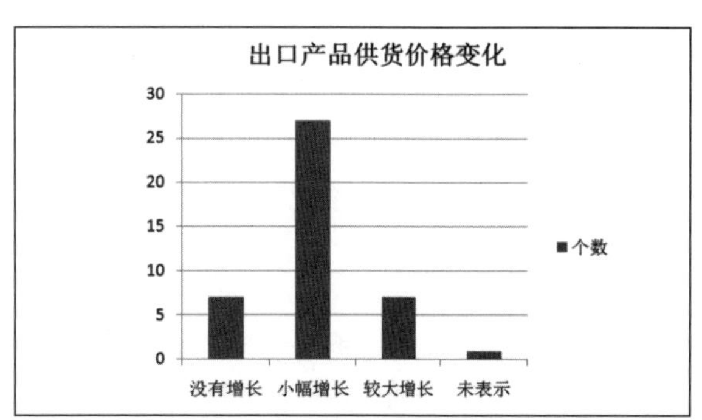

5年来人民币对美元平均汇率

问卷还对近年来汇率变化对乐器出口影响设计了一个主观问题，结果见上表。五年来，人民币持续升值，对乐器出口也产生了一定影响。根据上表分析，选择“影响较大”的企业占比最多，达到18个，占全部企业43%，其次是“影响很大”12个。两项之和占被调查比例的74%，说明近年汇率变化对乐器出口影响具有普遍性。五年人民币对美元升值9.6%，汇率变化直接影响的是出口企业销售收入同比下降。以2013年出口13.63亿美元计算，汇率变化影响8.1亿元人民币销售收入。

二、近五年，行业内企业产品出口供货价格变化

出口产品供货价格变化	个数
没有增长	7
小幅增长	27
较大增长	7
未表示	1

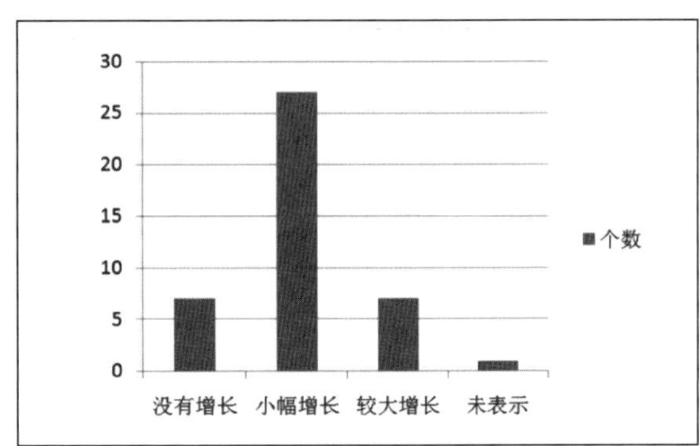

出口产品供货价格变化

根据上表分析，在收到的42份问卷当中64%的企业表示近五年企业产品出口供货价格有小幅增长。较大增长为7家，占16.6%，没有增长的有七家，整体态势良好。反应中国乐器出口价格还有一定空间。

三、近五年产品出口总额变化情况

根据下表分析，半数企业能实现8.5%以上的正增长。根据方差值和数据散点图直观显示，本组数据离散度很高，说明行业内企业近五年产品出口变化个体性强，行业整体趋势不明显。反映到各类

	近五年产品出口变化百分比
最高值	350.0%
最低值	-97.5%
中位值	9.0%
平均值	13.8%
方差	0.7

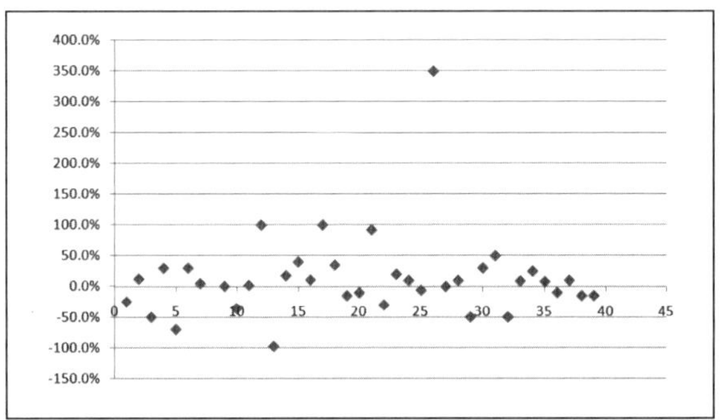

近五年产品出口变化百分比-数据散点图

产品类中，钢琴下降较为明显：从2008年出口钢琴61964架下降到2013年的39835架；西管乐器从2008年出口856677支下降到2013年的707425支；口琴从2008年出口11987133支下降到2013年的7445409支。但各企业出口收入下降并不如出口数量下降明显，说明出口产品结构调整收到成效。

四、出口路径选择

	自营出口比例	委托出口比例	自主品牌出口比例	贴牌产品出口比例
最高值	100.0%	100.0%	100.0%	95.0%
最低值	0.0%	0.0%	5.0%	0.0%
中位值	100.0%	0.0%	37.0%	55.0%
平均值	77.6%	19.5%	47.2%	48.9%
方差	0.32	~	0.36	~

根据上表分析，出口路径方面，中位值为100%，超过一半乐器企业可以实现完全自营出口，且全行业自营出口平均比例达到77.6%，说明乐器企业在出口过程中对委托出口依赖度明显减弱。

品牌类型出口平均数值离散度相对较大，在此方面行业内企业水平差距较大。自主品牌出口比例和贴牌出口比例相似，分别为47.2%和48.9%，行

业整体无法实现高比例自主品牌出口，且半数企业自主品牌出口比例低于37%，自主品牌出口比例呈现两极分化现象。贴牌出口占50%以上企业共有27家，占调查总数的52.94%。

五、影响自营出口的主要因素

	品牌	经销商	宣传费用	外贸人才	其他
最高值	80.0%	90.0%	50.0%	40.0%	80.0%
最低值	0.0%	0.0%	0.0%	0.0%	0.0%
中位值	30.0%	20.0%	10.0%	5.0%	10.0%
平均值	33.9%	27.5%	11.1%	8.5%	20.3%
方差	0.20	0.21	0.12	0.11	0.24

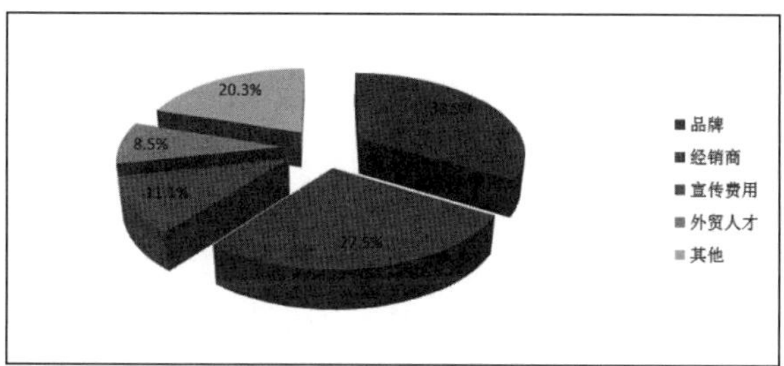

影响自营出口的因素

根据上表分析，品牌和经销商是影响国内乐器企业自营出口的重要因素，中位值分别为30%和20%，其中，有24%的企业认为品牌占影响自营出口因素超过50%，但两项数值离散度均较大，不同企业的自营出口环节受品牌和经销商影响差异较大。而宣传费用和外贸人才因素相对占比较少，一半以上企业认为宣传费用和人才对自营出口的影响仅占10%和5%，而且数值离散度较低，平均值能较客观的反应行业内大部分企业对于宣传费用和外贸人才的诉求。

六、贴牌出口的利弊

根据下表分析，批量大/利润率低这一对选项被选数量最多，分别为18/22个。其次是简便快捷/品牌自主权弱，数量分别为16/19个。说明批量大和简便快捷，是贴牌出口方式的主要优点，而利润率低和品牌自主权弱是贴牌出口方式存在的主要问题。从

贴牌出口利弊	个数	平均值	中位值
简便快捷	16	17	17
汇款风险小	12		
批量大	18		
价格话语权弱	12		
市场不稳定	17		
品牌自主权弱	19		
利润率低	22		

总体数据上看，各个因素被选次数较平均，中位值和平均值都为17。表中所列因素，为现阶段业内企业贴牌出口中呈现的普遍特点。

七、业内企业在境外注册品牌情况

	境外注册商标覆盖国家数量	境外注册商标数量
最高值	89	26
最低值	0	0
中位值	1	1
平均值	8.6	2.2
方差	20.1	4.9

根据上表分析，行业内一半企业至少可以在境外一个国家拥有一个注册商标。较境外注册商标数量而言，境外注册商标覆盖国家数量的数值离散度非常大，业内不同企业之间发展程度相差很大。

本次调查结果中，有24家企业在境外注册商标，占调查结果的57%，其中有16家企业可以在2个或2个以上国家拥有注册商标，占调查结果的38%。

八、行业内遇到的政策相关问题和期望

根据调查，绝大多数企业表示最大的期望是能够在出口退税、商检检疫和报关储运等方面优化现有的繁复手续和过程，缩减审批时间，以及降低各项程序的办理费用；同时增加出口退税，降低进口税率。此外，还有少数钢琴企业希望国家制定二手钢琴进口标准，和提高二手钢琴进口税率。

（曹磊）

关于乐器骨干企业拓展社会音乐教育市场的思考

最近，中信证券研究部领导到访中国乐器协会，探讨如何协助行业龙头企业挖掘品牌价值，拓展音乐教育领域，整合资源创建特色音乐培训体系，反映出投资者看好钢琴教育市场，并有为之投资的强烈意向。为此，协会拟了一个研讨课题，准备在条件成熟时组织专题研讨会，请相关企业、音乐院校、琴行培训学校和投资机构等参加，共同研究社会音乐教育市场。此文从钢琴培训入手，做几点粗浅的分析，仅供企业参考。

一、关于钢琴市场的整体思维

1、目前钢琴市场评估

传统钢琴产销市场以产品为中心，技术创新作支撑，用推陈出新的钢琴产品实现销售价值。近些年，我国钢琴年产量维持在36万架左右高位运营，剔除出口4万架左右，32万架内销，加上进口新琴3万余架，构成年销售量为35万架左右的中国钢琴市场，按每架钢琴1.3万元供货价测算，企业年销售收入约为45亿元（不包括进口二手钢琴和数码钢琴）。

2、钢琴教育市场评估

按中国钢琴消费状况分析，购买钢琴的消费者80%以上是为了学习、演奏，用于装饰、赠送和其他用途的不会超过20%。近些年钢琴消费者有70%为幼儿、青少年。据琴行钢琴培训数据分析，3~14岁少儿学琴平均在3年左右，以每周一节课，每节课150元计算，一个琴童年培训费在7500元左右，加上不少于一次的钢琴调律200元，合计为7700元。

目前，我国钢琴保有量在600万架以上，按三分之一使用率，50%为少儿学习匡算，200×50%×7700=77（亿元），是钢琴年产品销售额的1.71倍。

3、企业经营者、琴行和投资者均看好钢琴培训市场

（1）国外知名企业、钢琴上市公司在音乐培训方面有宝贵的经验。例如：雅马哈、卡瓦依等公司均有完整的音乐培训体系，其收入和效益占总体的30%以上。音乐教育体系有几十年历史。

（2）保守的估算，我国拥有1.5万家琴行，其中70%以上都有音乐艺术培训业务，具备上千学员的琴行培训学校很多，有多家连锁，学员上万的也有几家。“70%~80%的买乐器客户希望在本校学习，而且70%~80%的学员会在本店买乐器”，这是一些大琴行多年调研的结果。

（3）从市场整体认识，钢琴产销与培训和售后服务本身就是一个完整的体系，音乐教育是乐器销售的保证条件，也是钢琴市场重要的组成部分。进而再扩展到钢琴演艺、钢琴文化活动，当前我国典型的钢琴文化活动如：考级、各种比赛、各种演出、音乐会、特长培养等等，这是音乐文化的大市场。

二、钢琴品牌企业开办音乐教育的重要性及困难

1、钢琴音乐教育市场的重要性

（1）从产品市场向音乐教育市场扩展的趋势是品牌企业发展的必然，钢琴音乐教育市场潜力巨大，品牌企业大有作为。

（2）音乐教育是整合资源，实现市场品牌化、社会化、国际化的重要途径，也是发挥和挖掘品牌价值的重要途径。

（3）面对发展多年且多样化的钢琴培训市场，细化需求，创新思维，创建特色品牌钢琴培训体系更具有挑战性。

2、新课题面对的主要矛盾和困难

（1）培训体系与经销商体系的矛盾，因为经销商大多已有地方性的培训学校，已成为其经营的重

要组成部分，建立新的品牌培训体系如何处理好经销商的关系事关重大，应当是包容、互补和联合的关系；

（2）目前我国钢琴培训同质化问题较为严重，也缺乏规范化的管理，更缺少有特色的品牌培训体系；

（3）直销店体系较弱的企业，系统化音乐培训起步会较难，底气不足。然而直销店体系建立也存在与代理商体系差异化的问题，快速开发系列专属产品成为增量的密钥；

（4）体系化音乐教育，需要组织强有力的特色教材研发力量，组织专职、兼职音乐老师的专家团队，以及与其相适应的教学和运营的管理模式，对硬件和软件的要求都很高。需要一定的资金投入和实践积累。

三、钢琴教育目前流行的类型及典型案例

1、琴行分散型和中心城市规模经营型

北京姜杰钢琴城——16处规模化音乐培训分校，带动16家乐器经营分店。有3万以上学员，几千名各类音乐艺术老师加盟。教学收入占公司总收入的50%以上。

2、省市区域连锁型

河北秦川、杭州天目等省级连锁音乐艺术学校——以中心城市辐射全省直销和加盟连锁店，组成音乐培训连锁体系，有较强的地域特色，也具备连锁体系的特点。以市场需求和合作伙伴加盟为驱动，形成上万学员，综合培训带动大众音乐文化活动。

3、知名企业品牌钢琴教育体系

日本雅马哈、卡瓦依两家公司为代表——随着公司规模化发展和上市资本运作，成立专门研究与管理机构，有规划地建立音乐教育体系，作为公司发展的重要战略措施。经过几十年历练，公司教育体系遍布日本、东南亚和世界各地。卡瓦依音乐教室以全资直销店为主，在日本有上百家；雅马哈实行音乐培训中心、直销店和代理商加盟结合的发展战略。该两家音乐教育收入占公司总收入的30%以上，且品牌效应明显。

柏斯琴行连锁店也在研究和尝试此类方法。

4、项目加盟型音乐培训

以“疯狂钢琴”、“OK钢琴”等方法类，周广仁、刘诗昆钢琴艺术中心等为代表的专家类音乐培训品牌项目吸引了不少琴行和社会培训机构加盟，既丰富了钢琴培训的方法，又提升了培训的水平。

5、互联网音乐培训型

目前，互联网上有大量音乐培训项目，有纯线上的，也有线上线下结合的。比较典型的是——新跨乐与亚马逊（中国）线上线下的音乐培训合作，推出“买培训送乐器，买乐器送培训”的理念，配合网购专属产品的开发和互联网电商的超大流量构建乐器教育平台。

四、品牌企业音乐教育体系创建的主要因素及相互关系

1、主要要素

2、相互关系

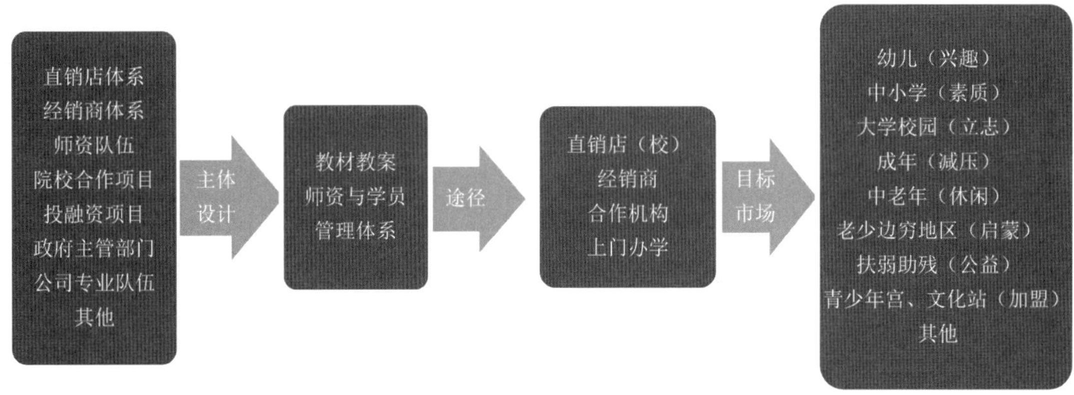

五、品牌企业音乐教育的思考

1、如何把握准确的市场定位

中国音乐教育市场需求呈现多元化、普及化趋势，而且潜力巨大。已有的学校、社会音乐教育模式有很多经验值得总结和学习，同时也有巨大的市场需求亟待品牌企业去开发。

例如：分散的差异化的幼儿园教育市场，可否像高校音乐联盟那样组织幼儿园音乐教育联盟；又如：以二三线城市或西部地区少儿钢琴培训为重点，组织西部少儿钢琴培训中心，既弥补了西部教育的弱点，又增强了西部乐器市场开发力度；还有成年、中老年人乐器市场、兼职中小学音乐老师市场等等。“应需求、创特色、聚资源、做体系”是品牌企业创建音乐教育项目的关键。

2、如何实现教育方案、师资队伍和管理运营体系的最佳组合

音乐教育项目三大要素：一是针对目标学员需求制定独具特色且不断创新的教材、教案；二是组建强有力的导师团队和专职、兼职教师队伍；三是从顶层设计到分校管理，从体制架构到运营机制全方位设计，以上三方面缺一不可。只有打破常规的挖掘行业及社会资源，做好投融资方案，制定科学合理的实施计划，才能在错综复杂的环境中开辟品牌音乐教育的新天地。例如：与国际性知名品牌、品牌项目合作；与社会音乐教育部门、地方培训机构；针对目标用户组建新的联合合作体系等等。

3、如何处理好已有合作伙伴和音乐教育项目的关系，走特色经营之路

不拘泥于现有的项目思路，设立专门机构，组织专业人员，在深入调研基础上，制定品牌企业音乐教育发展战略，分析自身优势和劣势，研究相关要素整合的方法与策略，从扩大市场需求和挖掘品牌价值的角度去做音乐教育；用特色专属产品和细分市场等方法切入，实现优势互补、互利互惠，可能机遇就在眼前。

（曾泽民）

关于中国钢琴产业发展现状的若干思考

【编者按：2013年，中国乃至世界钢琴产业由于受全球金融危机影响，进入发展的波动期。欧美传统钢琴销售疲软，全球数码钢琴需求上升。2013年，我国钢琴产品进口增加、出口下行。钢琴产业并购重组、上市融资相继上演，国内钢琴行业转型升级拉开序幕。从2003至2014年，中国钢琴产业历经10年高速增长，面对开放多元的国际化市场，国产钢琴不仅要抵御成本攀升和出口下行的双重压力，还要与海外老牌钢琴劲旅同台竞技，市场倒逼国内钢琴行业，若要使得固有市场份额不被蚕食，必须在产业结构和品牌运营上进行战略调整和资源重组。本文从产业结构、市场运营、音乐人口的有序培养等角度，对我国钢琴行业在工业化发展进程中呈现的开放和多元的生存业态，进行了重点关注和思考，希望能对业内人士有所启迪。】

业界洗牌并购 转型升级进行时

数据显示，从2003年到2013年，中国钢琴行业年产能一直保持在34万架以上高位运行，其中，2005年国内钢琴制造业曾创造钢琴出口峰值12.21万架。从2005年至今，我国钢琴出口量逐年下滑，至2013年出口量降为3.98万架，同比下降20.63%，而进口钢琴反增到121607架（含二手钢琴），同比增长13.83%。2013年，中国乐器工业销售量值为510亿元，合83亿美元，超过美国的年产销量66.3亿美元，中国首次成为乐器主要产品产量及营业额世界第一的国家。近年来，面对欧美钢琴市场的销售疲软，

表1：近年钢琴行业品牌并购、资本运作事件

时间	事件	企业诉求与行业影响
2006年	美国GIBSON乐器集团收购东北营口钢琴。	国内最早钢琴品牌并购案例，旨在打造美国鲍德温钢琴东北三角钢琴生产基地。
2007年	日本雅马哈钢琴收购德国著名贝森朵夫钢琴。	亚洲钢琴公司并购德国品牌，旨在为钢琴工业化流水线吸纳德国先进技术。
2009年9月	德国博兰斯勒钢琴收购隆尼施（Carl Rönisch）钢琴。	该品牌是20世纪80年代欧洲产销量最大的德国钢琴品牌。借助收购开拓更大的国际销售市场。
2011年5月11日	海伦钢琴收购奥地利文德隆钢琴品牌。	引进国外技师，吸纳海外品牌与技术，借助海外成熟品牌拓展海外市场。
2012年6月3日	珠江钢琴集团A股上市，同年募投资金创立增城基地，专项研发恺撒堡中高档钢琴。	乐器行业A股第一只国有钢琴股，宣告钢琴企业正式进驻资本市场。
2012年6月19日	海伦在深交所创业板上市。	民营钢琴公司上市融资突破资本瓶颈，拓展产能。
2012年10月	香港柏斯集团在收购斥资2亿元收购青岛世正乐器，谋求上市。	通过兼并收购，扩大钢琴产能至10万台/年，在青岛打造乐器出口基地。
2013年3月11日	北京市国通资产管理有限责任公司转让北京星海钢琴集团有限公司7.934%股权，挂牌价格为2585.46万元。	国有钢琴企业出现股权变更。
2013年7月1日	施坦威乐器被美国私募基金收购，交易价格约为4.38亿美元。	海外上市钢琴公司资本运作，股权更替，投资决策与钢琴企业生产关联度不高。

国内钢琴行业洗牌和并购重组动作频繁，为在未来钢琴市场求得竞争先机，各钢琴制造企业主动提前进行产业和资本布局。柏斯音乐集团董事长吴天延表示，目前国际钢琴市场下滑客观存在，但并没有对整个中国钢琴产业形成重创，近年来中国钢琴市场一直保持基本稳定，进口钢琴数量不断增长，说明中国已经成为世界钢琴产业的“中心”和“热点地区”。

从国内钢琴产业发展现状看，随着消费市场受众品牌意识的觉醒，具有独立自主知识产权的企业，品牌的市场竞争力清晰显现，而以OEM组装代工、缺乏自主品牌的钢琴企业，将面临转产和重新寻找出路，品牌定位成为钢琴企业参与市场竞争的关键要素。中国乐器协会秘书长曾泽民表示，未来钢琴市场，依赖价格竞争为主导的市场局面会逐步弱化，市场逼迫企业深化品牌建设和升级转型。当前，我国钢琴产业出现上游主抓零配件制造工艺，下游向文化教育产业延伸，透过产品服务和艺术培训业务创造新的利润增长点，导致钢琴产业链条扩宽和拉长。在此情势下，钢琴产业出现强者愈强，弱者转产的现状。曾泽民告诉记者，当前有不少钢琴企业开始另寻出路，有一些钢琴企业涉足房地产项目，依靠行业外资本，为钢琴公司生产经营补血。

面对大中型钢琴企业上市融资，扩张产能的商业行为。来自行业的经济分析报告认为，其背后的诱因是国内经济的提速发展，国内社会家庭在子女素质教育的持续投资，刺激未来钢琴市场消费需求持续增长。福州和声钢琴副总经理黄苏东认为，在日本钢琴发展高峰期，每百户家庭钢琴拥有率达到25%，而当前中国每百户家庭钢琴平均占有率仅为2%～3%之间，参考钢琴产业发展历史规律，中国钢琴消费市场潜力由此可见。曾泽民认为，文化轴心城市与二三线城市的经济与文化发展存在差异性，致使中国钢琴行业保持34万架以上的高位年产能，其核心要素是中国有近3000万琴童的庞大消费群体，构成钢琴市场潜在的需求空间。评估未来钢琴市场的发展，随着市场的逐步饱和和琴童年龄的增长，社会家庭或许会出现大量闲置钢琴，预计将催生国内二手钢琴市场的发展，未来社会家庭或将出现近50%的闲置钢琴。

上市融资意在突破资本束缚

“钢琴企业上市融资的目的非常明确，即是募集资金，拓展资本，谋求企业做大、做强。上市融资是最有效的途径和商业运营策略。客观地说，钢琴行业总体规模虽然有限，但在国家和政府倡导发展文化产业的政策背景下，文化产业的项目投资呈现上升趋势，各钢琴企业都在加大音乐培训领域的资金投入。”珠江钢琴集团原董事长施少斌认为，国内各大钢琴企业都在加大资金投入，但要清醒地看到，钢琴行业的投入与产出并不匹配，项目资金投入到厂房、生产设备和人力资源培训后，并非能够得到快速的市场回报。当前钢琴行业在资本的驱动下，行业的集中度会越来越高，我国当前钢琴行业的年产值，占国内乐器行业的35%，全国排名前5名的钢琴企业的生产总值已占全国钢琴年产值的76%。面对国内文化消费市场的良好前景，资本驱动型企业会在未来市场体现更强的竞争优势，这也是国内钢琴企业进行上市融资的现实原因所在。国内资本市场发展很快，IPO还未重启，珠江钢琴集团作为乐器行业第一股成功上市，海伦钢琴在深交所创业板上市，反映出钢琴企业想要在资本市场寻求立足点，求得市场发展先机的商业诉求。

有行业人士认为，钢琴企业上市是一把双刃剑，钢琴行业市场回报率没有预想的高。施少斌认为，中国有近3000万的琴童，随着文化市场的繁荣发展，钢琴市场还有继续提升的空间。随着电子科技的发展，当前各钢琴企业都在产业结构中融入数码钢琴产品的研发，在扩大市场规模和持续培育更多音乐人口的基础上，数码钢琴将成为未来钢琴市场新的利润增长点。钢琴企业上市融资，需要面对从制造企业向现代文化服务型企业的转型，企业运营项目可以向文化娱乐、高档艺术品投资、文化艺术培训多个领域进行延伸，通过新的业务领域创造新利润增长点。但要看到，钢琴企业募集资金后，并非要整合上下游产业进行全线发展，当企业向服务型企业转型的过程中，作为股东还是希望企业能够突出主业发展，单纯地依赖拉长产业的上下游，在各个经营环节求得盈利并非主流。乐器公司上市确实属于一个新课题，企业上市必须要保持清醒头脑，明确融资后利用资金如何作为，扩展生产规模

是其中要素，市场投入才是关键要素。

科技和人才成产业脱困核心要素

在上市融资、洗牌并购的背后，不同规模乐器企业如何选择适合生存路径？当前，钢琴企业进行自主创新过程中，依然存在瓶颈，特别针对5.5万钢琴产业员工的技术培训，亟需拿出可行性教育方案和措施。说到底，钢琴制造业发展最终是科技和人才的价值体现。

以上海欧亚钢琴公司为例，该公司在上海设立工厂的同时，在德国投资创办公司，聘用高端钢琴技师，生产部分中高端产品，利用国外人才技术优势参与市场竞争。像杭州嘉德威钢琴、公爵钢琴、南京摩德利钢琴以房地产投资带动钢琴产业发展，采取综合发展的策略参与市场竞争。福州和声钢琴公司以技术为先导，不断进行自主知识产权的新技术研发，以技术和品质求得生存发展，产品定位在中高端市场。在浙江德清洛舍钢琴产业集群，出现抱团经营型企业，与专家和国家质量检测机构合作不断提升产品的品质。综合来看，没有自主品牌，仅依赖钢琴采购零配件进行组装的钢琴企业，将成为最先被冲击的对象。

上海钢琴公司总工陈惠庆认为，国产钢琴要发展，首先必须要提升企业的创新和研发能力，同时在自主知识产权的产品上进行持续科研投入，针对钢琴设计和工艺进行深入透彻地研究。面对钢琴的工业化发展，日本的雅马哈和卡瓦依钢琴也是在吸收欧洲钢琴制造技术的基础上，在工业化道路上完成钢琴批量化生产，其工业化制造手段大幅度提高标准化程度和生产效率，从而导致日本钢琴迅速占领全球市场。当前，钢琴企业在钢琴制造装备，包括自动化流水线和数控机床的科研实力上，确实存在技术和管理人才的瓶颈。我国钢琴制造业在钢琴共鸣系统、机械系统技术上还有较长的路要走。要真正实现通过系统科学计算而配置的音板、弓高弧度和肋木的几何尺寸等，需要钢琴制造企业投入相当资金和人力，采取与具备振动和声学科测试以及分析科研实力的高校、科研院所进行钢琴声学测量项目的对接；其次，建议国产钢琴要加大材料的科研立项。从材料替代、材料力学、材料声学多个范畴展开深入科研工作。众所周知，在国家倡导的绿色环保，节能低碳的理念下，钢琴制造业如何寻求声学品质和演奏性能更佳的替代新材料，成为钢琴企业必须面临的课题。当前，已有钢琴企业的击弦机中档和背档使用铝合金替代木质材料，又出现工程塑料替代击弦机木制配件，近年也出现碳素纤维制作击弦机产品的成功科研案例。同时，材料科研项目中还涉及木材的改性问题，即是将软性木材用高压压缩和浸污渍的技术，提升木材自身的密度。在节约资源和绿色环保的概念下，如何以低质原料通过科技加工，替代高品质原料，其科研意义显而易见。

当前，钢琴行业从业人员的流动性大，特别是针对来自其他行业的新员工，如何有效对其进行业务培训，问题同样棘手。各个企业应根据自身的条件，积极开展上岗前的培训，提高新员工的技术能级。对缺少技术人员而实力强的企业，建议可与社会职业技术学院开展委托培训。企业可根据实际需要，向院校提出定向技术人才培养的现实诉求。进行校企合作，共同制定培训大纲和教学计划，提供教学实训场地和专业师资力量，共同分配学生。尽管近年来，我国有部分高等音乐学府开设了乐器修造专业，但多数毕业生流通到琴行销售业，从事钢琴调律和销售，这与高校最初的人才培养宗旨出现了矛盾。目前，国内钢琴制造企业都是忙于生产和销售，难以抽出足够时间和精力专项从事员工技术培训。如何展开校企联合，进行深入的钢琴技工委托培训，为企业的人才储备和后劲进行定向人才培养和钢琴基础研究，是钢琴企业需要认真思考的议题。

产业格局趋向专业细化 市场营销呈现多元互联

2014年，面对行业市场竞争日趋白热化，行业洗牌正是钢琴行业生存业态发展的手段。通过资本重组和产业并购将会带来产业结构的再调整，使钢琴制造产业划分更加细化，产业结构将向专业化发展，大而全、小而全的钢琴制造格局会被打破，取而代之的是出现一批诸如：钢琴击弦机、键盘、外壳、成品组装等专业制造厂家。这种细化分工将有助于钢琴产业的科技进步。拥有知名品牌的大型钢

琴企业也将改变经营方向，将集中精力做品牌和科技研发。可以说，我国的钢琴产业正在面对着产能扩张与经营效益的矛盾问题，以及企业谋求大而全的发展与产业发展的精细化、专业化分工的矛盾。如何采取行之有效的措施，化解危机和矛盾才是问题关键。

吴天延预测，钢琴行业洗牌后，或有两种类型的企业能得以继续生存：一种是高端产品，管理精细的企业；一种是规模化生产，具有现代化、标准化的大型企业保留下来。“钢琴制造手工要素居多，形成工业化管理存在难度，至今德国钢琴企业依然以手工为主导。当前，大型钢琴制造企业想要追求大而全的发展，想同时兼顾产品的上下游产业，谋求高额赢利，其难度非常之高。当前，全球钢琴企业都不同程度遭遇资金链的问题，中国钢琴企业表现更为突出。”华丰铸造董事长杨文举认为，面对未来发展，钢琴企业应回到返璞归真的道路上来。2014年，钢琴产业的优势在于三角钢琴的市场需求在抬头。他山之石，可以攻玉，钢琴行业有志之士，可以收购国外品牌，在满足外商质量要求的前提下，不断提升自主品牌的制造水平。当前钢琴产业，继续在低成本，特别是低利润的前提下生存，不有效提升生产效率，多数企业会觉得疲惫不堪，甚至最终会选择转产或淡出市场。要突破瓶颈，国内大型钢琴企业必须拿出新品向市场说话，若持续在自主品牌匮乏，创新能力低，百分百地拷贝复制他人品牌的生存状态下徘徊，也是有违职业操守。

“随着钢琴产业上游零配件配套工艺的完善，钢琴企业主要依靠零配件的组装获得赢利，造成钢琴利润偏低，是钢琴企业将零配件进行简单的累加所致。形成这样的市场局面，同样源于国内家庭对钢琴产品的大量需求。”森鹤乐器总经理罗建峰认为，钢琴市场最大的问题是产品同质化现象突出，上游的击弦机、码克、铁板配件差异性不大，零配件组装过程中出现失误的几率不大，最大的差异则是在钢琴的整音和调律技术环节。钢琴制造是非常个性化的艺术产品，欧洲钢琴企业拥有精湛整音和调律工艺的技师，而中国钢琴产业要在批量化的工业化模式中求得与欧洲钢琴品质相匹敌的产品，其难度是可想而知的。

当前钢琴制造企业生存感到尴尬的是，其销售终端被经销商控制，大部分中小钢琴厂从实际意义上说就是一个零配件的组装车间，产品营销也以二三线城市为主。钢琴不仅是商品，更有其文化属性，必须要依赖教育培训，产品文化属性才能得以深入延伸。大型钢琴企业正在向音乐培训和文化产业延伸，经销商、直销店和电子商务等营销模式也会随着需求而发生重大变化。当前，钢琴行业出口处于海水倒灌，包括印尼钢琴工厂返销回国内，成本优势开始向欠发达国家和地区转移，诸多不利因素困扰钢琴产业发展。钢琴产业将面临技术创新、市场创新和人才创新的一系列重大课题。知难而上，跟上互联网时代的新形势，才是钢琴企业的发展之路。

无论是上市融资，还是行业洗牌并购，钢琴产业在历史发展的每一次巅峰状态后，仿佛都无法逃脱行业和品牌浓缩发展的历史必然，中国的钢琴产业亦将如此。“任何一个行业发展到一定阶段，都需要资本的推动才能迈上新的台阶。当企业向资本市场敞开怀抱可能有两种情况，一是稳固江山，一是开疆破土，两者的区别在于企业战略定位，也就是融资之后的事儿是否想清楚了。”中音公司总经理赵易天认为，当前整个乐器行业都疲软，对于传统乐器生意来说现在是整体“熊市”。在这种情况下，如果没有找准未来市场发展的方向，无论是上市融资还是兼并收购，大家都只是在原有的锅里抢食而已，相当于红海战略2.0版。从2003年至今，钢琴产业的发展热点再次从海外出口回归内地，下一个十年，中国钢琴产业如何行走？市场正在考验着所有钢琴行业从业者的经营智慧。　　（黄　伟）

初探北京二手钢琴市场

【编者按：2013年，中国钢琴市场复杂多变，商家间竞争激烈，一面是消费市场出现疲软，不少商家反映在黄金档期，钢琴销售并未出现回暖迹象；另一面，海外进口二手钢琴风生水起，以性价比优势走俏国内钢琴市场。据初步统计，2013年我国进口二手钢琴总量达到7.8万架次，占据中国钢琴市场19.5%的份额。近年来，二手钢琴进口数量激增，是否影响国内钢琴市场的营销秩序，何种因素导致二手钢琴进口持续升温？二手钢琴的流通渠道和产品结构呈现何样特征？面对日韩废旧钢琴充斥和蚕食内销市场，如何保证国产钢琴行业有序发展，有效保障消费者权益。本刊将从厂家、经销商、消费者角度出发，通过网络信息采集调研，走访二手琴行经销商和行业专家，站在客观公正的立场，针对北京二手钢琴市场展开先行调研。】

宏观数据

10年前，从日、韩两国流入中国市场的二手钢琴约8000架次，随后每年以30%的速度递增。据行业数据统计，日、韩二手钢琴的保有量约为600万～700万架次，若不加以限制，放任二手钢琴以30%增速进入中国市场，5年后，中国大部分钢琴厂将面临倒闭的危险。中国乐器协会秘书长曾泽民在《关于整治进口旧钢琴，开展钢琴行业救济的议案》中强调：2013年，在7.8万架次的进口二手钢琴中，内含大批量日韩废旧钢琴，其以超低进口价格侵蚀国内市场，造成市场出现不平等竞争。所谓针对二手钢琴市场进行整治和开展行业救济，其宗旨是既要维护二手钢琴经销厂商和消费者的合法权益，又要严格监管无良厂商的违规操作，以及侵害消费者合法权益的商业行为。

为了解北京二手钢琴市场总体状态，记者通过网络检索和琴行实地走访，展开初步市场调研。在二手钢琴最大的网络集散地——淘宝网，仅北京地区销售二手钢琴的网店就有近50多家，销售产品以日本雅马哈、卡瓦依、韩国英昌钢琴为主体，有极少数商家在经营珠江和星海二手钢琴。其中，韩国英昌二手钢琴的售价在3500元～8000元不等，日本雅马哈和卡瓦依二手钢琴标价在10000元～40000元不等，热销型号有YAMAHA U系列、KAWAI KS系列、韩国英昌U系列等。为增强受众的消费信心，有部分商家在网店平台，对销售产品的年代、型号、产品编号进行了详细标注，甚至有些网店通过图文并茂的形式，教授顾客如何鉴别废旧翻新二手钢琴，避免消费者合法权益受到侵害。

为进一步核实网络调研结果，记者实地走访了京城两家经营超过10年，且具有代表性的二手钢琴经销商——北京新爱琴乐器城和巨美国际文化发展（北京）有限公司（以下简称巨美国际）。其中，北京新爱琴乐器城依托淘宝网店和实体店的互动营销模式，采取线上线下协同发展，获得不错的市场口碑，目前在京城已创办4家分店。巨美国际主营欧洲古董钢琴，旗下有分公司奥乐钢琴，其店面设在中国音乐学院附近，主营雅马哈和卡瓦依二手钢琴。两大琴行的经理人都有钢琴调律师的从业背景，可以说，他们见证了北京二手钢琴市场从起步到发展的全过程。据记者初步调查统计，北京地区线下二手钢琴经销商有近50家左右，各店面以营销上世纪70～80年代雅马哈和卡瓦依二手钢琴为主体，同时兼营部分价格在万元以下的中低端韩国二手钢琴，单店年销量如以200架次估算，初步预计北京地区二手钢琴的年销量超过1万架次（含批发到二三线城市的销量）。

市场速写

2013年，受全球经济危机影响，国内新品钢琴、二手钢琴的消费不同程度受到抑制。2014年，随着社会家庭收入趋于稳定利好，家长对琴童艺术教育投资再度升温，促使北京二手钢琴市场回暖。据新爱琴乐器城产品部经理闫中华介绍，像在北京、上海、广州三大文化轴心城市，社会家庭经济消费水平较高，为子女进行二三万元的艺术教育投资，对家庭并不构成经济消费压力。当前，新爱琴乐器城二手钢琴消费依然以琴童为主体，多是家长主动来乐器城购琴，教师推介产品的现象逐步变少。近年来，在北京等文化轴心城市，家庭的钢琴消费观念正在不断转变，当前售价在30000元～50000元间的中高端日本二手钢琴，也有家长在选购。

据记者调查，在北京钢琴市场，由于产品信息透明化程度高，家长在选购前，可以通过多种渠道，了解热销二手钢琴的型号、生产年代、产地等信息。由此看来，二手钢琴在国内文化轴心城市的销售更具活力；其次，在文化轴心城市，钢琴调律维修服务从业人员配套齐全，即使选购二手钢琴后出现问题，琴行的调律维修人员仍可有效帮助顾客解决问题。而在国内二三线城市，由于钢琴技师队伍的规模和技术水平有限，使得不少家庭多以选购新品钢琴为主导，并且不少家长并没有建立钢琴日常保养和维护的消费观念。当前，二手钢琴的消费群体参差不齐，像有些院校师生，由于缺乏二手钢琴的专业鉴别知识，多数还是会选择新品钢琴。

产品结构

说到产品经营架构，据记者调查，新爱琴乐器城在以二手钢琴作为主营项目基础上，面对市场需求，同时兼营数码钢琴和古筝销售以及乐器教学。售价在三四万左右的二手钢琴，消费对象主要来自院校专业钢琴教师，虽然新品钢琴的市场保有量占据主导地位，但目前来看，二手钢琴在中高端院校消费市场还是占有相应的份额。闫经理反映，上世纪50年代的日本二手琴，其市场零售价格多在万元以下，产品使用寿命和零配件状态不佳，多数需要翻新处理。面对二手钢琴的选购，尽管来自同年代，甚至同型号的产品，产品品质还是有所差别，消费者在选购过程中，需要认真地甄别。

巨美国际董事长吴红德告诉记者，在10年前，二手钢琴市场以中低档钢琴为主，售价一般在10000元～15000元左右。随着受众消费观念的成熟，当前北京二手钢琴市场，中高档产品日渐成为消费主流。对于客户而言，只要产品品质过硬，客户愿意付费来选择性价比高的二手钢琴。当前，巨美国际经营的产品包括施坦威、贝斯斯坦、博兰斯勒、依巴赫、赛乐尔等一线古董名琴，市场售价均在几十万元以上，其受众群体相对较窄，主要面向高端名琴收藏客户和专业院校教授。巨美国际旗下的奥乐钢琴主营雅马哈和卡瓦依二手钢琴，产品使用年限从上世纪70年代～2000年都有涉及，经营主线以中高档日本二手钢琴为主体，市场均价在20000元左右，产品定位面向琴童和专业院校师生。当前，雅马哈二手钢琴的热销型号有YAMAHA U1、YAMAHA U3。

分析日本二手钢琴销售升温的诱因，中国钢琴调律师协会前会长金先斌认为，首先是雅马哈品牌效应促成大众消费心理；其次，20世纪70～80年代的日本二手钢琴，乐器木材含水率趋于稳定，产品气候适应性强，弦轴松紧适度，易维护调整，乐器声音特点适合家庭环境中的使用。当前，日本二手钢琴的价格因素成为冲击着国产钢琴市场关键因素，同时也折射出国产钢琴行业的自身问题。近年来，杂牌钢琴行销市场，利用乐器产品透明度低，通过支付教师高额售琴回扣，将劣质产品流通到内销市场。这种违规操作行为，不同程度地抑制了受众的消费信心。如何增强行业自律，同样是国产钢琴应对二手钢琴竞争的现实问题。

在日本和韩国，社会家庭出售闲置钢琴的价格与出售旧家具无异，价格非常便宜。在中国的钢琴市场，不同程度地存在畸形消费心理，但凡产品价格便宜，还是会有消费者来购买，这也是韩国废旧二手钢琴横行市场的诱因。吴红德表示，产自20世纪50年代的韩国二手钢琴，质量确实糟糕，售价低于国产新琴的成本价格，且多数韩国二手钢琴都属于翻新琴，是不少琴行早已淘汰的进口产品。多数韩国二手琴售价在3000元～8000元的产品，市场秩序比较紊乱，亟待规范。据记者调查了解，根据2013年4.6万架次的韩国二手钢琴进口数据看，在北京市场，貌似韩国二手钢琴的市场暗流不容忽视，值得行业人士进行深入调研和关注。

流通渠道

说到二手钢琴的流通渠道，记者透过海外站点搜索，发现在日本已有不少二手钢琴的专营站点。吴红德说，在日本有二手钢琴协会，二手钢琴在日本已是成熟产业，有严格的行业准入规则。该行业

面向全球进行二手钢琴的输出，甚至在欧洲市场，都有日本二手钢琴的足迹。目前，日本二手钢琴经销商数量有几十家左右。像在日本的东京或者大阪，不同二手钢琴收购公司负责不同地区的产品收购，且对于二手钢琴的收购价格都有明确划分和规定，其市场运营机制已非常规范，产品市场销售价格偏差不大。

2013年，根据国家海关总署数据显示，从韩国进口二手钢琴43573架，平均单价仅有312.09美元（几乎都是旧钢琴），其市场售价还达不到国产钢琴1407美元的出口价格。据大连福音琴行总经理曲哲介绍，韩国二手钢琴在国内基本有两种流通方式：首先，在东北营口主要通过代理商进口韩国二手钢琴，由于此类韩国废旧钢琴质量糟糕，翻新成本高，多数进口商选择放弃翻新，仅加价几百元，以2000元～4000元的低价，出售给各个钢琴教学网点，这些残次韩国废旧钢琴，无论是产品的演奏性能，还是音准稳定性，对于钢琴学习者的危害都是不言而喻；其次，在东北营口有6～7家翻新钢琴厂。据悉，在韩国英昌二手钢琴中，有一款型号与日本雅马哈钢琴形制非常相近。所以，有无良翻新厂开始打起篡改商标，将英昌钢琴篡改成雅马哈二手钢琴标识，从中谋取暴利，其市场行径更加恶劣。

在欧洲钢琴市场，像欧洲的贝希斯坦钢琴，年产量不过几千架，蓓森朵芙钢琴年产量不过几百架次。欧洲钢琴与日本钢琴在生产总量上的绝对差异，导致欧洲二手钢琴数量有限。正所谓物以稀为贵，这也是促成欧洲二手钢琴价格高昂的因素。说到欧洲二手钢琴流通中国的市场渠道，一般是国内琴行经销商从国外二手钢琴收购商直接拿货；其次，通过参与欧洲名琴拍卖会，通过竞拍收购欧洲古董名琴。

售后服务

较早前，在记者进行二手钢琴市场调研时，福州和声钢琴副总经理黄苏东告诉记者，当前，虽说有的二手钢琴经销商说保修5年，甚至10年。但公众要明白，钢琴零配件多达近万个，二手钢琴的生产企业多在海外，一旦产品出现问题，经销商所给出的零配件维修就成了一纸空文。针对早前行业人士的观点，记者在调研中进行了求证，得出的结论是：针对不同年代、不同型号、不同使用年限的日、韩二手钢琴，售后服务问题要区别对待。吴红德表示，在文化轴心城市，一般二手钢琴的经销商都会向客户提供5～10年的免费质保。商家之所以敢这么做，也是因为销售的产品质量稳定，不易出现售后问题，也反映出商家对产品的信心。

据经销商和专家的信息反馈，早在10年前的文化轴心城市，或许琴行因为资金实力受限，会进口一些低端二手钢琴，经过翻新后再流通到市场。但从近年文化轴心城市二手钢琴市场发展趋势看，多数琴行会选择进口20世纪70～80年代的日本二手钢琴。此类钢琴内部配件状态良好，在销售前无需进行大的零配件更换，只需要做好内部除尘清洁，外壳油漆抛光以及调律工作后，产品即可进入乐器零售市场。按照商家的话说，销售特定年代的日本二手钢琴，既放心，又省心。但特别强调的是，对于使用年限超过50年，特别来自韩国的废旧钢琴，经过翻新后，其售后服务中存在的黑洞问题则另当别论。

潜在危机

“国内二手钢琴市场能够走到今天，完全是依赖用户的口碑效应。”吴红德说到。从严格意义上说，二手钢琴并非是被中国钢琴市场容易接受的事物，凭借巨美国际从事二手钢琴营销的市场经验看，客户对产品的认可度较高，产品的质量和性价比是促成二手钢琴市场发展的现实因素。有行业人士预测，如果日本二手钢琴收购商的供应量跟得上中国琴行的需求速度，未来二手钢琴市场的进口量会继续扩张。

根据记者调查走访，在我国法制不健全，市场监管不到位，无良商家缺乏诚信经营的市场现实下，使用年限超过50年的日、韩二手钢琴，必须采取严格的区别和管理措施。究其原因，使用年限超过50年的日韩废旧二手钢琴，其产品性能已经在走下坡路，且此类产品多是经过翻新整修后，流通到国内信息欠发达的二三线城市。低价进口废旧钢琴，利用市场监管的漏洞，通过翻新处理，低价倾销，篡改1960年代以前钢琴的产品编号，冒充20世纪90年代的二手琴进行行销，严重损害了消费者权益的行为屡见不鲜。这条灰色的钢琴翻新产业链，将是冲击和挤压国产钢琴未来市场的一个肿瘤。从当前的市场形势看，健全二手钢琴法制、法规，加强年代久远废旧钢琴的质量鉴定，通过反倾销诉讼等法律措施，保护国产钢琴制造业健康有序发展势在必行。

在市场调查中，记者同样看到，北京市场不仅有二手钢琴的专营店，同时有像北京刘诗昆钢琴艺术中心等传统钢琴经销商，在销售新琴的同时，也在兼营日本二手钢琴。正所谓在商言商，无论是选择新琴，亦或是二手琴，只要有利润存在，商家还是遵循市场规律，做出相应地调整和选择。如何规范中国的二手钢琴市场，是整个钢琴行业必须要面对的新市场课题。

选购贴士

如何甄别不同年代的二手钢琴，专家给消费者支招。产自20世纪50年代的日本二手琴，钢琴使用的都是黑色弦轴。经销商一般不敢更换此类钢琴弦轴。首先，是配件难以寻找；其次，是担心更换配件后，会破坏钢琴的音准稳定性。受众在挑选钢琴时，可观察钢琴内部的音板，20世纪50年代钢琴的音板木色多会显得陈旧。商家在进口此类钢琴后，由于钢琴技师专业技术有限，一般都不敢在音板上进行大的工艺处理，担心操作有误，破坏乐器的声音传导和共振性能。

日本YAMAHA钢琴在建厂以来，对每台出厂的钢琴都有详细的产品编号，为谋取暴利，国内确有一些违规商家，通过篡改钢琴铁板上的产品编号，蒙骗消费者。消费者需要认知，20世纪70～80年代的日本二手琴，其产品编号多为6位～7位数，越是新琴，其数位首字符越大，编号位数越多。消费者可将此特征作为鉴别废旧二手钢琴的参考数据。

结束语：

从产业未来发展角度看，如此大批量的二手钢琴产品进入我国市场，必将对我国未来钢琴产业将造成冲击和市场挤压。二手钢琴热销的背后，涉及法制建设、市场监管、行业诚信诸多议题。谁来监控二手钢琴的进货和营销渠道，如何进行市场监管，这对中国钢琴行业都是亟待解决的新课题。当前行业人士形成的共识是：先要加大产品入关的监管力度，遏制日韩废旧钢琴蚕食国内市场的恶性态势；其次，在销售过程中，建立二手钢琴品质鉴定机制，在销售流通渠道中加大二手钢琴监管力度；第三，加强行业自律，以及乐器企业与琴行的协同合作，增强消费者的钢琴专业消费意识，杜绝劣质二手钢琴在的流通渠道。面对日韩废旧钢琴对中国钢琴市场的恶性挤压，本刊再次希冀通过市场调研，提醒国家相关部委重视废旧钢琴进口的恶性影响和严重性，尽快出台健全的法制、法规，维护钢琴市场公开、平等的竞争机制，保障钢琴消费者的权益不再受到侵害。（黄 伟）

再探二手钢琴市场

据不完全统计全国二手钢琴厂近百家，其中上海约40家、广东15家、福建约10家、辽宁约8家、河南5家、安徽3家、湖北3家、河北2家、北京2家。上海地区每月进口二手钢琴约20余个货柜，其中月进口8～10个货柜的一家，6～8个货柜的两家，4～6个货柜的三家，其余基本是2～3个货柜。二手钢琴分三个始发地，日本最多，占60%；韩国其次，约为39.9%；欧美最少约占0.1%。二手琴中，以每一货柜平均金额计算，日本琴平均比韩国琴贵60%。日本琴中雅马哈最贵。

一个琴童母亲的遭遇

目前，中国普通购琴者的一大特点是在追求品牌效应的同时希望保证高性价比，由此催生出一个隐形却巨大的市场需求——二手钢琴。未曾想到的是，在各大琴行明确标注二手琴的这批名牌产品，背后却包裹着层层乱象。

数周前，为正在准备钢琴考级的女儿购置了一台二手琴的张女士找到了记者，原本听信琴行“正规大牌二手钢琴，降价不降质量”的宣传，购得的二手琴却屡出乌龙，令其十分烦恼。

“琴行买来的二手钢琴是日本知名品牌，本想以此帮助孩子更好的练琴，没想到不但内部琴弦发黑老化，音准还老是出现偏差，不知不觉影响了琴童的正常练习。”张女士表示。“更让人气愤的是，找到琴行希望调出该二手琴的进口历史和出厂情况，却一问三不知，这怎么能让消费者放心使用？”

没有进口历史、没有卫生与环保检验的证书、没有成色新旧与定价挂钩的透明标准，如此“三无”的二手钢琴却堂而皇之的出现在我国不少琴行内销售。而经21世纪经济报道记者多方调查，一条完整的走私、翻新、混乱销售的二手琴产业链条逐渐浮出水面，令人惊心。

漂洋过海的日本废旧钢琴大潮

仅过去五六年中，从日本流入中国市场的二手钢琴，累积超过了20万台。这些堪称海量的使用后钢琴并没有被销毁，而是漂洋过海进入到日本近邻的中国，经过翻新后从废弃品摇身一变，登堂入室重新销售。

由于钢琴属大件耐用消费品，具有收藏保值的作用，所以在新琴使用一段时间后，自然形成了旧琴收购与再销售的循环。旧钢琴的流通，在十几年前就已经在钢琴产业发展成熟的日本开始萌发。

日本中部钢琴调律学校理事长岩田光义曾在接受采访时说，现在中古琴（即国内二手琴翻新来源）的销售是新琴的几倍，它占整个日本销售市场的很大比例，对日本现行钢琴生产形成冲击，并大有增长之势。

作为当今世界上最大的钢琴销售市场之一，二手琴的倒卖翻新也很快在中日两国间频繁开展。经营钢琴生意多年的国内知名琴行内部人士陈勇（化名）向记者说出了二手琴的贸易生意经。“近年来，日本大部分家庭多采取免费甚至付费遗弃处理的办法以淘汰家中的钢琴。大规模地淘汰旧钢琴并向其他地区转移，从上世纪九十年代末逐步成为部分日本商人一种特殊的贸易活动，他们从日本家庭廉价收购二手钢琴，然后集中起来向世界上许多国家转移销售，以获取高额利润。中国作为最具潜力的乐器市场，成为日本二手钢琴贸易商最集中销售的地区之一。

“位于北京的一家乐器有限公司则是另一种进口方式。该司是与日本的新大株式会社、捆株式会社三方合办的公司。日方公司在日本开展收琴业务，中方进行修理、销售业务。”

陈勇透露，中国钢琴市场销售的二手钢琴绝大部分是日本YAMAHA（雅马哈）与KAWAI（卡瓦依）钢琴。从20世纪20年代起，雅马哈公司大约生产了500万架钢琴，卡瓦依公司生产了250万架钢琴，主要销售地区是本土、欧美、亚洲国家。其中滞留在日本本土的钢琴数量大约占70%，大约有500万架。

这数以百万计的钢琴，在日本家庭钢琴需求

达到饱和的状况下，大部分钢琴已经成了日本家庭多余的摆设。而这些曾让持有者头疼不已，甚至愿意倒贴金钱处理，废弃钢琴究竟流入了中国哪里？业内人士口中所谓的二手琴，其实在日本被叫作中古琴，即从日本运来的琴原来是什么样的，就呈现给买主这一状况，通常不做任何调整。当买主看到原琴后，对琴的调整有什么要求，然后再行处理。然而目前充斥在国内琴行中的不少二手琴情况则大不相同，这部分琴是把从日本收购过来的那些根本无法使用的旧琴进行翻新，或者直接对一些成色较新的劣质琴进行翻新，以便卖出更高的价格。在业内，这类琴被称为翻新琴。

而运进中国后所定的价格，主要是仓储费和运输费。“运进来的旧琴，有的要整理，有的不需要整理，这就是二手琴与翻新琴之分。”

秘而不宣的再包装者

坐落于广东珠海的开发园区内，一家标牌广告异常低调的乐器公司与其他企业共用着一栋办公楼。相较于开发区中各家企业在厂房、门楣上的厂名大字，这家公司的低调显得有些格格不入。而它正是目前国内最大的二手琴翻新批发公司。

记者以采购二手琴的业务员身份与公司负责人进行了会面。在参观洽谈的过程中记者看到，在公司上下多层的结构中，设有二手琴展示区和翻新工厂车间，其厂区规模甚至大于国内不少专业从事一手琴的钢琴厂商。

陈列区中主要摆放的都是日本YAMAHA牌的中高端钢琴。公司负责人告诉记者，每个品牌不同型号的钢琴定价均不同，成分新旧的差异在批发销售过程中会对其定价产生直接影响。

据悉，该公司每年进口数千台日本废弃钢琴，每个月都要进货，其中多以20世纪五六十年代生产的钢琴为主。而出厂年份和通关成本与批发的价格直接挂钩。由于日本很多钢琴的回收本身是免费的，翻新厂商面临的成本主要是进口过程中的仓储、运输和人工费用。

“其中尤以YAMAHA中低端的二手钢琴卖得非常好，我们这边出厂批发价一般在15000元之内，而到了琴行这个价格通常已是涨到三五倍了。”

与传统正规经营的一手琴销售不同，公司对翻新钢琴的批发中没有任何书面的价目表，只对客户选定的型号进行报价。更为“谨慎”的是，公司对外宣称透明过硬的钢琴翻修流水线、进口报关单据也都不轻易对外展示。

该公司负责人表示，目前在整个日本境内都有回收钢琴出口到中国的生意，东京、滨松、横滨等地尤其多，公司和这些日本收琴的公司都是长期的合作。不过琴源的质量保障很难说，有些钢琴本身都受潮或泡过水了，使得内部都生锈了，一些二手琴翻新厂还依然重新进行翻新后对外销售。

“国内现在大部分的都是贸易型的二手琴贩子，属于拿回来把钢琴擦一擦就再卖出去的那种。”

有业内专业钢琴技师向记者还原了钢琴翻新的过程。翻新主要指将旧油漆刮掉，重新上漆；更换高音缠弦；擦亮、去锈低音弦；铁板见新；音板擦净；更换琴键呢毡、榔头、音头呢、键盘呢。全部项目修理完成以后再行出售。出售时，标以“翻新琴”标志的钢琴，其外观可以说与新琴几乎一样，有乱真之感。

而一般翻新工厂很少能完整将上述工序全部完成，通常只是在钢琴进口到工厂后，将钢琴重新分拆以更换内部损坏的用料，比如琴弦有生锈的就得除锈，低音区常常没有音的那些音弦进行修理，然后再对油漆磨损的地方进行重新抛光喷漆。

前述负责人透露：“我们翻新厂有近一百个工人在流水线操作这个事情。大厂翻新一台钢琴的人工物料各方面成本就要三四千，年份越久的琴维修费用越贵，而新琴的进货成本更高一些，这部分与加价肯定是要转嫁到消费者身上的。”

然而翻新厂商随意提价的背后，消费者却没有任何质量问责的保障。琴行购买了二手琴之后，这些控制二手钢琴货源的翻新厂商基本不会给他们相关卫生检验和进口的证书。

“虽然二手琴翻新后遇到最多的就是琴键按下去不起来这样的问题，但这也是购买二手琴必须自己承担的一部分风险。”按照这位负责人的介绍，国内稍微成规模一些的二手琴翻新，维修产品用料也都是把原装零件换为国产，一旦出了翻新工厂大门后便不再对产品任何质量维修进行负责。

历史空白的钢琴们

从二手琴进入中国转入翻新后的批发环节开始，这些钢琴的历史便被一并抹去。无从追溯的卫生与环保问题也使得购买后的消费者承担了相当程度的风险。

陈勇表示，由于二手钢琴不同于企业批量生产钢琴，每一架钢琴都来自不同的角落，不同的家庭，不同使用者，有着不同的背景和不同的年代。二手钢琴是否粘染有某种病毒或者细菌，甚至核幅射都有可能。

“也正因为如此，二手钢琴在进入中国必须经过高温消毒处理才能进关。但这种消毒措施也未必达到完全消毒，有的走私钢琴根本没有经过海关就流入中国境内，其病毒感染的风险性会更大。因而，二手钢琴进入中国市场是不符合国家质检总局的有关卫生要求规定的，存在着多种污染环境的风险。”

记者从广州地区的一家从事二手琴翻新及销售的琴行负责人处得悉，其进口的二手琴来源主要挑选那些成色较新、琴龄较短的钢琴。对于这批更容易卖出好价钱的二手琴，公司收购琴源后通常只做外观的抛光、清洁等基本步骤，对内部损坏老化的零件基本不进行更换。而正规工序中所必须的环保监测、卫生消毒步骤，工厂更是能省则省，基本只做清洁而已。“通常消费者很少会对钢琴内部的琴弦、踏板等零件进行观察，毕竟外行很难看出差别。而对于钢琴过往的卫生状况，很多消费者也都没有这个意识去深究，对我们而言，也比较省事。”

除却钢琴卫生记录的缺失以外，大部分二手钢琴在经过进口、批发、翻新和零售等多个环节，最初真实的生产时间、产地等信息均难以追究，而扮演零售商的琴行对于产品定价则有着非常大的浮动空间。

丰元凯透露，曾有一位消费者花了6万余元从一家琴行中买了一架号称标价500多万元的旧琴，年份标注为20世纪90年代生产。买回来不久后感觉音色不对，便找人鉴定。最终发现该琴的年份编号是翻新厂商重新更改的，真正市场价值远远低于购买时的价格，后双方一度闹得不可开交。

通常而言，普通钢琴使用寿命在70～80年，由于钢琴铁板的张力问题、榔头的磨损及粘合的老化等问题，钢琴到了十几年以后便每况愈下。因而通常钢琴购买者大多会选择买琴龄在7～8年的旧琴。

以平均售价来计算，普通消费者单独购买一台全新的日本中档钢琴需要10～12万元，而同款二手琴的价格则只在3万～5万元之间。在二手琴行业中，广为流传着一份年份折旧价目表——“5年内的二手琴价格约在新琴的70%，10年左右的二手琴价格约在新琴的60%，20年左右的二手琴价格约在新琴的50%，30年左右的二手琴价格约在新琴的40%，40～50年的二手琴价格约在新琴的30%”。而这样的价格差对于广大工薪阶层的潜在钢琴购买者而言，必然有着相当强大的吸引力。

受伤的本土钢琴教育

中国乐器协会和国家轻工业乐器信息中心统计数据显示：2013年中国钢琴总产量375555架，同比下降1.1%，其中立式钢琴360950架，三角钢琴14605架。而对比之下，二手琴混乱入市的速度可谓一泻千里。

据国家海关统计数据显示，大约十年前，每年日本二手钢琴流入中国大约8000架左右，以后这个数字不断改写。“2007年17157架，2008年21718架，2009年27536架，到了2010年已是32448架，并以每年约30%的速度稳步递增。”

若以此推算，仅仅2013年一年内就有超过7万台日本、韩国来源的二手钢琴流入中国市场，过去五六年更是累积超过20万架。

消费者张女士告诉记者；“因为劣质二手钢琴影响，孩子钢琴考级的进度一度受到了影响。而在和身边同样购买过二手琴的消费者沟通之后，发现类似的情况出现的频率相当之高。此后钢琴培训机构的内部人士也向我们坦言，购买二手钢琴需要自己尽可能甄别，市场上鱼龙混杂的情况十分严重。”

如同张女士这样，因为购买了劣质二手钢琴、遭到虚假商品宣传诈骗的消费者绝不占少数。

不久前，山东日照就有消费者向媒体爆料称，自己经琴行销售人员推荐后购买了一台翻新钢琴。

尽管购买之初琴行为其免费调了一次音律，但在随后不到一年的时间里，教授琴童弹琴的老师多次发现钢琴的音不准，消费者只得先后请人调律4次，共花费近千元。

几经周折之后，在请专业维修人员对该二手琴进行检查后，消费者被告知该钢琴音板变形严重，部分器件需要更换，通体维修还不如换台新的钢琴。由于女儿钢琴考级在即，消费者多次到琴行要求对方承担钢琴维修费，并为钢琴的质量负责，但由于没有维修卡和质量保证单，他的要求遭到拒绝。

除了动辄数万元的经济损失，钢琴培训学习者所遭受的专业影响也不容小觑。

广州一家大型琴行负责人刘明告诉记者，不同琴行进口二手琴的年份偏好都不同，其中有一些琴行更偏好于收购年代较新的日本钢琴，这样更容易卖出好价钱。有不少琴行会对不太懂行的钢琴初学者推销所谓的“日本原装琴”。实际上，这些可能只是二手琴重新翻修包装后的成品，属于明显的销售欺诈。

事实上，“以次充好”、“隐瞒更改商品信息”等钢琴销售的潜规则并不鲜见。此前就曾有东北某琴行把一架翻新琴当成新琴卖，从中谋取暴利，最终东窗事发后被消费者告上法庭，遭到罚款超过20万元。

刘明介绍，一些琴行从批发供应商这个环节开始，就已埋下“伏笔”，安排冒充一手琴、更改年份等级等“作假”动作。其间可谓无所不用其极：把钢琴的两个踏瓣改为三个踏瓣，用老琴冒充现代琴，将钢琴铁板上的琴号由小改大、以涂改冒充近年来生产的新琴，等等。“甚至有人用凿子将铸在钢琴铁板上的字母‘G’改为‘C’，这样一来，一架上世纪30年代的老琴顿时身价提高，变成了音乐会级别专业使用的C系列钢琴了。有人在展会上就看到一架标有C系列的钢琴，但是打开内部一看，击弦机支架还是木制的，而不是铝制，说明这架琴是上世纪20～30年代所生产。”刘明说。

“师资联合推销”

钢琴音乐培训、考试等文化活动，是乐器文化产业不可分割的部分。近年来全国各大中城市的乐器经销商开展的音乐培训中，钢琴培训的数量仍居首位。而全国二十几个艺术类考级体系的钢琴考级，也成为少儿钢琴销售的最大助推器。这类钢琴销售主要便是集中在中低端价位的钢琴上，本土钢琴企业与二手日本钢琴在此领域有着直接的竞争。

在二手琴销售环节中，琴行与钢琴培训中心的“师资联合推销”，也成为国内钢琴市场的“潜规则”。

此前就有琴行内部人士向媒体爆料称，琴行为打压本土钢琴而扩大销售二手洋钢琴，大多选择与钢琴老师一起合作营销，比如向消费者宣称“二手钢琴都是从日韩或者欧洲进口的，质量比国内的好很多”、“钢琴弹过两三年之后，二手钢琴琴键比本土原装品牌更灵活”等承诺。

相关统计数据显示，2013年中国市场全年进口钢琴121607架，同比增长13.83%，而出口钢琴39635架，同比下降20.64%。按进口产品结构分析，除欧美少量品牌钢琴外，从日本、韩国进口的二手钢琴已超过7万架，占中国钢琴市场的17%以上。

21世纪经济报道记者了解到，对于二手钢琴翻新乱象、以次充好的销售欺诈，近年来已有多家知名琴行和大型本土钢琴企业上书文化产业主管部门。他们反映，散落在日本各个角落的数百万架二手钢琴正在形成一股暗流涌向中国，它们以超低价格、参差不齐的质量、非正常的销售渠道，破坏和干扰着正在走向成熟和规范的中国钢琴市场，极大的冲击着国产钢琴业的正常发展。（琴声）

2014乐器电子商务市场初探

2014年，根据麦肯锡全球研究院发布的《中国的数字化转型：互联网对生产力与增长的影响》报告显示，一场数字革命正在中国风起云涌。2013年，中国活跃智能设备总量从3.8亿台增至7亿台。同年11月11日"光棍节"当天，线上购物平台淘宝、天猫销售额超过362亿元人民币(约合60亿美元)。此外，百度网络搜索量每天高达50亿次，上亿中国人使用腾讯社交软件"微信"。信息显示，过去5年，中国社会零售总额增涨1.8倍，而网络零售总额则飙涨19倍。中国网民规模持续增长，互联网正在从根本上重构中国人的生活方式。随着互联网更深入地渗透各个行业，国内具备实力的线下大型乐器制造商和经销商，无论是主动，亦或是被动，开始进驻乐器电商业务领域。针对国内乐器电子商务的消费人群定位、线上线下营销推广模式、物流配送体系，以及用户在线消费的动态数据化管理，O2O模式（online to offline线上线下资源整合）议题，对大型电商亚马逊以及国内乐器电商的发展现状，进行了以点带面的初步调研。

乐器电子商务现状

2013年，乐器行业规模企业217家，主营业务收入281亿元。据记者调研，在国内乐器线上营销业务中，企业自建电商平台和网络社区化乐器商城的运营规模多在发展初级阶段，多数企业线上营销业务需要依赖第三方平台。以调研当日为计，天猫乐器旗舰店有96家，乐器专营店318家，线上乐器淘宝店11787家，线上乐器宝贝超过17万件，产品价格多在万元以下，以4000元左右消费价格为主导，产品结构以电声、民乐、管乐、弦乐、打击乐、乐器配件等为主导。调研显示，线上营销的低成本带来的乐器产品价格优势，促使乐器电子商务从专业化消费走向大众化文化娱乐消费市场。目前，我国主要有如下四大类型乐器电商运营模式：

在线下品牌运营商看来，线上营销的优势在于：(1)、网店相对实体店租金成本低；(2)、线上用户寻找成本低；(3)、O2O模式可带来高粘度的消费群体；(4)、可通过后台数据库对用户在线支付的各项消费信息进行商业定位和数据量化分析。而对于乐器消费者来说，只要商家货品保真、物流及时、退换货容易、售后服务完善，乐器网络购物都不是问题。但面对线上和线下的资源整合，无论是传统乐器品牌运营商，还是像京东、亚马逊等大型电商资本大鳄，在踏进乐器线上营销门槛后，都要面对线上与线下产品的营销渠道、产品定位、价格管

电商类型	典型企业	运营模式	营销特质
企业电商平台	上民一、红棉红小宝、星海、珠江、柏斯、得理、、凤灵、金音、津宝	企业自建电商平台为主体，同时与淘宝、天猫、京东等大型电商展开项目合作。	自建平台打造形象，尝试线上营销，面临线上线下渠道、产品结构、用户群体重新整合问题。
琴行电商平台	上海知音、河北秦川、四川盛音、杭州天目	琴行站点多为产品展示，线上营销以搭载大型电商为主体。	突破地域限制，谋求更多客源，但同样面临线上线下资源整合问题。
网络音乐社区商城	星夜钢琴网、乐旗网、吉他中国、新跨乐、THE ONE智能钢琴	作为社区化音乐站点，开创自主乐器商城平台。	站点利用论坛多年培育的用户群体作为优势，满足论坛特定用户群的乐器消费需求。
大型电商乐器项目	亚马逊、京东、淘宝、天猫	大型电商资本进驻，开辟乐器线上营销业务，既有自营产品，也有与线下品牌运营商合作的第三方配送服务品牌产品。	通过线上用户的在线支付行为，利用后台服务系统抓取用户消费信息，进行商业评估。但乐器专业化配套服务需依赖线下品牌运营商。

控、物流和售后服务体系建设各项资源的重新整合问题。

当前，传统乐器品牌运营商具备多年累积的专业化配套服务优势，但对市场用户需求的信息化管控，以及线上线下品牌运营经验不足；而大型电商进驻乐器营销领域，虽然资本在手，但专业化配套服务欠缺，需要依赖线下品牌运营商的技术扶持。各类乐器品牌运营商如何解决线上线下客户群体和产品的重叠，充分了解乐器网购人群的结构和消费习惯，针对网络用户开发乐器专属产品，构建新的服务体系和项目，创造线上线下1+1大于2的营销模式，都是所有进驻电商领域的运营商最为迫切要解决的市场课题。

乐器电子商务定位与运营特征

消费人群定位

当前，以亚马逊中国的乐器线上业务为例，其目标用户群体主要针对入门级别的乐器初学者，产品以吉他、键盘、电鼓和乐器零配件为主体，电子琴用户群体以中小学生为主。近年，电钢琴市场增量迅猛，价格在三四千元的入门级电钢琴成多数白领热衷的音乐消费品。可以说，透过亚马逊中国的案例，集中反映出我国线上乐器消费人群主要集中在25～37岁之间的年轻父母，消费年龄结构以80后为主体，多是经济能力有限，住房空间有限制，选择电钢琴作为过渡产品，乐器消费以满足家庭成员音乐学习为主要目的。音乐投资的成本低，产品价格门槛低，成为线上乐器消费的主要特点。

与亚马逊中国类似，国内多数大型电商在开展乐器线上业务前，仅将乐器作为儿童玩具型产品进行概念划分，随着发现乐器消费的成人需求，才将乐器在线业务与玩具分离，进行独立项目运作。2013年，亚马逊中国乐器线上营销额超过2000万，此数据仅为起步阶段的基础数据，对于未来运营参考意义有限，预计未来乐器线上营销会呈现三位数的增长。毕竟，网络销售与传统销售有所不同，像“双11”淘宝天猫商家短期的促销，都会引发网络销售订单的爆炸性增长。

线上营销模式

与德国托曼琴行不同，多数传统乐器厂商只具备线下的专业化配套服务优势，国内乐器品牌运营商创办的淘宝、天猫旗舰店，在线订单产生后，只能依赖自身的仓储库和第三方物流，实现货品的线上交易和线下流通，产品的售后服务由厂家和线下琴行实体店完成。而对于大型电商进驻乐器电子商务，以亚马逊乐器营销模式为例，主要有两种：其一，像口琴、电钢琴等易保存的货品，入亚马逊物流仓储库，由亚马逊自建物流系统直接配送给客户；其二，厂商直送系统，亚马逊提供品牌制造商产品线上发布平台，负责线上客户招募，客户在线下单支付后，产品专业化的配套服务和货品物流的第三方配送，主体依赖制造商的线下销售渠道完成。特别钢琴产品的线上营销，线下运营商和亚马逊线上平台需要给客户提供双重保障，虽然传统商家强调钢琴消费的现场体验，而亚马逊则向客户提供30天无条件退换货的保障。如此操作模式，需要线上和线下运营商达成共识，要求线下运营商接收顾客30天无条件退换货的要求和消费体验，这对线下运营商的实力是个考验。2014年，亚马逊将钢琴线上线下业务整合作为重点，客户完成在线消费，附赠琴行线下培训课程，产品售后服务由线下琴行负责完成。当前，这个想法仅限于在文化轴心城市，依托地区性大型琴行经销商，类似柏斯、上海知音和北京姜杰钢琴城。

从国内乐器电子商务的实际运营效果看，顾客在选购前都会做足功课，消费多以知名品牌钢琴为主，并充分考虑大件乐器商品的配送成本，包括线下商家所提供的专业搬运和调律整音售后服务，使得传统钢琴线上销售退货率不到1%。如卡西欧和雅马哈的乐器产品，线上销售覆盖全国，但品牌制造商都接受产品的售后服务，可到地区指定的售后服务中心完成。产品物流也是当地琴行就近进行货品配送，有效降低物流成本。对于线上和线下产品的结构和价格体系控制，国内电商平台还不能实现制造商的乐器商品线上销售的全覆盖，上线商品的价格透明度高，多是全国统一定价商品，以大众消费型号为主导。

物流配送体系

在乐器电子商务的拓展上，品牌运营商都深

知物流的配送质量和速度在线上业务的分量。继京东以后，连阿里巴巴的马云也开始涉足物流产业，足以证明物流在互联网经济中的角色定位。而对于乐器品牌运营商来说，搭载大型电商的物流体系便车，不失为是上策。在我国文化轴心城市的乐器运营商，乐器品类和型号已完善和齐全，但到二三线城市的琴行单位，乐器营销受地域限制，产品品类和型号存在一定程度的局限性，相对文化轴心城市，售后服务体系仍有待完善。

线上乐器营销的优势在于突破地域限制，通过线上营销平台和物流配送体系，实现全国乐器营销的业务覆盖。据记者调研，亚马逊以网络技术和物流配送体系而位居电商领域头把交椅，亚马逊在中国内地建有13个货品仓储配送基地，在线订单产生后，货品会在就近地区货品配送仓调货配送，本市货品配送限24小时内送达，外阜货物限48小时内送达。若本地仓库无货，亚马逊后台系统会在就近仓库进行货品自动调拨，这也是亚马逊后台系统的强势所在。据悉，只要是快递能送达的县级市，亚马逊的物流皆可到达。当前，亚马逊的电商运营有两大业务平台，一是自营产品平台，二是为第三方运营商提供产品线上交易平台，前者是亚马逊自建物流系统配货，后者是运营商自行选择快递公司进行货品配送。

消费动态数据化管理

在电子商务中，在线支付成为线上营销的核心要素。在大数据时代，网络终端用户通过在线支付，完成货品交易，其现实意义是为大型电商通过在线用户的消费行为，抓取用户的消费偏好等各项数据信息，主要指货品浏览量、点击率和历史销售数据，进行各项数据的平均加权平衡，对产品的消费需求导向进行数据量化统筹和分析，为商家的后期商业定位和产品决策提供宏观数据分析报告。

以亚马逊为例，其后台管理系统更为强势，系统会适时按照用户的在线交易数据进行量化分析，然后自动完成不同地区的货品物流调拨。但要看到，数据的导引并非是绝对的，有些乐器货品也需要人为创意策划和营销干预，乐器线上营销最终是数据结合人为创意营销的模式运行。一个是消费，一个是引导，当国内电商的消费氛围逐步成熟后，客户对产品的认知更加趋于理性，引导的要素将逐步弱化。

O2O时代 线上线下开启资源整合大门

协作共赢成O2O 核心要素

2014年，受宏观经济下行影响，国内线下商家销售业务出现疲软，早前对电商有抵触情绪的商家，陆续开启电商大门，谋求创新营销模式。所谓O2O模式，强调的在线支付，线下体验，线上线下优势资源整合。这个模式在一定意义上，弥补了线上乐器消费体验缺失，线下乐器营销的地域性限制问题。传统乐器制造商和经销商具有多年线下渠道营销经验，大型电商具有雄厚金融资本，以及互联网环境下的市场信息化优势。可以说，线上线下各有优势，但也各有软肋。传统乐器进驻电商平台，对于制造商、经销商、电商三者而言，需要面对的是产品结构的重新调整，以及线上线下市场利益的重新切割问题。如何立足多方共赢，乐器线上线下业务整合才有发展的可能。

作为电商而言，最重要的是顾客的消费体验，电商与供应商必定要走双赢模式，多数乐器产品的行销地域性并不明显，但钢琴和管乐的地域性行销划分非常明显。目前，大件乐器商品主要以线上产生订单，所在地区的运营商来负责供货、配送和售后服务，不会出现跨区抢货源，更不会触碰区域运营商的商业利益。以柏斯琴行为例，亚马逊会与柏斯琴行总部签订战略合作协议，线上的钢琴订单分配交由线下柏斯琴行总部进行分配，做到线下的商业利益还是由品牌运营商自行把控。目前，亚马逊尚未与珠江和星海钢琴进行合作，当线上传统钢琴达到相应的销量后，这种合作模式应该为多数商家说接受和认同的，大型钢琴制造商由此可成立专门的电商部门，企业内部对线上订单进行分配，采取就近发货原则，有效降低物流成本。

专业化向大众化营销转型

O2O模式强调资源整合，但对于乐器行业而言，不仅需要面对思维的转换，更需要资本的进驻，将品牌运营、物流、售后服务、音乐培训所有资源整合成成一个巨大的车轮体系，通过信息化的技术平台，以及专业化的乐器管理、营销、技术服务团队，才能成就这个车轮体系向前滚动。在这一点上，德国托曼琴行已经给出了很好的示范作用。对于我国区域经销商而言，从专业化消费走向大众化消费观念需要困难的思维转型，意味着要放弃一些眼前的商业利益，转而开发未知的商业领域，这是线下经销商不愿承担的商业风险。

在乐器电商平台中，卡西欧数码钢琴属于先入为主，该品牌运营商通过全国乐器销售型号和价格的数据量化统计与分析，为其后期的产品更新换代提供市场决策。在数码钢琴的线上业务拓展上，卡西欧品牌的电商思维走在乐器行业前列。以日本罗兰品牌为例，早前罗兰品牌一直主打高端市场，随着进驻乐器电商市场，大众化的数码乐器产品销量增幅显著，为迅速捕捉商机，罗兰针对中低端市场推出价位在3000元～4000元的数码钢琴和电鼓型号。由此看来，乐器电子商务现在是买方市场，受众的产品可以有多元化选择，品牌运营商还是要遵循用户的消费需求，而做出产品的结构调整。当前，市场的现实状况是，面对饱和状态下的中高端专业化市场，品牌运营商都在中低端市场展开角逐。最终，品牌运营商还是凭借创新实力迎娶终端客户。

结束语：在大数据时代，大型电商可通过用户在线支付行为，利用后台网络技术抓取用户各项消费信息，进行宏观数据化管理与分析。乐器电商平台如何搭建产品架构和市场定位。乐器品牌运营商和大型电商如何面对销售渠道、产品价格、售后服务、物流等多项资源的布局和重新整合？都成为互联网经济下，所有乐器运营商面对的新课题。当前，大型电商平台的信息化优势在乐器行业中并未有突出的显现，乐器网络销售中消费体验和大众化产品服务体系建设任有待完善。本刊将针对这些焦点议题，在后续调研中继续深入追踪报道。

（黄 伟）

年度评选

中国轻工业行业十强企业（2014年度）评价结果公布

据“中国轻工业行业十强企业评价结果公告（2014年度）”，为促进轻工企业提高竞争力，鼓励轻工先进企业做大做强，本着严谨、公正、科学的原则，2014年度中国轻工业行业十强企业评价结果经各行业协会认可，中国轻工业联合会会长办公会审定通过，授予广州珠江钢琴集团股份有限公司等428家企业“2014年度中国轻工业行业十强企业”。

评价工作由企业自愿申报为基础，由各行业协会对企业数据审核并推荐，由中国轻工业联合会对参评企业2014年度主营业务收入、利润、主营业务收入利润率及主营业务收入增速四项指标进行统一评价打分。此次评价范围涉及25个行业协会推荐的42个行业的轻工企业。

对于轻工业行业十强企业，中国轻工业联合会对行业十强企业在反映政策诉求、支持企业做大做强方面给予大力支持。希望行业十强企业再接再厉，在加快转型升级、引领行业发展方面做出更大的贡献。

中国轻工业行业十强企业在称号使用方面，按国家相关规定执行。

附：中国轻工业乐器行业十强企业名单

广州珠江钢琴集团股份有限公司

河北金音乐器集团有限公司

天津市津宝乐器有限公司

江苏凤灵乐器集团

上海民族乐器一厂

宜昌金宝乐器制造有限公司

森鹤乐器股份有限公司

海伦钢琴股份有限公司

功学社（天津）商贸有限公司

吟飞科技（江苏）有限公司

关于表彰“2014年度中国乐器行业50强及先进集体”的决定

中乐协[2015]15号

中国乐器协会按照“中国乐器行业50强和先进集体”评选办法，根据指标测评和广泛征求意见，决定授予：广州珠江钢琴集团股份有限公司等50家单位“2014年度中国乐器行业50强”称号、授予中国乐器协会提琴分会等4家单位“先进集体”称号。

希望受表彰的单位再接再厉，再创佳绩。希望各单位以先进为榜样，锐意进取，不断发展壮大，为实现我国乐器行业的更大进步而共同奋斗。

附件：1、2014年度中国乐器行业50强名单(按拼音排序)

2、2014年度中国乐器行业先进集体名单

中国乐器协会

2015年3月16日

附件1：

2014年度中国乐器行业50强名单

(按汉语拼音排序)

序号	单位名称
1	北京华东乐器有限公司
2	北京星海钢琴集团有限公司
3	成都川雅木业有限公司
4	大连福音乐器有限公司
5	得理乐器（珠海）有限公司
6	福州和声钢琴有限公司
7	广东红棉乐器股份有限公司
8	广东声凯乐器有限公司
9	功学社(天津)商贸有限公司
10	广州市罗曼士乐器制造有限公司
11	广州珠江钢琴集团股份有限公司
12	河北华声乐器制造有限公司
13	河北金音乐器集团有限公司
14	河北秦川文体乐器有限公司
15	河北省怀来锣厂

序号	单位名称
16	河北乐海乐器有限责任公司
17	海伦钢琴股份有限公司
18	杭州嘉德威钢琴有限公司
19	江苏东方乐器有限公司
20	江苏凤灵乐器集团
21	江苏奇美乐器有限公司
22	江苏天鹅乐器有限公司
23	江阴金杯安琪乐器有限公司
24	门德尔松钢琴（上海）有限公司
25	宁波市北仑乐器配件制造有限公司
26	宁波四海琴业有限公司
27	南京舒曼钢琴制造有限公司
28	南京新辉琴行有限公司
29	饶阳北方民族乐器制造有限责任公司
30	四川盛音乐器有限公司

序号	单位名称
31	上海乐兰电子有限公司
32	上海玛珂琴业有限公司
33	上海民族乐器一厂
34	森鹤乐器股份有限公司
35	上海知音音乐文化股份有限公司
36	赛乐尔三益乐器(上海)有限公司
37	深圳市蔚科电子科技开发有限公司
38	天津华韵乐器有限公司
39	天津圣迪乐器有限公司
40	天津市津宝乐器有限公司

序号	单位名称
41	泰兴斯坦特乐器有限公司
42	武汉艾立卡电子有限公司
43	宜昌金宝乐器制造有限公司
44	吟飞科技(江苏)有限公司
45	烟台博斯纳钢琴制造有限公司
46	烟台金斯波格钢琴有限责任公司
47	扬州金韵乐器御工坊有限公司
48	扬州天韵琴筝有限公司
49	扬州雅韵琴筝有限公司
50	浙江天目琴行有限公司

附件2：

2014年度中国乐器行业先进集体名单

中国乐器协会民族乐器分会

中国乐器协会口琴专业委员会

中国乐器协会琴行分会

乐器展览

2014中国（上海）国际乐器展览会总结报告

中国（上海）国际乐器展组委会

* **国内外展商1775家，参观人数达71591名，再创历史新高**
* **首次增设音乐教育展区，拓展展会内涵**
* **会议论坛聚焦行业热点，推动产业技术升级**
* **开设儿童音乐体验区域，助推音乐普及**
* **发起“音乐为星星点灯”公益活动，关爱自闭症儿童**

由中国乐器协会、上海国际展览中心有限公司和法兰克福展览（香港）有限公司共同主办的2014中国（上海）国际乐器展览会（Music China 2014）于10月8日～11日在上海新国际博览中心圆满闭幕。展会自2002年首次举办至今，立足国际化、专业化，汇集音乐文化生态圈的上下游企业、媒体与用户，聚焦行业领先技术、市场前沿信息，已逐步发展成为全球年度音乐文化产业盛事。

一、展会概况

在经历2013年乐器进出口双双下行后，今年上半年进出口开始复苏，但由于海外市场需求低迷，2014年乐器行业形势依然严峻。为提升国内外企业的参展信心，主办方通过各种有效渠道加强海外宣传的力度与广度，积极开拓国内音乐教育市场，助力企业进行有效拓展。

今年展会逆势增长，展会规模增至98000平方米，共有来自29个国家和地区的1775家企业参展，较去年增长5.65%，国家和地区展团共11个，来自比利时、捷克、芬兰、法国、德国、意大利、日本、荷兰、西班牙、英国、中国台湾。

珠江、上民一厂、星海、凤灵、海伦、超拨、津宝、柏斯、金音、艾立卡、得理、四会华声、乐海、吟飞、功学社、红棉吉它、雅马哈、卡西欧、施坦威、乐兰、三益等国内外知名乐器企业和品牌携新品、精品展示。值得一提的是，今年首次新增音乐教育展区聚焦音乐培训与普及，雅马哈、乐兰、周广仁钢琴中心、好美乐等国内外知名音乐培训机构首次参展，通过展位展示、公开课程、舞台表演等多种形式，集中呈现风格各异的音乐教育模式，展区内人气爆棚，成为了展会的一大亮点。

虽然今年展期由于客观原因并没有包含双休日，但馆内依然人流如织，四天展期共吸引了来自86个国家和地区的71591名海内外专业人士参观，其中海外观众达3576名，观众的质量与数量较去年均有不同程度的提升。通过展会多年来海外推广的持续投入，今年在经济形势并不理想的情况下，海外观众仍在去年基础上增加了5%，来自国内音乐院校、文艺团体、经销零售商等专业人士也有一定程度的增加，参展企业对今年的观众质量均表示满意。

历经12年的发展，展会已成为世界上最具影响力的乐器展之一，为中国乐器走向世界、世界同行了解中国搭建了良好的平台。参展企业和展示产品涵盖了行业全貌，从产品设计制造到音乐教学培训、同期会议论坛，展商与观众都能获取最新资讯、找到商业合作机会。展会坚持国际化与专业化的发展道路，推动产品技术升级，行业创新发展，产业能级提升，成为了海外买家采购产品、国内乐器走出国门的首选。

观众数据分析

92%的展商对现场订单表示满意；94%的展商通过展会建立了新的业务关系；96%的展商对观众质量表示满意；91%的展商对观众数量予以肯定。

观众感兴趣的产品	
民族乐器	47%
铜管、木管乐器	33%
钢琴及键盘	30%
弦乐器	29%
打击乐器	22%
电声乐器	21%
乐器配件	21%
乐谱	17%
口琴手风琴	12%
音乐相关电脑硬件软件	10%
协会/媒体	5%
其他	2%

数据显示民族乐器、管乐器、钢琴、弦乐器依然是观众最为感兴趣产品。

观众业务性质	
音乐类院校及音乐培训机构	20%
零售/批发	18%
文艺团体	13%
青少年活动中心/幼儿园/中小学/大学	12%
进出口/代理	12%
制造商	11%
媒体	2%
协会	2%
其他	10%

来自专业经销、代理的观众群体达30%，展会的专业程度继续提升，同时，来自音乐类培训机构、音乐院校的群体比例今年达到32%，展会近年对于教育潜在市场的挖掘颇具成效，今年更是首次设立音乐教育培训展区，扩展展会内涵，为广大企业寻找新的商机。

参观目的	
看样订货	35%
参加会议论坛	27%
收集市场和产品信息	23%
观看现场表演、活动展区	23%
寻求合作伙伴	13%
联络固有的供应商和销售商	10%
比较不同产品/供货商/同行竞者	9%

今年看样订货的观众群体较去年增加了2个百分点，比例达35%，专业买家来展会进行业务洽谈、收集信息与寻求合作伙伴的比例达到58%，参与同期的会议及相关活动达到了50%，展会的多元化平台日益凸显。

三、同期活动

NAMM CMIA行业论坛

以其国际性、高端性与前瞻性深受各类琴行经销商的欢迎，本届论坛聚焦乐器制造与经销领域最热门的话题，重点解读移动互联网时代背景下的乐器营销策略，为从业者提供最前沿的市场资讯。

“如何操作”——经销商培训课程

如何操作实务课程从实际出发，既有一线城市的琴行领跑者传授管理经验，也有二三线城市的新兴琴行分享发展经验，更有乐器销售、品牌推广、新媒体使用等专题的分享和培训。两天的八节课程共吸引了近2000名专业听众。

MIDI及钢琴调律技术交流讲座

MIDI技术研讨会由来自谷歌、雅马哈等单位的技术专家为国内同行详细介绍了MIDI技术在国际上的各项前沿应用；钢琴高级调律师讲座开设了高质量的业务培训和现场示范课程。

民乐文化主题活动

民乐名家讲坛以展现、传播传统音乐精粹为目标，汇聚了“筝坛圣手”中国音乐学院王中山教授、央视“出彩中国人”冠军、中央民族乐团阮演

奏家冯满天等多位国乐国宝级大师，吸引了近1000名听众前来聆听，了解国乐精髓，感受传统音乐文化艺术的深厚底蕴。

除了名家讲坛，主题活动还纳入了新的文化内容。在E7民乐馆内，琵琶主题展览，以时间为轴，展示了方锦龙先生各时期、各形制的代表藏品；文化雅集区域，吟诗、品茶、闻香、赏乐，不同的文化形式给观众带来了国乐的全新体验。

提琴制作大师工坊

此次活动邀请到了中央音乐学院郑荃教授、上海音乐学院华天礽教授和朱明江先生，三位国内最顶尖的制琴大师，以及三位来自意大利的顶尖提琴制作师加盟，共同献技，演示琴头、面板、背板弧度的雕刻制作技巧，细致地体现了提琴制作的工艺之美。

开设音乐教育展区

展会首次纳入音乐教育培训机构专属展区，并结合观摩体验课程立体地解读各类音乐教育模式，现场观众络绎不绝，加盟推广商机无限。

音乐名师课堂及观摩体验课程

现场共吸引了超过1500多位从事各层面音乐教学工作的听众参与，聆听国内外著名教学专家分享教学经验与技巧，观摩各类培训机构的公开课程，探讨办学理念、模式及商业合作。

“大艺术、小玩家”——儿童音乐乐园

以音乐体验为主线，互动童趣为特色，展会特别为广大少年儿童设置了音乐乐园，电子打击板、电鼓达人、小小录音师等活动区域免费开放，寓教于乐，通过形式各样的乐器的体验感受，浅显易懂地了解乐理知识，培养音乐学习的兴趣，助推音乐普及。

智能音乐世界

E6馆内开辟了科技与音乐相融合的产品展示区域，以“智能音乐”为名，呈现了各种创新乐器、应用软硬件在内的，当下国内最新最酷、最具潜质的音乐创意产品，并通过演示、体验互动等形式，将音乐与科技的无缝衔接更为立体地得以展现。

音乐不间断—现场演奏会

户外三个舞台为观众们呈现了近百场精选现场演奏，众多知名品牌形象代言人、明星乐手轮番登台，带来古典、摇滚、爵士等不同艺术风格的音乐演出。

“音乐为星星点灯”公益活动，关爱自闭症儿童

展会打造商贸、文化、教育多元化服务平台，不断深化展会内涵的同时，加入更多人文关怀，今年更是发起了关爱自闭症儿童的公益活动。10月10日，主办方邀请专业音乐治疗教师为近百名自闭儿童开设体验课程，感受音乐。在当天下午进行了乐器捐赠仪式，并由组委会带头捐出了200套打击乐器给予“天使知音沙龙”及四所自闭症儿童学校，现场还募集到了近150套爱心乐器，定点捐赠给上海市慈善基金会，为更多的自闭症儿童打开音乐之门。

四、媒体推广综述

专业媒体方面，展会选择了16家杂志和20家网站，在展前、展中及展后对展会进行跟踪报导，根据不同杂志、网站的用户群体细分，进行更为有针对性的宣传。并加强展会的自媒体宣传功能，通过展会官网、微信、微博等多种形式，定期发布展会资讯、活动内容、观展配套服务，实现信息的时时更新。

公众媒体方面，选择了在9个电视频道，12个电视栏目，3个电台频率，7个广播栏目，美国、欧洲等海外200多个网站，大陆地区近70个网站进行宣传，并将硬性广告的滚动播放与软性报道有机结合，提高了展会宣传的力度与广度。

公众媒体名单：解放日报、文汇报、新民晚报、新闻晨报、东方早报、青年报、劳动报、时代报、申江服务导报、生活周刊、上海电视、周末画报、上海一周、上海商报、上海法制报、浦东时报、中国文化报、精品购物指南、北京晨报、香港大公报、扬子晚报、钱江晚报、都市周报、大视野、周末、信息时报、《新闻直播间》《新东方》《新文艺纵览》《财经中间站》《尾市盘点》《今日印象》《爱尚》《风格上海》、《City Beat》《哈哈少儿俱乐部》、浙江电视台、《早

安新发现》《音乐随心听》《娱乐正当时》《新闻报道》《音乐新空气》《轻松乐逍遥》《智慧妈妈》、新华社、东方网、新浪网、中新社、搜狐网、腾讯网、人民网、新民网、21CN财经、看看新闻网、优酷网、澎湃等。

五、展会服务

从意见征询表的统计情况来看，主办方的服务得到了众多参展企业的认可，99%的展商对主办方展前工作持满意态度，98%的展商对主办方现场服务予以肯定。就往年企业反映的问题，主办方会与场馆或其他相关部门进行沟通后，积极寻找解决方案，今年均有了不同程度的提高。

1、展会自媒体

展会官网、微信、微博在展前、展中、展后进行了有效及时的信息发布，并在官网上设立活动报名专享通道，方便展商与观众参与。展会现场，各问讯处免费设立展会APP下载点，查找展位、品牌及活动信息……多项服务一键搞定；特别设立“乐小微”，通过微信平台，每天及时为广大参展企业和参观人士播报展会相关日程与进展，动动手指，信息一手掌握。

2、噪音问题

由于乐器产品的特性，需要展台演出，即使加强管理，噪音的影响依然存在。对此主办方一方面加强展馆规划，将一部分安静的电声产品安排在弦乐馆，有声馆加强表演时间段的音量控制；另外，在电声馆外侧开辟了洽谈区，并在各大会问讯处免费提供耳塞，进一步提升有声馆企业的参展感受。同时，也希望参展企业能积极配合，自觉遵守相关规定，共创良好的展会环境。

3、展会日期

由于展馆的垄断与限制，2014年展期不得不过于临近黄金周，不利于企业布展与观众参观，主办方反复与新国际博览中心沟通，终于将2015年的展期调整至10月14日～17日，并包含了一天双休日。

4、增设WIFI热点

为更好地提升展商与观众的参展与观展效果，今年主办方在开设上网区的基础上，在多个展馆入口厅进行了免费WIFI覆盖，给展商与观众带来了便利，明年将增加WIFI覆盖点的数量，以进一步满足企业的需求。

5、增加货物回运服务

就去年发生的黑物流现象，主办方多次与展馆有关部门反映，加大了警署管理力度，并在撤展期间，在各大会问讯处增设了天地华宇的服务点，为广大企业提供服务，黑物流的现象得以很好的改善。

令人翘首以盼的2014上海乐器展已落下帷幕，在此我们衷心感谢一直以来给予我们关心和指导的各方领导及合作伙伴，感谢长久以来支持和理解我们的参展企业，感谢始终关注我们的广大朋友们，正是有了你们的参与和肯定，上海乐器展会才能成为备受瞩目的业界盛会，才有今天的辉煌。

2014年中国（上海）国际乐器展览会知识产权工作报告

上海天闻世代律师事务所

知识产权保护工作日益成为行业发展和市场规范的重要内容。上海乐器展主办方一直非常重视这项工作，坚持委托专业律师事务所在展会期间设立知识产权办公室，现场接受知识产权咨询，调处知识产权纠纷，开展知识产权保护工作。经过几年来的宣传，参展商的知识产权保护意识不断提升，保护工作取得了很大进展。但此次展会期间仍有一些展商对知识产权保护工作不甚了解，存在程度不同的侵权行为，并已得到纠正。展会的知识产权保护工作是一项长期工作，我们希望参展商能更加强化知识产权保护理念，培养保护知识产权的自觉行为，以规范企业之间的正常竞争行为，保护全体参展商的合法权益。

2014年10月8日～11日，上海天闻世代律师事务所受大会组委会的委托，作为本届展览会知识产权办公室的主要成员协助主办方在展会期间，对知识产权侵权纠纷进行了调查、取证、协调、处理、咨询等项工作。涉及侵权的事由主要有：外观专利侵权、实用新型专利侵权、商标侵权案件。

投诉方：门德尔松钢琴（上海）有限公司
被投诉方：上海万晨钢琴有限公司
展位（E1B72）

侵权商品：钢琴
投诉内容：外观专利侵权
专利号：ZL 201130100338.1
ZL 201130100325.4
处理结果：投诉方针对整个三角钢琴的外观以及钢琴铁板两个外观专利进行投诉。我方工作人员对被投诉进行现场调查，发现被投诉方销售的产品外观与投诉方的专利产品外观基本相同，且根据投诉方出具的两份外观专利证书，可基本认定被投诉方侵权事实成立。应投诉人的要求，我方工作人员为其联系公证处，对被投诉方现场展览及销售的所涉商品的行为进行了证据保全，供其日后维权之用。

投诉方：北京蓝摇惠好乐器有限公司
展位（E6E66）
被投诉方：余姚市妙音塑料工艺品厂
展位（E6F84）

侵权商品：四弦琴
投诉内容：实用新型专利侵权
专利号：ZL 201320029930.0
处理结果：我方工作人员对被投诉方进行现场调查，被投诉方销售的产品基本落入投诉方的专利产品的权利要求书保护范围，我方工作人员要求被投诉方出示相关专利证书，被投诉方表示其未申请专利，并认为涉诉产品的技术和外形都为市场共有，并不侵犯投诉方的专利权。经我方工作人员要求，被投诉人拒绝撤下侵权产品，我方工作人员对现场处理情况作了报告，并给投诉方做出建议，建议投诉方如果坚持认为被投诉方的产品侵犯其实用新型专利，应尽快在展会现场取证、公证，以便会后通过法律程序向人民法院提起侵权之诉，或双方寻求合作。

投诉方：北京莱茵之声乐器有限公司
展位（W1E52）
被投诉方：郑州傲世实业有限公司
展位（W1E47）

侵权商品：小号
投诉内容：实用新型专利侵权
专利号：201320256050.7
201320256049.4

处理结果：我方工作人员对被投诉方进行现场调查，被投诉方展示和销售的产品与投诉方的专利产品外观基本相同，我方工作人员要求被投诉方出示相关专利权利证书，对方没有现场出示，在我方工作人员坚持要求下，被投诉人打电话要求其公司总部发送权利要求书扫描件，最终出示了五份专利证书，但只向我方工作人员出示了证书封面，我方当事人没法判定被投诉人是否构成侵权。经过我方工作人员的沟通，给投诉方做出建议，建议投诉方如果坚持认为被投诉方的产品侵犯其实用新型专利，应尽快在展会现场取证、公证，以便会后通过法律程序向人民法院提起侵权之诉，或双方寻求合作。投诉人要求我方工作人员出具投诉的处理意见，我方工作人员向组委会申请并最终出示了一份处理报告。

投诉方：北京莱茵之声乐器有限公司
展位（W1E52）
被投诉方：北京阳光创艺乐器开发公司 展位（W1C41）

侵权商品：小号
投诉内容：实用新型专利侵权
专利号：201320256050.7
201320256049.4
处理结果：我方工作人员对被投诉方进行现场调查，被投诉方展示和销售的产品与投诉方的专利产品外观基本相同，我方工作人员要求被投诉方出示相关专利权利证书，对方没有出示，其坚持认为自己的产品不侵犯投诉人的专利，并拒绝撤下侵权产品，我方工作人员给投诉方做出建议，建议投诉方如果坚持认为被投诉方的产品侵犯其实用新型专利，应尽快在展会现场取证、公证，以便会后通过法律程序向人民法院提起侵权之诉，或双方寻求合作。

投诉方：北京莱茵之声乐器有限公司
展位（W1E52）
被投诉方：中德合资龙口格瑞斯乐器有限公司 展位（W1F52）

侵权商品：小号
投诉内容：实用新型专利侵权
专利号：201320256050.7
201320256049.4
处理结果：我方工作人员对被投诉方进行现场调查，被投诉方展示和销售的产品与投诉方的专利产品外观基本相同，我方工作人员要求被投诉方出示相关专利权利证书，对方没有出示，其认为自己的产品不侵犯投诉人的专利，并拒绝撤下侵权产品，我方工作人员给投诉方做出建议，建议投诉方如果坚持认为被投诉方的产品侵犯其实用新型专利，应尽快在展会现场取证、公证，以便会后通过法律程序向人民法院提起侵权之诉，或双方寻求合作。

投诉方：艾鸽商贸（上海）上海有限公司 展位（E5D01）
被投诉方：广州共鸣乐器厂 展位（E5F88）

侵权商品：吉他
投诉内容：商标侵权
处理结果：我方工作人员对被投诉方进行现场调查，被投诉方展示和销售的产品上的标识与投诉方出示的商标证书上的标识完全一致，而且使用在同样的产品类别上，我方工作人员要求被投诉方出示商标等相关权利证明，被投诉人声称没有申请商标，一直都是如此使用。我方工作人员初步判定被投诉人构成商标专用权侵权，要求被投诉人撤销设计投诉标识的产品，经过反复沟通，被投诉人同意撤下相关侵权产品。

投诉方：福州市功琴坊
展位（W2E16）
被投诉方：日本偌柯曼
展位（E2E22）

侵权商品：吉他
投诉内容：商标侵权
商标注册证号：6323917、4008349
处理结果：我方工作对被投诉方进行现场调查，被投诉人的吉他产品上标贴了投诉人的商标。我方工作人员要求被投诉人出示商标证书，被投诉人出示

了其在日本、法国、澳大利亚注册的涉案标识的商标，并表示其没有在中国注册商标，但该商标是其在日本的商标，也是其日本制造工厂的名称，而且比投诉人更早注册和使用，其没有侵犯投诉人的注册商标权。经过我方工作人员对中国商标法的讲解，被投诉人认识到了其商标侵权行为，同意用纸质物品遮挡显著的涉案标识，并撤下了部分铭牌。但坚决拒绝撤下在琴箱内的标识，认为会破坏乐器。且拒绝撤下贴有该标识的吉他，最终拒绝与我方工作人员沟通，并要求我方工作人员向被投诉人在本次展会的法兰克福方面的工作人员沟通。我方工作人员做了全部记录。

投诉方：德国贝希斯坦钢琴制造股份公司
被投诉方：贝赫施坦乐器制造（营口）有限公司
展位（E2A38、E2A35）

投诉内容：“商标侵权
处理结果：投诉方向我方出示了“贝希斯坦”英文商标及图案的商标注册证，我方前往被投诉方展位进行调查，被投诉方在其展位挂出了“贝希斯坦”英文商标及图案，我方认为被投诉方侵犯了投诉方的商标权，要求被投诉方撤下英文标志。被投诉方同意第二天撤下该英文商标，经复查，被投诉方已于第二天撤下该商标。

投诉方：达利斯（天津）商贸有限公司 展位（W2A61）
被投诉方：宁波启伏电子有限公司
展位（W5B50）

侵权商品：新型自锁吉他架
投诉内容：实用新型专利侵权
专利号：ZL 201020180468.0
处理结果：投诉方认为，被投诉方站位展出的吉他架侵犯其专利权，要求被投诉方撤下该吉他架。我方前往被投诉方展位，被投诉方的产品与投诉人的产品基本相同，其未能出示相关专利证书。鉴于此，我方要求被投诉人当即撤下侵权产品，被投诉人表示同意。随后投诉人与被投诉人达成和解，并互留产品样品和联系电话，双方表示愿意沟通。

投诉方：达利斯（天津）商贸有限公司 展位（E1B52）
被投诉方：威廉·斯坦伯格 WILH·STEWBERG 展位（E1B50）

侵权商品：钢琴
投诉内容：商标侵权
处理结果：投诉方向知识产权办公室出示了其“斯坦伯格”商标的证书。我方前往被投诉方展位调查，但被投诉方非常不配合，以质疑知识产权办公室的官方性和我方工作人员身份等各种理由拒绝与我方沟通。最终，经组委会工作人员出面协调，被投诉方才勉强接受与我方沟通。经现场调查，被投诉方在其钢琴上使用了商标“威廉·斯坦伯格 WILH·STEWBERG”，并在展位发放印有该商标的宣传册。我方要求其出示该商标的注册证，被投诉方表示在展会期间难以出示，并声称其使用该商标在先，不构成侵权。最终，我方分别与投诉方和组委会沟通，两方均表示不希望对被投诉方采取相关措施，我方亦未要求被投诉方撤下涉嫌侵权的商标。

两点建议：
1、强化展会知识产权办公室工作，包括展位标准、工作职责、投诉流程和投诉申请须知等事宜。
2、加强对知识产权保护的宣传力度，展会进一步宣传知识产权保护相应法律法规。

2014中国(上海)国际乐器展览会数据分析

展会规模

展会面积98000平方米，同比增长6.52%，是2002年第一届展览会的6.53倍。

参展商数量

展商数量共计1775家，同比增长5.65%，是第一届的6.48倍。其中，国内展商共计1386家，同比增长7.36%，是第一届展会的7.83倍；海外及港澳台地区展商共计389家，较上届持平，是第一届展会的4.01倍。

国内参展商分布地区

国内参展商主要来自：华北地区409家，同比增长2.51%，占国内参展商的25.51%，占比下降五个百分点；华东地区602家，同比增长6.36%，占国内参展商的43.43%；华中地区43家，同比减少38.71%，占国内参展商的3.10%；华南地区279家，同比增长15.77%，占国内参展商的20.13%；西南地区17家，同比减少22.73%，占国内参展商的1.23%；西北地区2家，同比继续减少1家。我国东部沿海地区参展商数量共计1098家，占国内展商比例79.22%。

国内参展商来自25个省（市），较上届增加海南一省，其中，展商数量最多的分别为广东、江苏、北京、上海、浙江、天津。来自广东的参展商275家，江苏235家，北京208家，上海132家，浙江123家，天津111家。本届展会，来自广东省的展商数量增长较大，与上届相比，增加了36家，其次，北京增加15家、浙江增加14家、江苏13家。天津、河北、安徽、四川四省市展商数量较上届有所减少。国内参展商主要集中在华东、华北和华南地区，共计1290家，同比增长6.97%，占国内参展商的93.07%。

海外参展商分布地区分析

本届展览会共有来自海外及港澳台地区的29个国家和地区的389家企业参展，较上届持平，占展商总数的21.92%。意大利、德国、中国台湾、日本、英国展商数量位于海外参展商的前五位。在29个海外参展国和地区中，有13个国家和地区参展商数量超过上届，6个与上届持平。

欧洲展商共计216家，较上届增加1个，占海外参展商总数的55.53%，其中，罗马尼亚、拉脱维亚、保加利亚三国各有一家企业首次参展，意大利参展企业总计55家，较上届增长7家，位于欧洲第一位；亚洲展商共计139家，较上届减少5家，日本、韩国各减少6家；来自北美洲的美国和加拿大共有31家企业参展，其中美国28家，增加5家；大洋洲的澳大利亚有1家企业参展，较上届再次减少1家；南美洲的巴西仍有2家企业参展，与去年持平。

参展产品类别划分

参展企业按主要产品类别划分，西乐器达到1048家，占总数的59.04%；中乐器299家，占16.85%；乐器材料零配件400家，占22.54%。

在1347家成品乐器参展商中，按乐器类别划分，所有乐器参展商数量均比上届有所增加，增长幅度较大的是电声乐器和钢琴。

乐器相关部门参展商服务性质分析

乐器相关部门主要指乐器经营及从事音乐教育、宣传媒体、音像资料、音乐书刊，中介组织的单位。本届上海乐器展共计187家乐器相关单位参展，其中海外参展单位有115家。从事音乐经营的贸易公司和琴行有167家，来自海外51家，国内116家；从事音乐教育单位有29家；行业组织22家。

观众情况

为期四天的展会共吸引了来自87个国家和地区的71591名海内外观众参观上海国际乐器展，较2013年增长4.33%。其中，国内观众68015人，同比增长4.29%。

海外观众来自86个国家和地区，较上届增加了1个国家，观众总计3576人，同比增长5.08%，海外观众占观众总数的4.99%。其中，来自28个亚洲国家的观众数量共计2508人，同比增长2.96%；欧洲30个国家，共计450人，同比减少2人；北美洲2个国家，共计284人，同比增加17.36%；南美洲13个国家，共计160人，同比减少6.43%；大洋洲3个国家，共计111人；非洲9个国家，共计63人。观众超过100人以上的国家和地区分别为：韩国（552人）、中国台湾（497人）、中国香港（390人）、日本（246人）、美国（241人）、马来西亚（169人）、泰国（160人）、新加坡（107人）。

历届中国(上海)国际乐器展览会数据分析

2006～2014年中国（上海）国际乐器展览会基本情况

年度	2006年	2007年	2008年	2009年	2010年	2011年	2012年	2013年	2014年
展览会总面积（万平方米）	6	6	6.5	6.5	7	7.85	8.6	9.2	9.8
参展商国家和地区数量（个）	24	22	22	23	27	26	29	29	29
参展商总数（家）	999	1019	1112	1171	1274	1419	1606	1680	1775
国内参展商数量（家）	747	760	895	898	969	1062	1241	1291	1386
海外参展商数量（家）	252	259	218	273	305	357	365	389	389

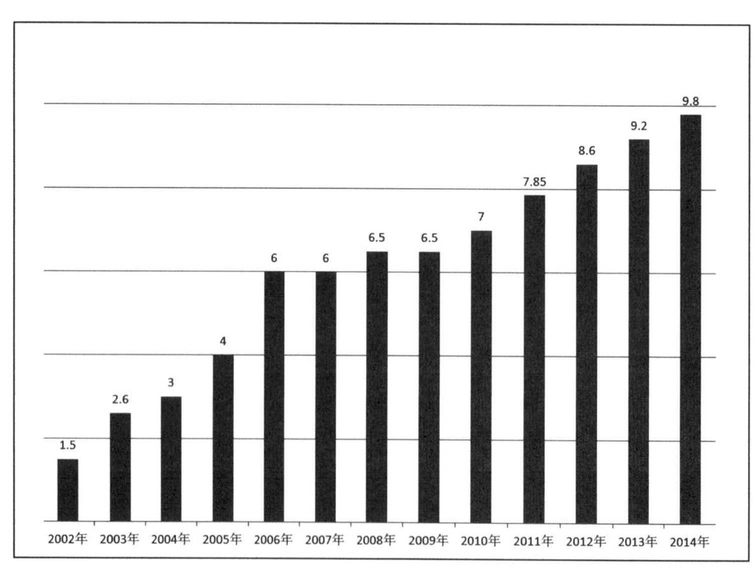

展览会总面积

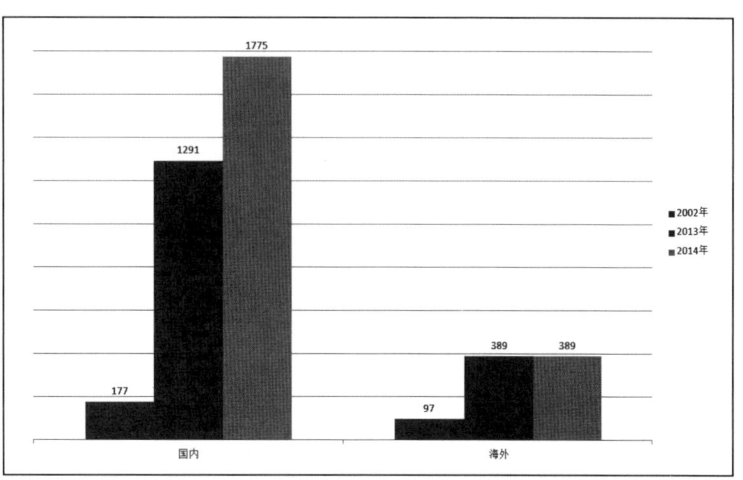

国内外参展商地区分布图

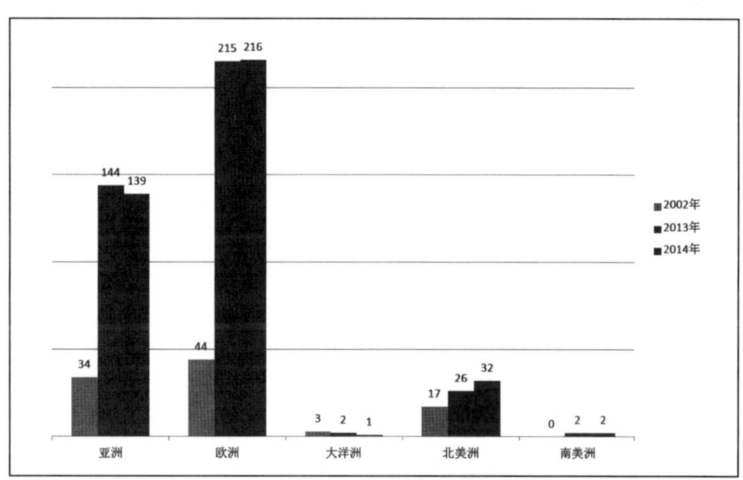

海外展商地区分布

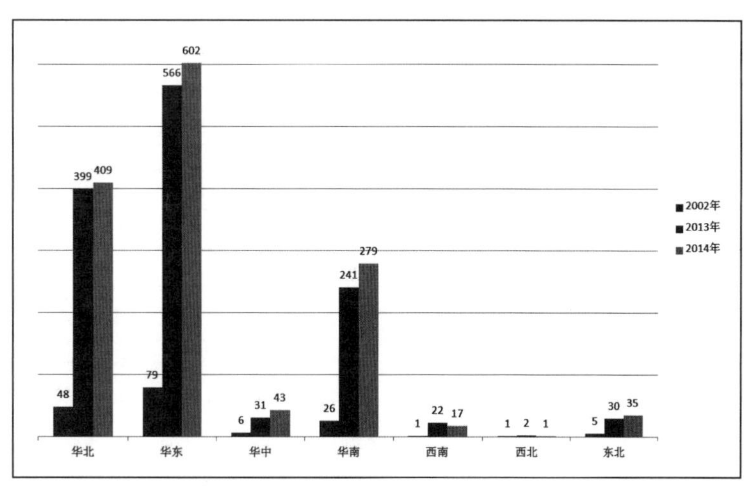

国内参展商地区分布图

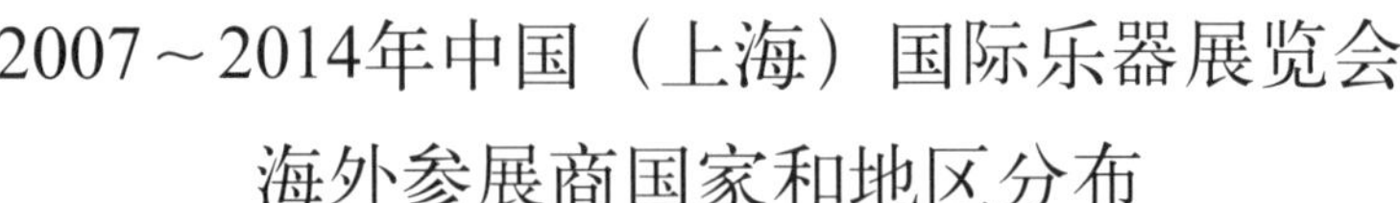

2007～2014年中国（上海）国际乐器展览会海外参展商国家和地区分布

洲别	国家（地区）	2007年	2008年	2009年	2010年	2011年	2012年	2013年	2014年
亚洲	日本	8	9	12	18	18	45	49	43
	中国台湾	26	24	27	36	37	38	46	49
	韩国	24	24	27	31	21	26	26	20
	中国香港	10	9	15	20	19	17	17	20
	新加坡	/	1	/	3	5	2	2	4
	印度	2	2	2	1	1	1	1	1
	马来西亚	1	/	/	/	/	/	1	/
	巴基斯坦	/	/	/	/	/	/	1	/
	以色列	/	/	/	/	/	/	1	/
	泰国	1	2	/	1	/	/	/	1
	土耳其	1	/	/	/	/	/	/	1
	印度尼西亚	/	1	1	1	/	/	/	/
	阿塞拜疆	/	/	/	/	/	1	/	/
	合计	73	72	84	111	83	85	144	139
欧洲	德国	39	41	36	44	42	39	55	52
	意大利	13	29	30	32	44	45	48	55
	英国	16	17	25	16	14	22	27	26
	法国	27	24	30	27	26	26	24	24
	西班牙	19	18	13	13	14	17	19	18
	捷克	7	12	11	9	9	11	12	10
	荷兰	10	10	10	10	9	9	9	9
	比利时	2	/	/	1	8	8	6	7
	奥地利	11	5	1	3	4	4	4	3
	芬兰	/	/	2	3	1	3	4	4
	斯洛伐克	/	/	1	2	3	4	3	1
	俄罗斯	/	/	/	1	3	/	1	3
	波兰	/	/	/	/	1	3	1	/
	瑞士	1	1	/	1	1	2	1	/
	希腊	/	/	/	/	/	/	1	/
	克罗地亚	/	/	/	/	/	1	/	1
	塞尔维亚	1	/	/	/	/	/	/	/
	丹麦	/	2	2	2	1	3	/	/
	冰岛	/	/	1	/	/	/	/	/
	瑞典	/	/	5	/	2	1	/	/
	挪威	/	/	1	1	1	2	/	/
	罗马尼亚	/	/	/	/	/	/	/	1
	拉脱维亚	/	/	/	/	/	/	/	1
	保加利亚	/	/	/	/	/	/	/	1
	合计	146	159	168	165	183	200	215	216

大洋洲	澳大利亚	3	2	2	2	5	3	2	1
	新西兰	/	/	/	/	/	1	/	/
	合计	3	2	2	2	5	4	2	1
北美洲	美国	36	16	17	25	23	26	23	28
	加拿大	/	2	2	2	2	3	3	3
	合计	36	18	19	27	25	29	26	31
南美洲	巴西	/	/	/	/	/	2	2	2
	合计	/	/	/	/	/	2	2	2
	总计	**292**	**303**	**273**	**305**	**357**	**320**	**389**	**389**

2006～2014年中国（上海）国际乐器展览会
参展商地区（省、自治区、直辖市）分布

大区	地区	2006年	2007年	2008年	2009年	2010年	2011年	2012年	2013年	2014年
华北	北京	112	118	132	136	153	178	169	193	208
	天津	70	73	85	93	92	107	108	115	111
	河北	51	45	59	63	63	73	82	88	86
	山西	/	2	2	1	/	2	1	1	2
	内蒙古	/	1	1	1	1	1	3	2	2
华东	上海	82	88	90	87	104	117	124	124	132
	山东	31	47	51	70	71	71	76	78	78
	江苏	117	116	140	136	161	183	216	222	235
	安徽	/	1	1	1	2	2	1	5	3
	江西	1	4	2	3	4	3	5	3	4
	浙江	73	62	64	69	70	85	113	109	123
	福建	11	12	16	16	17	19	18	25	27
华中	湖北	14	16	12	15	15	16	16	12	12
	湖南	3	3	3	2	4	3	4	4	5
	河南	7	11	8	9	8	17	16	15	26
华南	广东	113	124	122	167	160	207	242	239	275
	广西	/	/	1	/	/	2	3	2	3
	海南	/	/	/	/	/	/	/	/	1
西南	重庆	/	3	3	1	1	1	/	/	1
	四川	1	1	1	2	1	3	3	6	5
	贵州	/	/	1	/	/	/	/	/	/
	云南	6	9	8	7	7	8	9	16	11
西北	陕西	2	2	1	1	2	2	2	1	1
	甘肃	/	/	/	/	1	1	1	/	/
	宁夏	1	1	/	/	/	/	/	/	/
	青海	/	/	/	/	/	/	/	1	/
东北	黑龙江	5	5	5	6	2	4	8	6	6
	吉林	1	3	2	3	6	1	2	2	2
	辽宁	16	13	10	9	23	18	19	22	27
总计		**716**	**759**	**803**	**880**	**989**	**1062**	**1212**	**1291**	**1386**

2006-2014中国（上海）国际乐器展览会参展商产品类别分布

产品与业务类别	2006年	2007年	2008年	2009年	2010年	2011年	2012年	2013年	2014年
民族乐器	99	123	127	140	171	183	222	298	299
弦乐器	178	186	228	249	261	305	360	443	429
管乐器	66	60	78	89	100	102	112	153	160
钢琴	66	54	57	72	64	76	80	121	89
电声乐器	56	42	59	58	63	62	67	113	243
打击乐器	34	32	38	42	63	53	64	75	85
手风琴、口琴	23	16	18	22	27	27	30	41	50
配件	214	240	300	299	310	346	353	412	400
媒体	9	27	39	79	64	26	16	24	28

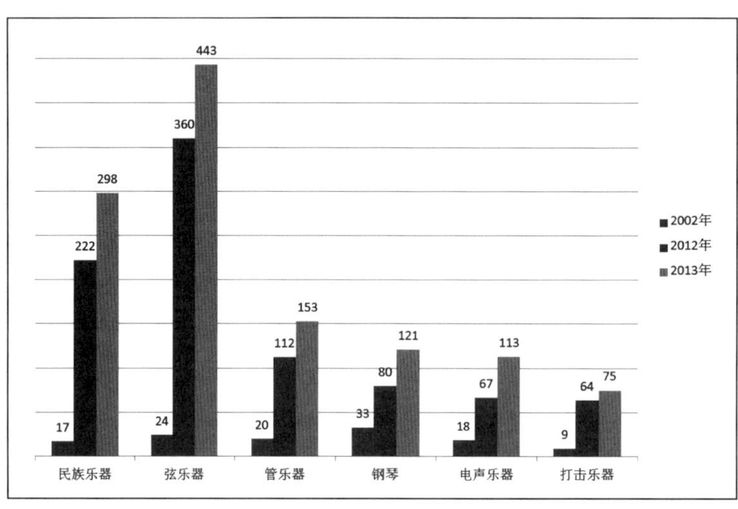

参展商类别分布图

2006～2014年上海乐器展观众分析——感兴趣产品

感兴趣产品	2006年	2007年	2008年	2009年	2010年	2011年	2012年	2013年	2014年
民族乐器	33%	24%	18%	45%	43%	43%	43%	44%	47%
钢琴及键盘	32%	21%	14%	31%	33%	30%	30%	31%	30%
弦乐器	28%	19%	13%	29%	31%	29%	30%	30%	29%
打击乐器	24%	17%	10%	23%	25%	23%	23%	22%	22%
乐器配件	11%	7%	7%	22%	24%	25%	24%	22%	21%
电声乐器	26%	19%	11%	25%	26%	24%	22%	22%	21%
铜管、木管乐器	34%	25%	15%	37%	38%	37%	35%	33%	37%
乐谱	16%	10%	6%	20%	20%	20%	20%	17%	17%
口琴手风琴	/	/	/	/	/	/	13%	12%	12%
相关电脑硬件软件	8%	5%	4%	11%	12%	11%	12%	12%	10%
协会/媒体	5%	3%	2%	6%	6%	6%	6%	6%	5%
其他	3%	25%	1%	3%	3%	3%	3%	2%	2%

2006～2014年上海乐器展观众分析——参观目的

参观目的	2006年	2007年	2008年	2009年	2010年	2011年	2012年	2013年	2014年
看样订货	19%	21%	27%	36%	36%	33%	36%	33%	35%
收集市场和产品信息	18%	14%	17%	23%	27%	24%	25%	26%	27%
观看现场表演	10%	13%	12%	21%	20%	26%	24%	11%	23%
参加会议论坛	3%	2%	7%	29%	36%	19%	20%	38%	23%
寻求合作伙伴	9%	7%	8%	13%	14%	14%	13%	14%	13%
比较不同产品/供货商/同行竞争者	5%	3%	5%	9%	11%	10%	11%	11%	10%
联络固有的供应商和销售商	5%	5%	5%	8%	10%	10%	10%	10%	9%
确定下届是否参展	/	/	2%	5%	6%	/	/	6%	5%

2006～2014年上海乐器展观众分析——从事职业

从事的职业	2006年	2007年	2008年	2009年	2010年	2011年	2012年	2013年	2014年
音乐类院校及音乐培训机构	6%	12%	15%	14%	14%	15%	18%	19%	20%
零售/批发	12%	17%	19%	21%	23%	22%	17%	17%	18%
文艺团体	22%	8%	14%	13%	14%	14%	13%	12%	13%
青少年活动中心/幼儿园/中小学/大学	/	/	/	12%	12%	12%	13%	14%	12%
进出口/代理	27%	34%	33%	11%	11%	11%	13%	13%	12%
制造商	15%	11%	11%	16%	12%	13%	12%	12%	11%
媒体	2%	3%	3%	2%	2%	2%	2%	2%	2%
协会	2%	2%	2%	2%	2%	2%	2%	2%	2%
其他	15%	13%	3%	9%	8%	9%	9%	9%	10%

第112届美国NAMM乐器、灯光、音响展览会（NAMM SHOW）简况

由美国国际音乐制品协会（NAMM）主办的2014年美国国际乐器展（NAMM SHOW），于2014年1月24日至27日在阿纳海姆国际会议中心举办。共计有1533家参展商携5010个品牌的不同产品亮相NAMM展，来自全球各地的买家纷纷寻求商机，参展商较2013年增长2%。展会共吸引96129名观众参加，与展商共同鉴证了美国经济复苏后NAMM展的繁荣景象。一年一度的NAMM大学课程依旧座无虚席，为各国乐器行业组织、生产商、销售商及媒体等提供研究国际乐器行业发展趋势、交流沟通行业面临挑战的高端平台。展会期间，中心舞台上还举办了数十场表演，Jonny Lang、Robby Krieger等歌手、乐队全新演绎最新最前沿的乐器，High翻现场。

2014年NAMM展上，中国参展企业主要集中在电声、提琴、管乐等，也有中国的民族乐器企业参展，包括珠江钢琴、海伦钢琴、上民一、天津津宝、舒曼钢琴、华东乐器等在内的一批知名企业和品牌悉数参展。

第35届德国法兰克福国际乐器、乐谱及配件展览会（2014 Musikmesse）简况

2014年3月12日至15日，2014法兰克福国际乐器展在德国法兰克福隆重举办。本届展会共有展商2272家，来自54个国家和地区，其中中国参展商有广州珠江、北京星海、海伦钢琴、上民一、泰兴凤灵、北京华东、河北金音、天津津宝、广州红棉等127家。展会参展观众共有113576名，来自142个国家和地区。

法兰克福乐器展不仅致力于探讨行业发展趋势，展出富有创新的乐器产品，同时在提高年轻音乐人能力方面也开展了大量工作。展会期间的Music4Kids活动让那些对音乐有着浓厚兴趣的孩子们可以在专业教师的指导下完成音乐创作；而John Lennon Educational Tour Bus让那些年轻人有机会在移动录音棚内，在现代化的设备和专业指导下，完成他们的音乐灵感向音乐作品的转化。

乐展期间还邀请众多明星参加各项活动，并分别给Ernie Watts、Erich Wonder和Heiner Lauterbach颁发了“Frankfurt Music Prize”、“Opus German Stage Award”和“Piano Player of the Year”三项大奖，以鼓励他们在音乐创作、演奏和舞台设计等方面的杰出贡献。

在历经美国次贷危机和欧洲金融危机之后，中国乐器企业的出口受到很大影响，但从今年年初开始，企业普遍反映出口形势好转，对未来依然充满希望。法兰克福乐器展管理委员会成员Detlef Braun在总结时认为“观众的高水准和下订单的高意愿”是本届展会的两大特点，同时“展商的较高评价”也反映了展会的成功。

第23届中国国际专业音响、灯光、乐器及技术展览会简况

5月26日～29日，由中国演艺设备技术协会、中国技术市场管理促进中心和英富曼会展有限公司共同主办的第23届中国国际专业音响·灯光·乐器及技术展览会在北京新国际展览中心隆重举行。展会集中展示了专业音响、灯光、舞台机械、会议系统、视频系统以及中西乐器等领域的设备与器材。本届展会民乐和提琴企业依旧占据参展企业主导，其中，扬州古筝产业集群以展团形式亮相，旨在强化扬州古筝的区域品牌文化形象。

中国乐器协会理事长安志等领导一行于开幕当日参观PALM展，并走访了北京珠江、河北金音、天津津宝、河北乐海、饶阳北方、饶阳成乐、北京京东、北京艺苑、天津鹦鹉、江苏天鹅、江苏奇美、江苏东方等乐器行业骨干企业及扬州古筝展团。

在参观走访中，乐器协会领导一行与骨干企业领导进行了现场交流，详细了解企业内销与出口的总体经营状态，并就协会的工作开展和有关政策信息，与参展企业进行了交流。

2014年中国（广州）国际专业音响、灯光、乐器展览会简况

2月24日至27日，由广东省科学技术厅、广东省文化厅、中国轻工业乐器信息中心、广东省对外科技交流中心共同主办的2014第十一届中国（广州）国际乐器展览会在中国进出口商品交易会展馆举办。

广州乐器展依托产业基地优势、经济优势、场馆设施优势，多年来不断发展，规模逐年扩大，并已成为行业内极具影响力的年度盛会之一。本届乐器展面积2.2万平方米，吸引国内外450多家企业参展。乐器行业的广州珠江、宁波海伦、天津津宝以及嘉德威、乐海、奇美、天鹅、东方等行业知名企业都有参加，扬州古筝之乡展团有30多家企业参加，统一的装修布局是展会的一大亮点。

广州乐器展同期还举办了学术论坛、讲座、现场演奏等，为广大观众带来了学术与商贸并重的乐器和文化盛宴。

2014年世界乐器展览会综述

2014年，亚洲、欧洲、北美洲、南美洲等世界主要地区共举办了16个规模不等、形态各异的乐器展览会。作为文化娱乐产品，乐器使用群体主要集中在大城市。展会举办地均为所在国一线城市，如洛杉矶、纳什维尔、法兰克福、莫斯科、上海、北京、广州、台北、东京、纽约、圣保罗、迪拜、孟买等。

2014年各大世界城市举办的乐器展览会，已成为承载这些城市记忆的一张“靓丽名片”。各大乐器展会主办方紧紧围绕行业特点，深入拓展展会内涵与外延，将品牌传播、乐器展示、创新设计、互动娱乐聚为一体，逐渐发展为多种业态融合的新型会展模式，纵观2014年乐器展览，主要体现以下两大特点：

充分发挥展会品牌效应　着力挖掘拓展行业资源

2014年，各大展会主办方积极利用展会自有品牌影响力，充分发挥品牌效应，在本国或海外乐器市场创建或巩固新型乐器展览会，此举成为2014年世界乐器展的一大突出特点。

美国NAMM分冬夏两季分别在阿纳海姆和纳什维尔举办NAMM乐器展，德国法兰克福国际乐器展在俄罗斯成功举办莫斯科乐器展；意大利克雷蒙娜乐器展在纽约建立分展，以此继续巩固发挥自有品牌优势，对外拓展品牌影响力，从而保持、延续展会的长久生命力。

注重挖掘展会内涵，创新驱动，充分发挥品牌效应是2014年多数乐器展览会特点。2014年，上海国际乐器展，巴西圣保罗乐器展，NAMM国际乐器展，日本乐器展，分别由中国乐器协会、巴西乐器协会、美国国际音乐制品协会、日本乐器展览协会主办，展览会以行业协会为依托，充分发挥行业协会的功能与优势，有效地达到主导行业潮流，凝聚行业力量，整合行业资源的目的。

深化展会主题 创新展会内涵

2014年，在移动互联时代，各大乐器展览会主办方积极适应信息化潮流，创新展会服务模式及营销方式，纷纷推出各种便利网络化信息工具增强宣传推广力度，积极向各大乐器买家、琴行、专业人士大力推介展会，取得显著成效。如由中国乐器协会、上海国际展览中心有限公司、德国法兰克福展览（香港）公司等主办、美国国际音乐制品协会为支持伙伴的2014上海国际乐器展览会，紧密关注行业发展趋势，赋予展览项目时代特色。历经13届精心培育，展出面积9.8万平米，累计参展商1775家，累计参观人数超过7万人次。在海内外广大参展商、国际参展团、专业参观人士的大力支持下，取得长足进步，成为业内公认的亚太地区乐器行业规模最大、人气最旺、效果最好的专业盛会，受到国际国内参展商一致好评。

2014年度巴西圣保罗乐器展则重点突出慈善公益特色，在拓展社会音乐群体的同时，关注特殊音乐群体，为贫困青少年接触乐器积极创造机会，并以基金会形式运作社会音乐教育项目，从而深化了乐器展会主题和内涵，取得了良好社会效应。

从规模上看，2014年，上海国际乐器展览会、德国法兰克福国际乐器展览会以及美国NAMM乐器展览会仍然是国际乐器行业三大最重要展览会。三大国际展会注重品牌的塑造、推广和维护，引领行业发展潮流，与巴西圣保罗、俄罗斯莫斯科、印度孟买、阿联酋迪拜等为代表的新兴乐器市场乐器展会交相辉映，为国际乐器行业搭建乐器商贸平台，促进行业交流与合作奠定了坚实的基础。

2014年世界乐器展回顾一览表

展会名称	展会届别	展会日期	展会地点	主办单位	展品范围	2014年展会规模
美国洛杉矶阿纳海姆乐器展（The NAMM Show）	第112届	1.23～1.26	阿纳海姆	美国国际音乐制品协会（NAMM）	各种乐器、音响	1533家参展企业参展，其中国际参展商636家；参观观众96129名
中国（广州）国际专业音响、灯光、乐器展览会	第12届	2.24～2.27	广州	广东省科学技术厅、广东省文化厅、国家轻工业乐器信息中心	西乐器、民族乐器	展会面积2.2万平米，展商450家
德国法兰克福国际乐器、乐谱及附件展览会（Musikmesse 2014）	第35届	3.12～3.15	法兰克福	德国法兰克福展览公司	各类乐器、乐器配件、乐谱、音乐硬软件、音乐出版物等	来自54个国家和地区的展商2272家，展会参展观众共113576名，来自142个国家和地区

展会名称	展会届别	展会日期	展会地点	主办单位	展品范围	2014年展会规模
意大利克雷蒙娜乐器展--纽约展（Cremona MondonMusica 2014）	第2届	4.10～4.12	美国纽约	意大利克雷蒙娜乐器展组委会	弦乐器、琴弓、配件及乐谱	观众2537名
中东（迪拜）乐器博览会（MUSAC 2014）	第12届	4.15～4.17	阿联酋迪拜	中东IIR展览公司	东西方各类乐器、阿拉伯民俗乐器等	展出面积1万平米，展商200余家
中国国际专业音响 灯光 乐器及技术展览会（PALM Expo）	第23届	5.26～5.29	北京	中国演艺设备技术协会	灯光音响、乐器等	乐器展商500余家
印度乐器展（Musician Expo 2014）	第13届	5.29～5.31	孟买	印度DIVERSIFIED公司	电声乐器为主	观众5773名
日本东京吉他展	第13届	6.28～6.29	东京	日本山野乐器店和Fender集团	各式吉他	观众4320名
美国NAMM夏季乐器展（Summer NAMM Show）	每年夏季	7.17～7.19	纳什维尔	美国国际音乐制品协会	以美国国内乐器商展示和音乐教育人士使用的乐器为主	展商438家，观众12442名
台北两岸乐器大展	第6届	7.04～7.07	台北	台北市乐器商业同业公会、台北上联国际展览有限公司	管乐器、弦乐器、键盘乐器、电子乐器、打击乐器、零配件等	展出面积2万平米
NAMM&法兰克福俄罗斯乐器展	第3届	9.11～9.14	莫斯科	国际音乐制品协会、法兰克福展览公司	乐器综合类、钢琴、弦乐器、打击乐器、电声乐器、配件、乐谱、音响设备等	190家参展商，1.3万名观众参观
巴西圣保罗国际乐器展览会（Expomusic 2014）	第31届	9.17～9.21	圣保罗	巴西乐器协会、FRANCAL展览公司	各种乐器、音响及配件、相关媒体及专业刊物	展览面积3.4万平米，展商200余家
意大利克雷蒙娜乐器展（Cremona MondonMusica 2014）	第27届	9.26～9.28	克雷蒙娜	克雷蒙娜乐器展组委会	以提琴等弦乐器为主，兼展弹拨乐器、琴弓、配件、乐谱等	展商来自28个国家，其中63%为外国展商。观众15296人
中国（上海）国际乐器展览会（Music China）	第13届	10.08～10.11	上海	中国乐器协会，上海国际展览中心有限公司，法兰克福（香港）展览公司	钢琴、弦乐器、电声乐器、乐器配件、民族乐器、铜管乐器、打击乐器、相关协会媒体、乐谱、音乐书籍等。	展会面积9.8万平米，来自29个国家和地区的1775家展商参展，来自86个国家和地区的71591名观众
日本弦乐器展	第57届	10.31～11.02	东京	日本弦乐器制作者协会	提琴等弦乐器及配件、制作工具，吉他、曼陀铃、乐谱、箱包	含个人制作师、日本国内外企业法人、协会团体等各类参展商共100多家
日本乐器展	双年展	11.21～11.23	东京	日本乐器展览协会	钢琴、管乐器、打击乐器、电声乐器、乐谱出版、配件等	展商124家、观众40647名

名牌产品

乐器产品获中国驰名商标，国家、省（市）级名牌产品、著名商标名录

<table>
<tr><th colspan="2">分类</th><th>品牌（商标）名称</th><th>商标注册人</th><th>认定商品或服务项目</th></tr>
<tr><td colspan="2" rowspan="4">中国名牌产品</td><td>珠江</td><td>广州珠江钢琴集团股份有限公司</td><td>钢琴</td></tr>
<tr><td>星海</td><td>北京星海钢琴集团有限公司</td><td>钢琴</td></tr>
<tr><td>Nordiska</td><td>营口东北钢琴（集团）公司</td><td>钢琴</td></tr>
<tr><td>HAILUN</td><td>宁波海伦乐器制品有限公司</td><td>钢琴</td></tr>
<tr><td colspan="2" rowspan="21">中国驰名商标</td><td>珠江</td><td>广州珠江钢琴集团股份有限公司</td><td>钢琴</td></tr>
<tr><td>星海 XINGHAI 及图</td><td>北京星海钢琴集团有限公司</td><td>钢琴</td></tr>
<tr><td>津宝及图</td><td>天津津宝乐器有限公司</td><td>爵士鼓、军鼓、萨克斯</td></tr>
<tr><td>Taishan</td><td>山东泰山管乐器有限公司</td><td>管乐器</td></tr>
<tr><td>嘉德威</td><td>杭州嘉德威钢琴有限公司</td><td>钢琴</td></tr>
<tr><td>卡西欧 CASIO</td><td>日商·樫尾计算机株式会社</td><td>计算器 手表 电子音乐仪器等</td></tr>
<tr><td>润韵</td><td>扬州天韵琴筝有限公司</td><td>筝; 乐器; 弦乐器; 七弦琴; 弹拨乐器；木琴；电子乐器；
乐器键盘；乐器弦轴；乐器盒</td></tr>
<tr><td>金杯及图</td><td>江阴市金杯安琪乐器有限公司</td><td>手风琴、簧（管）乐器等</td></tr>
<tr><td>凤灵 fitness 及图</td><td>泰兴凤灵乐器有限公司</td><td>小提琴、中提琴等</td></tr>
<tr><td>Orient</td><td>宁波森隆乐器股份有限公司</td><td></td></tr>
<tr><td>YAMAHA 及图</td><td>雅马哈株式会社</td><td>钢琴</td></tr>
<tr><td>奇美</td><td>江苏奇美乐器有限公司</td><td>竖笛、口风琴、口琴</td></tr>
<tr><td>鹦鹉 YINGWU 及图</td><td>天津鹦鹉乐器有限公司</td><td>手风琴、提琴</td></tr>
<tr><td>吟飞 Ringway</td><td>吟飞科技（江苏）有限公司</td><td>乐器</td></tr>
<tr><td>乐海 The Ocean of Music 及图</td><td>河北乐海乐器有限责任公司</td><td>扬琴、琵琶</td></tr>
<tr><td>天鹅及图</td><td>江苏天鹅乐器有限公司</td><td>口琴、口风琴</td></tr>
<tr><td>爱迪 Aidi 及图</td><td>香河天音乐器有限公司</td><td>西乐器</td></tr>
<tr><td>HAILUN 及图</td><td>海伦钢琴股份有限公司</td><td>钢琴</td></tr>
<tr><td>省（市）名牌产品</td><td>上海市</td><td>施特劳斯</td><td>上海钢琴有限公司</td><td>钢琴</td></tr>
</table>

分类		品牌（商标）名称	商标注册人	认定商品或服务项目
省（市）名牌产品	上海市	敦煌牌	上海民族乐器一厂	古筝、二胡、琵琶
		海曼	上海中雅钢琴有限公司	钢琴
		华星	上海华新电子电器总厂	电子琴
	天津市	津宝	天津津宝乐器有限公司	爵士鼓、西管乐器
		鹦鹉	天津鹦鹉乐器有限公司	手风琴
		雅乐	天津华韵乐器有限公司	脚踏风琴、手风琴
		Singer's day	天津圣迪乐器有限公司	萨克斯、小号
		奥维斯	天津奥维斯乐器有限公司	萨克斯、号系列
	江苏省	润韵、天籁	扬州天韵琴筝有限公司	古筝
		碧泉	扬州市正声民族乐器厂	古筝
		凤灵	泰兴凤灵乐器有限公司	吉他、提琴系列产品
		奇美	江苏奇美乐器有限公司	竖笛、口风琴、口琴
		摩德利	南京摩德利钢琴有限公司	钢琴
		天鹅	江苏天鹅乐器有限公司	琴笛
		雅韵	扬州龙凤琴筝有限公司	古筝
		凤韵	扬州龙凤琴筝有限公司	古筝
		大风	江苏大风乐器有限公司	古筝
		蜜蜂、Easttop	江苏东方乐器有限公司	口琴
		英杰	扬中市华联手风琴有限公司	手风琴
		虎丘	苏州民族乐器一厂有限公司	二胡
		吟飞	吟飞科技（江苏）有限公司	电子乐器
	广东省	珠江	广州珠江钢琴集团股份有限公司	钢琴
		吉声	广州吉声琴业有限公司	电吉他
		恺撒堡	广州珠江钢琴集团有限公司	钢琴
		里特米勒	广州珠江钢琴集团有限公司	钢琴
		Blue Diamond	广州保嘉乐器制造厂有限公司	鼓乐
		星臣 starsun	四会市华声乐器有限公司	吉他
		红棉	广州红棉吉它有限公司	吉他
		Ayalea	揭阳市长城乐器有限公司	吉他
		美得理（MEDELI）+图形	得理电子（珠海）有限公司	数码钢琴
		魔鲨	得理电子（珠海）有限公司	鼓乐
		AMASON 艾茉森	广州珠江钢琴集团股份有限公司	数码钢琴
		Homage	佛山市三水龙声乐器有限公司	吉他
	河北省	JY	河北金音乐器制造集团有限公司	西管乐器
		乐海	乐海乐器有限责任公司	民族乐器
		月坛	饶阳北方民族乐器制造有限公司	二胡

分类		品牌（商标）名称	商标注册人	认定商品或服务项目
省（市）名牌产品	河北省	成乐	饶阳成乐民族乐器有限责任公司	扬琴
	山东省	金斯波格	烟台金斯波格钢琴有限公司	钢琴
		SEJUNG（世正）	青岛世正乐器有限公司	钢琴
		仙乐	百灵乐器公司	电吉他
		飞灵	潍坊惠好乐器有限公司	电吉他
	湖北省	TOYAMA（托雅玛）/ Yangtze River 牌钢琴	宜昌金宝乐器制造有限公司	钢琴
		艾立卡	武汉艾立卡电子有限公司	电声器件
	福建省	HARMONY（哈曼尼）	福州和声钢琴有限公司	立式钢琴
	河南省	中州	开封中原民族乐器有限公司	古筝
省（市）著名商标	上海市	施特劳斯	上海钢琴有限公司	钢琴
		海曼	上海中雅钢琴有限公司	钢琴
		敦煌	上海民族乐器一厂	民族乐器
	天津市	津宝	天津津宝乐器有限公司	军鼓、爵士鼓、萨克斯
		鹦鹉	天津鹦鹉乐器有限公司	手风琴、提琴
		雅乐	天津市雅乐尔乐器有限公司	风琴
		佰笛及图	天津市佰笛乐器有限公司	手风琴
		图形	天津市欧斯曼乐器有限公司	钢琴
	江苏省	摩德利	南京摩德利钢琴有限公司	钢琴等
		天鹅及图	江苏天鹅乐器有限公司	口琴、口风琴、竖笛等
		凤灵及图	泰兴凤灵乐器有限公司	小提琴、吉他、大提琴等
		奇美	江苏奇美乐器有限公司	手风琴、钢琴、口琴等
		雅韵及图形	扬州龙凤琴筝有限公司	打击乐器、胡琴、筝等
		大风	江苏大风乐器有限公司	三弦乐器、弹拨乐器、筝
		虎丘及图	苏州民族乐器一厂有限公司	二胡
		碧泉 BIQUAN 及图形	扬州市正声民族乐器厂	筝
		和声及图	江苏省和声琴行有限公司	
		金韵及图形	扬州开发区金韵乐器厂	筝
		GOLDENCUP 及图	江阴市金杯乐器有限公司	手风琴
		润韵	扬州天韵琴筝有限公司	筝
		吟飞及图形	吟飞科技（江苏）有限公司	电子键盘
	广东省	珠江	广州珠江钢琴集团有限公司	乐器（钢琴）
		Kayserburg	广州珠江钢琴集团有限公司	乐器（钢琴）
		ritmiiller	广州珠江钢琴集团有限公司	乐器（钢琴）
		JISHENG	广州吉声琴业有限公司	木吉他
		红棉	广州红棉吉它有限公司	中乐器，西乐器
		永美	揭西县美声电子电器厂	电子琴

分类		品牌（商标）名称	商标注册人	认定商品或服务项目
省（市）著名商标	广东省	美得理	得理乐器（珠海）有限公司	乐器（电子琴，数码钢琴）
		ALICE	广州市罗曼士乐器制造有限公司	乐器弦
		Cfmatin&co	梁泽敏	乐器（吉他）
	河北省	JY	河北金音乐器制造集团有限公司	钢琴
		成乐	饶阳成乐民族乐器有限责任公司	扬琴
		月坛	北方民族乐器制造有限公司	二胡
		秦川	河北秦川文体乐器有限公司	琴行
		乐海	乐海乐器有限责任公司	民族乐器
		秦川乐器	河北秦川文体乐器有限公司	乐器经营
	山东省	KINGSBURG 及图	烟台金斯波格钢琴有限公司	钢琴
		仙乐及图	昌乐百灵乐器有限公司	吉他
		博斯纳及图形	烟台博斯纳钢琴制造有限公司	钢琴
		TAISHAN	山东泰山管乐器制造有限公司	管乐器
	浙江省	HAILUN 及图	宁波海伦乐器制品有限公司	钢琴
		嘉德威	杭州嘉德威钢琴有限公司	钢琴
		拉奥特	浙江乐韵钢琴有限公司	钢琴
		LUODELAISI	湖州华谱钢琴有限公司	钢琴
		YUN SHENG	宁波韵升股份有限公司	八音琴机芯
	湖北省	芳鸥	武汉市海平乐器制造有限公司	铜锣
		银可可	武汉银可可琴行有限责任公司	乐器经营
	福建省	HARMONY （哈曼尼）	福州和声钢琴有限公司	钢琴
	河南省	中州	开封中原民族乐器有限公司	古筝、琵琶

注：①中国名牌战略推进委员会2008年第3号公告，2005、2006、2007年公布的中国名牌产品，有效期满后不再继续使用。

②我国新商标法认定“驰名商标”并非荣誉称号，从2014年5月1日起，“驰名商标”禁止出现在商品包装上，也不能用于广告宣传、展览。

③以上黑体字相关品牌为地方工商行政管理局官方站点新增著名商标。

④以上发布的品牌信息来源于国家工商行政管理总局，各省市工商行政管理总局，国家质量监督检验检疫总局，各省市地区质量检验局网站的公告信息，随着时间推移，部分地方质量技术监督局和工商行政管理局站点对部分品牌进行了数据更新，有极少数品牌在上述站点暂时无法查询。为保存乐器行业品牌发展历史原貌，故本年鉴对所有上榜品牌进行了数据留存。以上品牌数据如有遗漏，请相关企业与我协会取得联系，进行信息补充和更正。

2015
中国乐器年鉴
CHINA MUSICAL INSTRUMENT YEARBOOK
行业篇 1
指标数据篇 94
协会工作篇 134
科技篇 177
海外资讯篇 264

2007～2014年中国社会经济主要指标数据

	指标	单位	2007年	2008年	2009年	2010年	2011年	2012年	2013年	2014年
人口	年末总人口	万人	132129	132802	133450	134091	134735	135404	136072	136782
	城镇人口	万人	60633	62403	64512	66978	69079	71182	73111	74916
	乡村人口	万人	71496	70399	68938	67113	65656	64222	62961	61866
各年龄段人口比重	0～14岁人口	%	19.4	19	18.5	16.6	16.5	16.5	16.4	16.5
	15～64岁人口	%	72.5	72.7	73	74.5	74.4	74.1	73.9	73.4
	65岁以上人口	%	8.1	8.3	8.5	8.9	9.1	9.4	9.7	10.1
就业和工资	就业人员（年底数）	万人	75321	75564	75828	76105	76420	76704	76977	77253
	城镇单位就业人员工资总额	亿元	29471.5	35289.5	40288.2	47269.9	59954.7	70914.2	93064.3	102777.5
	城镇单位就业人员平均工资	元	24721	28898	32244	36539	41799	46769	51483	56339
消费	全体居民消费水平	元	7310	8430	9283	10522	12570	14110	15632	/
	城镇居民家庭人均现金消费支出	元	9997.5	11242.9	12264.6	13471.5	15160.9	16674.3	18022.6	/
	城镇居民家庭恩格尔系数	%	36.3	37.9	36.5	35.7	36.3	36.2	35	/
	城镇居民家庭用于文教娱乐现金消费支出	元	1329.2	1358.3	1472.8	1627.6	1851.7	2033.5	2294	/
	农村居民家庭人均消费支出	元	3223.9	3660.7	3993.5	4381.8	5221.1	5908	6625.5	/
	农村居民家庭恩格尔系数	%	43.1	43.7	41	41.1	40.4	39.3	37.7	/
	农村居民家庭用于文教娱乐现金消费支出	元	305.7	314.5	340.6	366.7	396.4	445.5	485.6	/
①国民经济	国民总收入	亿元	268631	318736.7	345046.4	407137.8	479576.1	532872.1	583196.7	634367.3
	国内生产总值	亿元	268019.4	316751.7	345629.2	408903	484123.5	534123	588018.8	636462.7
财政和金融	公共财政收入	亿元	51321.8	61330.4	68518.3	83101.5	103874.4	117253.5	129209.6	140349.7
	金融机构人民币存款余额	亿元	389371.2	466203.3	597741.1	718237.9	809368.3	917554.8	1043847	1138644.6
住房	城镇居民人均住房建筑面积	平方米	30.1	30.6	31.3	31.6	32.7	32.9	/	/
	农村居民人均住房面积	平方米	31.6	32.4	33.6	34.1	36.2	37.1	/	/

指标		单位	2007年	2008年	2009年	2010年	2011年	2012年	2013年	2014年
对外贸易和利用外资	货物进出口总额	亿美元	21765.7	25632.6	22075.4	29740	36418.6	38671.2	41589.9	43030.4
	出口额	亿美元	12204.6	14306.9	12016.1	15777.5	18983.8	20487.1	22090	23427.5
	进口额	亿美元	9561.2	11325.7	10059.2	13962.4	17434.8	18184.1	19499.9	19602.9
	实际使用外资额总计	亿美元	783.4	952.5	918	1088.2	1177	1132.9	1187.2	1197.1
	外商直接投资	亿美元	747.7	924	900.3	1057.3	1160.1	1117.2	1175.9	1195.6
国内贸易和旅游	社会消费品零售总额	亿元	93571.6	114830.1	132678.4	156998.4	183918.6	210307	242842.8	271896.1
	入境过夜游客人数	万人次	5472	5304.9	5087.5	5566.5	5758.1	5772.5	5568.6	5562.2
	国际旅游外汇收入	亿美元	419.2	408.4	396.8	458.1	484.6	500.3	516.6	569.1
	国内旅游人数	亿人次	16.1	17.12	19.02	21.03	26.41	29.57	32.62	36.11
	国内旅游总花费	亿元	7770.6	8749.3	10183.7	12579.8	19305.4	22706.2	26276.1	30311.9
教育文化	学校总数	所	542570	526446	507698	494714	493073	493519	494924	493605
	普通高等学校	所	1908	2263	2305	2358	2409	2442	2491	2529
	普通高中	所	15681	15206	14607	14058	13688	13509	13352	13253
	中等职业教育	所	14832	14847	14401	13872	13093	12663	12262	11942
	初中	所	59384	57914	56320	54890	54117	53216	52804	52623
	普通小学	所	320061	300854	280184	257410	241249	228585	213529	201377
	特殊教育	所	1618	1640	1672	1706	1767	1853	1933	2000
	学前教育	所	129086	133722	138209	150420	166750	181251	198553	209881
	在校学生总数	万人	25085.2	25017.6	24987.2	25136.9	25426.2	25154.9	24559.1	24677
	普通本专科	万人	1884.9	2021	2144.7	2231.8	2308.5	2391.3	2468.1	2547.7
	普通高中	万人	2522.4	2476.3	2434.3	2427.3	2454.8	2467.2	2435.9	2400.5
	中等职业教育	万人	1987	2087.1	2195.2	2238.5	2205.3	2113.7	1923	1802.9
	初中	万人	5736.2	5585	5440.9	5279.3	5066.8	4763.1	4440.1	4384.6
	普通小学	万人	10564	10331.5	10071.5	9940.7	9926.4	9695.9	9360.5	9451.1
	特殊教育	万人	41.9	41.7	42.8	42.6	39.9	37.9	36.8	39.5
	学前教育	万人	2348.8	2475	2657.8	2976.7	3424.5	3685.8	3894.7	4050.7
	艺术表演团体	个	4512	5114	6139	6864	7055	7321	8180	8769
	省、地市级群众艺术馆	个	411	389	361	374	379	382	385	385
	县市级文化馆	个	2806	2829	2862	2890	2906	2919	2930	2928

注：①按照我国国内生产总值（GDP）数据修订制度和国际通行做法，根据修订后的2013年GDP数据和有关历史资料，对2012年及以前年度的GDP历史数据进行了系统修订。

（数据来源：《2014中国统计摘要》 中国乐器协会信息部编辑）

2014年乐器行业规模以上企业主要经济指标完成情况

（按产品类别划分）

（单位：千元）

产品类别		中乐器制造	西乐器制造	电子乐器制造	其他乐器及零件制造	总计
汇总企业数（个）		30	118	25	47	220
主营业务收入	2014年累计	3375976	16989442	6872688	5042888	32280994
	2013年累计	3393285	15509059	6200322	4151454	29254120
	同比%	-0.51	9.55	10.84	21.47	10.35
出口交货值	2014年累计	1348051	5868274	3001791	808678	11026794
	2013年累计	1224849	5193298	2780594	479581	9678322
	同比%	10.06	13.00	7.96	68.62	13.93
应收账款	2014年累计	117662	1221172	530669	301240	2170743
	2013年累计	102695	1216760	469786	262708	2051949
	同比%	14.57	0.36	12.96	14.67	5.79
产成品存货	2014年累计	127177	918990	189201	139388	1374756
	2013年累计	105256	796648	179783	122203	1203890
	同比%	20.83	15.36	5.24	14.06	14.19
利润总额	累计同比%	4.91	5.41	56.78	18.18	19.04
亏损企业（个）	2014年12月	1	20	3	1	25
	2013年12月		21	3	2	26

（数据来源：国家统计局 中国轻工业信息中心 中国乐器协会信息部）

2014年乐器行业规模以上企业主要经济指标完成情况

（按地区划分）

（单位：千元）

地区		广东	山东	天津	河北	江苏	浙江	湖北	河南	上海
企业数（个）		47	27	15	23	24	24	5	12	11
主营业务收入	2014年累计	8355159	4763258	4568116	3431897	3247486	3004116	954659	728925	567689
	2013年累计	7269833	4305246	4005442	3060287	3095841	2937940	957141	669339	535776
	同比%	14.93	10.64	14.05	12.14	4.90	2.25	-0.26	8.90	5.96
出口交货值	2014年累计	1819271	740434	3097905	1228194	1544349	911589	290901	258436	71366
	2013年累计	1643891	769863	2612848	913351	1515553	894601	224909	261738	73310
	同比%	10.67	-3.82	18.56	34.47	1.90	1.90	29.34	-1.26	-2.65
应收账款	2014年累计	691851	77826	248414	60689	301633	353941	28041	35531	119784
	2013年累计	644394	74086	263259	61379	246665	341213	44171	23633	133249
	同比%	7.36	5.05	-5.64	-1.12	22.28	3.73	-36.52	50.34	-10.11
产成品存货	2014年累计	361353	61597	120115	39006	122832	175750	63364	22044	191144
	2013年累计	264526	63646	90280	32736	114380	177987	45763	13061	159697
	同比%	36.60	-3.22	33.05	19.15	7.39	-1.26	38.46	68.78	19.69
亏损企业（个）	2014年12月	7	1	2	0	3	1	1	0	5
	2013年12月	6	1	1	0	2	3	2	0	5

地区		重庆	北京	辽宁	湖南	福建	黑龙江	吉林	安徽	陕西	贵州
企业数（个）		1	6	5	4	5	4	2	2	2	1
主营业务收入	2014年累计	603517	561761	339473	384049	214688	205221	161618	90044	56859	42459
	2013年累计	499879	576398	366569	316066	223731	186927	124614	76050	47041	/
	同比%	20.73	-2.54	-7.39	21.51	-4.04	9.79	29.69	18.40	20.87	/
出口交货值	2014年累计	465224	183130	254489	/	132848	22528	/	6130	/	/
	2013年累计	130779	172408	294400	/	139093	24559	/	7019	/	/
	同比%	255.73	6.22	-13.56	/	-4.49	-8.27	/	-12.67	/	/
应收账款	2014年累计	32068	105309	46710	18198	17245	10282	9188	4142	4490	5401
	2013年累计	16898	106818	30921	14771	20288	14682	8615	2942	3965	/
	同比%	89.77	-1.41	51.06	23.20	-15.00	-29.97	6.65	40.79	13.24	/
产成品存货	2014年累计	13590	110287	48726	1144	26635	1016	9955	2796	3402	/
	2013年累计	8604	138905	58640	1081	21006	1161	9027	199	3191	/
	同比%	57.95	-20.60	-16.91	5.83	26.80	-12.49	10.28	1305.03	6.61	/
亏损企业（个）	2014年12月	0	1	3	0	1	0	0	0	0	0
	2013年12月	0	2	1	1	2	0	0	0	0	0

（数据来源：国家统计局 中国轻工业信息中心 中国乐器协会信息部）

2014年乐器行业规模以上企业主要经济指标完成情况

（按注册类型划分）

（单位：千元）

注册类型		内资企业	港、澳、台商投资企业	外商投资企业	总计
汇总企业数（个）		143	24	53	220
主营业务收入	2014年累计	18364370	4662029	9254595	32280994
	2013年累计	16353006	4161010	8740104	29254120
	同比%	12.30	12.04	5.89	10.35
出口交货值	2014年累计	3092908	3044398	4889488	11026794
	2013年累计	2574202	2640650	4463470	9678322
	同比%	20.15	15.29	9.54	13.93
应收账款	2014年累计	1030670	386894	753179	2170743
	2013年累计	970419	372335	709195	2051949
	同比%	6.21	3.91	6.20	5.79
产成品存货	2014年累计	806046	296481	272229	1374756
	2013年累计	694690	217364	291836	1203890
	同比%	16.03	36.40	-6.72	14.19
利润总额	累计同比%	19.04	14.51	23.35	19.04
亏损企业（个）	2014年12月	10	5	10	25
	2013年12月	8	5	13	26

（数据来源：国家统计局 中国轻工业信息中心 中国乐器协会信息部）

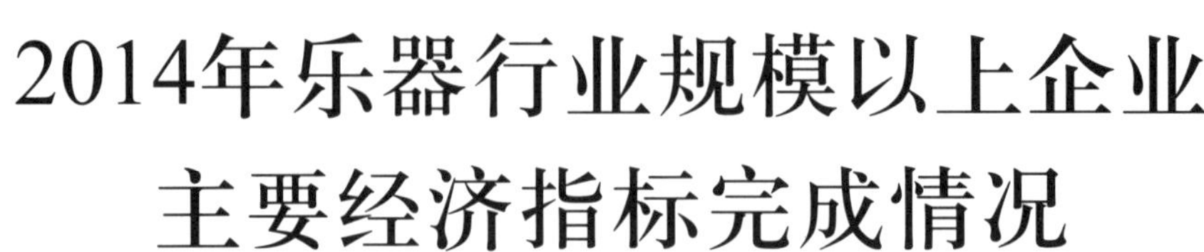

2014年乐器行业规模以上企业主要经济指标完成情况

（按企业规模划分）

（单位：千元）

企业规模		大型企业	中型企业	小型企业	总计
汇总企业数（个）		8	41	171	220
主营业务收入	2014年累计	6762014	10614469	14904511	32280994
	2013年累计	6613618	9007306	13633196	29254120
	同比%	2.24	17.84	9.33	10.35
出口交货值	2014年累计	3804953	4591852	2629989	11026794
	2013年累计	3136499	3969350	2572473	9678322
	同比%	21.31	15.68	2.24	13.93
应收账款	2014年累计	363321	1009836	797586	2170743
	2013年累计	448220	845775	757954	2051949
	同比%	-18.94	19.40	5.23	5.79
产成品存货	2014年累计	294364	568890	511502	1374756
	2013年累计	241351	541225	421314	1203890
	同比%	21.97	5.11	21.41	14.19
利润总额	累计同比%	-10.27	44.11	27.91	19.04
亏损企业（个）	2014年12月	1	9	15	25
	2013年12月	0	8	18	26

（数据来源：国家统计局 中国轻工业信息中心 中国乐器协会信息部）

2014年中国乐器海关出口量值

商品代码	商品名称	单位	数量			金额（美元）		
			2014年	2013年	同比%	2014年	2013年	同比%
92011000	竖式钢琴，包括自动钢琴	台	29312	33068	-11.36	42951021	46542792	-7.72
92012000	大钢琴，包括自动钢琴	台	6640	6784	-2.12	28610588	27532241	3.92
92019000	拨弦古钢琴及其他键盘弦乐器	台	16010	8530	87.69	1841062	2287119	-19.50
92021000	弓弦乐器	只	1380217	1307788	5.54	78549702	68528862	14.62
92029000	其他弦乐器	只	10394994	10373567	0.21	357459903	353624062	1.08
92051000	铜管乐器	只	669786	707382	-5.31	85622729	87605914	-2.26
92059010	键盘管风琴;簧风琴等游离金属簧片键盘乐器	只	2190701	2191965	-0.06	10382961	9440405	9.98
92059020	手风琴及类似乐器	只	587466	669971	-12.31	20876425	19788340	5.50
92059030	口琴	只	7875206	7445519	5.77	11756162	12450111	-5.57
92059090	其他管乐器，但游艺场风琴及手摇风琴除外	只	9000459	8358868	7.68	57564033	52720208	9.19
92060000	打击乐器	只	13298976	10581543	25.68	149233494	135063952	10.49
92071000	通过电产生或扩大声音的键盘乐器	只	4846255	5219930	-7.16	349551006	343338267	1.81
92079000	其他通过电产生或扩大声音的乐器	个	3025378	2558027	18.27	199609520	186859045	6.82
92081000	百音盒	个	25250554	24952861	1.19	56907464	60296484	-5.62
92089000	其他乐器;各种媒诱音响器、哨子、号角等	个	108567068	84362386	28.69	26379608	30759806	-14.24
92093000	乐器用弦	千克	375517	458270	-18.06	8724062	8153940	6.99
92099100	钢琴的零件、附件	千克	7127624	8391797	-15.06	43177621	43016751	0.37
92099200	品目9202所列乐器的零件、附件	千克	3842411	4057539	-5.30	43198383	34397972	25.58
92099400	品目9207所列乐器的零件、附件	千克	5165408	5066389	1.95	42307192	42677794	-0.87
92099910	节拍器、音叉及定音管	千克	127811	110905	15.24	4233493	3395379	24.68
92099920	百音盒的机械装置	千克	365929	357043	2.49	3960778	3771790	5.01
92099990	其他乐器的零件、附件	千克	14086053	14543816	-3.15	88116543	88154900	-0.04
合计						1711013750	1660406134	3.05

（数据来源：国家海关总署 中国轻工业信息中心 中国乐器协会信息部）

2014年中国乐器出口世界各大洲概况

洲别	占比%	金额（美元）		
		2014年	2013年	同比%
亚　洲	30.65	524503438	501132273	4.66
北美洲	28.47	487182122	463828601	5.03
欧　洲	25.50	436320445	406617277	7.30
南美洲	10.26	175540073	194470544	-9.73
非　洲	2.70	46171111	52264647	-11.66
大洋洲	2.41	41296561	42092792	-1.89

（数据来源：国家海关总署 中国轻工业信息中心 中国乐器协会信息部）

2014年中国乐器出口国家和地区

（按出口金额排序）

排名	国家和地区	数量（件）			金额（美元）		
		2014年	2013年	同比%	2014年	2013年	同比%
1	美国	42608338	35559077	19.82	455616070	431357243	5.62
2	德国	13203918	7757178	70.22	143577539	130160733	10.31
3	日本	8656102	9846334	−12.09	107569646	96837643	11.08
4	英国	7180518	4625917	55.22	70516838	63892229	10.37
5	巴西	6154537	8262838	−25.52	70458380	76439193	−7.82
6	印度尼西亚	9405206	9965227	−5.62	65718768	62970684	4.36
7	中国香港	6362600	9209875	−30.92	60680267	69223359	−12.34
8	荷兰	8321646	6462165	28.77	60349722	54137511	11.47
9	韩国	3671063	4050121	−9.36	50495820	49700113	1.60
10	法国	2713816	4218903	−35.67	42763938	38811946	10.18
11	澳大利亚	2068933	2429540	−14.84	35636045	37326958	−4.53
12	加拿大	1961286	2243318	−12.57	31566052	32471358	−2.79
13	马来西亚	5155095	4172365	23.55	27908816	26361898	5.87
14	阿拉伯联合酋长国	3367885	2733602	23.20	27491338	19038281	44.40
15	伊朗	3555950	3950646	−9.99	27271717	17590591	55.04
16	新加坡	1625308	2528989	−35.73	25672335	22767584	12.76

排名	国家和地区	数量（件）			金额（美元）		
		2014年	2013年	同比%	2014年	2013年	同比%
17	墨西哥	3287433	3864451	−14.93	24597185	27612422	−10.92
18	俄罗斯联邦	2045316	2010153	1.75	24482965	21374714	14.54
19	印度	28276394	5364007	427.15	23182909	23514965	−1.41
20	意大利	2451734	2155086	13.77	22438776	19858452	12.99
21	泰国	1490043	2062301	−27.75	18212295	20537057	−11.32
22	智利	2880100	2761904	4.28	18091446	20887995	−13.39
23	中国台湾	1456784	1632753	−10.78	17687025	17541683	0.83
24	尼日利亚	2606552	2112493	23.39	17056367	17584451	−3.00
25	西班牙	4195626	2830449	48.23	15325080	14023457	9.28
26	土耳其	2315183	2731763	−15.25	13759241	14469130	−4.91
27	阿根廷	1478320	1756711	−15.85	12816618	16790722	−23.67
28	菲律宾	2218957	2016660	10.03	12232197	11653993	4.96
29	哥伦比亚	1450173	1177383	23.17	10084629	8921473	13.04
30	比利时	1467762	1692922	−13.30	9341765	11423265	−18.22
31	南非	1160142	1169445	−0.80	8432616	14195336	−40.60
32	巴拿马	858010	1122243	−23.55	7853395	9442637	−16.83
33	芬兰	458917	421615	8.85	7822718	8087937	−3.28
34	秘鲁	921173	1246154	−26.08	7319518	11611834	−36.97
35	瑞典	492247	341578	44.11	6998759	6631410	5.54
36	越南	293611	384946	−23.73	6790172	7006667	−3.09
37	捷克共和国	847375	748166	13.26	5437203	6279167	−13.41
38	以色列	1034248	854977	20.97	5091587	5514628	−7.67
39	波兰	792802	817695	−3.04	4993614	7840689	−36.31
40	委内瑞拉	252295	656779	−61.59	4961794	2950788	68.15
41	厄瓜多尔	729670	884278	−17.48	4584787	3685332	24.41
42	新西兰	302069	312565	−3.36	4571921	3799180	20.34
43	加纳	2070368	1722906	20.17	4514852	4183037	7.93
44	沙特阿拉伯	1249806	768917	62.54	4199339	4476461	−6.19
45	危地马拉	972256	814480	19.37	4113623	4272959	−3.73
46	斯里兰卡	489505	759732	−35.57	3983170	3311109	20.30
47	乌拉圭	553658	598674	−7.52	3945832	4962150	−20.48
48	孟加拉国	254506	167651	51.81	3342590	1305689	156.00
49	安哥拉	440944	316954	39.12	3145768	896963	250.71
50	乌兹别克斯坦	86657	58501	48.13	3145559	3837341	−18.03
51	丹麦	428769	454592	−5.68	2820618	2030172	38.93

排名	国家和地区	数量（件）			金额（美元）		
		2014年	2013年	同比%	2014年	2013年	同比%
52	哈萨克斯坦	130167	131504	−1.02	2639402	4224503	−37.52
53	文莱	185683	85456	117.28	2307510	1326136	74.00
54	希腊	645867	552076	16.99	2252950	2036847	10.61
55	爱尔兰	128317	108179	18.62	2140235	2103973	1.72
56	朝鲜	54276	21319	154.59	1809670	1846369	−1.99
57	埃及	495003	326353	51.68	1747558	1639929	6.56
58	瑞士	98026	77410	26.63	1721161	1956685	−12.04
59	斯洛文尼亚共和国	190548	314390	−39.39	1620459	1084072	49.48
60	伊拉克	2180934	1503775	45.03	1597537	1275205	25.28
61	黎巴嫩	259304	266043	−2.53	1532349	1617480	−5.26
62	罗马尼亚	563056	894931	−37.08	1532221	1802760	−15.01
63	巴基斯坦	3659488	6828232	−46.41	1472447	1724591	−14.62
64	摩洛哥	278615	1208216	−76.94	1389396	1154154	20.38
65	挪威	187969	146874	27.98	1333134	1021598	30.49
66	澳门	43899	297728	−85.26	1314929	1540352	−14.63
67	坦桑尼亚	174652	382679	−54.36	1285436	423986	203.18
68	科威特	144395	88987	62.27	1239568	463078	167.68
69	卡塔尔	106963	76859	39.17	1238848	998060	24.13
70	乌克兰	359175	1044986	−65.63	1193652	2902553	−58.88
71	萨尔瓦多	166925	331370	−49.63	1192442	1566506	−23.88
72	奥地利	130130	79419	63.85	1191203	1146346	3.91
73	约旦	431872	574446	−24.82	1123504	1332806	−15.70
74	葡萄牙	200529	172992	15.92	1087777	1339717	−18.81
75	阿尔及利亚	441427	348507	26.66	1056947	1106030	−4.44
76	肯尼亚	449721	299244	50.29	954620	1133570	−15.79
77	哥斯达黎加	326846	192296	69.97	919471	817955	12.41
78	突尼斯	122330	141849	−13.76	918413	985886	−6.84
79	波多黎各	82715	73137	13.10	845601	712558	18.67
80	拉脱维亚	67569	76456	−11.62	724138	829361	−12.69
81	莫桑比克	110822	282776	−60.81	705582	288136	144.88
82	洪都拉斯	125297	199265	−37.12	704063	974418	−27.75
83	玻利维亚	19561	15279	28.03	654362	104052	528.88
84	喀麦隆	246968	172910	42.83	647775	442785	46.30
85	巴布亚新几内亚	93748	94555	−0.85	631090	585583	7.77
86	立陶宛	111566	233887	−52.30	583708	735118	−20.60

排名	国家和地区	数量（件）			金额（美元）		
		2014年	2013年	同比%	2014年	2013年	同比%
87	克罗地亚共和国	124312	112582	10.42	577177	853960	-32.41
88	阿曼	48195	77711	-37.98	570807	1176486	-51.48
89	巴林	185452	23884	676.47	557056	658421	-15.40
90	贝宁	116715	34762	235.75	556085	595031	-6.55
91	科特迪瓦共和国	189752	70516	169.09	546611	202392	170.08
92	多哥	54592	204101	-73.25	529342	1905641	-72.22
93	斯洛伐克共和国	31468	44342	-29.03	509661	819316	-37.79
94	尼加拉瓜	79768	176694	-54.86	499666	439218	13.76
95	白俄罗斯	104762	18213	475.20	498197	501089	-0.58
96	也门共和国	254268	672586	-62.20	495989	1132110	-56.19
97	多米尼加共和国	83971	113912	-26.28	488639	253090	93.07
98	格鲁吉亚	64866	233327	-72.20	478990	390347	22.71
99	尼泊尔	31983	62037	-48.45	473529	537001	-11.82
100	巴拉圭	67191	157932	-57.46	452473	938813	-51.80
101	爱沙尼亚	90772	45085	101.34	420835	309249	36.08
102	保加利亚	76082	76831	-0.97	387119	223945	72.86
103	缅甸	110653	14202	679.14	384114	464597	-17.32
104	塞浦路斯	10590	15777	-32.88	366131	544653	-32.78
105	土库曼斯坦	7512	3071	144.61	365945	99231	268.78
106	利比亚	314530	301391	4.36	364275	786823	-53.70
107	匈牙利	191932	25115	664.21	327396	256808	27.49
108	叙利亚	102385	83217	23.03	291304	1718022	-83.04
109	马达加斯加	194989	68304	185.47	274995	206793	32.98
110	毛里求斯	33554	38093	-11.92	259629	184923	40.40
111	吉布提	378092	520806	-27.40	253812	550904	-53.93
112	马耳他	17633	20208	-12.74	245732	770218	-68.10
113	苏丹	230139	905190	-74.58	239878	924862	-74.06
114	斐济	37775	37355	1.12	234885	160076	46.73
115	扎伊尔	1132350	812344	39.39	233535	231526	0.87
116	牙买加	145910	58605	148.97	197033	192788	2.20
117	特立尼达和多巴哥	731669	164110	345.84	169098	162639	3.97
118	阿尔巴尼亚	33744	22153	52.32	166542	171800	-3.06
119	津巴布韦	29710	25868	14.85	155133	125653	23.46
120	古巴	28505	33681	-15.37	130778	306974	-57.40
121	留尼汪	4634	13034	-64.45	125379	173389	-27.69

排名	国家和地区	数量（件）			金额（美元）		
		2014年	2013年	同比%	2014年	2013年	同比%
122	新喀里多尼亚	6659	31215	-78.67	111644	77062	44.88
123	圭亚那	276442	15371	1698.46	104470	27999	273.12
124	塞尔维亚	16455	46562	-64.66	98692	139037	-29.02
125	阿塞拜疆	11828	21205	-44.22	94446	316187	-70.13
126	赞比亚	1273	2	63550.00	93393	2004	4560.33
127	塞内加尔	264110	929190	-71.58	86188	273101	-68.44
128	佛得角	8378	9408	-10.95	83560	151099	-44.70
129	巴哈马	6666	4010	66.23	83339	59783	39.40
130	几内亚	5715	33713	-83.05	83291	208639	-60.08
131	巴勒斯坦	1788	2742	-34.79	81319	111315	-26.95
132	海地	21959	6000	265.98	75709	1440	5157.57
133	加蓬	7349	11933	-38.41	73637	134607	-45.29
134	纳米比亚	36044	80121	-55.01	70499	355806	-80.19
135	亚美尼亚	2105	6231	-66.22	66059	128589	-48.63
136	冰岛	999	506	97.43	64835	49877	29.99
137	老挝	5655	2357	139.92	61030	55345	10.27
138	摩纳哥	63			60530		
139	柬埔寨	373426	49821	649.54	57818	413215	-86.01
140	苏里南	11218	9855	13.83	54771	172510	-68.25
141	波斯尼亚-黑塞哥维那共和国	5170	3126	65.39	47975	7935	504.60
142	马拉维	17978	39261	-54.21	46109	366269	-87.41
143	瓦努阿图	5405	5447	-0.77	42625	42735	-0.26
144	马尔代夫	3669	7830	-53.14	39994	35990	11.13
145	马提尼克岛	987	286	245.10	38170	12871	196.56
146	圣卢西亚	1639	20589	-92.04	32116	126127	-74.54
147	多米尼亚共和国	310			31425		
148	毛里塔尼亚	25916	93980	-72.42	28985	22778	27.25
149	巴巴多斯	6457			28563		
150	法属波利尼西亚	3708	1157	220.48	28209	15619	80.61
151	科摩罗	1355			25909		
152	所罗门群岛	955	505	89.11	25710	5050	409.11
153	蒙古	220	4397	-95.00	25031	150509	-83.37
154	乌干达	1318	5085	-74.08	23965	275504	-91.30
155	尼日尔	1842			21070		
156	埃塞俄比亚	60007	10588	466.75	21003	41965	-49.95

排名	国家和地区	数量（件）			金额（美元）		
		2014年	2013年	同比%	2014年	2013年	同比%
157	博茨瓦那	2373	6324	−62.48	20776	40218	−48.34
158	索马里	150821	334625	−54.93	20129	42290	−52.40
159	卢旺达	31	118	−73.73	19274	8	240825.00
160	摩尔多瓦	5416	1057	412.39	17465	2847	513.45
161	利比里亚	5904	6615	−10.75	12899	10621	21.45
162	塔吉克斯坦	1400	1	139900.00	12240	1917	538.50
163	乍得	960	36	2566.67	6902	13938	−50.48
164	东帝汶	658			6790		
165	刚果	5906	19108	−69.09	6111	35006	−82.54
166	冈比亚	117660	86831	35.50	6048	19452	−68.91
167	塞拉利昂	19914	4100	385.71	5843	2439	139.57
168	社会群岛	232	349	−33.52	5821	4124	41.15
169	黑山	975	23605	−95.87	5622	59608	−90.57
170	南苏丹	3504			5256		
171	汤加	703	2483	−71.69	4754	52743	−90.99
172	圣马丁岛	261			4641		
173	马里	253	4976	−94.92	4120	195098	−97.89
174	吉尔吉斯斯坦	62	6461	−99.04	3786	8191	−53.78
175	安提瓜和巴布达	162	21750	−99.26	3631	4205	−13.65
176	赤道几内亚	479			3531		
177	塞舌尔	156			3214		
178	圣多美和普林西比	2100			2574		
179	密克罗尼西亚联邦	4794	270	1675.56	2244	986	127.59
180	圣马力诺	7	32	−78.13	1528	1760	−13.18
181	斯威士兰	28308	7204	292.95	1415	3620	−60.91
182	开曼群岛	1480			1188		
183	前南斯拉夫马其顿共和国	14			1147		
184	加那利群岛	345			1121		
185	萨摩亚	668	1211	−44.84	1109	13752	−91.94
186	基里巴斯	25			504		
187	瓜德罗普岛	96	6	1500.00	307	485	−36.70
188	圣其茨--尼维斯	22			303		
189	圣文森特和格林纳丁斯	24			288		
190	阿鲁巴岛	960	174	451.72	218	679	−67.89

排名	国家和地区	数量（件）			金额（美元）		
		2014年	2013年	同比%	2014年	2013年	同比%
191	卢森堡	2	3	-33.33	194	708	-72.60
192	马约特岛	300	834	-64.03	159	80760	-99.80
193	中非	1200	1160	3.45	120	104	15.38
194	法属圭亚那	8	1010	-99.21	91	11140	-99.18
195	法罗群岛				50		
196	安道尔				42		
197	直布罗陀		3610	-100.00	25	103285	-99.98
198	列支敦士登				13		
199	荷属安地列斯群岛				10		
200	厄立特里亚	100	670	-85.07	6	43	-86.05
201	伯利兹		21462			3126	
202	不丹		1060			17814	
203	布基纳法索		220			1113	
204	布隆迪		100			6	
205	格林纳达		417			1718	
206	库克群岛		198			6475	
207	库腊索岛		2166			1945	
208	莱索托		11638			65959	
209	马绍尔群岛共和国		155			2401	
210	帕劳共和国		13			48	

（数据来源：国家海关总署 中国轻工业信息中心 中国乐器协会信息部）

2014年中国立式钢琴出口国家和地区

（按出口金额排序）

排名	国家和地区	数量（架）			金额（美元）		
		2014年	2013年	同比%	2014年	2013年	同比%
1	美国	5146	5209	−1.21	8425511	7927006	6.29
2	中国香港	2799	3857	−27.43	5139053	6886336	−25.37
3	德国	2657	3759	−29.32	3809916	5276564	−27.80
4	韩国	1580	831	90.13	2205819	1175953	87.58
5	伊朗	1061	1011	4.95	1638199	1511156	8.41
6	新加坡	964	1087	−11.32	1508355	1597811	−5.60
7	英国	1180	1345	−12.27	1373317	1504684	−8.73
8	澳大利亚	1006	741	35.76	1363225	1121905	21.51
9	荷兰	797	925	−13.84	1287938	1299469	−0.89
10	法国	952	1893	−49.71	1226016	2154147	−43.09
11	乌兹别克斯坦	726	982	−26.07	996788	1313916	−24.14
12	意大利	732	714	2.52	899897	844782	6.52
13	俄罗斯联邦	663	657	0.91	868123	924523	−6.10
14	马来西亚	576	440	30.91	817153	605665	34.92
15	朝鲜	839	1326	−36.73	805838	1090569	−26.11
16	日本	482	683	−29.43	782410	1118851	−30.07
17	加拿大	454	629	−27.82	779297	1017010	−23.37
18	土耳其	625	839	−25.51	777467	1043930	−25.52
19	比利时	460	330	39.39	717894	520716	37.87
20	中国台湾	302	193	56.48	590988	335552	76.12
21	中国澳门	496	568	−12.68	550727	671032	−17.93
22	爱尔兰	457	411	11.19	457615	412349	10.98
23	巴西	372	342	8.77	450441	406938	10.69
24	芬兰	251	223	12.56	355985	317524	12.11
25	泰国	208	241	−13.69	342133	339636	0.74
26	阿拉伯联合酋长国	234	396	−40.91	318666	597546	−46.67
27	以色列	265	327	−18.96	318477	372594	−14.52
28	黎巴嫩	205	164	25.00	290202	226704	28.01
29	波兰	184	23	700.00	274997	32930	735.10
30	奥地利	168	206	−18.45	262702	331762	−20.82
31	印度	197	127	55.12	244676	162312	50.74

排名	国家和地区	数量（架）			金额（美元）		
		2014年	2013年	同比%	2014年	2013年	同比%
32	新西兰	139	133	4.51	228855	157099	45.68
33	哈萨克斯坦	155	30	416.67	204477	32973	520.13
34	印度尼西亚	134	168	−20.24	193205	240404	−19.63
35	捷克共和国	97	230	−57.83	166349	415469	−59.96
36	墨西哥	117	259	−54.83	149606	330384	−54.72
37	阿根廷	92	20	360.00	143371	25580	460.48
38	塞浦路斯	123	56	119.64	140865	70535	99.71
39	西班牙	119	205	−41.95	138543	226719	−38.89
40	爱沙尼亚	96			138079		
41	突尼斯	113	60	88.33	136841	67317	103.28
42	越南	87	113	−23.01	131486	160984	−18.32
43	哥伦比亚	80	112	−28.57	131134	152697	−14.12
44	格鲁吉亚	103	1	10200.00	127097	4800	2547.85
45	希腊	101	188	−46.28	109140	182995	−40.36
46	智利	54	72	−25.00	82072	111031	−26.08
47	南非	45	72	−37.50	76052	97484	−21.99
48	巴林	9			61481		
49	瑞士	42	66	−36.36	61264	104670	−41.47
50	埃及	31	18	72.22	59837	23461	155.05
51	丹麦	45	72	−37.50	58723	89605	−34.46
52	秘鲁	38	76	−50.00	44226	78207	−43.45
53	马耳他	32	31	3.23	37676	44680	−15.68
54	玻利维亚	31	14	121.43	35490	15324	131.60
55	拉脱维亚	23			33700		
56	菲律宾	24	3	700.00	33181	5319	523.82
57	巴拿马	28	27	3.70	31070	32424	−4.18
58	约旦	24	50	−52.00	30895	58063	−46.79
59	挪威	15	35	−57.14	26224	48779	−46.24
60	阿尔巴尼亚	23	25	−8.00	24451	34860	−29.86
61	波多黎各	20	6	233.33	24275	7032	245.21
62	沙特阿拉伯	30	15	100.00	23195	12100	91.69
63	肯尼亚	17	16	6.25	22830	30233	−24.49
64	缅甸	26	35	−25.71	21191	25050	−15.41
65	苏里南	13	5	160.00	17634	6486	171.88
66	危地马拉	14			17132		

排名	国家和地区	数量（架）			金额（美元）		
		2014年	2013年	同比%	2014年	2013年	同比%
67	特立尼达和多巴哥	11	9	22.22	14309	10831	32.11
68	冰岛	11	13	−15.38	14300	17385	−17.75
69	阿尔及利亚	11	16	−31.25	12880	17776	−27.54
70	葡萄牙	16	21	−23.81	12450	22250	−44.04
71	立陶宛	8	7	14.29	11418	10485	8.90
72	乌干达	3	5	−40.00	5356	7735	−30.76
73	孟加拉国	4	1	300.00	5000	1380	262.32
74	阿曼	4	9	−55.56	4875	13152	−62.93
75	巴巴多斯	4			4574		
76	毛里求斯	3			4246		
77	安哥拉	2	1	100.00	4194	1400	199.57
78	加纳	1			3301		
79	摩洛哥	1	25	−96.00	3230	37175	−91.31
80	津巴布韦	31			2313		
81	坦桑尼亚	1	1	0.00	2210	1081	104.44
82	莫桑比克	21			1823		
83	马达加斯加	1	3	−66.67	1595	4557	−65.00
84	文莱	1	18	−94.44	1475	20118	−92.67

（数据来源：国家海关总署 中国轻工业信息中心 中国乐器协会信息部）

2014年中国三角钢琴出口国家和地区

（按出口金额排序）

排名	国家和地区	数量（架）			金额（美元）		
		2014年	2013年	同比%	2014年	2013年	同比%
1	美国	3003	3319	-9.52	11859811	12682132	-6.48
2	德国	460	473	-2.75	1865511	2118581	-11.95
3	中国香港	138	131	5.34	1853524	1607770	15.29
4	澳大利亚	226	185	22.16	1373627	704010	95.11
5	乌兹别克斯坦	160	211	-24.17	1298670	1240450	4.69
6	俄罗斯联邦	199	125	59.20	853088	523178	63.06
7	荷兰	225	115	95.65	783289	471886	65.99
8	韩国	187	39	379.49	774631	119516	548.14
9	英国	206	257	-19.84	718946	945097	-23.93
10	加拿大	161	200	-19.50	655715	833069	-21.29
11	巴西	149	131	13.74	504494	443852	13.66
12	沙特阿拉伯	22	1	2100.00	415737	8105	5029.39
13	伊朗	110	87	26.44	402461	308919	30.28
14	捷克共和国	80	135	-40.74	389498	622760	-37.46
15	日本	87	86	1.16	384798	342748	12.27
16	意大利	116	85	36.47	371289	297224	24.92
17	法国	77	99	-22.22	364435	410902	-11.31
18	马来西亚	69	51	35.29	302930	197135	53.67
19	芬兰	72	47	53.19	258791	171406	50.98
20	爱尔兰	92	63	46.03	243672	168495	44.62
21	新加坡	32	24	33.33	226654	169363	33.83
22	阿拉伯联合酋长国	98	163	-39.88	189391	395051	-52.06
23	土耳其	52	85	-38.82	185415	331592	-44.08
24	中国台湾	28	37	-24.32	157574	157573	0.00
25	黎巴嫩	39	20	95.00	142025	62286	128.02
26	以色列	36	25	44.00	124273	77885	59.56
27	奥地利	22	36	-38.89	123977	177069	-29.98
28	哈萨克斯坦	31	28	10.71	122412	100994	21.21
29	泰国	36	20	80.00	103844	75117	38.24
30	比利时	20	54	-62.96	85157	228133	-62.67
31	印度	66	11	500.00	84073	45112	86.37

排名	国家和地区	数量（架）			金额（美元）		
		2014年	2013年	同比%	2014年	2013年	同比%
32	波兰	17	1	1600.00	81782	5052	1518.80
33	孟加拉国	20	1	1900.00	76158	2381	3098.57
34	格鲁吉亚	14	1	1300.00	75147	3500	2047.06
35	丹麦	16	17	-5.88	68211	73906	-7.71
36	新西兰	17	14	21.43	63561	54862	15.86
37	越南	11	12	-8.33	55295	50307	9.92
38	南非	13	20	-35.00	52247	76878	-32.04
39	缅甸	1	1	0.00	51740	1400	3595.71
40	塞浦路斯	17	16	6.25	51518	61628	-16.40
41	巴拿马	13	6	116.67	51037	17628	189.52
42	印度尼西亚	9	60	-85.00	50896	202312	-74.84
43	菲律宾	14	5	180.00	50021	18894	164.75
44	斯里兰卡	1			49820		
45	安哥拉	2			46800		
46	智利	10	7	42.86	42926	27863	54.06
47	墨西哥	11	24	-54.17	40958	103576	-60.46
48	哥伦比亚	15	13	15.38	39813	55216	-27.90
49	拉脱维亚	9			39130		
50	埃及	13	2	550.00	37677	6536	476.45
51	古巴	5			33568		
52	秘鲁	8	4	100.00	30098	14485	107.79
53	瑞士	7	17	-58.82	29357	81404	-63.94
54	朝鲜	20	71	-71.83	26750	98177	-72.75
55	马达加斯加	5	5	0.00	19981	20020	-0.19
56	毛里求斯	4	1	300.00	19009	5480	246.88
57	中国澳门	9	12	-25.00	17529	22890	-23.42
58	突尼斯	5	2	150.00	17351	6807	154.90
59	希腊	5	10	-50.00	15172	30948	-50.98
60	阿尔巴尼亚	5	2	150.00	14800	7439	98.95
61	波多黎各	4	1	300.00	13821	3258	324.22
62	约旦	2			13373		
63	冰岛	4	2	100.00	12606	5678	122.01
64	新喀里多尼亚	2			12400		
65	亚美尼亚	3	13	-76.92	11596	46298	-74.95
66	阿尔及利亚	2			8516		

排名	国家和地区	数量（架）			金额（美元）		
		2014年	2013年	同比%	2014年	2013年	同比%
67	阿曼	2	1	100.00	8148	3766	116.36
68	阿塞拜疆	2	17	-88.24	7519	66729	-88.73
69	立陶宛	2	1	100.00	6733	3858	74.52
70	西班牙	3	16	-81.25	6201	65005	-90.46
71	巴巴多斯	2			5710		
72	加纳	9			5273		
73	土库曼斯坦	1			5252		
74	挪威	1	2	-50.00	5170	7277	-28.95
75	苏里南	1	3	-66.67	4956	11224	-55.84
76	巴哈马	1			3781		
77	特立尼达和多巴哥	1	1	0.00	3460	3458	0.06
78	科摩罗	1			3323		
79	马耳他	1			3305		
80	卡塔尔	1	1	0.00	1381	5864	-76.45

（数据来源：国家海关总署 中国轻工业信息中心 中国乐器协会信息部）

2014年中国主要乐器出口额前10位国家和地区

（按出口金额排序）

商品名称	国家和地区数量	排名	国家和地区	数量（件）			金额（美元）		
				2014年	2013年	同比%	2014年	2013年	同比%
立式钢琴	84	1	美国	5146	5209	-1.21	8425511	7927006	6.29
		2	中国香港	2799	3857	-27.43	5139053	6886336	-25.37
		3	德国	2657	3759	-29.32	3809916	5276564	-27.80
		4	韩国	1580	831	90.13	2205819	1175953	87.58
		5	伊朗	1061	1011	4.95	1638199	1511156	8.41
		6	新加坡	964	1087	-11.32	1508355	1597811	-5.60
		7	英国	1180	1345	-12.27	1373317	1504684	-8.73
		8	澳大利亚	1006	741	35.76	1363225	1121905	21.51
		9	荷兰	797	925	-13.84	1287938	1299469	-0.89
		10	法国	952	1893	-49.71	1226016	2154147	-43.09

商品名称	国家和地区数量	排名	国家和地区	数量（件）			金额（美元）		
				2014年	2013年	同比%	2014年	2013年	同比%
三角钢琴	80	1	美国	3003	3319	-9.52	11859811	12682132	-6.48
		2	德国	460	473	-2.75	1865511	2118581	-11.95
		3	中国香港	138	131	5.34	1853524	1607770	15.29
		4	澳大利亚	226	185	22.16	1373627	704010	95.11
		5	乌兹别克斯坦	160	211	-24.17	1298670	1240450	4.69
		6	俄罗斯联邦	199	125	59.20	853088	523178	63.06
		7	荷兰	225	115	95.65	783289	471886	65.99
		8	韩国	187	39	379.49	774631	119516	548.14
		9	英国	206	257	-19.84	718946	945097	-23.93
		10	加拿大	161	200	-19.50	655715	833069	-21.29
拨弦古钢琴及其他键盘弦乐器	54	1	德国	2034	726	180.17	350735	356748	-1.69
		2	中国香港	8396	334	2413.77	272595	17482	1459.29
		3	墨西哥	1000			115000		
		4	新加坡	217	105	106.67	92217	20695	345.60
		5	土库曼斯坦	45	14	221.43	89198	26855	232.15
		6	美国	1141	779	46.47	74307	198302	-62.53
		7	英国	210	367	-42.78	73200	75189	-2.65
		8	留尼汪	154			66220		
		9	摩纳哥	63			60530		
		10	印度	52	17	205.88	60104	19363	210.41
弓弦乐器	125	1	美国	401835	399406	0.61	28533784	25630887	11.33
		2	德国	63220	38542	64.03	4255140	3189594	33.41
		3	英国	75373	69307	8.75	4043580	3374220	19.84
		4	韩国	64329	76386	-15.78	3557207	3308772	7.51
		5	委内瑞拉	4418	8645	-48.90	2973578	1412232	110.56
		6	巴西	63225	69321	-8.79	2350436	2506682	-6.23
		7	加拿大	25131	25355	-0.88	2305486	2310218	-0.20
		8	日本	20371	24437	-16.64	1983664	2175734	-8.83
		9	墨西哥	44797	61333	-26.96	1734268	1846058	-6.06
		10	澳大利亚	22053	31554	-30.11	1504766	1709875	-12.00
其他弦乐器	160	1	美国	2354653	2230314	5.57	87384401	88512239	-1.27
		2	巴西	852137	827597	2.97	25567246	26525253	-3.61
		3	德国	564626	458606	23.12	23667635	19216583	23.16
		4	荷兰	490250	263446	86.09	15387610	13392755	14.90
		5	英国	639776	656360	-2.53	14627359	16100907	-9.15

商品名称	国家和地区数量	排名	国家和地区	数量（件）			金额（美元）		
				2014年	2013年	同比%	2014年	2013年	同比%
其他弦乐器	160	6	伊朗	247450	148091	67.09	10911901	6478814	68.42
		7	新加坡	182999	137259	33.32	10359714	6805256	52.23
		8	俄罗斯联邦	244985	204332	19.90	10025668	6244726	60.55
		9	日本	203396	186037	9.33	9812054	8501518	15.42
		10	法国	208765	174356	19.73	9557472	8877951	7.65
铜管乐器	107	1	美国	176598	166464	6.09	29017713	26678255	8.77
		2	德国	66776	81034	-17.60	11512547	11355341	1.38
		3	英国	39060	41654	-6.23	5054086	5051896	0.04
		4	法国	22499	14645	53.63	4514364	3410277	32.38
		5	巴西	30677	70753	-56.64	4200473	8910892	-52.86
		6	墨西哥	21468	22785	-5.78	2831057	2553865	10.85
		7	中国台湾	12455	10430	19.42	2447370	2185130	12.00
		8	日本	18138	20076	-9.65	1992288	2126959	-6.33
		9	韩国	20661	15562	32.77	1984420	2254112	-11.96
		10	澳大利亚	10188	7478	36.24	1506108	1125439	33.82
键盘管风琴;簧风琴等游离金属簧片键盘乐器	63	1	马来西亚	715933	438727	63.18	2882539	1705930	68.97
		2	日本	232668	242192	-3.93	2227568	2168458	2.73
		3	印度尼西亚	472168	393654	19.94	1785576	1544632	15.60
		4	土耳其	331612	612258	-45.84	1423049	1707111	-16.64
		5	泰国	42384	28260	49.98	248321	316269	-21.48
		6	韩国	36351	87478	-58.45	242686	409415	-40.72
		7	墨西哥	36802	26850	37.07	227607	167261	36.08
		8	阿根廷	36230	23396	54.86	189197	112046	68.86
		9	厄瓜多尔	40191	56630	-29.03	162452	173956	-6.61
		10	印度	58181	25531	127.88	137746	43653	215.55
手风琴及类似乐器	85	1	巴西	38146	21677	75.97	4325874	3406489	26.99
		2	美国	30989	47500	-34.76	3213607	3083406	4.22
		3	韩国	110405	79127	39.53	1805306	1556295	16.00
		4	墨西哥	21149	29800	-29.03	1467918	1129317	29.98
		5	德国	11548	14634	-21.09	1382000	1776455	-22.20
		6	智利	19805	39335	-49.65	1333956	1994921	-33.13
		7	日本	23408	13693	70.95	844156	667586	26.45
		8	哥伦比亚	32208	16709	92.76	823005	708431	16.17
		9	阿根廷	7572	13088	-42.15	591000	669344	-11.70
		10	荷兰	19842	2698	635.43	514066	197347	160.49

商品名称	国家和地区数量	排名	国家和地区	数量（件）			金额（美元）		
				2014年	2013年	同比%	2014年	2013年	同比%
口琴	101	1	美国	2689086	2031296	32.38	3325555	2587094	28.54
		2	日本	347464	313307	10.90	1602388	1496677	7.06
		3	德国	979625	569138	72.12	961668	1233485	-22.04
		4	马来西亚	322366	146619	119.87	506718	393313	28.83
		5	英国	351615	164992	113.11	431512	249107	73.22
口琴	101	6	韩国	111623	140386	-20.49	355823	490288	-27.43
		7	印度	181335	282846	-35.89	276549	377198	-26.68
		8	巴西	192502	157120	22.52	268479	390350	-31.22
		9	厄瓜多尔	96314	29620	225.17	241158	43943	448.80
		10	阿拉伯联合酋长国	154430	61163	152.49	214548	124493	72.34
其他管乐器，但游艺场风琴及手摇风琴除外	125	1	美国	2435774	1935757	25.83	26063757	21508932	21.18
		2	德国	470848	215328	118.67	3290710	3409218	-3.48
		3	加拿大	367300	169165	117.13	2712214	2802643	-3.23
		4	英国	132974	89045	49.33	2679951	2106110	27.25
		5	中国香港	26936	52476	-48.67	2029018	2774844	-26.88
		6	巴西	210544	342158	-38.47	1599660	2513160	-36.35
		7	意大利	189280	146090	29.56	1275559	1195476	6.70
		8	尼日利亚	538301	224577	139.70	1224891	1482941	-17.40
		9	澳大利亚	62258	46862	32.85	1087817	775957	40.19
		10	土耳其	123317	86035	43.33	1008172	844042	19.45
打击乐器	150	1	美国	2287146	2159444	5.91	39736723	34198981	16.19
		2	德国	3695371	1015393	263.94	14412357	8459476	70.37
		3	尼日利亚	171495	170712	0.46	8909332	8463538	5.27
		4	荷兰	887776	1168579	-24.03	6709350	7042368	-4.73
		5	巴西	301912	467324	-35.40	6635137	6373421	4.11
		6	日本	891976	602293	48.10	5689796	5054369	12.57
		7	韩国	516575	770303	-32.94	4248906	3866023	9.90
		8	英国	323641	252529	28.16	4229055	3431447	23.24
		9	墨西哥	118612	164840	-28.04	4003592	3441900	16.32
		10	印度尼西亚	148186	105392	40.60	3269923	4170715	-21.60
通过电产生或扩大声音的键盘乐器	149	1	美国	1101611	1214844	-9.32	88798131	90113446	-1.46
		2	德国	555581	539020	3.07	45624439	42510388	7.33
		3	日本	335982	332496	1.05	37817735	33231738	13.80
		4	中国香港	425811	245300	73.59	26757382	17903499	49.45

商品名称	国家和地区数量	排名	国家和地区	数量（件）			金额（美元）		
				2014年	2013年	同比%	2014年	2013年	同比%
通过电产生或扩大声音的键盘乐器	149	5	英国	223489	232500	-3.88	15514178	15648001	-0.86
		6	法国	167413	143845	16.38	15259544	13266319	15.02
		7	韩国	110999	107665	3.10	13834453	13290297	4.09
		8	阿拉伯联合酋长国	164858	151982	8.47	10871617	10506448	3.48
		9	印度	260545	247131	5.43	10333594	9319000	10.89
		10	巴西	99080	134700	-26.44	6565429	6651743	-1.30
其他通过电产生或扩大声音的乐器	120	1	美国	1004001	806873	24.43	71276696	62603244	13.85
		2	日本	237212	191588	23.81	22894457	20394140	12.26
		3	荷兰	251270	179498	39.98	20599745	17308172	19.02
		4	德国	152674	186298	-18.05	13587875	13076150	3.91
		5	巴西	204336	171566	19.10	9397328	9261110	1.47
		6	英国	103961	138732	-25.06	7224994	6750925	7.02
		7	加拿大	50785	51819	-2.00	5781732	4837949	19.51
		8	澳大利亚	79655	92312	-13.71	4396909	5878851	-25.21
		9	伊朗	42424	17977	135.99	3220863	1350847	138.43
		10	墨西哥	239321	61277	290.56	2685877	4331354	-37.99
百音盒	118	1	美国	3490984	2663767	31.05	10153635	9578395	6.01
		2	英国	1527935	471151	224.30	6338645	1829021	246.56
		3	中国香港	2455140	4500286	-45.44	3369695	12195327	-72.37
		4	巴西	1965182	2541404	-22.67	2993122	2995474	-0.08
		5	伊朗	1177678	975713	20.70	2708342	2199485	23.14
		6	新加坡	452133	207045	118.37	2324320	1065329	118.18
		7	中国台湾	351762	247081	42.37	2153836	1323968	62.68
		8	日本	702413	492168	42.72	2015432	1335155	50.95
		9	荷兰	703576	642903	9.44	2005900	2067950	-3.00
		10	马来西亚	917390	716170	28.10	1827510	1724941	5.95
其他乐器;各种媒诱音响器、哨子、号角等	161	1	美国	20170991	15994362	26.11	4135136	7798326	-46.97
		2	西班牙	2321262	1481828	56.65	1697879	454288	273.75
		3	巴西	1643434	2903474	-43.40	1314718	1906377	-31.04
		4	荷兰	5134231	3220914	59.40	1251295	587888	112.85
		5	日本	3477476	5335362	-34.82	1037329	1570189	-33.94
		6	韩国	703130	440855	59.49	990604	747965	32.44
		7	巴基斯坦	3556051	6650830	-46.53	954490	977069	-2.31
		8	马来西亚	2263326	1665461	35.90	800288	950234	-15.78

商品名称	国家和地区数量	排名	国家和地区	数量（件）			金额（美元）		
				2014年	2013年	同比%	2014年	2013年	同比%
其他乐器;各种媒诱音响器、哨子、号角等	161	9	阿拉伯联合酋长国	1906613	1752625	8.79	784432	711664	10.23
		10	德国	2987349	1453198	105.57	782320	1030567	-24.09
乐器用弦	98	1	印度尼西亚	33943	21820	55.56	908533	552218	64.52
		2	日本	24905	23718	5.00	681704	644524	5.77
		3	荷兰	24967	21530	15.96	680573	575381	18.28
		4	美国	18844	26809	-29.71	556805	747666	-25.53
		5	韩国	36583	65763	-44.37	552620	368408	50.00
		6	马来西亚	29741	43941	-32.32	416556	551937	-24.53
		7	越南	11711	3309	253.91	405364	106218	281.63
		8	德国	11505	9272	24.08	373947	394807	-5.28
		9	菲律宾	19222	16532	16.27	304845	227490	34.00
		10	伊朗	11960	8463	41.32	230054	164032	40.25
钢琴的零件、附件	48	1	印度尼西亚	5071681	5573397	-9.00	29501372	29391398	0.37
		2	日本	344526	228788	50.59	3346072	2894714	15.59
		3	捷克共和国	469394	479680	-2.14	3204250	3164962	1.24
		4	伊朗	257078	101485	153.32	1384364	521081	165.67
		5	韩国	314917	455078	-30.80	1200692	2156582	-44.32
		6	中国香港	93332	855275	-89.09	1161240	991556	17.11
		7	德国	301786	289174	4.36	1158146	1103600	4.94
		8	美国	36667	43164	-15.05	568524	583132	-2.51
		9	中国台湾	110421	229244	-51.83	549123	964850	-43.09
		10	波兰	11758	6791	73.14	204919	106345	92.69
弦乐器的零件、附件	127	1	美国	557167	515023	8.18	8571974	6280706	36.48
		2	印度尼西亚	779105	832069	-6.37	5939614	4828694	23.01
		3	德国	449945	451829	-0.42	2569513	2308334	11.31
		4	日本	344094	302146	13.88	2362525	1892682	24.82
		5	英国	164447	185358	-11.28	2244665	1739236	29.06
		6	韩国	145106	163173	-11.07	2164270	1965819	10.10
		7	中国香港	125015	89229	40.11	1964239	1508761	30.19
		8	新加坡	62788	54018	16.24	1300287	1009063	28.86
		9	马来西亚	116802	162141	-27.96	1205378	991798	21.53
		10	伊朗	57079	38706	47.47	1193286	450185	165.07

商品名称	国家和地区数量	排名	国家和地区	数量（件）			金额（美元）		
				2014年	2013年	同比%	2014年	2013年	同比%
键盘电子乐器的零件、附件	89	1	美国	1446192	1343273	7.66	10536242	8775310	20.07
		2	印度尼西亚	828065	719320	15.12	9531437	8069643	18.11
		3	中国香港	346026	370281	-6.55	6642603	8902597	-25.39
		4	韩国	488845	703935	-30.56	2449659	3469798	-29.40
		5	德国	704374	508946	38.40	2308887	2544878	-9.27
		6	日本	258450	280599	-7.89	2135784	2357817	-9.42
		7	英国	138527	92061	50.47	982430	664697	47.80
		8	荷兰	59314	62632	-5.30	750270	761627	-1.49
		9	马来西亚	43636	49406	-11.68	647011	242431	166.88
		10	泰国	71298	65156	9.43	623832	398227	56.65
节拍器、音叉及定音管	73	1	美国	28806	21964	31.15	1600035	1052081	52.08
		2	中国香港	21914	18662	17.43	483643	557785	-13.29
		3	马来西亚	21692	334	6394.61	307539	14419	2032.87
		4	印度	6098	318	1817.61	235577	17667	1233.43
		5	德国	6504	10349	-37.15	221231	231905	-4.60
		6	英国	5356	2791	91.90	201493	86754	132.26
		7	日本	5007	4462	12.21	181904	115497	57.50
		8	印度尼西亚	4155	296	1303.72	146605	8631	1598.59
		9	巴西	2508	2868	-12.55	89913	88541	1.55
		10	荷兰	1831	3548	-48.39	85745	98262	-12.74
百音盒的机械装置	37	1	斯里兰卡	97298	82343	18.16	1185796	962674	23.18
		2	德国	47773	37885	26.10	568025	468949	21.13
		3	法国	36620	29565	23.86	524219	497215	5.43
		4	日本	68479	60485	13.22	417541	378120	10.43
		5	中国香港	36149	74956	-51.77	226434	542479	-58.26
		6	哥伦比亚	19779			214834		
		7	美国	17141	14053	21.97	211873	190178	11.41
		8	荷兰	5411	5684	-4.80	98717	85125	15.97
		9	瑞士	2474	2391	3.47	80543	82857	-2.79
		10	澳大利亚	3581	2801	27.85	66614	31126	114.01
其他乐器的零件、附件	127	1	美国	4325578	3905292	10.76	21489874	20527678	4.69
		2	德国	1161526	1185539	-2.03	9277713	9147454	1.42
		3	日本	902946	874805	3.22	8447400	6781547	24.56
		4	荷兰	524991	440886	19.08	4317032	3637753	18.67
		5	英国	516521	491006	5.20	3578040	3184648	12.35

商品名称	国家和地区数量	排名	国家和地区	数量（件）			金额（美元）		
				2014年	2013年	同比%	2014年	2013年	同比%
其他乐器的零件、附件	127	6	中国台湾	278889	341810	-18.41	3168132	3116494	1.66
		7	中国香港	319047	437775	-27.12	2802328	3732051	-24.91
		8	法国	439469	513676	-14.45	2359425	2577442	-8.46
		9	澳大利亚	314714	428651	-26.58	2330846	2180207	6.91
		10	韩国	422691	461463	-8.40	2277656	2194609	3.78

（数据来源：国家海关总署 中国轻工业信息中心 中国乐器协会信息部）

2014年中国海关进口乐器量值

商品代码	商品名称	单位	数量			金额（美元）		
			2014年	2013年	同比%	2014年	2013年	同比%
92011000	竖式钢琴，包括自动钢琴	架	125511	116792	7.47	108075461	92551934	16.77
92012000	大钢琴，包括自动钢琴	架	5592	4623	20.96	42615142	34950829	21.93
92019000	拨弦古钢琴及其他键盘弦乐器	架	878	502	74.90	1149852	626893	83.42
92021000	弓弦乐器	只	4810	2556	88.18	1879744	671756	179.83
92029000	其他弦乐器	只	80615	67937	18.66	7431869	5892932	26.11
92051000	铜管乐器	只	6676	4618	44.56	3179261	3276343	-2.96
92059010	键盘管风琴;簧风琴等游离金属簧片键盘乐器	只	44	94	-53.19	2816812	539279	422.33
92059020	手风琴及类似乐器	只	862	121	612.40	79731	18539	330.07
92059030	口琴	只	27418	100558	-72.73	453049	280293	61.63
92059090	其他管乐器，但游艺场风琴及手摇风琴除外	只	66630	42355	57.31	3897211	3422694	13.86
92060000	打击乐器	只	581071	548064	6.02	10237452	8548405	19.76
92071000	通过电产生或扩大声音的键盘乐器	只	79927	26054	206.77	18648680	12444468	49.86
92079000	其他通过电产生或扩大声音的乐器	个	42901	30262	41.77	5676368	5563689	2.03
92081000	百音盒	个	18312	109481	-83.27	146220	484285	-69.81
92089000	其他乐器;各种媒诱音响器、哨子、号角等	个	520973	630873	-17.42	305962	533984	-42.70
92093000	乐器用弦	千克	309803	292019	6.09	6536913	5760182	13.48
92099100	钢琴的零件、附件	千克	4998596	4391450	13.83	29007218	31906205	-9.09

商品代码	商品名称	单位	数量			金额（美元）		
			2014年	2013年	同比%	2014年	2013年	同比%
92099200	品目9202所列乐器的零件、附件	千克	483914	552341	-12.39	11076100	11478842	-3.51
92099400	品目9207所列乐器的零件、附件	千克	2956712	2962014	-0.18	30328622	28334707	7.04
92099910	节拍器、音叉及定音管	千克	11547	6525	76.97	458783	204810	124.00
92099920	百音盒的机械装置	千克	7148	35317	-79.76	305577	548144	-44.25
92099990	其他乐器的零件、附件	千克	1198243	1191807	0.54	33839704	44269319	-23.56
合计						318145731	292308532	8.84

（数据来源：国家海关总署 中国轻工业信息中心 中国乐器协会信息部）

2014年中国从世界各大洲进口乐器概况

洲别	占比%	金额（美元）		
		2014年	2013年	同比%
亚　洲	77.02	245038553	231083886	6.04
欧　洲	18.06	57444848	47580629	20.73
北美洲	4.27	13577181	12335950	10.06
南美洲	0.49	1568354	1212125	29.39
大洋洲	0.09	271735	45568	496.33
非　洲	0.08	245060	49318	396.90

（数据来源：国家海关总署 中国轻工业信息中心 中国乐器协会信息部）

2014年中国海关乐器进口国家和地区

(按进口金额排序)

排名	国家和地区	数量（件）			金额（美元）		
		2014年	2013年	同比%	2014年	2013年	同比%
1	日本	5067266	4493427	12.77	107509584	109373530	-1.70
2	印度尼西亚	1732183	1622993	6.73	77730323	63950427	21.55
3	德国	463719	375539	23.48	39599304	32877777	20.44
4	韩国	552913	735013	-24.78	24967050	25927369	-3.70
5	中国台湾	1318777	1309341	0.72	16681586	15243820	9.43
6	中国大陆	866837	1351124	-35.84	14957547	13551499	10.38
7	美国	185423	165663	11.93	12349984	11529741	7.11
8	意大利	182692	154318	18.39	5591690	4356333	28.36
9	捷克共和国	2299	27963	-91.78	4829223	4292836	12.49
10	法国	8968	8061	11.25	2123758	1963605	8.16
11	荷兰	3287	2633	24.84	1892739	1143553	65.51
12	马来西亚	709091	593416	19.49	1691292	1523094	11.04
13	墨西哥	6784	5029	34.90	1373686	1169298	17.48
14	加拿大	141949	22315	536.11	1227197	806209	52.22
15	奥地利	2466	1140	116.32	937633	1239218	-24.34
16	英国	73894	53282	38.68	845029	654060	29.20
17	泰国	23671	21576	9.71	604092	531398	13.68
18	波兰	76	1	7500.00	396535	7523	5170.97
19	越南	17151	10071	70.30	327382	404520	-19.07
20	瑞士	2011	1252	60.62	289838	452593	-35.96
21	澳大利亚	970	361	168.70	271735	36472	645.05
22	丹麦	162	155	4.52	213637	169388	26.12
23	瑞典	656	645	1.71	204374	88866	129.98
24	突尼斯	13932			164700		
25	西班牙	63981	48908	30.82	145815	198003	-26.36
26	土耳其	1602	3705	-56.76	137853	197419	-30.17
27	巴西	5042	5	100740.00	117303	1006	11560.34
28	罗马尼亚	741	4	18425.00	113791	586	19318.26
29	印度	11949	5533	115.96	101240	127404	-20.54
30	菲律宾	353	347	1.73	91365	44822	103.84
31	匈牙利	340	273	24.54	86861	45398	91.33

排名	国家和地区	数量（件）			金额（美元）		
		2014年	2013年	同比%	2014年	2013年	同比%
32	阿根廷	469	250	87.60	75586	41293	83.05
33	比利时	106	115	-7.83	73643	30329	142.81
34	新加坡	489	931	-47.48	72514	30895	134.71
35	尼泊尔	21987	25620	-14.18	63480	63513	-0.05
36	爱沙尼亚	1431	600	138.50	47832	48	99550.00
37	中国香港	1048	12236	-91.44	44837	83706	-46.44
38	朝鲜	550	80	587.50	33350	5100	553.92
39	芬兰	82	25	228.00	27059	17985	50.45
40	加纳	2045	1462	39.88	25283	6722	276.12
41	喀麦隆	2435			15842		
42	哈萨克斯坦	98			12835		
43	科特迪瓦共和国	452	234	93.16	12016	6567	82.98
44	埃及	22247	34020	-34.61	11384	10578	7.62
45	乌克兰	3			10988		
46	南非	9	3	200.00	7392	907	714.99
47	保加利亚	61	24	154.17	6472	3795	70.54
48	阿拉伯联合酋长国	900			5580		
49	爱尔兰	1500			3776		
50	巴基斯坦	283	58	387.93	3704	3633	1.95
51	肯尼亚	98			3312		
52	贝宁	157			3149		
53	以色列	323	506	-36.17	2808	21163	-86.73
54	俄罗斯联邦	6	64	-90.63	2676	2582	3.64
55	希腊	9500	23004	-58.70	2175	4218	-48.44
56	几内亚	15			1982		
57	古巴	1			1200		
58	秘鲁	3			579		
59	柬埔寨	700	2	34900.00	131	321	-59.19

（数据来源：国家海关总署 中国轻工业信息中心 中国乐器协会信息部）

2014年立式钢琴进口国家和地区

(按进口金额排序)

排名	国家和地区	数量（架）			金额（美元）		
		2014年	2013年	同比%	2014年	2013年	同比%
1	日本	58329	57796	0.92	52689890	47976698	9.82
2	印度尼西亚	15714	13880	13.21	30033766	24055089	24.85
3	韩国	49151	43404	13.24	15559986	13600531	14.41
4	德国	607	596	1.85	4846747	3799117	27.58
5	捷克共和国	805	579	39.03	3680140	2664030	38.14
6	波兰	75			344378		
7	英国	153	147	4.08	328376	129029	154.50
8	美国	161	55	192.73	150906	63756	136.69
9	澳大利亚	55			129780		
10	中国台湾	214	78	174.36	89083	28884	208.42
11	法国	25	24	4.17	51987	27498	89.06
12	中国大陆	34	65	-47.69	36476	39326	-7.25
13	马来西亚	24			32088		
14	奥地利	17	111	-84.68	25597	87404	-70.71
15	印度	50			16425		
16	加拿大	58	6	866.67	14734	3696	298.65
17	芬兰	5			13000		
18	瑞典	5			13000		
19	荷兰	21	24	-12.50	10997	3882	183.28
20	匈牙利	4			5221		
21	俄罗斯联邦	3	2	50.00	1934	1050	84.19
22	南非	1	1	0.00	950	401	136.91

（数据来源：国家海关总署 中国轻工业信息中心 中国乐器协会信息部）

2014年三角钢琴进口国家和地区

(按进口金额排序)

排名	国家和地区	数量（架）			金额（美元）		
		2014年	2013年	同比%	2014年	2013年	同比%
1	日本	2911	2465	18.09	15445902	11579979	33.38
2	德国	444	409	8.56	15382732	12915319	19.10
3	印度尼西亚	1746	1297	34.62	8308143	5846086	42.11
4	捷克共和国	60	47	27.66	1070536	789287	35.63
5	美国	179	59	203.39	802576	1385844	-42.09
6	意大利	8	18	-55.56	619515	1128955	-45.12
7	奥地利	61	139	-56.12	592755	922901	-35.77
8	英国	44	100	-56.00	132423	252848	-47.63
9	法国	11	19	-42.11	84423	53795	56.93
10	澳大利亚	2	3	-33.33	51666	6635	678.69
11	韩国	38	49	-22.45	34237	38145	-10.25
12	加拿大	52	3	1633.33	34018	6098	457.86
13	匈牙利	11			26031		
14	荷兰	12	1	1100.00	8245	6936	18.87
15	爱沙尼亚	2			8184		
16	中国台湾	6	1	500.00	6586	5000	31.72
17	中国大陆	1			3900		
18	比利时	2	10	-80.00	1426	8357	-82.94
19	古巴	1			1200		
20	俄罗斯联邦	1			644		

(数据来源：海关总署 中国轻工业信息中心 中国乐器协会信息部)

2014年中国主要乐器进口额前10位国家和地区

（按出口金额排序）

商品名称	国家和地区数量	排名	国家和地区	数量（件）			金额（美元）		
				2014年	2013年	同比%	2014年	2013年	同比%
立式钢琴	22	1	日本	58329	57796	0.92	52689890	47976698	9.82
		2	印度尼西亚	15714	13880	13.21	30033766	24055089	24.85
		3	韩国	49151	43404	13.24	15559986	13600531	14.41
		4	德国	607	596	1.85	4846747	3799117	27.58
		5	捷克共和国	805	579	39.03	3680140	2664030	38.14
		6	波兰	75			344378		
		7	英国	153	147	4.08	328376	129029	154.50
		8	美国	161	55	192.73	150906	63756	136.69
		9	澳大利亚	55			129780		
		10	中国台湾	214	78	174.36	89083	28884	208.42
三角钢琴	20	1	日本	2911	2465	18.09	15445902	11579979	33.38
		2	德国	444	409	8.56	15382732	12915319	19.10
		3	印度尼西亚	1746	1297	34.62	8308143	5846086	42.11
		4	捷克共和国	60	47	27.66	1070536	789287	35.63
		5	美国	179	59	203.39	802576	1385844	-42.09
		6	意大利	8	18	-55.56	619515	1128955	-45.12
		7	奥地利	61	139	-56.12	592755	922901	-35.77
		8	英国	44	100	-56.00	132423	252848	-47.63
		9	法国	11	19	-42.11	84423	53795	56.93
		10	澳大利亚	2	3	-33.33	51666	6635	678.69
拨弦古钢琴及其他键盘弦乐器	10	1	日本	751	441	70.29	915889	501124	82.77
		2	德国	12	17	-29.41	140615	22902	513.99
		3	爱沙尼亚	4			39334		
		4	韩国	85	13	553.85	25053	6826	267.02
		5	法国	8	4	100.00	14260	2932	386.36
		6	美国	5	7	-28.57	7505	25734	-70.84
		7	英国	9	9	0.00	3608	3429	5.22
		8	中国台湾	2			1900		
		9	加拿大	1			1204		
		10	比利时	1	2	-50.00	484	1177	-58.88

商品名称	国家和地区数量	排名	国家和地区	数量（件）			金额（美元）		
				2014年	2013年	同比%	2014年	2013年	同比%
弓弦乐器	16	1	意大利	35	31	12.90	875454	74503	1075.06
		2	德国	161	110	46.36	436224	422917	3.15
		3	美国	349	221	57.92	217371	52364	315.12
		4	中国大陆	1101	1452	-24.17	159711	36208	341.09
		5	墨西哥	1221	531	129.94	140035	62829	122.88
		6	印度尼西亚	1701			19852		
		7	捷克共和国	63	16	293.75	16148	3150	412.63
		8	乌克兰	1			5000		
		9	日本	130	3	4233.33	4903	1823	168.95
		10	加拿大	13	1	1200.00	1991	880	126.25
其他弦乐器	28	1	印度尼西亚	70883	58432	21.31	4368921	3532392	23.68
		2	美国	813	682	19.21	1028126	600974	71.08
		3	墨西哥	2775	1180	135.17	777349	290771	167.34
		4	意大利	33	42	-21.43	391109	569170	-31.28
		5	日本	339	132	156.82	163142	176566	-7.60
		6	中国大陆	2260	3550	-36.34	115429	145416	-20.62
		7	德国	112	160	-30.00	93744	174829	-46.38
		8	西班牙	362	682	-46.92	93060	128483	-27.57
		9	韩国	602	491	22.61	61424	68135	-9.85
		10	越南	690	800	-13.75	59086	33717	75.24
铜管乐器	24	1	美国	1003	693	44.73	903295	554911	62.78
		2	日本	965	881	9.53	686161	546756	25.50
		3	德国	128	356	-64.04	594302	841094	-29.34
		4	中国台湾	1309	1373	-4.66	501581	663144	-24.36
		5	法国	61	456	-86.62	108101	301786	-64.18
		6	越南	409	617	-33.71	105990	173965	-39.07
		7	奥地利	32	42	-23.81	103482	122849	-15.76
		8	新加坡	12			37263		
		9	澳大利亚	11			24224		
		10	荷兰	18			22591		
键盘管风琴;簧风琴等游离金属簧	7	1	德国	4	2	100.00	1491071	319552	366.61
		2	意大利	21	18	16.67	761822	104364	629.97
		3	加拿大	1	1	0.00	425000	100	424900.00
		4	美国	8	11	-27.27	80960	52020	55.63
		5	荷兰	8	4	100.00	57603	57293	0.54

商品名称	国家和地区数量	排名	国家和地区	数量（件）			金额（美元）		
				2014年	2013年	同比%	2014年	2013年	同比%
键盘管风琴;簧风琴等游离金属簧	7	6	日本	1			231		
		7	英国	1	8	-87.50	125	4200	-97.02
手风琴及类似乐器	7	1	朝鲜	550	80	587.50	33350	5100	553.92
		2	意大利	49	9	444.44	23564	8190	187.72
		3	哈萨克斯坦	98			12835		
		4	德国	57	23	147.83	7850	3213	144.32
		5	韩国	100			1204		
		6	中国大陆	7	5	40.00	883	1150	-23.22
		7	日本	1			45		
口琴	8	1	日本	13605	7840	73.53	275632	196398	40.34
		2	德国	8785	3094	183.94	119147	38308	211.02
		3	美国	3007	23	12973.91	50972	208	24405.77
		4	阿拉伯联合酋长国	900			5580		
		5	中国大陆	997	89280	-98.88	1248	39170	-96.81
		6	中国香港	20			227		
		7	英国	4	40	-90.00	133	1644	-91.91
		8	中国台湾	100			110		
其他管乐器	20	1	日本	9253	6993	32.32	1913544	1433844	33.46
		2	法国	1230	3328	-63.04	1154372	724039	59.44
		3	中国台湾	13585	16462	-17.48	356484	364526	-2.21
		4	德国	280	952	-70.59	271999	566312	-51.97
		5	英国	37962	10744	253.33	83505	39004	114.09
		6	美国	57	358	-84.08	35930	31738	13.21
		7	意大利	22			22464		
		8	澳大利亚	251			18128		
		9	新加坡	3			9896		
		10	印度尼西亚	3635	1527	138.05	9527	2759	245.31
打击乐器	36	1	印度尼西亚	363186	255325	42.24	2324224	1023113	127.17
		2	美国	24328	20110	20.97	1562423	1216306	28.46
		3	荷兰	773	451	71.40	1466048	935662	56.69
		4	德国	48868	58077	-15.86	1315303	1645779	-20.08
		5	中国台湾	54354	106180	-48.81	1145121	1301848	-12.04
		6	日本	8505	12327	-31.01	705814	687418	2.68

商品名称	国家和地区数量	排名	国家和地区	数量（件）			金额（美元）		
				2014年	2013年	同比%	2014年	2013年	同比%
打击乐器	36	7	泰国	17820	13089	36.14	506788	432620	17.14
		8	加拿大	11113	9871	12.58	491554	437997	12.23
		9	中国大陆	2575	3936	-34.58	172179	195127	-11.76
		10	土耳其	1193	3678	-67.56	114163	194998	-41.45
通过电产生或扩大声音的键盘乐器	15	1	印度尼西亚	24587	19232	27.84	13320451	9577821	39.08
		2	中国大陆	53065	5289	903.31	2958123	925427	219.65
		3	日本	1211	1090	11.10	1771084	1707577	3.72
		4	意大利	184	86	113.95	202272	102738	96.88
		5	瑞典	145	112	29.46	160710	85760	87.40
		6	荷兰	2			118381		
		7	波兰	1			52157		
		8	德国	2	3	-33.33	24206	6862	252.75
		9	美国	433	126	243.65	19451	23062	-15.66
		10	越南	260	90	188.89	15243	4822	216.11
其他通过电产生或扩大声音的乐器	15	1	印度尼西亚	24838	18561	33.82	3008198	2441790	23.20
		2	美国	1229	1807	-31.99	714908	1143630	-37.49
		3	日本	1275	3748	-65.98	613690	590513	3.92
		4	中国大陆	12021	1836	554.74	476119	146516	224.96
		5	墨西哥	1117	2196	-49.13	378395	757784	-50.07
		6	中国台湾	795	3	26400.00	218479	1895	11429.23
		7	韩国	1131	1484	-23.79	142097	277928	-48.87
		8	越南	332	260	27.69	44630	22970	94.30
		9	德国	25	67	-62.69	33959	47463	-28.45
		10	意大利	7	7	0.00	19648	19133	2.69
百音盒	11	1	瑞士	323	304	6.25	53752	310187	-82.67
		2	中国大陆	14911	108787	-86.29	26895	82751	-67.50
		3	美国	34	33	3.03	20671	66214	-68.78
		4	日本	581	93	524.73	20566	9803	109.79
		5	德国	22	4	450.00	9454	2999	215.24
		6	中国台湾	2416	150	1510.67	8026	150	5250.67
		7	英国	14	12	16.67	5835	7923	-26.35
		8	匈牙利	2	2	0.00	670	568	17.96
		9	法国	6			170		
		10	荷兰	2			116		

商品名称	国家和地区数量	排名	国家和地区	数量（件）			金额（美元）		
				2014年	2013年	同比%	2014年	2013年	同比%
其他乐器;各种媒诱音响器、哨子、号角等	20	1	日本	43051	45145	-4.64	123384	103011	19.78
		2	中国台湾	187713	174274	7.71	77162	52820	46.08
		3	加拿大	125758	5145	2344.28	28996	15726	84.38
		4	美国	13615	11975	13.70	16831	283759	-94.07
		5	泰国	1446	5501	-73.71	13757	12815	7.35
		6	中国大陆	33458	262467	-87.25	13298	36331	-63.40
		7	西班牙	63238	42929	47.31	13210	9117	44.89
		8	英国	33164	39732	-16.53	7803	8510	-8.31
		9	印度尼西亚	337	5119	-93.42	3111	701	343.79
		10	韩国	6628	3832	72.96	2972	1037	186.60
乐器用弦	17	1	美国	53346	46899	13.75	3404969	2969201	14.68
		2	德国	180636	175521	2.91	1561437	1459279	7.00
		3	日本	62642	54176	15.63	511888	541312	-5.44
		4	印度尼西亚	2368	1962	20.69	347498	271127	28.17
		5	丹麦	162	151	7.28	213637	167317	27.68
		6	奥地利	1459	601	142.76	168751	88970	89.67
		7	英国	430	58	641.38	105692	34503	206.33
		8	墨西哥	1550	1010	53.47	74028	55171	34.18
		9	法国	1891	867	118.11	61882	34084	81.56
		10	意大利	838	733	14.32	41094	41790	-1.67
钢琴的零件、附件	14	1	日本	4690957	4082718	14.90	18554306	20522854	-9.59
		2	德国	146778	91637	60.17	9090195	8789175	3.42
		3	印度尼西亚	133473	162319	-17.77	843974	1034650	-18.43
		4	韩国	21192	52971	-59.99	439292	1506075	-70.83
		5	意大利	1222	667	83.21	32792	20458	60.29
		6	美国	3008	83	3524.10	11645	1476	688.96
		7	中国台湾	380	79	381.01	10755	6613	62.63
		8	捷克共和国	694	376	84.57	8463	9664	-12.43
		9	加拿大	160	317	-49.53	4551	9320	-51.17
		10	奥地利	4			4325		
弦乐器的零件、附件	25	1	韩国	178014	188738	-5.68	4683006	5100865	-8.19
		2	中国大陆	11701	11362	2.98	1810354	1917477	-5.59
		3	中国台湾	196510	254613	-22.82	1770061	1871033	-5.40
		4	美国	9401	8308	13.16	722930	699744	3.31
		5	日本	8124	6755	20.27	461108	514676	-10.41

商品名称	国家和地区数量	排名	国家和地区	数量（件）			金额（美元）		
				2014年	2013年	同比%	2014年	2013年	同比%
弦乐器的零件、附件	25	6	德国	7051	10429	-32.39	425576	412849	3.08
		7	印度尼西亚	37742	57254	-34.08	246415	185888	32.56
		8	法国	836	729	14.68	231411	256568	-9.81
		9	突尼斯	13932			164700		
		10	巴西	5034			116000		
键盘电子乐器的零件、附件	22	1	中国大陆	601732	598064	0.61	7905077	7343682	7.64
		2	印度尼西亚	1009093	973846	3.62	7694906	5787810	32.95
		3	韩国	290168	427382	-32.11	3948992	5099656	-22.56
		4	日本	45937	65327	-29.68	3279049	4121481	-20.44
		5	中国台湾	104672	131796	-20.58	2319647	1741926	33.17
		6	意大利	171454	150427	13.98	2277556	1927261	18.18
		7	马来西亚	709019	593400	19.48	1654950	1519135	8.94
		8	美国	13259	14140	-6.23	643733	587088	9.65
		9	德国	1400	1796	-22.05	299373	109220	174.10
		10	菲律宾	298	244	22.13	77406	11831	554.26
节拍器、音叉及定音管	13	1	日本	8323	5574	49.32	267190	151146	76.78
		2	中国大陆	1563	238	556.72	103428	18673	453.89
		3	美国	162	93	74.19	27840	5520	404.35
		4	德国	339	529	-35.92	23892	19224	24.28
		5	泰国	822			21852		
		6	韩国	101	55	83.64	6036	3932	53.51
		7	越南	80	31	158.06	4630	5585	-17.10
		8	中国台湾	94			2555		
		9	英国	35	4	775.00	642	80	702.50
		10	瑞士	1	1	0.00	457	650	-29.69
百音盒的机械装置	5	1	中国台湾	3478	3348	3.88	245399	218656	12.23
		2	中国大陆	3558	31503	-88.71	54905	308609	-82.21
		3	西班牙	83			4326		
		4	德国	21			507		
		5	日本	8	10	-20.00	440	3445	-87.23
其他乐器的零件、附件	28	1	中国台湾	752616	619808	21.43	9873921	8943667	10.40
		2	日本	110367	139913	-21.12	9105726	18007106	-49.43
		3	印度尼西亚	42880	54159	-20.83	7201337	10189017	-29.32
		4	德国	67936	31667	114.53	3430586	1281092	167.79
		5	美国	61026	59967	1.77	1926942	1765245	9.16

商品名称	国家和地区数量	排名	国家和地区	数量（件）			金额（美元）		
				2014年	2013年	同比%	2014年	2013年	同比%
其他乐器的零件、附件	28	6	中国大陆	127314	232806	-45.31	1096061	2142672	-48.85
		7	法国	4322	2521	71.44	278915	449249	-37.92
		8	意大利	4141	1693	144.60	239509	221687	8.04
		9	荷兰	2318	1227	88.92	180144	124950	44.17
		10	越南	11521	7713	49.37	87930	53624	63.98

（数据来源：国家海关总署 中国轻工业信息中心 中国乐器协会信息部）

2015
中国乐器年鉴
CHINA MUSICAL INSTRUMENT YEARBOOK

工作要点

中国乐器协会2014年工作要点

2014年，乐器行业面临新的问题与挑战，国际市场复苏乏力，国内需求变化加速，国家一系列深化改革措施将陆续出台，这些利好和市场不确定因素会给乐器行业调结构转方式提出许多新课题。要坚定不移地贯彻落实党中央深化改革的方针政策，按照中央经济工作会议“稳中有进，深化改革”的精神，抓住重点、统筹兼顾，积极应对、勇于创新。目前，乐器企业仍将面对市场不确定因素增加，技术投入不足，综合成本持续提高等不利因素，同时也将面临深化改革带来的发展机遇。国家发展文化产业的政策、音乐教育推广和百姓音乐生活普及为行业发展创造了广阔的空间。

一、贯彻党的十八届三中全会“全面深化改革”的精神，加强政策学习

认真组织学习时事政治，力求准确把握党的全面深化改革的精神实质，学习研究党和国家的改革政策、措施，特别关注在简政放权、产业结构调整、金融税收、科技创新和文化产业政策等方面的方针政策，研究行业、企业发展的应对措施。利用理事会、研讨会和培训班等形式，组织好学习宣传与实践活动。

二、积极反映会员诉求，为行业、企业办实事

1、采取积极有力的措施，“抵制和反对假冒伪劣二手钢琴”扰乱乐器市场

近两年，进口二手钢琴市场出现诸多以次充好、篡改信息、欺诈漏税等违法违规的不良倾向，不仅冲击了钢琴行业的发展，而且造成市场混乱，引起行业及消费者强烈不满。根据商务部等政府主管部门的回复意见，协会制定了“关于二手钢琴问题的工作方案”，拟在深入调研的基础上，采取“再报主管部门；媒体舆论导向；修订钢琴标准、质量检测；行业市场监督；必要时启动反倾销诉讼等多项措施。

2、做好乐器出口的趋势与困难的调研分析

积极反映乐器行业“申请提高出口退税的诉求”，撰写专题报告，报政府主管部门，多方反映乐器生产技术难度大、工艺复杂以及舞台艺术品高品质等情况，结合乐器作为文化产品在国际同行业的地位和作用，以及乐器出口面临的重重困难，争取更优惠的出口退税政策。

3、加强知识产权等法律咨询服务工作

针对企业关心的热点、难点问题，协助法律顾问团，为会员提供更多的服务项目，拟由法律顾问编制“乐器行业法律风险防控专版”。

三、以改革创新的精神做好协会信息服务

努力办好《中国乐器》和“中国乐器协会网”，在内部刊物提升的同时，充实行业网站内涵，提高服务质量，加强网站的广泛性和时效性；紧密结合行业、企业实际，积极组织主题宣传活动；完善行业信息通讯员队伍建设，吸收一些行业资深专家为行业特约“观察员”，年内组织一次行业通讯员培训交流活动；加强业内及公众媒体的交流与合作，扩大乐器企业的知名度和影响力。

四、以技术创新和市场创新为动力，促进行业调结构、转方式

(1)、围绕企业调整结构、转变发展方式的难点课题，及时总结推广先进企业的经验，抓点带面；

(2)、按照中轻联统一部署，进一步推动和落实“轻工品牌培育管理体系先进企业”及“轻工优势品牌产品”评选表彰活动；

(3)、进一步推进行业科研基地建设，推广成熟的技术成果，组织好行业技术交流与合作。有条件的分会，可组织演奏专家下企业测评新产品等活动。

(4)、结合行业和音乐教育的需求，落实乐器标准的制修订计划，并积极开展《废弃乐器回收利用通用技术规范》《钢琴》等国标的宣传落实工作。

五、开展行业技术培训，提升企业员工技术、业务素质

(1)、认真组织好《钢琴》《提琴》和《电鸣乐器》的技术培训教材编制工作，落实组织、制定计划，分批分期实施。年内完成《钢琴》教材征求意见和审定，《提琴》《电声乐器》完成教材大纲及资料收集，争取开始起草；

(2)、有计划地组织好职业技能培训与考核工作。支持各地方、各产品行业职工技能培训、考核和技能比赛。

(3)、加强行业与专业院校人才培训与交流的合作，送出去，聘进来，为提升企业专业人才实力，以及为学音乐的专业人才就业创造机会。

六、坚持开展行业、企业调研工作，推动特色产业集群健康发展

(1)、制定年度调研工作计划，继续深入开展行业、企业专题调研，重点围绕转型升级与乐器市场热点、重点问题，组织深度调研活动，撰写有一定指导意义的专题报告；

(2)、推广已命名的乐器特色产业基地的经验，支持其他乐器产业集群的特色基地创建工作。

七、继续办好上海国际乐器展，加强国际交流与合作

(1)、充分挖掘和调动行业及社会各界的积极性、创造性，不断充实乐器展期间活动内涵，把握行业企业需求，努力做好展会服务和音乐教育推广活动；

(2)、加强国际行业协会和专业组织的联络与交流，将现有的合作项目做实做细。

八、加强协会自身建设，完善充实行业发展规划，做好换届准备工作

(1)、自身建设重点是加强领导班子和专职人员的学习，学习落实党的十八届三中全会精神，学习国家深化改革的一系列方针政策；落实“党的群众路线教育实践活动”整改措施，转变工作作风，提高服务政府、服务行业的能力和水平；

(2)、坚持组织好协会领导班子及专职人员的政策及业务知识的学习。针对实际情况，制定科学合理的学习计划，树立良好的工作作风和学风，做到有的放矢、脚踏实地，通过学习和交流，不断提升领导班子和专职人员的政治业务素质。

(3)、结合《乐器行业十二五规划》实施情况和党在新时期深化改革的要求，提出下一步行业发展的建议，完善充实行业发展规划。

九、适时做好六届理事会期满换届准备工作

2014年是国家全面深化改革的一年，乐器行业一定会面对许多改革创新的新课题，乐器市场也会发生较大的变化，这就需要我们努力学习，注重产业升级，强调质量标准和品牌建设，创新销售模式与渠道，加强信息化建设，迎着困难、携手共进，实现乐器行业科学有序发展。

中国乐器协会2014年工作总结

2014年，乐器行业在艰难的转型升级中迎来了文化产业大发展的宝贵机遇。协会积极反映行业企业诉求，坚持自律和行业维权；坚持以科技创新为动力，推动创优和品牌建设，加强行业科技交流与合作；把握行业热点、难点，开展乐器出口情况调研，申请提高乐器出口退税；抓好“五个服务平台”建设，充实上海乐器展内涵，加强对外合作，在广大会员的共同努力下，完成了理事会确定各项任务，取得了较好的业绩。行业经济运营呈现逆势上扬的趋势。

2014年中国乐器行业主要经济技术指标明显好于上年，乐器规模以上企业主营业务收入预计314亿元，比上年增长11.8%；出口交货值预计107亿元，增长22.7%；乐器全行业出口金额预计16.93亿美元，增长2%；乐器进口金额预计3.14亿美元，增长7.5% 。不仅进出口金额由降转增，规模企业主营业务收入和出口交货值也实现两位数增长。

2014年协会所做的主要工作:

一、坚持创优评选、品牌培育和组织经验交流，提升行业核心竞争力

2014年，协会坚持开展争优创先评选活动，积极参加和组织轻工十强和行业50强评选。根据指标测评和广泛征求意见，授予广州珠江钢琴集团等50个单位为“2013年度中国乐器行业50强”称号，授予中国乐器协会钢琴分会、手风琴专业委员会和乐器标准化委员会为“先进集体”。在中轻联发布的“对第二批中国轻工业品牌培育先进企业和品牌竞争力优势产品表彰决定”中，广州珠江钢琴、烟台金斯波格钢琴评为“轻工业品牌培育体系先进企业”；“珠江恺撒堡”“星海”“海伦”“凤灵”“津宝”“敦煌”“乐海”等评为优势品牌产品 。在4月召开的六届六次理事（扩大）会上，理事长总结报告之后，组织了行业先进企业经验交流。广州珠江、上民一厂、广东红棉、河北金音和洛舍乐器协会分别介绍了改革创新的经验，与会代表深受启发。

二、创新驱动，促进行业转型升级

创新是企业发展的动力，也是行业转型升级的必由之路。协会各分支机构纷纷组织学习交流活动，提琴分会、口琴专业委员会组织了座谈会和参观交流；电鸣分会结合MIDI知识培训，组织供应商和主机厂交流；钢琴分会、琴行分会和材料配件分会联合组织专题研讨和行业论坛；提琴制作师分会在完成换届选举同时总结近年工作；钢琴调律师分会在协会支持下探讨对外合作和制定资考委工作计划。其他多数分支机构都围绕科技创新、管理创新和市场创新积极开展活动。收到较好的成效。

协会与美国MIDI协会合作，在上海乐器展期间组织了“国际MIDI技术研讨会”。协会MIDI技术工作委员会与美国、日本MIDI界专家以及谷歌互联网专家、上海计算机音乐学会专家研讨新技术与互联网终端结合的热点话题。为了推动行业科研基地的科研与交流，协会在各分支机构开展专题交流基础上，召开各分支机构和四个行业科研基地负责人参加的“乐器行业科技工作交流研讨会”，会上“声学木材”、“蟒皮乐器用材”、“手风琴簧片”和“吉他通用技术及应用推广”等四个行业科研基地汇报科研及行业服务工作，参观了川雅木业“木文化产业园”，并就如何建设好行业科研基地，如何发挥分支机构作用，开展行业科技交流与合作，如何引进和培养科技人才等问题展开讨论。

6月份乐器标准化技术委员会按照国标委和中轻联主管部门的规定，顺利完成换届工作。国标委、中轻联质量标准部和协会领导参加换届会议，新当选的45名乐标委委员还参加了国标委组织的“标准起草人和审查人员培训班”，并审定了《葫芦丝》、《巴乌》和《陶笛》行业标准。乐器行业科技成果不断申请技术专利，又不断成为国家及行业标准的重要依据，从而促进了企业技术创新的积极性。2014年乐器行业职工技能鉴定完成钢琴调律师考核鉴定20批次，共有513人通过了钢琴调律师五个

级别的考核鉴定。

在中轻联对轻工业科技进步和先进企业表彰中，广州珠江与华南理工大学的“高档钢琴音质和音板振动模态的研究”，福州和声的“R版系列创新技术的钢琴”获得科学技术进步三等奖，吟飞科技“电子管风琴”获得科学技术优秀奖，武汉艾立卡获“卓越绩效先进企业特别奖”，广州珠江钢琴、得理乐器、上海民一厂、吟飞科技获“卓越绩效先进企业奖”。行业各企业都审时度势，积极组织技术改造和科技创新活动，促进了产品结构调整和企业转型升级。

三、关注行业发展热点、难点，组织二手钢琴反倾销，加强行业自律和维权

随着中国乐器市场国际化加速，近几年进口二手钢琴数量猛增，其产品和质量信息不透明，进口超低价格等问题造成不平等的竞争，加上假冒伪劣等不法行为，对中国钢琴产业和乐器市场造成严重不良影响，为此钢琴企业和很多琴行反映强烈。协会曾经中轻联多次向商务部、海关总署、质检总局等国家主管部委反映情况，并组织修订《钢琴》国家标准。2014年2月协会就“规范和管理进口二手钢琴”在京召开专题研讨会。参加会议的有钢琴骨干企业、琴行、地方行业协会、法律顾问和媒体代表。集中讨论了目前我国进口二手钢琴的现状、对钢琴产业的冲击和影响，以及境外回收、流通、翻新和销售中存在的问题，就规范和管理二手钢琴提出五点建议，进一步向有关部门报告。

随后，协会秘书处、钢琴骨干企业和地方行业协会进一步组织二手钢琴产业链及相关案例的调查研究，先后撰写了多篇专题调研报告。与此同时，钢琴行业提出二手钢琴反倾销调查议案，经过反复研究论证，钢琴、琴行分会年会上形成一致意见，协会现已拟委托律师事务所向国家商务部提出“进口二手钢琴反倾销调查申请”。

2014年，协会还就德国钢琴制造协会提议联合开展品牌打假问题，积极开展工作。一方面发表声明和戒勉通知，在行业倡导守法自律，不造假、不虚假宣传；另一方面配合德国钢琴制造协会研究打假策略与方法，请上海乐器展知识产权办公室协助开展打假调查与协调，积极宣传，正面引导，避免过激行为。

四、开展乐器出口情况调研，反映行业提高出口退税的诉求

协会通过内部刊物和网站等信息平台，积极宣传国家有关文化产业的方针政策，坚持扩大内需与稳定出口两条腿走路的原则，面对近年制造成本增长、国际市场疲软，乐器出口下行的困难，不少会员单位希望向国家有关部门申请提高乐器产品出口退税的愿望，协会组织骨干企业开展出口情况变化调查。有51家会员单位参加了调研活动。秘书处梳理了12个方面问卷反馈资料，总结归纳了“出口产品成本增长影响、出口供货价格及总额变化、贴牌与自主品牌比例、出口路径选择以及相关政策建议等8个方面的问题，撰写了专题报告。并积极向中轻联和有关部门反映。

与此同时，各会员单位积极调整产品结构和市场结构，积极参加国际展览会，努力开发乐器国际市场收到良好的成效。有23家乐器企业被国家商务部等10部委列入《2013-2014年度国家文化出口重点企业目录》，乐器出口金额由降转增，全年预计实现16.9亿美元。

五、举办行业信息工作会暨通讯员培训，提升协会信息服务容量和质量

为了加强和改进乐器行业信息工作，协会及时调整内部刊物版式，加强“政策关注”，编辑行业“专题报告”，并及时调整协会官方网站形式，扩大信息量，提高时效性，探讨新媒体信息服务项目。行业信息服务力求关注行业热点，加强行业数据分析，贴近企业一线，着力于市场和创新重点，并努力加强业内、国际信息交流与合作。

6月份，协会组织了行业信息工作会和通讯员培训，表彰了一批信息工作先进单位和优秀通讯员，请几位专家就“如何提升企业信息报道水平”、“信息工作发展趋势及应对”、“提高新闻图片在行业信息传播中影响力”等专题进行培训。受到企业欢迎。

六、抓好行业服务“五个平台”建设，丰富上海乐器展内涵，增强行业与音乐教育、文化活动的结合

协会坚持抓好“信息、商贸、科技、音乐培训和国际合作”五个平台建设，认真做好阶段性重点项目。2014年成功举办第13届中国（上海）国际乐器展览会，29个国家和地区1775家展商及11个国家和地区展团参展；展会面积达到98000平方米，展会期间组织了丰富多彩的展示与商贸活动；2场行业论坛、23堂专业讲座、72场现场演奏会吸引了来自86个国家和地区的71591名观众。此届展会突出了技术与市场创新项目，不仅与合作伙伴联合组织了8节营销操作培训课程、国际MIDI技术研讨会和钢琴高级调律师培训讲座示范，还组织了儿童音乐体验和“星星点灯，关爱自闭症儿童捐助活动”，首次增设的600平方米音乐教育展区，14家专业音乐培训机构现场展示，引起行业和音乐教育界重视。中轻联杜同和副会长和上海市文广局领导到展会参观指导。为了进一步促进乐器融入音乐生活和文化产业大市场，协会与上海国际展览中心积极策划了“北京音乐生活及技术装备展”，定于2015年5月8-10日在北京展览馆举行。

2014年教育部教育装备中心举办了四期“中小学音乐学科装备管理及应用实践培训班”，中国乐器协会作为支持单位，负责“音乐教育乐器质量要求与选购指南”专题讲座，得理乐器、奇美、天鹅、乐兰、音王等企业积极参与，专门制作了资料片。32个省市、地区、县级中小学教育装备、采购管理和音乐教研人员600余人参加了培训。加强了乐器制造企业与教育装备系统的联系。

协会还积极组织参加美国NAMM展和德国法兰克福乐器展，考察欧美等乐器市场；两次与欧洲音乐联盟组织专题座谈会，商讨知识产权保护、乐器进出口关税、音乐培训合作以及打假维权等事项；组织协会调律师分会与加拿大西北大学钢琴技术专业探讨钢琴高级调律师培训项目，调律师分会组团参加了在日本东京召开的亚洲调律师行业协会的交流年会；协会积极与德国、美国、意大利、巴西等行业协会合作，组团参加巴西圣保罗乐器展，考察巴西、阿根廷乐器市场。广泛的国际交流合作扩大了行业国际影响力，为企业对外合作和扩展国际市场提供帮助。

七、积极开展乐器行业特色产业基地共建，组织审核、指导工作，促进乐器产业集群健康发展

中国乐器制造业是以中小企业为主的劳动密集型和技术密集型行业，一般是按照乐器用材及产品分布、技术人才流动或地方产业优势等要素，形成了众多地方性乐器特色产业集群，按照中轻联的部署，协会努力做好乐器特色产业基地建设，2014年又有两个地区申报创建特色产业基地。年初浙江德清洛舍镇向协会提出申请，8月份中轻联与协会联合组织行业专家考评组，对洛舍钢琴产业集群基地建设情况进行认证测评，经过专家组审核和中轻联审批，批准浙江洛舍镇为“中国钢琴之乡”称号，并于上海乐器展期间组织了授牌活动。年中扬州市政府和行业协会也提出了创建乐器特色产业基地的申请，现正在积极组织创建活动，专题报告已报中轻联获批复，准备2015年初按程序开展相关考评工作。

已获批准的四家特色产业基地也积极组织创新活动，江苏黄桥“中国提琴之都”召开行业总结交流会，政府积极筹建泰兴乐器产业园，并在上海乐器展举办了招商发布会；北京东高村镇“提琴产业基地”、山东郿部“电声乐器产业基地”和浙江中泰“竹笛之乡”也积极建设服务平台，应对市场变化开展技术创新和市场创新活动。

八、加强自身建设，提升行业服务质量

协会在做好行业服务的同时，坚持做好自身建设。协会积极宣传“乐器行业自律公约”和“职业道德规范”，倡导行业自律，支持企业打假维权，宣传企业成功的维权案例；协会不断完善服务项目，提高服务质量，努力组织好协会理事会、常务理事会和各项专题活动；协会积极落实“群众教育实践活动”整改措施，加强国家政策法规和业务的学习，一方面参加中轻联和有关部门组织的培训，一方面组织自学，收到较好效果。

在协会制度建设方面，发布了“加强和完善会

员管理的通知”，提出新申请入会会员要正常运营一年以上方可入会；强调连续两年不交会费，经提示仍不纠正，视为自动退会；会员应向协会如实反映情况和提供资料；会员重大事项变更应及时告知协会；坚持诚信经营，不搞不正当竞争等。年内清理了一批不做任何说明连续两年没交会费，并对协会提示不予理睬的会员。2014年协会新吸收团体会员30家。

九、存在的主要问题

(1)、在关注乐器行业的重点、热点、难点问题的同时，缺乏对小微乐器企业发展困难状况的研究，在市场激烈竞争环境下，占乐器行业90%以上的小型企业资金紧缺、劳动力流动性过大和自主创新能力不足等问题愈加严重，协会及分支机构对小微企业有代表性的课题缺乏深入的调查研究，关注不够。

(2)、、行业协会与国家政府主管部门以及音乐教育、大众音乐生活等方面的沟通交流还有待加强，反映行业诉求，争取行业扶持政策的渠道和方法有待扩展。

协会活动

中国乐器协会“规范和管理进口旧钢琴”专题研讨会在北京召开

2014年2月28日，中国乐器协会就“规范和管理进口旧钢琴”在北京召开专题研讨会。参加会议的有钢琴行业骨干企业、琴行代表、地方协会代表、协会法律顾问以及媒体代表近20人。会议集中讨论了目前我国进口旧钢琴市场的现状、对钢琴行业的冲击和影响、进口过程中存在的主要问题以及应对的措施等。会上发言踊跃。会议经过一天深入研讨，综合各方意见，就规范和管理旧钢琴形成了五点建议，欲通过中国乐器协会向上级有关部门反映，希望能尽快得到切实有效的解决方案和政策支持，最大程度上降低旧钢琴的危害，还乐器市场一片“蓝天”。

一、进口旧钢琴对钢琴产业的冲击和影响

1、近年进口旧钢琴呈现井喷式增长趋势

目前我国进口的旧钢琴大部分是低价、废旧钢琴，自20世纪80年代末开始，已有三十多年历史。前期规模较小，虽然也多次出现进口报低价、弄虚作假和偷税漏税等问题，但是没有形成大面积的影响。近几年进口低价、废旧钢琴迅速增长，出现井喷式发展态势，主要来自日本和韩国。到2012年度已接近7万架。2013年国家海关总署数据，从日本进口立式钢琴57817架，平均单价830.06美元（大部分是旧钢琴）；韩国进口43573架，平均单价仅有312.09美元（几乎都是旧钢琴），印度尼西亚进口13880架，平均单价1733.08美元（新琴）。从进口单价估算，2013年仅立式旧钢琴进口就达7.5万架，加上3000余架旧三角钢琴，总量可达7.8万架，已经占中国钢琴市场总量的19.5%（全国钢琴市场年销量在40万架左右，全世界钢琴年销量约50万架，中国占世界总量80%）。目前，日本社会钢琴保有量在600万架以上，韩国在150万架以上，如不加以规范，对我国钢琴产业冲击将显持续扩大的趋势。

进口旧钢琴收购成本极低，国外收购旧钢琴是类似物资回收处理的一种特殊的市场行为，没有规范管理和明确的标准，回收钢琴的质量等级、材料工艺千差万别，而且使用年限大多在30年以上，质量稳定性很差。旧钢琴收购翻新成本低，市场销售价却以“品牌”和“进口货”拔高，形成2～3倍的暴利，致使一些篡改信息、弄虚作假、偷税漏税、低价倾销等不法经营行为不断发生。由于经营进口旧钢琴门槛低，诸多环节缺乏强有力的监管措施和手段，造成钢琴市场信息不透明、标准不统一、质量与价格竞争极不公平的混乱局面。严重冲击了中国钢琴产业发展，同时假冒伪劣旧钢琴扰乱了乐器市场的正常秩序，危害消费者权益。

2、进口旧钢琴对我国钢琴产业的冲击和影响

乐器在轻工行业中是一个小行业，规模以上工业企业217家，2013年主营业务收入281亿元，出口交货值88亿元，全行业主营业务收入也就410亿元，但是乐器行业与国家音乐教育和民众音乐生活联系紧密。钢琴在乐器行业是最大的支柱产业，每年世界钢琴产销量约为50万架，中国占世界市场的80%，2013年7.8万架进口二手钢琴已经占据中国钢琴市场的19.5%，其超低价进口造成市场不平等竞争。

(1)、钢琴行业投资风险明显加大

目前，我国钢琴生产企业有120余家（其中两家上市公司），相关配套企业也有上百家，行业资产总额约110亿元，就业人员5.5万人。以年进口8万架旧钢琴测算，直接影响近20%左右的钢琴市场，将造成几十家中小钢琴企业关停并转，以及十几家大型企业减产和裁员。如不采取有力措施，将造成30

亿元以上资产损失，员工转产或失业可达1.5万人。如果任其以20%的年增长率计算，未来2-3年进口旧钢琴将突破10万架，中国钢琴产业将面临灾难性打击和产业转移。

(2)、中国台湾钢琴制造业的沉痛教训

中国台湾钢琴市场为2万架左右，原有两家合资钢琴厂，年产量1.8万架，20世纪80年代初进口日本旧钢琴（又称中古钢琴）上升，然后迅速发展到8000至1万架，在旧钢琴的冲击影响下，仅有的两家钢琴厂先后关闭。由于进口二手钢琴的恶性竞争和诸多负面影响，台湾已经停止了二手钢琴的进口。

二、进口旧钢琴的主要问题

1、境外收购和进口没有准入门槛和标准

目前，进口旧钢琴主要来自日本、韩国，大多是使用30年以上的钢琴。在境外收购旧钢琴属于物资回收处理范畴，回收价格很低，有的根本不要钱或倒贴运费；旧钢琴翻新企业主要以手工为主，不具备全过程钢琴生产的装备和技术队伍；加之不按《钢琴》标准组织生产和质量把关，其技术标准大多不能达到国标要求。而且，来自各个渠道的旧钢琴的先天质量、实际使用和质量情况差异很大，其快速增长的主要原因是国际品牌和暴利驱使。

2、超低价进口，超低价甩卖，破坏市场秩序

2012年海关总署数据表明，2013年日本进口立式钢琴平均价格为830.06美元，韩国进口为312.09美元（折合人民币1910元）。然而，从日韩进口的新琴单价要在1700美元以上，我国出口钢琴平均单价也在1500美元以上。这既说明从日、韩进口的钢琴中，绝大部分是旧钢琴，又表明韩国进口旧钢琴价格比每架钢琴所用材料价格还低45%（每架钢琴材料成本在3500元～4000元）。据调查了解，在我国市场上，日本立式旧钢琴零售价15000～25000元，实际上多以7000～8000元成交，韩国旧立式钢琴一般4000～5000元成交，卖3000～3500元的也有。国产新立式钢琴国内市场价格一般在12000～23000元。这些超低价进口，超低价甩卖的旧钢琴对我国钢琴市场造成很大的冲击。而且旧钢琴产品质量等级、出厂日期、材料构成千差万别，存在着巨大差异和不确定性，造成市场混乱。

3、以次充好，质量无保证，无售后服务，危害消费者利益

广州珠江、宜昌金宝、星海、海伦等重点钢琴制造企业和许多专业琴行纷纷反映，进口旧钢琴信息不透明，经营者虚假宣传和无序扩展，对中国钢琴产业和消费者已造成严重影响。目前中国市场旧钢琴使用年限大多在30年以上，没有零件更换，无法提供正常的售后服务。这些低价、劣质的旧钢琴主要是卖给了民办音乐培训学校作为教学用琴，音准稳定性和使用性能差，并严重影响琴童的卫生与健康。一些售后服务的技术人员反映，很多低价、废旧钢琴“质量很差，价格太离谱，无异于工业垃圾”。

4、篡改产品信息，偷税漏税等不法行为时有发生，严重影响我国乐器市场秩序

从日本和韩国进口的旧钢琴，很多是20世纪60～80年代生产的。有的进口商、翻新厂隐瞒或篡改出厂年份，以次充好，利用旧钢琴信息不透明，进行虚假宣传，以牟取暴利。前些年我国海关查处了几批旧钢琴进口偷税漏税案件。

旧钢琴收购成本很低，销售时价格弹性超大，属于物资回收处理的一种特殊市场行为。旧钢琴的跨国销售相当于“国际洋垃圾”转移。悬殊的价差、不确定因素和违法成本低，给不法经营者可乘之机，消费者深受其害。

三、五点建议

中国乐器协会于2012年9月和2013年5月，经中国轻工业联合会向商务部、海关总署等有关部门先后递交了《关于限制进口旧钢琴的建议》和《关于进口旧钢琴对我国钢琴产业冲击及政策建议》的专题报告，商务部主管部门专门与协会进行了研讨，海关总署、质检总局、国标委、国家工商管理总局均给予书面回复。鉴于进口旧钢琴对中国钢琴行业的诸多负面影响尚未得到有效解决，行业协会提出以下建议：

(1)、建议由商务部会同海关、工商、质检等主管部门，组织相关部门研究制定旧钢琴进口的管理规范，包括：使用年限、原产地、质量标准、卫生检疫及产品信息等规范化管理条款；

(2)、建议卫生部在修订“相关检疫标准”时，将旧钢琴像旧家具、玩具和毛毡一样，列入重点检疫项目，强化检疫措施。像“旧机电管理办法”一样实施“年限管理办法”；

(3)、按照国家标准化管理委员会此前复函，“进口旧钢琴也应符合此国家标准要求”，乐标委已经完成《钢琴》国家标准修订，准备组织宣传贯彻，同时希望质检部门能够加强监督，强化专项质量检测；

(4)、希望政府主管部门支持乐器行业适时开展的“反倾销”诉讼，以及提高旧钢琴进口关税、提高技术检验力度和严查偷税漏税等贸易限制措施，维护国际贸易的公开公平的市场原则；

(5)、希望大众媒体和社会热切关注进口旧钢琴对钢琴产业和器乐学习者造成的不良影响和危害，实施行业和社会的市场监督与舆论引导，规范旧钢琴进口、翻新和市场经销全过程的管理，确保消费者及数百万琴童的健康与安全。

中国乐器协会六届六次理事(扩大)会议在浙江德清召开

2014年4月16-17日，中国乐器协会六届六次理事（扩大）会议在浙江德清召开。

理事会的主要内容：听取安志理事长所作的理事会工作报告，对获得2013年度“中国乐器协会50强”和“先进集体”进行表彰，审议通过理事会工作报告、会费收支情况、分支机构管理办法等会议文件及进行行业经验交流等。

首先，德清县洛舍镇沈月强书记代表洛舍镇政府，对会议能够在洛舍镇召开表示感谢!对来自全国各地的乐器行业代表表示欢迎!沈书记介绍了洛舍镇的基本情况和当地众多钢琴企业的发展情况以及未来对乐器行业的总体构想和规划，希望可加强与行业的交流与合作，并预祝大会圆满成功!

安志理事长代表协会作理事会工作报告。工作报告简要介绍2013年乐器行业发展概况，总结协会一年来所做的主要工作，指出了乐器行业存在的主要问题和行业面临的形势，提出协会2014年的工作重点。

一、2013年乐器行业发展概况

我国乐器行业经历了市场震荡和结构调整的考验，国际市场持续低迷，国内市场起伏变化和制造成本增高等诸多困难倒逼企业转型升级，乐器制造企业大胆创新，使乐器行业总体保持了稳中有升的发展态势。217家乐器规模企业主营业务收入280.93亿元，同比增长6.84%；出口交货值87.87亿元，同比增长8.28%；利润15.9亿元，同比增长13.33%。企业负债金额从68.17亿元增到75.16亿元，同比增长10.25%，应收账款上升8.88%，可见乐器企业负债增长，流动性下降。乐器行业出口金额16.61亿美元，同比下降低2.43%； 进口金额2.92亿美元，同比下降低3.5%。数据显示企业负债和产成品存货增加及进出口双双下降的信号，应引起行业、企业高度重视。

二、2013年协会开展的主要工作

(1)、调整结构、转方式有所进展。在市场困境面前，乐器企业坚持以创新为动力，积极应对国内外市场变化，努力提升企业核心竞争力。

(2)、坚持开展创优评选和品牌培育活动。继续开展乐器行业“轻工十强”和“乐器行业50强评选活动”，开展“关于加强工业质量品牌建设”活动，启动“轻工品牌培育管理体系先进企业”和“轻工优势品牌产品”评选活动。

(3)、开展行业调研，促进特色企业和产业集群有序发展。协会开展行业调研，撰写专题报告，引导行业发展；组织专家组对江苏泰兴黄桥镇“中国提琴产业之都”和北京平谷东高村镇“中国提琴产业基地”进行复评，当地龙头企业凤灵乐器、华东乐器等为基地的完善和发展做了大量工作。

(4)、继续抓好“五个平台建设”，提高协会服务实效。

信息工作方面，改版《中国乐器》杂志、精简《年鉴》内容、扩展“中国乐器协会网”功能和发挥企业通讯员作用。

科技方面，先后命名“蟒皮乐器材料研发基地”、“乐器声学木材研发基地”和“手风琴簧片研发基地”和“吉他通用技术及产业化应用研发基地”均在各自的行业内开展科技创新工作。

人才培训考核、技术标准化等专项工作。召开《钢琴制作工》资考委工作会，评定钢琴制作技师和高级技师213名；510名钢琴调律师经考核鉴定取得相应级别的国家职业技能资格证书；乐器标准化委员会完成了《废弃乐器回收利用通用技术规范》、《钢琴》等10项国标、行标的制订和修订。

社会音乐教育方面，在支持推广琴行实体音乐培训和网络音乐教育的同时，又与教育部教育装备研究与发展中心合作，参与《中小学教学器材配备标准》审议。

商贸方面，办好上海国际乐器展，举办行业论坛、培训课程和大师讲坛等系列音乐推广活动；开展国际交流与合作，就音乐培训、乐器进口关税、知识产权保护和行业信息等方面进行交流研讨；与国际MIDI协会探讨技术交流与推广活动；与德国、加拿大、日本、巴西等国家和地区行业协会进行交流与合作。

(5)、反映行业、企业诉求，开展专项研究和法律咨询服务。协会在“MiDi及图”争议商标案中胜诉，完成“CMIA及图”的商标注册工作。有关进口二手钢琴问题，继续开展市场及违规案例调查，再次向主管部门撰写报告，同时组织修订《钢琴》国家标准，增加“标识”有关章节，明确二手钢琴须“注明”和“告知”，二手钢琴需有国家认证的质量检测部门出具的质量证明和进口检验检疫证明等规定。

组织《乐器有害物质限量》国家标准宣贯和《废弃乐器回收利用通用技术规范》起草、审定工作；上海乐器展会知识产权办公室和日常法律咨询，解决会员单位维权诉求。

(6)、成功举办2013中国(上海)国际乐器展、第18届国际钢琴技师、调律师年会和第二届中国（北京）国际提琴及琴弓制作比赛。

(7)、协会分支机构活动和自身建设。2013年，各分支机构开展了行业交流活动。协会秘书处认真开展“党的群众路线教育实践活动”，边学习边整改，转变思想方法和工作作风，努力做好服务政府、服务会员的各项工作；坚持开好理事会和常务理事会；及时把握行业发展动态，反映企业诉求；新增会员53家，会员会费交纳达到84%；协会被民政部评估认证为“4A”级社会组织。

三、乐器行业存在的主要问题及面临的形势

行业存在的主要问题：

(1)、结构调整滞后，传统发展方式转变缓慢。

(2)、技术创新能力不足，自主知识产权是短板。

(3)、企业技术人才匮乏，常态化人才培训机制有待完善。

行业面临的形势：

(1)、蝴蝶效应，市场起伏加大。

(2)、国际化、品牌化，服务社会化日益凸显。

(3)、乐器产销与音乐培训、文化推广互动，乐器融入文化大市场。

(4)、音乐教育设备增容，政府招标采购升温。

(5)、合作双赢，乐器电商走红。

四、2014年协会的主要工作

(1)、促进行业调结构、转方式。

(2)、以技术创新、品牌创新为动力，提升企业核心竞争力。

(3)、开展行业技术培训，做好乐器职业技能培训与考核鉴定基础工作。

(4)、反应行业诉求，为行业、企业办实事。

(5)、深入开展行业、企业调研，推动特色产业集群健康发展。

(6)、加强信息工作，提升行业服务平台质量。

(7)、办好上海国际乐器展，加强国内、国际交流与合作。

(8)、完善协会制度建设，做好换届准备工作。

会议对获得“2013年度中国乐器行业50强企业”和“2013年度中国乐器行业先进集体”进行表彰并颁发证书。邀请广州珠江钢琴集团股份有限公司、上海民族乐器一厂、广东红棉乐器有限公司、河北金音乐器集团和洛舍镇乐器协会分别就品牌战略、文化发展、转型升级、品牌成长与文化产业综合发展及抱团经营合作等方面进行经验介绍。

会议审议通过了“理事会工作报告”、“2013年度协会会费收支情况”、“分支机构管理办法”和“关于调整分支机构负责人和常务理事”等文件。

会议应到理事116名，实到理事90名，到会理事超过三分之二，会议产生的决议有效。

与会代表参加洛舍钢琴30周年纪念活动后，参观了浙江乐韵钢琴有限公司和湖州华谱钢琴制造有限公司等钢琴骨干企业。

2014年中国乐器协会信息工作会议在北京召开

2014年6月5日，中国乐器协会行业信息工作会议暨通讯员培训班在北京召开。乐器协会安志理事长、齐建平副理事长和曾泽民秘书长出席会议，会议由协会信息部副主任刘勇主持。来自一线乐器企业通讯员、信息工作人员及部分在京媒体代表近50人参会。会议总结了2011～2014年度乐器协会信息工作，并对信息工作先进企业和优秀通讯员进行了表彰。中国乐器协会副秘书长兼信息部主任王松美、中国轻工业信息中心网络运行处处长孙瑞、消费日报首席摄影记者陈丽光分别就如何提升企业信息报送工作水平，行业信息工作发展趋势及应对，以及提高新闻图片在行业信息传播中的影响力分别进行了主题和专题讲座。与会代表在认真听取讲座的基础上，还就企业如何做好信息工作全局规划，加强平台信息交流互动、选取新闻写作视角和提升写作水平等实际问题展开热烈探讨，取得较好的培训效果。

协会信息部主任王松美作了如何提升企业信息报送工作水平、如何写“写什么”和“怎么写”的讲座。企业通讯员对于企业品牌形象塑造和促进行业健康发展所肩负的双重责任。企业信息工作涵盖生产经营的硬数据和企业品牌形象塑造推广的软数据。企业普遍更重视硬数据。国外企业一般是将政府关系、媒体关系、形象设计、品牌推广等交由专业公关公司统一打理，而国内企业对此重视不够，多数是自行打理，很多企业通讯员所承担的实际上是对企业发展至关重要的品牌推广工作。王松美主任就“如何写”讲到，解决题材问题主要取决于通讯员对行业发展大环境、自身企业优势和对应媒体要求三个方面的把握。当前则应努力把握乐器行业优化结构，转型升级的大趋势、大背景，站在全局高度，围绕产品结构、市场营销、技术创新和人才培训，尤其是与快速发展的电子商务和社会文化的创新融合上，找到本企业独具特色值得关注的新闻点。对应行业媒体要求，加强针对性，有的放矢，提高宣传效果。提升稿件写作质量的关键是突出特点和重点。只有视角独特才能题材独特。要多学习运用通过横向和纵向比较，从发展角度看问题；文字要求简明扼要，标题制作、段落安排、观点提炼都要注意突出重点。

消费日报社首席摄影记者陈丽光作了有关摄影的专题讲座。她根据协会内部刊物的稿件要求，提出企业提供稿件的配图要做到提前沟通，针对拍摄环境和拍摄角度提前布局，提高图像拍摄的成功率。拍摄新闻图片主题要突出，画面结构要具备层次，且具有透视感和视觉冲击力。在拍摄现代乐器企业的流水线过程中，要把握好全局拍摄和局部摄影的差别，摄影是减法的艺术，要学会化繁为简，突出重点，掩盖环境摄影的不足和干扰因素。如拍摄会议照片，领导讲话照片要正面清楚，须带会议LOGO，采用虚实结合的手法，将拍摄主体和环境要素同时交代清楚。

中国轻工业信息中心孙瑞处长作了以“改变”为主题的讲座。互联网平台的官方微博、微信大量增加，信息数字化技术导致现代新闻信息传播方式出现巨大变革，行业信息传播也在发生着日新月异的变化，如何认识把握这种变化，顺势求变，提高行业企业的信息工作水平？社会进入大数据时代，社会和市场调研分析的基础将不是随机样本信息，而更可能是全体数据信息。乐器企业在如此时代背景下的生存发展之道非常值得探讨。当前行业信息通讯员会发现追求信息的精确性非常困难，信息的混杂性特征明显，需要对信息先行过滤与甄别。作为行业信息通讯员，不仅要占有信息，更要学会分析信息，善用信息，提高行业信息的敏感性，提升新闻从业者的职业素质。时代要求行业新闻从业者必须树立互联网思维 ，从便捷、表现、免费、预测、用户体验五大层面，面对任何商业模式下的用户消费需求，帮助用户获得超出标准之外的意外惊喜是最终目标。

会议还针对如何办好中国乐器协会“一网两刊”和行业信息工作，乐器协会信息部、企业通信员、行业媒体三方在听取讲座的基础上，就一些关注热点展开进一步的探讨和交流。

中国乐器协会理事长安志作总结发言：信息通讯会议内容丰富，与会人员讨论专注，会议集中体现出求真务实的精神宗旨。在探讨环节，与会人员提出的问题集中反映企业和行业市场诉求，建议和意见都具有针对性，希望行业通讯员能将这些议题深入研究下去。面对未来乐器协会信息工作的开展，要站在一切以有利于乐器行业发展，以促进文化大发展、大繁荣为目标的核心宗旨下，坚决杜绝恶意竞争和虚假宣传。同时要求企业领导提高对信息工作的重视程度；提高通讯员，包括行业媒体同仁，对信息工作的责任感；提高通讯员自身的写作水平；新闻报道目的要明确、正当，内容要客观、真实，发布要及时、全面，个人写作特点、企业文化特点、媒体刊物特点有能够有机的统一和平衡。当前，随着国内市场竞争的日趋激烈，通讯员工作的价值就会被越来越多的人认可。相信行业信息通讯员能够在工作中保持客观的工作态度和良好的工作习惯，加强企业与媒体和媒体与媒体之间的联系，实现资源共享和平台互助，使乐器行业和乐器企业的信息工作更上一层楼。

中国乐器行业科技工作交流研讨会在成都召开

2014年12月4日，中国乐器行业科技工作交流研讨会在成都川雅木业“声学木材研发基地”召开。协会各产品分支机构负责人和四个行业科研基地及北京乐器研究所、乐器检测中心广州站领导参加会议。

会议在成都川雅木业召开，意在借行业科研基地交流和现场学习的机会，研究探讨行业科技合作的方法与途径。会议采取立体交流的方法，既听取了行业科研基地的汇报，又现场感受到川雅木业公司思维创新和科技研发的成果；既展现了行业科研基地的概貌，又就行业科技合作的热点、难点问题进行研讨。与会同志一致反映会议内容新颖丰富，开阔了视野，四个行业科研基地科技工作汇报实实在在，川雅木业公司木文化产业园独具特色，高密度的科技信息、多元化跨界人才组合和有的放矢的科技项目为行业科技创新探索了宝贵的经验。

一、超前的战略思维和全球化木材资源选择，为川雅声学木材研发奠定了坚实的科技基础

成都川雅木业“声学木材研发基地”是首批认证的行业科研项目，他们依托国家著名院所和国家级高科技人才，组织跨界专业团队，坚持高起点、全球化战略，广泛收集世界各地的声学木材资料，对分布全球的56种（中国16种）云杉进行采样实验，对北美、欧洲、俄罗斯和我国东北、川藏等云

杉材料进行反复测试研究，获得大量第一手技术数据资料，从而奠定了科研项目的坚实基础。公司总经理张华君跑遍了世界各地的云杉产地，深入林区了解云杉分布与特点，与各国的木材专家交朋友，并与科研院所密切合作，不仅在大学兼职教学，还带了两名研究生，成为乐器及建筑木材学科的知名人士。

在博采广集的基础上，川雅木业公司对选定的云杉木材进行物理及声学测试，围绕认识与开发声学木材开展科研工作。例如，对云南丽江云杉四个变种进行分析研究，探讨如何做出中低档好钢琴的音板；针对钢琴弦轴板握钉力高的要求，研究正交、斜交实木复合弦轴板加工新工艺；开发音板拼角定位、音板击振检测等新技术。该基地科研成果已经投入批量生产，并被钢琴骨干企业使用，成为乐器声学木材与关键部件的研发与生产基地。“会当凌绝顶，一览众山小”，实践证明，行业科技研发要站在国际先进的高起点，要掌握本专业相关的全面资料和发展趋势，还要紧密结合行业实际生产经营情况，有计划有步骤地开展科技研发与新材料、新技术、新工艺和新设备的推广应用，才能使行业科技项目脚踏实地有的放矢。

二、追根寻源，从蟒蛇繁育、科学养殖到蟒皮乐器使用产业链环环相扣，实现蟒皮乐器材料资源良性循环

海南东盛弘蟒业科技公司“蟒皮乐器材料研发基地”的汇报中，体现了行业科技工作“环环相扣、滚动升级”的特点。按照国家林业局有关野生动植物保护的规定，蟒蛇属于国家一级保护动物，是严禁捕杀的，为了使中华民族非物质文化遗产二胡乐器能够继续传承，国家林业局批准并扶持了海南东盛弘科技公司的人工繁育养殖蟒蛇项目。公司自2000年起，注册资金5000万元，从野生蟒蛇救护开始，优选体形、体长、活跃程度高和蟒皮花纹好的种蟒进行人工繁育养殖。该项目涉及种蟒遴选、饲料研发、人工养殖方法和生态环境等一系列科研课题，在著名科学院士、专家的支持下，公司5项饲料配方获国家发明专利，完成了第二代2000条种蟒亲缘关系判定，根据产品要求，开展蟒蛇基因分析和品种纯化，针对采样拐点多，基因多样化的特点，细化了相关课题实验手段和方法，并逐一攻破取得经验。与此同时积极开展蟒蛇病防御、放归实验和野外资源监测等实验。为了保证蟒皮质量，严把种蟒优选和疾病防御关；为了解决供需矛盾，采取“公司+合作社+社员承包经营模式”；为了解决生态环境，公司每年在保护区放养蟒蛇近100条，每条蟒蛇植入身份识别芯片，随时可采集蟒蛇在野外生存状态。产业发展链条实现救护第一代，繁育第二代，养殖第三代。目前，公司蟒蛇存栏近6万条，年可出栏蟒蛇皮17000条，占乐器行业年用蟒皮量的30%以上。蟒皮乐器材料科研基地正在积极研究民族乐器需求，进一步解决蟒皮的颜色、延伸度、鳞格尺寸等专项课题，进一步提升乐器用蟒皮的品质。

三、从数据采集分析入手，反复实验与行业交流结合，提升了行业科研项目实效

江阴金杯安琪乐器公司“手风琴簧片研发基地”与意大利公司合作，广泛采集了意大利、德国、俄罗斯等十几种手风琴簧片材料，通过测试材料成分及震动频率，取得音簧材料声学测试的第一手资料，然后组织科研团队对数据分析研究，基本把握了国际知名企业手风琴簧片的技术标准。基地又与南京大学声学研究所合作，建立手风琴用声学钢材规格、尺寸及声学研究数据库，经反复试验改进，实验出中档手风琴音簧新品，并及时在行业交流。组织科研成果交流研讨会，虚心听取行业专家们意见，为行业提供技术咨询和配件服务。科研课题与部件试产结合，基地实验与行业推广并举，使得科研基地成果快速被行业认知和关注，收到了事半功倍地效果，也体现了科研基地的资源整合能力和为行业服务行业的精神。

四、吉他通用技术及产业化应用科技研发与企业重组和园区建设结合，打造乐器产业升级的快速通道

广东红棉乐器公司“吉他通用技术及产业化应用研发基地”是在老国企重新整合搬迁的背景下

筹建的。该公司所属6家广州老国企分散在广州各区，厂房简陋、设备落后、人员负担重，按常规技术改造的思路和进度，很可能在企业重组没有完成之前就因市场压力陷入困境。在国资委和各科研院所支持下，紧紧围绕转型升级中的关键技术难题，边调整企业结构，边组织科技攻关；边进行新园区建设，边用新技术、新工艺、新装备充实的新生产线。基地初期就吉他工艺流程、自动静电喷涂生产线和新漆种选择进行研究，打破了传统组装油漆工艺流程。在新产业园河源生产基地建设中，积极推广新技术成果，同时又投入重金研发自动输送线、表面喷涂、机械手等新技术装备和新工艺，两年时间实现企业重组和产业升级的重大突破，几家企业顺利搬迁，公司核心竞争力明显提升，企业实现跨越式发展，也促进了吉他行业的技术进步。

五、广聚人才，跨界合作，完善运营机制是科研基地的成功秘钥

四家行业科研基地在总结汇报中都有一个共同的经验，就是站在乐器行业发展的高度，以开放的思维和包容的心态，选择本专业国内顶尖专家作为技术带头人，广泛深入地与科研院所合作，广集行业及社会专业人才，并精心组织和培养企业专业技术团队，可谓人才济济，资源广博。在人才使用时，有的是请进来、走出去，有的是设立博士生导师实验室、实习基地。大家在乐器行业资金紧张、人才匮乏的情况下，坚持因地制宜、实事求是的精神，积极探讨引进人才和用好人才的科研人才运营机制，收到了较好的效果。正如分支机构负责人在讨论中感到的，几家科研基地的报告，打破了乐器企业“闭门造车，固步自封”的小生产习性，用大生产和互联网思维的理念，开阔眼界，扩宽思路，增强了信心。

六、投石问路，乐器行业科技研发与合作任重道远

安志理事长在交流研讨会上讲到，四个行业科研基地取得了一定成果，但也存在不少困难，许多技术难点是乐器行业提高质量档次，创新是要花钱，创新要有一个积累的过程，单独企业创新势单力薄，需要行业的交流与合作。大家在讨论中，畅谈了交流学习的体会，并为行业科技基地建设和分支机构交流活动建言献策。电鸣分会会长盛子斐讲道，听了四个基地汇报，两个感受，“一是宽，二是深”，学习了川雅全球选材，精心研究和多元化开发的好点子。相比之下电鸣行乐器行业有很多科技课题，但是技术面偏窄，院校很难接得上，企业又等不及，通过交流受到启发。西管乐器专业委员会会长陈学孔讲，西管乐器技术难点也很多，近期围绕校园乐器和老年音乐爱好者，开发了木材合成材料的单簧管和为老年人养生用的萨克斯管，有很多优点，有一定的推广价值。材料分会会长罗建锋说，行业科研基地成为创新的“镜子”，创新关键是“思维定式和思想行为的创新”，过去30年我们“拿来用”得多，下一阶段应强调自主创新，学习国内外先进的方法。口琴专业委员会副会长周伟义感受到几家行业基地虽然是初建阶段，但是思路开阔，方法对头，口琴行业也要研究簧片问题，虽然与手风琴簧片材料不同，做法可以借鉴。近期口琴行业争取到2018年亚太口琴艺术节的主办权，不仅要组织好音乐文化交流，更要拿出过硬的口琴产品。蟒皮材料基地希望民族乐器行业能提出更多更细的技术要求；手风琴簧片研发基地提出了开发电声手风琴的设想，希望得到电鸣分会的支持。北京乐器研究所孟宇所长介绍了行业信息、标准化和质量检测三个中心的工作情况，介绍了乐研所科研设备及装置的优势，并表示“一定会尽其所能，做好行业技术质量和技术创新的服务工作。”

会后，与会代表参观了川雅木业的“木文化产业园。展厅陈列的世界各地的声学木材样板、实验室专心做着震动试验的研究人员、整洁的车间严谨的工艺看板和科学处理分类储存的大量木材等等，给与会代表留下了深刻的印象。

分支机构活动

提琴分会二届四次会议在江苏泰兴召开

2014年3月23日，中国乐器协会提琴分会二届四次会议在江苏泰兴市召开。中国乐器协会秘书长曾泽民、副秘书长兼信息部主任王松美，泰兴市及中国·黄桥乐器文化产业园区的领导和来自全国各地会员企业代表共70余人参会。在黄桥镇镇长王晓云致完欢迎辞后，由中国提琴协会会长李书做了关于中国乐器协会提琴分会二届四次会议的工作报告。

李书会长回顾和总结了2012年二届三次会议以来，我国提琴行业紧紧围绕结构调整与转型升级，特别是科技创新、产品升级和建立公平竞争良好氛围，克服了国际市场需求乏力，国内市场竞争激烈，以及材料人工上涨等难题，在新的经济环境中走出自己的特色之路，正步入稳中有升，良性发展的轨道。

据统计，2012年中国提琴产量102.78万把，同比增长6.47%；出口78.47万把，约占产量总数的76.35%。2013年不完全统计，总产量约为89.57万把；出口70.65万把，受国际市场和产品结构调整影响产量有所下降。与此同时，内需拉动国内市场速度加快。不完全统计，近两年我国提琴产品内销市场增速均在25%左右，占到总产量近1/4，增幅明显高于出口。此外，国内规模以上琴行和艺术培训中心也以年均10%以上速度发展，大大扩充了内销市场容量。2013年教育部将提琴系列产品列入中小学音乐教学器材标准之中，也给企业带来更大发展空间。

李书说，科技创新和文化产业推进正成为提琴产业加速发展的最大动力源。在科技为先导，创新为动力方针下，企业在产品、工艺、技术研发上表现出极大热情，加大投入，成效显著。初步统计，2013年，提琴专利发布实现135项，增长幅度较大。由企业向产业成功转型，是提琴行业发展中又一个突出特点。黄桥文化产业园、北京平谷“乐谷”、河北武强乐器文化产业园和音乐小镇以及广州红棉乐器集团正在打造的乐器文化产业园等，蓬勃兴起的一个个乐器文化产业园区带动了提琴行业更快发展。

对下阶段工作安排，李书会长强调了五点：(1)、强化交流，周到服务。借助现有各种平台和有效时机，加强交流沟通，共同搭建一个良好的技术、人才、市场、信息共享平台；(2)、积极引导协助会员企业加快转型升级；(3)、积极整合优势，做好国内外市场引导；(4)、组织落实《提琴制作工》教材编制；(5)、提前做好换届准备工作。

中国乐器协会秘书长曾泽民代表乐器协会对会议成功召开表示祝贺。充分肯定了提琴分会在不利的外部大环境下，团结众多会员企业，通过实在的服务和艰苦努力，实现全行业发展稳中有升的良好态势。同时强调指出，当前乐器市场继续面临内外压力，结构变化速度明显加快，对乐器行业产业结构、投资结构、产品结构调整以及过剩产能压缩等提出新要求。希望提琴企业更快适应变化，积极融入方兴未艾的文化发展大市场和信息时代的电子商务快车，通过有效的转型升级实现新发展。

提琴制作师分会小提琴制作师作品展在上海举办

2014年4月17～19日，2014中国（上海）优秀小提琴制作师作品展于在上海音乐学院举行，作品展是由中国乐器协会提琴制作师分会和上海音乐学院提琴制作中心举办的。展会展示了70多件中国优秀的提琴制作师的作品，同时展示了近20件20世纪意大利著名提琴制作师的名作，受到了来自全国各地的提琴制作者，音乐工作者和提琴爱好者的积极参与和广泛好评。

展会的主题是20世纪的意大利小提琴和中国当代大师的作品。在展览期间，邀请德国小提琴制作大师蔡茨做了题为“古典大师的制作方法和工具”的讲座，也邀请国际提琴和琴弓制作大师协会成员、美国琴弓制作大师艾莫斯做了题为“如何选择最佳的弓子”的专题讲座。

展会展出了40件中国提琴制作家的小提琴作品，使大家充分领略了中国提琴制作家作品的魅力。

展会展出的20件20世纪意大利著名提琴制作家的名作，其中伽林贝提的小提琴和中提琴，卡毕乔尼的小提琴和大提琴，比索罗提的大提琴。同时还展出了一把1750年前的古典意大利小提琴。

钢琴调律师资考委工作会议在北京召开

2014年6月21日～22日，中国乐器协会钢琴调律师资考委工作会议在北京召开。中国乐器协会副理事长齐建平，调律师分会会长冯高昆、秘书长王耀中以及资考委成员参加会议。

会议结合10年来钢琴调律师职业资格考核鉴定工作的实际经验以及形势发展需求，逐条研究、讨论、修订了2003年版钢琴调律师《国家职业标准》；并在对修订《标准》形成初步统一意见后，对2014年申报钢琴调律技师、高级技师人员的资格进行了评审。

6月21日上午，与会人员还和到访的加拿大西北大学安妮·弗莱敏女士一同参观了北京劲松职业技术培训学校，并就钢琴调律师职业培训和钢琴调律技术等有关事宜进行了探讨，增进了相互了解，为进一步的合作奠定了基础。

口琴专业委员会五届五次会议在浙江台州召开

2014年7月7日至8日，中国乐器协会口琴专业委员会在浙江台州举行了五届五次会议暨2014年年会。出席五届五次会议的单位有上海口琴总厂、上海国光口琴厂有限公司、江苏天鹅乐器有限公司、江苏奇美乐器有限公司、江苏东方乐器有限公司、上海兰生豪呐乐器有限公司、上海凯恩乐器有限公司等十二家口琴生产企业，中国乐器协会副理事长齐建平参加了此次会议。

会议由陈红梅主持，首先由蒋林森传达了今年四月份中国乐器协会在德清召开的六届六次理事会议精神，周伟义汇报了中国乐器协会口琴专业委员会2013年工作小结和2014年工作要点。

本次会议安排了江苏奇美乐器有限公司、江苏天鹅乐器有限公司和江苏东方乐器有限公司作重点发言和交流。重点讨论了要提高口琴簧片的材质，希望口琴音簧的生产单位能在提高产品质量和交货期上，进一步改进和提高，对口琴行业起到帮助和支持。大家还感到要不断提高口琴产品质量和价格，以保证口琴行业健康发展，要在口琴团体中极力推广使用国产口琴，提高中国口琴制造的水平，参与国际市场的竞争。要团结协作，采取集体采购开发适合我们口琴原材料生产的厂家。行业之间的竞争要有序竞争、良性竞争，要遵守行业道德规范，行业之间要形成和谐统一的良好新局面。

中国乐器协会副理事长齐建平在会议中认真听取了大家对协会和专业委员会的工作意见和建议并在会上讲话，希望口琴专业委员会团结口琴企业，积极开展活动，及时解决行业的实际问题。

全国乐器标委会民族乐器工作组第一次会议在扬州召开

2014年6月21日～22日，乐标委民族乐器制修订工作组第一次会议在扬州召开。参加会议的有上海民乐一厂、敦煌乐器、苏州民乐、河北乐海、扬州金韵、扬州天韵、河南中州等标准制修订工作组成员单位的领导和专业技术人员等。

会议，首先研讨标准制修订的指导思想和工作原则，与会代表一致同意民乐分会王国振会长提出的“坚持传承尊重创新”、“适应需求突出重点”的原则，认为要在传承几千年民族乐器技术与文化精髓的同时，积极地适应和引领市场需求，开展科技创新；坚持用科学的眼光、系统的思维去分析问题、研究项目；要充分发挥骨干企业优势和各企业的合力，扎扎实实地做好标准制修订工作。

会议讨论审定了民族乐器标准工作组《章程》和秘书处《工作细则》、研究了民族乐器《标准体系》、补充了《膜鸣乐器通用技术规范》以及产品层面的《排鼓》《民族定音鼓》等标准、细化了各类民族乐器用弦的标准、以及民族乐器用材料中《乐器用天然膜通用技术规范》《乐器用天然骨通用技术规范》等项目。讨论制定了近期工作计划，拟用一年半的时间，完成《膜鸣乐器通用技术规范》《排鼓》《板胡》和《筝弦》等标准的制定工作。

电鸣乐器分会年会暨MIDI技术普及讲座在上海召开

2014年9月18日，中国乐器协会电鸣乐器分会年会暨MIDI技术普及讲座在上海举行。年会是MIDI技术工作委员会成立以来的第一次技术讲座活动。得理、吟飞、艾立卡、蔚科、致嘉等十余家企业的20余位代表参加，中国乐器协会和北京乐器研究所也派代表参加了此次会议。

18日上午的讲座活动邀请得理乐器集团上海公司总经理葛兴华、技术部副总经理张国稳就MIDI历

史和发展情况、有关产品和组织介绍以及MIDI标准协议、文件格式、硬件接口等方面进行普及介绍，为在10月上海展会的MIDI技术研讨会打好基础。在下午的会议中，首先由吟飞电子公司对集团企业电视会议方案做了介绍，代表们也提出了各自的需求和问题进行探讨。随后与会代表还就乐器企业在发展中遇到的实际问题和案例做了分享，并探讨了与配件企业进行联合开发和采购的可行性。代表们发言踊跃，提出了很多有益的经验，特别是在产品开发过程中如何针对用户需求制定方案，加强管理避免销售中的回扣问题和加强国际范围的知识产权保护等方面有所收获。

MIDI作为一项行业标准，自颁布以来，就在不断的广泛应用中得到发展。MIDI进入中国的时间并不长，国内众多的MIDI相关企业对MIDI标准的认识和了解程度也并不高，此次开展的专题活动，对普及MIDI技术标准，让更多MIDI应用相关的企业能够多了解、多接触MIDI标准，对为促进和推动国内MIDI行业的进一步发展起到积极推动作用。

提琴制作师分会换届会议在江苏召开

2014年10月12日，中国乐器协会提琴制作师分会在换届会议江苏苏州召开，选举产生了新一届（第三届）理事会班子。中国乐器协会副理事长齐建平参加了会议。

会议审议通过了郑荃代表第二届理事会的工作报告及财务收支报告。

郑荃会长在报告中总结了第二届理事会所做的工作、取得的成绩及不足之处。他表示，自2002年成立以来，会员数量不断增加，目前，已拥有会员288名，其中北京地区128人、上海地区105人、广州地区55人。自2007年换届以来，分会举办了丰富多彩的活动：广州地区定期举办研讨会，组织参加国际比赛的获奖选手分享参赛心得和交流经验，还多次组团去台湾奇美提琴博物馆观摩，极大地促进了广州地区提琴制作水平的提升；上海地区近几年活动办的有声有色，借助上海国际乐器展览会这个平台，把提琴制作师的作品介绍给演奏者和爱好者，为提琴文化的推广起到了积极作用；在广州、上海两地的支持下，北京地区连续举办了两届中国国际提琴制作比赛，中国的制琴师取得了较好的成绩。比赛同期举办的名琴展览、大师讲座、音乐会等活动，增强了与国际提琴制作界的交往，提高了年轻提琴制作师的水平，开阔了他们的视野，增进了国际音乐界和提琴制作界对中国提琴制作水平与现状的了解，极大地推动了我国提琴制作的发展。

大会选举产生新一届理事会、会长、副会长、秘书长、理事。郑荃当选第三届中国乐器协会提琴制作师分会会长，华天初、朱明江任副会长，秘书长王志明。近百名会员代表出席了本次会议。

中国乐器协会齐建平副理事长在会上代表中国乐器协会向新当选的分会领导班子表示祝贺。她表示，随着中国音乐文化事业的发展，我国的提琴制作业发展的也很快，除了大型的提琴制作企业外，从北京、上海、广州等传统的提琴制作业中心，已辐射到全国许多中小城市，出现了许多小型的提琴制作作坊和个人提琴制作工作室。提琴制作师分会成立后，做了大量有益的工作，取得了非常好的成绩。举办两届国际提琴制作比赛等活动，促进了国际提琴制作界的交流，增进了国际音乐界和提琴制作界对中国提琴制作的了解，扩大了中国提琴制作的影响力。

齐建平副理事长对新一届领导班子提出五点希望：

(1)、希望新一届领导班子精诚团结，加强沟通联系，研究指导工作，能充分考虑会员的兴趣需求，能将会员利益放在首位，认真抓好分会的工作，增强提琴制作师队伍的吸引力和凝聚力。特别是各位副会长，要协助分会把本地区提琴制作师的联系、培训和职业技能鉴定工作搞好，不辜负广大会员的期望和重托。

(2)、希望将职业资格证书制度纳入到每年的常规性工作。从组织上保证提琴制作师队伍的扩大，

最大限度地把目前在岗执业的提琴制作师经过培训和职业技能鉴定吸纳到队伍中来。

(3)、继续积极开展技术交流工作，增强会员间的凝聚力和提高理论和实际操作能力，提高技术水平的一项重要措施。

(4)、希望提琴制作师分会与提琴制作企业加强交流和互通，努力搭建一个良好的技术、人才、市场、信息共享的平台。

(5)、希望能充分利用《中国乐器》、《中国乐器协会网》开辟提琴制作师园地，把它作为联系会员，沟通信息，交流经验，提高技艺，加强自律和职业道德建设的阵地。

口琴专业委员会赢得2018年亚太口琴节举办权

2014年9月22日～23日，亚太口琴节理事会会议在中国江阴召开，来自新加坡、马来西亚、日本、韩国、中国、中国台湾和香港特别行政区的5个国家和地区的亚太口琴会理事、专家以及乐器协会口琴专业委员会代表到会出席。与会代表在总结和探讨10年来亚太口琴艺术节的举办经验，以及赛事未来发展的文化导向基础上，经过理事的无记名投票，中国乐器协会口琴专业委员会获得了2018年第十二届亚太口琴节举办权，艺术节举办地拟定中国首都北京。

为推动中国口琴音乐文化的普及，提高中国口琴业的制造水平，在中国乐器协会的支持下，口琴专业委员会提出申请举办第十二届亚太口琴节，并向七个国家和地区的亚太口琴节理事们充分说明了口琴专业委员会申办的理由和优势。23日，经亚太口琴会理事无记名投票，中国乐器协会口琴专业委员会获得举办权。

与会专家形成共识，中国迎来经济与文化繁荣发展的历史机遇，从口琴艺术节举办的各项资源配置上，中国口琴文化事业和乐器制造相关行业都已具备相应的经济和活动运营实力。为进一步拓展艺术节的文化内涵，在2018年第十二届亚太口琴节首次筹备会上，各国口琴会理事表示，亚太口琴艺术节拟在赛事举办的基础上，同时兼顾口琴夏令营、大师班、专家音乐会、音教论坛和国内口琴师资培训等多元文化内容，旨在举办一届国际性、权威性、开放多元的亚太口琴艺术节。

亚洲钢琴技师协会（APTA）年会在日本东京举行

2014年10月15日～16日，第二届亚洲钢琴技师协会年会（APTA）在日本东京举行，会议由日本钢琴技师协会（JPTA）主办，邀请中国乐器协会钢琴调律师分会（CPTA）、韩国钢琴调律师协会（KPTA）和中国台湾钢琴技师协会（TPTA）共13名代表参加。JPTA部分会员义务参与会务服务工作，冯高昆、王文琦、刘勇作为CPTA代表参加此次会议。

会议的主要议题是“钢琴调律师的培训”。会议由日本钢琴技师协会会长主持，中国乐器协会钢琴调律师分会会长冯高昆首先发言，介绍了中国钢琴调律师培训认证系统的完善和发展过程，以及调律师培训工作在企业、职业学校以及大学、专业音乐院校的发展现状，鉴定考核的方式和途径等，并简要介绍了中国的钢琴市场情况。

随后，韩国钢琴调律师协会、中国台湾钢琴技师协会和日本钢琴技师协会代表先后介绍了调律师培训工作在各自国家和地区的发展情况。

会议中，亚洲钢琴技师协会年会针对上届会议的章程提案进行了部分修订，但同时也有协会章程使用语言、网页设计以及沟通方式等问题需要进一步思考和协调，会议一致同意第三届亚洲钢琴技师协会年会由中国台湾钢琴技师协会承办。

高级钢琴调律师培训活动在上海举行

2014年10月10日上午，由中国乐器协会和日本KAWAI钢琴公司共同组织的高级钢琴调律师培训活动在上海举行。活动邀请了KAWAI公司MPA技师竹田雅彦先生作了《走向国际水准调律师之路——KAWAI MPA的工作》专题讲座，共有来自全国各地的钢琴技师230余人参加。中国乐器协会副理事长齐建平、钢琴调律师分会会长冯高昆、日本KAWAI钢琴公司营业部部长日下、河合贸易上海有限公司副总经理栾秉奇等有关领导出席。

MPA——Master Piano Artist，钢琴艺术大师，是日本河合贸易公司对钢琴技师的最高评级，目前共有大约60名MPA技师活跃在全球重要的钢琴比赛、音乐会上，为参赛者和演奏家服务。

讲座以访谈的形式进行。竹田雅彦先生讲解了在钢琴调整、整音工作中的注意事项及要点，并着重讲述了在大型演奏会及钢琴比赛中进行调整工作的经验。讲座还邀请了中央音乐学院附小校长、著名钢琴演奏家陈曼春女士，对竹田先生现场调整前后的钢琴分别进行了弹奏及评价。

“首届国际MIDI技术研讨会”在上海举办

2014年10月10日，由中国乐器协会与美国MIDI制造商协会（MMA）组织的“首届国际MIDI技术研讨会”在上海举办。研讨会的主题为《谷歌与MIDI技术结合的互联网音乐体验》。特邀美国MIDI制造商协会（MMA）主席汤姆·怀特、谷歌（中国）互联网专家栾跃、日本电子音乐事业协会（AMEI）暨YAMAHA公司技术专家河合良哉悉数到会，进行专题技术讲座和经验交流，并同我国MIDI协会会员单位以及个人进行对话交流。活动还邀请中国乐器协会MIDI工作委员会常务副主任、得理乐器集团上海公司总经理葛兴华、中音公司总经理赵易天和上海计算机学会会长、上海音乐学院音乐工程系主任陈强斌，共同就MIDI应用进行了热烈探讨。

研讨会上，美国MIDI协会主席汤姆怀特、谷歌（中国）互联网专家栾跃、YAMAHA公司技术专家河合良哉分别做了主题发言，分别从MIDI普及教育、当前MIDI技术发展现状与趋势、MIDI技术与乐器制造结合等三个维度做了精彩阐述。随后举行的嘉宾论坛上，与会嘉宾围绕加强行业合作、深化行业交流、推动MIDI知识普及、促进企业国际合作、共同提升MIDI技术标准等问题友好、坦诚地交换了意见。

钢琴分会、琴行分会、材料配件专业委员会年会在浙江宁波召开

2014年11月14-16日，中国乐器协会钢琴分会、琴行分会、材料配件专业委员会年会在宁波北仑隆重召开。中国乐器协会理事长安志、秘书长曾泽民，浙江宁波北仑区委副书记、代区长胡奎，中国教育学会音乐教育分会会长吴斌，钢琴分会会长李建宁，琴行分会会长黄茂强，材料配件专业委员会会长罗建峰，以及来自全国钢琴制造上下游企业和全国琴行会员代表近150余名出席会议。在国内宏观经济增速放缓，制造业转型升级，移动互联电子商务波及传统营销渠道的市场背景下，会议聚焦钢琴全产业链的资源整合，探寻在移动互联思维下，如何优化产业链各经营要素，强化互联互通，合作共赢，谋求钢琴产业和乐器市场创新发展。

会议由琴行分会副会长、天目琴行总经理刘为明主持，宁波市北仑区代区长胡奎首先致贺大会成功举办。中国乐器协会理事长安志在发言中强调，当前，全球制造业竞争形势发生新变化，发达国家“再工业化”步伐加快，欧美、日本等发达国家海外投资的制造业，有回迁本土生产的趋势，发达国家“发展成本竞争力提高”，制造业向劳动力成本更低的发展中国家转移；其次，智能机器人在制造业的应用日益广泛，不断降低人工在制造业增加值中的比重，对劳动密集型产业形成巨大挑战。未来钢琴产业机遇与挑战并存，自中国加入WTO后的12年来，钢琴年产销量始终在30万架以上高位运行，中国钢琴市场已占全球80%份额，内地市场仍有持续发展空间。但国产钢琴仍需面对升级转型能力不足和产能过剩，数码钢琴分流传统钢琴市场，产品创新和品牌影响力亟待加强的现实问题。当前，国内钢琴市场已进入国企、民营、外资品牌的“三足鼎立时代”，钢琴市场国际化、品牌化日益凸现，低端钢琴产能出现结构性过剩，中高端钢琴需求逐年上升。音乐培训市场增幅明显，乐器电子商务与传统营销互动频繁，作为乐器行业经营者要知大势、谋全局，要认真研究新课题，学会互联网思维，增进乐器产业链的沟通与理解，加强厂商及社会各界的合作交流，共建行业科技、商贸、音乐教育及国际合作平台。

各分会领导做了主旨发言，材料配件专委会会长罗建峰立足宁波钢琴制造业的历史文化渊源，认为提高钢琴产品的核心竞争力，重点在于重塑钢琴内在文化品性，应贯穿到材料配件、生产制造和销售推广的全过程，使钢琴产业上下游产生联动效应，企业发展要有社会担当、使命感和核心价值观。中国核心钢琴零配件已被全球顶尖企业接受并采用，面对参与国际钢琴产业竞争，民族钢琴要具备自信、包容和自律精神。琴行分会会长黄茂强认为，尽管当前国内制造业面临不同程度的压力，但从国家重视音乐文化教育和扶持文化产业的政策看，乐器行业同仁要具备相应的信心。当前，国内音乐专业院校毕业生资源多是流通到地方艺术教育培训领域，基层普及音乐教育师资队伍逐年扩大，音乐教育与演艺市场的活跃与增长，都传递出积极市场讯号。从上游零配件到钢琴主机厂，再到琴行和社会培训机构，全产业链中的各要素要信息互通，共谋国产钢琴品牌文化发展。

钢琴分会会长、广州珠江钢琴集团股份有限公司总经理李建宁在工作报告中指出，当前，钢琴产业技术进步较快，众多新产品问世，产业链整合延伸越发明显，企业营销手段多样化，高端与普及钢琴价格差距加大，品牌钢琴赛事等文化活动更是如火如荼，人才交流培训日益频繁。行业专利意识日渐浓厚，行业知识产权专利申请结构更加优化，专利发布质量凸显专业化、成熟化，实用新型专利增速明显。尽管如此，但国内低端钢琴市场价格竞争无序。钢琴、琴行、配件三个领域只有积极寻找切入点，加强交流与合作，才能实现互惠互利，共同发展。面对电子商务发展迅速，李建宁建议钢琴企业顺势而为，有效运用好当前成熟的数控、高频、电子、网络等高新技术，为传统钢琴产业改造和升级提供技术支持，改变固有的宣传思维和模式，通过电商的平台推广品牌，寻找新的商机。

论坛主题聚焦《创新驱动乐器企业转型升级如何开展技术创新、市场创新、管理创新》，邀请材料分会会长罗建峰、海伦钢琴总工程师曾兴华、珠江钢琴集团副总经理肖巍、中国教育学会音乐教育分会会长吴斌和琴行分会代表陈振华、刘宏作为嘉宾，共同探寻钢琴产业和乐器市场的创新共赢思维模式。论坛针对嘉宾的观点，指出当前钢琴制造业专业设计人才奇缺，企业研发和行业技术交流薄弱，主机厂与配件厂技术配合不足，精装、整理标准偏低，市场秩序中，二手钢琴冲击市场严重，公平、诚信的市场秩序与行业合作还需较长的过程。中国教育学会音乐教育分会吴斌会长立足音乐教育产业与乐器行业的合作交流，认为音乐学习对人的作用，音乐培养人的社会交往能力、创造能力，开发智力、怡乐身心，重在快乐学习、合作学习。论坛其他几位嘉宾对合作共赢思维认同的基础上，同时分享了各企业在市场前沿的经营创新和发展理念。

下午，各分会聚焦行业和市场时弊，展开热烈探讨。钢琴分会组讨论中，钢琴打假和二手钢琴违规冲击市场成为与会代表关注的焦点议题，与会代表认为要理清德国制造、德国品牌和假冒伪劣品牌的标准，同时坚持打假和自律并举的原则，呼吁产业链各环节加强自律，引导国人正确的钢琴消费观念。琴行分会分组讨论由琴行分会副会长莫蓓茜主持，以如何在移动互联的商业思维模式下，强化合作创新、如何借力借势，实现合作共赢为议题，展开讨论。材料分会分组讨论在罗建峰会长的主持下，针对钢琴产业链上游的零配件加工工艺，进行了详尽细致的探讨。

会后，与会代表参观了海伦钢琴股份有限公司。

国际交流

2014年中国乐器协会国际交流与合作

1月

1月17日至25日，应美国国际音乐制品协会（NAMM）及海资曼钢琴加拿大总部的邀请，由中国乐器协会齐建平副理事长、上海国际展览中心有限公司刘丽瑛副总经理率领的代表团一行6人访问了加拿大和美国。通过对美国、加拿大的考察，代表团完成了各项既定日程，了解了美加的乐器市场，建立了与相关机构和企业的联系，达到了出访的预期目的，对进一步开展工作起到了积极作用。

3月

3月12日上午，中国乐器协会一行来到德国法兰克福展览中心，参观了全部乐器展厅并重点拜访了前来参展的广州珠江钢琴集团、海伦钢琴股份有限公司、上海民族乐器一厂、泰兴凤灵集团、北京华东乐器、河北金音乐器集团、天津津宝乐器公司、广州红棉吉它公司等企业的展位，向主要负责人了解企业参展收获与体会，以及企业生产、销售等情况。

12日下午，中国乐器协会理事长安志率队与欧洲音乐产业联盟进行会谈，中方代表有安志、吴江红、陈晋武等六人；欧洲音乐产业联盟代表有主席、法国布菲乐器集团总裁Antoine Beaussant，以及德国、意大利、西班牙、英国、捷克、匈牙利等国的11名企业负责人参加会议。双方就海关关税、乐器用木材原产地认证、乐器原产地标识、乐器的电子商务、欧洲文化产业集群研究创新中心等议题开展讨论。

13日上午，作为中国（上海）国际乐器展览会的主办方和国际合作伙伴，中国乐器协会、上海国际展览中心有限公司、法兰克福展览（香港）有限公司、美国国际音乐制品协会进行了四方会谈。会谈总结了2013年的中国（上海）国际乐器展览会，并确定了2014年展会的重点活动之一——行业论坛的主题为“乐器与电子商务”，同时还对嘉宾邀请、话题设置等一些具体问题作了深入探讨。

3月15日，应德国法兰克福展览公司和保加利亚中小企业发展促进局邀请，中国乐器协会理事长安志带队，上海国际展览公司总经理吴江红、全国乐器信息中心主任陈晋武等一行8人赴保加利亚与该国中小企业发展促进局进行交流洽谈。保加利亚中小企业促进局国际合作部负责人Boriana Mintcheva博士及出口促进发展部负责人、投资委员会主任和5位乐器制造商委员会代表一同参加座谈。安志理事长介绍了中国乐器产业的基本情况和在世界乐器市场的地位，分析了中国与保加利亚在乐器领域合作的可能性。保加利亚木材资源丰富，在弦乐器的手工制作方面有自己独特的技术，完全可以与中国乐器行业，以及其他轻工行业开展合作。

6月

19日上午，来自加拿大西北大学钢琴技术专业的安妮主任在加拿大海资曼公司董事赵凡等的陪同下，到访中国乐器协会，交流两国钢琴调律行业现状和有关技术教学等内容。中国乐器协会理事长安志、副理事长齐建平热情接待了安妮一行。安志理事长简要介绍了中国钢琴行业和钢琴调律从业者的基本情况等。安妮女士则在简要的自我介绍后，由翻译路克对加拿大西北大学以及其钢琴技术专业发展情况做了介绍，特别是对钢琴调律师、技师开展的专项培训课程做了详细介绍。

加拿大西北大学原名加拿大西安大略省大学，是一所有着136年历史的公立大学，设有12个学院，其钢琴技术专业成立于1973年，是目前北美地区唯一拥有大学认证的钢琴技术专业。该专业提供全日制文凭证书课程及短期认证证书课程，在教学上按照国际标准为钢琴行业培养全能型人才，并与世界顶级钢琴厂家定期交流，30年来为13个不同国家和地区的300多名钢琴技师进行了专业培训。

19日下午，中国乐器协会领导和安妮女士一起来到北京盲人学校参观，听取了张岩松书记对学校概况的介绍以及张元老师对钢琴调律专业的介绍。该校的前身是1874年由苏格兰传教士穆·威廉创办的“瞽叟通文馆”，开启了中国视障学校教育的先河，是我国最早开展盲人钢琴调律专业的学校，其创始人李任炜在美国学习钢琴调律技术，回国后在北京盲人学校创办了钢琴调律专业，20多年来，共培养超过100名盲人钢琴调律师。到访嘉宾还在张岩松书记的带领下参观了校史陈列室，观摩了钢琴调整和调律现场教学示范，并与安妮女士进行了互动。

安志理事长和安妮女士在接受中国盲协记者采访时均表示，对北京盲人学校的各方面条件表示赞叹，对其在指导盲人自立自强，学习一技之长等方面所发挥的作用表示钦佩。特别是看了盲人调律的操作，更是感到其学习的不易，并表示愿意为盲人学校钢琴调律班的进一步发展提供帮助。

8月

8月4日，“河合音乐教育·中日友好交流基金”捐赠仪式在京举行。中日友协副会长王秀云、河合乐器制作所株式会社社长河合弘隆参加捐赠仪式。中国乐器协会安志理事长、柏斯音乐集团董事长吴雅玲应邀出席签字仪式。

9月

9月17日至21日，第31届巴西乐器展（ExpoMusica）在巴西圣保罗举办。展会开幕当天，中国乐器协会秘书长曾泽民、外事主管常杰、江阴金杯安琪乐器有限公司总经理时建民、北京华东乐器有限公司总经理刘云东等一行参观了本届展览会，并与展会主办方巴西乐器协会座谈深入交流。

本届展会面积3.4万平方米，共吸引200余家展商参展。总体而言，展商十分注重品牌形象和展位包装，基本上每个展位均为特装。比较规范。参展品牌主要以南美本土品牌为主，国际品牌代理商为辅，参展商主要来自巴西、阿根廷、智利、秘鲁、委内瑞拉、危地马拉、厄瓜多尔、乌拉圭、巴拉圭、圭亚那等拉美国家，其中美国芬达、吉普森、日本雅马哈、罗兰乐器等国际品牌均有巴西代理商。展会主办方还凸显人文关怀，巴西乐器协会致力于培育音乐人口，旗下赞助支持了儿童发展基金会，由该基金会赞助的贫困少年组成的打击乐队为展商和观众带来精彩表演，展现出乐器在重塑人格、净化心灵方面所发挥出的积极作用，为展会开幕式带来了别样的风景，受到广大展商和参展观众的一致好评。巴西乐器协会通过基金会的运作，将音乐教育和乐器市场有效地结合起来，取得了良好社会效益。

曾泽民秘书长在展会期间接受巴西乐器展官方网站专访时充分肯定了圣保罗乐器展规范、有序，有效地服务整个南美市场。他强调，巴西乐器市场规范有序，乐器制造、批发和零售层次分明，分工有序，中国乐器市场与巴西乐器市场互补性很强，巴西乐器市场有很多值得学习借鉴之处，中巴两国乐器协会应携手合作，进一步发挥各自优势，互利共赢，切实增进两国乐器行业相互交流，拓展会员间的广泛合作。

9月19日，中国乐器协会考察团在圣保罗与巴西乐器协会举行专门座谈会，就两国行业合作、协会工作进行了广泛、深入交流。曾泽民在会上介绍了过去一年中国乐器行业发展情况，与科斯塔进行了深入探讨并期待协会会员企业之间通力合作，达到增进交流，拓展合作，实现共赢的目的。巴西乐器协会会长巴蒂斯塔科斯塔对巴中乐器行业交往合作充满期待。他表示，不久前习近平主席访问巴西时，自己作为巴西二十位嘉宾之一参加了会见。中国国家主席对于中国未来发展规划思路非常清晰，也给巴西人民留下深刻印象。科斯塔表示，当前巴西乐器市场的一大特点是校园乐器市场前景十分广阔，巴西国会已立法，巴西教育部拟对全巴西中小学校进行乐器配置，这将为巴西乐器市场带来重大利好，也为中国乐器协会会员创造了广泛机遇。目前协会正就音乐教室的乐器种类、数量及配置标准等与巴西政府部门接洽沟通，积极做好前期准备工作，以更好服务于会员企业。

9月20日，协会一行应邀专程赴圣保罗市郊的巴西艾佐(IZZO)乐器公司调研，该公司创办于上世纪20年代，历经3代经营传承，现已发展成为巴西举足轻重的知名乐器制造、批发公司。公司总经理普利斯卡拉总经理热情接待协会考察团，并带大家参观该公司面积3万多平米的乐器仓储库房，里面分门别类地摆放着各类亟待销往各地的乐器，显示出一家历史老牌大公司综合实力。据总经理介绍，从中国进口的乐器产品主要集中在管乐、弦乐、打击乐、手风琴等门类。近年来，受巴西校园乐器市场利好影响，公司积极稳健拓展业务，今年还专门成立针对政府的市场公关部，负责教育类乐器招标采购。

9月23日，中国乐器协会一行调研阿根廷布宜诺斯艾利斯市乐器市场。多家琴行经理认为，中国乐器价格公道，质量上乘，备受阿根廷乐器市场青睐，与阿根廷乐器市场特点和消费结构十分吻合，广受音乐消费群体欢迎。本次巴西、阿根廷市场调研成果丰硕，对协会掌握最新南美乐器市场信息，进一步强化会员企业与巴西、阿根廷乐器同行的合作起到了有效推动作用。

9月24日，协会一行前往阿根廷首都布宜诺斯艾利斯市郊，专程前往Fuma乐器批发公司调研。公司市场营销部经理热情接待协会一行，并带领大家参观了品种齐全的乐器仓储库房。多数乐器来自中国，吉他、打击乐器、手鼓、乐器琴弦、乐器配件、提琴等都是巴西乐器市场备受青睐的产品。据经理介绍，进口许可制度是困扰众多乐器公司发展的“政策瓶颈”，阿根廷经济衰退，通货膨胀，阿根廷外汇市场美元匮乏，阿根廷比索兑美元不断贬值，成为制约企业经营的不利因素。如果金融政策上能进一步放宽，那么阿根廷经济有望摆脱目前衰退状态，实现强力增长。不少乐器经销商对明年阿根廷大选寄予厚望，希望新政府能够调整现有经济政策。

10月

10月9日，中国乐器协会与欧洲音乐产业联盟举行座谈会，来自欧洲音乐产业联盟各国代表、德国钢琴协会、捷克乐器协会、捷克驻上海总领馆等欧盟各行业组织及法国布菲管乐集团、德国博兰斯勒钢琴、捷克PETROF钢琴、英国伦敦丹尼斯管乐等公司代表就中欧乐器行业关注的市场信息、音乐教育、贸易关税、行业自律等问题广泛交换了意见。

10月10日上午，由中国乐器协会和日本KAWAI钢琴公司共同组织的高级钢琴调律师培训活动在上海举行。活动邀请了KAWAI公司MPA技师竹田雅彦先生作了专题讲座，中国乐器协会副理事长齐建平、钢琴调律师分会会长冯高昆、日本KAWAI钢琴公司营业部部长日下、河合贸易上海有限公司副总经理栾秉奇等有关领导出席，增进了钢琴调律的合作。

10月10日，美国吉他中心业务总监金保罗（Paul Jernigan）专程拜会协会领导，对中国乐器市场表现出浓厚兴趣，希望双方继续保持信息沟通，加强乐器零售市场交流。

10月10日，2014年上海国际乐器展览会期间，中国乐器协会与美国MIDI制造商协会共同策划主办了“首届MIDI国际技术研讨会”，活动汇聚中国、美国、日本MIDI研究领域权威专家，得到电鸣乐器专委会、得理乐器集团、中音公司、上海计算机音乐学会的鼎力支持，首次国际MIDI技术研讨会取得圆满成功，为今后电鸣乐器界开展国际MIDI合作奠定了良好基础。

10月11日，中国乐器协会秘书长曾泽民在上海国际乐器展览会期间会见了日本岛村乐器株式会社社长广濑利明。曾泽民应询向广濑利明介绍了当前中国乐器零售、音乐教育培训等总体发展概况，希望今后和日本乐器琴行进一步加强信息交流，相互学习借鉴有益经验，为繁荣乐器市场发展做出积极贡献。

10月11日，巴西乐器协会科斯塔会长一行专程来沪参观上海国际乐器展览会并与协会会谈，希望两国乐器协会会员积极把握当前巴西音乐教育市场良机，增进交流，务实合作，为繁荣乐器市场做出新贡献。协会领导与乐器企业负责人在亲切、热烈气氛中与巴方进行了友好交流。

10月12日，中国乐器协会参加意大利乐器制造商协会、意大利对外贸易委员会联合举办的意大利展团新闻发布会。意大利对外贸易委员会表示，希望中意乐器界能够强强联手，有效整合信息，开展策划一些切实有效的推广活动，为意大利乐器制造商和中国乐器制造商之间的交流创造便利条件。

10月12日晚，中国乐器协会参加了德国驻上海总领事馆为来沪参加2014上海国际乐器展览会的德国展商、业务伙伴及德中乐器界人士举行晚宴招待会。安志理事长参会并致辞。安理事长在讲话中对总领馆为中德乐器界积极搭建交流平台表示感谢，对中国乐器协会、上海国际展览中心有限公司和德国法兰克福展览（香港）有限公司等三家主办方精诚合作、通力配合予以充分肯定，衷心希望中德展商在上海国际乐器展览会期间广交朋友，畅叙友谊，互利共赢，共谋发展。

10月15日～16日，第二届APTA亚洲钢琴技师协会年会在日本东京举行，本次会议由日本钢琴技师协会（JPTA）主办，邀请中国乐器协会钢琴调律师分会（CPTA）、韩国钢琴技师协会（KPTA）和中国台湾钢琴技师协会（TPTA）共13名代表参加。JPTA 部分会员义务参与会务服务工作，冯高昆、王文琦、刘勇作为CPTA代表参加此次会议。

亚洲钢琴技师协会（APTA）是在IAPBT 2011年会期间提议，2012年在韩国庆州召开了首届成立大会，协会的目的是促进亚洲地区钢琴技术的交流和进步，进而促进钢琴行业发展。因此，本届会议的主要议题就是“钢琴调律师的培训”。为此，主办方JPTA提前与各方征集有关发言内容，并翻译、编辑、装订成册，有利于会议顺利召开。

会议由日本钢琴技师协会会长主持，中国乐器协会钢琴调律师分会会长冯高昆首先发言，介绍了中国钢琴调律师培训认证系统的完善和发展过程，以及调律师培训工作在企业、职业学校以及大学、专业音乐院校的发展现状，鉴定考核的方式和途径等，并简要介绍了中国的钢琴市场情况。冯高昆会长最后强调要加强亚洲地区的钢琴调律师培训行业的标准化建设，充分利用各调律师协会的平台，与各大钢琴企业合作，加强中高级调律师的培训工作，真正促进亚洲乃至世界钢琴调律技术的提高和发展。

会员名录

中国乐器协会团体会员名录

（截至2015年7月17日）

序号	企业名称	会员证号	邮编	地址	联系人	协会任职
1	北京星海钢琴集团有限公司	0001	101111	北京市通州区光机电一体化产业基地科创东五街8号	祝宁伟	副理事长
2	北京乐器研究所	0002	100021	北京市朝阳区南新园西路甲6号	张小川	副理事长
3	天津市津宝乐器有限公司	0094	301800	天津市宝坻区海泰路1-2号	刘明	副理事长
4	功学社(天津)商贸有限公司	0219	100061	北京市东城区左安门内大街76号1栋401室(龙潭湖体育馆4楼)	林志明	副理事长
5	河北金音乐器集团有限公司	0076	053300	河北省武强县周窝乡工业区	陈学孔	副理事长
6	河北乐海乐器有限责任公司	0152	062350	河北省肃宁县师素工业区	宋从甲	副理事长
7	上海钢琴有限公司	0019	201900	上海市宝山区宝扬路2222号	杨盛惠	副理事长
8	上海民族乐器一厂	0020	201101	上海闵行区七宝镇联明路400号	王国振	副理事长
9	上海艾克斯尔乐器音响有限公司	0126	201808	上海市嘉定区徐行镇新建一路2411号	刘卫国	副理事长
10	上海知音音乐文化股份有限公司	0138	200051	上海市长宁路1200号贝多芬广场3楼	朱文玉	副理事长
11	上海乐兰电子有限公司	0522	100022	北京市朝阳区西大望路63号阳光财富大厦3层	程建铜	副理事长
12	江苏凤灵乐器集团	0114	225419	江苏省泰兴市溪桥镇华溪中路18号	李书	副理事长
13	吟飞科技(江苏)有限公司	0240	213125	江苏省常州市新北区汉江西路101号	范廷国	副理事长
14	江阴金杯安琪乐器有限公司	0251	214443	江苏省江阴市申港镇亚包大道128号	时建明	副理事长
15	森鹤乐器股份有限公司	0050	315323	浙江省慈溪市逍林镇樟新公路1928号（胜山镇沙滩路）	罗森鹤	副理事长
16	海伦钢琴股份有限公司	0118	315805	浙江省宁波市北仑区龙潭山路36号	陈海伦	副理事长
17	福州和声钢琴有限公司	0119	350008	福建福州市仓山区金山工业集中区浦上工业园B区红江路2号	池家森	副理事长
18	烟台博斯纳钢琴制造有限公司	0188	264670	山东省烟台市莱山区解甲庄工业园	孙强	副理事长
19	武汉艾立卡电子有限公司	0124	430023	湖北省武汉市东西湖将军五路12号	张琳	副理事长
20	宜昌金宝乐器制造有限公司	0146	443003	湖北省宜昌市宜昌东山经济技术开发区珠海路1号	吴天延	副理事长
21	广州珠江钢琴集团股份有限公司	0030	510388	广东省广州荔湾区花地大道南渔尾西路8号	李建宁	副理事长
22	广东红棉乐器股份有限公司	0038	510000	广东省广州市海珠区基立道10号2楼 证券规划部	何志强	副理事长
23	广东声凯乐器有限公司	0073	526200	广东省四会市城中街道三棵榕	黄志康	副理事长
24	得理乐器(珠海)有限公司	0311	519090	广东珠海金湾区联港工业区大林山片区双林东路2号得理工业园	盛子斐	副理事长

序号	企业名称	会员证号	邮编	地址	联系人	协会任职
25	四川盛音乐器有限公司	0310	610021	四川省成都市新生路6号	黄茂强	副理事长
26	北京中加海资曼钢琴有限公司	0003	101111	北京市通州区光机电一体化产业基地科创东五街8号	谭宝利	常务理事
27	北京华东乐器有限公司	0010	101200	北京市平谷区东高村镇大旺务西路21号	刘云东	常务理事
28	天津华韵乐器有限公司	0087	301615	天津市静海县中旺镇	罗松森	常务理事
29	天津圣迪乐器有限公司	0284	301646	天津市静海县蔡公庄镇四党口中村	王玉春	常务理事
30	河北省怀来锣厂	0055	075431	河北省怀来县新保安镇幸福村	张全富	常务理事
31	饶阳北方民族乐器制造有限责任公司	0129	053900	河北省饶阳县大官厅	杨俊朋	常务理事
32	河北秦川文体乐器有限公司	0137	050011	河北省石家庄市建设北大街38号	秦传功	常务理事
33	饶阳成乐民族乐器有限责任公司	0143	053900	河北省饶阳县大官厅开发区	李铁成	常务理事
34	河北华声乐器制造有限公司	0213	053871	河北省深州市前么头工业区	张立根	常务理事
35	大厂回族自治县华丰铸造有限责任公司	0252	065301	河北省大厂回族自治县夏垫村西	杨山	常务理事
36	大连铜管乐器有限公司	0106	116001	辽宁省大连市中山区鲁迅路88号308室	焦永达	常务理事
37	长春新威琴行有限公司	0369	130021	吉林省长春市工农大路1796号	周宝强	常务理事
38	上海国光口琴厂有限公司	0023	200124	上海浦东林浦路800弄8号	周伟义	常务理事
39	上海口琴总厂	0025	201906	上海市宝山区蕰川路510号	蒋林森	常务理事
40	上海华新乐器有限公司	0109	200120	上海浦东崂山一村35号	林伯龙	常务理事
41	上海市乐器行业协会	0123	200122	上海市浦东新区南泉北路1015号401室	陈惠庆	常务理事
42	上海中雅钢琴有限公司	0127	201771	上海市青浦区清赵路6158号	马惠忠	常务理事
43	苏州公爵琴业有限公司	0134	215324	江苏省昆山市锦溪镇锦裕路158号	李军华	常务理事
44	上海国际展览中心有限公司	0199	200366	上海市长宁区娄山关路55号新虹桥大厦8楼	吴江红	常务理事
45	苏州民族乐器一厂有限公司	0043	215003	江苏省苏州市平江区学士街梵门桥弄15号	田永逸	常务理事
46	江苏天鹅乐器有限公司	0045	214526	江苏省靖江市马桥镇北首	陈红梅	常务理事
47	扬州民族乐器研制厂有限公司	0071	225015	江苏省扬州市隋杨路槐泗工业园	田步高	常务理事
48	江苏东方乐器有限公司	0090	214415	江苏省江阴市祝塘云顾路8号	孔文忠	常务理事
49	扬州金韵乐器御工坊有限公司	0095	225009	江苏省扬州开发区鸿扬路8号	熊立群	常务理事
50	南京舒曼钢琴制造有限公司	0112	210039	江苏省南京市雨花经济开发区龙藏大道9号	王永和	常务理事
51	扬州雅韵琴筝有限公司	0159	225008	江苏省扬州市西区新盛街道蜀岗果园	刘永发	常务理事
52	扬州市天艺民族乐器厂	0173	225123	江苏省扬州市邗江区甘泉镇姚湾村	汪扬	常务理事
53	江苏奇美乐器有限公司	0178	214500	江苏省靖江市经济开发区兴业路	张龙贵	常务理事
54	扬州天韵琴筝有限公司	0299	211407	江苏省扬州市仪征刘集盘古工业园	李同志	常务理事
55	江苏大风乐器有限公司	0480	221637	江苏省徐州市沛县张庄镇工业区	徐宝华	常务理事
56	浙江天目琴行有限公司	0151	310012	浙江省杭州市学院路135号	刘为明	常务理事

序号	企业名称	会员证号	邮编	地址	联系人	协会任职
57	杭州嘉德威钢琴有限公司	0184	310021	浙江省杭州市江干区丁桥镇临丁路1191号	陈莲琴	常务理事
58	宁波四海琴业有限公司	0211	315137	浙江省宁波鄞州区云龙镇前后陈村	何四海	常务理事
59	浙江乐韵钢琴有限公司	0389	313218	浙江省德清洛舍工业园顺达路18号	章顺龙	常务理事
60	河南中州民族乐器有限公司	0186	475312	河南省兰考县固阳镇	代胜民	常务理事
61	广州吉声琴业有限公司	0067	510900	中国广东省从化市鳌头镇岭南村古塘村106国道边	梁泽敏	常务理事
62	美得理电子（深圳）有限公司	0128	518031	广东省深圳市燕南路404栋西三楼	徐俊	常务理事
63	广州格利蒙那提琴有限公司	0208	511430	广东省广州市番禺区大石街涌口村工业三种6号	关尚持	常务理事
64	深圳市蔚科电子科技开发有限公司	0279	518067	广东省深圳市南山区蛇口南海意库1栋507室	赵哲	常务理事
65	广东省乐器协会	0470	510080	广东省广州市署前路33号1号楼430室	李爱群	常务理事
66	成都川雅木业有限公司	0132	610101	四川省成都市龙泉驿区驿都西路4361号	张华君	常务理事
67	北京天力凯业贸易有限公司	0092	102615	北京市大兴区长子营镇郑二营村	杨凯	理事
68	北京长安乐器有限公司	0153	100195	北京市海淀区西四环北路15号依斯特大厦610号	马雪松	理事
69	北京华韵阿波罗艺术发展中心	0374	100070	北京市丰台区百强大道6号2座2610号	姚远	理事
70	北京育鹏乐器有限公司	0436	100012	北京市朝阳区慧忠北里110号楼（东开乐琴行）	张振州	理事
71	新跨乐(北京)艺术有限公司	0473	100022	北京市朝阳区广渠路36号首城国际B座917室	韦凯元	理事
72	北京福韵国际工贸有限公司	0492	102605	北京市大兴区青云店镇垡上电镀厂院内	李宝红	理事
73	北京卓邦乐米文化传播有限公司	0526	100070	北京市丰台区南四环西路188号总部基地十一区27号楼6层	张新峰	理事
74	天津盛兴元乐器有限公司	0103	301605	天津市静海县子牙镇潘庄子	王泽云	理事
75	英昌乐器（中国）有限公司	0335	300300	天津市东丽区崔家码头东侧	陈香菊	理事
76	天津奥维斯乐器有限公司	0354	301646	天津市静海县蔡公庄镇四党口中村	张国民	理事
77	大连福音乐器有限公司	0654	116011	辽宁省大连市西岗区中山路236号	曲星君	理事
78	门德尔松钢琴（上海）有限公司	0162	201608	上海市松江区叶榭镇浦亭路88号	郑明统	理事
79	上海威堡钢琴有限公司	0239	201314	上海市南汇坦直工业园古翠路33号	蒋维国	理事
80	赛乐尔三益乐器(上海)有限公司	0269	201401	上海市奉贤区环城北路753号	李炯国	理事
81	上海和乐钢琴有限公司	0337	201716	上海市青浦区练塘工业园区蒸夏路200-8号	姚建芳	理事
82	温克尔曼(上海)乐器有限公司	0467	200000	上海市南京西路大田路129号	应利星	理事
83	泰兴斯坦特乐器有限公司	0041	225419	江苏省泰兴市黄桥镇华溪西路2号	李荣富	理事
84	扬州市正声民族乐器厂	0145	225000	江苏省扬州市江阳工业园西湖双塘东路28号	周平	理事
85	南京新辉琴行有限公司	0266	210009	江苏省南京市中山北路42号	刘小辉	理事
86	扬州市思美民族乐器厂	0282	225244	江苏省扬州江都市武坚镇黄思工业区(邮局对面)	胡思林	理事

序号	企业名称	会员证号	邮编	地址	联系人	协会任职
87	德清县中德利钢琴有限公司	0136	313216	浙江省德清县城关西郊路158号	王惠林	理事
88	德清县海尔乐器制造有限公司	0171	313218	浙江省德清县洛舍经济开发区文明东路18号	王惠忠	理事
89	湖州华谱钢琴制造有限公司	0174	313218	浙江省湖州市德清县洛舍经济开发区	姚小林	理事
90	湖州杰士德钢琴有限公司	0176	313218	浙江省莫干山技术开发区杨树湾工业园区洛德大道198号	鲍海尔	理事
91	宁波市北仑乐器配件制造有限公司	0203	315806	浙江省宁波市北仑区大矸镇俞王村	俞兆祥	理事
92	浙江友谊电子有限公司	0262	325600	浙江省乐清市经济开发区纬19路268号	陈天浩	理事
93	宁波市江北珂乐乐器有限公司	0321	315000	浙江省宁波市江北区北岸琴森财富创意港295号	蔡赋勇	理事
94	杭州爱尔科电子有限公司	0406	311258	浙江省杭州市萧山区闻堰镇长安工业区	朱伟柳	理事
95	杭州顺和硅橡胶制品有限公司	0530	310000	浙江省杭州市余杭区临平南街道高地工业园	沈国水	理事
96	福建省爱乐钢琴有限公司	0147	353200	福建省顺昌县双溪镇货场路142、144号	柯松理	理事
97	晋江力达电子有限公司	0288	362261	福建省晋江市安海镇第二工业区力达工业楼	吴希达	理事
98	厦门律动钢琴有限公司	0510	362000	福建省泉州市迎津街建材公寓B幢501室	彭清燕	理事
99	烟台金斯波格钢琴有限责任公司	0052	264006	山东省烟台市经济技术开发区长白山路5号	石波	理事
100	龙口锦盛乐器有限公司	0084	265701	山东省龙口市东莱街道大李村	李传术	理事
101	青岛海韵琴行有限公司	0242	266071	山东省青岛市江西路98号乙	莫蓓茜	理事
102	武汉银可可琴行有限责任公司	0303	430060	湖北省武汉市彭刘杨路228号金榜名苑一楼	蒋迟	理事
103	长沙飞达琴行有限公司	0289	410005	湖南省长沙市芙蓉区东牌楼新世界商贸西1号	劳绍立	理事
104	鲍德温（中山）钢琴乐器有限公司	0032	528412	广东省中山市东升镇观栏村工业区	周有恩	理事
105	国家轻工业乐器质量监督检测中心（广州）	0172	510370	广东省广州市荔湾区芳村花地大道壹号国际文化广场三楼C018	潘绮珊	理事
106	广州市罗曼士乐器制造有限公司	0241	510860	广东广州市花都区狮领镇育才路13号	郑玉棠	理事
107	广东蓝洋科技有限公司	0390	528131	广东省佛山市三水区西南镇金本工业园B区	肖亚亮	理事
108	广州市大同琴行有限公司	0397	510100	广东省广州市越秀区东川路37号	佟伟彦	理事
109	广州艾茉森电子有限公司	0426	510300	广东省广州市增城区香山大道38号1号楼	刘春清	理事
110	佛山市高明区子昊钢琴有限公司	0504	528511	广东省佛山市高明区荷城街道三洲旧清公路(精工发品厂南侧)	温日辉	理事
111	重庆斯威特钢琴有限公司	0089	400709	重庆江北碚区童家溪镇建设村	王建华	理事
112	昆明乐器用品有限责任公司	0064	650031	云南省昆明市东风西路289号	伍俊武	理事
113	陕西省文化物资公司	0502	710016	陕西省西安市龙首北路东段4号	张忠民	理事
114	宁波职业技术学院乐器制造系	0452	315800	浙江省宁波市北仑新大路1069号	胡晓光	

序号	企业名称	会员证号	邮编	地址	联系人	协会任职
115	青岛玄华涂料有限公司	0395	266108	山东省青岛市城阳区流亭街道赵红路南侧	崔丙杰	
116	山东省济宁市颜氏调律工具有限公司	0453	272000	山东省济宁市任城区南张工业园	颜婷婷	
117	郑州铁路职业技术学院艺术系	0396	451460	郑州市郑州新区职教园区前程路9号	从云飞	
118	广州市锦桦乐器有限公司	0465	510460	广东省广州市白云区江高镇五丰东路68号	李德雄	
119	北京管乐器厂	0004	101111	北京市通州区光机电一体化产业基地科创东五街8号	赵彤	
120	北京双喜乐器有限公司	0008	101200	北京市平谷区东高村镇大旺务西路37号	陈祖华	
121	北京星海钢琴集团有限公司北京民族乐器厂	0104	100053	北京市宣武区槐柏树街乙9号楼	宋从甲	
122	北京市产品质量监督检验院	0255	100000	北京市顺义区顺兴路9号	陈梨	
123	北京敦善文化艺术有限公司	0259	100005	北京市东城区建国门内大街7号光华长安大厦1座302室	于添	
124	北京星海福音琴业有限公司	0278	100061	北京市崇文区夕照寺中街4号	胆美珍	
125	北京龙羽时代科技有限公司	0351	100088	北京市海淀区北三环中路77号27号楼509室	魏剑羽	
126	北京蓝摇惠好乐器有限公司	0410	100083	北京市海淀区五道口华清嘉园18-3-102	张学民	
127	北京爱芝音教教学设备有限公司	0425	102200	北京市昌平区马池口镇乃干屯村203号	宁爱中	
128	威柏尔乐器(北京)有限公司	0454	100740	北京市东城区王府井大街277号好友写字楼2505室	刘勇	
129	北京兆森乐器有限公司	0484	100141	北京市房山区韩村河镇西东村南	孙伟	
130	北京中音中音科技有限公司	0486	100022	北京市朝阳区建国路88号SOHO现代城D座0711-0712室	赵易天	
131	北京连怡乐商贸有限公司	0493	102403	北京市房山区琉璃河工业区	苗文来	
132	北京索达文化传播有限公司	0500	100070	北京市丰台区南四环188号总部基地1区24栋	叶彩萍	
133	乐器空间	0508	101100	北京市通州区李庄佳苑5号楼2单元902	赵文广	
134	北京奥宇新材料科技开发有限公司	0509	102600	北京市大兴工业开发区金苑路2号	时春利	
135	北京安平乐乐器有限责任公司	0539	100089	北京市海淀区紫竹院路100号信弘大厦A221	安青	
136	北京琴语琴愿文化传播有限公司	0556	100021	北京市朝阳区郎辛庄北路58号院扬州水乡3036号	周鹏	
137	北京佳期提琴制作有限公司	0570	101100	北京市通州区潞城镇武窑村119号	李洪源	
138	国韵盛世文化传媒股份有限公司	0589	100020	北京市朝阳区东大桥路8号soho尚都北塔A座22层	任晓锋	
139	北京诺健科技发展有限公司	0592	100039	北京市海淀区复兴路甲36号百朗园1122号	李腊	
140	北京星王星文化传播有限公司	0638	100123	北京市朝阳区青年路西里2号8-1-1903	邢京	
141	北京时代众乐琴行有限公司	0667	100101	北京市朝阳区慧忠里304号楼1层304-2	刘小涌	

序号	企业名称	会员证号	邮编	地址	联系人	协会任职
142	北京莱多乐器有限公司	0670	101105	北京市通州区于家务乡渠头村	杨玉琴	
143	小叶子(北京)科技有限公司	0687	100027	北京市朝阳区望京SOHO塔2C座910	叶滨	
144	北京金信利科技有限公司（环球乐器网）	0711	100079	北京市丰台区顺三条21号嘉业大厦二期1号楼308室	赵德胜	
145	天津通宝乐器有限公司	0015	300230	天津市河北区白庙工业区南口支路6号	姜静	
146	天津市民族乐器厂	0018	300230	天津市河北区南吱路1号	郭建文	
147	天津市隆兴集团进出口有限公司	0107	300211	天津市河西区新围堤道5号	韩延林	
148	天津金雅佳乐器有限公司	0231	300402	天津市北辰区铁东路霍家嘴工业区四号路五门	侯新宇	
149	通宝国际贸易（天津）有限公司	0264	300000	天津市河西区苏州道白楼仕嘉6-2-502	恽林	
150	天津吉驰国际贸易有限公司	0273	301800	天津市宝坻区津围公路西侧	王贵山	
151	天津天同音工贸有限公司	0274	300170	天津市河东区六纬路神州花园26-3-101	王琳	
152	天津吉华国际贸易有限公司	0275	300380	天津市西青区中北工业园阜盛道22号	于秉勋	
153	天津乐海城乐器配件有限公司	0364	300450	天津市塘沽区春风路紫云国际5栋1门201室	王锡华	
154	天津扬　国际贸易有限公司	0408	300192	天津市南开区鞍山西道信诚大厦704室	许心缇	
155	天津市万德弗劳乐器有限责任公司	0444	300011	天津市河东区新开路春华里11-2-401	高志伟	
156	天津劳伦斯乐器有限公司	0476	301700	天津市武清区京津时尚广场7楼大厦1002室	刘瑞	
157	天津创丰乐器进出口贸易有限公司	0483	300150	天津市河北区红星路万科城市花园F-409	贺天宝	
158	天津市东丽区乐林乐器厂	0491	300000	天津市东丽区大毕庄工业区国信路10号	卢启恒	
159	天津市至上乐器有限公司	0498	301800	天津市宝坻区史各庄工业园	袁洪立	
160	天津三卫乐器有限责任公司	0637	300400	天津市北辰区北辰西路联东U谷产业园区29-2号	李国华	
161	天津市静海县恒艺燕京乐器厂	0703	301605	天津市静海县子牙镇潘庄子村	田树恒	
162	廊坊韵迪乐器有限公司	0170	065802	河北省文安县新镇镇工业区	王景川	
163	河北乐之洋乐器制造有限责任公司	0191	053900	河北省饶阳县大官厅工业园566号	赵爱敏	
164	沧州市金狮乐器有限公司	0227	061026	河北省沧州市纸房头工业区	吕宝合	
165	石家庄永宏乐器音响设备有限公司	0230	050000	河北省石家庄市中山东路55号中江文化城四层A1	张奕	
166	廊坊市永信实业有限公司	0261	065000	河北省廊坊市安欠区杨税务	刘家庆	
167	张家口市桥东新星海乐器商店	0375	075000	河北省张家口市桥东区胜利北路30号平安办公大厦2楼	李立鸣	
168	三河市海燕乐器有限公司	0393	065200	河北省三河市辛集镇	李宝玉	
169	河北中轻北方乐器有限公司	0407	053400	河北省衡水市武邑县东风路96号	史占秋	
170	廊坊市日升文体乐器有限公司	0432	065004	河北省廊坊市安次区葛渔城镇西街	胡汝刚	
171	保定市北市区钟鸣琴行	0472	071000	河北省保定市莲池北大街173号	刘金刚	

序号	企业名称	会员证号	邮编	地址	联系人	协会任职
172	衡水新星乐器有限公司	0482	053000	河北省衡水市人民西路西段20号(赵圈工业区)	付吉茂	
173	饶阳县海之韵乐器有限公司	0597	053900	河北省饶阳县东草芦村七区46号	李广敖	
174	三河市音诗培乐器销售有限公司	0624	065201	河北省三河市燕郊开发区燕顺路1156号纳丹堡东门A座2F-02	梁启群	
175	邢台市哆来咪琴行	0632	054000	河北省邢台市桥西区公园东街246号	宁根山	
176	廊坊市斯尔曼乐器有限公司	0659	065000	河北省廊坊市安次区祖各庄西口光辉巷	王颂	
177	南皮县凯盛乐器制造有限公司	0666	061500	河北省沧州市南皮县西环西路	刘国政	
178	廊坊市圣爱工艺品有限公司	0699	065000	河北省廊坊市广阳区东尖塔工业区	邓岳梅	
179	定州市定海体育器材有限公司	0715	073000	河北省定州市唐河循环经济产业园区	李增甫	
180	大同市新百灵音乐文化传播有限责任公司	0271	037008	山西省大同市迎宾街龙新小区 28号A8座	库秀荣	
181	山西普晋琴行有限公司	0334	030001	山西省太原市青年路12号	董武斌	
182	营口西尔伯曼钢琴有限公司	0270	115000	辽宁省营口市西市区民兴河北街	丁弘戬	
183	阿托拉斯乐器制造(大连)有限公司	0356	116600	辽宁省大连市保税区罗湖路9号	王明海	
184	营口乐器协会	0503	115000	辽宁省营口市站前区渤海大街东19号	郝铁成	
185	营口(辽宁)乐器产业基地	0567	115003	辽宁省营口市新联大街东1号	张东	
186	沈阳星辉震东音教设备有限公司	0588	110004	辽宁省沈阳市和平区三好街54号A座4门	王渤	
187	大连龙音乐器有限公司	0671	116600	辽宁省大连市经济技术开发区倚园里28栋-2-5-2号	王明瑜	
188	延吉市民族乐器研究所	0154	133000	吉林省延吉市北山街爱丹路125-2号	赵基德	
189	南关区兴华琴行	0663	130000	吉林省长春市南关区大马路吉塔公寓998号	崔京宜	
190	牡丹江和音乐器有限公司	0650	157003	黑龙江省牡丹江市西安区海浪路199号	贾酝	
191	上海兰生-豪呐乐器有限公司	0111	201722	上海市青浦区西岭镇莲盛西首	徐建华	
192	上海雅特曼钢琴有限公司	0158	201108	上海市闵行区颛桥镇向阳路1158号	王永金	
193	上海华黎民族乐器厂	0161	201311	上海市南汇区大团镇永定北路19弄2号	唐华军	
194	上海韵乐电器有限公司	0166	325608	浙江省乐清市淡溪镇石龙头工业区	柯应岳	
195	上海敦煌乐器有限公司	0185	201400	上海市奉贤区运河北路1025号	陆敏	
196	上海英赫曼琴业有限公司	0187	201200	上海市浦东新区川沙镇进贤路250弄6号1102室(华盛名门小区)	唐海林	
197	中华乐器网	0232	200000	上海南泉北路1015弄401室	窦晓明	
198	上海邦加琴业有限公司	0287	201505	上海市金山区亭林镇东村南4062号	张琳媚	
199	法兰山德乐器(上海)有限公司	0297	201501	上海市金山区枫泾工业园区钱明东路1338弄35号	陈德鹏	
200	上海市普陀区爱乐琴行	0317	200062	上海兰溪路119号	许俊	
201	上海晨川琴业材料有限公司	0320	201705	上海市青浦区华新镇民兴工业园区徐华公路3029弄民兴一路59号	郑纪海	

序号	企业名称	会员证号	邮编	地址	联系人	协会任职
202	上海管乐器厂有限公司	0323	201806	上海市嘉定区外冈镇恒乐路188号	赵时渔	
203	河合贸易(上海)有限公司	0349	200120	上海市浦东南路528号证券大厦北楼2308室	森口昌基	
204	上海顶胜钢琴修理厂	0409	201108	上海市闵行区都会路100号	顾名迈	
205	上海乐圣乐器有限公司	0412	200030	上海市裕德路45弄1号1008室	胡祖庭	
206	上海凯恩乐器有限公司	0413	202180	上海市崇明县合兴镇东首	张伟明	
207	巨吉贸易(上海)有限公司	0435	201108	上海市闵行区都会路1885号丽琴大厦1楼	司马健	
208	上海德宝乐器有限公司	0442	310000	浙江省杭州余杭区白鹭郡北61幢1单元201	葛义云	
209	施坦威钢琴(上海)有限公司	0499	200131	上海市外高桥保税区富特北路201号第一层A部位		
210	上海东方教具有限公司	0516	201601	上海市松江区泗泾镇方泗路88号	季祥义	
211	上海朱里士福里希乐器有限公司	0524	200051	上海市长宁区仙霞路8号仲盛金融中心303A	周文华	
212	卡西欧(中国)贸易有限公司	0554	200051	上海市长宁区遵义路100号虹桥上海城A座10楼	韩天	
213	上海灵江乐器有限公司	0598	201702	上海市青浦区前云路100号	黄正达	
214	菲奥娜乐器(上海)有限公司	0629	200433	上海市杨浦区国权路财富国际广场43号1510	王幼妹	
215	谷估电子商务(上海)有限公司	0652	200000	上海市浦东新区宣桥镇宣秋路567号5号仓库2楼	罗冲	
216	上海萨瑟钢琴有限公司	0656	201400	上海市奉贤区南桥镇南港路1520号	王立功	
217	上海唯声提琴制作有限公司	0660	116036	辽宁省大连市甘井子区营城子大黑石观海山庄	陈顺宝	
218	精工电子商业（上海）有限公司	0681	200021	上海市淮海中路138号上海广场2701-2703室	石井俊太郎	
219	上海鼎韵乐器有限公司	0693	201311	上海市浦东新区大团镇宣大路688号	唐正君	
220	达达里奥贸易（上海）有限公司	0708	200051	上海市长宁区中山西路999号华闻国际大厦1305室	金晨	
221	无锡铃木乐器有限公司	0039	214415	江苏省江阴市祝塘镇人民路1号	缪志兴	
222	南通市乐王琴业有限公司	0046	226001	江苏省南通市环城东路93号	王夕林	
223	无锡市新区古月琴坊	0101	214112	江苏省无锡市新区梅村镇新南路10号	万其兴	
224	苏州市平江区周万春乐器行	0193	215001	江苏省苏州市工业园区扬东路277号晶汇大厦1619-1620室	周健	
225	无锡市锡艺乐器厂	0194	214112	江苏省无锡市新区梅村镇锡贤路149号	万建平	
226	苏州恒生进出口有限公司	0200	215004	江苏省苏州市西环路1638号国际经贸大厦	周奇生	
227	扬州市邗江华音民族乐器厂	0235	225000	江苏省扬州市凯莱巴黎春天小区136栋201室	周杰	
228	苏州市卓特乐器工艺五金厂	0298	215008	江苏省苏州市白洋湾大街洋南路8号	史超	

序号	企业名称	会员证号	邮编	地址	联系人	协会任职
229	扬州音美尔民族乐器有限公司	0312	225006	江苏省扬州开发区运西路运西镇逸居路118号	刘庆阳	
230	扬州市维扬区御声乐器厂	0322	225000	江苏省扬州市西湖镇司徒庙路西首-胡场	杨国富	
231	昆山德邦木业有限公司	0358	215347	江苏省昆山市巴城镇正仪高科技术产业园富丽路	唐亮	
232	南京宏盛毛毡制品有限公司	0367	210000	江苏省南京市溧水区白马工业集中区工业北路2号	赵清双	
233	无锡万声乐器有限公司	0376	214112	江苏省无锡市新区梅村镇新南科技园新南路10号	万小红	
234	南京爱韵贸易实业有限公司	0433	210012	江苏省南京市雨花区软件大道119号丰盛商汇6号楼208室	童磊	
235	扬州市百家筝鸣筝业管理有限公司	0445	225000	江苏省扬州市维扬路258号百乐门大厦四楼	曲玉利	
236	扬州市邗江嫦娥乐器厂	0506	225107	江苏省扬州市邗江区李典镇长生村	尤永妹	
237	扬州天音乐器厂	0513	225000	江苏省扬州市城北乡槐南路	郑桂珠	
238	江苏至善教育投资管理有限公司	0519	210002	江苏省南京市白下区游府西街46号20楼	徐德平	
239	姑苏区采长尧民乐工作室	0529	215000	江苏省苏州市相城区黄桥镇胡湾工业区旺盛路向东100米富虹塑胶院内3楼	采长尧	
240	江苏乾坤科教设备有限公司	0534	223229	江苏省淮安市淮安区施河镇工业园区	董玉乾	
241	江阴市鹏程乐器厂	0542	214407	江苏省江阴市徐霞客镇上东村	陆文庆	
242	淮安市经纬教学设备有限公司	0552	223229	江苏省淮安市楚州区施河镇德福北路186号	成鹏	
243	江苏锡光科教设备有限公司	0555	223229	江苏省淮安市淮安区施河镇太平路西首	钱剑峰	
244	江苏奇乐娃实业有限公司	0557	223229	江苏省淮安市淮安区施河镇工业集中区	刘学军	
245	江苏航天光电科技有限公司	0558	223229	江苏省淮安市淮安区施河镇工业园区淮河路西首	胡建波	
246	江苏华辰教学设备有限公司	0560	223229	江苏省淮安市施河镇工业园区人民路南首	管益武	
247	江苏柠檬科教设备有限公司	0563	223600	江苏省沭阳县章集工业园区柠檬3号	徐兴俊	
248	江苏省诚信教学设备有限公司	0564	223600	江苏省沭阳县工业园区北区	祁军	
249	江苏省华茂科教设备有限公司	0565	223600	江苏省沭阳县经济开发区永嘉路40号	祁霞	
250	江苏华光科教设备有限公司	0571	223229	江苏省淮安市淮安区施河镇世纪大道8号	吴斌	
251	吴江市飞浪文化传播有限公司	0573	215228	江苏省吴江市盛泽镇东方花园钻石商业广场三楼	盛志荣	
252	宿迁市金利普教学仪器设备有限公司	0581	223600	江苏省宿迁市沭阳县书香名邸49幢2号商铺	沈念兵	
253	苏州音华琴行	0585	215000	江苏省苏州市东环路1500号407室	包林庆	
254	扬州太古琴坊有限公司	0586	225000	江苏省扬州市仪征刘集镇盘古工业园1号	刘霄	
255	泰州裕泰乐器有限公司	0590	225400	江苏省泰兴市黄桥镇城黄西路168号(黄桥镇环保所对面)	王庆华	

序号	企业名称	会员证号	邮编	地址	联系人	协会任职
256	江苏名帝教育设备有限公司	0600	223600	江苏省沭阳县珠江路东侧名城2号楼6号商铺	周跃齐	
257	南通一诺乐器有限公司	0603	226001	江苏省南通市南大街38号银河大厦20层	钱军建	
258	扬州清和文化发展有限公司	0611	225000	江苏省扬州市广陵区食品工业园绿禾路6号	金峰	
259	扬州正和民族乐器厂	0615	225007	江苏省扬州市广陵区头桥镇迎新村	杨越	
260	江苏宇辉教学用品有限公司	0618	223229	江苏省淮安市淮安区施河镇德福南路	刘红兵	
261	江苏利生科教设备有限公司	0619	223229	江苏省淮安市淮安区施河镇世纪大道南侧	殷建风	
262	淮安市飞鹰教学用品有限公司	0620	223229	江苏省淮安市淮安区施河镇太平西路	秦万兵	
263	江苏大鹏科教设备有限公司	0621	223229	江苏省淮安市淮安区施河镇淮河路	刘宝珍	
264	徐州市铜山区顺成乐器配件厂	0630	221115	江苏省徐州市铜山区房村镇新庄	刘方盘	
265	江苏星杨月科教设备有限公司	0645	223229	江苏省淮安市淮安区施河镇世纪大道	杨如忠	
266	江苏月星科教设备有限公司	0646	223229	江苏省淮安市淮安区施河镇世纪大道2号	葛彩珍	
267	江苏六鑫科教仪器设备有限公司	0648	225218	江苏省扬州市江都区浦头镇工业园区	朱美馀	
268	江苏爱心教学装备有限公司	0665	223229	江苏省淮安市淮安区施河镇工业园区	施超	
269	南通明星琴行有限公司	0668	226001	江苏省南通市环城东路79-1号	朱磊	
270	扬州格律诗乐器有限公司	0676	225000	江苏省扬州市广陵区康乐新村101栋104	田玉	
271	淮安市荣佳教学用品有限公司	0679	223200	江苏省淮安市淮安区施河镇德福路100号	郭荣	
272	江苏富爱科技发展有限公司	0682	226600	江苏省南通市海安县谭港村18组	李富	
273	南通市荣祖教学设备有限公司	0684	226600	江苏省南通市海安县城东镇农林村12组	朱水荣	
274	徐州宝迪教学设备有限公司	0694	221000	江苏省徐州市淮海西路苏豪时代广场1#-1-1116	徐华剑	
275	宿迁得益教学设备有限公司	0695	223600	江苏省沭阳县书香名邸小区49幢2号商铺	徐志鸿	
276	江苏三毛教仪成套设备有限公司	0696	223600	江苏省沭阳县工业园区萧山路36号	徐兴俊	
277	扬州玲珑苑琴筝坊	0710	225247	江苏省扬州市江都区武坚镇周西社区兴周路2号	陈后勇	
278	江苏方舟教学设备有限公司	0719	223600	江苏省沭阳县十字工业园区	胡兴艳	
279	扬州市邗江希音古琴坊	0720	225000	江苏省扬州市邗江区杨庙镇	陈炎	
280	扬州翔韵琴筝有限公司	0721	225125	江苏省扬州市西区杨庙镇	刘永勤	
281	海湾乐器（嘉善）有限公司	0148	314100	浙江省嘉善县谈公北路368号	胡益兰	
282	永康市前仓永固乐器厂	0204	321305	浙江省永康市前仓镇前仓村金鸡路53号	蒋学良	
283	杭州雅马哈乐器有限公司	0212	311241	浙江省杭州市萧山区瓜沥镇沙田头村	小林孝一	
284	浙江珠江德华钢琴有限公司	0229	313200	浙江省莫干山经济开发区北湖东街288号	伍锐伟	
285	海盐东方口琴厂	0249	314300	浙江省海盐县海兴西路288号	丁文良	

序号	企业名称	会员证号	邮编	地址	联系人	协会任职
286	杭州沃尔特数码钢琴有限公司	0267	310023	浙江省杭州市余杭区五常工业区荆长路31号-A	赵为民	
287	杭州艺威电子音响设备厂	0291	311118	浙江省杭州市余杭区黄湖宏图路68号	蔡忠伟	
288	宁波音王电声股份有限公司	0306	315104	浙江省宁波市鄞州投资创业园诚信路818号	王祥贵	
289	丽水括苍琴行	0344	323400	浙江省丽水市括苍路222号	叶菊香	
290	临海市均华乐器有限公司	0380	317000	浙江省临海市古城街道聚景路9号	金云声	
291	宁波市四明琴行有限公司	0420	315000	浙江省宁波市海曙区望京路146号	石海岳	
292	浙江学全科教仪器有限公司	0475	321300	浙江省永康市石柱镇下里溪工业区百福临大道9号	蒋学全	
293	温州市中联异型紧固件有限公司	0485	325000	浙江省温州市瓯海区郭溪下屿工业区	李凯胜	
294	永康市天目琴行	0575	321300	浙江省永康市华丰西路87弄2幢1号	李依伟	
295	杭州市滨江区艺树琴行	0584	310052	浙江省杭州市滨江区香溢路128号	金丽梅	
296	嘉善县歌特乐器商行	0595	314100	浙江省嘉善县魏塘街道文化综合市场1-98号	孙刚	
297	宁波市镇海磊磊音响器材厂	0605	315201	浙江省宁波市镇海庄市兆龙路368号	徐佩红	
298	浙江一恒教学仪器有限公司	0692	321304	浙江省永康市前仓镇世纪路6号	章青华	
299	温岭市箬横多芬琴行	0712	317507	浙江省温岭市太平街道星光中路287-289号（兴兴公寓内，街道卫生院旁）	叶香花	
300	合肥市佳音琴行有限责任公司	0388	230061	安徽省合肥市长江西路53号	王琦	
301	安徽和信教学仪器设备有限公司	0514	234000	安徽省宿州市武夷商业城B1区210-222室	陈静	
302	淮南泰博阳光科技有限公司	0515	232001	安徽省淮南市人民南路财富中心B座1601室	郑喜书	
303	蚌埠市实力电脑系统集成有限公司	0517	233000	安徽省蚌埠市中荣街120号	江娥	
304	合肥永信信息产业股份有限公司	0527	230001	安徽省合肥市阜南路169号东怡金融广场B座5楼	陶满	
305	合肥信卓网络科技有限公司	0538	230000	安徽省合肥市庐阳区荷塘路50号杏花印务2号楼5层	靳自隐	
306	合肥振邦信息科技有限公司	0543	230022	安徽省合肥市高新区望江西路502号西蜀名苑6栋101室	王俊	
307	安徽联正信息工程有限公司	0582	230000	安徽省合肥市金寨路155号黄金广场5幢B座2704室	徐胡静	
308	合肥海知音乐器销售有限责任公司	0583	230061	安徽省合肥市庐阳区长江路276号	李扬秋	
309	安徽泰隆教育用品有限公司	0591	231300	安徽省舒城县城关镇工业园区(梅河东路)	曹长友	
310	安徽省国声琴行有限公司	0596	230001	安徽省合肥市桐城路77号1号门面	杨保海	
311	安徽新华教育图书发行有限公司	0601	230041	安徽省合肥市庐阳区砀山路10号新华物流园综合楼3楼311室	谢正平	
312	安庆新华书店有限公司	0617	246003	安徽省安庆市集贤南路2号	肖金和	

序号	企业名称	会员证号	邮编	地址	联系人	协会任职
313	宿州新华书店有限公司	0625	234000	安徽省宿州市淮海中路79号	胡长仁	
314	安徽省吉利琴行有限公司	0627	230031	安徽省合肥市蜀山区潜山路与皖河支路交口商之都三楼	王欣	
315	安徽新思路教育装备有限公司	0635	230085	安徽省合肥市高新区人工湖路西侧金安桃李园F3幢102-302室	张咏梅	
316	合肥桐科电子科技有限公司	0636	230088	安徽省合肥市高新区天怡国际商务中心主楼802室	蔡群	
317	亳州市冠中琴行经营部	0714	236800	安徽省亳州市谯城区建安路与兴明路交叉口南20米路东	陈冠中	
318	合肥市乐海琴行有限公司	0717	230001	安徽省合肥市寿春路88号	邵坚	
319	钰丰乐器(福建)有限公司	0313	363612	福建省南靖县丰田华侨经济开发区	陈永茂	
320	福州市鼓楼区正大琴行	0495	350000	福建省福州市鼓楼区安泰中心A座2F9-12号	江其忠	
321	厦门市卓悦商贸有限公司	0622	361006	福建省厦门市湖里区高崎南五路220号航空商务广场8号楼2层	叶海鹏	
322	漳州亚东钢琴有限公司	0669	363099	福建漳州市芗城区金峰经济开发区	洪亚东	
323	漳州市龙吟乐器有限公司	0674	363000	福建省漳州市金峰开发区渡头村395号	段性皓	
324	厦门斯坦伯格钢琴有限公司	0675	361101	福建省厦门市翔安区五星路465号之2单元	刘才祥	
325	余干县民族乐器有限公司	0319	335100	江西省余干县玉亭镇沙窝大街	张仕先	
326	123爱乐网	0528	253000	山东省济南市历下区经十路12588号名士豪庭5号市级公建1712号	郭东波	
327	江西省宏声文化艺术发展有限公司	0579	330000	江西省南昌市国安路112号	刘宏	
328	南城县路东教学设备有限公司	0683	344700	江西省南城县株良镇路东村	李后祖	
329	山东劳立斯世正乐器有限公司	0108	266109	山东青岛城阳区春阳路101号	邓莹	
330	山东泰山管乐器制造有限公司	0131	265701	山东省龙口市东莱大李	赵人兴	
331	聊城山石麦尔乐器有限公司	0243	252000	山东省聊城市花园北路38号	刘冰	
332	兖州声远乐器有限公司	0245	272112	山东省兖州市谷村镇杨村	颜廷学	
333	青岛吉他平方商贸有限公司	0399	266023	山东省青岛市标山路128号甲	张豪	
334	青岛青大琴行有限公司	0400	266000	山东省青岛市市南区宁夏路127-6号	周克岭	
335	昌乐乐吉乐器制造有限公司	0411	262417	山东省潍坊市昌乐县崔家庄政府驻地	张立强	
336	昌乐县东方乐器厂	0417	262409	山东省昌乐县鄌郚镇政府驻地	李凤英	
337	潍坊惠好乐器有限公司	0419	262409	山东省昌乐县鄌郚镇工业园	刘志江	
338	济南旭秋乐器有限公司	0441	250100	山东省济南市高新区世纪大道理想嘉园2号楼19层1909室(小鸭集团)	董念春	
339	荷泽市八音乐器有限公司	0469	274000	山东省荷泽市牡丹区刘寨	马宏川	
340	龙口特达经贸有限公司	0477	265701	山东省龙口黄城怡园南路19号	王献结	
341	临沂宗沛斋工贸有限公司	0518	276034	山东省临沂市河东区华龙路	张宗沛	
342	龙口市博奥乐器制造有限公司	0536	265709	山东省龙口市兰高镇仪乐李家村	邹梦纯	

序号	企业名称	会员证号	邮编	地址	联系人	协会任职
343	滕州市北辛华彩琴行	0544	277500	山东省滕州市善国北路人才市场对过	梁景永	
344	山东艺达民族乐器有限公司	0614	276000	山东省临沂市郯城县李庄镇205国道西侧	何秀亮	
345	山东吉诺尔体育器材有限公司	0651	276000	山东省临沂市兰山区小商品城22号楼0767-0768号	李娟	
346	潍坊盛世扬歌乐器有限公司	0657	261021	山东潍坊市奎文区东风东街荣观华府2号楼2406号	尹广军	
347	山东黑木环保材料科技有限公司	0689	256400	山东省淄博市桓台经济开发区泰山路30号	张玲玲	
348	江苏锡光教学设备有限公司	0700	223229	江苏省淮安市淮安区施河镇工业园区	钱叙兴	
349	江苏东大科教设备有限公司	0702	223229	江苏省淮安市淮安区施河镇条龙村	胡国政	
350	江苏华丰教学设备有限公司	0704	223229	江苏省淮安市淮安区施河镇工业园区	刘长军	
351	江阴奇灵乐器有限公司	0705	214441	江苏省江阴市申港镇澄路1597号	缪庆益	
352	青岛洲际工贸有限公司	0706	266121	山东省青岛市李沧区石沟工业园	刘学同	
353	河南省宏声琴行有限公司	0547	450000	河南省郑州市文化路117号	刘慧波	
354	开封三好乐器有限公司	0566	475312	河南省兰考县固阳镇固牛路	吴大平	
355	安阳盛世华彩乐器有限责任公司	0633	455000	河南省安阳市解放大道293号	李建国	
356	兰考腾云乐器有限公司	0639	475312	河南省兰考县堌阳镇乐器工业园区	胡高云	
357	兰考县古韵乐器配件厂	0641	475312	河南省兰考县堌阳镇梁场村	厂长	
358	兰考县鸣韵乐器有限公司	0642	475312	河南省兰考县堌阳镇乐器工业园区	徐会争	
359	郑州宏鑫科教设备有限公司	0647	450000	河南省郑州市中原区航海路南工人路西帝湖花园东王府7号楼2单元802室	胡明昆	
360	郑州普乐仪器仪表有限公司	0690	450006	河南省郑州市中原区伏牛路219号2号楼东1单元5层西户	席延丽	
361	武汉致嘉乐器销售有限公司	0100	430050	湖北省武汉市经济开发区民营科技工业园12号M栋	周致嘉	
362	武汉市海平乐器制造有限公司	0125	430334	湖北省武汉市黄陂区甘棠街甘棠大道230号		
363	武汉市曾宪勇民族拉弦乐工作室	0198	430014	湖北省武汉市蔡锷路滨江里7号	曾宪勇	
364	武汉豪乐特进出口贸易有限公司	0283	430012	湖北省武汉市江岸区百步亭花园新江岸五村188号豪乐特大厦	黄小萍	
365	武汉市乐王乐器有限公司	0293	430060	湖北省武汉市东湖高新技术开发区武大科技园路7号武大航域办公楼A8栋6楼	邢福志	
366	湖北华都钢琴制造有限公司	0427	432721	湖北省广水市广办西河路二路2号	汪其见	
367	武汉开菱电器有限公司	0439	430077	湖北省武汉市武昌区黄鹂路15号	李爽	
368	武汉天歌电子有限公司	0449	430074	湖北省武汉市洪山区民院路15号	周小雯	
369	武汉机械工艺研究所有限责任公司	0698	430015	湖北省武汉市东西湖将军路万家墩东村59号	高力强	
370	长沙幻音电子科技有限公司	0688	410205	湖南省长沙市高新区尖山路39号电软件园6楼605室	郭润博	

序号	企业名称	会员证号	邮编	地址	联系人	协会任职
371	广州市大铃乐器制造有限公司	0091	511495	广东省广州市番禺区钟村镇胜石村区东涌桥自编之一	罗少宏	
372	揭阳市长城乐器有限公司	0097	515541	广东省揭阳市新亨镇白石村	徐金河	
373	广州传音乐器厂	0168	510620	广东省广州市天河区天河路228号广晟大厦1710室	苏常青	
374	揭西县美科电子电器厂	0206	515400	广东省揭西县城环城路西段	张远青	
375	惠阳区秋长全丰育乐用品厂	0234	516221	广东省惠阳区秋长镇长兴路鹏岭工业城	蔡赖丰	
376	广州市朗晴发展有限公司	0268	510623	广东省广州市珠江新城华明路9号华普广场西[illegible]METHOD2613室	周旗	
377	广州市芳村区共鸣乐器厂	0277	510378	广东省广州市龙溪中路44号B4	李志伟	
378	深圳市伊诺乐器有限公司	0300	518000	广东省深圳市南山区前海路4号深圳能源工业小区1栋6楼	袁雁	
379	广州市鹏联乐器有限公司	0305	510545	广东省广州市白云区钟落潭镇良沙路3663号	邹建全	
380	佛山市三水区美莱迪乐器制造有限公司	0307	528133	广东省佛山市三水区河口工业大道27号	苏佳年	
381	广州市新艺宝乐器有限公司	0309	510620	广东省广州市天河区黄浦大道西177号二楼	凌建聪	
382	深圳市和普乐器有限公司	0341	518030 518034	广东省深圳市福田区八卦岭八卦五路五街543栋4楼433房	毛建平	
383	东莞市超联电子有限公司	0348	523400	广东省东莞市石排镇中坑民营工业区	陈志安	
384	深圳市中艺盈科电子有限公司	0355	518101	广东省深圳市宝安35区安华工业区一巷8栋A5	钟永津	
385	佛山市三水龙声乐器制造有限公司	0362	528131	广东省佛山市三水区白坭镇白沙南街一号	李庆炎	
386	潮安县吉星乐器有限公司	0405	515636	广东省潮安县龙湖镇三英村石桥头片	成国器	
387	惠州市惠阳区秋长侑成乐器木器厂	0414	516221	广东省惠州市惠阳区秋长镇桃南路11号	蔡国宏	
388	东莞市三基音响科技有限公司	0428	523800	广东省东莞市大朗镇水平村象和路28号	刘恩海	
389	深圳市伏荣科技开发有限公司	0459	518100	广东省深圳市宝安区西乡大道300号劳动第二工业区1号6楼		
390	汕头市乐童乐器有限公司	0488	515000	广东省汕头市丹阳庄东区59栋802	孙丽松	
391	广州市雅迪数码科技有限公司	0496	510163	广东广州荔湾区珠岛花园3幢303士多店	胡伟	
392	广州弦尚文化传播有限公司	0501	510000	广东省广州市天河区黄村路51号粤安工业园A栋6楼	隋细华	
393	汕头市粤升乐器实业有限公司	0507	515063	广东省汕头市大学路叠金工业区三路	吴汉军	
394	佛山市南海区海韵乐器制造有限公司	0520	528222	广东省佛山市南海区狮山镇小塘三路西路江湄工业区	胡冬花	
395	深圳市卓乐科技有限公司	0521	518133	广东省深圳市宝安28区陆氏工业大厦2楼	李国飞	
396	东莞市增旺精密五金有限公司	0531	523700	广东省东莞市塘厦镇莆心湖大道北七号	姜有文	
397	珠海汇吉洋电子科技有限公司	0532	519000	广东省珠海市斗门区白蕉工业园新科二路26号	王超	

序号	企业名称	会员证号	邮编	地址	联系人	协会任职
398	珠海顺奇电子科技有限公司	0533	519000	广东省珠海市斗门区白蕉工业园新科二路26号双骏工业园	张志峰	
399	揭西县美乐斯电子电器厂实业有限公司	0537	515400	广东省揭阳市揭西县河婆街道北环一路中段(国税大楼后面)	张伟雄	
400	惠州市惠阳区新圩曼棱乐器厂	0540	516000	广东省惠州市惠阳区新圩镇塘口工业区	李秋云	
401	德国博兰斯勒钢琴（中国)有限公司	0541	510620	广东省广州市天河北路595-599号创新科技广场二楼	方扬	
402	班恩乐器箱包(深圳)有限公司	0551	523000	广东省东莞市虎门镇北栅东访工业区油炸垅五巷一号	詹婷婷	
403	广州市和必括乐器制造有限公司	0553	510430	广东省广州市白云区石井红星工业路10号B座2号	黄斌	
404	广州大明抛光腊有限公司	0568	511495	广东省广州市番禺区钟村镇胜石工业区	胡华明	
405	深圳戎马广告有限公司(琴行经营报)	0578	518000	广东省深圳市福田区车公庙泰然六路物业大厦207栋301室	林凯	
406	广州市鸣雅玛丁尼乐器制造有限公司	0587	510800	广东省广州市花都区新华镇凤凰北路三东工业区	汪宏齐	
407	深圳市魔耳乐器有限公司	0593	518000	广东省深圳市宝安区71区留仙三路25号敬航大厦B栋5楼	朱四华	
408	深圳市宏伟顺科技发展有限公司	0599	518100	广东省深圳市宝安区新安街道44区富源商贸中心B1403	段建军	
409	鹤山市挚雅乐器有限公司	0602	529737	广东省江门市鹤山市龙口镇北环路6号	杨建勋	
410	广州市恒胜箱包有限公司	0606	520800	广东省广州市花都区新华街团结村塘口四队机场安置区商业街	彭兰	
411	广州市彩虹乐器有限公司	0616	510890	广东省广州市花都区花东镇凤岗村流溪河旁村委对面	王美兰	
412	中山市小榄镇名乐电子有限公司	0623	528415	广东省中山市小榄镇绩西合一东路8号	梁景富	
413	广州市法奥臣文化传播有限公司	0634	510000	广东省广州市海珠区新港东路1022号保利世贸E座4208	梁永波	
414	广州市德倡行贸易有限公司	0644	510375	广东省广州市荔湾区花蕾路10号红棉大厦1208室	梁惠珍	
415	广州欧米勒钢琴有限公司	0655	510460	广东省广州市白云区江高镇神山工业园振兴路77号厂区2号厂房	方扬	
416	深圳市阿诺玛乐器有限公司	0658	518000	广东省深圳市宝安区宝田三路宝田工业区56栋6楼	陈海华	
417	佛山市南海区品贤音乐艺术中心	0662	528000	广东省佛山市南海区季华七路鹏瑞利季华广场3楼	黄建萍	
418	南雄市罗曼现代钢琴有限公司	0664	512400	广东省南雄市珠玑G323国道旁	李晓勇	
419	惠州市乐音乐器有限公司	0672	516211	广东省惠州市惠阳区淡水镇铁湖路玉兰别墅D9-10栋	彭爱平	
420	惠阳区秋长声柏乐器木器厂	0697	516200	广东省惠州市惠阳区长街道秋长镇岭湖工业区亚来路39号	王振中	
421	广州市拿火信息科技有限公司	0707	510000	广东省广州市越秀区解放北路568号	陆子天	
422	天津滨海琴行有限公司	0290	300450	天津市塘沽区上海道1329号	刘祥清	

序号	企业名称	会员证号	邮编	地址	联系人	协会任职
423	南宁市嘉诚琴行有限公司	0546	530022	广西省南宁市教育路7-2号	林李斌	
424	海南东盛弘蟒业科技股份有限公司	0572	570011	海南省海口红城湖路109号国检公寓1504	林明栋	
425	重庆市万州区龙宝雅韵乐器城	0403	404000	重庆市万州区白岩路152号艺术大厦(2-6楼)	陈联全	
426	重庆海乐文化传播有限公司	0713	400030	重庆市南区南城大道197号2屋	何杰斌	
427	成都朝阳浪琴乐器制品有限公司	0210	610200	四川省双流县东升镇清泰村	黎明强	
428	自贡市贝尔吉教学仪器设备有限公司	0559	643000	四川省自贡市国家高新技术产业区川南中小企业创业园金川路15号附10号	兰金	
429	四川文轩教育科技有限公司	0673	610041	四川省成都市高新区天韵路186号高新国际广场E座401室	李强	
430	成都伟航科技有限公司	0677	610000	四川省成都市高新区天府大道1480号高新孵化园德商国际B座505	彭德伟	
431	玉屏侗族自治县箫笛厂	0063	554000	贵州省玉屏市中山路465号	吴	
432	石阡县泉都民族乐器厂	0512	555100	贵州省石阡县汤山镇洋溪村一组	杨大军	
433	云南民族民间音乐艺术品开发公司	0062	650000	云南省昆明市阳光花园旭苑27栋4单元501	杨声	
434	西安音乐学院乐器厂	0224	710061	陕西省西安市长安中路108号	黄勇	
435	安康市秦艺贸易有限公司	0276	725000	陕西省安康市汉滨区解放路体育巷2号	姚立宪	
436	西安市曹氏乐器修理服务中心	0359	710016	陕西省西安市太华南路新兴路3号院12号楼2门5层2号	曹西歧	
437	建设路莺鸣琴行	0326	737100	甘肃省金昌市建设路113号中(新华书店对面)	任庆根	

2015
中国乐器年鉴
CHINA MUSICAL INSTRUMENT YEARBOOK
行业篇 1
指标数据篇 94
协会工作篇 134
科技篇 177
海外资讯篇 264

乐器标准

全国乐器标准化委员会2014年工作报告

一、乐器标准总体情况

近十年来，乐器已成为提高我国民素质教育和文化事业发展的重要组成部分。“提高全民素质教育、大力发展文化事业和文化产业”、轻工业“十二五”发展规划中“大力开拓农村市场，围绕农村公共文化建设，推进乐器下乡，丰富农民精神文化生活”、以及教育部颁布《小学音乐教学器材配备标准》《初中音乐教学器材配备标准》等国家发展战略与政策的实施，给乐器行业发展带来了难得的机遇。实施的重大文化产业项目带动战略，加快了乐器产业基地和区域性特色文化产业集群的建设，培育了产业骨干，繁荣了文化市场，增强了国际竞争力。通过一系列相关政策、措施的出台和贯彻落实，乐器作为音乐教育与艺术再创作的必要手段和工具，已全面纳入到国家以及各省市推行素质教育和大力发展文化事业的工作范畴之中。在推行音乐艺术教育、提高国民特别是青少年素质教育、活跃城乡人民文化娱乐活动、加强精神文明建设中，乐器起到了不可或缺的作用，显示出了强大的生命力。

根据国家标准化管理委员会《全国专业标准化技术委员会管理规定》和中国轻工业联合会《全国轻工行业专业标准化技术委员会换届工作暂行办法》的规定，乐器标委会向国标委提交了第二届乐器标委会换届与组建筹备工作的方案。第二届乐器标委会于2014年6月正式成立。第二届乐器标委会分别由45名委员组成，分别来自行业协会、科研、质检、院校、企业和商业（代表用户）等领域。第二届乐器标委会根据乐器产品种类多专业性较强的特点，在乐器标委会框架下先后组建了“电鸣乐器”“钢琴”“民族乐器”三个标准制修订工作组以协助秘书处做好标准总体规划、年度计划以及标准前期审查等诸项工作。

序号	标准名称	标准级别	标准类型	制定/修订	计划完成年度
1	乐器中文通用名称	国家	基础	制定	2015
2	电鸣乐器音色与音乐风格中文通用名称	国家	基础	制定	2015
3	乐器声学品质主观评价人员等级规范	国家	基础	制定	2015
4	电子琴通用技术条件	国家	基础	修定	2015
5	电子琴的环境试验要求和试验方法	国家	基础	修定	2015
6	电鸣乐器教学系统配备及安装通用技术规范	国家	方法	制定	2015
7	板胡	行业	产品	制定	2015
8	筝弦	行业	产品	制定	2015
9	节拍器	行业	产品	制定	2015
10	乐器音准装置准确度级判定	行业	方法	修定	2015
11	自由低音手风琴	行业	产品	修定	2015

注：序号1～5为在研项目，序号6～11为已申报项目

二、乐器标准现状

截止到2015年6月，乐器标委会归口管理的乐器类已发布、已报批和在研国家、行业标准共有106项，标龄基本控制在5年之内（不算在研修定项目），其中基础通用标准28项，占比例26%、方法标准7项，占比例7%、产品标准71项，占比例67%。106项标准中强制性标准1项，推荐性标准105项。共20多个单位、60多人次的委员及相关企业人员参加了上述标准的制、修订工作。本年度在研制修订国标5项，制定行标3项。

三、乐器标准制修订及完成情况

依据乐器标准体系中列项以及计划拟立项年度，并根据乐器行业标准化工作实际情况与标准年限，秘书处对2014年、2015年标准计划做出了排序，并经全体委员审议同意后向主管部门提出了6项国家标准和5项行业标准的制修订计划，并进行了申报，项目名称见下表:

2014年6月全国乐器会借换届会议期间，审定了《陶笛、巴乌、葫芦丝》三项乐器行业标准，经45名中42名委员的表决一致通过了审查，形成了报批稿，并已上报主管部门。

2014年本标委会共完成标准报批 3 项（其中：国家标准 0 项，行业标准 3 项）；已发布标准 9 项（其中：国家标准 1 项，行业标准 8 项）。在已发布的标准中制定标准 4 项（其中：国家标准 1 项，行业标 3 项），修订标准 5 项（其中：国家标准 0 项，行业标准 5 项）。

以上申报和完成的标准制修订项目不但符合《轻工业“十二五”发展规划》中“大力开拓农村市场，围绕农村公共文化建设，推进乐器下乡，丰富农民精神文化生活”的总体要求，以及有力的配合了教育部对《小学音乐教学器材配备标准》、《初中音乐教学器材配备标准》的实施，同时完善和补充了乐器标准体系，承担起了在全国范围内对乐器质量评定与招投标的质量验收依据。

四、参与国际标准化工作情况

乐器标准化工作在国际标准化组织中没有对口机构。由于国际标准化组织（ISO）未颁布相应的乐器类国际标准，因此我国乐器标准的制定大多是剖析采用先进国家同种类产品的技术参数。在已正式颁布我国各级、各类的乐器标准中，采取的是既符合我国乐器生产实际和以市场化为原则，又切实可行能为我所用的采标方法，对标准中有必要确定的定量指标进行覆盖，使其在标准层面不低于先进国家同类产品的质量水平，并收到了显著的效果。

五、乐器标准化科研工作

为贯彻执行国家相关政策和为加强自身建设和在乐器标准层面引领和支撑国家“消费品安全、综合利用”等的一系列规定，乐器标委会根据行业需求和向社会表明应承担的责任，提出并开展了对乐器、乐器零部件、包装物中有害物质、以及回收、利用等领域课题的研究，并先后完成了《乐器有害物质限量》、《废弃乐器回收利用通用技术规范》等“安全、综合利用”领域国家标准的制定。

六、乐器标委会工作情况

2014年乐器标委会按照《国家标准体系建设工程》和《轻工业技术标准体系编制要求》两个指导性文件的要求，在不断完善《乐器标准体系》的基础上以及根据“十二五”的规划，对现有体系进行了动态调整。

2014年6月，借第二届乐器标委会成立会议期间，由国家标准审查部王长林主任对全体委员及从事企业标准化工作的人员计62名进行了“标准起草、标准审查方面能力、提高标准编写和审查工作质量”的培训，并颁发了经考试合格的证书。

2014年10月乐器标委会秘书长参加了由国家标准委举办的“国家标准制修订政策、技术委员会管理规定、标准涉及专利的处置规则、加强标准宣贯有关措施、标准制修订工作管理信息系统和技术委员会工作平台功能介绍”的培训班，并获培训证书。

2014年12月乐器标委会秘书处派员参加国家标准委举办“新系统、新平台”的讲座与培训。

七、乐器标准工作存在的问题及建议

我国乐器制造业已有60多年的历史，但由于基础较薄弱，缺乏在设计上形成自主理论，造成中国乐器整体质量水平不高，从而限制或制约了乐器标准水平的提升。从标准工作的角度分析，主要表现在：(1)、企业参与标准制定的积极性不够高，对标准、标准化工作与之对应生产各个环节的重要性还缺乏透彻的认识；(2)、标准情报工作搜集滞后，未能将国际新技术、新工艺资料及时更新；(3)、标准工作经费不足，造成乐器标准水平整体偏低和部分缺失；(4)、标准整体水平较低导致门槛过低，影响了乐器产品质量和行业整体水平的提高；(5)、由于乐器产品品种繁多，工艺及技术差异大，还有不少产品及零配件尚未制定标准，较大程度存在标准间配套问题；(6)、标准宣贯、监督不力，执行标准意识淡薄；(7)、缺少标准化人员培育、培训的机制；(8)、乐器实验室或检测机构的检测设备与手段的不完善或缺失制约了标准水平的提高。

八、乐器标准经费情况

2014年乐器标委会秘书处经费收入主要来源于委员单位缴纳的会费和完成制定《乐器有害物质限量》国家标准后秘书处向北京市政府申请的经费补助。其支出的费用基本用于乐器标委会秘书处人员日常及开展有关乐器标准的活动。由于乐器标准涉及音乐教育和文化演艺界，工作难度大、周期长，因此乐器标准工作经费不足，需要多方筹措。

九、2015年乐器标准工作重点

为更坚决贯彻执行国家相关政策和为加强自身建设，以及在乐器标准层面引领和支撑国家“消费品安全”等的一系列规定，乐器行业的标准化拟在今后分阶段重点开展以下工作：一是按照“消费品标准化工程建设的总体方案”，结合乐器行业实际情况，着手摸清乐器成品以及乐器材料中除涉及“VOC、TVOC、重金属、增塑剂”和“综合利用”的领域外，重点关注乐器产品中化学物质的分析与研究，待时机成熟后，建立此领域的标准；二是在调研的基础上，在做好顶层设计和规划、构建乐器安全标准体系框架的同时，提出和制定符合实际需求的乐器质量安全的体系框图和体系表；三是目前乐器行业“使用安全、再利用”等领域标准工作刚刚起步、数量不多、还不能有效的形成体系的情况下，转变思路，打破原有仅注重产品质量、方法标准制定的观念，在继续完善现有标准体系的框架下，增加和补充乐器“标签标识”领域的标准，以协助消费者增强乐器真伪的识别能力；四是建立标准化的多元化工作机制，充分发挥市场作用，广泛吸引社会团体、企业、个人共同关心支持标准化事业；五是开展应对欧盟REACH法规对出口乐器的冲击。目前在乐器行业涉及安全领域的标准化工作刚刚起步，也仅仅只有GB/T28489-2012《乐器有害物质限量》和《废弃乐器回收利用通用技术规范》（已报批）两项标准，还未能形成有效的体系，与乐器有关的涉及其他安全领域的标准项目前正处在调查阶段。拟在乐器行业内开展跨领域通用安全标准贯彻的同时，吸纳国内外制定安全性标准的先进经验和技术成果，逐步对化学品中的危险物质在技术标准层面加以控制与强化其检测技术和手段的基础上，提出本行业内安全标准和乐器产品中使用化学品的预防性管理措施与方案，待积攒一定数量的“乐器使用安全、保障乐器消费者健康、综合利用”等领域的标准后，形成符合国家要求、切合乐器行业特点的乐器行业安全性标准体系，以弥补现有乐器标准体系在该领域的不足和空白。

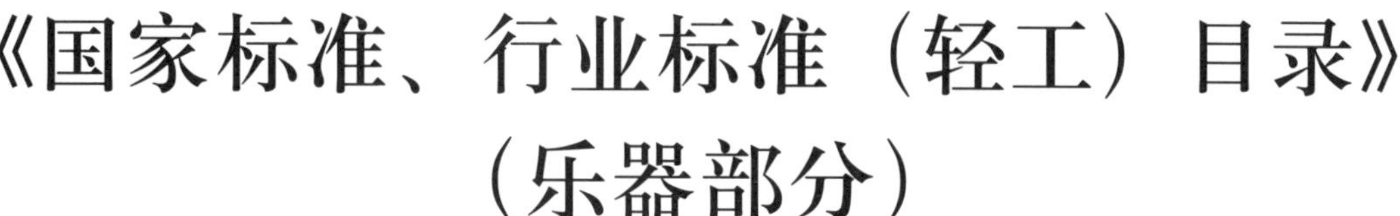

《国家标准、行业标准（轻工）目录》（乐器部分）

国家标准

序号	标准编号及年代号	标准名称
1	GB/T 10159-2015	钢琴
2	GB/T 12105-2007	电子琴通用技术条件
3	GB/T 12106-2007	电子琴的环境试验要求和试验方法
4	GB/T 23146-2008	十二平均律的频率与音分的计算
5	GB/T 23151-2008	乐器产品使用说明的编制原则
6	GB/T 23173-2008	乐器分类
7	GB/T 25454-2010	电鸣乐器均衡类音效装置通用技术条件
8	GB/T 25455-2010	电鸣乐器放音设备 设备音乐性能评价规范
9	GB/T 25456-2010	钢琴用毡
10	GB/T 25457-2010	钢琴弦轴板
11	GB/T 28484-2012	电鸣乐器压缩与扩展类音效装置通用技术条件
12	GB/T 28489-2012	乐器有害物质限量
13	GB/T 30414-2013	乐器音乐信号采集规范
14	GB/T 31109-2014	乐器声学品质评价方法
15	GB/T 31731-2015	废弃乐器回收利用通用技术规范

行业标准

序号	标准编号及年代号	标准名称
1	QB/T 1153-2014	吉他
2	QB/T 1207.1-2011	民族弦鸣乐器通用技术条件
3	QB/T 1207.2-2011	琵琶
4	QB/T 1207.3-2011	筝
5	QB/T 1207.4-2011	阮
6	QB/T 1207.5-2011	三弦
7	QB/T 1207.6-2011	月琴

序号	标准编号及年代号	标准名称
8	QB/T 1207.7-2011	京胡
9	QB/T 1207.8-2011	二胡
10	QB/T 1298-2014	手风琴通用技术条件
11	QB/T 1299-2011	口琴
12	QB/T 1477-2012	电子钢琴
13	QB/T 1657.1-2012	唇振动气鸣乐器通用技术条件
14	QB/T 1657.2-2012	小号
15	QB/T 1657.3-2012	圆号
16	QB/T 1657.4-2012	长号
17	QB/T 1657.5-2012	中音号
18	QB/T 1657.6-2012	低音号
19	QB/T 1658.1-2012	簧振动和边棱音气鸣乐器通用技术条件
20	QB/T1658.2-2012	长笛 短笛
21	QB/T 1658.3-2012	单簧管
22	QB/T 1658.4-2012	高音双簧管
23	QB/T 1658.5-2012	低音双簧管
24	QB/T 1658.6-2012	萨克斯管
25	QB/T 1817-2010	琴弦通用技术条件
26	QB/T 1818-2010	提琴弦
27	QB/T 1947.1-2012	民族气鸣乐器通用技术条件
28	QB/T 1947.2-2012	笛子
29	QB/T 1947.3-2012	笙
30	QB/T 1947.4-2012	箫
31	QB/T 1947.5-2012	唢呐
32	QB/T 1948-2011	柳琴
33	QB/T 1949-2011	扬琴
34	QB/T 1984-2000	风琴
35	QB/T 1985-2000	风琴音簧
36	QB 2100-2007	十二平均律音名标注方法
37	QB/T 2167-2013	4/4小提琴
38	QB/T 2168-2013	4/4小提琴弓

序号	标准编号及年代号	标准名称
39	QB/T 2169-2014	电吉他
40	QB/T 2175.1-1995(2009)	响铜体鸣乐器通用技术条件
41	QB/T2175.2-1995(2009)	虎音锣
42	QB/T 2175.3-1995(2009)	武锣
43	QB/T 2175.4-1995(2009)	苏锣
44	QB/T 2175.5-1995(2009)	手锣
45	QB/T 2175.6-1995(2009)	抄锣
46	QB/T 2175.7-1995(2009)	水镲
47	QB/T 2175.8-1995(2009)	吊镲
48	QB/T 2175.9-1995(2009)	军镲
49	QB/T 2279-2013	钢琴击弦机
50	QB/T 2417-2011	校音器
51	QB/T 2444-2010	钢琴零部件名称
52	QB/T 2587-2013	4/4大提琴
53	QB/T 2607-2013	提琴弓通用技术条件
54	QB/T 2663-2013	4/4大提琴弓
55	QB/T 2740-2014	口风琴
56	QB/T 4131-2010	键盘乐器键宽尺寸系列
57	QB/T 2838-2014	爵士鼓
58	QB/T 2841-2007	乐器调音装置准确度级判定
59	QB/T 2916-2007	自由低音手风琴
60	QB/T 2978-2008	钢琴音板
61	QB/T 2979-2008	乐器用材 钢琴锯材
62	QB/T 4014-2010	电子鼓通用技术条件
63	QB/T 4015-2010	MIDI键盘通用技术条件
64	QB/T 4016-2010	中提琴弓
65	QB/T 4017-2010	倍大提琴弓
66	QB/T 4018-2010	倍大提琴
67	QB/T 4019-2010	中提琴
68	QB/T 4129-2010	吉他弦
69	QB/T 4130-2010	竖笛

序号	标准编号及年代号	标准名称
70	QB/T 4181-2011	古琴
71	QB/T 4220-2011	乐器用材 提琴锯材
72	QB/T 4323-2012	钢琴弦
73	QB/T 4324-2012	电鸣乐器用效果器通用技术条件
74	QB/T 4325-2012	电鸣乐器放音设备 多功能音箱
75	QB/T 4326-2012	电鸣乐器放音设备 电吉他用音箱
76	QB/T 4327-2012	键盘乐器用音箱通用技术条件
77	QB/T 4328-2012	电子鼓用音箱通用技术条件
78	QB/T 4489-2013	半音阶口琴
79	QB/T 4487-2013	电鸣乐器电声性能测量方法
80	QB/T 4491-2013	电鸣乐器电源适配器通用技术条件
81	QB/T 4490-2013	电鸣乐器放音设备 踏板控制器通用技术条件
82	QB/T 4488-2013	电子管风琴
83	QB/T 4771-2014	管钟
84	QB/T 4772-2014	定音鼓
85	QB/T 4773-2014	木琴
86	QB/T 4842-2015	陶笛
87	QB/T 4843-2015	巴乌
88	QB/T 4841-2015	葫芦丝

（全国乐器标准化技术委员会秘书处 提供）

新产品

2014年乐器新产品概览

从2014年上海国际乐器展上看到的乐器新产品来看，2014年的产品创新除了继续在选材、造型、图案、工艺和科技上推陈出新外，重点还在于把乐器产品创新的“点”与乐器古老深厚的文化底蕴与元素展示“线”进行融合，共同为社会音乐生活的“面”服务。

【钢琴作为有着三百多年历史的西洋乐器，其形制和构造已经处于稳定，它的创新多是外观、材料、工艺，以及和文化元素相融合。近年来，随着网络化、信息化的不断加强，在电钢琴基础上进行智能化，成为当前钢琴界的一项主要流行趋势。】

施坦威“中国一号”钢琴——该琴设计灵感来自于1880年进入中国的第一架施坦威钢琴，那架古老的钢琴制作于1878年，于1880年3月1日首次登陆中国上海。中国一号钢琴琴腿采用Colonial风格，朴实而又简洁，用料厚重，手工制作，印有英格兰、意大利、西班牙、瑞典、俄罗斯、匈牙利、葡萄牙等12枚拥有施坦威钢琴的欧洲皇室家族徽章。此外，还有紫檀珊瑚、金檀黑钻、玫瑰黄晶、红檀碧玺四款施坦威中国十周年特别珍藏版钢琴。

珠江恺撒堡《清明上河图》九呎艺术钢琴——数十名优秀设计师，结合钢琴外观造型风格，把最能体现这幅巨作的特点以及最精彩的画面，巧妙地设计运用到艺术钢琴的创作上。精心挑选国内外数十种不同种类的名贵稀有木材，配以不同的色彩和纹理进行二度创作，全手工镶嵌拼接。琴画交融一体，艺术上登峰造极，视觉上瑰丽无比。

贝森朵夫第五万台纪念型钢琴——琴身与琴边全采用金箔手工装饰，位于钢琴前端两侧各有一只24克拉镀金的金色大厅音乐女神像，钢琴表面采用波尔胡桃木、法国胡桃木、梨木与枫木四种高级木料装饰而成，精雕细琢而出的镶嵌效果。采用92键设计，将最低音降到低3度的F，扩大了音板面积，增强了共鸣效果，带来更丰富的表现力。

KAWAI CA40电钢琴——将传统声学钢琴声音传动理论融合电钢琴设计，采用实木音板，丰富声音的振动，使电钢琴的音色更加厚重，富有韵味，是首款搭载音板式扬声器的电钢琴。

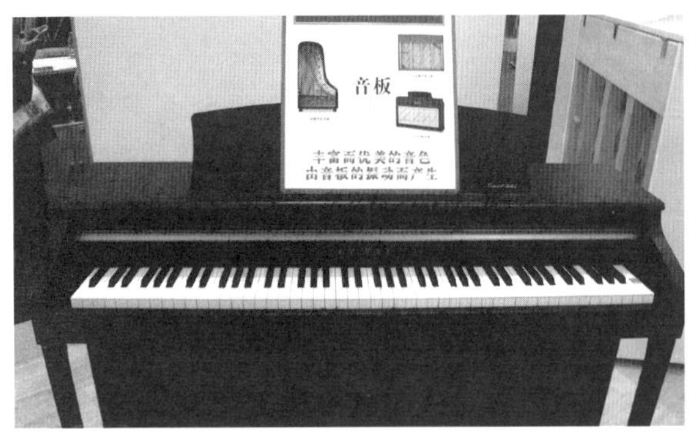

美得理EO3000双排键电子琴——通过58键上/下键盘和20键脚踏键盘，发出325种音色，拥有150种节奏，16个MIDI通道。可以实现延音控制、连滑音控制、旋律控制、节奏控制等。

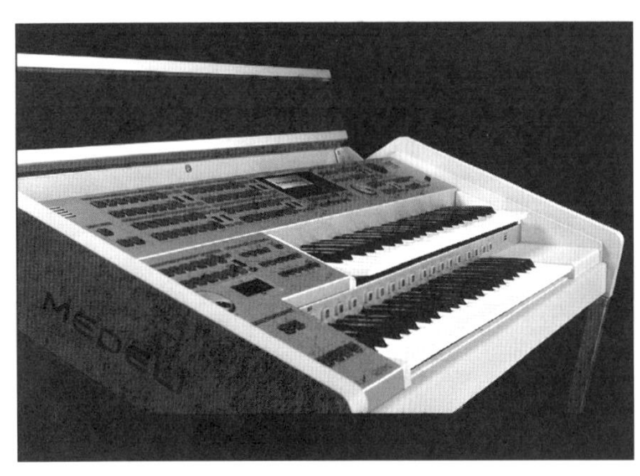

艾茉森GEEK电钢琴——在数码钢琴中加入了钢琴教学机的功能，绕过五线谱和乐理的学习，通过在琴键前方设置一排LED灯，对应每一个琴键，连接装有乐谱APP的IPad设备后，以瀑布流的教学模式，进行位置模仿学习，使用户快速记忆需要弹奏的琴键，从而弹奏曲子，让没有音乐基础的人也能“即刻”学会弹奏钢琴。

上海欧亚世外桃源艺术钢琴——以中国传统山水画为载体，将中国古典文化中的“琴、棋、书、画”融入整个构图当中，展现出一幅中国古时文人雅士于自然山水之间赏景、游玩、做学问的雅逸场景，采用艺术手法将中国古典文化架构于钢琴艺术之中。

【民族乐器的种类非常丰富，有着几千年的传承历史，有着深厚的文化底蕴，虽然能够得到广泛应用的民族乐器也仅有十余个品种，在民族乐器的创新中，上海民族乐器一厂是最早把文化概念融入产品设计中的企业之一，每年都会推出具有浓郁古典气息、辅以传统工艺精心制造的系列产品，2014年推出的珐琅、漆器工艺又让我们眼前一亮。而随着国际上对珍惜木材的保护力度加大，使得我国民族乐器生产所大量使用的木材价格一路飙升，在成本压力不断加大的形势下，河北乐海公司将目光转向“竹”这种材料，经过多年研制，克服了竹子本身体量小、有竹节、密度不均等问题，经过化学处理和粘合，成功研制出了扬琴、琵琶、古筝、二

胡、阮等系列民族乐器，2014年在国家大剧院进行了展览演出，受到民乐界人士的赞扬。此外，上民一上善若水纪念二胡、河北乐海的“龙吟”低音扬琴、河南中州乐器和文正球先生共同创新研制的文琴等也在民乐界引起共鸣。】

上海民族乐器一厂雀之恋二胡、迤逦古韵系列古筝等珐琅乐器——在掐丝珐琅制作过程中，高温烧制是非常重要的工序，因此，掐丝珐琅制品常以铜、金等金属胎为主，而民族乐器多用木材做成，工艺技术面临极大考验。此次推出的雀之恋珐琅二胡、迤逦古韵珐琅古筝，彩釉鲜亮，且富有渐变效果，实现了珐琅与乐器的完美结合。

上海民族乐器一厂莲系列琵琶、古筝、柳琴等漆器乐器——漆器是我国传统的工艺品种之一，已有七千多年的历史，本次推出的“莲·清”琵琶、“莲·妆”古筝、“莲·彩”柳琴，均是将漆器工艺与乐器制作相结合。以天然的生漆做原料，经过十几道工序反复涂刷底漆，阴干后配以镶嵌、绘画、堆砌等装饰工艺，再以清漆涂层完成整个漆器工艺。乐器色彩明亮，花饰层次丰富并附有肌理效果。

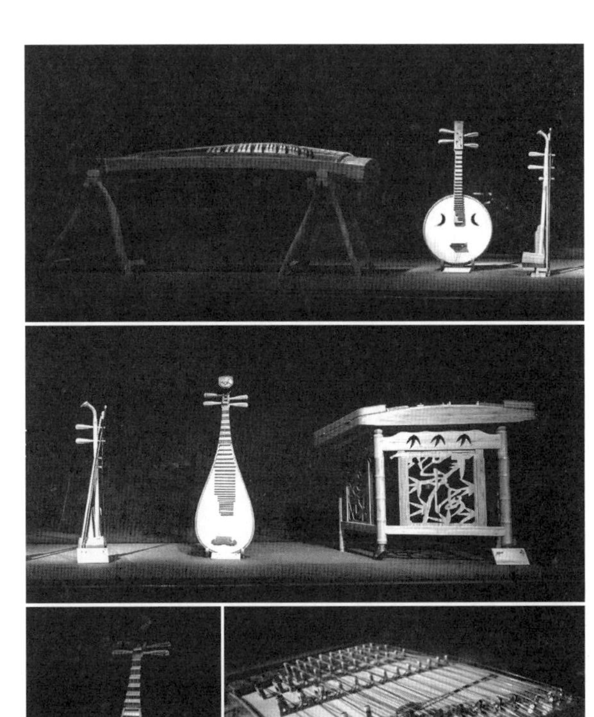

河北乐海竹乐器系列民族乐器——为倡导绿色环保，节能低碳的良性发展，乐海公司经过长期精心研制，充分发挥竹材通透性好、传导性好、稳定性好等优良特性，研制出了全新的扬琴、古筝、二胡、琵琶、阮等竹乐器产品。用竹材制成的乐器，声音清脆明亮。通过对竹材的二次加工，克服了原竹由于密度、厚度不同造成的发音不均衡等缺点，更符合乐器制作的需求。

上海民族乐器一厂上善若水纪念二胡——为纪念著名二胡制作师王根兴八十寿诞，以老红木为之，以其经典之作流水琴首二胡为基，精工细作了八十把二胡，琴首琴轸琴托均呈行云流水之势，水善利万物而不争，名曰“上善若水”。此款二胡琴杆上半部分设计保留现有流水版二胡的经

典元素，琴杆下半部分则做了大胆的创新与尝试。浅浅的水纹错落有致，层次感分明。琴托部分亦与琴杆遥相呼应，期间，些许水珠恰如其分地穿插点缀于波浪间，使得整个设计更为灵动。

山东劳力斯世正乐器有限公司秦汉唐宋系列吉他——该系列电吉他以我国秦朝的古钱币、汉朝的编钟、唐朝的唐三彩（丝绸之路、唐三彩、唐诗、飞天）以及宋朝的青花瓷（梅、兰、竹、菊）为创作理念，结合造型与现代工艺精心制作，共16款吉他（8款电吉他，8款声学吉他）。

CYBORG Flight Stick游戏手柄乐器——这是一款创新的音乐演奏设备，用三个组件构成一个游戏手柄式的“乐器”。通过旋转手柄，移动压杆和最多的按键操作，配合在苹果电脑上的一套软件系统来进行乐器演奏。主要目标群是儿童，尤其是那些身体有缺陷的儿童，尽管用该乐器演奏复杂的曲目还很困难，但它确实可以让所有人都能够使用乐器。

传统乐器电声化、电声乐器智能化也是目前市场上的一个创新亮点，象Mollenhauer的Elody电子木笛、MUSICTECH的电子手风琴等、可以语音控制的Iengine智能超级音箱、用手势控制的Crystall-Ball交互控制器等。智能科技的融入，一定会让我们的音乐生活更美好!

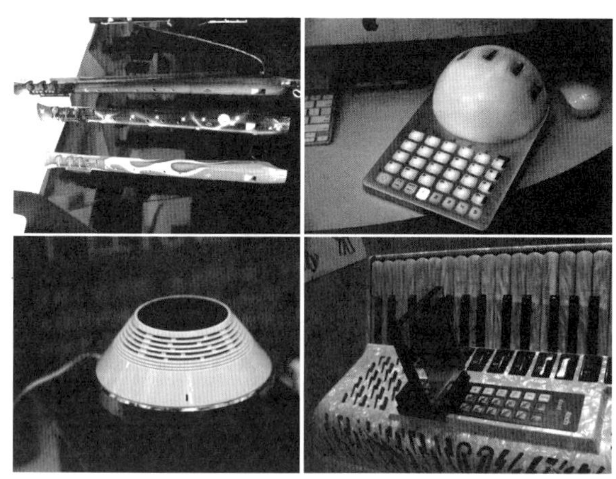

乐器检测

2014年度乐器产品检测目录

2014年，共有553个产品型号的乐器参加并通过了国家乐器标准检测中心的产品检测，其中按照类别划分：钢琴271（立式钢琴217、三角钢琴35、电钢琴19）；管乐器打击乐器85；口琴口风琴竖笛手风琴78；民族乐器82；电子琴21；吉他13；以及小提琴3。

生产单位	商标	规格型号	产品名称
PT.Yamaha Music Manufacturing Asia	雅马哈	YDP-142R	电子钢琴
PT.Yamaha Music Manufacturing Asia	雅马哈	YDP-162R	电子钢琴
PT.Yamaha Music Manufacturing Asia	ZHIJIA	JX156	电子钢琴
广州艾茉森电子有限公司	AMASON	VP-72	电子钢琴
广州艾茉森电子有限公司	AMASON	VP-118	电子钢琴
卡西欧电子科技（中山）有限公司	CASIO	PX-760BK	电子钢琴
天津雅马哈电子乐器有限公司	雅马哈	P-105WH	电子钢琴
天津雅马哈电子乐器有限公司	雅马哈	KBP-1000	电子钢琴
天津雅马哈电子乐器有限公司	雅马哈	KBP-2000	电子钢琴
天津雅马哈电子乐器有限公司	雅马哈	P-95B	电子钢琴
雅马哈乐器音响（中国）投资有限公司	YAMAHA	PX-758M	电子钢琴
吟飞科技（江苏）有限公司	吟飞	TG8858	电子钢琴
吟飞科技（江苏）有限公司	吟飞	TG8811	电子钢琴
浙江友谊电子有限公司	格瑞特（Greaten）	DK-300	电子钢琴
浙江友谊电子有限公司	格瑞特（Greaten）	DK-200B	电子钢琴
浙江友谊电子有限公司	格瑞特（Greaten）	DK-100A	电子钢琴
浙江韵岳电器有限公司	红叶	KP-770	电子钢琴
重庆斯威特钢琴有限公司	斯威特	SWT-88660	电子钢琴
重庆斯威特钢琴有限公司	希亚	XY-88660	电子钢琴
/	欧乐（OULE & SONS）	UP-123型	立式钢琴
PT.SAMICK INDONESIA	PRAMBERGER	JP 125	立式钢琴
PT.SAMICK INDONESIA	SAMICK	JS 122MD	立式钢琴
PT.SAMICK INDONESIA	Wm.Knabe&Co.	WKV 121EX	立式钢琴
PT.SAMICK INDONESIA	Johannes	Seiler GS 126D	立式钢琴
PT.SAMICK INDONESIA	Kohler&Campbell	IKM 800FD	立式钢琴
PT.SAMICK INDONESIA	BERNSTEIN	IBS 120D	立式钢琴
PT.SAMICK INDONESIA	SEILER	ED 132	立式钢琴

生产单位	商标	规格型号	产品名称
爱森纳赫（上海）钢琴有限公司	爱森纳赫	A30-P1	立式钢琴
北京星海钢琴集团有限公司总装分厂	SHUBERT	XU-123W	立式钢琴
北京星海钢琴集团有限公司总装分厂	星海	B120LS	立式钢琴
北京星海钢琴集团有限公司总装分厂	星海	XUD-125H	立式钢琴
北京星海钢琴集团有限公司总装分厂	星海	K-121T	立式钢琴
北京星海钢琴集团有限公司总装分厂	星海	XUD-20JC	立式钢琴
北京星海钢琴集团有限公司总装分厂	星海	XUD-123WZ	立式钢琴
北京星海钢琴集团有限公司总装分厂	HSINGHAI.K	K-122	立式钢琴
北京星海钢琴集团有限公司总装分厂	HAIDIEL	HS-21S	立式钢琴
北京星海钢琴集团有限公司总装分厂	HSINGHAI.K	K-120	立式钢琴
北京星海钢琴集团有限公司总装分厂	星海	XU-120C	立式钢琴
北京星海钢琴集团有限公司总装分厂	星海	XU-120A	立式钢琴
北京星海钢琴集团有限公司总装分厂	星海	XU-120A	立式钢琴
北京星海钢琴集团有限公司总装分厂	星海	X1	立式钢琴
北京星海钢琴集团有限公司总装分厂	星海	JH-123	立式钢琴
北京星海钢琴集团有限公司总装分厂	星海	XUD-122	立式钢琴
北京星海钢琴集团有限公司总装分厂	星海	HR-23	立式钢琴
北京星海钢琴集团有限公司总装分厂	海德（HAIDIEL）	HS-23S	立式钢琴
北京星海钢琴集团有限公司总装分厂	星海	E-120FE	立式钢琴
北京星海钢琴集团有限公司总装分厂	星海	E-121FE	立式钢琴
北京星海钢琴集团有限公司总装分厂	星海	E-123FE	立式钢琴
北京星海钢琴集团有限公司总装分厂	星海	E-121LE	立式钢琴
北京星海钢琴集团有限公司总装分厂	星海	E-123LE	立式钢琴
北京星海钢琴集团有限公司总装分厂	星海	E-120CE	立式钢琴
北京星海钢琴集团有限公司总装分厂	星海	E122CE型	立式钢琴
北京星海钢琴集团有限公司总装分厂	星海	E-118FE型	立式钢琴
北京星海钢琴集团有限公司总装分厂	星海	E-118LE型	立式钢琴
北京星海钢琴集团有限公司总装分厂	星海	E-122LE型	立式钢琴
北京星海钢琴集团有限公司总装分厂	星海	E-121CE型	立式钢琴
北京星海钢琴集团有限公司总装分厂	星海	E-120LE型	立式钢琴
北京星海钢琴集团有限公司总装分厂	星海	XUD-21HL型	立式钢琴
北京星海钢琴集团有限公司总装分厂	星海	XUD-23HL型	立式钢琴
北京中加海资曼钢琴有限公司	海资曼（HEINTZMAN）	132	立式钢琴
北京中加海资曼钢琴有限公司	海资曼（HEINTZMAN）	H-125型	立式钢琴
北京珠江钢琴制造有限公司	京珠	BUP123H	立式钢琴
北京珠江钢琴制造有限公司	京珠	BUP126H	立式钢琴

生产单位	商标	规格型号	产品名称
贝尔希斯曼钢琴（杭州）有限公司	贝尔希斯曼	N2-125	立式钢琴
大连中音梦幻钢琴乐器有限公司	Tyäumerei(梦幻)	F-122C	立式钢琴
德清洛舍河合钢琴厂	美尔斯	125	立式钢琴
德清县奥特莱钢琴厂	森玛奥特莱	HY-123	立式钢琴
德清县华美罗宾钢琴有限公司	罗宾	UP-121	立式钢琴
德清县蓝海钢琴有限公司	蓝海	up-123	立式钢琴
德清县蓝海钢琴有限公司	蓝海	120	立式钢琴
德清县蓝海钢琴有限公司	利玛朵（Nemadu）	L6	立式钢琴
德清县洛舍博兰钢琴厂	BOZINA	UP-123C	立式钢琴
德清县莎瓦依钢琴厂	莎瓦依	P-123	立式钢琴
法兰山德乐器（上海）有限公司	法兰山德（FRANZ SANDNER）	SP-3	立式钢琴
法兰山德乐器（上海）有限公司	法兰山德（FRANZ SANDNER）	SP-5	立式钢琴
法兰山德乐器（上海）有限公司	法兰山德（FRANZ SANDNER）	FS-55	立式钢琴
佛山市高明区子昊钢琴有限公司	CROWN(皇冠)	H-22A型	立式钢琴
佛山市高明区子昊钢琴有限公司	COUNT(伯爵)	C2-A型	立式钢琴
佛山市高明区子昊钢琴有限公司	PHPD(博士)	P1-C型	立式钢琴
佛山市高明区子昊钢琴有限公司	ZIHAO(子昊)	Z1型	立式钢琴
佛山市高明区子昊钢琴有限公司	A.B.Chase(查尔斯)	A-21型	立式钢琴
福杉乐器（上海）有限公司	FOKOYAMA	W123-H	立式钢琴
福州和声钢琴有限公司	HARMONY(哈曼尼)	HG-123R-G型	立式钢琴
福州和声钢琴有限公司	HARMONY(哈曼尼)	H-133T-R型	立式钢琴
广州欧米勒钢琴有限公司	欧米勒（Irmler）	Mars型	立式钢琴
广州欧米勒钢琴有限公司	欧米勒（Irmler）	Q1型	立式钢琴
广州欧米勒钢琴有限公司	欧米勒（Irmler）	Q7型	立式钢琴
广州欧米勒钢琴有限公司	欧米勒（Irmler）	Q3型	立式钢琴
广州欧米勒钢琴有限公司	欧米勒（Irmler）	Q5型	立式钢琴
广州市库士曼乐器有限公司	星海	XU-121GAF型	立式钢琴
广州市库士曼乐器有限公司	摩利臣	MU-22SG型	立式钢琴
广州珠江钢琴集团有限公司	珠江	UP120m	立式钢琴
海伦钢琴股份有限公司	海伦（HAILUN）	W120	立式钢琴
海伦钢琴股份有限公司	弗尔里希（FEURICH）	F115	立式钢琴
海伦钢琴股份有限公司	文德隆	W123	立式钢琴
海伦钢琴股份有限公司	Rosler	RS120C	立式钢琴
海伦钢琴股份有限公司	Rosler	RS123C	立式钢琴
海伦钢琴股份有限公司	Rosler	RS126C	立式钢琴

生产单位	商标	规格型号	产品名称
海伦钢琴股份有限公司	海伦	120D	立式钢琴
海伦钢琴股份有限公司	海伦	HU123C-A	立式钢琴
杭州海瀚钢琴有限公司	海瀚钢琴（H.Hen）	L3A	立式钢琴
杭州嘉德威钢琴有限公司	斯瑞特	SY1	立式钢琴
杭州嘉德威钢琴有限公司	斯瑞特	SY5	立式钢琴
杭州嘉德威钢琴有限公司	斯瑞特	SY6	立式钢琴
杭州嘉德威钢琴有限公司	斯瑞特	SY2	立式钢琴
杭州嘉德威钢琴有限公司	嘉德威	GM9	立式钢琴
杭州嘉德威钢琴有限公司	嘉德威	GM30	立式钢琴
杭州嘉德威钢琴有限公司	嘉德威	GY2	立式钢琴
杭州嘉德威钢琴有限公司	嘉德威	GY3	立式钢琴
杭州嘉德威钢琴有限公司	嘉德威	GY8	立式钢琴
杭州雅马哈乐器有限公司	YAMAHA	118	立式钢琴
杭州雅马哈乐器有限公司	YAMAHA	119	立式钢琴
杭州雅马哈乐器有限公司	YAMAHA	121	立式钢琴
杭州雅马哈乐器有限公司	YAMAHA	122	立式钢琴
杭州雅马哈乐器有限公司	YAMAHA	128	立式钢琴
杭州雅马哈乐器有限公司	YAMAHA	131	立式钢琴
杭州雅马哈乐器有限公司	YAMAHA	YF	立式钢琴
杭州雅马哈乐器有限公司	YAMAHA	116	立式钢琴
河南星之乐钢琴有限公司	施维长特	up-123	立式钢琴
湖州杰曼钢琴有限公司	文森威尔曼	121B	立式钢琴
湖州市杰士德钢琴有限公司	瓦格纳	K-118	立式钢琴
湖州市杰士德钢琴有限公司	瓦格纳	K-123	立式钢琴
霍金斯乐器（营口）有限公司	丽致（leads）	121	立式钢琴
霍金斯乐器（营口）有限公司	丽致（leads）	132	立式钢琴
库珀钢琴乐器有限公司	库珀	T123	立式钢琴
门德尔松钢琴（上海）有限公司	斯坦迈格（STROHMENGER）	SU-121AZ	立式钢琴
门德尔松钢琴（上海）有限公司	斯坦迈格（STROHMENGER）	SU-123EW	立式钢琴
门德尔松钢琴（上海）有限公司	斯坦迈格（STROHMENGER）	SU-125AZ	立式钢琴
门德尔松钢琴（上海）有限公司	门德尔松（Mendelssohn）	JP-55A3-118	立式钢琴
门德尔松钢琴（上海）有限公司	门德尔松（Mendelssohn）	126	立式钢琴
南京舒曼钢琴制造有限公司	摩德利 舒曼（SCHUMANN）	UP-121	立式钢琴
厦门斯坦伯格钢琴有限公司	巴顿	UP123型	立式钢琴

生产单位	商标	规格型号	产品名称
厦门斯坦伯格钢琴有限公司	斯图拉特	UP125型	立式钢琴
厦门斯坦伯格钢琴有限公司	夏贝尔	UP125型	立式钢琴
厦门斯坦伯格钢琴有限公司	费迪兰德	UP125型	立式钢琴
厦门斯坦伯格钢琴有限公司	斯坦伯格	UP125型	立式钢琴
厦门斯坦伯格钢琴有限公司	西德威廉	UP123型	立式钢琴
厦门斯坦伯格钢琴有限公司	斯坦伯格	KU280型	立式钢琴
山东劳立斯世正乐器有限公司	Falcone	FC-3000L	立式钢琴
山东劳立斯世正乐器有限公司	Falcone	FA-130B	立式钢琴
山东劳立斯世正乐器有限公司	Falcone	FA-122T	立式钢琴
山东劳立斯世正乐器有限公司	SCHÖNBRUNN	XO-122	立式钢琴
上海爱乐琴业有限公司	车尔尼（CZERNY）	YC123	立式钢琴
上海邦加琴业有限公司	贝多芬（BEETHOVEN）	BG123 B11	立式钢琴
上海邦加琴业有限公司	贝多芬（BEETHOVEN）	BG121 B11	立式钢琴
上海博尊钢琴有限公司	SKILL(精工)	SK-121型	立式钢琴
上海德宝乐器有限公司	波西米亚	U123A1	立式钢琴
上海德欧钢琴有限公司	德尔曼	123	立式钢琴
上海发达来钢琴厂	爱菲尔	UP-121	立式钢琴
上海和乐钢琴有限公司	施德曼	120	立式钢琴
上海和乐钢琴有限公司	施德曼	125	立式钢琴
上海和乐钢琴有限公司	施德曼	123	立式钢琴
上海和协钢琴有限公司	巴洛克	BLK-121	立式钢琴
上海恒音钢琴有限公司	SAINAER（塞纳尔）	up-123	立式钢琴
上海惠罗乐器制造有限公司	星海	XU-120BA	立式钢琴
上海惠罗乐器制造有限公司	星海	XU-123BE	立式钢琴
上海惠罗乐器制造有限公司	星海	XU-121BF	立式钢琴
上海克拉维克乐器有限公司	克拉维克（K.CLARA）	SL-121T	立式钢琴
上海克拉维克乐器有限公司	克拉维克（K.CLARA）	AC-122B	立式钢琴
上海罗兰特钢琴有限公司	罗兰特（LuoLanTe）	UP-123	立式钢琴
上海帕华钢琴有限公司	乐神巴赫	UP-123	立式钢琴
上海浦赛钢琴有限公司	浦赛尔	KU-123	立式钢琴
上海赛雅钢琴有限公司	凯特斯	SY-121A	立式钢琴
上海森楠钢琴有限公司	古尔布兰森	GU-121	立式钢琴
上海升韵钢琴有限公司	科勒德	K123	立式钢琴
上海声奥钢琴厂	CERMENS（科尔门斯）	121	立式钢琴
上海施艺琴业有限公司	贝宁	UP-123	立式钢琴
上海市布鲁纳钢琴有限公司	布鲁纳	UP-123	立式钢琴

生产单位	商标	规格型号	产品名称
上海舒迪钢琴有限公司	弗兰克（FRANK）	UF-121	立式钢琴
上海斯坦尼钢琴有限公司	斯坦尼	BT-123E	立式钢琴
上海唯肖乐器有限公司	博悦	SL-121T	立式钢琴
上海唯肖乐器有限公司	博悦	SL-125A	立式钢琴
上海香江钢琴有限公司	Sun&Gem	XJ-121	立式钢琴
上海意克莱钢琴有限公司	博尔斯顿（Borston）	GL-121F	立式钢琴
上海音博钢琴有限公司	曼斯克顿	M-123B	立式钢琴
上海正音钢琴有限公司	Beistan	UP-121	立式钢琴
苏州公爵琴业有限公司	公爵（DUKE）	123G-2	立式钢琴
苏州公爵琴业有限公司	公爵（DUKE）	126G-2	立式钢琴
温克尔曼（上海）乐器有限公司	温克尔曼（WINKELMANN）	UP-123	立式钢琴
温克尔曼（上海）乐器有限公司	温克尔曼（WINKELMANN）	UP-126	立式钢琴
吴兴贝伦斯钢琴厂	贝伦斯	UP-123	立式钢琴
香港博兰德钢琴有限公司	博兰德	BL23-M1	立式钢琴
香港德巴赫钢琴有限公司	德巴赫（DEBACH）	up-123	立式钢琴
香港卡罗德钢琴有限公司	卡罗德	123	立式钢琴
香港林肯钢琴有限公司	林肯（LINCOLN）	UP-123	立式钢琴
烟台博斯纳钢琴制造有限公司	Zimmermann	YZ124es	立式钢琴
烟台博斯纳钢琴制造有限公司	Zimmermann	YZ122gs	立式钢琴
烟台博斯纳钢琴制造有限公司	G•STEINBERG	RH123B	立式钢琴
烟台金斯波格钢琴有限责任公司	金斯波格（KINGSBURG）	123型	立式钢琴
烟台金斯波格钢琴有限责任公司	金斯波格（KINGSBURG）	120型	立式钢琴
烟台文德隆钢琴有限公司	巴伯尔	131	立式钢琴
宜昌金宝乐器制造有限公司	KAWAI	KU-S17F	立式钢琴
宜昌金宝乐器制造有限公司	KAWAI	KU-S19	立式钢琴
宜昌金宝乐器制造有限公司	KAWAI	KU-A9	立式钢琴
宜昌金宝乐器制造有限公司	YANGTZE RIVER	CR-126	立式钢琴
宜昌金宝乐器制造有限公司	YANGTZE RIVER	CR-123	立式钢琴
宜昌金宝乐器制造有限公司	KAWAI	KU-A17	立式钢琴
宜昌金宝乐器制造有限公司	TOYAMA	TM-122	立式钢琴
宜昌金宝乐器制造有限公司	KAWAI	KU-A19F	立式钢琴
宜昌金宝乐器制造有限公司	RÖNISCH	RO-125	立式钢琴
宜昌金宝乐器制造有限公司	KAWAI	KU-S19F	立式钢琴
宜昌金宝乐器制造有限公司	YANGTZE RIVER	CA-5	立式钢琴
宜昌金宝乐器制造有限公司	KAWAI	KU-A3	立式钢琴

生产单位	商标	规格型号	产品名称
宜昌金宝乐器制造有限公司	YANGTZE RIVER	CR-125	立式钢琴
宜昌金宝乐器制造有限公司	KAWAI	KU-CA	立式钢琴
宜昌金宝乐器制造有限公司	YANGTZE RIVER	CR-132	立式钢琴
宜昌金宝乐器制造有限公司	BARRATT & ROBINSON	BR-1	立式钢琴
宜昌金宝乐器制造有限公司	KAWAI	KU-A5	立式钢琴
宜昌金宝乐器制造有限公司	BRODMANN	PE-121D	立式钢琴
宜昌金宝乐器制造有限公司	SCHÖNBRUNN	XO-F	立式钢琴
宜昌金宝乐器制造有限公司	YANGTZE RIVER	CJ-132	立式钢琴
宜昌金宝乐器制造有限公司	KAWAI	KU-A19	立式钢琴
宜昌金宝乐器制造有限公司	KAWAI	KU-A2	立式钢琴
宜昌金宝乐器制造有限公司	BARRATT & ROBINSON	BR-3	立式钢琴
英昌乐器（中国）有限公司	英昌（YOUNG CHANG）	YB122CS BP	立式钢琴
英昌乐器（中国）有限公司	英昌（YOUNG CHANG）	YC123N BP	立式钢琴
营口市格林希尔有限公司	韦恩斯坦	115	立式钢琴
营口市汉诺威钢琴制造有限公司	圣德斯曼	125	立式钢琴
营口西尔伯曼钢琴有限公司	西尔伯曼	u-123SH艺术	立式钢琴
营口依巴赫乐器制造有限公司	依巴赫	126	立式钢琴
浙江德清豪迈钢琴有限公司	豪爵	UP-123	立式钢琴
浙江省德清县乐达钢琴有限公司	伊斯堡	UP-123	立式钢琴
重庆市宏扬乐器厂	海雁	UP-121	立式钢琴
重庆市宏扬乐器厂	海雁	UP-123	立式钢琴
重庆市宏扬乐器厂	海雁	up-118	立式钢琴
重庆市宏扬乐器厂	海雁	up-119	立式钢琴
重庆市宏扬乐器厂	海雁	up-120	立式钢琴
重庆斯威特钢琴有限公司	斯威特	UP-121	立式钢琴
重庆斯威特钢琴有限公司	斯威特	UP-123	立式钢琴
重庆斯威特钢琴有限公司	斯威特	up-120	立式钢琴
重庆斯威特钢琴有限公司	斯威特	up-121	立式钢琴
重庆斯威特钢琴有限公司	斯威特	up-123	立式钢琴
重庆斯威特钢琴有限公司	希亚	up-120	立式钢琴
重庆斯威特钢琴有限公司	希亚	up-121	立式钢琴
重庆斯威特钢琴有限公司	希亚	up-123	立式钢琴
宜昌金宝乐器制造有限公司	长江	/	立式数字化自动演奏钢琴
/	欧乐（OULE & SONS）	GP-158型	三角钢琴
北京星海钢琴集团有限公司三角琴分厂	HAIDIEL	HS-168	三角钢琴
北京星海钢琴集团有限公司三角琴分厂	星海	JHG-168型	三角钢琴

生产单位	商标	规格型号	产品名称
北京中加海资曼钢琴有限公司	海资曼（HEINTZMAN）	168A	三角钢琴
北京中加海资曼钢琴有限公司	海资曼	186A型	三角钢琴
佛山市高明区子昊钢琴有限公司	CROWN(皇冠)	GP 160 型	三角钢琴
佛山市高明区子昊钢琴有限公司	COUNT(伯爵)	GP 160 型	三角钢琴
佛山市高明区子昊钢琴有限公司	PHPD(博士)	GP 160 型	三角钢琴
福州和声钢琴有限公司	HARMONY(哈曼尼)	HG-153R型	三角钢琴
广州市库士曼乐器有限公司	星海	XU-122GA型	三角钢琴
海伦钢琴股份有限公司	海伦	CF186	三角钢琴
海伦钢琴股份有限公司	海伦	CF286	三角钢琴
海伦钢琴股份有限公司	海伦	150SE	三角钢琴
海伦钢琴股份有限公司	海伦文德隆	W152	三角钢琴
海伦钢琴股份有限公司	齐默曼（Zimmermann）	HZ160	三角钢琴
杭州嘉德威钢琴有限公司	斯瑞特	SS1	三角钢琴
杭州嘉德威钢琴有限公司	嘉德威	GP2	三角钢琴
杭州嘉德威钢琴有限公司	嘉德威	GP5	三角钢琴
杭州嘉德威钢琴有限公司	嘉德威	GP17	三角钢琴
杭州嘉德威钢琴有限公司	嘉德威	GP1	三角钢琴
杭州嘉德威钢琴有限公司	斯瑞特	SS3	三角钢琴
杭州嘉德威钢琴有限公司	斯瑞特	SS2	三角钢琴
湖州华谱钢琴制造有限公司	洛德莱斯（luodelaisi）	UP-168	三角钢琴
门德尔松钢琴（上海）有限公司	门德尔松（Mendelssohn）	132	三角钢琴
门德尔松钢琴（上海）有限公司	门德尔松（Mendelssohn）	158	三角钢琴
门德尔松钢琴（上海）有限公司	Mendelssohn	GP-03AA-275型	三角钢琴
门德尔松钢琴（上海）有限公司	Mendelssohn	GP-03AA-275型	三角钢琴
南京舒曼钢琴制造有限公司	摩德利 舒曼（SCHUMANN）	GP-152	三角钢琴
上海森朗钢琴有限公司	森朗	GP-170	三角钢琴
上海悠哈钢琴有限公司	威尔斯	/	三角钢琴
温克尔曼（上海）乐器有限公司	ZEITTER & WINKELMANN	GP-186	三角钢琴
吴兴贝伦斯钢琴厂	贝伦斯	GP-158	三角钢琴
营口西尔伯曼钢琴有限公司	西尔伯曼	G-152SH艺术	三角钢琴
营口依巴赫乐器制造有限公司	依巴赫	170	三角钢琴
宜昌金宝乐器制造有限公司	长江	/	三角数字化自动演奏钢琴
北京管乐器厂	星海	XC-17J	bB调高音单簧管
河北金音乐器集团有限公司	JY	JYBT-E110G	扁键次中音号
天津津宝乐器有限公司	津宝	JBBR-1210型	扁键次中音号

生产单位	商标	规格型号	产品名称
河北金音乐器集团有限公司	JY	JYEU-E110G	扁键上低音号
天津津宝乐器有限公司	津宝	JBBB-300	扁键小抱号
北京管乐器厂	星海	XBH-110	次中音号
天津津宝乐器有限公司	津宝	JBBR-1220	次中音号
天津津宝乐器有限公司	津宝	JBBR-1221	次中音号
天津津宝乐器有限公司	津宝	JBBR-1210	次中音号
河北金音乐器集团有限公司	JY	JYTS-E100S	次中音萨克斯
河北金音乐器集团有限公司	JY	JYTB-E110G	次中音长号
天津津宝乐器有限公司	津宝	JBCL-500	单簧管
天津津宝乐器有限公司	津宝	JBCL-520	单簧管
天津津宝乐器有限公司	津宝	JBCL-530	单簧管
天津津宝乐器有限公司	津宝	JBCL-530(外购)	单簧管
天津津宝乐器有限公司	津宝	JBCL-570	单簧管
天津津宝乐器有限公司	津宝	JBCL-550	单簧管
天津津宝乐器有限公司	津宝	JBCL-551	单簧管
天津津宝乐器有限公司	津宝	JBPC-770S	短笛
天津津宝乐器有限公司	津宝	JBPC-775S	短笛
天津津宝乐器有限公司	津宝	JBFH-1100	富鲁格号
河北金音乐器集团有限公司	JY	JYSS-E100G	高音萨克斯
天津津宝乐器有限公司	津宝	JBOB-582	高音双簧管
天津津宝乐器有限公司	津宝	JBOB-585型	高音双簧管
河北金音乐器集团有限公司	JY	JYBT-E170G	行进次中音号
天津津宝乐器有限公司	津宝	JBMB-0121	行进次中音号
天津津宝乐器有限公司	津宝	JBMB-012	行进次中音号
河北金音乐器集团有限公司	JY	JYTU-E170G	行进小抱号
河北金音乐器集团有限公司	JY	JYFH-E170G	行进圆号
嘉兴易德乐器股份有限公司	丘比特（CUPID）	DS500(1-7)	爵士鼓
天津津宝乐器有限公司	津宝	/	爵士鼓
天津津宝乐器有限公司	津宝	/	爵士鼓
天津市津宝乐器有限公司	津宝	JBP0976	爵士鼓
天津市津宝乐器有限公司	津宝	JBP1025	爵士鼓
天津市津宝乐器有限公司	耐特	JBP0976	爵士鼓
天津市津宝乐器有限公司	耐特	JBP1025	爵士鼓
河北金音乐器集团有限公司	JY	JYRC-E114	军镲
天津津宝乐器有限公司	津宝	JBEP-1180	立键上低音号
天津津宝乐器有限公司	津宝	JBBB-310	立键小抱号

生产单位	商标	规格型号	产品名称
河北金音乐器集团有限公司	JY	JYBG-E150G	青年号
河北金音乐器集团有限公司	JY	JYBG-E150G	青年号
天津津宝乐器有限公司	津宝	JBBS-110	萨克斯
天津津宝乐器有限公司	津宝	JBSSC-310	萨克斯
天津津宝乐器有限公司	津宝	JBSST-420	萨克斯
天津津宝乐器有限公司	津宝	JBAS-1010	萨克斯
天津津宝乐器有限公司	津宝	JBSST-1010	萨克斯
天津津宝乐器有限公司	津宝	JBSS-1010	萨克斯
天津津宝乐器有限公司	津宝	JBAS-260	萨克斯
天津津宝乐器有限公司	津宝	JBSS-400	萨克斯
天津津宝乐器有限公司	津宝	JBAS-200	萨克斯
天津津宝乐器有限公司	津宝	JBTS-100	萨克斯
天津津宝乐器有限公司	津宝	JBAS-205L	萨克斯
天津津宝乐器有限公司	津宝	JBCS-280	萨克斯
天津津宝乐器有限公司	津宝	JBSST-410	萨克斯
天津津宝乐器有限公司	津宝	JBAS-250	萨克斯
河北金音乐器集团有限公司	JY	JYEU-E100G	三键立键上低音号
北京管乐器厂	星海	XEH-110	上低音号
天津津宝乐器有限公司	津宝	JBOB-581	双簧管
河北金音乐器集团有限公司	JY	JYTU-E110G	四扁键小抱号
河北金音乐器集团有限公司	JY	JYFH-E120G	四键单排圆号
天津津宝乐器有限公司	津宝	JBSH-130型	太阳号
天津津宝乐器有限公司	津宝	JBTR-300	小号
天津津宝乐器有限公司	津宝	PTR-020	小号
天津津宝乐器有限公司	津宝	JBTR-400	小号
天津津宝乐器有限公司	津宝	JBTR-300型	小号
天津津宝乐器有限公司	津宝	JBTR-400型	小号
天津津宝乐器有限公司	津宝	JBTR-410型	小号
天津津宝乐器有限公司	津宝	JBFH-700	圆号
天津津宝乐器有限公司	津宝	JBFH-700型	圆号
北京管乐器厂	星海	XF-100	长笛
河北金音乐器集团有限公司	JY	JYFL-E100N	长笛
天津津宝乐器有限公司	津宝	JBFL-9148S	长笛
天津津宝乐器有限公司	津宝	JBFL-6238S	长笛
天津津宝乐器有限公司	津宝	JBFL-6237S	长笛

生产单位	商标	规格型号	产品名称
天津津宝乐器有限公司	津宝	JBFL-5238S	长笛
天津津宝乐器有限公司	津宝	JBFL-6248S	长笛
天津津宝乐器有限公司	津宝	JBFL-5148S	长笛
天津津宝乐器有限公司	津宝	JBFL-5237型	长笛
天津津宝乐器有限公司	津宝	LEPT-824	长号
天津津宝乐器有限公司	津宝	JBSL-700	长号
天津津宝乐器有限公司	津宝	JBSL-800	长号
天津津宝乐器有限公司	津宝	JBSL-700型	长号
天津津宝乐器有限公司	津宝	JBSL-800型	长号
河北金音乐器集团有限公司	JY	JYAH-E100G	中音号
天津津宝乐器有限公司	津宝	JBAH-1300	中音号
江苏奇美乐器有限公司	奇美	QM8A-25B	超高音英式八孔竖笛
江苏奇美乐器有限公司	奇美	QM8A-25B	超高音英式八孔竖笛
江苏奇美乐器有限公司	奇美	QM8A-25B	超高音英式八孔竖笛
天津通宝乐器有限公司	TOMBO	NO.6624P	纯音口琴
江苏奇美乐器有限公司	奇美	QM8A-22B	次中音英式八孔竖笛
江苏奇美乐器有限公司	奇美	QM8A-22B	次中音英式八孔竖笛
江苏奇美乐器有限公司	奇美	QM8A-22B	次中音英式八孔竖笛
江苏奇美乐器有限公司	奇美	QM8A-18B	低音英式八孔竖笛
江苏奇美乐器有限公司	奇美	QM8A-21B	低音英式八孔竖笛
江苏奇美乐器有限公司	奇美	QM8A-18B	低音英式八孔竖笛
江苏奇美乐器有限公司	奇美	QM8A-21B	低音英式八孔竖笛
江苏奇美乐器有限公司	奇美	QM8A-18B	低音英式八孔竖笛
江苏奇美乐器有限公司	奇美	QM8A-21B	低音英式八孔竖笛
天津通宝乐器有限公司	TOMBO	NO.6624S	复音口琴
江苏奇美乐器有限公司	奇美-小冠军	QM8A-5B	高音木纹八孔竖笛
江苏奇美乐器有限公司	奇美-小冠军	QM8A-5B	高音木纹八孔竖笛
江苏奇美乐器有限公司	奇美-小冠军	QM8A-5B	高音木纹八孔竖笛

生产单位	商标	规格型号	产品名称
江苏奇美乐器有限公司	奇美	QM8A-24B	高音英式八孔竖笛
江苏奇美乐器有限公司	奇美	QM8A-24B	高音英式八孔竖笛
江苏奇美乐器有限公司	奇美	QM8A-24B	高音英式八孔竖笛
江苏奇美乐器有限公司	奇美	32键	口风琴
江苏奇美乐器有限公司	奇美	37键	口风琴
江苏奇美乐器有限公司	奇美-小天才	37键	口风琴
江苏奇美乐器有限公司	奇美-小天才	37键	口风琴
江苏奇美乐器有限公司	奇美-小天才	37键	口风琴
江苏天鹅乐器有限公司	天鹅	37键	口风琴
江苏天鹅乐器有限公司	天鹅	32键	口风琴
江苏天鹅乐器有限公司	天鹅	37键	口风琴
江苏天鹅乐器有限公司	天鹅	32键	口风琴
无锡铃木乐器有限公司	SUZUKI	MX-37D型	口风琴
无锡铃木乐器有限公司	SUZUKI	MX-32D型	口风琴
江苏奇美乐器有限公司	奇美	C调	口琴
江苏奇美乐器有限公司	奇美	24孔复音	口琴
江苏奇美乐器有限公司	奇美	小博士C调	口琴
江苏奇美乐器有限公司	奇美	24孔复音	口琴
江苏奇美乐器有限公司	奇美	小博士C调	口琴
江苏奇美乐器有限公司	奇美	24孔复音	口琴
江苏奇美乐器有限公司	奇美	小博士C调	口琴
江苏天鹅乐器有限公司	天鹅	24孔重音	口琴
江苏天鹅乐器有限公司	天鹅	24孔复音	口琴
江苏天鹅乐器有限公司	天鹅	28孔	口琴
/	欧乐（OULE & SONS）	120/4型	手风琴
沧州市金狮乐器有限公司	金狮	120贝司四排簧	手风琴
沧州市金狮乐器有限公司	金狮	120贝司三排簧	手风琴
沧州市金狮乐器有限公司	金狮	96贝司	手风琴
沧州市金狮乐器有限公司	金狮	60贝司	手风琴
沧州市金狮乐器有限公司	金狮	120	手风琴
江阴金杯安琪乐器有限公司	金杯	JH2012(120BS四)	手风琴
江阴金杯安琪乐器有限公司	金杯	JH5060	手风琴
江阴金杯安琪乐器有限公司	金杯	JH2012-A	手风琴
江阴金杯安琪乐器有限公司	金杯	JH2008 120BS(三)	手风琴

生产单位	商标	规格型号	产品名称
江阴金杯安琪乐器有限公司	金杯	JH2017(96BS)	手风琴
江阴金杯安琪乐器有限公司	金杯	JH2011(60BS)	手风琴
江阴金杯安琪乐器有限公司	金杯	2001回声	手风琴
天津市佰笛乐器有限公司	佰笛	96B	手风琴
天津市欧莱乐器有限公司	BEROFF	BER-871	手风琴
天津市欧莱乐器有限公司	BEROFF	BER-827	手风琴
天津天琴乐器有限公司	仁声	120贝司三排簧	手风琴
天津天琴乐器有限公司	仁声	96贝司	手风琴
江苏奇美乐器有限公司	奇美	英式8孔	竖笛
江苏奇美乐器有限公司	奇美	德式8孔	竖笛
江苏奇美乐器有限公司	奇美	6孔	竖笛
江苏奇美乐器有限公司	奇美	QM8A-20B	竖笛
江苏奇美乐器有限公司	奇美-小博士	八孔	竖笛
江苏奇美乐器有限公司	奇美-小博士	八孔	竖笛
江苏奇美乐器有限公司	奇美-小博士	八孔	竖笛
江苏天鹅乐器有限公司	天鹅	8孔	竖笛
江苏天鹅乐器有限公司	天鹅	/	竖笛
科润塑料制品有限公司	SUZUKI	SRE-505型	竖笛
科润塑料制品有限公司	SUZUKI	SRE-300型	竖笛
科润塑料制品有限公司	SUZUKI	SRG-405型	竖笛
科润塑料制品有限公司	SUZUKI	SRG-200型	竖笛
科润塑料制品有限公司	SUZUKI	PRE型	竖笛
江苏奇美乐器有限公司	小博士	八孔	小博士C调高音竖笛
江苏奇美乐器有限公司	奇美	QM8A-23B	中音英式八孔竖笛
江苏奇美乐器有限公司	奇美	QM8A-23B	中音英式八孔竖笛
江苏奇美乐器有限公司	奇美	QM8A-23B	中音英式八孔竖笛
江苏奇美乐器有限公司	DIAMOND(钻石)	8孔	钻石C调高音竖笛
北京民族乐器厂	星海	硬木骨花	大阮
北京民族乐器厂	星海	硬木	大阮
河北乐海乐器有限责任公司	乐海	硬木骨花	大阮
河北乐海乐器有限责任公司	乐海	硬木	大阮
河北饶阳成乐民族乐器有限责任公司	成乐	红木	大阮
杭州余杭中泰灵声乐器厂	灵声	虎纹大漆G调	笛子
杭州余杭中泰灵声乐器厂	灵声	精品专业E调	笛子

生产单位	商标	规格型号	产品名称
杭州余杭中泰灵声乐器厂	灵声	汉韵大漆E调	笛子
河北饶阳成乐民族乐器有限责任公司	成乐	E调	笛子
北京民族乐器厂	星海	专业黑檀	二胡
北京星光云鹤乐器有限公司	云鹤	A1007	二胡
河北乐海乐器有限责任公司	乐海	专业黑檀	二胡
河北饶阳成乐民族乐器有限责任公司	成乐	乌木	二胡
河南中州民族乐器有限公司	中州	E998	二胡
饶阳北方民族乐器制造有限责任公司	月坛	专业黑檀	二胡
饶阳县珠峰乐器厂	艺海	黑檀	二胡
饶阳县珠峰乐器厂	艺海	红木	二胡
北京民族乐器厂	星海	专业仿唐	古琴
大音实验室斫琴工厂	凤舞九天	FWG-1	古琴
大音实验室斫琴工厂	天一琴茶-认养专用	RYZY-1	古琴
河北乐海乐器有限责任公司	乐海	专业仿唐	古琴
河北饶阳成乐民族乐器有限责任公司	荷乐	伏羲	古琴
河南中州民族乐器有限公司	中州	Q696	古琴
北京民族乐器厂	星海	专业紫竹	京胡
河北乐海乐器有限责任公司	乐海	专业紫竹	京胡
河北饶阳成乐民族乐器有限责任公司	成乐	西皮/二黄	京胡
肃宁县质量技术监督局	乐海	专业紫竹	京胡
北京民族乐器厂	星海	专业花梨	柳琴
北京民族乐器厂	星海	专业花梨	柳琴
河北乐海乐器有限责任公司	乐海	专业花梨	柳琴
河南中州民族乐器有限公司	中州	L698	柳琴
北京民族乐器厂	星海	专业花梨	琵琶
北京星光云鹤乐器有限公司	云鹤	A1056	琵琶
河北乐海乐器有限责任公司	乐海	专业花梨	琵琶
河北饶阳成乐民族乐器有限责任公司	成乐	红木	琵琶
河北省饶阳县珠峰乐器厂	艺海	红木	琵琶
河南中州民族乐器有限公司	中州	P691	琵琶
北京民族乐器厂	星海	花梨	三弦
北京星光云鹤乐器有限公司	云鹤	A1087	三弦
河北乐海乐器有限责任公司	乐海	花梨	三弦
管子先生笛箫工作坊	友声	G调	箫
北京民族乐器厂	星海	专业花梨	小阮
河北乐海乐器有限责任公司	乐海	专业花梨	小阮

生产单位	商标	规格型号	产品名称
北京民族乐器厂	星海	专业花梨贝雕402	扬琴
北京星光云鹤乐器有限公司	云鹤	402	扬琴
河北乐海乐器有限责任公司	乐海	专业花梨贝雕402	扬琴
河北饶阳成乐民族乐器有限责任公司	成乐	红木贝雕402	扬琴
河北省饶阳县珠峰乐器厂	艺海	红木	扬琴
饶阳北方民族乐器制造有限责任公司	月坛	402	扬琴
北京民族乐器厂	星海	专业花梨头花	月琴
北京民族乐器厂	星海	专业花梨	月琴
河北乐海乐器有限责任公司	乐海	专业花梨头花	月琴
河北乐海乐器有限责任公司	乐海	专业花梨	月琴
北京民族乐器厂	星海	专业红木	筝
北京民族乐器厂	星海	S21-163	筝
河北乐海乐器有限责任公司	乐海	专业红木	筝
河北饶阳成乐民族乐器有限责任公司	成乐	S21-163	筝
河南中州民族乐器有限公司	中州	G860	筝
江都天圣民族乐器研发中心	天圣	S21-163	筝
江苏省扬州市邗江区国雅民族乐器厂	心艺	S21-163	筝
江苏省扬州市邗江区国雅民族乐器厂	春秋	S21-163	筝
兰考华韵乐器有限公司	弘音	S21-163	筝
兰考天中乐器有限公司	天中	TZ101	筝
饶阳北方民族乐器制造有限责任公司	月坛	21弦	筝
苏州达路文化传媒有限公司	金麟	S21-163	筝
扬州格律诗乐器有限公司	创邦佰韵	S163-21	筝
扬州邗江天籁乐器厂	龙凤	黄花梨	筝
扬州玲珑苑琴筝坊	木音堂	S21-163型	筝
扬州龙凤（雅韵）琴筝有限公司	雅韵	S-163	筝
扬州龙凤（雅韵）琴筝有限公司	凤韵	S-163	筝
扬州麒麟乐器有限公司	二十四桥	S163-21	筝
扬州市和谐民族乐器厂	莫高	S21-163	筝
扬州市诗韵民族乐器厂	诗琴韵	S21-163	筝
扬州天韵琴筝有限公司	天籁	S21-163	筝
扬州天韵琴筝有限公司	润韵	S21-163	筝
北京民族乐器厂	星海	专业花梨	中阮
北京星光云鹤乐器有限公司	云鹤	A1078	中阮
河北乐海乐器有限责任公司	乐海	专业花梨	中阮

生产单位	商标	规格型号	产品名称
河北饶阳成乐民族乐器有限责任公司	成乐	红木	中阮
河北省饶阳县珠峰乐器厂	艺海	红木	中阮
河南中州民族乐器有限公司	中州	R896	中阮
饶阳北方民族乐器制造有限责任公司	月坛	红木	中阮
北京蓝摇恒基乐器有限公司	Vorson	V-150	电吉他
北京蓝摇恒基乐器有限公司	Killer	K-6	电吉他
昌乐美音乐器厂	BEROFF	BER-E3S	电吉他
卡西欧（中国）贸易有限公司	CASIO	CTK-6300	电子琴
卡西欧电子科技（中山）有限公司	CASIO	CTK-3388 SK	电子琴
天津雅马哈电子乐器有限公司	雅马哈	PSR-E243	电子琴
天津雅马哈电子乐器有限公司	雅马哈	PSR-E343	电子琴
天津雅马哈电子乐器有限公司	雅马哈	YPT-240	电子琴
天津雅马哈电子乐器有限公司	雅马哈	KB-190	电子琴
天津雅马哈电子乐器有限公司	雅马哈	KB-191	电子琴
天津雅马哈电子乐器有限公司	雅马哈	KB-290	电子琴
天津雅马哈电子乐器有限公司	雅马哈	KB-291	电子琴
天津雅马哈电子乐器有限公司	雅马哈	KB-90	电子琴
天津雅马哈电子乐器有限公司	YAMAHA	E333	电子琴
天津雅马哈电子乐器有限公司	YAMAHA	E233	电子琴
天津雅马哈电子乐器有限公司	YAMAHA	KB190	电子琴
天津雅马哈电子乐器有限公司	YAMAHA	E333	电子琴
天津雅马哈电子乐器有限公司	YAMAHA	E233	电子琴
天津雅马哈电子乐器有限公司	YAMAHA	KB190	电子琴
天津雅马哈电子乐器有限公司	YAMAHA	E333	电子琴
天津雅马哈电子乐器有限公司	YAMAHA	E233	电子琴
天津雅马哈电子乐器有限公司	YAMAHA	KB190	电子琴
雅马哈乐器音响（中国）投资有限公司	YAMAHA	KB-180	电子琴
吟飞科技（江苏）有限公司	吟飞	TB808	电子琴
北京蓝摇恒基乐器有限公司	Jackson	D-9N	吉他
北京蓝摇恒基乐器有限公司	Rock mans	R-200SB	吉他
广东揭阳市长城乐器有限公司	Erard	EA	吉他
广东揭阳市长城乐器有限公司	Erard	ED	吉他
河北金音乐器集团有限公司	JINYIN	JYPG-E110C	吉他
河北金音乐器集团有限公司	JINYIN	JYPG-E110C	吉他
河北金音乐器集团有限公司	JINYIN	JYPG-E110C	吉他
河北金音乐器集团有限公司	BEROFF	BER-41HC	吉他

生产单位	商标	规格型号	产品名称
河北金音乐器集团有限公司	BEROFF	BER-41MC	吉他
嘉兴易德乐器股份有限公司	爱丽音（ELYN）	42英寸	吉他
北京长安乐器有限公司	Artist	四分之四	小提琴
北京长安乐器有限公司	/	/	小提琴
徐州星海乐器有限公司	Christina 克莉斯蒂娜	4/4 V02	小提琴

职业技能鉴定

2014年中国钢琴调律师状况

2014年中国钢琴调律行业不断发展，调律师人数与去年相比有了显著的提高。截止2014年共有5386名钢琴调律师取得各级职业资格证书，其中取得初级技能证书1732人，中级技能证书1833人，高级技能证书1509人，技师证书185人，高级技师证书127人。

2014年度又有513名钢琴调律师取得各个级别的国家职业资格证书，基本与上年度持平。按证书等级划分，取得高级技师证书11人，技师8人，高级技能证书92人，中级技能证书205人，初级技能证书197人。从数据中看，今年考取高级技能证书和中级技能证书的人数已经高于初级技能证书的人数，反应出目前中国钢琴调律师已逐步由最开始的初级水平向中级水平发展，但仍缺乏高级水平的调律师人才。按男女比例划分，男性373人，占72.71%；女性140人，占27.29%。在北京鉴定站获得证书的有160人，广州鉴定站110人，上海鉴定站100人，郑州铁路职业技术学院53人。

按年龄段划分，取得2014年国家职业资格证书的钢琴调律师平均年龄为27.31岁，年龄最小的16岁，最大的59岁，取得初级技能证书的平均年龄为26.62岁，中级技能证书的平均年龄为25.77岁，高级技能证书的平均年龄为29.42岁，技师证书的平均年龄为41.25岁，高级技能证书的平均年龄为45.55岁。

附件一：2014年全国钢琴调律师职业资格考核鉴定情况统计表

附件二：2014年通过钢琴调律师国家职业资格考核鉴定名单

附件1

2014年全国钢琴调律师考核鉴定情况统计表

鉴定站(所)	鉴定日期	五级/初级技能	四级/中级技能	三级/高级技能	二级/技师	一级/高级技师	合计
北京鉴定站	2014年1月（调律班）	21					21
	2014年3月（调律班）	19					19
	2014年4月(考核鉴定)	17	19	7			43
	2014年10月（调律班）	27					27
	2014年10月(考核鉴定)	13	26	10	1		50
小计		97	45	17	1		160
广州鉴定站	2014年1月(调律班)	13	1				14
	2014年4月(考核鉴定)	15	3	14			32

鉴定站(所)	鉴定日期	五级/初级技能	四级/中级技能	三级/高级技能	二级/技师	一级/高级技师	合计
广州鉴定站	2014年6月(调律班)	13					13
	2014年9月(调律班)	13					13
	2014年10月(考核鉴定)	15	8	4			27
	2014年10月(技师)				7	4	11
小计		69	12	18	7	4	110
上海鉴定所	2014年4月(考核鉴定)	8	17	15			40
	2014年10月(考核鉴定)	10	18	8		7	43
	2014年10月(考核鉴定)	9	8				17
小计		27	43	23		7	100
郑州铁路职业技术学院	2014年11月		43	10			53
小计			43	10			53
长春大学2014年3月			10	11			21
北京电子科技职业学院(毕业生)		4	17				21
南京艺术学院流行音乐学院(毕业生)			18	8			26
北京联合大学特殊教育学院(毕业生)			17	5			22
2014年合计		197	205	92	8	11	513

附件2

2014年通过钢琴调律师国家职业资格考核鉴定名单

北京鉴定站

姓 名	性 别	证书号	级 别
杨 菲	女	1458003001500015	五级/初级技能
姜 江	女	1458003001500018	五级/初级技能
孙 振	男	1458003001500011	五级/初级技能
徐 扬	男	1458003001500019	五级/初级技能
秦震宇	男	1458003001500008	五级/初级技能
王春江	男	1458003001500013	五级/初级技能
马 迪	男	1458003001500003	五级/初级技能
舒 展	男	1458003001500012	五级/初级技能
王 争	男	1458003001500001	五级/初级技能

姓 名	性 别	证书号	级 别
田召滨	男	1458003001500002	五级/初级技能
高 阳	男	1458003001500004	五级/初级技能
刘建华	男	1458003001500005	五级/初级技能
田润鹏	男	1458003001500006	五级/初级技能
袁文殊	女	1458003001500007	五级/初级技能
王安宁	男	1458003001500009	五级/初级技能
黄山河	男	1458003001500010	五级/初级技能
于 梁	女	1458003001500014	五级/初级技能
曹新宇	男	1458003001500016	五级/初级技能
吴珈米	男	1458003001500017	五级/初级技能
赵章峰	男	1458003001500020	五级/初级技能
赵 方	男	1458003001500021	五级/初级技能
王祎萌	女	1458003001500043	五级/初级技能
孙金彦	男	1458003001500031	五级/初级技能
何 源	男	1458003001500030	五级/初级技能
王 建	男	1458003001500032	五级/初级技能
夏士禹	男	1458003001500033	五级/初级技能
李汶昌	男	1458003001500034	五级/初级技能
刘月红	女	1458003001500035	五级/初级技能
金 鑫	男	1458003001500036	五级/初级技能
靳 伟	男	1458003001500037	五级/初级技能
关 硕	男	1458003001500038	五级/初级技能
陈逸洲	男	1458003001500039	五级/初级技能
胡 敏	男	1458003001500040	五级/初级技能
贺明燕	女	1458003001500041	五级/初级技能
王 瑾	女	1458003001500042	五级/初级技能
石亚鹏	男	1458003001500044	五级/初级技能
刘红毅	男	1458003001500045	五级/初级技能
张红梅	女	1458003001500046	五级/初级技能
徐 江	男	1458003001500047	五级/初级技能
苏 昊	男	1458003001500048	五级/初级技能
高 赫	男	1458003001500050	五级/初级技能
祖里亚·孜克拉	男	1458003001500060	五级/初级技能
凌 野	男	1458003001500064	五级/初级技能
张慧泉	男	1458003001500061	五级/初级技能
岑兴强	男	1458003001500054	五级/初级技能

姓 名	性 别	证书号	级 别
李 科	男	1458003001500053	五级/初级技能
许福生	男	1458003001500062	五级/初级技能
秦文捷	女	1458003001500052	五级/初级技能
马 晶	男	1458003001500065	五级/初级技能
高音傑	男	1458003001500058	五级/初级技能
吴 昊	男	1458003001500059	五级/初级技能
雷丰胜	男	1458003001500051	五级/初级技能
谢滢渟	女	1458003001500049	五级/初级技能
林少南	男	1458003001500055	五级/初级技能
鲁 智	男	1458003001500056	五级/初级技能
张 尧	男	1458003001500057	五级/初级技能
王黎明	男	1458003001500063	五级/初级技能
张永明	男	1458003001500108	五级/初级技能
杨文斌	男	1458003001500109	五级/初级技能
李金隆	男	1458003001500128	五级/初级技能
张钧冰	男	1458003001500110	五级/初级技能
张 鑫	女	1458003001500102	五级/初级技能
吕佳欣	女	1458003001500103	五级/初级技能
申 翔	男	1458003001500104	五级/初级技能
赵 辉	男	1458003001500105	五级/初级技能
李 成	男	1458003001500106	五级/初级技能
何 栩	男	1458003001500107	五级/初级技能
齐 特	男	1458003001500111	五级/初级技能
刘 宽	男	1458003001500112	五级/初级技能
徐作东	男	1458003001500113	五级/初级技能
高 莹	女	1458003001500114	五级/初级技能
申浩杰	男	1458003001500115	五级/初级技能
张廷瑞	男	1458003001500116	五级/初级技能
周 广	男	1458003001500117	五级/初级技能
狄仟子	男	1458003001500118	五级/初级技能
李福磊	男	1458003001500119	五级/初级技能
马琪超	女	1458003001500120	五级/初级技能
亢 芬	女	1458003001500121	五级/初级技能
马 阔	男	1458003001500122	五级/初级技能
刘大龙	男	1458003001500123	五级/初级技能
曹先栋	男	1458003001500124	五级/初级技能

姓 名	性 别	证书号	级 别
袁宏伟	男	1458003001500125	五级/初级技能
付 昂	男	1458003001500126	五级/初级技能
蔡 翔	男	1458003001500127	五级/初级技能
但 蒙	男	1458003001500091	五级/初级技能
王 慧	男	1458003001500093	五级/初级技能
吴洪波	男	1458003001500099	五级/初级技能
叶建乐	男	1458003001500094	五级/初级技能
牛 威	男	1458003001500097	五级/初级技能
章玲玲	女	1458003001500095	五级/初级技能
王世同	男	1458003001500096	五级/初级技能
程 超	男	1458003001500089	五级/初级技能
闫博凯	男	1458003001500092	五级/初级技能
吕笑白	男	1458003001500100	五级/初级技能
白月升	男	1458003001500090	五级/初级技能
肖进生	男	1458003001500101	五级/初级技能
介高飞	男	1458003001500098	五级/初级技能
偶 杨	男	1458003001400061	四级/中级技能
张垒豪	男	1458003001400054	四级/中级技能
任振光	男	1458003001400055	四级/中级技能
尹魁松	男	1458003001400056	四级/中级技能
牛占涛	男	1458003001400063	四级/中级技能
王青华	男	1458003001400062	四级/中级技能
李 萌	男	1458003001400048	四级/中级技能
付 羽	女	1458003001400060	四级/中级技能
刘 佳	男	1458003001400064	四级/中级技能
杨轶彬	男	1458003001400052	四级/中级技能
刘 兵	男	1458003001400059	四级/中级技能
汪顺生	男	1458003001400049	四级/中级技能
赵 伟	男	1458003001400050	四级/中级技能
彭 超	男	1458003001400051	四级/中级技能
郭玉田	男	1458003001400046	四级/中级技能
郑 义	男	1458003001400053	四级/中级技能
陈永华	男	1458003001400047	四级/中级技能
黄博洋	男	1458003001400058	四级/中级技能
何振鸽	男	1458003001400057	四级/中级技能

姓　名	性 别	证书号	级　别
邓　捷	男	1458003001400132	四级/中级技能
张志国	男	1458003001400133	四级/中级技能
曹修远	男	1458003001400147	四级/中级技能
古　丽	女	1458003001400137	四级/中级技能
叶　佳	女	1458003001400138	四级/中级技能
黎海麒	男	1458003001400131	四级/中级技能
刘　峰	男	1458003001400136	四级/中级技能
王彦军	男	1458003001400134	四级/中级技能
于　慧	女	1458003001400141	四级/中级技能
张雁斌	男	1458003001400148	四级/中级技能
王琇秀	女	1458003001400149	四级/中级技能
王德帅	男	1458003001400129	四级/中级技能
高贵田	男	1458003001400130	四级/中级技能
迟行健	男	1458003001400142	四级/中级技能
王国辉	男	1458003001400143	四级/中级技能
付志岭	男	1458003001400144	四级/中级技能
曲　光	男	1458003001400145	四级/中级技能
张　勋	男	1458003001400135	四级/中级技能
邹鲁凤	女	1458003001400128	四级/中级技能
贡国栋	男	1458003001400140	四级/中级技能
张江鹏	男	1458003001400146	四级/中级技能
王　帅	男	1458003001400126	四级/中级技能
张益铭	男	1458003001400127	四级/中级技能
李　刚	男	1458003001400150	四级/中级技能
陈玲玲	女	1458003001400125	四级/中级技能
刘梦卉	女	1458003001400139	四级/中级技能
郭丹丹	女	1458003001300037	三级/高级技能
曹振娟	女	1458003001300036	三级/高级技能
程　龙	男	1458003001300040	三级/高级技能
闫文荣	男	1458003001300038	三级/高级技能
张金亮	男	1458003001300039	三级/高级技能
智　建	男	1458003001300041	三级/高级技能
王馨葵	女	1458003001300035	三级/高级技能
李顺利	男	1458003001300055	三级/高级技能
郎付勇	男	1458003001300056	三级/高级技能

姓 名	性 别	证书号	级 别
林世春	男	1458003001300058	三级/高级技能
肖建涛	男	1458003001300059	三级/高级技能
钟斌林	男	1458003001300057	三级/高级技能
张振华	男	1458003001300062	三级/高级技能
胡 勇	男	1458003001300061	三级/高级技能
李江华	男	1458003001300060	三级/高级技能
徐 烨	男	1458003001300064	三级/高级技能
高 聪	男	1458003001300063	三级/高级技能
王 洋	男	1458003001200001	二级/技师

广州鉴定站

姓 名	性 别	证书号	级 别
徐志煌	男	1458003002500002	五级/初级技能
苏丽瑶	女	1458003002500003	五级/初级技能
梁永锋	男	1458003002500006	五级/初级技能
陈 晖	男	1458003002500007	五级/初级技能
马晓莹	女	1458003002500010	五级/初级技能
林子喧	男	1458003002500011	五级/初级技能
曹 阳	男	1458003002500013	五级/初级技能
李剑兵	男	1458003002500008	五级/初级技能
傅文斌	男	1458003002500004	五级/初级技能
陈闻琪	男	1458003002500001	五级/初级技能
李紫微	女	1458003002500005	五级/初级技能
陈 超	男	1458003002500009	五级/初级技能
刘新科	男	1458003002500012	五级/初级技能
胡品正	男	1458003002500014	五级/初级技能
官子华	男	1458003002500015	五级/初级技能
杨致良	男	1458003002500016	五级/初级技能
辛志钜	男	1458003002500018	五级/初级技能
殷自刚	男	1458003002500019	五级/初级技能
郭立桓	男	1458003002500022	五级/初级技能
杨宇生	男	1458003002500023	五级/初级技能
潘嘉妮	女	1458003002500024	五级/初级技能
张卓颖	女	1458003002500025	五级/初级技能

姓 名	性 别	证书号	级 别
李智豪	男	1458003002500026	五级/初级技能
李国华	男	1458003002500020	五级/初级技能
陈苏添	男	1458003002500017	五级/初级技能
刘轩赫	男	1458003002500021	五级/初级技能
谭 玲	女	1458003002500030	五级/初级技能
向梓贤	男	1458003002500032	五级/初级技能
陈星云	男	1458003002500031	五级/初级技能
袁平峰	男	1458003002500028	五级/初级技能
温颖锋	男	1458003002500037	五级/初级技能
符德平	男	1458003002500041	五级/初级技能
林晨滔	男	1458003002500027	五级/初级技能
刘文清	男	1458003002500039	五级/初级技能
黄迅达	男	1458003002500034	五级/初级技能
区 聪	男	1458003002500040	五级/初级技能
李 强	男	1458003002500035	五级/初级技能
任 松	男	1458003002500029	五级/初级技能
宋旭成	男	1458003002500033	五级/初级技能
向露露	男	1458003002500038	五级/初级技能
徐良果	男	1458003002500036	五级/初级技能
高宏昌	男	1458003002500042	五级/初级技能
张 慈	女	1458003002500043	五级/初级技能
王晓龙	男	1458003002500044	五级/初级技能
牛晓霞	女	1458003002500045	五级/初级技能
李 伟	男	1458003002500047	五级/初级技能
孙海磊	男	1458003002500048	五级/初级技能
龙银庭	男	1458003002500050	五级/初级技能
彭 聪	男	1458003002500051	五级/初级技能
黎俊谦	男	1458003002500053	五级/初级技能
王孙海	男	1458003002500054	五级/初级技能
范剑辉	男	1458003002500049	五级/初级技能
唐 畅	男	1458003002500052	五级/初级技能
植姬川	女	1458003002500046	五级/初级技能
刘 慧	女	1458003002500067	五级/初级技能
王 杰	男	1458003002500058	五级/初级技能
李 凯	男	1458003002500068	五级/初级技能
陈广添	男	1458003002500061	五级/初级技能

姓　名	性　别	证书号	级　别
罗　成	男	1458003002500057	五级/初级技能
白　帆	女	1458003002500063	五级/初级技能
戴文龙	男	1458003002500060	五级/初级技能
汪　昊	男	1458003002500056	五级/初级技能
陈月广	男	1458003002500059	五级/初级技能
周兴高	男	1458003002500069	五级/初级技能
沈　兵	男	1458003002500064	五级/初级技能
方志超	男	1458003002500055	五级/初级技能
蔡　伟	男	1458003002500062	五级/初级技能
高李正	男	1458003002500066	五级/初级技能
曾　葵	男	1458003002500065	五级/初级技能
刘　炜	男	1458003002400001	四级/中级技能
王　玺	男	1458003002400003	四级/中级技能
陈启照	男	1458003002400004	四级/中级技能
杜小川	男	1458003002400002	四级/中级技能
刘羽捷	男	1458003002400009	四级/中级技能
丁龙军	女	1458003002400010	四级/中级技能
林书忠	男	1458003002400008	四级/中级技能
李天明	男	1458003002400012	四级/中级技能
柯嘉嘉	男	1458003002400007	四级/中级技能
欧海明	男	1458003002400005	四级/中级技能
高翼韩	男	1458003002400011	四级/中级技能
李　强	男	1458003002400006	四级/中级技能
夏隆泉	男	1458003002300009	三级/高级技能
吴志源	男	1458003002300011	三级/高级技能
李嘉颖	男	1458003002300004	三级/高级技能
洪　斌	男	1458003002300007	三级/高级技能
杨向东	男	1458003002300010	三级/高级技能
陈英强	男	1458003002300006	三级/高级技能
谢金明	男	1458003002300001	三级/高级技能
谢凤东	男	1458003002300005	三级/高级技能
胡俊辉	男	1458003002300002	三级/高级技能
翟　宁	男	1458003002300013	三级/高级技能
施云霞	女	1458003002300008	三级/高级技能

姓　名	性　别	证书号	级　别
陈　洲	男	1458003002300003	三级/高级技能
洪　伟	男	1458003002300014	三级/高级技能
徐　斌	男	1458003002300012	三级/高级技能
易　飞	男	1458003002300018	三级/高级技能
陈承龙	男	1458003002300017	三级/高级技能
田竹兰	女	1458003002300016	三级/高级技能
张宗蕃	男	1458003002300015	三级/高级技能
谢锡华	男	1458003002200002	二级/技师
李华东	男	1458003002200003	二级/技师
丁建全	男	1458003002200001	二级/技师
黄绍华	男	1458003002200004	二级/技师
虞文贤	男	1458003002200006	二级/技师
戴华东	男	1458003002200007	二级/技师
林玉树	男	1458003002200005	二级/技师
赵志毅	男	1458003002100001	一级/高级技师
陈　丽	女	1458003002100003	一级/高级技师
姜宁弟	男	1458003002100004	一级/高级技师
徐婉儿	女	1458003002100002	一级/高级技师

上海鉴定所

姓　名	性　别	证书号	级　别
李鹏喜	男	1458003001500028	五级/初级技能
宗子见	男	1458003001500029	五级/初级技能
韩　菲	女	1458003001500023	五级/初级技能
杨晓君	男	1458003001500022	五级/初级技能
钱慧子	女	1458003001500024	五级/初级技能
周彩华	女	1458003001500025	五级/初级技能
江　浩	男	1458003001500026	五级/初级技能
刘　彪	男	1458003001500027	五级/初级技能
叶东来	男	1458003001500076	五级/初级技能
刘笑天	男	1458003001500077	五级/初级技能
陈　佳	女	1458003001500078	五级/初级技能
高士明	男	1458003001500074	五级/初级技能

姓　名	性　别	证书号	级　别
任　全	男	1458003001500073	五级/初级技能
吴连珍	女	1458003001500075	五级/初级技能
刘　杰	男	1458003001500072	五级/初级技能
余海啸	男	1458003001500079	五级/初级技能
乔　亮	男	1458003001500070	五级/初级技能
李　颂	男	1458003001500071	五级/初级技能
王　曼	女	1458003001500083	五级/初级技能
姜　鹏	男	1458003001500084	五级/初级技能
何　超	男	1458003001500086	五级/初级技能
代淑芳	女	1458003001500080	五级/初级技能
霍怡辰	女	1458003001500088	五级/初级技能
王怀天	男	1458003001500081	五级/初级技能
黄容华	男	1458003001500087	五级/初级技能
刘　波	男	1458003001500082	五级/初级技能
颜黎博	男	1458003001500085	五级/初级技能
张圣全	男	1458003001400020	四级/中级技能
夏秋生	男	1458003001400022	四级/中级技能
许　扬	男	1458003001400035	四级/中级技能
马孟丽	女	1458003001400034	四级/中级技能
孙建军	男	1458003001400023	四级/中级技能
杨　洁	女	1458003001400024	四级/中级技能
王鸿林	男	1458003001400025	四级/中级技能
李双勇	男	1458003001400026	四级/中级技能
王仕磊	男	1458003001400027	四级/中级技能
夏　冬	男	1458003001400028	四级/中级技能
徐作敏	男	1458003001400029	四级/中级技能
魏　斌	女	1458003001400030	四级/中级技能
刘志伟	男	1458003001400031	四级/中级技能
高　山	男	1458003001400032	四级/中级技能
胡为荣	男	1458003001400019	四级/中级技能
许大鹏	男	1458003001400021	四级/中级技能
王　博	男	1458003001400033	四级/中级技能
霍清荣	女	1458003001400121	四级/中级技能
李　潇	女	1458003001400117	四级/中级技能
朱　凤	女	1458003001400118	四级/中级技能

姓　名	性　别	证书号	级　别
郑海迪	女	1458003001400122	四级/中级技能
沈　信	女	1458003001400119	四级/中级技能
袁　飞	男	1458003001400124	四级/中级技能
梁　禹	女	1458003001400120	四级/中级技能
邱文倩	女	1458003001400123	四级/中级技能
陈礼福	男	1458003001400099	四级/中级技能
宋晓阳	男	1458003001400114	四级/中级技能
李惠明	男	1458003001400115	四级/中级技能
金星日	男	1458003001400100	四级/中级技能
杜崔艳	女	1458003001400105	四级/中级技能
张　辉	男	1458003001400111	四级/中级技能
颜雷鸣	男	1458003001400108	四级/中级技能
姜　涛	男	1458003001400102	四级/中级技能
王　磊	男	1458003001400110	四级/中级技能
陈子鹏	男	1458003001400103	四级/中级技能
朱思凯	男	1458003001400104	四级/中级技能
陈　泽	男	1458003001400106	四级/中级技能
尚　欢	男	1458003001400112	四级/中级技能
吴庆源	男	1458003001400113	四级/中级技能
周　锋	男	1458003001400116	四级/中级技能
李　辉	男	1458003001400109	四级/中级技能
王先锋	男	1458003001400107	四级/中级技能
沈林斌	男	1458003001400101	四级/中级技能
戴建双	男	1458003001300018	三级/高级技能
陈禹帆	男	1458003001300009	三级/高级技能
钱晓华	男	1458003001300011	三级/高级技能
许光达	男	1458003001300012	三级/高级技能
王　雪	女	1458003001300013	三级/高级技能
贾凯诺	男	1458003001300015	三级/高级技能
黄　斌	男	1458003001300019	三级/高级技能
刘　罡	男	1458003001300020	三级/高级技能
班胜友	男	1458003001300021	三级/高级技能
李　兵	男	1458003001300022	三级/高级技能
王德宇	男	1458003001300023	三级/高级技能
高宝财	男	1458003001300014	三级/高级技能

姓 名	性 别	证书号	级 别
林梓渊	男	1458003001300016	三级/高级技能
许鑫栋	男	1458003001300017	三级/高级技能
邝春林	男	1458003001300010	三级/高级技能
姬维旭	男	1458003001300054	三级/高级技能
李华伟	男	1458003001300052	三级/高级技能
李一丁	男	1458003001300051	三级/高级技能
陈 倩	女	1458003001300048	三级/高级技能
张定国	男	1458003001300053	三级/高级技能
孙增杰	男	1458003001300049	三级/高级技能
张伟莉	女	1458003001300050	三级/高级技能
应朝阳	男	1458003001300047	三级/高级技能
谢新提	男	1458003001100005	一级/高级技师
赵 晨	男	1458003001100003	一级/高级技师
金力伟	男	1458003001100006	一级/高级技师
彭 湃	男	1458003001100004	一级/高级技师
廖欣华	男	1458003001100007	一级/高级技师
王启华	男	1458003001100001	一级/高级技师
杜志钟	男	1458003001100002	一级/高级技师

北京电子科技职业学院

姓 名	性 别	证书号	级 别
钱怡然	女	1458003001500066	五级/初级技能
马宏伟	男	1458003001500067	五级/初级技能
果宏旭	男	1458003001500068	五级/初级技能
李 鹏	男	1458003001500069	五级/初级技能
张小玉	女	1458003001400082	四级/中级技能
史 爽	女	1458003001400083	四级/中级技能
王 曼	女	1458003001400084	四级/中级技能
王 莹	女	1458003001400085	四级/中级技能
马智敏	女	1458003001400086	四级/中级技能
宋可馨	女	1458003001400087	四级/中级技能
王 凯	男	1458003001400088	四级/中级技能
刘泽宇	男	1458003001400089	四级/中级技能

姓 名	性 别	证书号	级 别
黄 健	男	1458003001400090	四级/中级技能
郭云鹏	男	1458003001400091	四级/中级技能
马 赛	男	1458003001400092	四级/中级技能
胡墨奇	男	1458003001400093	四级/中级技能
段佳亮	男	1458003001400094	四级/中级技能
李 泽	男	1458003001400095	四级/中级技能
韩梓宸	男	1458003001400096	四级/中级技能
那 淼	男	1458003001400097	四级/中级技能
万 磊	男	1458003001400098	四级/中级技能

长春大学

姓 名	性 别	证书号	级 别
李 丹	女	1458003001400036	四级/中级技能
王肖楠	女	1458003001400037	四级/中级技能
金 玲	女	1458003001400038	四级/中级技能
宫丽媛	女	1458003001400039	四级/中级技能
蒋传美	女	1458003001400040	四级/中级技能
张小敏	女	1458003001400041	四级/中级技能
王 琪	女	1458003001400042	四级/中级技能
韩青萍	女	1458003001400043	四级/中级技能
刘勤辉	男	1458003001400044	四级/中级技能
计仕前	男	1458003001400045	四级/中级技能
何志明	男	1458003001300024	三级/高级技能
亓 慧	女	1458003001300025	三级/高级技能
王建凯	男	1458003001300026	三级/高级技能
王天宇	男	1458003001300027	三级/高级技能
窦爱力	女	1458003001300028	三级/高级技能
韩惠羽	女	1458003001300029	三级/高级技能
龙钰锋	男	1458003001300030	三级/高级技能
冯展浩	男	1458003001300031	三级/高级技能
吴桥生	男	1458003001300032	三级/高级技能
孙泽政	男	1458003001300033	三级/高级技能
李重阳	男	1458003001300034	三级/高级技能

北京联大特教学院

姓 名	性 别	证书号	级 别
崔绍云	男	1458003001400065	四级/中级技能
方 芳	女	1458003001400066	四级/中级技能
高 阳	女	1458003001400067	四级/中级技能
郭万成	男	1458003001400068	四级/中级技能
吕 飘	女	1458003001400069	四级/中级技能
许 禄	男	1458003001400070	四级/中级技能
于子涵	女	1458003001400071	四级/中级技能
禹彦伟	男	1458003001400072	四级/中级技能
袁 兵	男	1458003001400073	四级/中级技能
夏家能	男	1458003001400074	四级/中级技能
葛永栋	男	1458003001400075	四级/中级技能
顾朝旭	女	1458003001400076	四级/中级技能
郑丹怡	女	1458003001400077	四级/中级技能
王 宾	男	1458003001400078	四级/中级技能
唐 玉	女	1458003001400079	四级/中级技能
马神鹰	女	1458003001400080	四级/中级技能
马神童	男	1458003001400081	四级/中级技能
何 凡	女	1458003001300042	三级/高级技能
杨宇伟	男	1458003001300043	三级/高级技能
孟 健	男	1458003001300044	三级/高级技能
靳圣杰	男	1458003001300045	三级/高级技能
么传锡	男	1458003001300046	三级/高级技能

南京艺术学院流行音乐学院

姓 名	性 别	证书号	级 别
马一鸣	男	1458003001400001	四级/中级技能
陈春雷	男	1458003001400002	四级/中级技能
蒋周羿	男	1458003001400003	四级/中级技能
沈舒婷	女	1458003001400004	四级/中级技能
王思莹	女	1458003001400005	四级/中级技能
孙安琪	女	1458003001400006	四级/中级技能
毛阿璇	女	1458003001400007	四级/中级技能

姓　名	性　别	证书号	级　别
郭志诚	男	1458003001400008	四级/中级技能
张　筱	女	1458003001400009	四级/中级技能
卢长晔	女	1458003001400010	四级/中级技能
江春姣	女	1458003001400011	四级/中级技能
张　笑	女	1458003001400012	四级/中级技能
汤忆佩	女	1458003001400013	四级/中级技能
邓亚光	男	1458003001400014	四级/中级技能
田　舒	女	1458003001400015	四级/中级技能
关　星	女	1458003001400016	四级/中级技能
康晨阳	女	1458003001400017	四级/中级技能
尹丽娜	女	1458003001400018	四级/中级技能
樊智源	男	1458003001300001	三级/高级技能
朗明昊	男	1458003001300002	三级/高级技能
王佳妮	女	1458003001300003	三级/高级技能
周皙佼	女	1458003001300004	三级/高级技能
金　锐	女	1458003001300005	三级/高级技能
吴志蔚	男	1458003001300006	三级/高级技能
王　非	女	1458003001300007	三级/高级技能
吴友东	男	1458003001300008	三级/高级技能

郑州铁路职业技术学院

姓　名	性　别	证书号	级　别
赵晨晨	女	1458003001400151	四级/中级技能
郭鑫瑞	女	1458003001400152	四级/中级技能
金　阳	女	1458003001400153	四级/中级技能
王福灵	女	1458003001400154	四级/中级技能
常　歌	女	1458003001400155	四级/中级技能
宋少侃	男	1458003001400156	四级/中级技能
刘金林	男	1458003001400157	四级/中级技能
刘玉萍	女	1458003001400158	四级/中级技能
艾　敏	女	1458003001400159	四级/中级技能
王俊芳	女	1458003001400160	四级/中级技能
张晶涛	女	1458003001400161	四级/中级技能
王雅怡	女	1458003001400162	四级/中级技能

姓　名	性　别	证书号	级　别
闫刘涛	男	1458003001400163	四级/中级技能
袁雪姣	女	1458003001400164	四级/中级技能
张亚南	女	1458003001400165	四级/中级技能
王璐琦	女	1458003001400166	四级/中级技能
姚　清	女	1458003001400167	四级/中级技能
李晨溪	女	1458003001400168	四级/中级技能
赵　月	女	1458003001400169	四级/中级技能
董雪枫	女	1458003001400170	四级/中级技能
王　敏	女	1458003001400171	四级/中级技能
吴春月	女	1458003001400172	四级/中级技能
胡晓达	男	1458003001400173	四级/中级技能
司鹏骏	男	1458003001400174	四级/中级技能
古媛媛	女	1458003001400175	四级/中级技能
周俊祥	男	1458003001400176	四级/中级技能
钱　垚	男	1458003001400177	四级/中级技能
韩　雪	女	1458003001400178	四级/中级技能
孟蓝蓝	女	1458003001400179	四级/中级技能
贾雪娜	女	1458003001400180	四级/中级技能
鲁晓君	女	1458003001400181	四级/中级技能
王灿灿	女	1458003001400182	四级/中级技能
党孟杰	男	1458003001400183	四级/中级技能
谢　强	男	1458003001400184	四级/中级技能
张振伟	男	1458003001400185	四级/中级技能
齐鹏飞	男	1458003001400186	四级/中级技能
李冬冬	男	1458003001400187	四级/中级技能
张功金	男	1458003001400188	四级/中级技能
刘　奕	女	1458003001400189	四级/中级技能
佟　咚	女	1458003001400190	四级/中级技能
孙娇娇	女	1458003001400191	四级/中级技能
陈新春	男	1458003001400192	四级/中级技能
王含光	男	1458003001400193	四级/中级技能
索　雪	女	1458003001300065	三级/高级技能
蓝金玉	男	1458003001300066	三级/高级技能
方　珵	男	1458003001300067	三级/高级技能
张　坤	男	1458003001300068	三级/高级技能

姓 名	性 别	证书号	级 别
冯红运	男	1458003001300069	三级/高级技能
刘军超	男	1458003001300070	三级/高级技能
马国龙	男	1458003001300071	三级/高级技能
陈冠中	男	1458003001300072	三级/高级技能
朱智武	男	1458003001300073	三级/高级技能
任 源	女	1458003001300074	三级/高级技能

乐器专利

2014年度中国乐器专利发布及分析

由国家知识产权局发布、经中国乐器协会信息部整理的2014年乐器专利日前公布。2014年全年，中国乐器专利发布1067项，与2013年的975项同比增长8%。其中发明专利290项，与去年的208项同比增长28%，实用新型473项，与去年的476项基本持平；外观设计304项，与去年的289项同比增长4.9%。

再细分，代表较高专利质量指标、体现专利技术和市场价值的有效发明专利占比近1/3，比重持续上升，表明乐器引进创新水平不断提升，发明专利作为引领创新发展的乐器技术驱动作用更为突出。

专利申请结构显著优化表明，乐器企业知识产权创造主体地位持续稳固，在自主创新中继续发挥决定性作用，乐器行业基本建立起以企业为主体、涵盖各门类乐器的技术创新体系。

当前，我国经济进入了发展新常态，对知识产权运用和保护提出了更高的要求。无论从经济社会发展还是从知识产权强国建设的需要来看，均需进一步提升乐器企业作为创新主体的知识产权发展能力，推进专利化水平健康发展，更好支撑创新驱动发展和经济转型升级。

2014年中国乐器专利发布目录

类别	名称	专利类型	申请（专利）号	公开（公告）日	申请（专利权）人	发明（设计）人
乐器综合	声弦乐器音箱板结构	发明专利	201310394078.1	2014.01.01	肯豁贸易有限公司	罗林
	用于弓弦乐器的工具	发明专利	201280021181.5	2014.01.08	久乡宙	久乡宙
	民族乐器合成竹共振板	发明专利	201310429144.4	2014.01.08	张士臣	张士臣
	一种乐器演奏音频采集座椅	实用新型	201320353910.9	2014.01.08	东华大学	杨钟亮 陈育苗
	一种弹拨乐器指法训练简易装置	实用新型	201320448964.3	2014.01.08	东华大学	杨钟亮 陈育苗
	一种乐器演奏评分的方法及装置	发明专利	201210218744.1	2014.01.15	曾平蔚	曾平蔚
	电子键盘乐器及方法	发明专利	201310258053.9	2014.01.15	卡西欧计算机株式会社	岩濑广 野津友美
	具有镶嵌品板的弦乐器及其制作方法	发明专利	201310254776.1	2014.01.15	芬德乐器公司	F.科塞福尔维
	对应乐器的操作部位的音乐贴板	实用新型	201320509247.7	2014.01.15	江在申	江在申
	乐器学习用演奏教练仪	发明专利	201310488768.3	2014.01.22	张济鹏	张济鹏
	一种乐器弹奏指甲	实用新型	201320522261.0	2014.01.22	蒋建孝	蒋建孝
	乐器盒	实用新型	201320418652.8	2014.01.22	冷无霜	冷无霜
	上弦乐器全自动定音调弦琴轴	发明专利	201310469217.2	2014.01.29	蔡金霖	蔡金霖
	键盘乐器和控制键盘乐器中的致动器的方法	发明专利	201310283359.X	2014.01.29	雅马哈株式会社	大场保彦 藤原佑二 松尾祥也

类别	名称	专利类型	申请（专利）号	公开（公告）日	申请（专利权）人	发明（设计）人
乐器综合	乐器领域蜗杆螺纹加工的旋刀装置	实用新型	201320439163.0	2014.01.29	瑞安市中联电声乐器有限公司	林瑞荣
	弹拨乐器（苏力德）	外观设计	201330386481.0	2014.02.05	照德布	照德布
	尖头腿、乐器、及乐器架	发明专利	201210510840.3	2014.02.12	星野乐器株式会社	佐藤尚树 宫嶋秀幸
	乐器保护套	实用新型	201320598736.4	2014.02.12	德州学院	吕明瑞
	乐器收纳箱	实用新型	201320598739.8	2014.02.12	德州学院	唐健
	简易乐器支架	实用新型	201320598746.8	2014.02.12	德州学院	郭文君
	乐器的光声装置	发明专利	201210251533.8	2014.02.12	明馨国际有限公司	周有宏
	乐器保存容器	实用新型	201320598748.7	2014.02.12	德州学院	刘春菱
	方便开合的乐器盒	实用新型	201320598737.9	2014.02.12	德州学院	李倩倩
	电子打击乐器用踏板装置	实用新型	201320297136.4	2014.02.12	雅马哈株式会社	佐藤正男 宫下慎也
	乐器盒	发明专利	201320511401.4	2014.02.19	王建志	王建志 薛露杰
	卷入式弦乐器琴桥	发明专利	201310591107.3	2014.02.19	瑞安市中联电声乐器有限公司	林瑞荣
	一种乐器吹奏机器人的控制系统	实用新型	201320286964.8	2014.02.19	北京邮电大学	范东宇 马铭阳 毛明杰 王晋晖 罗欣栋 曾洋 缪维颖 刘婷 朱棣 张文剑 何明川 张雨竹
	一种电动吹奏乐器	发明专利	201310565392.1	2014.02.26	柳州职业技术学院	覃日强 安掌明 罗洪波
	乐器用压电薄膜传感器	实用新型	201320594286.1	2014.02.26	惠州市天音乐器有限公司	张又文
	一种乐器表面涂料的涂装方法	发明专利	201310554772.5	2014.02.26	惠州市长润发涂料有限公司天津长润发化工有限公司	万天军 练世斌 戴超
	声弦乐器音箱板结构	实用新型	201320543729.4	2014.03.05	肯豁贸易有限公司	罗林
	弦乐器的颤音装置和弦乐器	发明专利	201180070983.0	2014.03.05	特奥多尔·季米特洛夫·马斯拉罗夫	特奥多尔·季米特洛夫·马斯拉罗夫
	电子打击乐器	外观设计	201330404530.9	2014.03.12	罗兰株式会社	稲垣洋司 井上利秋
	管乐器用消声器	外观设计	201330423993.X	2014.03.12	雅马哈株式会社	辰巳惠三
	乐器清洁棒	发明专利	201310669927.X	2014.03.12	魏倩倩	魏倩倩
	弦乐器用琴桥及鞍座以及弦乐器	发明专利	201210396434.9	2014.03.12	后藤格特有限会社	后藤昌甲
	电子机械乐器	发明专利	201280034410.7	2014.03.19	浩特斯博尔管理有限公司	保罗·卢埃林·戴维斯
	一种声乐练习音乐器	实用新型	201320664289.8	2014.03.19	黑龙江农垦职业学院	吕飞
	乐器簧片精密刨苇机	实用新型	201320604856.0	2014.03.26	汤世荣	汤世荣
	用于键盘乐器的白键	发明专利	201310440622.1	2014.03.26	株式会社河合乐器制作所	安孙子雅彦

类别	名称	专利类型	申请（专利）号	公开（公告）日	申请（专利权）人	发明（设计）人
乐器综合	使用弱音器的管乐器的演奏的信号处理器	发明专利	201310450023.8	2014.04.02	雅马哈株式会社	篠田亮 高野寿子
	腮托、腮托系统以及乐器	实用新型	201280036824.3	2014.04.02	维特纳有限两合公司	乔治·沃切泽
	原声弦乐器	发明专利	201280022351.1	2014.04.02	迈克尔·米尔提莫	迈克尔·米尔提莫
	一种控制电子乐器的装置及其方法	发明专利	201210376805.7	2014.04.09	联想（北京）有限公司	赵谦
	电子键盘乐器	外观设计	201330503164.2	2014.04.09	罗兰株式会社	泽田茂 三浦郁彦
	电子乐器用操作杆	外观设计	201330417076.0	2014.04.09	罗兰株式会社	上杉哲也 佐藤仁
	乐器用踏板装置	发明专利	201310072040.2	2014.04.09	星野乐器株式会社	平泽谕
	一种提琴乐器	实用新型	201320678584.9	2014.04.09	赖宽	赖宽
	一种电动吹奏乐器	实用新型	201320716856.X	2014.04.16	柳州职业技术学院	覃日强 安掌明 罗洪波
	竹管乐器人工内管	实用新型	201320220043.1	2014.04.16	李赛	李赛
	全方位保护乐器的校音器夹子	实用新型	201320611936.9	2014.04.16	深圳市卓乐科技有限公司	李国飞 赵千平 许东青
	一种电子乐器智能学习控制方法	发明专利	201410013827.6	2014.04.16	得理乐器（珠海）有限公司	谢奇彬 王建军 谭炽强
	一种多功能乐器同步互动系统和方法	发明专利	201410023754.9	2014.04.16	浙江大学	孟濬 蒋浩华 刘琼
	脚踏式珠球演奏乐器	实用新型	201320760485.5	2014.04.16	陕西理工学院	常增宏
	小型电子打击乐器	实用新型	201320760401.8	2014.04.16	陕西理工学院	常增宏
	管乐器小号	发明专利	201410034694.0	2014.04.16	郑州傲世实业有限公司	班海波 崔勇
	一种幼教用乐器玩具板	实用新型	201320720897.6	2014.04.16	浙江飞友康体设备有限公司	白海忠
	一种多功能乐器	发明专利	201410050072.7	2014.04.23	陆伟	陆伟
	弦乐器琴桥	外观设计	201330577882.4	2014.04.30	瑞安市中联电声乐器有限公司	林瑞荣
	一种乐器信号的分类方法	实用新型	201410008533.4	2014.04.30	太原科技大学	郭一娜 王志社 郅逍遥 王晓梅 李临生
	一种太阳能动力乐器	发明专利	201410016701.4	2014.04.30	陈凌	陈凌
	多用途乐器调整用开口扳手	实用新型	201320764315.4	2014.04.30	四川省迪特尔电子有限公司	雷勇 王举 帅娟
	踏板打击乐器	发明专利	201310177690.3	2014.05.07	罗兰株式会社	山根秀晓
	插座和电乐器	实用新型	201320664497.8	2014.05.07	雅马哈株式会社	鹤桥启之
	便携式乐器辅助装置	实用新型	201320761856.1	2014.05.07	陕西理工学院	常增宏
	经改进的磁性乐器拾音器	发明专利	201280039843.1	2014.05.07	安伦股份有限公司	T·林高 G·班斯 M·鲍耶
	一种用激光远距离遥控演奏的乐器	实用新型	201210413431.1	2014.05.07	饶涛	饶涛 万颖芳
	乐谱、指法电子灯光模拟显示方法及键盘类乐器辅助教学器	发明专利	201410073684.8	2014.05.07	罗淑文	罗淑文

类别	名称	专利类型	申请（专利）号	公开（公告）日	申请（专利权）人	发明（设计）人
乐器综合	弦乐器学习辅助仪	实用新型	201320760966.6	2014.05.07	陕西理工学院	常增宏
	运动娱乐器材的踏板	实用新型	201320668049.5	2014.05.14	张钰函	张钰函
	电弦乐器	发明专利	201310516930.8	2014.05.14	雅马哈株式会社	齐藤金洋 鹤桥启之
	乐器演奏辅助教学系统	发明专利	201410086857.X	2014.05.14	哈尔滨工业大学	欧剑 白阳 王妍 张梦阳 于静潇 刘雨东 丛力夫
	弦乐器、其系统和其使用方法	发明专利	201280044455.2	2014.05.14	O.M.B.吉他有限公司	B·Z·尼 S·米兹拉希
	打击乐器	发明专利	201310325998.8	2014.05.14	罗兰株式会社	森良彰
	插座和电乐器	发明专利	201310512304.1	2014.05.14	雅马哈株式会社	鹤桥启之
	一种引导型儿童乐器	发明专利	201310189297.6	2014.05.21	浙江理工大学	汪颖 王航挺
	管乐器的尾管结构	实用新型	201320676887.7	2014.05.28	张一清	张一清
	冬不拉吉他组合乐器	实用新型	201320840882.3	2014.05.28	叶尔买克	叶尔买克
	电子打击乐器及其非接触式传感器和信号检测方法	发明专利	201410079110.1	2014.05.28	深圳市海星王科技有限公司	曹少堃 钟曦
	电声转换膜、柔性显示器、声带麦克风以及乐器传感器	发明专利	201280047645.X	2014.06.04	富士胶片株式会社	三好哲
	带底座的水瓶乐器	实用新型	201320804573.0	2014.06.04	李玉琳	李玉琳 郭文杰
	乐器钩肩背带	发明专利	201410100992.5	2014.06.04	河北金音乐器集团有限公司	陈学孔
	乐器清洁棒	实用新型	201320811907.7	2014.06.04	魏倩倩	魏倩倩
	带有视频显示器的乐器	发明专利	201280048693.0	2014.06.04	革新显示公司	特洛伊·包德瑞克斯 V·邓迪 A·班克斯 杰瑞米·侯屈曼 J·克罗克 R·霍格
	电子乐器合奏系统、电子乐器弹奏指导装置	发明专利	201410091175.8	2014.06.04	冯山	冯山
	电子弦乐器	实用新型	201310596611.2	2014.06.04	卡西欧计算机株式会社	出岛达也
	棒状电子打击乐器	发明专利	201310567027.4	2014.06.18	罗兰株式会社	森良彰
	打击乐器用附件	发明专利	201310471168.6	2014.06.18	罗兰株式会社	森良彰
	一种新型瓷乐器	实用新型	201420048915.5	2014.06.18	樊学章	樊学章
	简易打击乐器	实用新型	201420016623.3	2014.06.18	樊学章	樊学章
	一种弦乐器拨片	实用新型	201320689856.5	2014.06.18	丁耀华	丁耀华
	一种电磁打击乐器	发明专利	201410135745.9	2014.06.18	江南大学	陈健 朱纯 朱云
	一种管乐器小号	实用新型	201420046618.7	2014.06.18	郑州傲世实业有限公司	班海波 崔勇
	智能电子乐器中MIDI数据处理方法	发明专利	CN201410101197.8	2014.07.30	熊世林	熊世林
	一种弦乐器调音方法及弦乐器调音器	实用新型	CN201410156258.0	2014.07.09	深圳市蔚科电子科技开发有限公司	赵哲
	电声弦乐器及其设计方法	发明专利	CN201410018273.9	2014.07.16	雅马哈株式会社	末永雄一朗 田村晋也

类别	名称	专利类型	申请（专利）号	公开（公告）日	申请（专利权）人	发明（设计）人
乐器综合	电子弦乐器及乐音生成方法	实用新型	CN201410051517.3	2014.07.09	卡西欧计算机株式会社	出岛达也 仲江哲一 伊庭章雄 酒井胜利 渡边一嘉
	电声弦乐器及其设计方法	发明专利	CN201410017942.0	2014.07.16	雅马哈株式会社	末永雄一朗 田村晋也 野吕正夫
	空针乐器	实用新型	CN201210579864.4	2014.07.02	祁美武	祁美武
	键盘乐器	实用新型	CN201410030692.4	2014.07.23	雅马哈株式会社	大西健太
	具有抗沾黏膜层的乐器	发明专利	CN201210595587.6	2014.07.09	财团法人金属工业研究发展中心	高于迦 庄道良 吴政谚 林昭宪 黄建龙
	多米索交响乐器	发明专利	CN201310019367.3	2014.07.23	李宋	李宋
	电子弦乐器以及乐音生成方法	发明专利	CN201310727033.1	2014.07.09	卡西欧计算机株式会社	仲江哲一 出岛达也
	一种铜管乐器立键活塞	发明专利	CN201410126106.6	2014.07.09	孙继德	孙继德
	键盘类乐器辅助教学器	实用新型	CN201420094110.4	2014.07.16	罗淑文	罗淑文
	易于收纳的乐器置放架		CN201420041335.3	2014.07.30	尤宗耀	尤宗耀
	一种新型乐器	实用新型	CN201420067362.8	2014.07.30	王园生	王园生
	用于识别键盘乐器上踏板的半踏板点的方法和装置		CN201310744927.1	2014.07.09	雅马哈株式会社	藤原佑二 大场保彦
	乐器鼓	实用新型	CN201420032051.8	2014.07.02	功学社教育用品股份有限公司	林宜贤
	具有防止弹奏噪音结构的电乐器连接插头和插座结构	实用新型	CN201320837341.5	2014.07.02	李广林	李广林
	可拆卸吉他琴弦压弦钉乐器移调夹	外观设计	CN201430048160.4	2014.07.16	尹星	尹星
	打击乐器	发明专利	CN201280010065.3	2014.08.20	埃迪·爱伦·巴尔马	埃迪·爱伦·巴尔马 大卫·弗雷德里克·麦克戴维特 卡拉尼·达斯
	用于乐器的肩托	发明专利	CN201280062176.9	2014.08.27	维特纳有限两合公司	乔治·沃切泽
	电子打击乐器及其非	实用新型	CN201420099509.1	2014.08.20	深圳市海星王科技有限公司	曹少堃 钟曦
	电子弦乐器以及乐音生成方法	发明专利	CN201410030673.1	2014.08.06	卡西欧计算机株式会社	出岛达也
	用于挂置乐器的支架	实用新型	CN201420157083.0	2014.08.13	滁州学院	陈宝利 贾国兰
	乐器护板结	实用新型	CN201420039274.7	2014.08.27	龚南葳	龚南葳 阿米特·佐伦 乔瑟夫·帕罗狄索
	乐器拨片夹	实用新型	CN201420121002.1	2014.08.06	魏晰	魏晰
	乐器钩肩背带	实用新型	CN201420122828.X	2014.08.13	河北金音乐器集团有限公司	陈学孔
	一种电声乐器折叠式效果器板	实用新型	CN201420199420.2	2014.08.27	深圳市魔耳乐器有限公司	朱四华
	可仿气笛声之乐器	实用新型	CN201420185893.7	2014.08.20	吴宝安 吴宝国	吴宝安 吴宝国
	电子打击乐器	发明专利	CN201410089846.7	2014.09.17	雅马哈株式会社	金山惠美 佐藤正男

类别	名称	专利类型	申请（专利）号	公开（公告）日	申请（专利权）人	发明（设计）人
乐器综合	电子打击乐器	发明专利	CN201410089634.9	2014.09.17	雅马哈株式会社	金山惠美 佐藤正男
	乐器转换器腔	发明专利	CN201380005819.0	2014.09.24	吉伯生品牌公司	菲利普·沃顿 马修·克莱恩
	电子打击乐器	发明专利	CN201410266511.8	2014.09.03	马人欢	马人欢
	电子打击乐器	发明专利	CN201410089082.1	2014.09.17	雅马哈株式会社	金山惠美 佐藤正男
	一种改变及优化电声乐器音色的控制器	发明专利	CN201410172925.4	2014.09.24	张嵩	张嵩
	弦乐器的缩小模型及缩小方法	发明专利	CN201310662198.5	2014.09.10	金祯龙	金祯龙 赵暎珍 闵承男 尹美永 崔多陕 崔埈赫 朴镛德
	打击乐器	发明专利	CN201280063364.3	2014.09.10	高德利.诺曼德	高德利.诺曼德
	用于打击乐器的电子垫的支撑结构	发明专利	CN201410092822.7	2014.09.17	雅马哈株式会社	宫下慎也
	电子打击乐器	发明专利	CN201410089999.1	2014.09.17	雅马哈株式会社	金山惠美 佐藤正男
	斜式防跑弦精微调音的乐器弦轴	发明专利	CN201410156008.7	2014.09.10	赵相斌	赵相斌
	电子打击乐器	发明专利	CN201410089996.8	2014.09.17	雅马哈株式会社	金山惠美 佐藤正男
	哪嘟呜民俗吹管乐器	发明专利	CN201410252251.9	2014.09.03	曾尚理	曾尚理
	有一个模拟乐器接口的游戏机	发明专利	CN201280049154.9	2014.09.17	百利游戏有限公司	巴里·艾尔芒格 凯沙·皮塔尼 洛伦·尼尔森 拉扎尔曼·拉马钱德兰 尼尚特·辛格 乌玛汉卡·奇卡洪奈阿 桑迪普·苏仁德拉
	自驱动无噪音录音键盘乐器	发明专利	CN201410189774.3	2014.09.03	北京大学	张海霞 韩梦迪 邱国林 彭旭华 刘雯 程晓亮 孟博 朱福运
	智能乐器练习计时器	实用新型	CN201420193940.2	2014.09.10	扬州大学	陈磊 石志勇 张成帅 赵成
	一种铜管乐器立键活塞	实用新型	CN201420151989.1	2014.09.24	孙继德	孙继德
	电子打击乐器用踏板装置	实用新型	CN201420041458.7	2014.09.03	雅马哈株式会社	佐藤正男 宫下慎也
	电子乐器插卡多功能音箱	实用新型	CN201420162724.1	2014.09.03	祁国祥	祁国祥
	一种乐器支架自锁固定器	实用新型	CN201420281514.4	2014.09.24	天津市两友机械配件有限公司	王兵
	折叠式乐器板架	实用新型	CN201420232717.4	2014.09.10	宋从甲	刘寒力 向仁富 宋从甲
	乐器松香盒	实用新型	CN201420206580.5	2014.09.17	吴际云	吴际云
	可调节乐器支架管连接装置	实用新型	CN201420183536.7	2014.10.01	张奇贺	张奇贺
	用于键盘乐器的键	实用新型	CN201410121688.9	2014.10.01	株式会社河合乐器制作所	岩濑胜彦
	带键盘吹奏乐器用连接器	外观设计	CN201430025570.7	2014.10.08	雅马哈株式会社	野口佳孝 外山智仁
	中式乐器夹具	外观设计	CN201430140678.0	2014.10.08	嘉强电子股份有限公司	翁志宏

类别	名称	专利类型	申请（专利）号	公开（公告）日	申请（专利权）人	发明（设计）人
乐器综合	弓弦乐器弹奏指导装置及其控制方法	发明设计	CN201410312842.0	2014.10.08	冯山	冯山
	中式乐器夹具	实用新型	CN201420258550.9	2014.10.08	嘉强电子股份有限公司	翁志宏
	哪嘟呜民俗吹管乐器	实用新型	CN201420302240.2	2014.10.15	曾尚理	曾尚理
	音色选择装置、乐器以及音色选择方法	实用新型	CN201410136662.1	2014.10.15	雅马哈株式会社	川桥五月
	电子键盘乐器	发明专利	CN201410136032.4	2014.10.15	雅马哈株式会社	加藤崇士 小山高雄
	一种新型的西洋铜管乐器	实用新型	CN201420247006.4	2014.10.15	张健	张健
	一种乐器支架	实用新型	CN201420204875.9	2014.10.22	梁坚	梁坚
	乐器支架	外观设计	CN201430110147.7	2014.10.22	梁坚	梁坚
	用于让乐器中的音板振动的促动器和用于使其促动的方法	实用新型	CN201280069876.0	2014.10.22	雅马哈株式会社	大西健太 高桥裕史
	组合式乐器	实用新型	CN201420349515.8	2014.10.29	宁波三环创新工具有限公司	俞彭周
	在弦乐器上安装的前置放大器	外观设计	CN201330505069.6	2014.10.29	劳伦斯·菲什曼	劳伦斯·菲什曼
	一种乐器木制件胶合力测试工具	实用新型		2014.10.29	森鹤乐器股份有限公司	张开峰 阮波 张立峰
	一种敲击乐器帽	实用新型	CN201420316518.1	2014.11.05	王黎明	王黎明
	键盘乐器	发明设计	CN201380010343.X	2014.11.05	维欧加有限公司	H·希梅尔-弗格尔
	乐器电子仿真学习工具	发明设计	CN201310158463.6	2014.11.05	张胜祥	张胜祥
	一种五指组合控制的新型电子乐器	发明专利	CN201410388752.X	2014.11.19	刘述亮 庄秋彬 陆熠锴	刘述亮 庄秋彬 陆熠锴 李总华 陈定罡 王道川 廖晨祥 刁天翔 齐树豪
	重现弦乐器的声音的系统	发明设计	CN201380014097.5	2014.11.26	威斯康国际股份有限公司	S·赞邦 E·吉奥达尼 F·丰塔纳 B·班克
	一种主管高度可调的乐器支架	发明专利	CN201410353446.2	2014.11.26	宁波音王电声股份有限公司	熊齐军 吕一鸣
	乐器背包	实用新型	CN201420386402.5	2014.11.26	尹星	尹星
	改良的管乐器的音孔成型结构及其音孔盖	实用新型	CN201420413851.4	2014.12.03	纪滨田	纪滨田
	具乐器演奏功能的多功能电子拐杖	实用新型	CN201420162722.2	2014.12.03	祁国祥	祁国祥
	一种基于电子乐谱的乐器演奏水平精准评判的系统和方法	发明专利	CN201310201149.1	2014.12.03	杭州灵机科技有限公司	周海鸣
	冬不拉乐器盒	发明专利	CN201310203513.8	2014.12.03	叶尔泰·哈布德开	叶尔泰·哈布德开 阿哈提
	电子键盘乐器	发明专利	CN201380017134.8	2014.12.10	株式会社河合乐器制作所	冈本诚司
	键盘类乐器琴键的动态图像检测装置及方法	发明专利	CN201410423764.1	2014.12.10	陈平川	陈平川
	一种复合材料乐器及其制造方法	发明专利	CN201410462246.0	2014.12.10	荣成炭谷有限公司	肖忠渊

类别	名称	专利类型	申请（专利）号	公开（公告）日	申请（专利权）人	发明（设计）人
乐器综合	电子打击乐器	实用新型	CN201420318880.2	2014.12.10	马人欢	马人欢
	可提升震动频率的乐器吹嘴	实用新型	CN201420374544.X	2014.12.10	臧丙轩	臧丙轩
	绿色激光乐器控制系统	实用新型	CN201420453425.3	2014.12.10	武汉市楚坤文化科技有限公司	李和平 吴宝军 吴鹏 刘震坤
	一种音乐乐器安装箱	实用新型	CN201420457363.3	2014.12.17	哈尔滨学院	吕爽
	一种分体式提琴乐器	实用新型	CN201420461125.X	2014.12.17	赖宽	赖宽
	金属化压电薄膜粘贴型高灵敏度乐器拾音器	实用新型	CN201420523264.0	2014.12.17	黄世强	黄世强
	智能弦乐器及系统	发明专利	CN201410488129.1	2014.12.17	北京趣乐科技有限公司	韩启贤 王正盛
	节奏乐器的综合支架	实用新型	CN201420420331.6	2014.12.17	天津市津宝乐器有限公司	李中华
	具有调音功能的陶笛乐器卡通玩具	发明专利	CN201310536449.5	2014.12.24	李日用 李俊哲	李日用
	乐音产生装置、电子乐器以及乐音产生方法	实用新型	CN201410254268.8	2014.12.24	卡西欧计算机株式会社	出岛达也
	一种乐器拨片夹	外观设计	CN201420320341.2	2014.12.24	魏晰	魏晰
	敲击乐器帽	外观设计	CN201430264082.1	2014.12.24	王黎明	王黎明
	用于管乐器的消音器	发明专利	CN201410286324.6	2014.12.24	雅马哈株式会社	末永雄一朗 辰巳惠三
	一种主管高度可调的乐器支架	实用新型	CN201420409692.0	2014.12.24	宁波音王电声股份有限公司	熊齐军 吕一鸣
	一种旋转式大功率电乐器发射装置	发明专利	CN201420527538.3	2014.12.31	恩平市上格电子有限公司	吴永慎
	一种用于打击乐器中的座椅	实用新型	CN201420303848.7	2014.12.31	天津达姆特乐器有限公司	杜承柱
	民族乐器用竹板材的结构	实用新型	CN201420524505.3	2014.12.31	宋从甲	宋从甲
	一种木管乐器哨片修剪器	实用新型	CN201420523809.8	2014.12.31	三峡大学	邵航
	一种金属拉奏乐器	实用新型	CN201420511423.5	2014.12.31	张丽兰	张丽兰 刘燕 董楠 张博 王晓闯
钢琴	一种钢琴黑键的生产方法以及一种钢琴黑键	发明专利	201210196702.2	2014.01.01	森鹤乐器股份有限公司	李炳生 罗锐育 邬立平 张迪锋
	一种钢琴白键皮的生产方法与一种钢琴白键	发明专利	201210196704.1	2014.01.01	森鹤乐器股份有限公司	李炳生 罗锐育 邬立平 张迪锋
	一种钢琴	实用新型	201320478122.2	2014.01.01	刘明炜	刘明炜
	一种钢琴太阳能电子乐谱	实用新型	201320314776.1	2014.01.01	鞍山师范学院	褚晓冬
	钢琴乐谱架	实用新型	201320506197.7	2014.01.08	哈尔滨学院	崔雪花
	钢琴马克背板加工机	发明设计	201310497495.9	2014.01.08	临海市金浪五金塑料制品厂（普通合伙）	王胜
	一种钢琴中音弦槌自动钻孔机	实用新型	201320342560.6	2014.01.08	广州珠江恺撒堡钢琴有限公司	廖志辉 梁志和 董胜 区迎 何淦
	钢琴把手	实用新型	201320539273.4	2014.01.15	烟台金斯波格钢琴有限责任公司	王凤海 薛守云 胡晓红 初林杰 宫照凤

类别	名称	专利类型	申请（专利）号	公开（公告）日	申请（专利权）人	发明（设计）人
钢琴	钢琴腿	外观设计	201330290077.3	2014.01.15	尚好特钢琴公司	莱昂纳多·特利卡
	钢琴铁排弦列	实用新型	201320487380.7	2014.01.15	烟台金斯波格钢琴有限责任公司	王凤海 胡晓红 张绪斌 初林杰 宫照凤 薛守云 黄利军
	一种钢琴用粘呢机	实用新型	201320511562.3	2014.01.15	徐小亮	徐小亮
	带有荧光的钢琴按键	实用新型	201320466029.X	2014.01.15	王国夫	王国夫
	一种钢琴粘呢机的粘呢装置	实用新型	201320511625.5	2014.01.15	徐小亮	徐小亮
	钢琴键盘自动锯机	发明专利	201310497543.4	2014.01.22	临海市金浪五金塑料制品厂（普通合伙）	王胜
	一种用于智能电钢琴的演奏评价器	发明专利	201310454365.7	2014.01.22	熊世林	尹甸
	钢琴（ARTIST）	外观设计	201330410674.5	2014.01.22	株式会社三益乐器	李炯国
	一种钢琴琴手的矫正装置及矫正方法	发明专利	201310521977.3	2014.01.22	广州珠江钢琴集团股份有限公司	廖志辉 区迎 林启东 黄耿志 李建萍 梁悦强
	钢琴湿度调控器	实用新型	201320534427.0	2014.01.29	黄杰	黄杰
	一种钢琴用自动打销机	实用新型	201320515076.9	2014.02.05	徐小亮	徐小亮
	一种纯木质数码钢琴标准力度键盘	实用新型	201320535514.8	2014.02.05	德清玛米亚乐器有限公司	朱建通 沈宏伟
	一种钢琴肋木上大半径圆弧面的加工设备	实用新型	201320452884.5	2014.02.05	广州珠江钢琴集团股份有限公司	张鸿超 黄耿志 廖志辉 李瑞龙 梁悦强 林启东
	一种钢琴肋木上小半径圆弧面的加工设备	实用新型	201320453667.8	2014.02.05	广州珠江钢琴集团股份有限公司	李瑞龙 林启东 黎广平 林鸣亚
	具有教学功能的自动演奏智能钢琴	实用新型	201320507633.2	2014.02.05	广州市雅迪数码科技有限公司	胡伟
	钢琴琴谱座	实用新型	201320473356.8	2014.02.12	徐璟	徐璟
	一种立式钢琴上可收纳的谱架灯装置	发明专利	201320577384.4	2014.02.12	宜昌金宝乐器制造有限公司	吴天延
	增效钢琴	发明专利	201310508722.3	2014.02.19	内蒙古民族大学	程生宝
	一种钢琴节拍器	发明专利	201310587481.6	2014.02.19	无锡伊佩克科技有限公司	尤为
	低音阻强效钢琴	发明专利	201310561244.2	2014.02.19	内蒙古民族大学	程生宝
	硅胶按键盘及硅胶钢琴	实用新型	201320568093.9	2014.02.19	深圳市爱利特科技有限公司	杨海
	一种使用CD光碟在自动演奏钢琴上进行演奏的方法	发明专利	201310550294.0	2014.02.19	宜昌金宝乐器制造有限公司	吴天延
	一种钢琴压键档的加固装置	发明专利	201310529429.5	2014.02.26	北京珠江钢琴制造有限公司	叶汉强 张鸿超 黄歌农 梁志和
	一种可充当电脑使用的钢琴	实用新型	201320507897.8	2014.02.26	吴倌熹	吴倌熹
	在支点上具有壳体的钢琴类乐器、特别是钢琴	发明专利	201280022575.2	2014.03.05	维欧加有限公司	H·稀梅尔-弗格尔

类别	名称	专利类型	申请（专利）号	公开（公告）日	申请（专利权）人	发明（设计）人
钢琴	数码钢琴控制面板	实用新型	201320486545.9	2014.03.12	广州艾茉森电子有限公司	刘春清 卢毅明
	数码钢琴蓝牙播放器	实用新型	201320486566.0	2014.03.12	广州艾茉森电子有限公司	卢毅明 徐旭东
	一种钢琴烤漆家具制作工艺	发明专利	201310685276.3	2014.03.12	惠州市新金马家具制造有限公司	张国培
	钢琴	外观设计	201330551629.1	2014.03.12	梁安琪	梁安琪
	一种钢琴肋木上中半径圆弧面的加工设备	实用新型	201320452811.6	2014.03.12	广州珠江钢琴集团股份有限公司	李瑞龙 廖志辉 黄耿志 朱沛枝
	一种用于矫正钢琴弦码的装置	实用新型	201320578011.9	2014.03.12	广州珠江钢琴集团股份有限公司	肖巍 梁志和 李瑞龙 龚承忠 廖志辉 林启东 朱沛枝
	一种卧式数码钢琴外圈	实用新型	201320486541.0	2014.03.12	广州艾茉森电子有限公司	卢毅明
	数码钢琴触摸控制面板	实用新型	201320486544.4	2014.03.12	广州艾茉森电子有限公司	吴锦元 卢毅明
	蓝牙电钢琴	外观设计	201330455591.8	2014.03.19	广州市天艺电子有限公司	董玉金 陆文君 梁文进
	钢琴	外观设计	201330461701.1	2014.03.19	徐蕊	徐蕊
	立式钢琴共鸣盘数控压弦轴销精准加工系统及加工方法	发明专利	201310649591.0	2014.03.19	宜昌金宝乐器制造有限公司	吴天延
	儿童小钢琴	外观设计	201330402740.4	2014.03.26	石三军	石三军
	一种钢琴	实用新型	201320674368.7	2014.03.26	叶如康	叶如康
	增效钢琴	实用新型	201320661193.6	2014.03.26	内蒙古民族大学	程生宝
	一种用于加工钢琴铁板定位孔的定位装置及其制作方法	发明专利	201310740296.6	2014.03.26	广州珠江钢琴集团股份有限公司	梁志和 陈玉华 廖志辉 梁剑非
	钢琴键盘（电子乐器-多米索P5）	外观设计	201330578041.5	2014.03.26	李宋	李宋
	可调踏板高度的升降式钢琴	实用新型	201210324253.5	2014.03.26	赵璟宁	赵璟宁
	钢琴背架	实用新型	201320444215.3	2014.04.02	森鹤乐器股份有限公司	胡央丹 邬立平 罗铁丰 张开峰 胡建迪 罗迪 岑迪锋
	一种用于家具的3D钢琴烤漆制作工艺	发明专利	201310681149.6	2014.04.02	惠州市新金马家具制造有限公司	张国培
	钢琴键盘打孔机	实用新型	201320651672.X	2014.04.09	临海市金浪五金塑料制品厂（普通合伙）	王胜
	一种多功能钢琴乐谱翻页装置	实用新型	201320741534.0	2014.04.09	哈尔滨师范大学	张浩
	一种聋哑人钢琴及其演奏方法	发明专利	201310744265.8	2014.04.09	高琳	高琳 常丽文 兰芳 何卓 邵金琳
	一种盲人钢琴	发明专利	201310744741.6	2014.04.09	常丽文	常丽文 高琳 翟玥坤 张贞 朱晓蓓
	自动演奏三角钢琴延音踏瓣	实用新型	201210379019.2	2014.04.09	宜昌金宝乐器制造有限公司	吴天延
	钢琴键盘自动胶尼机	实用新型	201320651568.0	2014.04.09	临海市金浪五金塑料制品厂（普通合伙）	王胜

类别	名称	专利类型	申请（专利）号	公开（公告）日	申请（专利权）人	发明（设计）人
钢琴	一种新型的钢琴	实用新型	201320741816.0	2014.04.09	哈尔滨师范大学	张浩
	桌面电子钢琴	外观设计	201330496099.5	2014.04.09	株式会社扩乐格	泷泽直树
	钢琴（F10）	外观设计	201330573407.X	2014.04.09	南京舒曼钢琴制造有限公司	解建华
	一种手按敲击双发声钢琴玩具	实用新型	201320712544.1	2014.04.09	内蒙古民族大学	程生宝
	钢琴弱音器	实用新型	201320649003.9	2014.04.09	王鑫	王鑫
	钢琴实木音板拼板机	实用新型	201320588112.4	2014.04.09	成都川雅木业有限公司	张华君 郝明生 商继红 张蕾
	一种立式钢琴的音板	实用新型	201320665720.0	2014.04.16	海伦钢琴股份有限公司	陈海伦
	一种钢琴压键档的加固装置	实用新型	201320681460.6	2014.04.16	北京珠江钢琴制造有限公司	叶汉强 张鸿超 黄歌农 梁志和
	钢琴音乐盒	外观设计	201330554541.5	2014.04.16	蔡超杰	蔡超杰
	一种电子钢琴教学系统	发明专利	201410053992.4	2014.04.23	芜湖创易科技有限公司	吴建富 叶明全 徐永海
	一种便于移动的钢琴	实用新型	201320772828.X	2014.04.23	哈尔滨学院	吴冰
	一种弧形钢琴踏瓣	实用新型	201320665664.0	2014.04.23	海伦钢琴股份有限公司	陈海伦
	立式钢琴铁板	实用新型	201320784939.2	2014.04.30	宜昌金宝乐器制造有限公司	吴天延
	一种水面钢琴系统	实用新型	201320713561.7	2014.04.30	西安天动数字科技有限公司	冯磊
	钢琴马克背板加工机	实用新型	201320651742.1	2014.04.30	临海市金浪五金塑料制品厂（普通合伙）	王胜
	钢琴修复工具	外观设计	201330587487.4	2014.04.30	张学光	张学光
	具有文本输入功能的钢琴键盘及其文本输入法	发明专利	201410050038.X	2014.05.07	熊世林	熊世林 尹旬
	机械钢琴弹奏信息的采集装置及采集方法	发明专利	201310072529.X	2014.05.07	福州飞翔音乐电子科技有限公司	林峥嵘
	一种钢琴	发明专利	201310506522.4	2014.05.07	叶如康	叶如康
	一种钢琴键盘动作检测装置	实用新型	201410044762.1	2014.05.14	北京乐器研究所 孙朝平 陈晋武 唐建 韩国芳 俞兆祥 陈青	孙朝平 陈晋武 唐建 韩国芳 俞兆祥 陈青
	电子钢琴架	外观设计	201330586713.7	2014.05.14	吴姗姗	吴姗姗
	种连杆式结构木质电钢琴键盘	发明专利	201310285007.8	2014.05.14	北京乐器研究所 孙朝平 陈晋武 唐建 韩国芳	孙朝平 陈晋武 唐建 韩国芳
	一种钢琴琴手的矫正装置	实用新型	201320674158.8	2014.05.21	广州珠江钢琴集团股份有限公司	廖志辉 区迎 林启东 黄耿志 李建萍 梁悦强
	钢琴（KA132HM）	外观设计	201430011073.1	2014.05.21	广州珠江钢琴集团股份有限公司	潘启槟 肖巍
	数码钢琴	实用新型	201320515317.X	2014.05.21	冯维斌	冯维斌
	一种钢琴键板长孔加工设备的可调节刀架	实用新型	201320776019.6	2014.05.21	广州珠江钢琴集团股份有限公司	梁志和 黄耿志 廖志辉 林启东 林鸣亚

类别	名称	专利类型	申请（专利）号	公开（公告）日	申请（专利权）人	发明（设计）人
钢琴	钢琴专用键盘区域温控器	发明专利	201410068342.7	2014.05.28	河南科技大学	安静 刘长飞 裴斐
	一种钢琴弦槌磨呢机	发明专利	201410084702.2	2014.05.28	南京宏盛毛毡制品有限公司	赵清双
	一种钢琴弦槌修整机	发明专利	201410084701.8	2014.05.28	南京宏盛毛毡制品有限公司	赵清双
	复合钢琴音板	实用新型	201320821589.2	2014.05.28	宋志娟	宋志娟
	种用于钢琴教学中的琴谱架	实用新型	201320837971.2	2014.05.28	东北石油大学	韩冰 林庆华
	一种钢琴弦槌开呢机	外观设计	201410085828.1	2014.06.04	南京宏盛毛毡制品有限公司	赵清双
	一种钢琴教学椅	实用新型	201320837937.5	2014.06.11	东北石油大学	韩冰 林庆华
	钢琴	外观设计	201330536598.2	2014.06.11	滁州学院	彭钰
	一种带液晶触摸屏的多媒体数码钢琴	实用新型	201320486552.9	2014.06.18	广州艾茉森电子有限公司	卢毅明
	钢琴罩（卡妮雅高端款）	外观设计	201430048842.5	2014.06.18	闫威然	闫威然
	钢琴罩（卡妮雅唯美款）	外观设计	201430048911.2	2014.06.18	闫威然	闫威然
	钢琴罩（仙都瑞拉）	外观设计	201430048675.4	2014.06.18	董世超	董世超
	一种钢琴与电子琴弹奏手法统一工具	发明专利	201210567245.3	2014.06.18	姜秦胤	姜秦胤
	电子钢琴滑盖结构	实用新型	201420038617.8	2014.06.25	天津市欧斯曼乐器有限公司	周钦义
	钢琴键	外观设计	201330362598.5	2014.06.25	悉尼·马修斯	悉尼·马修斯
	钢琴调音宝	发明专利	CN201410159022.2	2014.07.23	黄群德	黄群德
	基于机器视觉的钢琴电子调律方法及装置	发明专利	CN201410108348.2	2014.07.02	哈尔滨工程大学	温强 任小雪 徐大颖 李翠翠 杨雄 孙秋华
	一种用于立式钢琴的自动演奏系统及安装方法	发明专利	CN201410122101.6	2014.07.30	宜昌金宝乐器制造有限公司	吴天延
	一种电钢琴琴键传动装置	发明专利	CN201410152993.4	2014.07.30	张文革	张文革
	一种钢琴	发明专利	CN201410208212.9	2014.07.23	刘宝璋	刘宝璋
	钢琴专用键盘区域温控器	实用新型	CN201420085214.9	2014.07.30	河南科技大学	安静 刘长飞 裴斐
	一种钢琴强振式音源	实用新型	CN201420091716.2	2014.07.09	烟台金斯波格钢琴有限责任公司	张绪斌 王凤海 胡晓红 宫照凤 薛守云
	一种用于智能钢琴的转换板	发明专利	CN201210578935.9	2014.07.02	熊世林	熊世林 侯旻 张侠 汪洋 尹甸
	一种用于钢琴的声源结构	发明专利	CN201410114800.6	2014.07.02	上海中雅钢琴有限公司	黄榕 汤小芳 沈建元
	智能钢琴	发明专利	CN201210578953.7	2014.07.02	熊世林	熊世林 侯旻 张侠 汪洋 尹甸
	一种可以上锁的钢琴键盘	实用新型	CN201420061045.5	2014.07.09	黑河学院 芦丽 鲁学全 朴泽浩 袁媛	芦丽 鲁学全 朴泽浩 袁媛
	新型钢琴踏脚	实用新型	CN201420006380.5	2014.07.02	李春晓	李春晓
	一种钢琴练习辅助托架	实用新型	CN201420058067.6	2014.07.09	湖南城市学院	周勇

类别	名称	专利类型	申请（专利）号	公开（公告）日	申请（专利权）人	发明（设计）人
钢琴	立式三角钢琴	实用新型	CN201420039076.0	2014.07.02	张梅花	邱杨
	一种数控电钢琴	实用新型	CN201420120031.6	2014.07.23	张平治	张平治
	一种钢琴琴谱仪	实用新型	CN201420033599.4	2014.07.02	刘阳阳	刘阳阳
	一种电钢琴琴键传动装置	实用新型	CN201420185398.6	2014.08.20	张文革	张文革
	电钢琴	实用新型	CN201320374568.0	2014.08.13	叶滨	叶滨
	钢琴弦马加工装置	实用新型	CN201320805859.0	2014.08.06	临海市金浪五金塑料制品厂（普通合伙）	王胜
	一种木质电钢琴键盘结构	实用新型	CN201420148147.0	2014.08.13	海伦钢琴股份有限公司	陈海伦
	一种具有湿度自动调节功能的钢琴	实用新型	CN201420147936.2	2014.08.13	渤海大学	石新竹 吴旭东 张丹
	具有运送功能的钢琴装配装置及其装运方法	发明专利	CN201410232923.X	2014.08.20	浙江乐韵钢琴有限公司	章顺龙
	低扰动波高效振动立式钢琴	发明专利	CN201410201796.7	2014.08.13	程生宝	程生宝
	高效振动立式钢琴	发明专利	CN201410201788.2	2014.08.13	程生宝	程生宝
	一种钢琴音板	发明专利	CN201410232191.4	2014.08.20	浙江乐韵钢琴有限公司	章顺龙
	多功能钢琴凳	实用新型	CN201420201753.4	2014.08.20	黑龙江艺术职业学院	姚海娇 王薇 邹昕燕茹
	儿童专用钢琴手型矫正器	实用新型	CN201420147902.3	2014.08.13	渤海大学	石新竹 吴旭东 张丹
	一种设有音板共鸣结构的电钢琴	实用新型	CN201420149800.5	2014.08.13	海伦钢琴股份有限公司	陈海伦
	钢琴学习机	实用新型	CN201320861090.4	2014.08.13	北京趣乐科技有限公司	王正盛 吴晓军 赵红振
	钢琴按键指示电路	实用新型	CN201420218266.9	2014.08.20	成都云创新科技有限公司	刘德文
	钢琴用乐谱夹	实用新型	CN201420188667.4	2014.08.13	黑龙江艺术职业学院	彭晓鲲 姜晨 朴力 侯卓君 刘勖
	一种互锁照明钢琴盖	实用新型	CN201420024993.1	2014.08.20	渤海大学	张薇
	一种用于加工钢琴铁板定位孔的定位装置	实用新型	CN201320869753.7	2014.08.06	广州珠江钢琴集团股份有限公司	梁志和 陈玉华 廖志辉 梁剑非
	一种用于立式钢琴的自动演奏系统	实用新型	CN201420146707.9	2014.09.03	宜昌金宝乐器制造有限公司	吴天延
	儿童学钢琴用平台式踏板	实用新型	CN201420192213.4	2014.09.24	鞍山师范学院	栗琳 刘铭祎 周艺博
	高效振动立式钢琴	实用新型	CN201420244660.X	2014.09.10	程生宝	程生宝
	数码钢琴脚踏板组件	实用新型	CN201420126886.X	2014.09.17	浙江友谊电子有限公司	陈特 将巍 张念念
	一种用于钢琴的声源结构	实用新型	CN201420139176.0	2014.09.17	上海中雅钢琴有限公司	黄榕 汤小芳 沈建元
	三角钢琴琴腿暗藏式脚轮结构	实用新型	CN201420246821.9	2014.09.10	哈尔滨学院	张大恒
	一种钢琴键盘动作检测装置	发明专利	CN201420058311.9	2014.09.17	大连佳音科技有限公司	刘再新
	一种钢琴马克弦枕的处理方法	发明专利	CN201410321147.0	2014.09.24	森鹤乐器股份有限公司	罗迪 胡央丹 张开峰

类别	名称	专利类型	申请（专利）号	公开（公告）日	申请（专利权）人	发明（设计）人
钢琴	一种钢琴击弦机制音杆润滑处理方法	发明专利	CN201410321146.6	2014.09.24	森鹤乐器股份有限公司	张开峰 罗铁丰 岑迪锋
	一种新型机械数码钢琴琴键	实用新型	CN201420198167.9	2014.09.10	杨国定	杨国定
	一种教学钢琴	实用新型	CN201420029064.X	2014.09.03	孙中雪	孙中雪
	低扰动波高效振动立式钢琴	实用新型	CN201420244706.8	2014.09.10	程生宝	程生宝
	一种智能钢琴及系统	发明专利	CN201410279695.1	2014.09.10	北京趣乐科技有限公司	王正盛 吴晓军 赵红振
	一种钢琴击弦机顶杆润滑处理方法	发明专利	CN201410324001.1	2014.09.24	森鹤乐器股份有限公司	胡央丹 张开峰 罗铁丰
	钢琴外壳涂层树脂色浆手工绘画生产工艺	发明专利	CN201410268187.3	2014.09.10	营口西尔伯曼钢琴有限公司	丁弘戬 郭福成
	电钢琴的音符提示方法、系统、移动终端和电钢琴	发明专利	CN201410265765.8	2014.10.01	叶滨	叶滨
	钢琴（1）	外观设计	CN201430027780.X	2014.10.01	肖龙成	肖龙成
	一种钢琴弦轴的防锈液制备方法	发明专利	CN201410324007.9	2014.10.01	森鹤乐器股份有限公司	胡央丹 张开峰 高央庆
	一种钢琴除尘器	实用新型	CN201420212133.0	2014.10.08	鞍山师范学院	李艺
	一种教学用钢琴	发明专利	CN201410314681.9	2014.10.08	青岛职业技术学院	于洲
	一种钢琴弦槌毡切削方法	发明专利	CN201410323982.8	2014.10.08	森鹤乐器股份有限公司	张开峰 陈求灿 岑迪锋
	用于三角钢琴的乐谱架	发明专利	CN201410142774.8	2014.10.15	F.K.鲁克	F.K.鲁克
	手卷钢琴	外观设计	CN201430178854.X	2014.10.15	陈海刚	陈海刚
	钢琴键盘动作光电数字检测装置	实用新型	CN201420309254.7	2014.10.22	马晏骏	马晏骏
	一种钢琴击弦机调节钮螺丝	实用新型	CN201420347531.3	2014.10.29	森鹤乐器股份有限公司	张开峰 胡央丹 岑迪锋
	一种钢琴击弦机联动器	实用新型	CN201420342343.1	2014.10.29	森鹤乐器股份有限公司	张开峰 胡央丹 岑迪锋
	一种钢琴中高音弦码	实用新型	CN201420347537.0	2014.10.29	森鹤乐器股份有限公司	罗迪 张开峰 胡央丹
	一种钢琴用白键皮	实用新型	CN201420347522.4	2014.10.29	森鹤乐器股份有限公司	张开峰 陈求灿 岑迪锋
	一种钢琴击弦机顶杆	实用新型	CN201420357391.8	2014.10.29	森鹤乐器股份有限公司	胡央丹 张开峰 罗迪
	一种钢琴可调键盘架	实用新型	CN201420357407.5	2014.10.29	森鹤乐器股份有限公司	张开峰 胡央丹 胡建迪
	一种耐磨钢琴键盘	实用新型	CN201420357406.0	2014.10.29	森鹤乐器股份有限公司	胡建迪 胡央丹 罗迪
	一种新型钢琴用滑道式乐谱翻页器	实用新型	CN201420375179.4	2014.11.05	哈尔滨学院	崔雪花
	一种钢琴音板	实用新型	CN201420280346.7	2014.11.05	浙江乐韵钢琴有限公司	章顺龙

类别	名称	专利类型	申请（专利）号	公开（公告）日	申请（专利权）人	发明（设计）人
钢琴	具有运送功能的钢琴装配装置	实用新型	CN201420280930.2	2014.11.05	浙江乐韵钢琴有限公司	章顺龙
	具有琴弦和中高音琴码的立式钢琴或三角钢琴	发明专利	CN201380011869.X	2014.11.05	维欧加有限公司	H·希梅尔-弗格尔 N·希梅尔
	一种与钢琴学习机软件配套的装置	实用新型	CN201420380402.4	2014.11.05	余浩	余浩
	一种钢琴键盘	实用新型	CN201420363765.7	2014.11.12	森鹤乐器股份有限公司	胡建迪 罗迪 张开峰
	钢琴	外观设计	CN201430168737.5	2014.11.12	雅马哈株式会社	冈村淳 二村花央
	钢琴	外观设计	CN201430168737.5	2014.11.12	雅马哈株式会社	冈村淳 二村花央
	一种托木可微调钢琴击弦机联动器	实用新型	CN201420363764.1	2014.11.12	森鹤乐器股份有限公司	胡央丹 张开峰 罗迪
	一种托木可微调钢琴击弦机联动器	实用新型	CN201420363764.2	2014.11.12	森鹤乐器股份有限公司	胡央丹 张开峰 罗迪
	一种智能钢琴及系统	实用新型	CN201420333211.2	2014.11.12	北京趣乐科技有限公司	王正盛 吴晓军 赵红振
	一种钢琴书夹	实用新型	CN201420332229.0	2014.11.12	刘恋	刘恋
	一种钢琴键盘动作的光电检测装置及其检测方法	实用新型	CN201410426511.X	2014.11.19	大连佳音科技有限公司	刘再新
	钢琴学习机信息反馈装置的框架结构	发明专利	CN201410428705.3	2014.11.19	赵洪云	赵洪云
	一种钢琴的智能辅助教学练习装置及其方法	发明专利	CN201410373226.6	2014.11.26	喻应芝	喻应芝
	层沟式音阶四线谱及其钢琴乐谱	发明专利	CN201310186113.0	2014.11.26	袁孔铨 袁红羽	袁孔铨 袁红羽
	一种钢琴信息处理方法及钢琴学习系统	发明专利	CN201410387985.8	2014.11.26	夏欢 许辉	夏欢 许辉
	三角钢琴运输车	发明专利	CN201410469813.5	2014.12.03	广州珠江钢琴集团股份有限公司	梁志和 廖志辉 董胜 李建萍 张洁霞
	一种钢琴限位键盘	实用新型	CN201420357408.X	2014.12.03	森鹤乐器股份有限公司	胡央丹 张开峰 胡建迪
	钢琴和钢琴互动练习装置	发明专利	CN201410499980.4	2014.12.10	吴若鹏	吴若鹏
	击弦机中钢琴调节档器的半自动组装设备和组装方法	发明专利	CN201410469683.5	2014.12.10	广州珠江恺撒堡钢琴有限公司	李建宁 梁志和 廖倩芬 何建文 廖志辉
	钢琴粘合用压紧装	实用新型	CN201420485295.1	2014.12.10	湖州华谱钢琴制造有限公司	姚晓林
	一种基于增强现实技术的钢琴辅助学习系统	发明专利	CN201410374695.X	2014.12.17	合肥工业大学	李琳 李书杰 谢文军 顾正
	用于钢琴外壳零部件生产的简易抛光机	发明专利	CN201410438851.4	2014.12.17	德清县海尔乐器制造有限公司	王惠忠
	用于钢琴演奏过程中的坐姿校正装置	实用新型	CN201420373416.3	2014.12.17	黑龙江农垦职业学院 曲琳 田婷 安疆荻	曲琳 田婷 安疆荻
	一种钢琴音板制作方法	发明专利	CN201410428196.4	2014.12.17	海伦钢琴股份有限公司	陈海伦 郑之杰 郑翠萍 何剑

类别	名称	专利类型	申请（专利）号	公开（公告）日	申请（专利权）人	发明（设计）人
钢琴	一种钢琴音板肋木胶合定型装置	发明专利	CN201410433327.8	2014.12.24	德清县海尔乐器制造有限公司	王惠忠
	钢琴键侧面铣平装置	发明专利	CN201410427091.7	2014.12.24	湖州华谱钢琴制造有限公司	姚小林
	一种钢琴教学辅助装置	发明专利	CN201410369145.9	2014.12.24	白树新	白然
	一种钢琴键盘动作的光电检测装置	实用新型	CN201420486847.0	2014.12.24	大连佳音科技有限公司	刘再新
	钢琴弹片式踏瓣	外观设计	CN201430265261.7	2014.12.24	宜昌金宝乐器制造有限公司	熊南方 王军
	钢琴（PN3-15）	外观设计	CN201430247443.1	2014.12.24	广州珠江恺撒堡钢琴有限公司	丁永康 梁志和
	钢琴（长江思想家CP-2）	外观设计	CN201430265490.9	2014.12.24	宜昌金宝乐器制造有限公司	熊南方 王军
	钢琴粘合用压紧装置	发明专利	CN201410426959.1	2014.12.24	湖州华谱钢琴制造有限公司	姚晓林
	用于钢琴上的辅助识别琴键装置	实用新型	CN201420381539.1	2014.12.24	黑龙江农垦职业学院 曲琳 田婷 安疆薠	曲琳 田婷 安疆薠
	钢琴围板打磨装置	实用新型	CN201420517275.8	2014.12.31	德清县华韵钢琴有限公司	沈达儿
	钢琴键侧面铣平装置	实用新型	CN201420487140.1	2014.12.31	湖州华谱钢琴制造有限公司	姚晓林
	多个连续钢琴撑杆夹持装置	实用新型	CN201420523467.X	2014.12.31	德清县华韵钢琴有限公司	沈达儿
	钢琴击弦机	实用新型	CN201410287066.3	2014.12.31	株式会社河合乐器制作所	寺井康志
	工业缝纫机钢琴压脚侧边斜面的铣削夹具	发明专利	CN201310267653.1	2014.12.31	天津市中马骏腾精密机械制造有限公司	杜辰 张钧 王文春 安明
	工业缝纫机钢琴压脚销孔加工的定位夹具	发明专利	CN201310265077.7	2014.12.31	天津市中马骏腾精密机械制造有限公司	杜辰 张钧 王文春 安明
	工业缝纫机钢琴压脚加工R20圆弧的专用夹具	发明专利	CN201310261838.1	2014.12.31	天津市中马骏腾精密机械制造有限公司	杜辰 张钧 王文春 安明
	钢琴（长江艺术家CA-3）	外观设计	CN201430265259.X	2014.12.31	宜昌金宝乐器制造有限公司	熊南方 王军
吉他	多层复合吉他音板	发明专利	201310454474.9	2014.01.01	成都川雅木业有限公司	张华君 商继红 张蕾
	吉他和弦指法器及安装此吉他和弦指法器的吉他	实用新型	201320460099.4	2014.01.08	周建峰	周建峰
	吉他	外观设计	201330401049.4	2014.01.08	满益乾	满益乾
	吉他琴箱	外观设计	201330395634.8	2014.01.15	赖国强	赖国强
	一种侧板音孔吉他	发明专利	201320343700.1	2014.01.15	克利.D.巴臣	克利.D.巴臣
	电吉他盒	外观设计	201330313745.X	2014.01.15	王彩虹	王彩虹
	吉他弦准手柄（3）	外观设计	201330300812.4	2014.01.22	瑞安市中联电声乐器有限公司	林瑞荣
	吉他压线扣（1）	外观设计	201330300795.4	2014.01.22	瑞安市中联电声乐器有限公司	林瑞荣

类别	名称	专利类型	申请（专利）号	公开（公告）日	申请（专利权）人	发明（设计）人
吉他	实木芯复合吉他音板	发明专利	201310456197.5	2014.01.22	成都川雅木业有限公司	张华君 商继红 张蕾
	静音民谣吉他	外观设计	201330339771.X	2014.01.29	徐瑞和	徐瑞和
	静音古典吉他	外观设计	201330339613.4	2014.01.29	徐瑞和	徐瑞和
	吉他弦准手柄（2）	外观设计	201330301254.3	2014.01.29	瑞安市中联电声乐器有限公司	林瑞荣
	吉他小条螺丝	外观设计	201330300986.0	2014.01.29	瑞安市中联电声乐器有限公司	林瑞荣
	吉他支撑盖板	外观设计	201330300786.5	2014.01.29	瑞安市中联电声乐器有限公司	林瑞荣
	吉他护板	外观设计	201330339614.9	2014.01.29	徐瑞和	徐瑞和
	一种折叠式静音吉他	实用新型	201320498321.X	2014.01.29	刘星	刘星
	吉他	外观设计	201330385233.4	2014.02.05	枣庄森氏吉他制作有限公司	王成森
	一种改良版吉他	发明专利	201180070342.5	2014.02.05	胡安·约瑟·雨果·萨迦·埃斯特拉达	胡安·约瑟·雨果·萨迦·埃斯特拉达
	吉他压线扣（2）	外观设计	201330300808.8	2014.02.05	瑞安市中联电声乐器有限公司	林瑞荣
	吉他拉弦板（2	外观设计	201330300811.X	2014.02.05	瑞安市中联电声乐器有限公司	林瑞荣
	吉他拉弦板（1）	外观设计	201330300760.0	2014.02.05	瑞安市中联电声乐器有限公司	林瑞荣
	吉他弦准手柄（1）	外观设计	201330301002.0	2014.02.05	瑞安市中联电声乐器有限公司	林瑞荣
	一种新型太空板及利用该太空板制作的吉他	实用新型	201320600087.7	2014.02.12	贺贤勇	贺贤勇
	吉他指板与弦枕的卡合结构	实用新型	201320560962.3	2014.02.12	黄卫平	黄卫平
	电吉他效果器组件	实用新型	201320445785.4	2014.02.12	殷宝山	殷宝山
	吉他(Omugo)	外观设计	201330477152.7	2014.02.19	杨进宝	杨进宝
	吉他弦钮（3	外观设计	201330298170.9	2014.02.19	瑞安市中联电声乐器有限公司	林瑞荣
	吉他弦钮（5）	外观设计	201330298234.5	2014.02.19	瑞安市中联电声乐器有限公司	林瑞荣
	吉他插孔盖片（2）	外观设计	201330298172.8	2014.02.19	瑞安市中联电声乐器有限公司	林瑞荣
	吉他插孔盖片（1）	外观设计	201330298173.2	2014.02.19	瑞安市中联电声乐器有限公司	林瑞荣
	小四弦吉他盒	外观设计	201330350879.9	2014.02.19	王彩虹	王彩虹
	吉他（TLP）	外观设计	201330420487.5	2014.02.26	何成	何成
	可简易安装电子配件的吉他乐器	实用新型	201320549783.X	2014.02.26	黎晓丽	黎晓丽
	吉他折叠展架	实用新型	201320545870.8	2014.03.05	上海艾克斯尔乐器音响有限公司	刘祥德
	吉他插孔盖片（3）	外观设计	201330297924.9	2014.03.05	瑞安市中联电声乐器有限公司	林瑞荣

类别	名称	专利类型	申请（专利）号	公开（公告）日	申请（专利权）人	发明（设计）人
吉他	吉他弦钮（4）	外观设计	201330298168.1	2014.03.05	瑞安市中联电声乐器有限公司	林瑞荣
	吉他（MS3 CE）	外观设计	201330415798.2	2014.03.05	广州市尚律曼森乐器制造有限公司	汪宏齐
	吉他（M7）	外观设计	201330415769.6	2014.03.05	广州市尚律曼森乐器制造有限公司	汪宏齐
	吉他（M5）	外观设计	201330415794.4	2014.03.05	广州市尚律曼森乐器制造有限公司	汪宏齐
	吉他（M1）	外观设计	201330415797.8	2014.03.05	广州市尚律曼森乐器制造有限公司	汪宏齐
	吉他插孔盖片（5）	外观设计	201330298080.X	2014.03.05	瑞安市中联电声乐器有限公司	林瑞荣
	皮带扣（吉他款1-7）	外观设计	201330388684.3	2014.03.05	昆山集草堂贸易有限公司	李茂升
	吉他插孔盖片（4）	外观设计	201330297907.5	2014.03.05	瑞安市中联电声乐器有限公司	林瑞荣
	一种用于木吉他的微调音机构	发明专利	201310651949.3	2014.03.12	内蒙古科技大学	张巍 张国芳 任翀
	塑料桶电吉他及其制作方法	发明专利	201310019517.0	2014.03.12	深圳市天怡乐器有限公司	黄卫平
	吉他音梁成型夹具	实用新型	201320609058.7	2014.03.12	成都川雅木业有限公司	张华君 商继红 郝明生 张蕾
	实木芯复合吉他音板	实用新型	201320607665.X	2014.03.12	成都川雅木业有限公司	张华君 商继红 张蕾
	多层复合吉他音板	实用新型	201320609221.X	2014.03.12	成都川雅木业有限公司	张华君 商继红 张蕾
	吉他开音养护器	实用新型	201320541443.2	2014.03.19	项泽玉	项泽玉
	一种吉他包	实用新型	201320601725.7	2014.03.26	荣臣（杭州）皮具有限公司	吕晓锋
	吉他	外观设计	201330593940.2	2014.03.26	吴大稳	吴大稳
	一种折叠式吉他架	实用新型	201320639317.0	2014.04.02	宁波音王电声股份有限公司	尹旺军 史文国
	吉他支撑架改进结构	实用新型	201320514208.6	2014.04.09	陈天一	陈天一
	可自助组装和涂画的套装吉他	实用新型	201320688581.3	2014.04.09	河北金音乐器集团有限公司	陈学孔
	吉他练习装置	实用新型	201320777809.6	2014.04.16	孙术敏	孙术敏 王金清
	一种电子吉他音效器	实用新型	201320635059.9	2014.04.16	捷卡（厦门）工业科技有限公司	孟斌
	多功能效果吉他	发明专利	201410029210.3	2014.04.23	哈尔滨市道里区五度琴行	陈佰
	吉他拨弦器	发明专利	201410044271.7	2014.04.23	胡素芳	胡素芳
	新型吉他背带	实用新型	201320315328.3	2014.04.23	李佑群	李佑群
	吉他托架	实用新型	201320522893.7	2014.04.23	马丁·保罗	马丁·保罗
	电吉他的弦卡定结构及拉弦板	实用新型	201180073167.5	2014.04.30	富士弦株式会社	田锅一真 黑岩真一

类别	名称	专利类型	申请（专利）号	公开（公告）日	申请（专利权）人	发明（设计）人
吉他	一种原声吉他拾音器	实用新型	201320774853.1	2014.04.30	北京怡生飞扬科技发展有限公司	曹军 付明杰 孙全武 姚国安
	一种原声吉他	实用新型	201320775949.X	2014.04.30	北京怡生飞扬科技发展有限公司	孙全武 付明杰 姚国安 曹军
	一种原声吉他的琴箱	实用新型	201320774990.5	2014.04.30	北京怡生飞扬科技发展有限公司	孙全武 付明杰 姚国安 曹军
	一种原声吉他	实用新型	201320776000.1	2014.04.30	北京怡生飞扬科技发展有限公司	孙全武 付明杰 姚国安 曹军
	一种原声吉他	实用新型	201320775983.7	2014.04.30	北京怡生飞扬科技发展有限公司	孙全武 付明杰 姚国安 曹军
	一种改良的吉他音面板	实用新型	201320624259.4	2014.04.30	广州市尚律曼森乐器制造有限公司	汪宏齐
	带有声控LED灯的吉他	实用新型	2013208331412.0	2014.05.07	黑龙江工业学院	林声 吴明微
	吉他拾音器	外观设计	2013305981382.0	2014.05.07	惠阳倍铃乐器配件有限公司	鲁大现
	吉他（MS7CE）	外观设计	201330415722X	2014.05.07	广州市尚律曼森乐器制造有限公司	汪宏齐
	吉他（M3）	外观设计	2013304159795.0	2014.05.07	广州市尚律曼森乐器制造有限公司	汪宏齐
	翻转吉他架	实用新型	2013207429663.0	2014.05.07	宁波卓一工业设计有限公司	吴王斌
	吉他（夏威夷小吉他1）	外观设计	2013305117484.0	2014.05.07	邹建全	邹建全
	吉他（夏威夷小吉他2）	外观设计	2013305115239.0	2014.05.07	邹建全	邹建全
	吉他	外观设计	2013305370302.0	2014.05.21	陈惠萍	陈惠萍
	吉他架	外观设计	2013305896816.0	2014.05.21	齐翔	齐翔
	加工吉他柄的加工装置	发明专利	2014100890361.0	2014.05.28	广州市鸣雅玛丁尼乐器制造有限公司	汪宏齐
	冬不拉吉他组合乐器	实用新型	2013208408823.0	2014.05.28	叶尔买克	叶尔买克
	一种吉他拾音器	实用新型	2013207928619.0	2014.06.04	惠阳倍铃乐器配件有限公司	鲁大现
	一种吉他指法器	发明专利	2012104911527.0	2014.06.04	周建峰	周建峰
	吉他盒	外观设计	2013306565308.0	2014.06.11	北京怡生飞扬科技发展有限公司	孙全武 付明杰 姚国安 曹军
	一种原声吉他	实用新型	2013207744371.0	2014.06.11	北京怡生飞扬科技发展有限公司	孙全武 付明杰 姚国安 曹军
	吉他	外观设计	2013305951048.0	2014.06.11	魏友兵	魏友兵
	多功能效果吉他	实用新型	2014200398565.0	2014.06.18	哈尔滨市道里区五度琴行	陈佰
	可携式吉他架	实用新型	2013208492912.0	2014.06.18	功学社教育用品股份有限公司	范亮
	吉他(C10CD)	外观设计	2014300263703.0	2014.06.18	汪宏齐	汪宏齐
	吉他(GKStudio)	外观设计	2014300264852.0	2014.06.18	汪宏齐	汪宏齐

类别	名称	专利类型	申请（专利）号	公开（公告）日	申请（专利权）人	发明（设计）人
吉他	吉他(12Maple)	外观设计	2014300263686.0	2014.06.18	汪宏齐	汪宏齐
	吉他(C7)	外观设计	2014300264886.0	2014.06.18	汪宏齐	汪宏齐
	吉他(C12SP)	外观设计	2014300264068.0	2014.06.18	汪宏齐	汪宏齐
	吉他(C5)	外观设计	2014300264871.0	2014.06.18	汪宏齐	汪宏齐
	吉他放置架	实用新型	2013207985471.0	2014.06.25	陕西理工学院	常增宏
	一种便携式可混合iphone声源和吉他信号效果的混音器	实用新型	201420034418X	2014.06.25	宁波市鄞州奥创电子有限公司	于春志
	彩光吉他	实用新型	2013208635140.0	2014.06.25	朱兴曜	朱兴曜
	轻木双律手拎式钢、提、吉他琴	实用新型	CN201320837477.6	2014.07.16	阮克阶	阮克阶
	一种专业吉他变调夹		CN201320845518.6	2014.07.09	广州市罗曼士乐器制造有限公司	郑晓明
	吉他柄桶榫位结构	发明专利	CN201410129256.2	2014.07.09	广州市尚律曼森乐器制造有限公司	汪宏齐
	加工吉他柄的加工装置	实用新型	CN201420109878.4	2014.08.06	广州市鸣雅玛丁尼乐器制造有限公司	汪宏齐
	吉他编织器	实用新型	CN201420082136.7	2014.08.06	东莞华登塑胶制品有限公司	苏练
	一种吉他琴弦控制装置	实用新型	CN201420067299.8	2014.08.06	倪欣 邢力 杜量 袁儒鹏	倪欣 邢力 杜量 袁儒鹏
	单臂自锁吉他架	实用新型	CN201420175617.2	2014.08.20	功学社教育用品股份有限公司	范亮
	一种吉他和弦指法器	实用新型	CN201420207702.2	2014.08.27	周建峰	周建峰
	便携式吉他多弦校音器	实用新型	CN201320872535.9	2014.08.06	长沙幻音电子科技有限公司	郭润博 关康信 李从源
	吉他柄桶榫位结构	实用新型	CN201420155611.9	2014.08.27	广州市尚律曼森乐器制造有限公司	汪宏齐
	重力自锁吉他架	实用新型	CN201420175626.1	2014.09.17	功学社教育用品股份有限公司	王立刚
	泪滴琴尾形木吉他	外观设计	CN201420241143.7	2014.09.03	赵洪植	赵洪植
	一种吉他谱折叠架	实用新型	CN201420192925.6	2014.09.10	于洲	于洲
	一种吉他琴颈与琴箱的连接结构	实用新型	CN201420051846.3	2014.09.17	广州保嘉乐器制造厂有限公司	邢保嘉
	吉他（Cadiz/嘉迪斯）	外观设计	CN201430000035.6	2014.07.30	肖仕强	肖仕强
	刻花面板吉他	外观设计	CN201430002651.5	2014.07.23	包生标	包生标
	吉他（Cadiz/嘉迪斯）	外观设计	CN201430000025.2	2014.07.30	肖仕强	肖仕强
	吉他音响效果器	外观设计	CN201430034637.3	2014.07.23	慧理科技有限公司	华伦·麦卡利斯特
	斜音孔吉他	外观设计	CN201430002741.4	2014.07.23	包生标	包生标
	吉他	外观设计	CN201430050310.5	2014.07.23	哈诺赫·阿诺卡·莫迪凯	哈诺赫·阿诺卡·莫迪凯
	电吉他（克莱文CL-1003）	外观设计	CN201330655711.9	2014.08.13	广东声凯乐器有限公司	黄志康
	吉他变调夹	外观设计	CN201430055531.1	2014.08.27	广州市白云区亿声乐器配件厂	庞善锋

类别	名称	专利类型	申请（专利）号	公开（公告）日	申请（专利权）人	发明（设计）人
吉他	吉他支架（sq-007）	外观设计	CN201430113220.6	2014.08.27	宁波柏人艾电子有限公司	阮松杰
	吉他编织器	外观设计	CN201430034952.6	2014.08.06	东莞华登塑胶制品有限公司	苏练
	吉他头两用中提琴	外观设计	CN201430074878.0	2014.08.06	湖州师范学院	闫萍
	吉他	外观设计	CN201430014647.0	2014.08.20	马大树	马大树
	电吉他（克莱文CL-CYM）	外观设计	CN201330655741.X	2014.08.13	广东声凯乐器有限公司	黄志康
	多宝吉他盖板（G9201）	外观设计	CN201430050037.6	2014.08.13	艾克斯尔乐器有限公司	刘祥德
	吉他（科宾）	外观设计	CN201330646036.3	2014.08.20	申民	申民
	吉他支架（sq-005）	外观设计	CN201430113118.6	2014.09.17	宁波柏人艾电子有限公司	阮松杰
	吉他柄头	外观设计	CN201430062783.7	2014.09.17	蔡国强	蔡国强
	吉他支架（sq-010）	外观设计	CN201430113222.5	2014.09.10	宁波柏人艾电子有限公司	阮松杰
	吉他下驹	外观设计	CN201430062593.5	2014.09.17	蔡国强	蔡国强
	吉他木头标	外观设计	CN201430159215.9	2014.09.24	欧运花	欧运花
	吉他琴头	外观设计	CN201430094352.9	2014.09.03	谢宝舰	谢宝舰
	吉他支架（sq-001）	外观设计	CN201430105492.1	2014.09.17	宁波柏人艾电子有限公司	阮松杰
	琴头（电吉他EG）	外观设计	CN201430048795.4	2014.09.17	山东劳立斯世正乐器有限公司	邓莹
	一种吉他弹奏坐姿校正装置	实用新型	CN201420287733.3	2014.10.01	周亮	周亮
	吉他放大器	发明专利	CN201280068383.5	2014.10.01	奎尔特实验室有限责任公司	帕特里克·H·奎尔特
	一种练习吉他	实用新型	CN201320792446.3	2014.10.08	姚雪良	姚雪良
	3D吉他琴身	实用新型	CN201420159662.9	2014.10.08	世进企业	朴成恒
	吉他琴头	外观设计	CN201330331237.4	2014.10.08	戴国荣	戴国荣
	一种吉他演奏托架	外观设计	CN201420300807.2	2014.10.22	李茂玉	李茂玉
	吉他调音器电路	实用新型	CN201420173136.8	2014.10.22	安徽国防科技职业学院	向楠 刘严 王云 黄道业 张燕 韩玉龙
	制作3D吉他琴身的方法	发明专利	CN201410132468.6	2014.10.22	世进企业	朴成恒
	一种无线吉他效果器	实用新型	CN201320672754.2	2014.10.22	郭晓宇	郭晓宇 张培喜 宋夏 王敦诚 乔建忠
	一种吉他	发明专利	CN201410393299.1	2014.10.29	佛山市三水龙声乐器制造有限公司	李庆炎
	吉他	外观设计	CN201430174145.4	2014.10.29	孙士裕	孙士裕
	多宝吉他头型	外观设计	CN201430049552.2	2014.10.29	艾克斯尔乐器有限公司	刘祥德
	吉他	外观设计	CN201430233832.9	2014.10.29	林思恒	林思恒
	多宝吉他大身（JR-550）	外观设计	CN201430049915.2	2014.10.29	艾克斯尔乐器有限公司	刘祥德
	一种折叠式吉他架	实用新型	CN201420264636.2	2014.11.12	宁波音王电声股份有限公司	李文华

类别	名称	专利类型	申请（专利）号	公开（公告）日	申请（专利权）人	发明（设计）人
吉他	一种音乐教学专用的具有琴弦调节结构的吉他	实用新型	CN201420404559.6	2014.11.26	湖南城市学院	于洪浩
	一种吉他滑棒固定夹	实用新型	CN201320852447.2	2014.11.26	尹星	尹星
	吉他（UK-300）	外观设计	CN201430212659.4	2014.12.03	广州市萨雅乐器有限公司	卞士敏
	吉他	外观设计	CN201430154501.6	2014.12.03	王明富	王明富
	吉他	外观设计	CN201430080896.X	2014.12.03	王明富	王明富
	一种新型免钻孔吉他背带夹	实用新型	CN201420345463.7	2014.12.03	中国石油大学（华东）	张志起
	一种改良木吉他	实用新型	CN201420466105.1	2014.12.10	福州恋森乐器有限公司	廖俊伟
	F孔面板吉他	外观设计	CN201430018428.X	2014.12.10	包生标	包生标
	木吉他	外观设计	CN201430018517.4	2014.12.10	包生标	包生标
	吉他音箱	外观设计	CN201430192745.3	2014.12.10	罗兰株式会社	矩一浩
	激光雕刻竖纹面板吉他	外观设计	CN201330474290.X	2014.12.10	包生标	包生标
	琴头（木吉他AG1）	外观设计	CN201430048726.3	2014.12.10	山东劳立斯世正乐器有限公司	邓莹
	一种便携式吉他支撑架	实用新型	CN201420516690.1	2014.12.17	宁波启发电子有限公司	董玲娟 吴秋菊
	一种吉他支撑架	实用新型	CN201420517919.3	2014.12.17	宁波启发电子有限公司	董玲娟 吴秋菊
	3D吉他（2）	外观设计	CN201430075741.7	2014.12.17	世进企业	朴成恒
	电吉他（火焰）	外观设计	CN201430222667.7	2014.12.24	淄博森克商贸有限公司	崔克芬
	吉他（5）	外观设计	CN201430191541.8	2014.12.31	罗有航	罗有航
	吉他（27）	外观设计	CN201430191440.0	2014.12.31	罗有航	罗有航
	吉他（9）	外观设计	CN201430191496.6	2014.12.31	罗有航	罗有航
	吉他（3）	外观设计	CN201430191402.5	2014.12.31	罗有航	罗有航
	吉他（6）	外观设计	CN201430191563.4	2014.12.31	罗有航	罗有航
	吉他（24）	外观设计	CN201430191519.3	2014.12.31	罗有航	罗有航
	吉他（26）	外观设计	CN201430191441.5	2014.12.31	罗有航	罗有航
	吉他（7）	外观设计	CN201430191600.1	2014.12.31	罗有航	罗有航
	吉他（1）	外观设计	CN201430191574.2	2014.12.31	罗有航	罗有航
	声学吉他	外观设计	CN201430192120.7	2014.12.31	富士弦株式会社	上條啓水 水谷宏幸
	吉他（2）	外观设计	CN201430191386.X	2014.12.31	罗有航	罗有航
	吉他（8）	外观设计	CN201430191599.2	2014.12.31	罗有航	罗有航
	吉他（2）	外观设计	CN201430191610.5	2014.12.31	罗有航	罗有航
	多宝吉他发声器	外观设计	CN201430049888.9	2014.12.31	艾克斯尔乐器有限公司	刘祥德
	一种吉他面板	实用新型	CN201420470211.7	2014.12.31	郭玉龙	郭玉龙
	琴头（木吉他AG2）	外观设计	CN201430048861.8	2014.10.01	山东劳立斯世正乐器有限公司	邓莹
	多宝吉他盖板（G9200	外观设计	CN201430049733.5	2014.10.29	艾克斯尔乐器有限公司	刘祥德

类别	名称	专利类型	申请（专利）号	公开（公告）日	申请（专利权）人	发明（设计）人
吉他	吉他支架（sq-003）	外观设计	CN201430113221.0	2014.10.08	宁波柏人艾电子有限公司	阮松杰
	3D吉他（1）	外观设计	CN201430075727.7	2014.10.08	世进企业	朴成恒
	多宝吉他大身（RR-50-VS）	外观设计	CN201430049836.1	2014.10.29	艾克斯尔乐器有限公司	刘祥德
	吉他头型	外观设计	CN201430049550.3	2014.10.29	艾克斯尔乐器有限公司	刘祥德
提琴	木纹饰面碳纤维小提琴（Ⅰ）	外观设计	201330381210.6	2014.01.08	连云港神鹰碳纤维自行车有限责任公司	张斯纬 徐亚飞 孙宝娟 龙吉超
	木纹饰面碳纤维小提琴（Ⅲ）	外观设计	201330381327.4	2014.01.15	连云港神鹰碳纤维自行车有限责任公司	张斯纬 徐亚飞 周恒香 顾良娥
	小提琴指法练习装置	发明专利	201320523976.8	2014.01.15	韩盟	韩仲林 韩盟
	一种可调型提琴运弓矫正器	实用新型	201320491171.X	2014.01.22	孙伟	孙伟
	提琴肩托	外观设计	201330387740.1	2014.01.29	赖积慧	赖积慧
	可拆洗提琴腮托垫	实用新型	201320533901.8	2014.02.12	周曼琳	周曼琳 陆俊豪
	小提琴消音器	外观设计	201330376743.5	2014.02.12	庞善锋	庞善锋
	拉弦板(提琴)	外观设计	201330288604.7	2014.02.12	陆家瑞	陆家瑞
	提琴钛尾绳	实用新型	201320597838.4	2014.02.19	李腊	李腊
	小提琴（MVK018-3）	外观设计	201330492971.9	2014.03.19	江苏凤灵乐器文化产业有限公司	李书
	电子小提琴（MVE009-2）	外观设计	201330493251.4	2014.03.19	江苏凤灵乐器文化产业有限公司	李书
	电子小提琴（MVE009-3）	外观设计	201330492988.4	2014.03.19	江苏凤灵乐器文化产业有限公司	李书
	电子小提琴（MVE009-6）	外观设计	201330493174.2	2014.03.19	江苏凤灵乐器文化产业有限公司	李书
	电子小提琴（MVE009-4）	外观设计	201330492989.9	2014.03.19	江苏凤灵乐器文化产业有限公司	李书
	电子小提琴（MVE009-5）	外观设计	201330493184.6	2014.03.19	江苏凤灵乐器文化产业有限公司	李书
	小提琴（MVK018-1）	外观设计	201330493158.3	2014.03.19	江苏凤灵乐器文化产业有限公司	李书
	小提琴（MVK018-4）	外观设计	201330493002.5	2014.03.19	江苏凤灵乐器文化产业有限公司	李书
	小提琴（MVK018-2）	外观设计	201330493087.7	2014.03.19	江苏凤灵乐器文化产业有限公司	李书
	提琴旋轴扳手	发明专利	2013107489071.0	2014.04.09	郑福建	郑福建
	一种具有音腔的提琴肩托	实用新型	2013206839020.0	2014.04.09	赖积慧	赖积慧
	一种提琴乐器	实用新型	2013206785849.0	2014.04.09	赖宽	赖宽
	提琴肩托	外观设计	2013305274432.0	2014.04.23	肖惠平	肖惠平
	提琴助稳持弓胶套指垫	实用新型	2013208085028.0	2014.04.30	张庆柳	张庆柳
	一种复合型的提琴低音梁	实用新型	2014200088751.0	2014.06.18	陆俊豪	陆俊豪
	提琴尾柱夹	外观设计	CN201430074897.3	2014.09.03	湖州师范学院	闫萍

类别	名称	专利类型	申请（专利）号	公开（公告）日	申请（专利权）人	发明（设计）人
提琴	提琴音柱夹(1)	外观设计	CN201430075591.X	2014.09.03	湖州师范学院	闫萍
	大提琴弓子套	外观设计	CN201430075576.5	2014.08.06	湖州师范学院	闫萍
	吉他头电子小提琴	外观设计	CN201430074813.6	2014.08.06	湖州师范学院	闫萍
	吉他头两用中提琴	外观设计	CN201430074878.0	2014.08.06	湖州师范学院	闫萍
	改进的提琴共鸣箱	实用新型	CN201420082066.5	2014.07.16	郝韵萱	郝韵萱
	提琴及其琴码	实用新型	CN201420050633.9	2014.07.16	钟昭庆	钟昭庆
	提琴盒	实用新型	CN201420056048.X	2014.07.23	常州神鹰碳塑复合材料有限公司	徐存新 董怀庆 张旭
	具有拉小提琴功能的机器人	实用新型	CN201420161417.1	2014.07.30	长春工业大学	姜大伟 王帅国 刘溢泉 赵俊鹏 赵云 张翔宇 李张宝
	一种提琴肩托	发明专利	CN201310023166.0	2014.07.23	赵西林	赵西林
	具有拉小提琴功能的机器人手臂	实用新型	CN201420196029.7	2014.08.06	吉林工程技术师范学院	罗红宇 罗忠宝 于静
	适用于提琴及弹拨乐的微调弦轴	发明专利	CN201410265769.6	2014.08.27	周德柱	周德柱
	提琴削边刨刀	发明专利	CN201410215452.1	2014.08.06	郑福君	郑福君
	提琴发音辅助装置	实用新型	CN201420290330.4	2014.10.01	蒋元魁	蒋元魁 蒋尉
	一种小提琴琴箱空气峰频率测量装置	实用新型	CN201420027679.9	2014.10.08	山西大学	杨阳
	小提琴透气型腮托	实用新型	CN201420291884.6	2014.10.15	杨崇荣	杨崇荣
	一种小提琴训练辅助装置	实用新型	CN201420346185.7	2014.10.22	哈尔滨学院	沈丹
	适用于提琴及弹拨乐的微调弦轴	发明专利	CN201420318314.1	2014.11.05	周德柱	周德柱
	一种大提琴支撑器	发明专利	CN201420212777.X	2014.11.05	孙伟雄	孙伟雄
	大提琴支撑着地杆	实用新型	CN201420380658.5	2014.11.05	桑晓	桑晓
	一种提琴弓	实用新型	CN201420250302.X	2014.11.26	张延生	张延生
	一种陶制工艺制作的瓷质小提琴	实用新型	CN201320837452.6	2014.12.03	闽浪仪器科技（厦门）有限公司	孔令华 张津生
	小提琴	发明专利	CN201410475551.3	2014.12.10	王择儒	王择儒
	带横条的尾部锁提琴锁盖	实用新型	CN201420523819.1	2014.12.17	郑福君	郑福君
	小提琴可调消噪阻尼组件	实用新型	CN201420259313.4	2014.12.24	张庆柳	张庆柳
	一种用于教学的电子小提琴	发明专利	CN201310231039.X	2014.12.24	万颖芳	万颖芳
	小提琴	实用新型	CN201420535477.5	2014.12.31	王择儒	王择儒
	提琴音板振动台	实用新型	CN201420522580.6	2014.12.31	陆俊豪	陆俊豪
电子琴	电子琴	外观设计	201330359880.8	2014.01.01	刘明炜	刘明炜
	电子琴(ARK2190)	外观设计	201330379979.4	2014.02.26	杭州爱尔科电子有限公司	彭广根
	电子琴	外观设计	201330466204.0	2014.03.12	雅马哈株式会社	冈村淳
	电子琴	外观设计	201330418265.X	2014.03.12	雅马哈株式会社	何塞·冈萨雷斯

类别	名称	专利类型	申请（专利）号	公开（公告）日	申请（专利权）人	发明（设计）人
电子琴	激光虚拟键盘的电子琴	实用新型	201320537865.2	2014.03.19	华北电力大学（保定）	谢琮玖 韦晓航 刘华淼 房静
	音乐喷泉玩具电子琴	实用新型	2013206081677.0	2014.04.02	蔡润璋	蔡润璋
	电子琴（随心所欲）	外观设计	2013305432864.0	2014.04.09	李豪	李豪 张琳
	玩具电子琴	外观设计	2014300151360.0	2014.04.16	蔡雄伟	蔡雄伟
	一种儿童电子琴	发明专利	2013105857948.0	2014.04.23	无锡通明科技有限公司	姚迎宪
	一种音乐电子琴	实用新型	2013205622346.0	2014.04.23	陈宝利	陈宝利 贾国兰
	一种带LED显示屏的电子琴	实用新型	2013206383605.0	2014.04.30	西安敏海电子科技有限公司	杨晓怡
	一种带TEC半导体板的电子琴	实用新型	2013206112603.0	2014.04.30	西安敏海电子科技有限公司	杨晓怡
	一种可自动翻乐谱的电子琴	实用新型	2013206384063.0	2014.04.30	西安敏海电子科技有限公司	杨晓怡
	电子琴模拟键盘（多米索P3）	外观设计	2013305728100.0	2014.04.30	李宋	李宋
	一种利用涡旋弹簧自动翻乐谱的电子琴	实用新型	201320638386X	2014.04.30	西安敏海电子科技有限公司	杨晓怡
	悬浮电子琴	实用新型	CN201320822419.6	2014.07.30	东北大学秦皇岛分校	黄彩梅 杨跃峰 朱均安
	可调式电子琴支架	实用新型	CN201420010752.1	2014.07.30	比扬（天津）乐器制造有限公司	杨秀娟
	一种适用于电子琴的小型高音喇叭	实用新型	CN201320894167.8	2014.07.30	天津洪波电子集团有限公司	董秀环
	外设用电子琴键盘装置	实用新型	CN201420105110.X	2014.07.23	袁国钟	袁国钟
	电子琴	实用新型	CN201420010722.0	2014.07.30	比扬（天津）乐器制造有限公司	杨秀娟
	一种电子琴	发明专利	CN201310028996.2	2014.07.16	叶如康	叶如康
	小学音乐教学用电子琴	实用新型	CN201420122037.7	2014.08.13	孙文明	孙文明
	拖拽行走式音乐电子琴箱包	实用新型	CN201420183050.3	2014.08.27	李恒	李恒
	一种带有加热功能的电子琴	发明专利	CN201310623478.5	2014.09.10	西安三威安防科技有限公司	贾卫东 魏军锋
	连续组合可拆卸按键模组电子琴	发明专利	CN201410311107.8	2014.09.03	深圳市宝安区进科统筹电子开发部	李一林 许乐平 陈玉安
	一种高度可调节的电子琴	发明专利	CN201310592187.4	2014.09.10	西安三威安防科技有限公司	贾卫东 魏军锋
	一种带有风扇的电子琴	发明专利	CN201310623439.5	2014.09.10	西安三威安防科技有限公司	贾卫东 魏军锋
	一种基于USB电脑键盘输入的电子琴	实用新型	CN201420243123.3	2014.09.10	孙活 张磊 邓兴江 赵文 荀静	孙活 张磊 邓兴江 赵文 荀静
	具有触摸感应键的电子琴	实用新型	CN201420200177.1	2014.09.10	彭作捶	彭作捶
	一种带有空气净化器的电子琴	发明专利	CN201310623503.X	2014.09.10	西安三威安防科技有限公司	贾卫东 魏军锋
	一种电子琴架	实用新型	CN201420277530.6	2014.10.01	上海托比钢琴乐器有限公司	梁学仁

类别	名称	专利类型	申请（专利）号	公开（公告）日	申请（专利权）人	发明（设计）人
电子琴	一种电子琴支架	实用新型	CN201420308838.2	2014.10.22	新乡学院	刘晶 李雪 何正阳 豁曼
	一种电子琴	实用新型	CN201420348920.8	2014.10.29	杨琪 广西民族师范学院	杨琪 李雪 刘洁 韦高骞
	一种简易八音阶电子琴	实用新型	CN201420310605.6	2014.11.05	常州信息职业技术学院	张慧敏
	连续组合可拆卸按键模组电子琴	发明专利	CN201420360645.1	2014.11.26	深圳市宝安区进科统筹电子开发部	李一林 许乐平 陈玉安
	电子琴(ARK-167)	外观设计	CN201430198229.1	2014.12.17	杭州爱尔科电子有限公司	彭广根
	一种可折叠电子琴架	实用新型	CN201420421962.X	2014.12.17	宁波市鄞州奥创电子有限公司	于春志
	可自由组合按键的电子琴及实现自由组合的方法	发明专利	CN201410427820.9	2014.12.17	深圳市新众玩网络科技有限公司	曾先智
	一种电子琴式儿童学习机	实用新型	CN201420135711.5	2014.12.24	蒋立章	蒋立章
	一种智能蓝牙电子琴系统	实用新型	CN201420461825.9	2014.12.31	李志	李志
	一种能固定平板电脑的电子琴	实用新型	CN201420181425.2	2014.12.31	得理乐器（珠海）有限公司	冯德荣 傅杰明
二胡	具有外接共振腔的并联二胡	发明专利	201310452255.7	2014.01.08	金华职业技术学院	赵永建 张向平 曹鹦鹉 宋建法
	套筒、套码、双膜面二胡	实用新型	201320318249.8	2014.01.29	邹杰 邹坤	邹杰
	一种二胡用的琴码	实用新型	201320357057.8	2014.01.29	张裕田	张裕田
	一种电二胡传感器装置	发明专利	201210247124.0	2014.01.29	徐海涛 徐松年	徐松年 金宏仁
	二胡新型调音器	实用新型	201320511598.1	2014.01.29	刘森石	刘森石 刘凡琴 刘瑞瑶
	无源可互换式电子板二胡琴头	发明专利	201210267167.5	2014.02.12	李凤明	李凤明
	一种二胡微调千金	实用新型	201320586216.1	2014.02.19	赵修坤	赵修坤
	多功能二胡	实用新型	201320523696.7	2014.03.12	陈兆平	陈兆平
	二胡(1)	外观设计	201330474018.1	2014.03.26	宋从甲	宋从甲
	二胡(2)	外观设计	201330475569.X	2014.03.26	宋从甲	宋从甲
	二胡音位指距调节器	实用新型	201320638088.0	2014.03.26	袁长生	袁长生
	一种设置双峰琴码和横梁式高低弦面调控指板的三根弦二胡	实用新型	201320129919.1	2014.03.26	巫克里	巫克里 巫圣咏
	多声道塑料板二胡	发明专利	2012102929314.0	2014.04.02	肖毅	肖毅
	二胡腰托(南北通用型便携式)	外观设计	2013305241049.0	2014.04.23	夏路	夏路
	一种新型二胡	实用新型	2013206549827.0	2014.04.30	张春飞	张春飞
	二胡校音千斤	发明专利	2014100639566.0	2014.05.07	李万红	李万红
	一种电二胡	实用新型	2013206018724.0	2014.05.07	徐海涛 徐松年	徐海涛 徐松年
	二胡	实用新型	2013207383903.0	2014.05.21	黄斌	黄斌
	带有手型矫正模板的二胡	实用新型	2013208647129.0	2014.05.28	陕西理工学院	常增宏
	组合式二胡校音千斤	发明专利	2014101022296.0	2014.06.04	李万红	李万红 李正

类别	名称	专利类型	申请（专利）号	公开（公告）日	申请（专利权）人	发明（设计）人
二胡	一种便于二胡弓毛涂抹松香的装置	外观设计	2014200322570.0	2014.06.11	赵丽霞	赵丽霞
	二胡（蝶舞飞扬1312）	外观设计	CN201330583513.6	2014.07.09	上海民族乐器一厂	周力
	二胡琴筒	外观设计	CN201430048332.8	2014.07.09	陈玉强	陈玉强
	二胡（徽派印象1313）	外观设计	CN201330583822.3	2014.07.09	上海民族乐器一厂	张霁
	二胡（竹福1311）	外观设计	CN201330583836.5	2014.07.09	上海民族乐器一厂	蔡洪贤
	二胡琴筒	实用新型	CN201420111866.5	2014.07.16	陈玉强	陈玉强
	二胡立式演奏隐形支架	实用新型	CN201320812381.4	2014.07.16	周宏远	周宏远 周明
	一种结构可调节的二胡音窗	实用新型	CN201320855057.0	2014.07.09	上海民族乐器一厂	蔡洪贤 陈怡青
	一种电声二胡	发明专利	CN201410176082.5	2014.07.16	东南大学	顾星煜 郑姚生 赵玉豪 汤勇明
	一种用于二胡教学的演示装置	发明专利	CN201420057729.8	2014.08.13	张文珍	张文珍
	新型内壁结构二胡共鸣箱	实用新型	CN201420214286.9	2014.08.27	叶梅琴	叶梅琴 俞志森
	便携式二胡	实用新型	CN201420126097.6	2014.08.20	绥化学院	郭大海 张丽
	弓弦垂直式二胡	外观设计	CN201310051451.3	2014.08.06	王韵	王韵
	组合式二胡校音千斤	发明专利	CN201410221170.2	2014.09.10	慈溪市绿派新能源科技有限公司	李万红 李正
	一种二胡琴托	实用新型	CN201320805729.7	2014.09.03	辜钦剑	辜钦剑
	二胡（锦上添花）	外观设计	CN201430136339.5	2014.09.03	白宝玉	白宝玉
	二胡嵌入式擦松香器	发明专利	CN201410221172.1	2014.09.10	慈溪市绿派新能源科技有限公司	李万红 李正
	二胡校音千斤	发明专利	CN201410221173.6	2014.09.10	慈溪市绿派新能源科技有限公司	李万红 李正
	装配式二胡多功能千斤	发明专利	CN201410275328.4	2014.09.10	慈溪市绿派新能源科技有限公司	李万红 李正
	腰开窗移轴二胡	发明专利	CN201410316044.5	2014.09.24	何薇	何薇 何夕瑞
	二胡（改进型）	外观设计	CN201430143270.9	2014.10.01	刘健	刘健
	二胡琴筒的自动加工机	实用新型	CN201420367268.4	2014.11.26	苏州工业职业技术学院	顾涛 沈进 马俊 刘瑞勋
	一种二胡上所用的双筒双音窗琴筒	实用新型	CN201410392584.1	2014.12.24	李道德	李道德
	手机电声二胡	发明专利	CN201410490342.6	2014.12.24	丽水市职业高级中学	樊学飞
	二胡琴筒的自动加工机	发明专利	CN201410316040.7	2014.10.08	苏州工业职业技术学院	顾涛 沈进 马俊 刘瑞勋
	一种二胡用的音垫	实用新型	CN201420316651.7	2014.10.15	张裕田	张裕田
	装配式二胡多功能千斤	实用新型	CN201420328648.7	2014.10.15	慈溪市绿派新能源科技有限公司	李万红 李正
	二胡嵌入式擦松香器	实用新型	CN201420267552.4	2014.11.05	慈溪市绿派新能源科技有限公司	李万红 李正
	一种二胡及谱架用手提式琴盒	实用新型	CN201420357284.5	2014.11.05	陕西理工学院	王旸
	一种可变调二胡	实用新型	CN201420315301.9	2014.11.05	支成数	支成数

类别	名称	专利类型	申请（专利）号	公开（公告）日	申请（专利权）人	发明（设计）人
二胡	一种葫芦二胡	实用新型	CN201420302496.3	2014.11.12	古存恩	古存恩
	一种高音量二胡琴筒	发明专利	CN201410307382.2	2014.11.19	江苏大风乐器有限公司	徐宝国
	二胡滑轮弓	发明专利	CN201410344008.X	2014.11.19	慈溪市绿派新能源科技有限公司	李万红 李正
	二胡滑轮弓	实用新型	CN201420399201.9	2014.11.26	慈溪市绿派新能源科技有限公司	李万红 李正
	二胡校音千斤	实用新型	CN201420267545.4	2014.11.26	慈溪市绿派新能源科技有限公司	李万红 李正
	一种扩音二胡琴筒	发明专利	CN201410307762.6	2014.11.26	江苏大风乐器有限公司	徐宝国
	二胡腰托	外观设计	CN201430179533.1	2014.12.03	肖胜民	肖胜民
	一种二胡双调固定千斤	实用新型	CN201420415131.1	2014.12.03	李万库	李万库 李响
	一种可以改变音色的二胡	发明专利	CN201410415378.8	2014.12.24	胡健敏	胡健敏
	二胡二元琴桥	发明专利	CN201410352289.3	2014.12.24	慈溪市绿派新能源科技有限公司	李万红 李正
笛	一种防开裂竹笛	实用新型	201320578371.9	2014.01.29	天津市静海县盛乐乐器厂	王泽羽
	笛子	外观设计	201330466718.6	2014.02.19	胡宪民	胡宪民
	陶笛(八度6孔)	外观设计	201330438667.6	2014.02.19	许芙蓉	许芙蓉
	多调竹笛	实用新型	201320480300.5	2014.02.26	吕彬倩	吕彬倩
	低音长笛	外观设计	201330416073.5	2014.02.26	天津市津宝乐器有限公司	贾宏勇
	中音长笛	外观设计	201330416105.1	2014.02.26	天津市津宝乐器有限公司	贾宏勇
	中音竖笛	外观设计	201330426416.6	2014.03.05	陈红梅	陈红梅
	笛架	外观设计	201330466736.4	2014.03.05	胡宪民	胡宪民
	一种横笛吹奏器	实用新型	201320348710.4	2014.03.12	曹桂香	曹桂香
	楠竹笛	实用新型	201320424764.4	2014.03.12	鲍妙良	鲍妙良 鲍利鹏
	一种可调节音准的笛子	实用新型	201320655903.4	2014.03.26	扬中市长鸣乐器有限公司	常敦明 常筝 常阳
	活塞笛	实用新型	2013206674598.0	2014.04.16	西安永福影视文化投资有限公司	王梅玫
	调音笛	实用新型	2013207348882.0	2014.05.07	深圳市鑫乐科技有限公司	刘明炜
	木质竖笛乐器浸蜡的加工工艺	发明专利	2011102069008.0	2014.05.14	江苏奇美乐器有限公司	张龙贵 朱玉书
	竖笛(U0002)	外观设计	2013306101727.0	2014.05.14	青华科教仪器有限公司	叶青华
	竖笛(U0005)	外观设计	2013306101712.0	2014.05.14	青华科教仪器有限公司	叶青华
	多功能电子笛	实用新型	2013208502666.0	2014.06.11	王发章	王发章
	一种竖笛	实用新型	2014200190942.0	2014.06.18	青华科教仪器有限公司	叶青华
	横竖转换笛	实用新型	2014200404227.0	2014.06.25	罗廷建	罗廷建
	新型排笛		CN201420099286.9	2014.07.30	仲生龙	仲生龙
	一种组装式笛子	发明专利	CN201410224497.5	2014.07.30	沈宇杰	沈宇杰

类别	名称	专利类型	申请（专利）号	公开（公告）日	申请（专利权）人	发明（设计）人
笛	变调笛	发明专利	CN201210569039.6	2014.07.02	祁美武	祁美武
	速学长笛笛头	实用新型	CN201410269042.5	2014.09.03	河北金音乐器集团有限公司	陈学孔
	简便多孔笛	实用新型	CN201420241913.8	2014.09.17	肖雅匀	肖雅匀
	新型音准型羌笛	实用新型	CN201420284054.0	2014.09.17	袁永杰	袁永杰 何王全
	一种具有照明功能的笛子	发明专利	CN201410224492.2	2014.08.06	沈宇杰	沈宇杰
	Q形笛	发明专利	CN201410266512.2	2014.08.27	冯敏德	冯敏德
	一种易携带的笛子	发明专利	CN201410224494.1	2014.08.06	沈宇杰	沈宇杰
	速学长笛笛头	实用新型	CN201420321893.5	2014.10.15	河北金音乐器集团有限公司	陈学孔
	Q形笛	实用新型	CN201420318957.6	2014.10.22	冯敏德	冯敏德
	陶笛	外观设计	CN201430080056.3	2014.10.08	方光星	方光星
	儿童用葫芦型陶笛	发明专利	CN201410409913.9	2014.11.19	无锡利凯儿童用品有限公司	李飞
	一种可变调笛子	实用新型	CN201420346892.6	2014.11.12	新乡学院	刘晶 杨琪 邢磊 刘辉
	一种组装式笛子	实用新型	CN201420274901.5	2014.12.03	沈宇杰	沈宇杰
	一种易携带的笛子	实用新型	CN201420271598.3	2014.12.03	沈宇杰	沈宇杰
	一种具有照明功能的笛子	实用新型	CN201420271599.8	2014.12.03	沈宇杰	沈宇杰
	设有手托的长笛	发明专利	CN201420527485.5	2014.12.24	河北金音乐器集团有限公司	陈学孔
	电子风笛	发明专利	CN201310190634.3	2014.12.03	北京科实医学图像技术研究所	吴佑之
	一种便携带式笛子	实用新型	CN201420350900.4	2014.12.17	杨抓钢	杨抓钢
葫芦丝	改良的八孔葫芦丝	外观设计	CN201420054416.7	2014.07.09	薛文安	薛文安
	一种带4音的葫芦丝	外观设计	CN201420115069.4	2014.07.09	天津盛兴元乐器有限公司	王泽云
	单吹嘴双发音管巴乌、葫芦丝	实用新型	CN201420390168.3	2014.11.19	唐东升	唐东升
	一种葫芦丝	实用新型	CN201420308818.5	2014.12.03	新乡学院	刘晶 杨琪 李延凯 王小华
	带支托的葫芦丝	实用新型	CN201420452193.X	2014.12.10	天津市静海县传音乐器厂	王立传
	灵活控制和弦音孔按键的葫芦丝	实用新型	CN201420437386.8	2014.12.17	天津市静海县传音乐器厂	王立传
	副管上带有和弦音孔调音套的葫芦丝	实用新型	CN201420491110.8	2014.12.17	天津市静海县传音乐器厂	王立传
扬琴	扬琴竹琴马制作方法	发明专利	201310570733.4	2014.03.19	余兆欣	余兆欣
	扬琴(1)	外观设计	201330475567.0	2014.03.26	宋从甲	宋从甲
	扬琴(2)	外观设计	201330475568.5	2014.03.26	宋从甲	宋从甲
	扬琴架子(锦缎式)	外观设计	2013306478901.0	2014.05.14	宋从甲	宋从甲
	一种开槽扬琴的滚珠	实用新型	2013208208935.0	2014.05.21	余兆欣	余兆欣

类别	名称	专利类型	申请（专利）号	公开（公告）日	申请（专利权）人	发明（设计）人
扬琴	扬琴踩止式制音器	发明专利	2012102579645.0	2014.06.04	宋从甲	韩晓莉 宋从甲 卞渝
	一种新型伸缩便携式扬琴练习板	实用新型	CN201420119520.X	2014.07.16	浙江师范大学音乐学院	卢睿琦
	一种新型便携式扬琴	实用新型	CN201420161940.4	2014.08.06	谷成忠	谷成忠
	石英扬琴	实用新型	CN201420365606.0	2014.11.05	朱舫	朱舫
	石英扬琴	外观设计	CN201430224032.0	2014.11.26	朱舫	朱舫
古筝	一种古筝指甲套	实用新型	201320512966.4	2014.01.15	黄万顺	黄万顺
	古筝(130专业)	外观设计	201330437284.7	2014.01.15	贾洪流	贾洪流
	二十一弦古筝抬弦转调装置	发明专利	201310425789.0	2014.02.12	陶玉兰	陶玉兰
	古筝	外观设计	201330434391.4	2014.02.19	潘珠军	潘珠军
	拆装式古筝架	实用新型	201310499386.0	2014.03.05	盐城工学院	曹兆熊 曹原 张益众 张益云
	五拼面板双音梁古筝	发明专利	201210304588.0	2014.03.12	汪扬	汪扬
	一种带凹槽的古筝指甲	实用新型	201320697356.6	2014.03.26	朱勇	朱勇
	古筝(2)	外观设计	201330475570.2	2014.03.26	宋从甲	宋从甲
	组合古筝码子	发明专利	201310666907.7	2014.03.26	郑福建	郑福建
	古筝(1)	外观设计	201330475591.4	2014.03.26	宋从甲	宋从甲
	古筝	外观设计	2013306255299.0	2014.04.02	周子琪	周子琪
	古筝(板桥)	外观设计	2013305364316.0	2014.04.02	潘珠军	潘珠军
	古筝指甲	外观设计	2013305310443.0	2014.04.09	朱勇	朱勇
	一种古筝琴架	实用新型	2013207149944.0	2014.04.16	黄涛	黄涛
	一种古筝入门手型矫正器	实用新型	2013207151747.0	2014.04.16	黄涛	黄涛
	蕉叶式古筝	外观设计	2013303436979.0	2014.04.30	刘霄	刘霄
	设置扣带的古筝弹片	发明专利	2012104139809.0	2014.05.07	襄阳市诸葛亮中学	范丹彦
	古筝（秦音如意）	外观设计	2013305367225.0	2014.05.07	刘庆阳	刘庆阳
	古筝	实用新型	2013208647133.0	2014.05.28	陕西理工学院	常增宏
	一种古筝加工定位装置	实用新型	CN201420042856.0	2014.08.06	河南中州民族乐器有限公司	代胜民
	一种高度可调的古筝琴架	实用新型	CN201420175594.5	2014.08.27	艾立东	艾明
	一种快速移位固定的古筝架	发明专利	CN201420177865.0	2014.08.13	泰州机电高等职业技术学校	姚政 任宇飞
	一种古筝弱音器	发明专利	CN201420032756.X	2014.08.13	南阳师范学院	郝方
	古筝报警调音器	实用新型	CN201420139069.8	2014.08.06	杨晓荷	杨晓荷
	一种古筝		CN201310001205.7	2014.07.09	陈后勇	陈后勇
	古筝		CN201310001609.6	2014.07.09	陈后勇	陈后勇
	古筝架（板式13412）	外观设计	CN201330584383.8	2014.07.09	上海民族乐器一厂	张霁
	古筝（秋水伊人1346）	外观设计	CN201330584506.8	2014.07.09	上海民族乐器一厂	钱冰菁
	古筝（飞天乐舞1345）	外观设计	CN201330584576.3	2014.07.09	上海民族乐器一厂	周力

类别	名称	专利类型	申请（专利）号	公开（公告）日	申请（专利权）人	发明（设计）人
古筝	古筝（国色沉香1349）	外观设计	CN201330584382.3	2014.07.09	上海民族乐器一厂	许敏晓 周力
	古筝（玉兰望春1348）	外观设计	CN201330584234.1	2014.07.09	上海民族乐器一厂	许敏晓 周力
	古筝（福音相随1341）	外观设计	CN201330584220.X	2014.07.09	上海民族乐器一厂	周力
	古筝（群花绽蕊13411）	外观设计	CN201330584619.8	2014.07.09	上海民族乐器一厂	钱冰菁
	古筝（锦上添花1342）	外观设计	CN201330584233.7	2014.07.09	上海民族乐器一厂	胡国平
	古筝（锦绣花庭1344）	外观设计	CN201330584268.0	2014.07.09	上海民族乐器一厂	王琳琳
	古筝（静若繁花13410）	外观设计	CN201330584463.3	2014.07.16	上海民族乐器一厂	王琳琳 钱冰菁
	古筝（云裳含露1347）	外观设计	CN201330584221.4	2014.07.09	上海民族乐器一厂	周力 许敏晓
	古筝（香庭满园1343）	外观设计	CN201330584577.8	2014.07.09	上海民族乐器一厂	钱冰菁
	古筝（丹凤朝阳）	外观设计	CN201430076938.2	2014.08.13	薛蓉蓉	薛蓉蓉
	古筝（回纹）	外观设计	CN201430078725.3	2014.08.13	薛蓉蓉	薛蓉蓉
	古筝（喜鹊登梅）	外观设计	CN201430076940.X	2014.08.13	薛蓉蓉	薛蓉蓉
	古筝(西施浣纱)	外观设计	CN201330599586.4	2014.08.06	扬州市维扬区翔声民族乐器厂	贾洪流
	古筝（国画）	外观设计	CN201430018799.8	2014.08.06	河南中州民族乐器有限公司	代胜民
	古筝（国色天香）	外观设计	CN201430076939.7	2014.08.13	薛蓉蓉	薛蓉蓉
	古筝（九龙啸天）	外观设计	CN201430078726.8	2014.09.17	薛蓉蓉	薛蓉蓉
	古筝架	外观设计	CN201430129061.9	2014.10.15	郑训培	郑训培
	古筝(汉唐遗韵)	外观设计	CN201330537344.2	2014.10.15	韩天圣	韩天圣
	一种折叠式古筝架	发明专利	CN201410221517.3	2014.11.05	盐城工学院	曹兆熊 曹原 吴祥 邢莉
	古筝	外观设计	CN201430199030.0	2014.11.12	周展	周展
	一种新型古筝架	发明专利	CN201410411504.2	2014.11.19	黄武	黄武
	一种新型古筝架	发明专利	CN201410411517.X	2014.11.19	黄武	黄武
	一种古筝架	发明专利	CN201410423953.9	2014.11.19	钱万标	钱万标
	一种古筝架	发明专利	CN201410424007.6	2014.11.19	钱万标	钱万标
	古筝改良穿弦孔板	实用新型	CN201420356391.6	2014.11.26	陶玉兰	陶玉兰
	新型手工制作古筝的加工方法	发明专利	CN201310641640.6	2014.11.26	扬州市维扬区翔声民族乐器厂	贾洪流
	一种古筝架	实用新型	CN201420415351.4	2014.12.10	高忠青	高忠青
	古筝快速转调器	实用新型	CN201420403999.X	2014.12.17	李经超	李经超
	古筝调音扳手	发明专利	CN201420417829.7	2014.12.17	黑河学院 孙晓飞 徐族屏 马冉冉	孙晓飞 徐族屏 马冉冉
	一种新型的古筝架	实用新型	CN201420409015.9	2014.12.24	钟志华	钟志华
琵琶	一种琵琶演奏专用指甲	实用新型	201320417744.4	2014.01.29	哈尔滨师范大学	孟璐 赵毅帆
	带盘龙琴首和特制第五弦的五弦琵琶	实用新型	201310519188.6	2014.01.29	广州方锦龙文化传播有限公司	方锦龙 张丽娜
	琵琶椅	外观设计	201330494727.6	2014.03.26	浙江农林大学	陈思宇 陆晶晶

类别	名称	专利类型	申请（专利）号	公开（公告）日	申请（专利权）人	发明（设计）人
琵琶	带盘龙琴首和特制第五弦的五弦琵琶	实用新型	2013206714260.0	2014.04.16	广州方锦龙文化传播有限公司	方锦龙 张丽娜
	电琵琶	外观设计	2013305266120.0	2014.04.16	杨皓	杨皓
	机械轴琵琶	实用新型	2014200036511.0	2014.06.25	常汇雯	常汇雯
	琵琶（菊花头花）	外观设计	CN201430018755.5	2014.08.06	河南中州民族乐器有限公司	代胜民
	琵琶（蝙蝠1321）	外观设计	CN201330584228.6	2014.07.09	上海民族乐器一厂	钱冰菁
	琵琶	外观设计	CN201430257854.9	2014.12.17	宋从甲	宋从甲
鼓	一种练习架子鼓用鼓皮	发明专利	201310489917.8	2014.01.01	太仓市方克乐器有限公司	柳奕帆
	架子鼓用双头鼓槌	发明专利	201310489918.2	2014.01.01	太仓市方克乐器有限公司	柳奕帆
	一种架子鼓军鼓	发明专利	201310489880.9	2014.01.01	太仓市方克乐器有限公司	柳奕帆
	南瓜鼓（大91068）	外观设计	201330343569.4	2014.01.01	广东群兴玩具股份有限公司	林伟章
	东巴鼓	外观设计	201330359904.X	2014.01.01	霸州市威名乐器有限公司	张维明
	项链鼓	外观设计	201330359806.6	2014.01.01	霸州市威名乐器有限公司	张维明
	一种架子鼓鼓架垫	发明专利		2014.01.08	太仓市方克乐器有限公司	柳奕帆
	一种新型架子鼓用鼓槌及其制造方法	发明专利	201310489859.9	2014.01.08	太仓市方克乐器有限公司	柳奕帆
	一种新型架子鼓用定音鼓槌	发明专利	201310489879.6	2014.01.08	太仓市方克乐器有限公司	柳奕帆
	一种新型架子鼓用低音鼓槌	发明专利	201310489857.X	2014.01.08	太仓市方克乐器有限公司	柳奕帆
	一种架子鼓吊擦用擦架	发明专利	201310490122.9	2014.01.08	太仓市方克乐器有限公司	柳奕帆
	一种新型架子鼓鼓槌及其生产方法	发明专利	201310514832.0	2014.01.15	太仓市方克乐器有限公司	柳奕帆
	腰鼓	实用新型	201320564173.7	2014.01.15	滁州学院	高静 杨祝祥
	一种新型架子鼓鼓刷	发明专利	201310489608.0	2014.01.15	太仓市方克乐器有限公司	柳奕帆
	一种架子鼓用吊擦	发明专利	201310489717.2	2014.01.15		
	一种架子鼓练习垫架用支撑架	发明专利	201310489838.7	2014.01.15	太仓市方克乐器有限公司	柳奕帆
	一种架子鼓用定音鼓槌	发明专利	201310489697.9	2014.01.22	太仓市方克乐器有限公司	柳奕帆
	一种架子鼓练习用鼓槌	发明专利	201310489790.X	2014.01.22	太仓市方克乐器有限公司	柳奕帆
	一种新型架子鼓用鼓刷	发明专利	201310489858.4	2014.01.22	太仓市方克乐器有限公司	柳奕帆
	一种架子鼓鼓槌	发明专利	201310489649.X	2014.01.22	太仓市方克乐器有限公司	柳奕帆

类别	名称	专利类型	申请（专利）号	公开（公告）日	申请（专利权）人	发明（设计）人
鼓	一种架子鼓中低音大鼓、小鼓练习装置	发明专利	201310489791.4	2014.01.22	太仓市方克乐器有限公司	柳奕帆
	一种新型架子鼓鼓架垫	发明专利	201310489781.0	2014.01.22	太仓市方克乐器有限公司	柳奕帆
	一种新型架子鼓练习垫架	发明专利	201310489919.7	2014.01.22	太仓市方克乐器有限公司	柳奕帆
	一种架子鼓吊擦角度可调节支架	发明专利	201310489507.3	2014.01.22	太仓市方克乐器有限公司	柳奕帆
	一种架子鼓练习垫架用支架	发明专利	201310489856.5	2014.01.22	太仓市方克乐器有限公司	柳奕帆
	一种组装大鼓	发明专利	201310482448.7	2014.01.22	湘西山里人民族演艺有限责任公司	张昌政
	一种用于乐器的鼓	发明专利	201310476676.3	2014.01.29	李道琳	李道琳 杨尚翡
	小鼓	发明专利	201310322726.2	2014.02.12	雅马哈株式会社	桥本隆二
	鼓安装装置和鼓	实用新型	201310051477.8	2014.02.12	星野乐器株式会社	佐藤尚树 宫嶋秀幸
	鼓支撑装置和鼓	实用新型	201310051478.2	2014.02.12	星野乐器株式会社	佐藤尚树 宫嶋秀幸
	一种架子鼓练习或演奏用鼓槌	发明专利	201310489696.4	2014.02.19	太仓市方克乐器有限公司	柳奕帆
	一种三弦琴鼓	发明专利	201320575117.3	2014.02.19	深圳市宝安区进科统筹电子开发部	李一林 王学辉 陈玉安
	行进大鼓支架	外观设计	201330397418.7	2014.02.26	天津市津宝乐器有限公司	李中华
	行进鼓中圈	实用新型	201320525992.0	2014.02.26	天津市津宝乐器有限公司	李中华
	行进小鼓支架	实用新型	201320511219.9	2014.02.26	天津市津宝乐器有限公司	李中华
	行进大鼓支架	实用新型	201320512444.4	2014.02.26	天津市津宝乐器有限公司	李中华
	小鼓悬挂结构	实用新型	201320537456.2	2014.02.26	天津市津宝乐器有限公司	李中华
	鼓管型壁卡	实用新型	201320514343.0	2014.02.26	天津市津宝乐器有限公司	李中华
	行进鼓背架座	外观设计	201330411146.1	2014.02.26	天津市津宝乐器有限公司	吴定军
	行进小鼓支架	发明专利	201330397400.7	2014.02.26	天津市津宝乐器有限公司	吴定军
	止音鼓皮	实用新型	201320519758.7	2014.02.26	天津市津宝乐器有限公司	吴定军
	行进大军鼓储存箱	实用新型	201320504915.7	2014.02.26	天津市津宝乐器有限公司	李中华
	行进军鼓拉杆螺母	实用新型	201320537457.7	2014.02.26	天津市津宝乐器有限公司	李中华
	行进军鼓储存箱	实用新型	201320507305.2	2014.02.26	天津市津宝乐器有限公司	李中华

类别	名称	专利类型	申请（专利）号	公开（公告）日	申请（专利权）人	发明（设计）人
鼓	行进多音鼓支架	外观设计	201330397414.9	2014.02.26	天津市津宝乐器有限公司	李中华
	多音鼓固定架	实用新型	201320511286.0	2014.02.26	天津市津宝乐器有限公司	李中华
	行进鼓背架座	实用新型	201320525868.4	2014.02.26	天津市津宝乐器有限公司	吴定军
	用于电子鼓支架上的手拧螺丝	实用新型	201320511287.5	2014.02.26	天津市津宝乐器有限公司	李中华
	一种折叠式电子鼓鼓架	实用新型	201320534332.9	2014.03.05	得理乐器（珠海）有限公司	冯德荣 廖照华 雷军
	乐器鼓面安装装置	发明专利	201210518353.1	2014.03.12	雷莫公司	雷莫·D·贝利 詹姆斯·H·梅 克里斯托弗·J·惠廷顿
	一种鼓袋	实用新型	201320292885.8	2014.03.12	天津三卫乐器有限责任公司	李国华
	一种鼓袋	实用新型	201320292884.3	2014.03.12	天津三卫乐器有限责任公司	李国华
	动感拍拍鼓	外观设计	201330528580.8	2014.03.19	陈超	陈超
	一种摇摇鼓	实用新型	201320487915.0	2014.03.19	海盐东方口琴厂	丁文良
	一种组装大鼓	实用新型	201320636684.5	2014.03.19	湘西山里人民族演艺有限责任公司	张昌政
	方便携带的木箱鼓打击器	实用新型	201320576895.4	2014.03.19	廖村淇	廖村淇
	水波架子鼓	实用新型	201320595406.X	2014.03.26	西安天动数字科技有限公司	冯磊
	一种制作音乐铜鼓模样的工具	发明专利	201210331524.X	2014.03.26	东兰音乐铜鼓文化传播有限责任公司	牙运永 谭安益
	声学鼓	发明专利	201310418966.2	2014.03.26	雅马哈株式会社	桥本隆二
	鼓面皮	发明专利	201310301730.0	2014.03.26	罗兰株式会社	吉野澄
	大鼓	外观设计	201310418574.6	2014.03.26	雅马哈株式会社	桥本隆二
	架子鼓键盘（电子乐器-多米索D5）	外观设计	201330576208.4	2014.03.26	李宋	李宋
	一种腻子灰制作音乐铜鼓模样的工艺方法	发明专利	201210331521.6	2014.03.26	东兰音乐铜鼓文化传播有限责任公司	牙运永 谭安益
	真电双功能架子鼓镲片	实用新型	2013205745863.0	2014.04.02	翟高科	翟高科
	一种电子鼓的安装支架	实用新型	2013206651524.0	2014.04.02	宁波音王电声股份有限公司	尹水平 钟发志
	非洲鼓	外观设计	2013305174631.0	2014.04.02	王洪建	王洪建
	低音鼓用升降器和低音鼓	发明专利	2013100720510.0	2014.04.09	星野乐器株式会社	佐藤尚树
	防掉鼓棒	外观设计	2013305220998.0	2014.04.09	宋悦 宋辰	宋悦 宋辰
	鼓盒	外观设计	2013304085185.0	2014.04.09	卡西欧计算机株式会社 卡西欧电子工业株式会社	大坪宏彰 赤石明人 高鹿守通
	架子鼓双联动脚踏（领航家）	外观设计	201330527657X	2014.04.16	曾卓华	曾卓华
	音乐鼓(动感旋转)	外观设计	2013305431378.0	2014.04.16	林德波	林德波

类别	名称	专利类型	申请（专利）号	公开（公告）日	申请（专利权）人	发明（设计）人
鼓	鼓筒	实用新型	2013206991333.0	2014.04.23	天津市津宝乐器有限公司	李中华
	鼓圈	实用新型	2013207014631.0	2014.04.23	天津市津宝乐器有限公司	李中华
	电鼓踩镲连接座	实用新型	2013207337040.0	2014.04.23	天津市津宝乐器有限公司	李中华
	上鼓顶	外观设计	2013305596188.0	2014.04.23	天津市津宝乐器有限公司	李中华
	行进鼓大壁卡	外观设计	2013305598874.0	2014.04.23	天津市津宝乐器有限公司	李中华
	电鼓踩镲连接座	外观设计	2013305595895.0	2014.04.23	天津市津宝乐器有限公司	李中华
	专业连音鼓储存箱	实用新型	201320505871X	2014.04.24	天津市津宝乐器有限公司	李中华
	行进鼓专用包装垫	实用新型	2013206995160.0	2014.04.25	天津市津宝乐器有限公司	李中华
	踩锤压鼓装置	实用新型	2013207334822.0	2014.04.26	天津市津宝乐器有限公司	李中华
	行进军鼓防护支架	实用新型	2013207337252.0	2014.04.27	天津市津宝乐器有限公司	李中华
	行进多音鼓支架	实用新型	2013205112201.0	2014.04.28	天津市津宝乐器有限公司	李中华
	响弦鼓	实用新型	2013206990114.0	2014.04.29	天津市津宝乐器有限公司	李中华
	一种陶鼓	实用新型	2013207761305.0	2014.05.07	吴小平	吴小平
	桑巴鼓	发明专利	2012104187802.0	2014.05.14	天津市津宝乐器有限公司	李中华
	一种架子鼓消音垫	实用新型	2013208309067.0	2014.05.14	冯泳君	冯泳君
	架子鼓音源器(DS001)	外观设计	2013303799385.0	2014.05.21	杭州爱尔科电子有限公司	彭广根
	一种可放置多面鼓的鼓架	发明专利	2012105182789.0	2014.06.11	吴丽霞	吴丽霞
	架子鼓用便捷卡夹	实用新型	2013206923497.0	2014.06.18	天津咪蓝科技发展有限公司	侯亚华
	仿真鼓练习板	实用新型	2013206922032.0	2014.06.18	天津咪蓝科技发展有限公司	侯亚华
	鼓和架子鼓调谐装置	发明专利	2012800483754.0	2014.06.25	泛音实验室股份有限公司	大卫·伯德·里布纳
	一种电子鼓盘的固定装置	实用新型	2013208628575.0	2014.06.25	宁波音王电声股份有限公司	尹水平 钟发志
	一种电子发光鼓盘	实用新型	CN201420020392.3	2014.07.09	宁波音王电声股份有限公司	钟志发 杜宗辉
	爵士鼓的大鼓隔音电子垫	实用新型	CN201420080526.0	2014.07.23	李俊明	李俊明
	一种练习用无线智能电子鼓槌	发明专利	CN201410156707.1	2014.07.16	山西四和创想科技有限公司	赵慧均 王强
	用于乐鼓的支架	发明专利	CN201310712216.6	2014.07.23	雷莫公司	马西亚尔·弗洛里斯

类别	名称	专利类型	申请（专利）号	公开（公告）日	申请（专利权）人	发明（设计）人
鼓	一种鼓调音方法及鼓调音器	实用新型	CN201410156180.2	2014.07.16	深圳市蔚科电子科技开发有限公司	赵哲
	一种鼓槌	发明专利	CN201410157028.6	2014.07.16	万世凤	万世凤
	鼓凳	外观设计	CN201430000444.6	2014.07.09	南京颐品堂家具有限公司	唐锋
	动感爵士鼓(小SY76)	外观设计	CN201330640517.3	2014.07.16	王壮加	王壮加
	钢鼓	外观设计	CN201330476152.5	2014.07.30	王星	王星
	一种电子鼓触发装置		CN201420166136.5	2014.08.06	青岛远东乐器有限公司	孙海峰
	多功能无皮鼓	实用新型	CN201320735934.0	2014.08.27	温州三圣教仪有限公司	邵友好
	一种新型小鼓麦克风	实用新型	CN201320509824.2	2014.08.06	宁波市鄞州奥创电子有限公司	于春志
	一种运动型电子鼓	实用新型	CN201420134970.6	2014.08.13	吴少广	吴少广
	一种具有消音调节功能的架子鼓	发明专利	CN201410227751.7	2014.08.06	太仓市方克乐器有限公司	柳奕帆
	一种具有消音减振功能的架子鼓	发明专利	CN201410227711.2	2014.08.06	太仓市方克乐器有限公司	柳奕帆
	一种结构简单能够快速安装的架子鼓活节	发明专利	CN201410227697.6	2014.08.06	太仓市方克乐器有限公司	柳奕帆
	一种适用于初学者的架子鼓槌	发明专利	CN201410227704.2	2014.08.06	太仓市方克乐器有限公司	柳奕帆
	一种架子鼓踩锤	发明专利	CN201410227703.8	2014.08.06	太仓市方克乐器有限公司	柳奕帆
	一种具有消音减振功能的架子鼓	实用新型	CN201420275247.X	2014.09.24	太仓市方克乐器有限公司	柳奕帆
	一种架子鼓踩锤	实用新型	CN201420275298.2	2014.09.24	太仓市方克乐器有限公司	柳奕帆
	带节拍器的感应发光鼓棒	实用新型	CN201420188459.4	2014.09.17	董力	董力
	一种结构简单能够快速安装的架子鼓活节	实用新型	CN201420275168.9	2014.09.24	太仓市方克乐器有限公司	柳奕帆
	一种新型爵士鼓鼓筒的筒壁结构	实用新型	CN201420051819.6	2014.09.10	广州保嘉乐器制造厂有限公司	邢保嘉
	具有延伸颈圈的鼓皮	发明专利	CN201410063074.X	2014.09.17	达达里奥有限公司	史蒂文·T·默里 理查德·K·德拉姆
	一种电子鼓检测装置及电子鼓检测方法	发明专利	CN201410271749.X	2014.09.03	深圳市蔚科电子科技开发有限公司	赵哲
	一种儿童鼓支架	发明专利	CN201410307740.X	2014.09.24	天津市蓉宝金属制品有限公司	陈国朝
	一种可调节高度的儿童鼓支架	实用新型	CN201410308988.8	2014.09.24	天津市蓉宝金属制品有限公司	陈国朝
	可辐射固化的鼓皮膜		CN201410063060.8	2014.09.17	达达里奥有限公司	史蒂夫·李 克雷格·哈尔博尔 罗萨·埃斯皮纳尔
	一种适用于初学者的架子鼓槌	实用新型	CN201420275200.3	2014.09.24	太仓市方克乐器有限公司	柳奕帆

类别	名称	专利类型	申请（专利）号	公开（公告）日	申请（专利权）人	发明（设计）人
鼓	一种具有消音调节功能的架子鼓	实用新型	CN201420275246.5	2014.09.24	太仓市方克乐器有限公司	柳奕帆
	用于架子鼓的调音器	实用新型	CN201420182962.9	2014.09.03	深圳市蔚科电子科技开发有限公司	赵哲
	一种布依族母子鼓	发明专利	CN201410341361.2	2014.10.01	曹智勇	曹智勇
	架子鼓消声装置	实用新型	CN201420276174.6	2014.10.08	天津市律韵乐器有限公司	李根
	鼓	发明专利	CN201410087814.3	2014.10.15	罗兰株式会社	吉野澄
	一种新型玩具架子鼓	实用新型	CN201420237354.3	2014.10.15	汕头市澄海区喜木塑胶玩具有限公司	陈喜木
	钢鼓	外观设计	CN201330476151.0	2014.10.22	王星	王星
	电子鼓鼓架	发明专利	CN201420314624.6	2014.11.05	得理乐器（珠海）有限公司	梁恒德 王志斌
	一种丽江非洲鼓	实用新型	CN201420221023.0	2014.11.05	周雄	周雄
	一种架子鼓踏板加固轴装置	实用新型	CN201420337159.8	2014.11.12	余柏美	余柏美
	一种新型的架子鼓双轴踏板	实用新型	CN201420337154.5	2014.11.12	余柏美	余柏美
	儿童爵士鼓专用踩锤	发明专利	CN201310179532.1	2014.11.19	天津市坤宇机械部件有限公司	袁德强
	鼓锤夹座	外观设计	CN201430185557.8	2014.12.03	天津市津宝乐器有限公司	戴勇才
	电子鼓鼓架	外观设计	CN201430181375.3	2014.12.03	得理乐器（珠海）有限公司	梁恒德 王志斌
	非洲鼓支架	实用新型	CN201420420786.8	2014.12.17	天津市津宝乐器有限公司	李中华
	一种鼓风条分条机	实用新型	CN201420418849.6	2014.12.17	比扬（天津）乐器制造有限公司	窦贺君
	一种鼓架	实用新型	CN201420419228.X	2014.12.17	比扬（天津）乐器制造有限公司	窦贺君
	一种斜吊鼓架	实用新型	CN201420419119.8	2014.12.17	比扬（天津）乐器制造有限公司	窦贺君
	大鼓锤架	外观设计	CN201430210843.5	2014.12.17	天津市津宝乐器有限公司	戴勇才
	乐鼓架三通	外观设计	CN201430258868.2	2014.12.17	天津市津宝乐器有限公司	李中华
	鼓锤夹固定座	外观设计	CN201430185558.2	2014.12.17	天津市津宝乐器有限公司	戴勇才
	鼓锤架端座	外观设计	CN201430185550.6	2014.12.17	天津市津宝乐器有限公司	戴勇才
	联鼓小壁卡	外观设计	CN201430185556.3	2014.12.17	天津市津宝乐器有限公司	吴定军
	电鼓装置	外观设计	CN201430244633.8	2014.12.17	天津市津宝乐器有限公司	李中华
	背夹与五联鼓	外观设计	CN201430244748.7	2014.12.17	天津市津宝乐器有限公司	吴定军

类别	名称	专利类型	申请（专利）号	公开（公告）日	申请（专利权）人	发明（设计）人
鼓	五联鼓	外观设计	CN201430185549.3	2014.12.17	天津市津宝乐器有限公司	吴定军
	一种球形调节单支杆中鼓支架	实用新型	CN201420419227.5	2014.12.17	比扬（天津）乐器制造有限公司	窦贺君
	行进联音鼓支架	实用新型	CN201420323946.7	2014.12.17	天津市津宝乐器有限公司	吴定军
	一种鼓柱打孔机	实用新型	CN201420418848.1	2014.12.17	比扬（天津）乐器制造有限公司	窦贺君
	大鼓背架	实用新型	CN201420401927.1	2014.12.17	天津市津宝乐器有限公司	吴定军
	康茄鼓支架	实用新型	CN201420420750.X	2014.12.17	天津市津宝乐器有限公司	李中华
	一种新型音乐铜鼓的制备方法	发明专利	CN201410541961.3	2014.12.24	王震	王震
	电子鼓（KC-J01）	外观设计	CN201430236318.0	2014.12.24	天津市津宝乐器有限公司	张志瑜
	一种十二生肖铜鼓及其鼓架	发明专利	CN201410541850.2	2014.12.24	牙淑敏	牙淑敏
	行进大鼓大壁卡	外观设计	CN201430185548.9	2014.12.31	天津市津宝乐器有限公司	吴定军
号	双拉管长号（JBSL-741）	外观设计	201330343264.3	2014.01.01	天津市津宝乐器有限公司	王景影
	一种轻便长号	发明专利	201210198740.1	2014.01.15	郑州傲世实业有限公司	班海波
	铜管乐器小号整体式活塞	实用新型	201320548722.1	2014.01.29	胡汝刚	胡汝刚 李自钧
	小号	实用新型	201320256050.7	2014.02.19	张宁	张宁
	小号（沙格尔JBTR-733）	外观设计	201330343267.7	2014.02.26	天津市津宝乐器有限公司	王景影
	一种塑料小号	发明专利	CN201410125903.2	2014.07.16	孙继德	孙继德
	塑料高音小号	外观设计	CN201430119291.7	2014.10.15	张宁 邓世忠	张宁 邓世忠
	长号	实用新型	CN201420241532.X	2014.10.15	张宁 邓世忠	张宁 邓世忠
	塑料高音小号	实用新型	CN201420241524.5	2014.10.15	张宁 邓世忠	张宁 邓世忠
	一种用于小号的弱音自听装置	实用新型	CN201420320804.5	2014.11.05	梅纽因	梅纽因
	金属活塞装置及应用金属活塞装置的塑料小号	外观设计	CN201420444053.8	2014.12.03	姜红蕃 刘洪	姜红蕃 刘洪
	学生专用小号	外观设计	CN201430218830.2	2014.12.10	河北金音乐器集团有限公司	陈学孔
	开场小号	外观设计	CN201430161566.3	2014.12.17	天津市津宝乐器有限公司	朱桂珍
	民族小号	外观设计	CN201430161569.7	2014.12.17	天津市津宝乐器有限公司	潘跃强
	长号	实用新型	CN201420401387.7	2014.12.17	天津市津宝乐器有限公司	张铁良
萨克斯	一种多音孔的迷你萨克斯	实用新型	201320609034.1	2014.03.12	何林仙	何林仙
	萨克斯风左手掌键	实用新型	201320460328.2	2014.03.12	韦烔	韦烔

类别	名称	专利类型	申请（专利）号	公开（公告）日	申请（专利权）人	发明（设计）人
萨克斯	萨克斯发音片仿形铣曲面设备	实用新型	CN201420050897.4	2014.07.23	昆山富利瑞电子科技有限公司	宋振
	萨克斯用带	外观设计	CN201430037758.3	2014.07.30	宫武达郎	宫武达郎
	萨克斯风的音孔盖结构	实用新型	CN201420062884.9	2014.08.13	张连昌萨克斯风有限公司	张宗瑶
	具有碳纤维音孔盖合结构的萨克斯风	实用新型	CN201420062807.3	2014.08.13	张连昌萨克斯风有限公司	张宗瑶
	萨克斯拇指托套	外观设计	CN201430004408.7	2014.08.13	杜宗山	杜宗山
	萨克斯风的音键结构改良	实用新型	CN201420114062.0	2014.09.03	杨胜实业有限公司	杨福良
	用于萨克斯管和单簧管吹嘴的夹紧件	实用新型	CN201280066082.9	2014.09.03	马谢加斯研究有限公司	弗朗西斯科·埃斯皮诺萨-费兰多
	一种bE调中音萨克斯可调节按键	实用新型	CN201420215263.X	2014.10.08	吴丹舟	吴丹舟 耿利
	一种bE调中音萨克斯喇叭口	实用新型	CN201420215416.0	2014.10.08	吴丹舟	吴丹舟
	一种bE调中音萨克斯吹口管弯脊	实用新型	CN201420221837.4	2014.10.08	吴丹舟	吴丹舟 耿利
	萨克斯风按键保护件(单孔)	外观设计	CN201430024497.1	2014.10.29	坎能宝乐器有限公司	雪洛尔·鲁凯特 特维斯·鲁凯特
	萨克斯风按键保护件(双孔)	外观设计	CN201430024499.0	2014.10.29	坎能宝乐器有限公司	雪洛尔·鲁凯特 特维斯·鲁凯特
	萨克斯	外观设计	CN201430165627.3	2014.11.19	何继国	何继国
	萨克斯侧键手掌垫	外观设计	CN201430004407.2	2014.11.26	杜宗山	杜宗山
	一种萨克斯管及其吹管、主体管	发明专利	CN201410374992.4	2014.11.26	曾繁平	曾繁平
	学生用萨克斯	外观设计	CN201430226260.1	2014.12.10	河北金音乐器集团有限公司	陈学孔
口琴	一种吉他弹唱专用口琴架	实用新型	201320518799.4	2014.01.08	刘星	刘星
	口琴	外观设计	201330343478.0	2014.01.08	江苏东方乐器有限公司	孔文忠
	口琴（带音符）	外观设计	201330390559.6	2014.02.19	宁德市音乐家协会口琴分会	杨郑平 肖克成 林祖庆 汤金雄 游桂升
	48组弦口琴	外观设计	201330426418.5	2014.03.05	陈红梅	陈红梅
	生产口琴条式热能板的专用设备	发明专利	201310726221.2	2014.03.19	烟台市三立工业有限公司	赵义德 曲重新
	一种特殊音位排列的四孔八音口琴	实用新型	2013206763869.0	2014.04.09	柴德蓉	柴德蓉 柴德建 刘慎惠
	口琴	实用新型	2013206924343.0	2014.04.09	陕西理工学院	常增宏
	带音乐盒的口琴	发明专利	2013107266459.0	2014.04.16	北海三大利电子科技有限公司	陈茉莉
	口琴	外观设计	CN201430011919.1	2014.09.17	姜著	姜著
	滑套口琴	发明专利	CN201410197627.0	2014.09.03	弓锦	弓锦
	口琴（表面带有音名标识）	外观设计	CN201430092975.2	2014.08.13	江苏奇美乐器有限公司	张龙贵
	一种具有录放功能的口琴	实用新型	CN201420220547.8	2014.10.08	杨学军	杨学军

类别	名称	专利类型	申请（专利）号	公开（公告）日	申请（专利权）人	发明（设计）人
口琴	口琴消毒器	外观设计	CN201430093772.5	2014.10.22	宁德市音乐家协会口琴分会	杨郑平 肖克成 林祖庆 游桂升 吴忠周志 汤金雄 陈婷
	琴格（24孔演奏口琴）	外观设计	CN201430186627.1	2014.12.03	陈红梅	陈红梅
	24孔船形口琴琴格	外观设计	CN201430186612.5	2014.12.03	陈红梅	陈红梅
	双面口琴(46-16孔)	外观设计	CN201430184733.6	2014.12.03	陈红梅	陈红梅
	口琴包装盒（12孔48音黑色半音阶）	外观设计	CN201430184569.9	2014.12.03	陈红梅	陈红梅
	24孔顺序音口琴	外观设计	CN201430192512.3	2014.12.03	陈红梅	陈红梅
	口琴(全塑,16孔)	外观设计	CN201430231760.4	2014.12.03	陈红梅	陈红梅
	16孔透明口琴塑套	外观设计	CN201430185912.1	2014.12.03	陈红梅	陈红梅
	双面口琴包装盒（24）	外观设计	CN201430185977.6	2014.12.03	陈红梅	陈红梅
	口琴包装盒(10孔20音)	外观设计	CN201430231673.9	2014.12.10	陈红梅	陈红梅
	12孔48音圆吹口口琴	外观设计	CN201420142565.9	2014.12.31	陈红梅	陈红梅

2015
中国乐器年鉴
CHINA MUSICAL INSTRUMENT YEARBOOK

海外资讯篇之一：全球乐器与音响制品行业225强

2014全球乐器市场概览

【编者按：2013年，全球音乐制品行业零售总额169亿美元，较上年小幅增长1.3%。自2009年金融危机以来，尽管音乐制品行业总体平稳发展，但仍低于2007年峰值时期的182亿美元。2013年度，本报告调查的39个国家和地区中，全球乐器市场差异化加大，如墨西哥音乐制品销售增长9.5%，委内瑞拉则大幅下滑43%。经济、人口、文化等因素均可对乐器市场销售产生积极或消极影响。经整理并对比各国数据后，本文对此予以分析评议。】

所在国家和地区的经济总体发展形势、大众音乐流行趋势变化等都是乐器市场变化的重要因素。数据显示，经济越发达，乐器市场繁荣程度往往就越高。北美洲是世界最大的音乐制品市场，2013年美国和加拿大的行业销售额增长2个百分点；而欧盟境内国家较多，销售情况“因国而异”：西班牙市场下滑而爱尔兰增长，总体而言，欧洲地区经济增速缓慢，法国、意大利和西班牙等国失业率偏高，因此，从地域分析，音乐制品销售表现与所在地区经济发展程度密切相关。

2013年，中美洲乐器市场增长9%，表现最为突出。中国劳动成本高企，经营成本抬高，不少乐器制造企业移师墨西哥，此类乐器制造投资加速了墨西哥经济增长，相应地带动了乐器市场销售份额；而反观南美市场，形势则不太乐观。阿根廷和委内瑞拉通货膨胀形势不断加剧，造成进口音乐制品价格翻番，个别产品还翻了三倍。对于南美洲而言，“乐器进口”成为该地区“主导词”，乐器销售增长被进口产品价格的拉升所抵消，2013年，该地区乐器销售总体下降4.9%。

跨过太平洋的另一端，中国市场成就显著，增幅达8.2%。其中，仅钢琴销量就达36万架。而人口数量居于世界第二的印度，乐器市场销售额仅为9800万美元，尽管如此，印度乐器市场仍旧增长4.8%。反映出其分销网络有所改善。2013年，作为世界第二的日本乐器市场，市场销售微增0.9%。整体而言，亚洲音乐制品销售增长3.1%，已超过欧洲乐器市场。

本报告收集的39个国家和地区覆盖世界60%的陆地面积，46亿人口（世界人口总数的75%）。各国国情迥异，单从数字比较难以量化，但基本反映出两方面情况：首先，对乐器的喜好之情在人们日常文化生活中普遍存在。由NAMM资助的研究报告表明，人们对乐器演奏偏爱有加，全球各地乐器市场销售增长也从侧面佐证了这点；其次，源于西方的键盘乐器，管弦乐器及其他弦乐器已被世界各地人们广泛接受，处处都可发现西方音乐文化元素。如何将这种对音乐的热忱量化为音乐制品实际销售数字，则取决于所在国家和地区经济发展程度、政策规章、人口结构，以及一种难以量化的、我们称其为“文化”的因素。

“人均音乐制品销售额”也是衡量音乐制品销售的标尺之一，即该国家或地区的音乐制品销售总额除以人口总数。2013年，世界人均音乐制品销售额平均值为3.6美元。最高的是美国，人均音乐制品销售额为21.36美元，最低的是印度，仅0.8美元。

一国的经济繁荣程度是音乐制品销售最重要因素，也在很大程度上决定了该国消费者的音乐开销。印度家庭平均年收入是1570美元，严重制约了其在乐器和音乐课程上的花销，仅为0.8美元；相反，加拿大家庭年平均收入为3.35万美元，该国国民人均音乐制品开销为21～24美元。人口数量在音乐制品总体开销中的作用并不明显，但也确实影响行业销售趋势。行业消费人群主要集中在12～28岁的群体中。2013年，菲律宾人口的平均年龄是23.6岁，日本的平均年龄是46.1岁，本次统计数据中，销售增长最快的5个国家的平均年龄是30.6岁，而5个销售最慢的国家平均年龄是36.3岁。以这个指标来衡量，哪个国家更有销售前景，结果不得而知。过去十几年来，日本一直受到国内经济不景气以及财政窘境困扰影响，加之人口老龄化持续不断，日本国民人均年龄已逐步升至45岁，人口红利优势逐步丧失，西欧国家情况与日本相似，市场销售相对停滞。

中国音乐人口为何偏爱钢琴？民俗音乐在英国传承了几百年，还逐步拓展到美国、加拿大和澳大利亚。许多人认为民俗音乐传统是英国摇滚乐流行的重要因素，因此，英国吉他销售比邻国法国高30%。社会学家和历史学家能找出充足理由来解释这一现象，但毋庸置疑，各国家和地区的文化差异也是重要原因之一。

基于过去经验的判断，无疑会让人想到对未来的预判。中东乱象迭出，埃博拉疫情的威胁，石油价格快速回落等等，都成为制约行业发展的因素，一年前，这些因素确是不可预见的。未来音乐制品销售仍会受到不可预见因素影响。幸运的是，世界各地的爱乐人对音乐创作的饱满热情，为行业提供了持久不懈的动力，使其经受不利因素的种种挑战。

（编译自：美国《音乐贸易》2014 No.12）

2013年全球主要国家和地区乐器市场份额排名

国家和地区	2013年乐器销售额（美元）	同比%	人均乐器消费额（美元）	占全球乐器市场份额%	全球乐器市场排名	2013年人口	国民生产总值（百万美元）	人均国民生产总值（美元）	10年年均增长率%	国民平均年龄
美国	6810000000	2.10	21.36	40.60	1	318892103	16720	52432	2.80	37.6
日本	2190000000	0.90	17.23	13.00	2	127103388	4729	37.21	0.90	46.1
中国大陆	1275000000	8.20	0.94	7.50	3	1355692576	13390	9877	7.80	36.7
德国	985000000	-1.50	12.16	5.80	4	80996685	3227	39841	3.00	46.1
加拿大	738000000	1.00	21.19	4.40	5	34834841	1518	43577	2.70	41.7
法国	728000000	-4.80	10.99	4.30	6	66259012	2276	34350	0.90	40.9
英国	533000000	0.90	8.36	3.20	7	63742977	2387	37447	1.00	40.4
意大利	390000000	-2.70	6.32	2.30	8	61680122	1805	29264	0.00	44.5
澳大利亚	369000000	1.10	16.39	2.20	9	22507617	998	44354	2.70	38.3
韩国	290000000	0.30	5.94	1.70	10	49039986	1666	33972	3.80	40.2
巴西	295000000	1.00	1.46	1.70	11	202656788	2416	11922	7.00	30.7
俄罗斯	220000000	0.50	1.54	1.30	12	142470272	2553	17920	1.90	38.9
墨西哥	185000000	9.50	1.54	1.10	13	120286655	1845	15338	4.70	27.3
荷兰	179000000	0.60	10.61	1.10	14	16877351	700	41458	1.90	39.1
比利时	155000000	-0.60	14.83	0.90	15	10449361	422	40357	1.50	43.1
中国香港	139000000	3.00	19.54	0.80	16	7112688	381	53608	5.80	43.2
瑞士	135000000	3.10	16.75	0.80	17	8061516	371	46046	3.30	42
中国台湾	104000000	1.00	4.45	0.60	18	23359928	926	39658	4.90	39.2
西班牙	99500000	-4.30	2.08	0.60	19	47737941	1389	29096	-1.30	41.6
印度	98000000	4.80	0.08	0.60	20	1236344631	4990	4036	5.00	27
瑞典	94000000	-1.60	9.67	0.60	21	9723809	394	40499	2.80	41.2

国家和地区	2013年乐器销售额（美元）	同比%	人均乐器消费额（美元）	占全球乐器市场份额%	全球乐器市场排名	2013年人口	国民生产总值（百万美元）	人均国民生产总值（美元）	10年年均增长率%	国民平均年龄
奥地利	91000000	-0.50	11.07	0.50	22	8223062	361	43901	1.10	44.3
丹麦	81000000	-1.80	14.54	0.50	23	5569077	211	37942	2.10	41.6
阿根廷	79000000	-11.20	1.84	0.50	24	43024374	771	17920	4.00	31.2
菲律宾	77000000	-3.10	0.72	0.50	25	107668230	454	4219	5.00	23.5
芬兰	76000000	4.30	14.42	0.40	26	5268799	196	37105	2.80	43.2
挪威	74000000	0.70	14.38	0.40	27	5147792	282	54820	2.80	39.1
波兰	54000000	-1.60	1.41	0.30	29	38346279	814	21228	4.20	39.5
新加坡	59000000	3.50	10.60	0.30	29	5567301	339	60891	6.00	33.8
以色列	52500000	0.00	6.71	0.30	30	7821850	273	34928	3.90	29.9
智利	45000000	4.70	2.59	0.30	32	17363894	335	19316	5.30	33.3
哥伦比亚	34500000	4.50	0.75	0.20	33	46245297	527	11385	2.70	28.9
捷克共和国	46000000	-1.10	1.33	0.30	34	10627448	286	26874	2.00	40.9
印度尼西亚	29500000	2.10	0.12	0.20	34	253609643	1285	5067	3.90	29.2
爱尔兰	27500000	2.30	5.69	0.20	35	4832765	190	39398	1.10	35.7
土耳其	26500000	-1.90	0.32	0.20	36	81619392	1167	14298	4.90	29.6
葡萄牙	17500000	-7.90	1.62	0.10	37	10813834	243	22499	-1.00	41.1
希腊	14800000	4.20	1.37	0.10	38	10775557	267	24788	-5.00	43.5
委内瑞拉	14500000	-43.10	0.50	0.10	39	28868486	407	14112	-2.00	26.9

2013年全球乐器与音响制品行业225强综述

追溯全球乐器行业近十年来的发展，可谓是跌宕起伏，面临诸多变数。从2004年至2007年，全球乐器行业发展态势良好，景气指数不断上升。然而，2008年美国金融危机的爆发，使美国包括通用汽车、福特汽车、克莱斯勒三大汽车公司等实体经济受到很大的冲击，实体产业危在旦夕。而就在那时，大家还沾沾自喜乐器行业内的“口红效应”时，乐器行业遭遇近十年来最为猛烈的一击，销售收入及从业人员总数都大幅下降，全球范围内的经济危机已渗入到乐器行业之中。然而，值得庆幸的是，随着包括中国在内的新兴国家，音乐人口不断扩大，加上政府对文化产业的大力扶持，笼罩在乐器行业上空的阴霾很快就开始退却，经历过2009年的谷底后，2010年乐器行业开始复苏，全球各大乐器企业都看准了中国这块“肥肉”，纷纷将生产基地转向了劳动力和原材料低廉的中国。但好景不长，随着中国经济的快速发展，劳动力和原材料成本不断攀升，市场竞争愈发激烈，行业发展再次遭遇瓶颈。2012年又开始小幅下挫。

纵观2013年，全球工业生产和贸易疲弱，价格水平回落，国际金融市场持续波动，世界经济增速继续小幅回落。其中，发达国家增长动力略有增强，发展中国家困难增多。2013年，美国经济增长1.9%，比上年放缓0.9个百分点；日本经济增长1.6%，比上年加快0.2个百分点；欧元区经济下降0.4%，降幅比上年扩大0.2个百分点；俄罗斯、印度和南非经济增长1.6%、4.7%和1.9%，增速分别比上年放缓1.9、0.3和0.6个百分点；巴西经济增长2.4%，比上年加快1.4个百分点。

在国际经济运行大环境的影响下，尽管包括中国、巴西在内的新兴市场需求不断扩大，但乐器市场受到全球经济萧条、人口结构变化、国家政策倾向等因素的影响而起伏不定，乐器行业仍处于艰难且复杂的大环境中。从各项经济指标来看，整体运行将显得有点“闷”，行业复苏劲头虽略显不足，但也遏制了行业的继续下滑。欣喜的是，三大经济体中美国、欧元区居民消费略有起色。

最新出版的美国《音乐贸易》杂志2014年第12期公布了2013年全球乐器与音响制品行业225强榜单（以下简称225强）。对于乐器行业来说，单从数据表现上看市场还算平稳，全年225强销售收入194亿美元，较2012年增长1.3%，员工总数共计115472人，同比略降0.63%。

2013年的225强分别来自全球29个国家和地区，其中，17个国家和地区销售收入较2012年有所增长，其中包括智利、比利时和墨西哥的涨幅超过两位数。2013年225强榜单中共有10家企业首次入榜，其中5家来自日本，德国、英国和比利时分别增加1家。

今年的榜单较以往变化不大，雅马哈、罗兰、Sennheiser、Gibson、Fender等行业大腕儿依旧盘踞榜单“Top 10”，而且不出意外的话，在可预见的今后几年中，他们还会稳居于此。Yamaha公司以37.55亿美元仍盘踞榜单第一，Roland公司再次夺回榜单第二的位次。十强的位次略有调整，Gibson公司再次以较好的成绩攀升至榜单第四位；Music Group挺进十强。榜单前十位中除了德国Sennheiser Electronic公司外，其余仍则被日本和美国所平分。

与此同时，任何一家公司都想把市场拓展到世界范围内，然而事实上，行业内的顶级品牌的分布并不均衡，只有少数国家能够拥有。榜单中，日本公司共同创造66.15亿美元的销售收入，比增长0.34%，成为榜单中所占比重最大的国家，世界上最大的乐器制造商雅马哈公司功不可没，当然，Roland、Korg，Pearl，Hoshino以及Zoom公司也付出很多努力。但从数据来看，2013年日本入榜企业数增加了5家，但销售收入却仅增长0.34%，基本持平。究其原因，日本当局更激进宽松货币政策使得日元走势承压，日元继续维持疲软势态，因此，日本乐器行业的发展有待观望。排在第二的是美国，

入榜的81家，同比减少4家，销售收入61.36亿美元，增长2.46%；德国以19家入榜18.23亿美元位居第三；快速增长的中国大陆企业共计20家入榜，销售收入总计9.00亿美元，位居第四。排在225强榜单销售收入前十位的国家及地区排序同于2012年，分别为：日本、美国、德国、中国大陆、中国香港、中国台湾、加拿大、韩国、法国、意大利。

2013全球乐器225强榜单中，包括中国台湾和中国香港在内的中国企业共有33家入选，其中中国大陆20家，中国香港4家，中国台湾9家。销售收入共计21.73亿美元，同比增长1.45%，员工数共计35366人，同比继续减少，下降5.05%。中国香港7.66亿美元，增长0.09%，员工总数7600名，增长3.05%；中国台湾5.06亿美元，继续下降，降幅3.25%，员工总数4681名，减少8.75%。榜单中，中国大陆企业销售收入9.00亿美元，增长5.57%，员工总数23085名，减少6.69%，近一半的企业员工总数有不同幅度的减少。说明中国乐器制造业不断优化生产设备，自动化程度提高直接导致了人员需求减少。

“跨国公司”这个术语通常用来表述石油寡头、汽车制造企业以及IBM、Intel等高科技公司。然而，我们粗略看一下榜单，榜单中已有相当一部分乐器企业已步入“跨国公司”这个领域。以行业的龙头老大雅马哈公司为例，产品生产线分布在日本、中国和印度尼西亚，其软件公司和研发中心又设在了法国和德国，其经销商那更是遍布世界各地。Gibson也是如此，在美国、中国以及日本都有其生产线。这种跨国现象不仅出现在榜单前十的企业中，排在榜单87位的Music People也是如此。

2013年列入统计的国家和地区乐器市场销售收入共计169亿美元，但225强榜单中各企业的销售收入共计192亿美元，两者相差较大。造成误差的其中一个原因就是将非乐器收入也统计在榜单中。另一个原因则是销售收入的重复计算。以金山集团为例，2013年公司销售收入共计超过2.3亿美元，其收益的大部分来自于旗下生产的产品，这其中相当一部分产品又被榜单中其他企业进行再销售，最终，这两次销售的收入均被统计在225强的总销售收入中，造成数据的重复计算。再如，Ibanez吉他的销售收入被计算在Ibanez公司的年度销售收入之中，但同时也被计算在榜单中包括Hoshino公司在内的其他几家经销Ibanez吉他的经销商的销售收入之中，造成重复计算。《音乐贸易》杂志表示，统计工作中因重复计算大约会增加35%的总销售收入。

关于225强榜单统计过程中的一些问题，《音乐贸易》杂志给出了解释。榜单中一部分企业主营业务不同于传统乐器行业的概念，或者说毫不相干。例如，Shure公司生产通讯设备、家用音响、话筒、混音器、数字信号处理器等领域；Roland还生产专业的电脑打印机；QSC为影院音响设备提供扩音器；Yamaha生产了很多家用电器。在进行榜单统计时，尽可能不把非乐器产品的销售收入计算在内，但如果不能精确区分出非乐器销售收入，则只能将其全部计算在内。GaragBand软件自2005年问世以来，苹果公司预计出售了4000万套多轨录音系统。然而，GarageBand创造的收入很难被量化，并且音乐相关软件也不是苹果公司的核心产品，因此，没有将苹果公司纳入统计之列。作为DJ设备的龙头企业，Pioneer和Denon公司理论上是应该列入榜单的，但由于DJ设备的收入和很多甚至几十亿美元的非音响产品捆绑在一起，因此，很难确认其准确的收入数据。简言之，统计工作已尽可能获取所有的销售数据，缺乏数据时，只能就此略过。

关于225强榜单的统计工作有几点需要告知：首先，该榜单统计的数据是根据2013年度或最后一个财政年度各企业的报表或评估。其次，统计的数据来源于不同渠道：榜单中有20家上市公司，它们的销售情况有案可查。一些欧洲公司尤其是法国、英国和意大利的公司，公告使我们能够获取详细的销售数据。如果没有公告的公司，我们则参考企业提交的数据以及相关协会提供的数据，进行综合评估汇总统计。为了便于比较，销售数据均以2013年12月31日的汇率转换为美元后进行统计和计算。

（高　萍　编译自美国《音乐贸易》2014年第12期）

中国大陆乐器企业进入2013年全球乐器与音响制品225强基本情况

排名	公司名称	销售收入（美元）			员工数			负责人
		2013年	2012年	同比	2013年	2012年	同比	
16	广州珠江钢琴集团股份有限公司	230200000	214200000	7.47	3650	3550	2.82	李建宁
35	北京星海钢琴集团有限公司	105000000	97000000	8.25	2800	3900	-28.21	祝宁伟
36	宁波音王集团有限公司	103000000	98000000	5.10	2400	2300	4.35	王祥贵
60	宁波海伦乐器制品有限公司	55200000	49100000	12.42	900	860	4.65	陈海伦
74	上海知音琴行有限公司	48950000	45500000	7.58	300	290	3.45	朱文玉
88	天津津宝乐器有限公司	40750000	42500000	-4.12	2500	2700	-7.41	刘运斌
89	河北金音乐器制造有限公司	40000000	38250000	4.58	2300	2600	-11.54	陈学孔
98	吟飞电子（上海）有限公司	37250000	38000000	-1.97	1000	1000	0.00	范廷国
101	天津金雅佳乐器有限公司	34900000	34000000	2.65	225	335	-32.84	侯新宇
125	深圳市蔚科电子科技开发有限公司	24400000	21300000	14.55	400	400	0.00	徐建
126	深圳市帕思高电子有限公司	24300000	23250000	4.52	150	125	20.00	林俊杰
139	广州红棉吉它有限公司	22000000	21500000	2.33	850	825	3.03	何志强
140	广东四会市华声乐器有限公司	21750000	20100000	8.21	1700	1800	-5.56	黄炳金
151	泰兴凤灵乐器有限公司	19100000	19000000	0.53	1350	1300	3.85	李书
155	武汉艾立卡电子有限公司	17811901	17583000	1.30	210	300	-30.00	张琳
157	秋长全丰音乐用品厂	17200000	17860000	-3.70	650	700	-7.14	蔡经纬
164	乐盟国际股份有限公司	16150000	15750000	2.54	50	46	8.70	蔡志强
168	广州保嘉乐器制造厂有限公司	15800000	15100000	4.64	1100	1200	-8.33	邢宝嘉
174	聊城山石麦尔乐器有限公司	14500000	13800000	5.07	250	250	0.00	刘树广
195	广州市大铃乐器制造有限公司	11900000	10900000	9.17	300	260	15.38	N/A

中国香港乐器企业进入2013年全球乐器与音响制品225强基本情况

排名	公司名称	销售收入（美元）			员工数			负责人
		2013年	2012年	同比	2013年	2012年	同比	
11	柏斯琴行有限公司	308000000	281580000	9.38	4500	4200	7.14	吴天延
15	金山工业公司	238452000	245420000	-2.84	1450	1450	0.00	罗仲荣
29	通利琴行有限公司	135000000	135000000	0.00	450	450	0.00	李敬章
43	得理电子有限公司	85000000	87000000	-2.30	1200	1100	9.09	郑荃文

中国台湾乐器企业进入2013年全球乐器与音响制品225强基本情况

排名	公司名称	销售收入（美元）			员工数			负责人
		2013年	2012年	同比	2013年	2012年	同比	
12	功学社乐器股份有限公司	300000000	310000000	-3.23	3700	3800	-2.63	梁钦贵

59	全域股份有限公司	55500000	56740000	-2.19	225	225	0.00	王敏烈
69	宏寰贸易股份有限公司	50750000	51850000	-2.12	55	55	0.00	陈少宏
99	高琳乐器制造有限公司	36500000	38500000	-5.19	75	75	0.00	吴懋仁
131	GRAND GLOBE鼓厂	23000000	24500000	-6.12	46	395	-88.35	Tony Huang
193	ANGEL实业公司	12125000	13300000	-8.83	125	130	-3.85	Frank Yang
204	国巧乐器木器厂	10500000	10750000	-2.33	300	300	0.00	蔡经茂
213	ELEDER AUDIO	9550000	9400000	1.60	80	75	6.67	Yao Rui
222	TAY-E COMPANY LTD.	8850000	8750000	1.14	75	75	0.00	Chen EII Chiang

2013年全球乐器与音响制品225强概况

排名		国家和地区	公司数量		员工数			销售收入（美元）		
2013年	2012年		2013年	2012年	2013年	2012年	同比	2013年	2012年	同比
1	1	日本	29	24	29477	28802	2.34	6615467634	6592988221	0.34
2	2	美国	81	85	24160	23626	2.26	6136565400	5989371932	2.46
3	3	德国	19	18	9158	9070	0.97	1828317000	1793784000	1.93
4	4	中国大陆	20	20	23085	24741	-6.69	900161901	852693000	5.57
5	5	中国香港	4	5	7600	7375	3.05	766452000	765750000	0.09
6	6	中国台湾	9	9	4681	5130	-8.75	506775000	523790000	-3.25
7	7	加拿大	6	6	1505	1408	6.89	487952000	484650000	0.68
8	8	韩国	6	6	8081	8116	-0.43	367950000	362525000	1.50
9	9	法国	3	3	1470	1470	0.00	248501000	252900000	-1.74
10	10	意大利	7	7	675	560	20.54	236200000	241901000	-2.36
11	15	英国	8	7	602	862	-30.16	208237420	189575000	9.84
12	12	巴西	4	4	783	783	0.00	193468300	201580000	-4.02
13	11	瑞典	3	4	564	578	-2.42	193000000	202424000	-4.66
14	14	丹麦	1	1	415	410	1.22	151000000	145000000	4.14
15	16	俄罗斯	5	5	578	565	2.30	99018000	101075000	-2.04
16	17	瑞士	1	2	330	400	-17.50	81500000	90500000	-9.94
17	18	阿根廷	2	2	135	155	-12.90	77150000	81075000	-4.84
18	13	澳大利亚	3	3	135	143	-5.59	65853000	65890008	-0.06
19	19	比利时	2	1	144	134	7.46	58830000	46000000	27.89
20	20	西班牙	3	3	259	248	4.44	39841543	41270000	-3.46
21	21	菲律宾	1	1	280	280	0.00	34200000	35000000	-2.29
22	22	墨西哥	1	1	130	125	4.00	32500000	29500000	10.17
23	26	智利	1	1	100	100	0.00	28200000	14900000	89.26

24	23	以色列	1	1	120	120	0.00	25400000	25000000	1.60
25	24	印度	1	1	580	570	1.75	19000000	18660000	1.82
26	25	奥地利	1	2	190	210	-9.52	16500000	25200000	-34.52
27	27	波兰	1	1	35	35	0.00	14700000	14600000	0.68
28	28	泰国	1	1	175	166	5.42	14350000	14100000	1.77
29	29	挪威	1	1	25	25	0.00	13150000	12900000	1.94
合计					115472	116207	-0.63	19460240198	19214602161	1.28

2013年全球乐器与音响制品225强榜单

排名		公司名称	2013年销售收入（美元）	2013年员工数	负责人	国家和地区
2013年	2012年					
1	1	YAMAHA CORPORATION	3755676000	19851	Takuya Nakata	JAPAN
2	3	ROLAND CORPORATION	783600000	2750	Junichi Miki	JAPAN
3	2	SENNHEISER ELECTRONIC	738000000	2350	Jorg Sennheiser	GERMANY
4	7	GIBSON BRANDS CORP.	735679000	3400	Henry E. Juskiewicz	USA
5	4	FENDER MUSICAL INSTRUMENTS	677300000	2850	Scott Peterson	USA
6	5	HARMAN PROFESSIONAL	672805000	2066	Blake Augsburger	USA
7	6	KAWAI MUSICAL INSTRUMENTS MFG. Co.,LTD.	536341000	2825	Hirotaka Kawai	JAPAN
8	8	SHURE INC.	462000000	2350	Sandy LaMantia	USA
9	9	STEINWAY MUSICAL INSTRUMENTS	373600000	1750	Michael Sweeney	USA
10	11	MUSIC GROUP	340000000	3700	Uli Behringer	GERMANY
11	15	柏斯琴行有限公司	308000000	4500	吴天延	中国香港
12	10	功学社乐器股份有限公司	300000000	3700	梁钦贵	中国台湾
13	14	INMUSIC BRANDS (Akai,Alesis,Numark,M-Audio)	296495000	352	Jack O'Donnell	USA
14	13	JAM INDUSTRIES	285000000	540	Martin Azpiro	CANADA
15	16	金山工业公司	238452000	1450	罗仲荣	中国香港
16	17	广州珠江钢琴集团股份有限公司	230200000	3650	李建宁	中国大陆
17	12	AUDIO-TECHNICA CORPORATION	213290000	550	Kazuo Matsushita	JAPAN
18	19	CASIO COMPUTER CO.,LTD.	195000000	N/A	Kazuo Kashio	JAPAN
19	22	LOUD TECHNOLOGIES	185000000	203	Mark Graham	USA
20	31	QSC AUDIO	180000000	405	Joe Pham	USA
21	23	HAL LEONARD CORPORATION	173060000	420	Keith Mardak	USA
22	21	KORG, INC.	173000000	285	Seiki Kato	JAPAN
23	24	D'ADDARIO & COMPANY	169000000	1156	James D'Addario	USA
24	20	PEAVEY ELECTRONICS CORP.	155000000	385	Hartley Peavey	USA

排名		公司名称	2013年销售收入（美元）	2013年员工数	负责人	国家和地区
2013年	2012年					
25	26	TCI GROUP	151000000	415	Anders Fauerskov	DENMARK
26	25	ESP CO., LTD.	150000000	825	Hisatake Shibuva	JAPAN
27	27	MRH/LUTHMAN/4SOUND	136000000	400	Peo Persson	SWEDEN
28	18	AVID AUDIO (division of Avid Technology)	135200000	320	Louis Hernandez Jr.	USA
29	28	通利琴行有限公司	135000000	450	李敬章	中国香港
30	32	YOUNG CHANG	115000000	2500	Chang-Hwan,Suh	SOUTH KOREA
31	33	MARTIN GUITAR COMPANY	114367400	992	C.F. Martin IV	USA
32	29	HOSHINO GAKKI CO., LTD.	113000000	130	Toshitsugu Tanaka	JAPAN
33	N	NATIVE INSTRUMENTS GMBH	110000000	400	Daniel Haver	JAPAN
34	30	ALGAM	107251000	220	Gerard Garneier	FRANCE
35	35	北京星海钢琴集团有限公司	105000000	2800	祝宁伟	中国大陆
36	34	宁波音王集团有限公司	103000000	2400	王祥贵	中国大陆
37	36	SAMICK MUSICAL INSTRUMENTS CO., LTD.	99100000	2950	Jong Sup Kim	SOUTH KOREA
38	42	GEWA MUSIC GMBH	97705000	250	Hans Peter Messener	GERMANY
39	38	TAYLOR GUITAR	97300000	830	Kurt Listug	USA
40	37	SAMSON TECHNOLOGIES CORP.	95000000	130	Jack Knight	USA
41	40	BUFFET GROUP	93250000	800	Jerome Perrod	FRANCE
42	39	HOHNER MUSIK INSTRUMENTE GMBH&CO.KG	93150000	315	Clay Edwards	GERMANY
43	41	得理电子有限公司	85000000	1200	郑荃文	中国香港
44	45	MUSIK HUG AG	81500000	330	Erica Hug	SWITZERLAND
45	47	MUSIK MEYER GROUP	76680000	195	Matthias Meyer	GERMANY
46	44	PRO SHOWS	73468300	73	H.Martellotta & V.de Souza	BRAZIL
47	84	KONIG & MEYER	71041000	270	Gabriela Konig	GERMANY
48	52	YORKVILLE SOUND	70795000	240	Steve Long	CANADA
49	49	ERNIE BALL / MUSIC MAN	70000000	355	Sterling Ball	USA
50	51	ALFRED MUSIC PUBLISHING	68600000	266	Ron Manus	USA
51	48	CORT MUSICAL INSTRUMENT CO., LTD.	67000000	2400	Young H. Park	SOUTH KOREA
52	43	PEARL MUSICAL INSTRUMENTS CO., LTD.	65000000	550	M. Yanagisawa	JAPAN
53	54	HERMES MUSIC	63000000	215	Alberto Kreimerman	USA
54	53	ROLAND MEINL MUSIKINSTRUMENTE GMBH	60500000	200	Reinhold Meinl	GERMANY
55	50	LINE 6	60093000	231	Paul Foeckler	USA
56	60	ADAM HALL GMBH	59879000	130	David John Kirby	GERMANY

排名		公司名称	2013年销售收入（美元）	2013年员工数	负责人	国家和地区
2013年	2012年					
57	56	PROEL SPA	59750000	120	Fabrizio Sorbi	ITALY
58	63	FOCUSRITE AUDIO ENGINEERING LTD.	58936000	115	Phil Dudderidge	U.K.
59	59	全域股份有限公司	55500000	225	王敏烈	中国台湾
60	73	宁波海伦乐器制品有限公司	55200000	900	陈海伦	中国大陆
61	72	COSMOS CORP.	55000000	86	Kwankil Min	SOUTH KOREA
62	68	GODIN GUITAR COMPANY	54000000	400	Robert Godin	CANADA
63	57	THE RAPCO HORIZON COMPANY	53500000	536	Dale Williams	USA
64	70	AMERICAN D.J.	53000000	69	Charles Davies	USA
65	58	BEYERDYNAMIC	52530000	210	Fred R. Beyer	GERMANY
66	61	PRESONUS AUDIO ELECTRONICS	52143000	126	Jim Mack	USA
67	67	STAMER GROUP	52000000	170	Hans & Lothar Stamer	GERMANY
68	55	KYORITSU CORP.	50911000	100	Shinichi Suzuki	JAPAN
69	66	宏寰贸易股份有限公司	50750000	55	陈少宏	中国台湾
70	74	SKB CORPORATION	50500000	275	Dave Sanderson	USA
71	71	GIANNINI S/A	50250000	500	Roberto Giannini	BRAZIL
72	80	EMD MUSIC GROUP	49225000	132	Leonardo Baldocci	BELGIUM
73	64	ZOOM CORPORATION	49000000	65	Masahiro Lijima	JAPAN
74	82	上海知音琴行有限公司	48950000	300	朱文玉	中国大陆
75	76	EKO MUSIC GROUP SPA	46500000	70	Stelvio Lorenzetti	ITALY
76	78	HENRI SELMER, ET CIE	48000000	450	Brigitte Selmer	FRANCE
77	69	TROPICAL MUSIC GROUP	46250000	21	Oscar Mederos	USA
78	81	KANDA SHOKAI CORPORATION	45150000	80	Tsutomu Yokoyama	JAPAN
79	75	AVEDIS ZILDJIAN COMPANY	46100000	103	Craigie Zildjian	USA
80	85	NONAKA BOEKI CO., LTD.	45000000	95	John Nonaka	JAPAN
81	79	MONZINO SPA	44750000	100	Antonio Monzino	ITALY
82	83	REM0, INC.	42500000	137	Brock Kaericher	USA
83	90	A&T TRADE	42400000	375	Aleksey Kurochkin	RUSSIA
84	88	SF MARKETING	42000000	123	Sol Fleising	CANADA
85	92	HANSER MUSIC GROUP	41636000	72	Gary Hanser	USA
86	62	ZEN-ON MUSIC CO., LTD.	41600000	120	Noriyuki Honma	JAPAN
87	91	THE MUSIC PEOPLE	41000000	61	James Hennessey	USA
88	89	天津津宝乐器有限公司	40750000	2500	刘运斌	中国大陆
89	96	河北金音乐器制造有限公司	40000000	2300	陈学孔	中国大陆
90	77	C.BECHSTEIN PIANO FORTEFABRIK AG	39790000	315	Karl Schulze	GERMANY

排名		公司名称	2013年销售收入（美元）	2013年员工数	负责人	国家和地区
2013年	2012年					
91	100	TEVELAM S.R.L,	39650000	60	H.Leonardo Martellotta	ARGENTINA
92	94	MARSHALL AMPLIFICATION PLC	39331000	175	Jonathan Ellery	U.K
93	65	FUJIGEN INC.	38775000	160	Yuichiro Yokouchi	JAPAN
94	93	ROYAL INSTRUMENTS	38750000	140	Rene Moura	BRAZIL
95	99	DUNLOP MFG.	38500000	248	James Dunlop	USA
96	108	WARWICK GMBH & CO.-MUSIC EQUIPMENT	37805000	68	Hans-Peter Wilfer	GERMANY
97	86	TODOMUSICA S.A.	37500000	75	Rafael Pedace	ARGENTINA
98	97	吟飞电子（上海）有限公司	37250000	1000	范廷国	中国大陆
99	95	高琳乐器制造有限公司	36500000	75	吴懋仁	中国台湾
100	103	PAUL REED SMITH GUITARS	35000000	230	Paul Reed Smith	USA
101	104	天津金雅佳乐器有限公司	34900000	225	侯新宇	中国大陆
102	101	G.A. YUPANGCO & CO.	34200000	280	Philip Yupangco	PHILIPPINES
103	102	EM NORDIC AB	34100000	100	Benny Englund	SWEDEN
104	105	VIC FIRTH, INC.	33300000	160	Vic Firth	USA
105	110	CASA VEERKAMP S.A. DE C.V.	32500000	130	Thomas Veerkamp	MEXICO
106	87	SUZUKI MUSICAL INSTRUMENT MFG. CO.,LTD.	32398000	180	Manji Suzuki	JAPAN
107	106	MOGAR MUSIC S.P.A.	31750000	155	Massimo Barbini	ITALY
108	119	BLUE MICORPHONES	31046000	40	John Maier	USA
109	109	PRIDE MUSIC	31000000	70	Lucio Grossman	BRAZIL
110	111	EASTMAN MUSIC COMPANY	29500000	78	Qian Ni	USA
111	129	HHB COMMUNICATIONS LTD.	28572000	55	lan Jones	U.K.
112	116	DRUM WORKSHOP, INC.	28500000	131	Chris Lombardi	USA
113	175	AUDIOMUSICA S.A.	28200000	100	Armando Gotelli	CHILE
114	98	ARAI & CO., INC.	27769800	50	Kazuyuki Matsuda	JAPAN
115	N	TAKEMOTO PIANO CO.,LTD.	27769000	75	Koichi Takemoto	JAPAN
116	113	ELECTRO-HARMONIX	27000000	90	Mike Matthews	USA
117	115	GHS / R0CKTRON	26500000	90	Hitoshi Ohashi	USA
118	112	HARRIS TELLER INC.	25831000	58	Mike Harris	USA
119	120	PRIMA GAKKI CO., LTD.	25600000	30	Hitoshi Ohashi	JAPAN
120	121	TKL PRODUCTS CORPORATION	25500000	80	Thomas Dougherty	USA
121	122	RBX INTERNATIONAL CO.LTD.	25400000	120	Yoel Brand	ISRAEL
122	117	EMINENCE SPEAKER LLC.	25000000	134	Chris Rose	USA
123	114	SABIAN LTD.	24957000	125	Andy Zildjian	CANADA
124	133	ST.LOUIS MUSIC	24500000	47	Mark Ragin	USA
125	136	深圳市蔚科电子科技开发有限公司	24400000	400	徐建	中国大陆

排名		公司名称	2013年销售收入（美元）	2013年员工数	负责人	国家和地区
2013年	2012年					
126	132	深圳市帕思高电子有限公司	24300000	150	林俊杰	中国大陆
127	127	M. CASALE BAUER SPA	23700000	25	Patrizia Bauer	ITALY
128	118	MORIDAIRA MUSICAL INSTRUMENTS CO., LTD.	23350000	47	Tamio Minagawa	JAPAN
129	124	CMI MUSIC&AUDIO	23258000	39	Peter Trojkovic	AUSTRALIA
130	130	WILHELM SCHIMMEL PIANOFORTEFABRIK GMBH	23225000	170	H. Schimmel Vogel	GERMANY
131	125	GRAND GLOBE鼓厂	23000000	46	Tony Huang	中国台湾
132	128	ARMADILLO ENTERPRISES	22952000	30	Elliott Rubinson	USA
133	140	CLAVIA DIGITAL MUSIC INSTRUMENTS	22900000	64	Hans Nordelius	SWEDEN
134	123	FISHMAN TRANDUCERS	22764000	45	Larry Fishman	USA
135	131	SHIMRO CO.,LTD.	22700000	45	Won Jung Kim	SOUTH KOREA
136	126	M AND M MERCHANDISERS, INC.	22500000	66	Marty Stenzler	USA
137	N	GLOBAL & CO.,INC.	22215000	55	Kazu Matsuda	JAPAN
138	134	AUSTRALIS MUSIC GROUP PTY. LTD.	22100000	38	Trevor Morrow	AUSTRALIA
139	135	广州红棉吉它有限公司	22000000	850	何志强	中国大陆
140	142	广东四会市华声乐器有限公司	21750000	1700	黄炳金	中国大陆
141	146	THE MUSIC LINK	21500000	37	Steve Patrino	USA
142	143	SOUND TECHNOLOGY PLC	21239000	41	David Marshall	U.K.
143	107	TAKAMINE GUITARS, LTD.	21100000	73	Hayami Tate	JAPAN
144	145	UNIVERSAL AUDIO	21000000	112	Bill Putnam Jr.	USA
145	147	AUSTRALASIAN MUSIC SUPPLIES PTY, LTD	20495000	58	Kevin Hague	AUSTRALIA
146	138	MAPES PLANO STRING COMPANY	20447000	122	William L. Schaff	USA
147	141	WHIRLWIND MUSIC DISTRIBUTORS,INC.	20000000	103	Michael Laiacona	USA
148	N	PIRASTRO GMBH	19575000	155	Annette Muller-Zierach	GERMANY
149	160	ORANCE MUSIC ELECTRONIC COMPANY	19433000	65	Clifford Cooper	U.K.
150	161	LTM MUSIC	19250000	58	Victor Yakubovskiy	RUSSIA
151	149	泰兴凤灵乐器有限公司	19100000	1350	李书	中国大陆
152	151	SARA-TRANS GROUP	19000000	580	Jasbeer Singh	INDIA
153	155	DANSR INC.	18500000	25	Michael Skinner	USA
154	153	EQUIPSON S.A.	18200000	52	Jose Vila Ortiz	SPAIN
155	157	武汉艾立卡电子有限公司	17811901	210	张琳	中国大陆
156	152	ABLETON AG	17362000	150	Gerhard Behles	GERMANY
157	156	秋长全丰音乐用品厂	17200000	650	蔡经纬	中国大陆

排名		公司名称	2013年销售收入（美元）	2013年员工数	负责人	国家和地区
2013年	2012年					
158	164	RENNER,LOUIS GMBH	17100000	260	Clemens von Arnim	GERMANY
159	154	RANE CORPORATION	17000000	96	George Sheppard	USA
160	139	PIANODISC	16650000	147	Gary& Kirk Burgett	USA
161	165	THOMASTIK-INFELD GMBH	16500000	190	Peter Infeld	AUSTRIA
162	180	CORDOBA MUSIC GROUP	16410000	31	Tim Miklaucic	USA
163	137	SCHECTER GUITAR RESEARCH	16250000	48	Michael Ciravolo	USA
164	167	乐盟国际股份有限公司	16150000	50	蔡志强	中国大陆
165	166	ALLEN ORGAN COMPANY,LLC	16000000	173	Steve Markowitz	USA
166	159	CARVIN CORP.	15987000	107	Carson Kieset	USA
167	148	JOHN HORNBY SKEWES & COMPANY LTD.	15855000	75	Dennis Drumm	U.K.
168	172	广州保嘉乐器制造厂有限公司	15800000	1100	邢宝嘉	中国大陆
169	168	CONNOLLY MUSIC COMPANY	15200000	25	John M. Connolly III	USA
170	169	COMMUNITY PROFESSIONAL	15150000	80	Bruce Howze	USA
171	176	FATAR S.R.L.	15000000	100	L.Ragoni	ITALY
172	171	VISCOUNT INTERNATIONAL	14750000	105	Loriana Galanti	ITALY
173	177	MEGA MUSIC SP. Z.O.O.	14700000	35	Dariusz Adamowicz	POLAND
174	184	聊城山石麦尔乐器有限公司	14500000	250	刘树广	中国大陆
175	178	APOGEE ELECTRONICS CORPORATION	14400000	49	Betty Bennett	USA
176	144	ARSENAL MUSIC	14375000	60	Vlasimir Cherepanov	RUSSIA
177	181	TYCOON MUSIC CO.,LTD.	14350000	175	Stephen Yu	THAILAND
178	150	FERNANDES CO., LTD	13884000	18	Shigeki Saito	JAPAN
179	N	BLACKSTAR AMPLIFICATION LTD.	13845420	45	Ian Robinson	U.K.
180	N	TATSUNOYA CO.,LTD.	13800000	28	Munehiro Okada	JAPAN
181	189	LUTNER SPB LTD.	13568000	25	Sergey Antonov	RUSSIA
182	183	MESA BOOGIE	13500000	110	Randall Smith	USA
183	158	MURAMATSU INC.	13422000	60	Osamu Muramatsu	JAPAN
184	174	SEYMOUR DUNCAN	13250000	101	Cathy Carter Duncan	USA
185	N	KALA BRAND MUSIC CO.	13200000	38	Mike Upton	USA
186	188	LYDROMMET AS	13150000	25	Christian Wille	NORWAY
187	187	SHADOW ELEKTROAKUSTIK	13100000	125	Joe Marinic	GERMANY
188	179	CHARLES DUMONT & SON	13000000	40	Charles J. Dumont	USA
189	190	NEIL A. KJOS MUSIC COMPANY	12750000	70	Neil A. Kjos. Jr.	USA
190	186	CHESBRO MUSIC	12500000	50	Tana Jane Stahn	USA
191	191	WAVES, INC.	12200000	20	Gilad Keren	USA
192	193	UNIVERSAL PERCUSSION,INC.	12150000	47	Thomas W. Shelley	USA

排名		公司名称	2013年销售收入（美元）	2013年员工数	负责人	国家和地区
2013年	2012年					
193	185	ANGEL实业公司	12125000	125	Frank Yang	中国台湾
194	182	EMG	12000000	89	Robert A. Turner	USA
195	197	广州市大铃乐器制造有限公司	11900000	300	N/A	中国大陆
196	194	KIKUTANI MUSIC CO., LTD.	11516834	25	Toshi Kikutani	JAPAN
197	192	ENRIQUE KELLER S.A	11500000	75	Jorge Keller	SPAIN
198	203	LARRIVEE GUITARS	11200000	77	Jean Larrivee	CANADA
199	170	STENTOR MUSIC CO., LTD.	11026000	31	Michael C. Doughty	U.K.
200	209	IK MULTIMEDIA PRODUCTION	11000000	15	Enrico Iori	USA
201	213	COLLINGS GUITARS	10900000	104	Bill Collings	USA
202	198	PETERSON ELECTRO-MUSICAL PRODUCTS	10800000	40	Scott Peterson	USA
203	223	MOOG MUSIC	10750000	41	Mike Adams	USA
204	199	国巧乐器木器厂	10500000	300	蔡经茂	中国台湾
205	201	LYON & HEALY HARPS	10300000	118	Antonio Forero	USA
206	204	VERNE Q. POWELL FLUTES,INC.	10250000	61	Steven Wasser	USA
207	196	MANUFACTURAS ALHAMBRA, S.L.	10141543	132	Jose Jorge Botella Trelis	SPAIN
208	N	AMI MUSICAL INSTRUMENTS GMBH	10125000	25	Gunther Lutz	GERMANY
209	173	RODGERS INSTRUMENTS CORPORATION	10000000	60	Duane Luhn	USA
210	207	CAE,INC.	9750000	43	Jim Fackert	USA
211	200	MEL BAY PUBLISHING	9650000	50	Bryndon Bay	USA
212	N	ALGAM BENELUX(AB)	9605000	12	Alain Bokken	BELGIUM
213	210	ELEDER AUDIO	9550000	80	Yao Rui	中国台湾
214	208	DEAN MARKLEY STRINGS	9500000	35	Lori Mc Callian	USA
215	211	SLAMI MUSIC COMPANY	9425000	60	Sergey Ivanov	RUSSIA
216	214	MARK OF THE UNICORN	9400000	30	Robert Nathaniel	USA
217	215	EVENTIDE INC.	9350000	54	C.J.Scioscia	USA
218	195	GETZEN COMPANY	9300000	76	Brett Getzen	USA
219	202	CARL FISCHER	9250000	25	Sonya Kim	USA
220	216	LEEM PRODUCTS CO.,LTD.	9150000	100	Ick Chan Leem	SOUTH KOREA
221	217	ITOSHIN MUSICAL INC.	9000000	22	Masaki Ito	JAPAN
222	222	TAY-E COMPANY LTD.	8850000	75	Chen EIl Chiang	中国台湾
223	206	RICKENBACKER INTERNATIONAL	8800000	85	John C. Hall	USA
224	220	MIRAPHONE	8750000	100	Markus Theinert	GERMANY
225	N	GOTOH GUT CO.,LTD.	8300000	28	Masaki Gotoh	JAPAN

海外资讯篇之二：美国乐器市场

2014年美国乐器市场调查报告

中国乐器协会网讯：2014年度，美国音乐制品行业继续从金融危机中复苏，是自2009年以来连续5年保持复苏势头。2014年，美国音乐制品市场零售总额达70.3亿美元，较2013年的68亿美元同比增长3.3%。2014年度，美国GDP增长2.6%，音乐制品行业增幅与总体经济发展步调基本一致。尽管2014年美国乐器零售市场表现较好，但与2005年市场发展的巅峰时期相比仍低了10个百分点。

失业率下降、工资水平提升、消费者信心指数增强，均成为推动美国乐器零售市场增长的重要原因。进一步细致分析，音乐制品行业销售收益分布“冷热不均”（例如，弦鸣乐器及其相关配件占到零售总额的7.3%，而电子乐器制品则下滑4.8%）。

2014年，网络在线营销也是一大市场因人注目的潮流。最受客户青睐的乐器产品，可用“好用、不贵”形容。突飞猛进的网络销售极大地带动了二手乐器市场。尤其是弦乐器在长年使用过程中，音色会变得愈发优雅，从而成为市场上大批爱乐人的热捧产品。ebay等网络巨头参与市场营销，大大增强了乐器选择余地，市场存量迅速放大，为乐器销售带来一股“热浪”。

技术进步推动产品不断创新。英特尔创始人曾提出过著名的“摩尔定律”。他指出，微处理器的速率每两年会翻一倍，与此同时市场价格却会降低。因此，消费者可以更低廉的价格买到更高效的产品；技术创新日新月异，使平板电脑、液晶电视和智能手机性能提高，而其价格却一路走低。“摩尔定律”同样适用于音乐制品行业。2014年，各类电子乐器（键盘拾音器、电子鼓、效果器、功放）、应用软件及微处理器在音乐制品中的估值约为21亿美元，约占行业市值总额的30%。创新和产品价值提升对于推动音乐制品行业是一股巨大动力，随着时间推移，这种作用会表现得愈发显著。

按乐器品种划分，各类乐器销售表现如下：

弦乐器：2014年及配件成为7年来市场表现最佳的乐器门类。弦乐器销售总额为17.6亿美元，同比增长7.3%，一举奠定了吉他在美国乐器市场的销量冠军地位。吉他销售总额达5.059亿美元，同比增长8.3%。声学吉他销量达149万把，同比增长10%。电吉他销量113万把，同比增长2%。

键盘乐器：2014年，钢琴市场无论在销量还是金额上均有所增长。立式钢琴销量增长9.1%，达22083架，零售金额1.1亿美元，增长12.5%。三角钢琴销量降低5.1%，达11268架。数码钢琴135257架，同比增长3.7%，销售金额1.65亿美元，同比增长1.2%。

打击乐器：由于（美国）国内消费热点转移，2014年，打击乐器销售总额3.76亿美元，同比微降0.6%。电声打击乐器销量下降在一定程度上影响了鼓槌、鼓皮及镲片销售。2014年，手鼓等美国多种打击乐器及配件销售有所下滑。

电声乐器：技术开发不断进步，使得电声乐器平均销售价格不断下降。2014年，美国电声音乐制品零售总额2.17亿美元，下滑4.9%。

管风琴：2014年，美国管风琴市场持续下滑，家用管风琴销量仅1450架，销售金额为1330万美元，同比下降3.3%；经销体系不畅、经销商代理意愿不高，市场兴趣转移，成为管风琴销售下滑的主要因素。

便携式键盘：2014年便携式键盘乐器销量100万台，同比增长10.2%；销售金额1.86亿美元，同比增长6.2%。其中高端键盘乐器销量增长5.2%，而入门级便携式键盘销量65.5万台，同比上升13.1%，在一定程度上反映出美国经济复苏势头有所增强。

（常杰 编译自美国《音乐贸易》2015年第4期）

2010～2014年美国吉他市场概况

（单位：把）

	2014年销量	同比%	2013年销量	同比%	2012年销量	同比%	2011年销量	同比%	2010年销量	同比%
声学吉他										
200美元以下	629000	2.80	612000	-2.40	627000	0.60	641000	9.00	588211	13.10
201-500美元	148000	21.30	122000	0.90	120900	-2.50	124000	8.60	114220	-7.40
501-1500美元	123000	28.10	96000	2.10	94000	18.70	79200	18.20	67000	3.90
1500美元以上	40500	19.50	33900	40.10	24200	5.70	22885	15.00	19900	14.60
声学电吉他										
200美元以下	135000	3.10	131000	3.10	127000	-4.00	132300	-2.10	135200	-6.7
201-500美元	237000	11.80	212000	7.60	197000	1.00	195000	11.40	175000	12.80
501-1500美元	142000	18.30	120000	11.40	107750	17.10	92000	14.60	80300	21.80
1500美元以上	44200	22.80	36000	25.70	28650	13.70	25200	20.00	21000	14.80
声学吉他小计	1498700	10.00	1362900	2.70	1326500	2.50	1311585	9.20	1200831	8.20
电吉他										
200美元以下	355000	-5.30	375000	-6.50	401000	-4.10	418250	-2.30	428250	0.70
201-600美元	308000	2.70	300000	-5.70	318000	-4.40	332500	3.90	319877	4.40
601-1250美元	132000	21.10	109000	-8.80	119520	2.90	116200	5.40	110250	-0.90
1251-2000美元	42500	21.40	35000	41.10	24800	24.60	19900	3.40	19250	6.90
2000美元以上	17000	13.30	15000	15.40	13000	16.10	11200	3.50	10820	3.30
空体电吉他										
200-500美元	31200	-6.00	33200	16.40	28520	8.60	26250	-11.90	29800	-13.40
500美元以上	17200	11.00	15500	13.60	13650	6.60	12800	23.60	10355	1.70
电吉他小计	902900	2.30	882700	-3.90	918490	-2.00	937100	0.90	928602	1.40
电贝斯										
250美元以下	105750	-1.20	107000	-5.30	113000	-2.60	116000	-1.90	118233	-6.20
251-500美元	69000	1.50	68000	-6.20	72500	-2.30	74200	-2.50	76122	2.40
501-1000美元	49500	3.10	48000	-11.90	54500	2.40	53200	7.20	49622	11.30
1000美元以上	5100	24.40	4100	-6.80	4400	7.30	4100	5.10	3900	27.00
电贝斯小计	229350	1.00	227100	-7.10	244400	-1.30	247500	-0.20	247877	-0.90
吉他总计	2630950	6.40	2472700	-0.70	2489390	0.40	2496185	5.00	2377310	4.60

2010～2014年美国声学钢琴市场概况

（单位：架）

	2014年销量	同比%	2013年销量	同比	2012年销量	同比%	2011年销量	同比%	2010年销量
按型号划分									
立式钢琴									
44″ 以下′	3932	-0.50	3952	-14.70	4633	-6.70	4966	-20.20	6255
44″ -47″	13042	13.80	11868	-7.30	12796	-16	15225	-4.70	15977
工作室用琴	5109	15.50	4422	-4.70	4641	-11.80	5259	1.60	5177
自动演奏钢琴	345	-15.90	410	3.80	395	-7.10	425	-6.60	455
立式钢琴总计	22428	10.80	20652	-8.10	22465	-13.20	25875	-7.00	27834
三角钢琴									
5′ 以下	1681	-15.40	1987	7.10	1855	-6.20	1977	-19.50	2455
5′ -5′ 5″	3998	-6.50	4277	6.60	4014	4.90	3825	-7.00	4115
5′ 6″ -5′ 10″	1867	-2.00	1905	2.70	1855	-5.60	1966	-11.30	2217
5′ 11″ -6′ 4″	1923	11.30	1727	13.50	1522	-3.40	1575	-6.60	1687
6′ 5″ - 7′ 10″	1075	-3.60	1115	9.70	1016	-4.00	1058	-8.60	1158
7′ 11″ 及以上	724	-15.70	859	-21.00	1088	-5.60	1153	20.70	955
自动演奏钢琴	3557	-1.80	3622	7.00	3385	-6.60	3625	8.00	3357
三角钢琴总计	14825	-4.30	15492	5.10	14735	-2.90	15179	-4.80	15944
声学钢琴总计	37253	4.30	36144	-3.90	37200	-9.40	41054	-6.20	43778
按单价划分									
三角钢琴									
10000美元以下	2755	-3.10	2844	-14.50	3325	3.40	3215	4.80	3067
10000美元以上	12070	-4.60	12648	10.90	11410	-4.60	11964	-7.10	12877
立式钢琴									
4000美元以下	10933	-7.10	11766	-17.60	14277	-12.20	16266	-17.30	19679
4000美元以上	11495	35.60	8886	8.50	8188	-14.80	9609	17.80	8155

2010～2014年美国声学钢琴主要进口来源国

	2014年销量	同比%	2013年销量	同比%	2012年销量	同比%	2011年销量	同比%	2010年销量
立式钢琴									
中国	7188	15.70	6215	-19.90	7758	-24.70	10309	-13.30	11885
印尼	7257	-3.00	7482	33.00	5626	6.30	5292	-18.60	6504
日本	4948	16.00	4266	-5.70	4522	-4.70	4743	11.50	4255
三角钢琴									

中国	3170	-16.90	3815	0.40	3798	-6.20	4048	0.60	4025
印尼	4571	-1.10	4622	11.10	3316	-21.30	4211	-6.70	4515
日本	3570	-0.70	3595	8.40	4162	-10.00	4625	-6.70	4955
美国	1450	20.80	1200	6.70	1125	-19.60	1400	9.80	1275

2014年美国乐器市场零售概览

（金额单位：美元）

年份	销量	同比%	批发额	零售额	同比%	平均单价
			吉 他			
声学吉他						
2014年	1498700	10	454506000	678368000	12.40	453
2013年	1362900	2.70	404141000	603195000	13.30	443
2012年	1326500	1.10	356606194	532248050	10.10	401
2011年	1311585	9.20	323856694	483368200	15.50	369
2010年	1200831	8.20	280455000	418589000	6.90	349
2009年	1109000	-15.77	262253000	391423000	-17.21	353
2008年	1317550	-2.30	312042390	472791500	-8.20	359
2007年	1348000	-9.50	345007000	514936000	-6.10	382
2006年	1490260	-9.70	367438000	548415000	2.20	367
2005年	1651074	2.00	359521000	536599000	10.90	325
电吉他						
2014年	1132250	2.00	338972000	505929000	8.30	447
2013年	1109800	-4.60	312930000	467059000	-0.30	421
2012年	1162890	-3.20	313846814	468428080	3.70	403
2011年	1200831	2.10	302574178	451603250	7.40	381
2010年	1176479	1.10	281675000	420411000	-2.10	357
2009年	1163000	-19.85	287646000	429323000	-24.20	369
2008年	1452100	-4.50	376630464	566361600	-5.90	390
2007年	1520000	1.30	403286000	601920000	6.90	396
2006年	1501000	-9.50	382154000	562875000	-8.30	380
2005年	1658648	-1.50	416735000	621993000	15.40	375
吉他总计						
2014年	2630950	6.40	793479000	1184298000	10.60	450
2013年	2472000	-0.70	717071000	1070254000	7.00	433
2012年	2489390	-0.90	670453007	1000676130	7.00	402
2011年	2512416	5.70	626430872	934971450	11.40	372

年份	销量	同比%	批发额	零售额	同比%	平均单价
2010年	2377310	4.60	562130000	839000000	0.022	353
2009年	2273000	-17.91	549900000	820746000	-0.210	361
2008年	2769650	-3.40	691036812	1039153100	-7.00	375
2007年	2868000	-4.10	748293000	1116856000	0.50	389
2006年	2991260	-9.60	749593000	1111290000	-4.10	372
2005年	3309722	0.20	776256000	1158592000	13.30	350
注1：声学吉他类含班卓琴、曼陀林、冬不拉及其他声学弦乐器，不含夏威夷四弦琴						
注2：电吉他类含电贝斯						
功放						
2014年	775000	-1.60	120900000	186000000	-1.60	240
2013年	788000	-6.60	122920000	189120000	-1.70	240
2012年	8444000	-5.20	125080800	192432000	-11.70	228
2011年	890000	-1.30	141732500	218050000	-5.10	245
2010年	901400	3.20	149407000	229857000	-9.20	255
2009年	873200	-20.33	164598200	253228000	-25.47	290
2008年	1096000	-1.40	220844000	339760000	-9.90	310
2007年	1112000	1.80	245029000	376968000	4.60	339
2006年	1092000	-12.00	234234000	360360000	-9.20	330
2005年	1240921	-3.00	258111000	397094000	6.70	320
钢琴						
三角钢琴						
2014年	11268	-5.10	108817000	194316000	-0.30	17245
2013年	11870	4.60	109180000	194964000	8.90	16425
2012年	11350	-1.80	100297680	179103000	2.10	15780
2011年	11554	-8.20	98035000	175375000	0.20	15179
2010年	12587	25.50	97977000	174959000	36.20	13900
2009年	10033	-45.17	71916000	128422000	-48.18	12800
2008年	18299	-17.50	138789924	247839150	18.50	13544
2007年	22189	-17.60	170234000	303989000	-5.10	13700
2006年	26935	-23.50	179313000	320203000	-19.90	11887
2005年	35211	8.80	224077000	400137000	12.60	11364
立式钢琴						
2014年	22083	9.10	61646000	110083000	12.50	4985
2013年	20242	-8.30	54796000	97849000	-4.70	4834
2012年	22070	-13.30	57470280	102625500	-11.00	4650
2011年	25450	-7.00	65408000	115358000	2.80	4533

年份	销量	同比%	批发额	零售额	同比%	平均单价
2010年	27379	37.40	63984000	112253000	54.80	4100
2009年	19927	-33.63	41344000	72534000	-37.49	3640
2008年	30022	-5.20	66140121	116035300	-3.10	3865
2007年	31681	-20.50	68259000	119754000	-7.20	3780
2006年	39862	-17.80	73571000	129073000	14.20	3237
2005年	48527	-1.90	85747000	150433000	1.70	3100
自动演奏钢琴						
2014年	3902	-3.20	37461000	66895000	-0.90	17144
2013年	4032	6.70	37820000	67536000	12.40	16750
2012年	3780	-6.70	33657120	60102000	-6.90	15900
2011年	4050	6.20	36089000	64559000	16.00	15940
2010年	3812	23.00	31166000	55655000	32.90	14600
2009年	3100	-47.11	23436000	41850000	-48.26	13500
2008年	5861	-32.40	45293808	80881800	-33.20	13800
2007年	8666	-14.30	67844000	121150000	-8.70	13980
2006年	10169	-13.70	74286000	132654000	-10.30	13044
2005年	11780	0.90	82822000	147897000	4.10	12555
钢琴销售总计						
2014年	37253	3.10	207924000	371294000	3.00	9967
2013年	36144	-2.80	201796000	360350578	5.40	9970
2012年	37200	-9.40	191425080	341830500	-3.80	9189
2011年	41054	-6.20	199532000	355292000	3.60	8654
2010年	43778	32.40	193128000	342868000	41	7832
2009年	33060	-38.98	136697000	242806680	-45.41	7344
2008年	54182	-13.40	250223853	444756250	18.40	8209
2007年	62536	-18.80	306338000	544894000	-64	8713
2006年	76966	-19.40	327170000	581930000	16.60	7560
2005年	95518	2.20	392647000	698469000	8.20	7312
数码钢琴						
2014年	135257	3.70	99008000	165013000	1.20	1220
2013年	130432	1.90	97824000	163040000	2.70	1250
2012年	128000	6.50	95232000	158720000	6.20	1240
2011年	120200	1.90	87986400	146644000	13.00	1220
2010年	118000	15.70	77880000	129800000	29.90	1100
2009年	102000	-16.97	59976000	99960000	-17.64	980
2008年	122850	1.80	728254800	121375800	-1.30	988

年份	销量	同比%	批发额	零售额	同比%	平均单价
2007年	120620	-3.50	73819000	123032000	14.40	1020
2006年	125000	-13.20	86250000	143750000	16.80	1150
2005年	144000	20.80	103680000	172800000	4.60	1200
校园乐器						
铜管乐器						
2014年	241000	2.80	132815000	241482000	3.20	1002
2013年	234000	-5.70	128645000	233900000	3.50	1000
2012年	248055	9.90	124294500	225990000	15.10	911
2011年	225741	4.40	108027000	196394000	5.10	870
2010年	216315	3.30	102787000	186886000	-1.10	864
2009年	209500	-11.90	103957000	189012000	-15.89	902
2008年	237800	-0.40	123596550	224721000	-4.00	945
2007年	238800	8.10	128713000	234024000	11.50	980
2006年	220950	4.50	115446000	209902000	5.60	949
2005年	211400	-6.70	109293000	198716000	-2.60	940
木管乐器						
2014年	344000	3.00	165550000	301000000	4.60	875
2013年	334000	-2.50	158345000	287900000	2.40	862
2012年	342500	-2.80	154695750	281265000	5.00	821
2011年	352462	1.30	147343000	267871000	2.80	760
2010年	348022	-3.10	143312000	260567000	-1.90	749
2009年	359300	-8.19	146162000	265749000	-7.61	740
2008年	391347	4.70	158202025	287640045	1.90	735
2007年	373800	1.70	155220000	282219000	2.40	755
2006年	367580	2.00	151626000	275685000	1.50	750
2005年	360282	-2.20	149408000	271652000	5.50	754
弦乐器						
2014年	332000	-3.20	59345000	107900000	-1.00	325
2013年	343000	-9.20	59950000	109000000	-3.50	318
2012年	377960	2.10	62120300	112946000	5.20	299
2011年	370200	24.80	59046000	107358000	27.40	290
2010年	296610	1.90	46330000	84237000	3.60	284
2009年	290845	-16.70	44714000	81299000	-16.70	280
2008年	350850	-16.70	36277890	65959800	-19.70	188
2007年	421074	2.90	45160000	82109000	5.60	195
2006年	409131	1.60	42754000	77734000	13.60	189

年份	销量	同比%	批发额	零售额	同比%	平均单价
2005年	382331	11.00	37633000	68425000	12.90	178
校园乐器总计						
2014年	917000	0.60	357710000	650382000	3.10	709
2013年	911400	-5.90	346940000	630800000	1.70	692
2012年	968515	2.10	341110550	620201000	8.50	640
2011年	948403	10.20	314416000	571623000	7.50	603
2010年	860947	0.20	292430000	531691000	-0.80	618
2009年	859645	-12.28	294833625	536061137	-12.12	624
2008年	979997	-5.20	318076465	578320845	-3.30	590
2007年	1033674	3.60	329093000	598352000	6.20	579
2006年	997661	2.40	309826000	563321000	4.50	564
2005年	954013	4.10	296336000	538793000	3.40	553
电声乐器						
键盘合成器						
2014年	81200	-6.10	71161000	104342000	-7.60	1285
2013年	86500	6.10	76986000	112882500	13.50	1305
2012年	81500	-3.60	67811260	99430000	-3.90	1220
2011年	84500	-4.20	70595525	103512500	-2.20	1225
2010年	88200	19.50	72182000	105840000	8.70	1200
2009年	73779	-7.27	66418807	97388280	-17.29	1320
2008年	79560	4.00	80304682	117748800	-3.20	1480
2007年	76523	-3.80	82980000	121671000	5.50	1590
2006年	79530	11.30	78647000	115315000	3.10	1449
2005年	71460	9.50	76271000	117834000	3.90	1565
键盘控制器						
2014年	56500	-18.10	10789000	15820000	-4.50	280
2013年	69000	-21.60	11294000	15506000	-19.90	2250
2012年	88000	-6.40	13203520	19360000	9.00	220
2011年	94000	-6.00	12116412	17766000	-8.90	189
2010年	100000	34.20	13299000	19500000	19.00	195
2009年	74500	-15.34	11177000	16390000	-13.37	220
2008年	88000	11.40	12903440	18920000	4.60	215
2007年	79000	6.80	12338062	18091000	45.50	229
2006年	74000	421.00	8478000	12432000	22	168
2005年	14200	184.00	6972000	10224000	127	720
电钢琴、专业管风琴						

年份	销量	同比%	批发额	零售额	同比%	平均单价
2014年	9700	-15.70	12569000	18430000	-12.20	1900
2013年	11500	-5.70	14313000	20987000	-4.40	1825
2012年	12200	-23.30	14976720	21960000	-22.80	1800
2011年	15900	3.20	19410402	28461000	7.10	1790
2010年	15400	-4.90	18117000	26565000	-7.90	1725
2009年	16200	-18.18	19666152	28836000	-19.09	1780
2008年	19800	-8.40	24306480	35640000	-12.80	1800
2007年	21620	-18.40	27867000	40861000	-8.20	1890
2006年	26500	-19.70	30362000	44520000	-27.00	1680
2005年	33000	-8.30	41636000	61050000	-16.40	1850
电子鼓						
2014年	n/a	n/a	35805000	52500000	2.50	n/a
2013年	n/a	n/a	34918000	51200000	5.60	n/a
2012年	n/a	n/a	33077000	48500000	4.10	n/a
2011年	n/a	n/a	31781200	46600000	-3.90	n/a
2010年	n/a	n/a	33077000	48500000	3.60	n/a
2009年	n/a	n/a	31938060	46830000	-16.00	n/a
2008年	n/a	n/a	38022741	55751819	2.10	n/a
2007年	n/a	n/a	37240000	54605000	5.20	n/a
2006年	n/a	n/a	35399000	51906000	5.50	n/a
2005年	n/a	n/a	33554000	49200000	11.10	n/a
电声乐器销售总计						
2014年	n/a	n/a	266839000	513152000	-1.00	n/a
2013年	n/a	n/a	155249484	227806000	5.60	n/a
2012年	n/a	n/a	147112740	215730000	-2.70	n/a
2011年	n/a	n/a	151244763	221791500	-1.90	n/a
2010年	n/a	n/a	142364000	226070000	14.10	n/a
2009年	n/a	n/a	135073292	198054680	-16.82	n/a
2008年	n/a	n/a	162385066	238101269	-3.10	n/a
2007年	n/a	n/a	167632000	245794000	4.00	n/a
2006年	n/a	n/a	161117000	236243000	-3.20	n/a
2005年	n/a	n/a	166588000	244265000	1.00	n/a
打击乐器						
套鼓						
2014年	139000	-1.10	59172000	89655000	0.40	645
2013年	140600	-11.20	58925000	89281000	-6.00	635

年份	销量	同比%	批发额	零售额	同比%	平均单价
2012年	158300	-9.00	62686800	94980000	-7.50	600
2011年	174000	-3.20	67755600	102660000	-2.40	590
2010年	179800	7.00	69420000	105183000	6.10	585
2009年	168000	-15.80	65419200	99120000	-19.74	590
2008年	199520	-10.20	81511901	123502880	18.30	619
2007年	222300	-18.00	99768000	151164000	-9.80	680
2006年	271167	-3.80	110603000	167587000	-3.30	617
2005年	281878	5.10	114414000	173355000	7.90	615
鼓（含支架、踏板、相关零件等）						
2014年	n/a	n/a	36089000	54680000	-1.10	n/a
2013年	n/a	n/a	36490500	55288000	-5.50	n/a
2012年	n/a	n/a	38614286	58506494	-7.80	n/a
2011年	n/a	n/a	41881004	63456067	2.50	n/a
2010年	n/a	n/a	40859000	61908000	6.00	n/a
2009年	n/a	n/a	38546713	58404111	-12.70	n/a
2008年	n/a	n/a	44154311	66900471	-6.00	n/a
2007年	n/a	n/a	46972000	71170000	-7.00	n/a
2006年	n/a	n/a	50508000	76527000	0.90	n/a
2005年	n/a	n/a	39399000	75769000	9.10	n/a
教学用打击乐器（含行进打击乐器、槌棒、工具等）						
2014年	n/a	n/a	35581000	53911000	3.50	n/a
2013年	n/a	n/a	36141000	54759000	2.50	n/a
2012年	n/a	n/a	35260013	53424262	1.50	n/a
2011年	n/a	n/a	35796968	54237830	1.50	n/a
2010年	n/a	n/a	36342000	55063000	-1.00	n/a
2009年	n/a	n/a	36709191	55619986	-7.00	n/a
2008年	n/a	n/a	39472248	59806437	-1.00	n/a
2007年	n/a	n/a	39870000	60410000	3.30	n/a
2006年	n/a	n/a	38597000	58480000	5.10	n/a
2005年	n/a	n/a	36689400	55590000	9.00	n/a
镲片						
2014年	n/a	n/a	38314000	58052000	-2.00	n/a
2013年	n/a	n/a	39097000	59237000	-8.50	n/a
2012年	n/a	n/a	42728850	64740682	-9.50	n/a
2011年	n/a	n/a	47214199	71536665	2.00	n/a
2010年	n/a	n/a	46288000	70133000	3.50	n/a

年份	销量	同比%	批发额	零售额	同比%	平均单价
2009年	n/a	n/a	44723121	67762305	-9.50	n/a
2008年	n/a	n/a	49417814	74875475	-6.00	n/a
2007年	n/a	n/a	52572000	79654000	-2.00	n/a
2006年	n/a	n/a	53645000	87280000	6.60	n/a
2005年	n/a	n/a	41936000	76248000	8.00	n/a
鼓槌和槌棒						
2014年	n/a	n/a	30879000	46787000	-1.50	n/a
2013年	n/a	n/a	31350000	47500000	-4.50	n/a
2012年	n/a	n/a	58680715	88910174	-4.00	n/a
2011年	n/a	n/a	61125744	92614764	3.00	n/a
2010年	n/a	n/a	59345000	89917000	1.00	n/a
2009年	n/a	n/a	58757805	89026977	-4.50	n/a
2008年	n/a	n/a	61526497	93221966	1.10	n/a
2007年	n/a	n/a	60857000	92207000	6.00	n/a
2006年	n/a	n/a	57412000	86988000	6.90	n/a
2005年	n/a	n/a	41500000	81373000	12.00	n/a
手鼓						
2014年	n/a	n/a	23562000	37400000	-2.00	n/a
2013年	n/a	n/a	24043000	38163000	1.10	n/a
2012年	n/a	n/a	23781289	37748078	2.50	n/a
2011年	n/a	n/a	23201258	36827393	4.00	n/a
2010年	n/a	n/a	22308000	35410000	9.00	n/a
2009年	n/a	n/a	20466882	32487115	-12.00	n/a
2008年	n/a	n/a	23257821	36917176	-5.00	n/a
2007年	n/a	n/a	24481000	38860000	-9.00	n/a
2006年	n/a	n/a	26903000	42703000	-2.00	n/a
2005年	n/a	n/a	27452000	43575000	5.00	n/a
鼓皮						
2014年	n/a	n/a	22818000	36220000	-3.00	n/a
2013年	n/a	n/a	23500000	37340000	-4.50	n/a
2012年	n/a	n/a	24200000	39100000	-7.00	n/a
2011年	n/a	n/a	26000000	42000000	4.00	n/a
2010年	n/a	n/a	25000000	40400000	5.00	n/a
2009年	n/a	n/a	23800000	38500000	-8.00	n/a
2008年	n/a	n/a	25900000	41800000	-5.00	n/a
2007年	n/a	n/a	27300000	44000000	-1.00	n/a

年份	销量	同比%	批发额	零售额	同比%	平均单价
2006年	n/a	n/a	27600000	44000000	1.00	n/a
2005年	n/a	n/a	27300000	44100000	5.50	n/a
打击乐器总计						
2014年	n/a	n/a	246418000	376708000	-0.60	n/a
2013年	n/a	n/a	249571000	381568000	-4.80	n/a
2012年	n/a	n/a	258171000	397289000	-5.70	n/a
2011年	n/a	n/a	274049000	422617000	1.30	n/a
2010年	n/a	n/a	271419000	418400000	3.90	n/a
2009年	n/a	n/a	260565000	401693000	-11.16	n/a
2008年	n/a	n/a	296114000	456029000	-7.40	n/a
2007年	n/a	n/a	322965000	496860000	-3.60	n/a
2006年	n/a	n/a	338057000	519273000	1.40	n/a
2005年	n/a	n/a	334487000	514238000	8.20	n/a
注："n/a"表示数据不适用、无统计						

2014年音乐制品行业发展回顾

【编者按：2014年，随着经济形势缓慢复苏，音乐制品行业销售总额略有增长；另一方面，各乐器门类销售增幅并不均匀。新技术开发不断驱动产品创新，可通过多种方式接触器乐学习娱乐的人群越来越多，乐器也不仅仅是传统零售分销渠道的专属，借助新技术、新科技的力量可以轻松、便捷进入人们的日常生活。处于技术快速变革的时代中，现代医疗技术长足发展、人均预期寿命延长，生活质量提高，也让人们对商品种类和质量的要求越来越高，由此可见，乐器销售受人口结构、技术创新及消费者选择偏好等多重因素的综合影响。】

校园乐器活动风头不减
女性音乐活跃度提升

几十年来，摇滚乐、金属乐、朋克、乡村音乐等音乐形式不断变幻，但音乐潮流变化对校园音乐项目的影响甚微。媒体一度对预算削减、财政危机的报道“喧嚣尘上”，似乎校园乐器活动“岌岌可危”，然而2014年乐器制造和经销业绩显示，校园乐器活力不减，发展势头良好，作为行业组织，国际音乐制品协会亦为此摇旗呐喊、大力宣传推广，吸引了众多中小学生参与。实践充分说明，校园乐器活动魅力不减，得益于师生、家长及社会深深的信赖，而且参与乐器学习和器乐活动，可为孩子们成长带来显著益处。

2014年，市场还有一类群体“异军突起”—女性的音乐活跃度大大增强，据相关乐器展会入场观众数据分析，女性吉他买家显著增加，占人口比例一半的女性撬动音乐市场潜力，成为2014年吉他行业最振奋人心的潮流。

投资兼并、增效拓产、
移动互联浪潮风起云涌

在注重业绩增长的基础上，雅马哈乐器集团继续保持收购战略，2014年以7500万美元价格收购了“Line 6”公司，雅马哈还考虑独立运作该公司，意在进一步提升其在吉他功放领域的影响力；科德巴收购了芬达集团旗下的格尔德吉他公司。而2014年各类并购案中，最令人关注的还是美国最大的连锁琴行“吉他中心”。在这宗“以债务置换收益”的复杂交易中，阿里斯资本公司以控股方式实际控制了“吉他中心”，并提名达罗尔·韦伯担任吉他中心首席执行官，接替仅仅担任该职19个月的前任CEO迈克·普拉特。紧接着，吉他中心在美国纽约市中心的时代广场新开了一家旗舰店，在这一号称“世界最繁忙的十字路口”上建立了“新地标”。

吉他中心的此笔大规模交易光涉及的各项文件就达几千页，律师费与银行手续费用更是高达数百万美元，繁冗的手续也见证了吉他中心过去十多年的崎岖产权之路—2007年，贝恩资本拆借16亿美元收购吉他中心后，去年因无力偿还利息而不得不以折扣价格将多数债券转给阿里斯资本公司。阿里斯资本公司以取得吉他中心的控股权为交换条件，同意免除吉他中心的部分债务。2014年第3季度，吉他中心业绩乏力，令投资者失望并随之引发债券暴跌，直接导致首席执行官迈克普拉特下台，更换为现任首席执行官达罗尔·韦伯。

需求不变，供应过多，行业上下游利润链处于“被包围”态势。其中抱怨利润受压缩最多的还是零售商。无论行业领军企业吉他中心抑或个体小琴行，每家实体琴行都面临着和网络巨头亚马逊等电商价格竞争的压力。此外，配有智能手机的用户越来越多，通过“谷歌”进行网购的消费群体异军突起，进一步增大了传统零售渠道压力。正如一位乐器零售商所言，“客户完全掌握消费各个环节”。与此同时，为在谷歌搜索中排名更靠前，加大点击率而不得不支付更高广告费用，网络电商也在感受到成本不断上升。去年，网络市场总市值3820亿美元，谷歌一家就赚了125亿美元，超过了电视、电台、报纸等各媒体收入总和，因此，关注移动互联的发展模式，成为乐器厂商不可忽视的新阵地。

2014年需求相对静止，加之生产制造技术迅速革新，致使生产规模扩张受到很大限制，但仍有

“新星”显现。2014年扩产规模最大的当属海伦钢琴，去年中国钢琴市场产销量达35万架，位于中国宁波的海伦钢琴占地150万平方英尺的厂房正是为了满足不断增长的中国钢琴市场需求；盖特尔乐器箱包公司加大在美国设厂扩大投资力度，在印第安娜州新扩建了17.2万平方英尺厂房；美国达达里奥琴弦公司在纽约长岛附近新开了琴弦自动加工厂，将原材料生产的关键工序进一步优化整合。

2014年，不少生产制造商审时度势，进行了一系列优化并购重组。吉普森乐器集团斥资15亿美元收购了飞利浦旗下的音响部门，成为该年度最大的收购新闻，此举也将吉普森推向竞争异常激烈的电子消费品领域。集团首席执行官亨利表示，吉他制造商和音响公司的结合，是因为双方认同以“质量、品位和创新”以基础的产品价值观理念。除兼并、联营，2014年，值得关注的庆典不胜枚举。马丁吉他公司，上百年来在同一家族管理下度过了180周岁“生日”；施坦威在美国纳什维尔的钢琴旗舰店迎来了85岁生日；欧洲最大的网络乐器零售商托曼琴行也举办了盛大仪式庆祝从业60周年；泰勒吉他公司、塔玛套鼓打击乐器公司、莎布卡博公司等迎来40周年庆典。行业不应忘记的是，2014年也是披头士乐队登陆美国的50周年。风靡一时的披头士，曾对上述进行各种纪念、庆典的乐器公司产生过显著而深远的影响。

规避政策风险 突显政策优势

2014年，相关政府部门为保护珍稀野生动物资源出台了一些监管政策，尽管政策初衷向好，但在执行上却出现了令人预想不到的结果。一位提琴家带着一把200多年历史的老琴在通关时被扣押，理由是该琴琴头含有不足1克的象牙原料；一支风笛乐队从加拿大入境美国演出时，因乐器中含有极少量象牙而被罚款数千美元；古典乐器销售商也因此忧心忡忡担心被海关罚没扣押；一家班卓琴制造商因申报的过境通关文件未能将指板材料来源写清楚，被疑为濒临灭绝某类鲍鱼，致使其被罚12万美元。然而瑕不掩瑜，总体而言，华盛顿的政策并非都是“坏消息”，民主党和共和党在促进音乐教育和音乐制品行业发展方面意见一致，得到美国政府积极支持。由国际音乐制品协会发起支持的赴首都华盛顿公关活动也受到了国会关注。在国际音乐制品协会起草提交的支持音乐教育和行业发展的文件中，（美国）总统和第一夫人对音乐教育、学习和研究为人们日常生活带来的有益之处予以首肯；政府关系方面，2014年，美国泰勒吉他公司总裁鲍勃·泰勒在非洲喀麦隆创办了黑檀木处理厂，受到国务卿克里的肯定，认为此举有益于推进“美国外交目标的实现”。

音乐是人们自我情感表达的最重要组成部分。在其漫长发展过程中，音乐的表现形式也历经种种变革，由此衍生出各种与音乐相关的商业活动，行业发展变化莫测，既精彩迭出，也会历史重现。2015年行业发展估计与2014年相似，总体供大于求，零售渠道愈加多元化，传统与电商相互交织。2015年是本刊（注：《音乐贸易》杂志）连续出版125年，在此过程中，技术进步与软件开发在提高商品含金量的同时也在不断降低商品成本，也将与创意音乐家与乐器企业家一起，共同见证行业创新发展带来的更多新奇与喜悦。

（常杰 编译自美国《音乐贸易》2015年第1期）

海外资讯篇之三：日本乐器市场

2014年日本乐器生产销售、进出口实绩概览

《日本音乐贸易》杂志近期发布“2014年度日本乐器生产、内销及进出口”报告，报告数据来源于日本乐器制造协会、经济产业省、财务省等部门统计数据。由于统计方式及口径有所不同，日本乐器制造协会和经济产业省、财务省的数据有所差异，在2014年国内乐器制造、销售、进出口分析中，本刊引用了日本乐器制造协会发布的日本乐器产量数据以及财务省公布的对外贸易数据，由此对2014年日本乐器国内销售市场和出口的发展动向作以下解析。

2014年，日本政府继续实施日元贬值的货币政策，造成包括原材料在内的外国进口产品价格上涨，在一定程度上利好于日本乐器出口。日本乐器制造协会调查数据显示，受货币政策利好因素，2014年日本乐器销售总额为1076亿日元，同比2013年度的990亿日元增长9%。其中内销额577亿日元，出口额499亿日元，两项指标双双上涨。

国内内销方面分析，乐器销售的品种和金额均较上年增加，一大原因在于2014年网上销售业绩更为突出。除小键盘、长笛、电吉他、音乐会用套鼓等少数品种外，乐器销量和销售额均较上年增长（其中电风琴增长明显）。

出口方面，立式钢琴、三角钢琴、笛子、萨克斯及其他木管乐器、手风琴、电钢琴、电子键盘及其他电声乐器均有所增长。据财务省关税局进出口统计数据，2014年，日本乐器出口总额为631亿日元，进口总额为590亿日元，进口增加的乐器种类有声学吉他、铜管乐器、电声乐器。其中电声乐器进口尤为显著。

整体而言，2014年，由于日本消费税提高造成的影响，市场消费需求一度被压制。到5月份，消费“景气指数”才略显恢复征兆。虽然销售业绩上升的乐器企业不少，但整体上，从2014年全年来看，乐器销售情况一直处于“低空飞行”状态，市场依旧处于滞缓状态，民众“消费思维”仍有待改善。

（编译自《日本音乐贸易》2015年第4期）

2005～2014年日本国产乐器销售实绩

类别 年份	声学钢琴总计		立式钢琴		三角钢琴		电钢琴		电风琴	
	数量	金额（千日元）	数量	金额（千日元）	数量	金额（千日元）	数量	金额（千日元）	数量	金额（千日元）
2005	116173	40132000	84285	17100000	31888	23032000	199881	16302000	25581	7729000
2006	128784	40545000	97476	17712000	31308	22833000	168423	15370000	16054	5215000
2007	128041	41296000	97406	17495000	30635	23801000	176123	15704000	15993	4800000
2008	131900	36547000	103945	15991000	27955	20556000	189251	16302000	16600	4825000
2009	97799	24781000	82962	12433000	14837	12348000	156657	13022000	14180	3860000

类别 年份	声学钢琴总计		立式钢琴		三角钢琴		电钢琴		电风琴	
	数量	金额（千日元）	数量	金额（千日元）	数量	金额（千日元）	数量	金额（千日元）	数量	金额（千日元）
2010	119276	26515000	100315	12402000	18961	14113000	180021	14423000	14630	3597000
2011	44159	23555000					160204	15568000		
2012	40308	23010000					155504	15184000		
2013	38595	26020000					175403	18946000		
2014	41139	27144000					208059	21157000		

类别 年份	各类电子键盘总计		电子键盘		键盘集音器		小型电子键盘		管乐器合计	
	数量	金额（千日元）	数量	金额（千日元）	数量	金额（千日元）	数量	金额（千日元）	数量	金额（千日元）
2005	261949	13782000							251349	20622000
2006	266626	13453000							264255	22333000
2007	226370	12671000							277890	24077000
2008	224284	11965000							235229	22372000
2009	218156	7079000							212679	18183000
2010	197125	7723000							204098	18278000
2011	127331	6737000							169874	17050000
2012	129178	5405000							163706	15922000
2013	125644	6666000							179576	19161000
2014	135143	7555000							203005	20588000

注：2005年起，电子键盘和键盘集音器等两个类别（均不含小型电子键盘）调整后列入“各类电子键盘总计”中。

类别 年份	木管乐器		铜管乐器		吉他总计		声学吉他		电吉他	
	数量	金额（千日元）	数量	金额（千日元）	数量	金额（千日元）	数量	金额（千日元）	数量	金额（千日元）
2005					266594	8657000				
2006					295072	8514000				
2007					323410	9616000				
2008					309427	9291000				
2009					216998	6571000				
2010					215621	6091000				
2011					254794	6684000				
2012					211400	5766000				
2013					184029	6006000				
2014					187739	5487000				

2014年日本全国乐器产销量统计

类别		海外产量	国内产量	总产量	销售						库存量
					出口		内销		销售总计		
					数量	金额（千日元）	数量	金额（千日元）	数量	金额（千日元）	
钢琴	总计	4166	35475	39641	23891	15411968	17265	11657426	41156	27069394	2050
	立式钢琴	3975	22877	26852	14844	5965667	12696	5751927	27540	11717594	1215
	三角钢琴	191	12598	12789	9047	9446301	4569	5905499	13616	15351800	835
弦乐器	总计	52952	42209	95161	14231	706392	84486	2218978	98717	2925370	19226
	吉他	42512	8627	51139	6248	374193	46095	1268607	52343	1642800	12474
	大正琴	872	4949	5821	8	181	5072	189487	5080	189668	1699
	其他弦乐器	9568	28633	38201	7975	332018	33319	760884	41294	1092902	5053
管乐器	总计	76463	118163	194626	140129	11817559	64211	8652732	204340	20470291	33881
	木管乐器	76444	76770	153214	114796	8189786	42102	6085667	156898	14275453	29374
	笛子	36712	23388	60100	34649	1929151	18965	3230893	53614	5160044	15046
	黑管	18934	16806	35740	32208	1495161	6903	658687	39111	2153848	8682
	萨克斯	20798	33784	54582	45201	4370031	15494	2000864	60695	6370895	5325
	其他木管乐器		2792	2792	2738	395443	740	195223	3478	590666	321
	铜管乐器	19	41393	41412	25333	3627773	22109	2567065	47442	6194838	4507
	小号类	19	14605	14624	6702	737008	11193	884907	17895	1581915	799
	长号		6109	6109	2732	338655	4382	492093	7114	830748	504
	其他铜管乐器		20679	20679	15899	2552110	6534	1230065	22433	3782175	3204
打击乐器	总计	102242	53668	155910	33526	997199	133060	2631732	166586	3628931	30079
	音乐会鼓	3627	984	4611	25	2857	4482	221233	4507	224090	1245
	行进鼓	8100	4353	12453	35	1363	12243	176195	12278	177558	3600
	爵士鼓	49137	3213	52350	18319	115281	48251	468228	66570	583509	8381
	其他打击乐器	40977	23211	64188	9125	59289	51008	873285	60133	932574	14952
	立奏用木琴	1	4173	4174	1697	509178	2511	501076	4208	1010254	624
	桌用木琴		7693	7693	1890	26637	6285	48251	8175	74888	287
	立奏钟琴		3958	3958	1848	271681	2377	260174	4225	531855	474
	桌用钟琴	400	6083	6483	587	10913	5903	83290	6490	94203	516
校园乐器	总计	1519161	1530598	3049759	1351208	711246	2098882	3773701	3450090	4484947	1106797
	口琴	90484	403379	493863	266968	304293	245822	549470	215790	853763	244161
	键盘口琴	651371	212060	863431	33888	56184	946540	2196523	980428	2252707	253107
	手风琴	1509	2735	4244	31	1887	4301	249047	4332	250934	4124
	录音设备	775797	912424	1688221	1050321	348882	902219	778661	1952540	1127543	605405

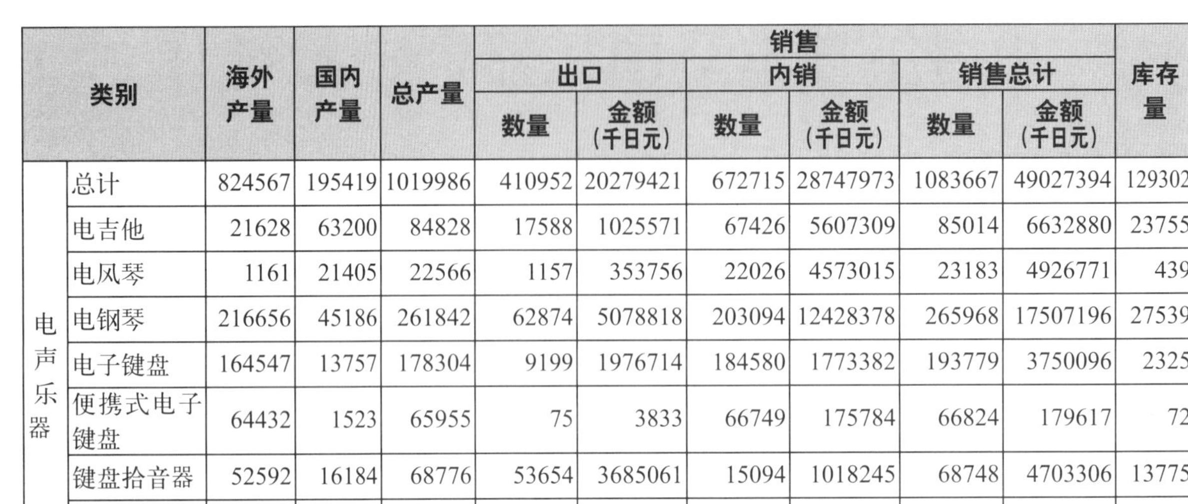

类别		海外产量	国内产量	总产量	销售						库存量
					出口		内销		销售总计		
					数量	金额（千日元）	数量	金额（千日元）	数量	金额（千日元）	
电声乐器	总计	824567	195419	1019986	410952	20279421	672715	28747973	1083667	49027394	129302
	电吉他	21628	63200	84828	17588	1025571	67426	5607309	85014	6632880	23755
	电风琴	1161	21405	22566	1157	353756	22026	4573015	23183	4926771	439
	电钢琴	216656	45186	261842	62874	5078818	203094	12428378	265968	17507196	27539
	电子键盘	164547	13757	178304	9199	1976714	184580	1773382	193779	3750096	2325
	便携式电子键盘	64432	1523	65955	75	3833	66749	175784	66824	179617	72
	键盘拾音器	52592	16184	68776	53654	3685061	15094	1018245	68748	4703306	13775
	其他电声乐器	116516	15377	131893	130298	4945136	26252	1087281	156550	6032417	7464
	乐器用功放	187035	18787	205822	136107	3210532	87494	2084579	223601	5295111	53933
合 计		2579551	1975562	4555113	1973952	49938163	3070638	57704383	5044590	107642546	1321339

2014年日本乐器出口前10位

（金额单位：千日元 重量单位：公斤）

国家及地区	立式钢琴	
	数量	金额
中国大陆	58369	5973179
美国	6613	2132637
越南	10282	1108673
澳大利亚	3139	766694
德国	1469	704332
加拿大	2321	583661
中国香港	2163	559380
新加坡	1674	513512
马来西亚	4497	374716
英国	1424	372676

国家及地区	三角钢琴	
	数量	金额
美国	3660	3797940
德国	1434	1971437
中国大陆	2887	1558963
韩国	821	623783
法国	465	550208
澳大利亚	524	511738
加拿大	522	484035
英国	447	460435
中国台湾	572	371350
越南	372	185146

国家及地区	键盘弦乐器	
	数量	金额
中国香港	45	2400
印度尼西亚	14	805
比利时	2	620
中国台湾	1	450
韩国	16	449
德国	1	300
法国	1	290
美国	1	272
斯里兰卡	1	246
挪威	1	207

国家及地区	弓弦乐器	
	数量	金额
美国	272	5829
中国大陆	140	4103
中国香港	22	1016
德国	8	902
法国	2	849
西班牙	1	800
秘鲁	27	615
新加坡	20	398
泰国	12	297
印度尼西亚	12	267

国家及地区	吉他和其他弦乐器	
	数量	金额
美国	1572	95567
荷兰	1225	69501
泰国	741	30290
中国香港	348	24507
德国	129	24381
中国台湾	716	24356
中国大陆	98	23203
巴西	413	22348
英国	143	21585
澳大利亚	395	19202

国家及地区	铜管乐器	
	数量	金额
美国	14287	2109138
德国	4937	651539
法国	1729	212720
加拿大	932	131224
中国大陆	843	112668
澳大利亚	596	82262
英国	560	79660
泰国	414	75184
韩国	370	66072
巴拿马	259	46265

国家及地区	其他管乐器	
	数量	金额
美国	142497	1978194
德国	84847	1559328
韩国	61074	1138755
法国	24125	481716
英国	83798	295393
中国台湾	51359	293292
中国香港	19538	284500
中国大陆	20836	263701
澳大利亚	8056	167870
加拿大	44464	164355

国家及地区	鼓	
	数量	金额
美国	4735	292622
德国	1657	61659
英国	755	26230
中国大陆	182	22118
加拿大	246	21348
古巴	24	18775
澳大利亚	247	16524
韩国	403	14888
巴拿马	123	13257
中国台湾	135	12744

国家及地区	其他打击乐器	
	数量	金额
美国	15786	456594
德国	461	112725
法国	261	61481
中国台湾	249	48953
中国大陆	1208	41711
加拿大	3212	39582
韩国	5263	36138
澳大利亚	692	27033
中国香港	1219	23719
荷兰	189	19398

国家及地区	电子键盘乐器	
	数量	金额
美国	12919	1731692
德国	10729	1716720
法国	4519	531433
英国	2192	353557
韩国	2197	242033
中国大陆	1078	223741
荷兰	1946	221216
加拿大	1586	183093
越南	9128	137406
澳大利亚	938	120319

国家及地区	电吉他	
	数量	金额
美国	11064	898799
德国	1662	137770
荷兰	2661	115007
中国香港	1092	88185
俄罗斯	2467	85071
英国	779	55651
中国台湾	530	54662
澳大利亚	611	53634
韩国	434	48458
意大利	510	44996

国家及地区	其他电子乐器	
	数量	金额
美国	7199	435902
荷兰	7864	379455
德国	1089	70728
中国香港	756	63457
加拿大	0	49474
韩国	352	33809
澳大利亚	431	32517
法国	423	27120
中国大陆	375	24269
中国台湾	147	11343

国家及地区	八音盒	
	数量	金额
美国	2985	4794
印度尼西亚	1200	2513
韩国	1994	1944
阿拉伯酋长国	705	1916
德国	3396	1138
泰国	36	1128
中国大陆	37	1102
中国香港	139	1056
马来西亚	6600	1002
中国台湾	300	819

国家及地区	乐器用弦	
	重量	金额
美国	4153	50051
印度尼西亚	15416	16273
中国大陆	820	9098
中国香港	55	8589
阿拉伯酋长国	198	2942
韩国	33	2815
中国台湾	171	1473
西班牙	77	1380
德国	16	861
菲律宾	41	795

国家及地区	钢琴零配件	
	重量	金额
印度尼西亚	3345094	2509428
中国大陆	4876320	2119975
美国	25024	101760
德国	20623	95801
中国台湾	9237	28857
奥地利	1060	7976
中国香港	4748	6933
越南	1532	4819
芬兰	460	4622
韩国	619	2016

国家及地区	弦乐器零配件	
	重量	金额
美国	8134	119710
中国大陆	10351	50908
法国	1546	18156
西班牙	794	16968
韩国	487	14895
中国香港	869	10145
澳大利亚	711	8614
德国	834	8408
加拿大	353	6324
印度尼西亚	1197	6132

国家及地区	电子乐器零配件	
	重量	金额
印度尼西亚	384320	1263473
美国	94208	615401
中国大陆	58545	448848
德国	24944	93288
中国香港	39756	89597
荷兰	9233	39295
意大利	3011	33089
法国	6596	27425
英国	7330	24540
巴西	4432	20300

国家及地区	其他零配件	
	重量	金额
印度尼西亚	222035	2242608
中国大陆	128166	1101493
美国	67534	393747
德国	7755	143288
中国香港	9444	70368
中国台湾	6553	52172
韩国	3836	31652
法国	499	20921
荷兰	1585	20201
英国	345	13318

2014年日本乐器进口前10位

(金额单位：千日元 重量单位：公斤)

国家及地区	立式钢琴	
	数量	金额
印度尼西亚	4111	877448
中国大陆	485	91683
德国	277	293774
捷克	102	69847
美国	5	2288
奥地利	4	11143
英国	2	303
法国	2	686
韩国	1	557

国家及地区	三角钢琴	
	数量	金额
德国	258	1098711
捷克	71	130779
奥地利	16	100380
意大利	14	87156
印度尼西亚	149	64811
美国	28	60410
中国大陆	74	33820
法国	2	2469
英国	1	982

国家及地区	弓弦乐器	
	数量	金额
意大利	679	482104
德国	3558	439380
中国大陆	20721	312578
法国	683	199758
罗马尼亚	2383	79060
捷克	1193	78684
英国	101	53816
比利时	317	36690
美国	211	30772
保加利亚	197	29850

国家及地区	吉他	
	数量	金额
美国	13532	2267385
中国大陆	161790	1369361
印度尼西亚	23881	250241
西班牙	2253	211214
墨西哥	4862	133305
加拿大	1616	44206
德国	82	41922
捷克	293	34275
英国	75	33931
澳大利亚	210	33585

国家及地区	其他弦乐器	
	数量	金额
美国	3909	299962
中国大陆	85068	286082
意大利	455	176305
德国	383	44991
印度尼西亚	13362	27292
法国	106	26063
菲律宾	1404	15744
越南	2818	9364
墨西哥	329	9175
巴基斯坦	498	6240

国家及地区	铜管乐器	
	数量	金额
美国	5200	878335
德国	2146	861018
中国大陆	16475	212571
中国台湾	5840	198068
法国	369	107474
瑞士	140	78297
西班牙	128	24011
韩国	58	22757
英国	60	19036
荷兰	58	17227

国家及地区	手风琴	
	数量	金额
印度尼西亚	428310	559868
中国大陆	184788	271337
意大利	251	46731
德国	3210	20434
捷克	50	4438
瑞士	1	506
比利时	2	332
荷兰	1	241
爱尔兰	1	207

国家及地区	其他管乐器	
	数量	金额
法国	11199	2213943
印度尼西亚	755266	2016504
德国	4935	508875
美国	2708	464306
中国大陆	279913	276233
中国台湾	7048	216977
捷克	54	21387
越南	3112	20677
加拿大	75	20424
瑞士	353	17637

国家及地区	鼓	
	数量	金额
中国大陆	1301848	711984
美国	45008	571127
中国台湾	177397	323754
泰国	51491	127757
加拿大	15798	122149
德国	27232	116280
瑞士	5171	63813
荷兰	275	56744
土耳其	4294	44516
西班牙	4992	32264

国家及地区	电子键盘乐器	
	数量	金额
中国大陆	518789	5741516
印度尼西亚	90120	4342679
瑞典	1295	153965
马来西亚	16950	113906
美国	548	96744
意大利	645	94222
越南	15050	43321
德国	77	20057
荷兰	22	14009
韩国	1059	6787

国家及地区	电吉他	
	数量	金额
美国	37056	5821472
中国大陆	124081	1369746
印度尼西亚	34913	616438
韩国	11986	422260
墨西哥	6053	291482
德国	760	116571
菲律宾	2934	64007
加拿大	1108	62158
波兰	228	33776
越南	2256	30725

国家及地区	其他电子乐器	
	数量	金额
中国大陆	112392	1314110
印度尼西亚	6816	150818
美国	770	72002
中国台湾	2984	55115
意大利	328	44790
德国	393	23620
捷克	157	12825
加拿大	82	6378
英国	681	5902
墨西哥	193	5066

国家及地区	八音盒	
	数量	金额
瑞士	4117	203098
中国大陆	387996	170031
德国	3545	22106
美国	40	20988
英国	1	1784
法国	231	1181
中国台湾	3760	1145
意大利	40	609
中国香港	385	417

国家及地区	乐器用弦	
	重量	金额
美国	138166	1204718
奥地利	2806	409990
德国	13799	381501
墨西哥	17516	151524
中国大陆	29984	93663
丹麦	383	68434
意大利	3538	51784
法国	1918	38108
英国	1741	35332
韩国	3777	13362

国家及地区	钢琴零配件	
	重量	金额
印度尼西亚	2459756	1724615
中国大陆	246278	306432
德国	3978	72802
韩国	5271	40309
美国	44279	33745
马来西亚	7470	4427
中国台湾	1798	3109
奥地利	50	1605
捷克	85	364
英国	10	239

国家及地区	弦乐器零配件	
	重量	金额
中国大陆	276989	324264
德国	4367	215363
法国	499	203621
美国	13047	190422
中国台湾	49747	69591
意大利	494	51762
加拿大	1859	48453
越南	22295	44652
比利时	44	39894
巴西	91	34261

国家及地区	电子乐器零配件	
	重量	金额
印度尼西亚	1246108	923871
中国大陆	576194	852698
美国	79749	677394
意大利	26352	83155
中国台湾	26823	71870
韩国	9608	66314
德国	8819	63679
菲律宾	4010	18734
英国	293	16045
瑞典	354	8754

国家及地区	节拍器、音叉	
	重量	金额
越南	30656	196433
中国大陆	23650	157866
泰国	21521	62878
德国	3536	33309
美国	963	23570
印度	717	6993
韩国	363	1234

国家及地区	键盘弦乐器	
	数量	金额
法国	11	13463
意大利	101	5209
德国	10	5026
英国	3	3547
美国	4	3133
中国大陆	303	2419
葡萄牙	1	2076

国家及地区	风琴	
	数量	金额
荷兰	6	59981
奥地利	1	50742
意大利	2	14815
德国	3	12887
美国	2	8492
瑞士	1	3694
英国	1	905

国家及地区	口琴	
	数量	金额
中国大陆	214134	99429
德国	34564	90894

（数据来源：《日本音乐贸易》2015年第4期）

海外资讯篇之四：各国乐器市场概述

编者按：美国国际音乐制品协会发布《2015 NAMM全球乐器报告》，报告较为全面回顾总结了2014年度世界主要国家乐器行业发展概况。本刊经编译整理，按照各国乐器销售金额进行排序，供业界参考。

日本

2014年日本音乐制品销量增长9%，网上销售或成主力

据日本乐器制造商协会统计， 2014年日本音乐制品营业额1076亿日元，同比增长9%。其中国内市场销售额577亿日元，增长12%；出口499亿日元，增长5%。增幅创下三年新高。除小型电子琴、长笛、短笛、电吉他、大正古筝、演奏鼓和台式木琴等少数乐器外，日本国内几乎各类音乐制品销量和营业额双双增长。

尽管数字业绩不错，但据乐器零售商反馈，2014年市场销售呈负增长态势。四月增税之前，零售额增势喜人，但此后不久需求便衰减。除五月份临时好转外，全年零售一直“不温不火”；尤其是夏季之后，客户需求直到年底都未出现“拐点”。2014年，不少零售商取得优异销售业绩，但为何乐器零售商整体上对2014年“喜怨交加”？答案是：互联网销售迅猛，挤压了实体店销售空间。

据日本财务省海关与关税局进出口统计显示，2014年的乐器出口总额为631亿日元，较上年增长5%；进口590亿日元，增长13%。声学吉他、铜管乐器、电子键盘乐器和其他电声乐器的进口大幅增长。其中电声乐器增幅尤为明显。自2012年起，日本每年进口60多万件手风琴及其他类似乐器，采访分销商时我们发现手风琴只占该类乐器的1%或2%，其余98%--99%的乐器为键盘口琴。（评注：《日本音乐贸易》 主编 泽野优）

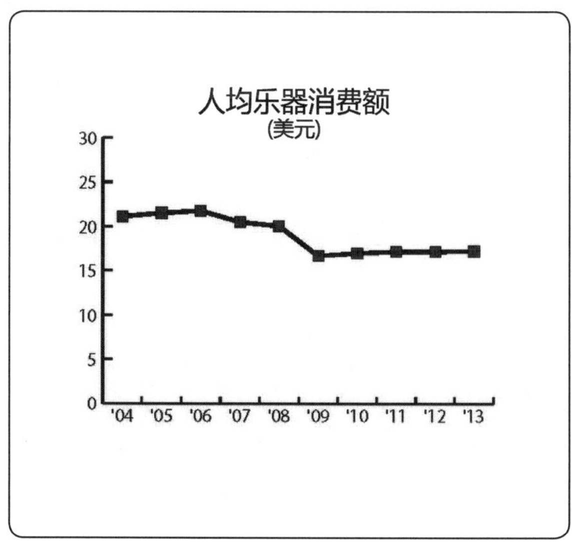

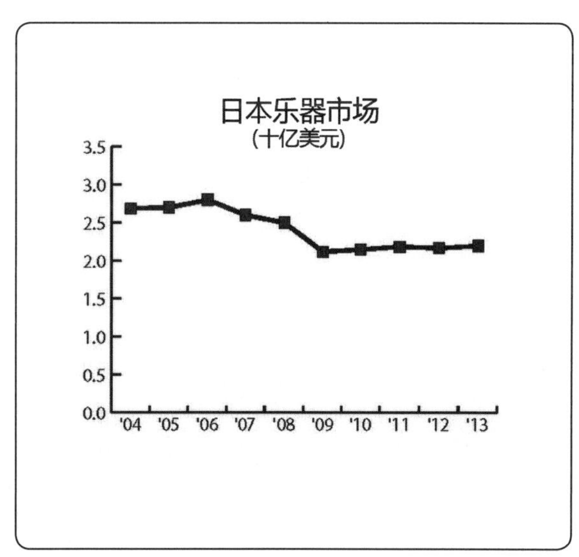

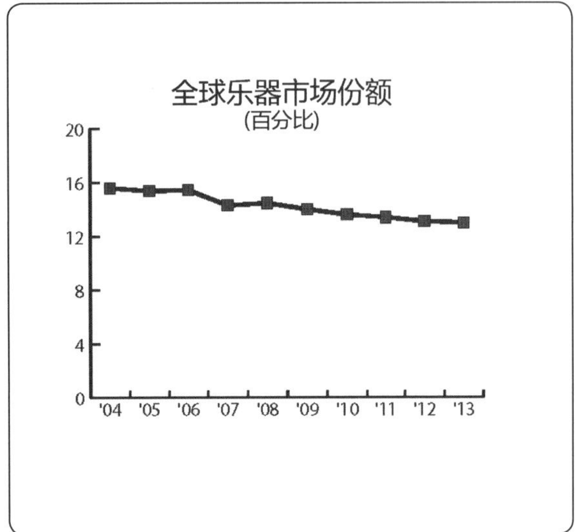
全球乐器市场份额
(百分比)
20
16
12
8
4
0
'04 '05 '06 '07 '08 '09 '10 '11 '12 '13

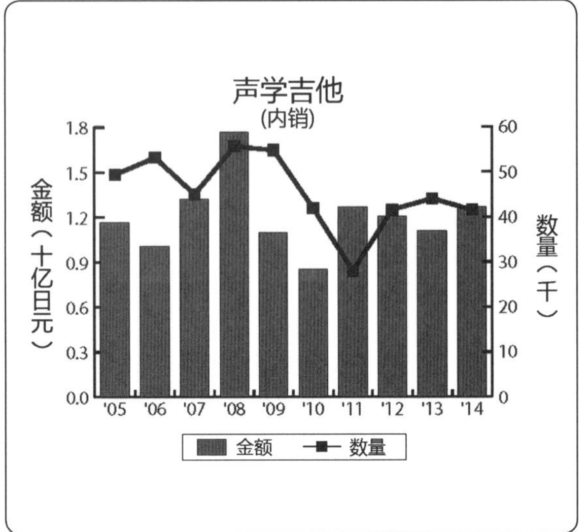
声学吉他
(内销)
金额(十亿日元)
1.8
1.5
1.2
0.9
0.6
0.3
0.0
数量(千)
60
50
40
30
20
10
0
'05 '06 '07 '08 '09 '10 '11 '12 '13 '14
金额
数量

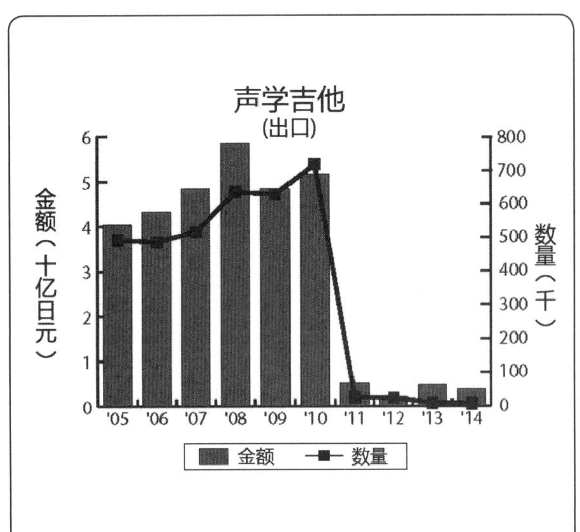
声学吉他
(出口)
金额(十亿日元)
6
5
4
3
2
1
0
数量(千)
800
700
600
500
400
300
200
100
0
'05 '06 '07 '08 '09 '10 '11 '12 '13 '14
金额
数量

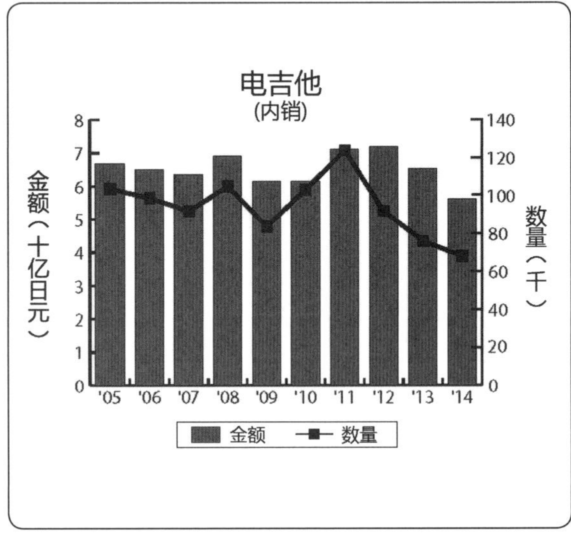
电吉他
(内销)
金额(十亿日元)
8
7
6
5
4
3
2
1
0
数量(千)
140
120
100
80
60
40
20
0
'05 '06 '07 '08 '09 '10 '11 '12 '13 '14
金额
数量

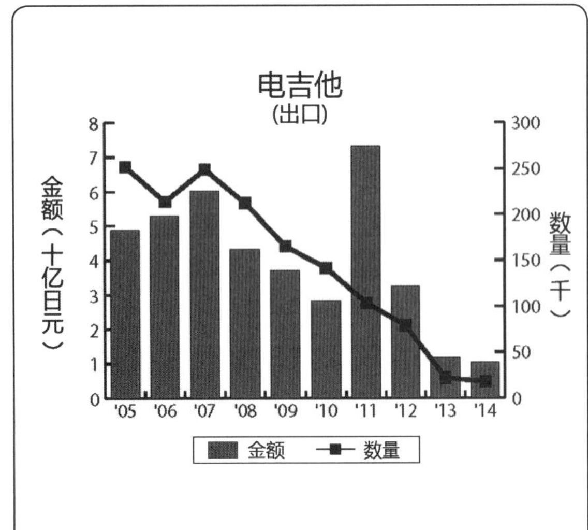
电吉他
(出口)
金额(十亿日元)
8
7
6
5
4
3
2
1
0
数量(千)
300
250
200
150
100
50
0
'05 '06 '07 '08 '09 '10 '11 '12 '13 '14
金额
数量

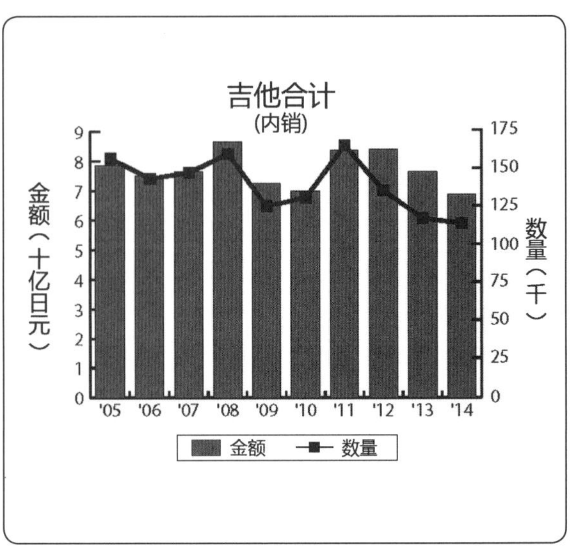
吉他合计
(内销)
金额(十亿日元)
9
8
7
6
5
4
3
2
1
0
数量(千)
175
150
125
100
75
50
25
0
'05 '06 '07 '08 '09 '10 '11 '12 '13 '14
金额
数量

2015 中国乐器年鉴
CHINA MUSICAL INSTRUMENT YEARBOOK

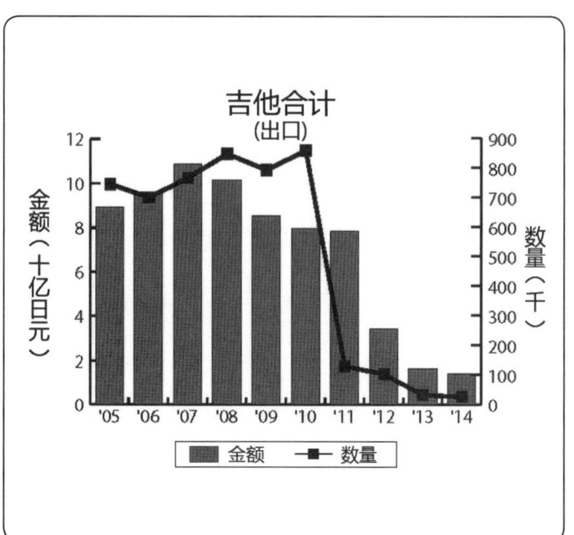
吉他合计
(出口)
金额（十亿日元）
数量（千）
'05 '06 '07 '08 '09 '10 '11 '12 '13 '14
金额 数量

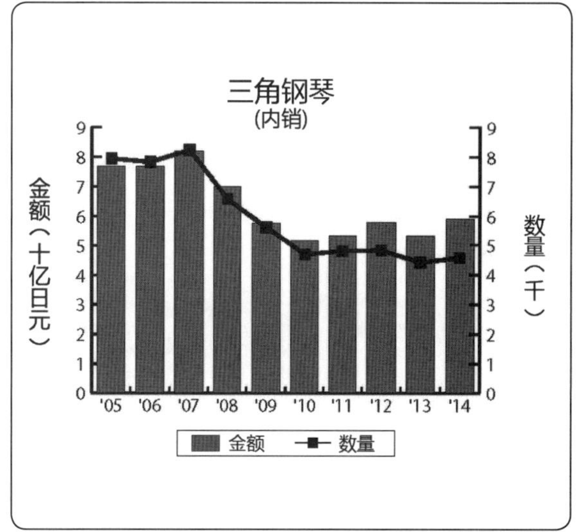
三角钢琴
(内销)
金额（十亿日元）
数量（千）
'05 '06 '07 '08 '09 '10 '11 '12 '13 '14
金额 数量

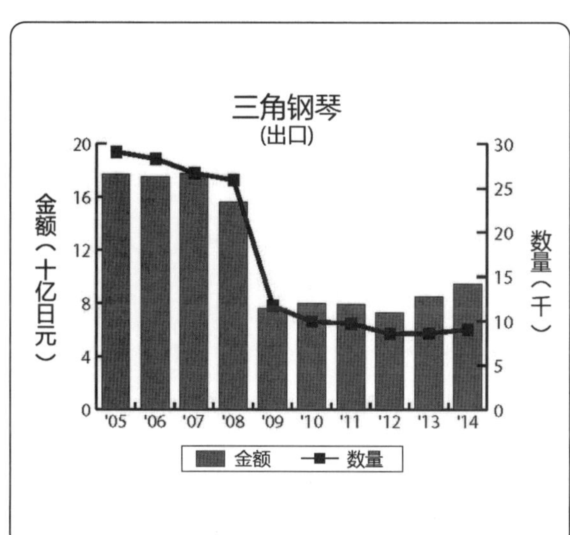
三角钢琴
(出口)
金额（十亿日元）
数量（千）
'05 '06 '07 '08 '09 '10 '11 '12 '13 '14
金额 数量

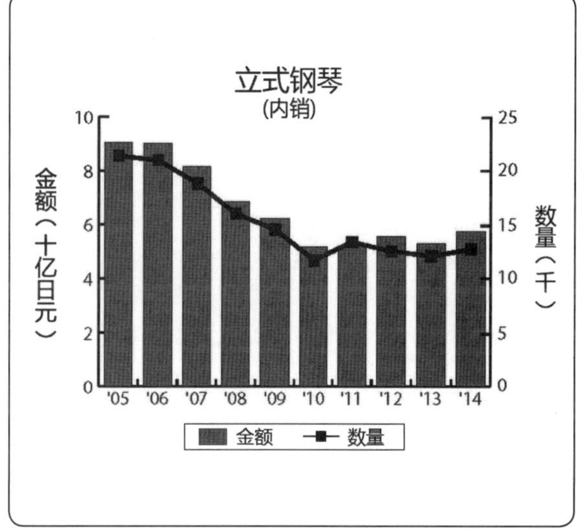
立式钢琴
(内销)
金额（十亿日元）
数量（千）
'05 '06 '07 '08 '09 '10 '11 '12 '13 '14
金额 数量

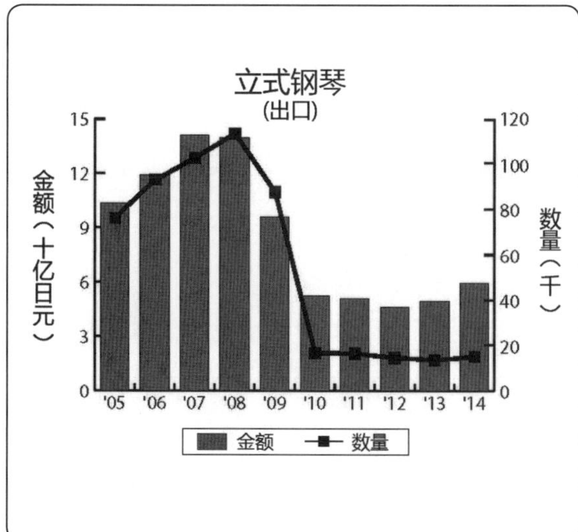
立式钢琴
(出口)
金额（十亿日元）
数量（千）
'05 '06 '07 '08 '09 '10 '11 '12 '13 '14
金额 数量

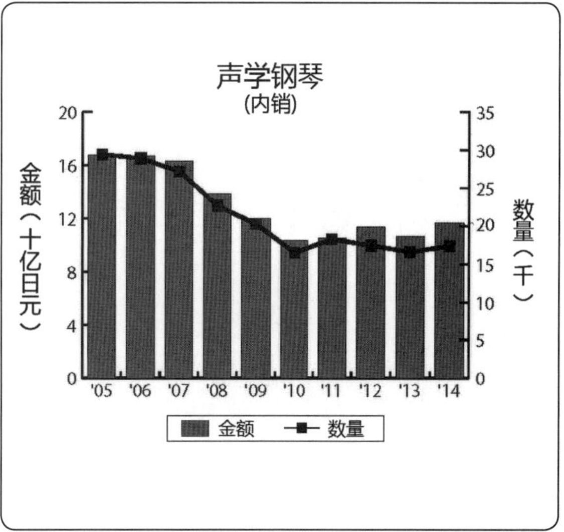
声学钢琴
(内销)
金额（十亿日元）
数量（千）
'05 '06 '07 '08 '09 '10 '11 '12 '13 '14
金额 数量

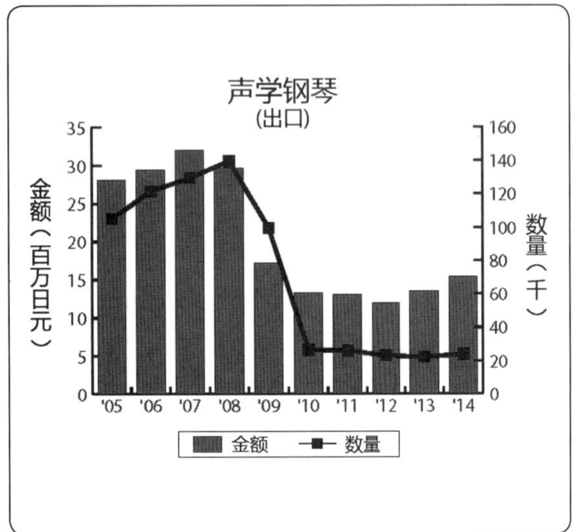
声学钢琴
(出口)
金额（百万日元）
数量（千）
'05 '06 '07 '08 '09 '10 '11 '12 '13 '14
金额 数量

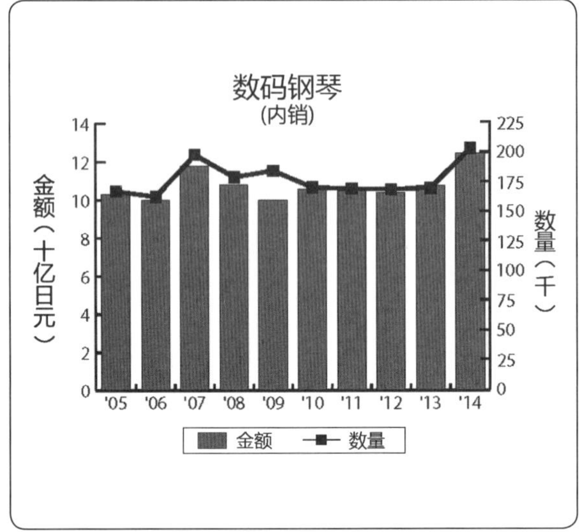
数码钢琴
(内销)
金额（十亿日元）
数量（千）
'05 '06 '07 '08 '09 '10 '11 '12 '13 '14
金额 数量

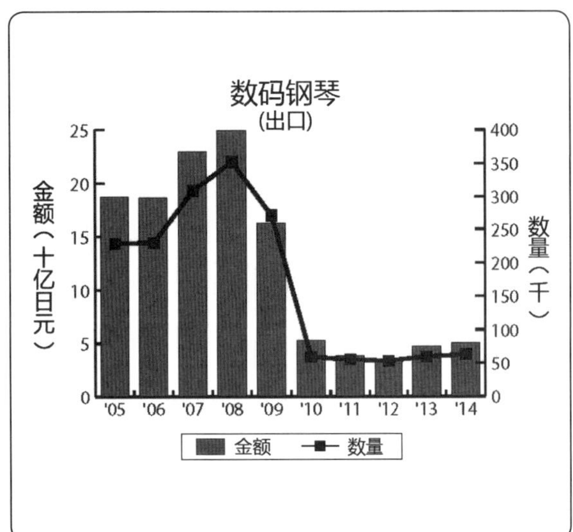
数码钢琴
(出口)
金额（十亿日元）
数量（千）
'05 '06 '07 '08 '09 '10 '11 '12 '13 '14
金额 数量

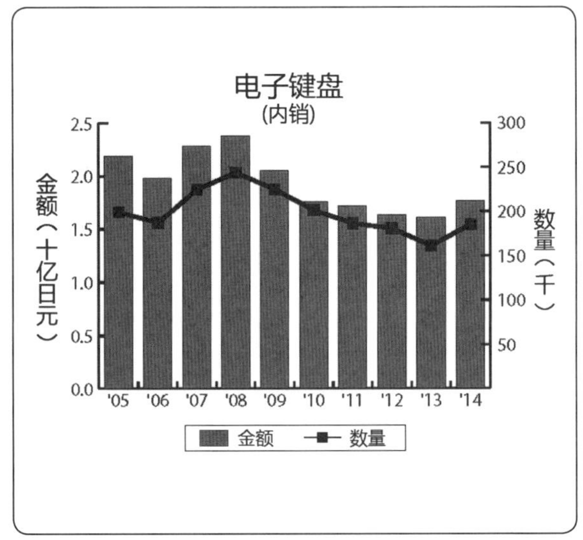
电子键盘
(内销)
金额（十亿日元）
数量（千）
'05 '06 '07 '08 '09 '10 '11 '12 '13 '14
金额 数量

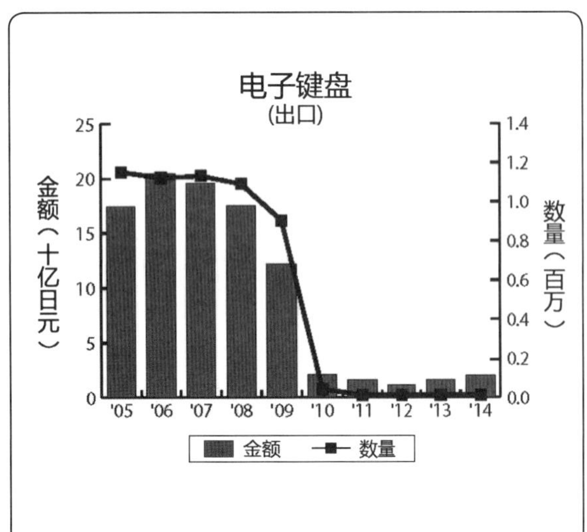
电子键盘
(出口)
金额（十亿日元）
数量（百万）
'05 '06 '07 '08 '09 '10 '11 '12 '13 '14
金额 数量

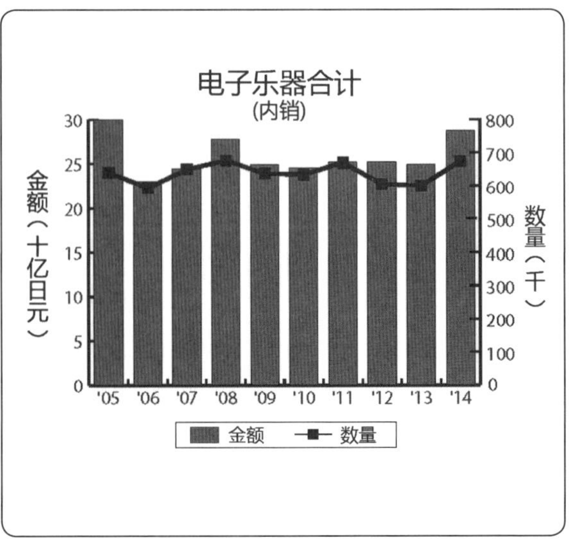
电子乐器合计
(内销)
金额（十亿日元）
数量（千）
'05 '06 '07 '08 '09 '10 '11 '12 '13 '14
金额 数量

2015 中国乐器年鉴
CHINA MUSICAL INSTRUMENT YEARBOOK

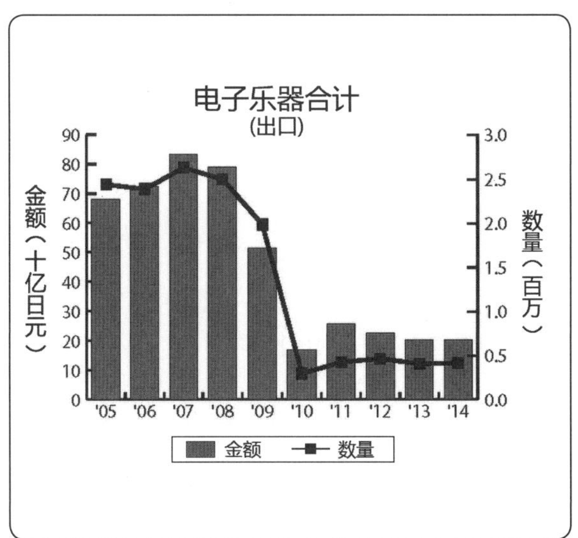
电子乐器合计
(出口)
金额(十亿日元)
数量(百万)
90
80
70
60
50
40
30
20
10
0
3.0
2.5
2.0
1.5
1.0
0.5
0.0
'05 '06 '07 '08 '09 '10 '11 '12 '13 '14
金额 数量

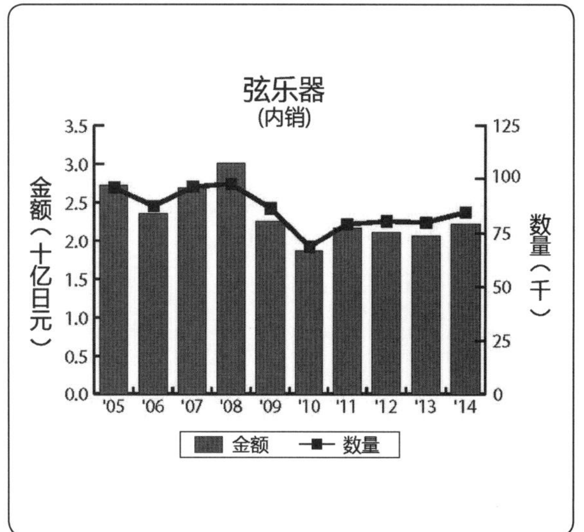
弦乐器
(内销)
金额(十亿日元)
数量(千)
3.5
3.0
2.5
2.0
1.5
1.0
0.5
0.0
125
100
75
50
25
0
'05 '06 '07 '08 '09 '10 '11 '12 '13 '14
金额 数量

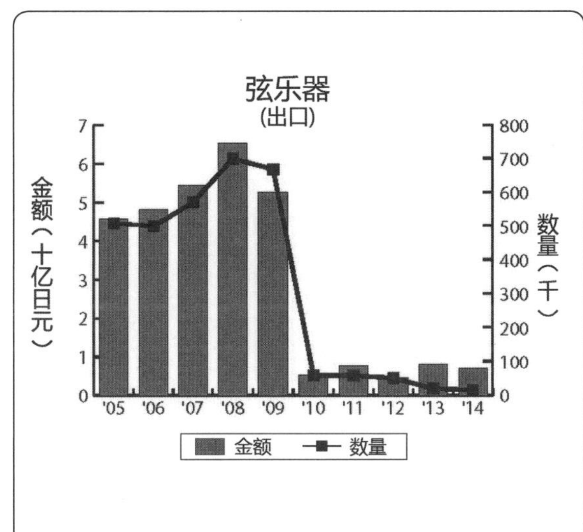
弦乐器
(出口)
金额(十亿日元)
数量(千)
7
6
5
4
3
2
1
0
800
700
600
500
400
300
200
100
0
'05 '06 '07 '08 '09 '10 '11 '12 '13 '14
金额 数量

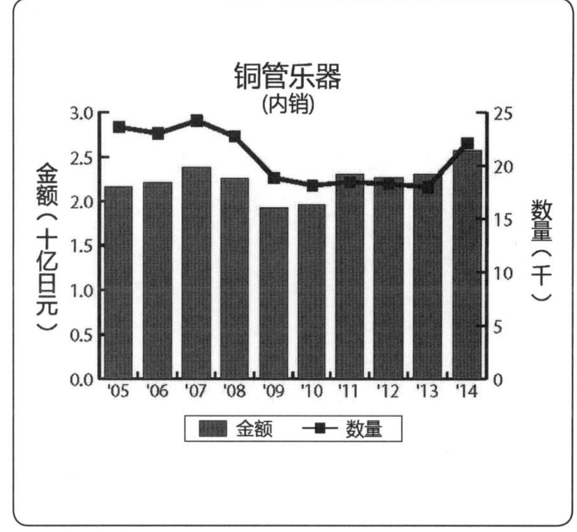
铜管乐器
(内销)
金额(十亿日元)
数量(千)
3.0
2.5
2.0
1.5
1.0
0.5
0.0
25
20
15
10
5
0
'05 '06 '07 '08 '09 '10 '11 '12 '13 '14
金额 数量

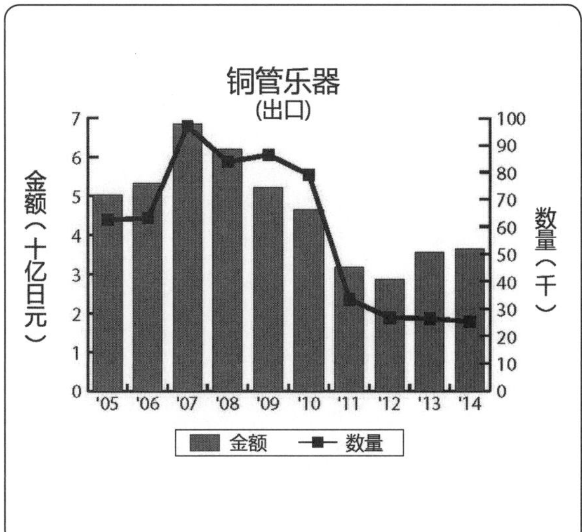
铜管乐器
(出口)
金额(十亿日元)
数量(千)
7
6
5
4
3
2
1
0
100
90
80
70
60
50
40
30
20
10
0
'05 '06 '07 '08 '09 '10 '11 '12 '13 '14
金额 数量

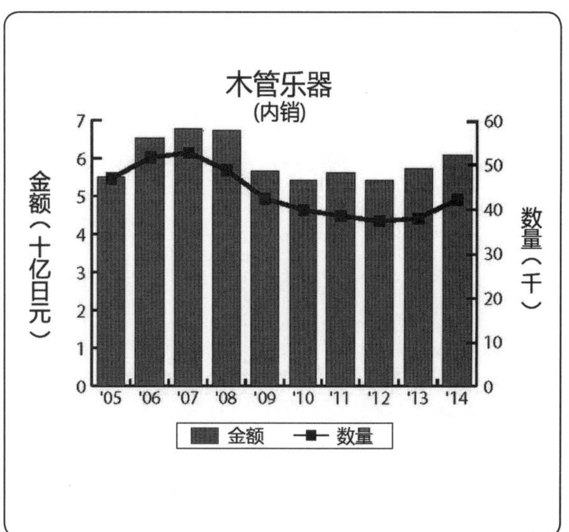
木管乐器
(内销)
金额(十亿日元)
数量(千)
7
6
5
4
3
2
1
0
60
50
40
30
20
10
0
'05 '06 '07 '08 '09 '10 '11 '12 '13 '14
金额 数量

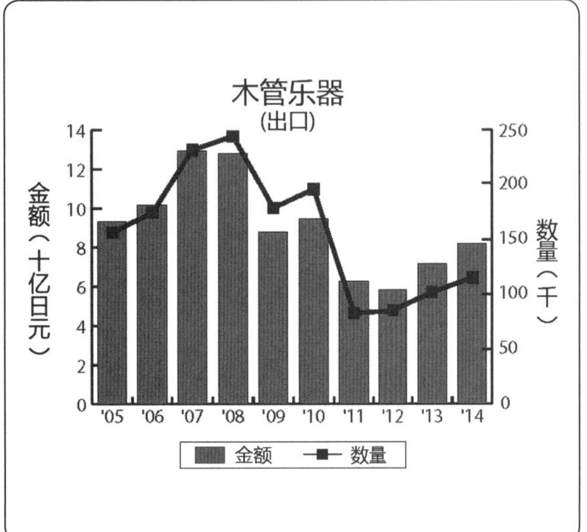
木管乐器
(出口)
金额（十亿日元）
数量（千）
'05 '06 '07 '08 '09 '10 '11 '12 '13 '14
金额 数量

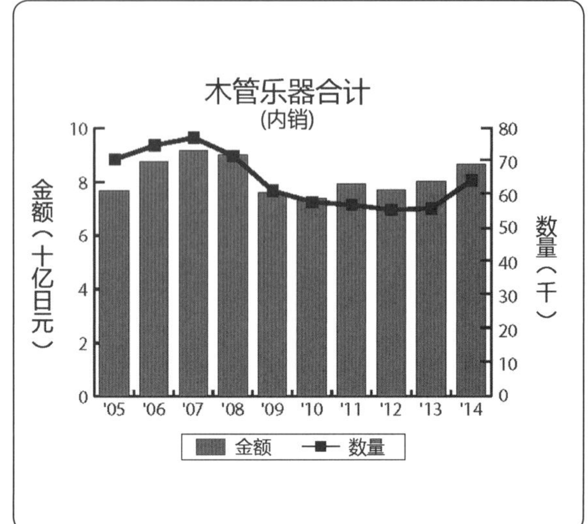
木管乐器合计
(内销)
金额（十亿日元）
数量（千）
'05 '06 '07 '08 '09 '10 '11 '12 '13 '14
金额 数量

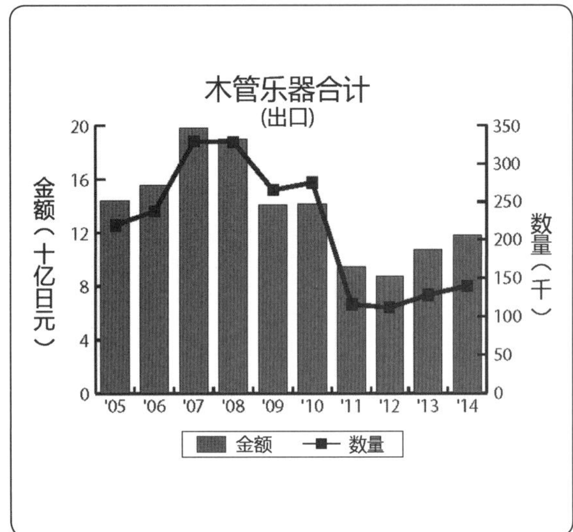
木管乐器合计
(出口)
金额（十亿日元）
数量（千）
'05 '06 '07 '08 '09 '10 '11 '12 '13 '14
金额 数量

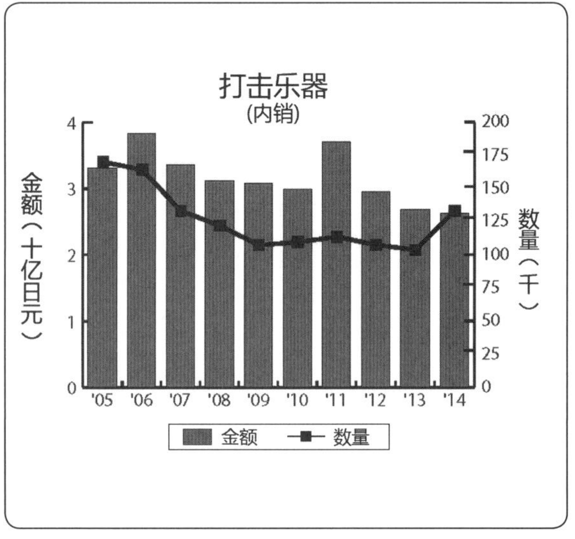
打击乐器
(内销)
金额（十亿日元）
数量（千）
'05 '06 '07 '08 '09 '10 '11 '12 '13 '14
金额 数量

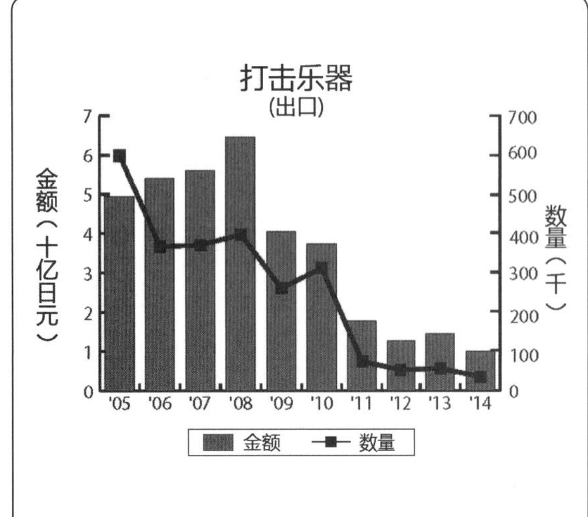
打击乐器
(出口)
金额（十亿日元）
数量（千）
'05 '06 '07 '08 '09 '10 '11 '12 '13 '14
金额 数量

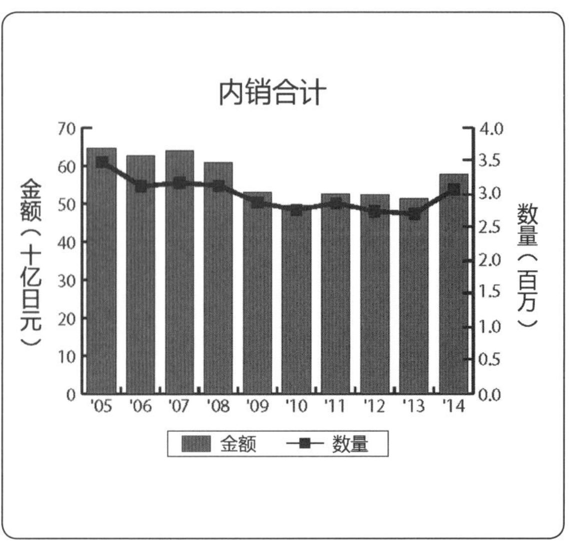
内销合计
金额（十亿日元）
数量（百万）
'05 '06 '07 '08 '09 '10 '11 '12 '13 '14
金额 数量

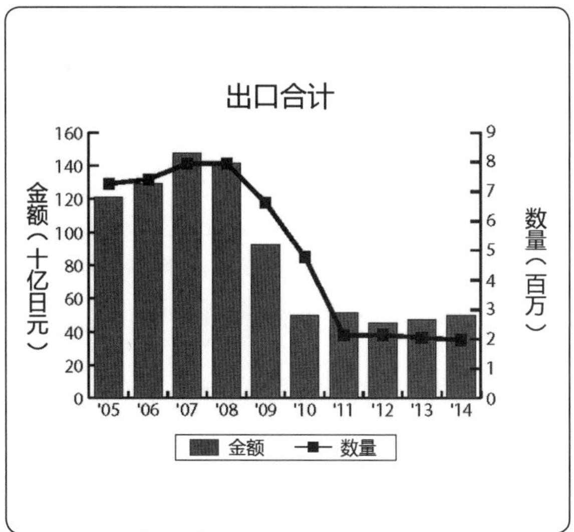

德国

营业额不断增长，海外营业额喜讯连连

营业税统计数据表明，2013年德国1218家乐器制造商的营业总额6.159亿欧元，而1922家乐器经销商营业额为11.867亿欧元。

数据显示，员工人数在50人以上的大公司有24家。据2014年统计资料，此类公司员工总数2738名（人数较上年减少1.4%），营业总额3.204亿欧元，同比增长3.5%。

2014年，德国国内销售额同比仅增长0.1%，海外销售额则增长5.2%。欧元区内的销售增长3.0%，而欧元区以外的海外营业额增长6.4%。34%出口欧元区，而66%出口世界其他国家和地区。数据显示出德国对欧元区的出口持续递减。

出口与进口持续增长

2014年德国乐器出口5.264亿欧元，同比增长2.5%（前两年增幅均为0.7%）；进口4.943亿欧元，同比增长7.2%。对外贸易顺差3200万欧元。

德国出口地域广泛。出口最多的对象国分别为法国(+0.9%)、美国(+10.6%)、奥地利(+5.8%)、日本(-2.1%)、中国(+6.2%)、瑞士(-3.7%)、英国(+6.4%)和荷兰(-4.4%)。

出口国别和进口国别形成鲜明对比：中国(+11.3%)、印度尼西亚(+4.2%)、荷兰(+31.1%)、美国(+8.5%)和日本(-5.2%)等五国成为德国最重要的进口来源国，进口比重占到80%。德国进口乐器中三分之二来自亚洲。来自荷兰的进口增长30%，使荷兰跃居德国乐器进口第三位（在欧洲，荷兰扮演着亚洲乐器出口平台的中转贸易角色，而非荷兰国内乐器产量大，例如，电子类乐器的进口表现就充分说明了这一点，这些乐器经转口后进入德国）。

2014年德国乐器同比实现增长

德国制造的乐器产量也证实了2014年德国乐器营业额增长。据员工人数20名以上的56家乐器公司提供的数据显示，2014年德国乐器产值3.268亿欧元，同比增长2.1%。三角钢琴再度增长3.8%，铜管乐器产量有所增加，其中喇叭、短号增长4.3%，法国号、次中音号、中音号、低音号增长4.6%，而立式钢琴则下降9.6%，大号类乐器下降2.2%，手风琴和口琴下滑7.8%。手风琴和口琴类音乐制品陡减17.6%，打击乐器略减少1.4%。

出口统计数据也从另一方面佐证了上述德国乐器生产数据。例如，小提琴的出口陡减40.7%，其他

弦类乐器出口减少4.7%，与相关乐器门类产量比例减少相吻合。

进口方面，进口金额高于2000万欧元的乐器产品表现如下：打击乐器增长27.0%，吉他增长15.6%，铜管乐器增长15.6%，木管乐器下降1.7%，立式钢琴下降12.1%，三角钢琴下降14.8%。各类进口乐器中，电子类乐器占近4成，同比增长13.6%。

2015年初初现增长

1月是传统上乐器营业额最低的月份。然而，2015年同期德国乐器营业额则出现较大幅度增长。尽管公司和员工人数保持不变或略有减少，营业额总体持续增长。据统计，1月，23家乐器大公司的员工总人数为2648名，同比减少4.0%，而营业额却增长10.6%。1月，国内市场增幅为15.8%，高于外贸营业额增幅（7.6%）。德国与欧元区贸易额的增长5.7%，稍逊于与非欧元区的贸易额增幅8.7%。（评注：德国乐器制造商协会会长温弗莱德）

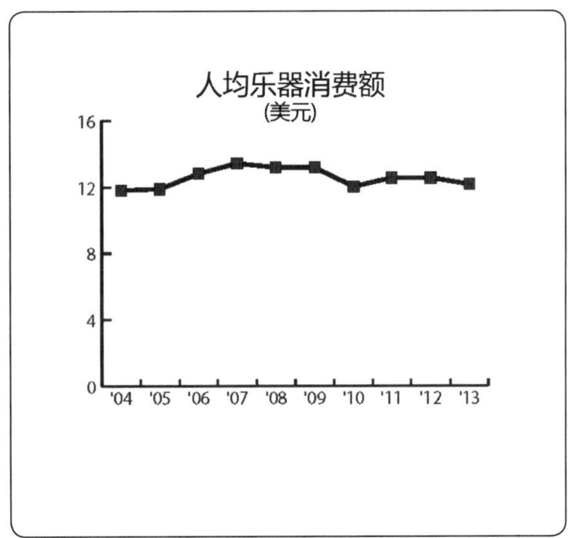

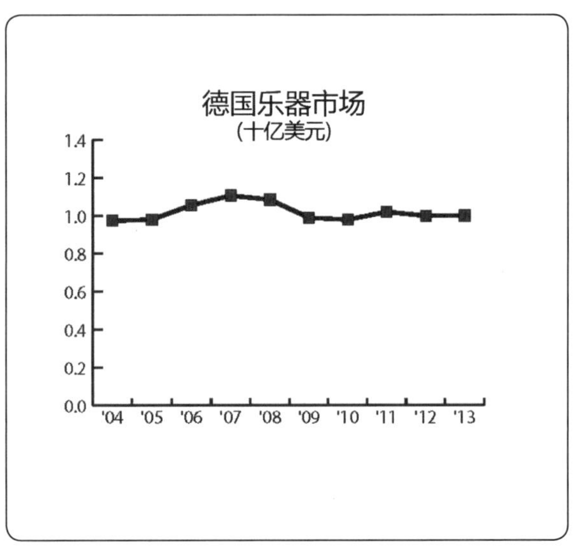

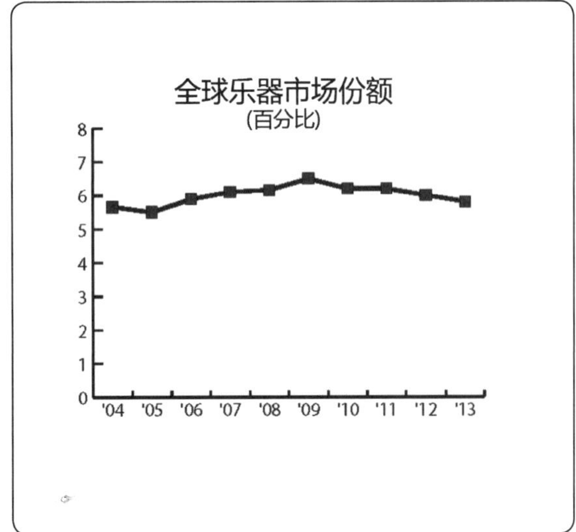

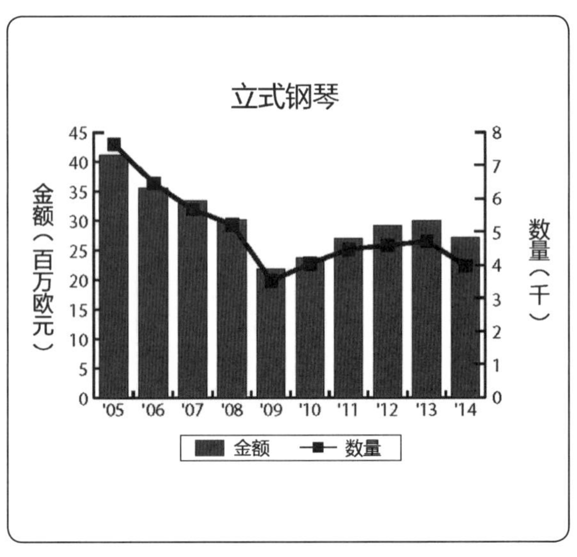

三角钢琴

金额（百万欧元）

数量（千）

'05 '06 '07 '08 '09 '10 '11 '12 '13 '14

金额 数量

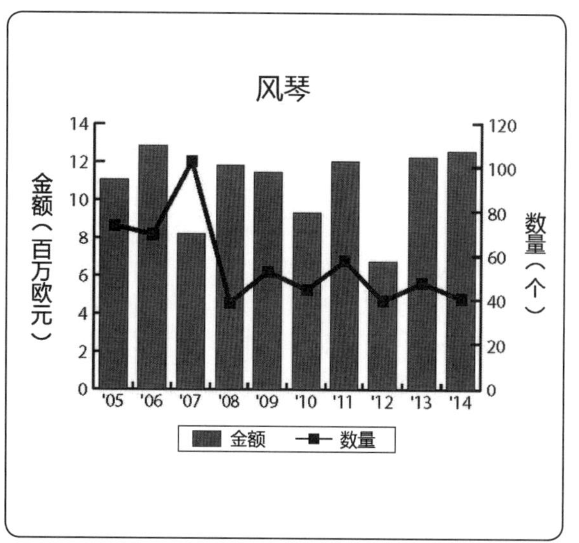

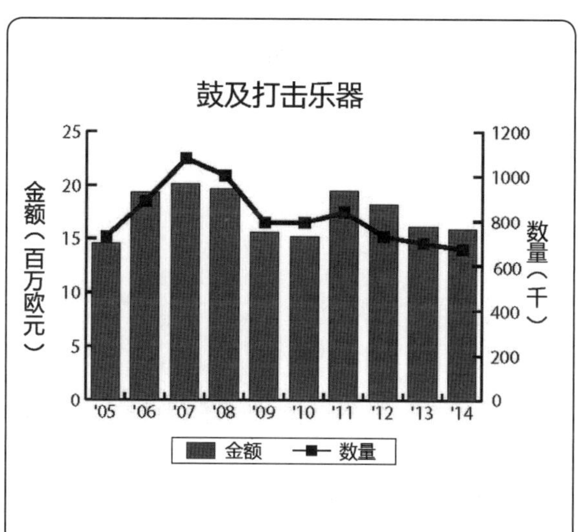

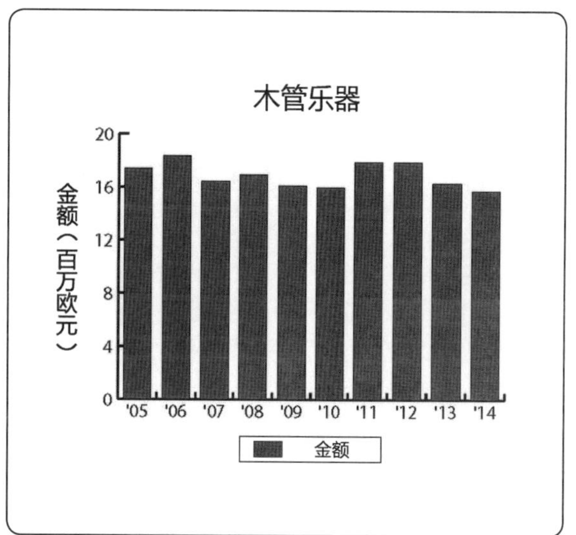

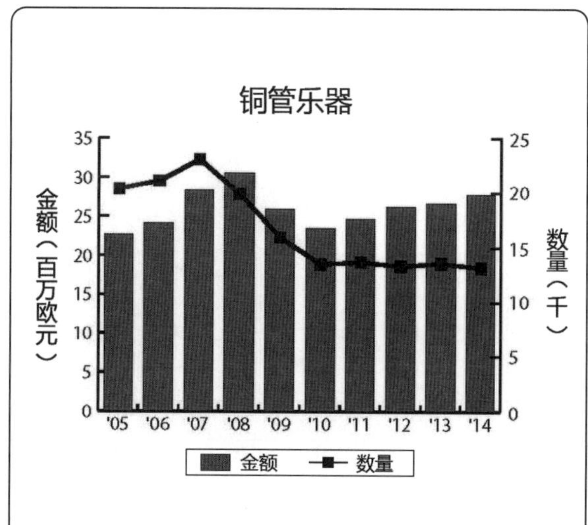

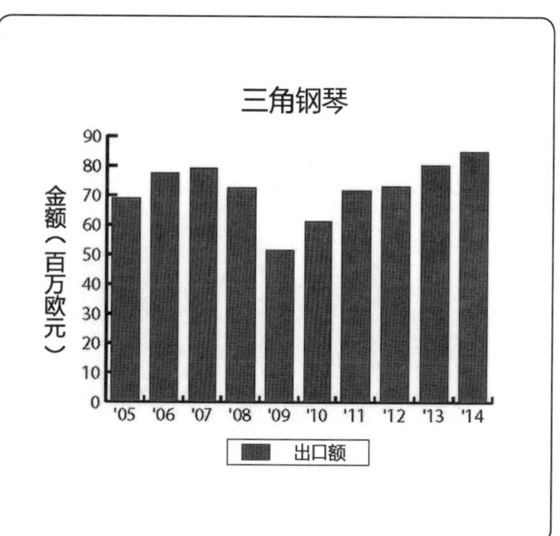

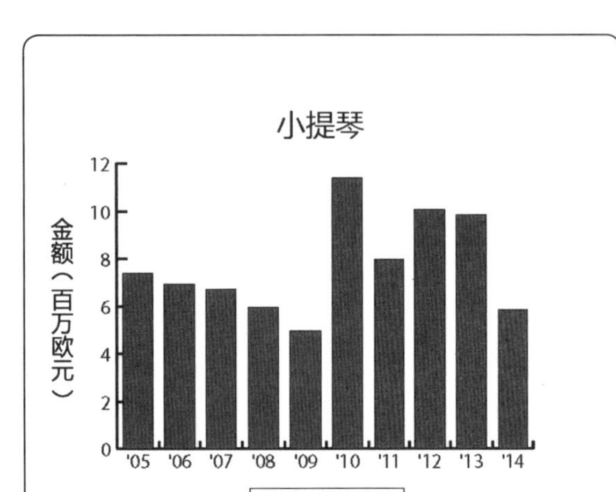
小提琴
金额（百万欧元）
12
10
8
6
4
2
0
'05 '06 '07 '08 '09 '10 '11 '12 '13 '14
出口额

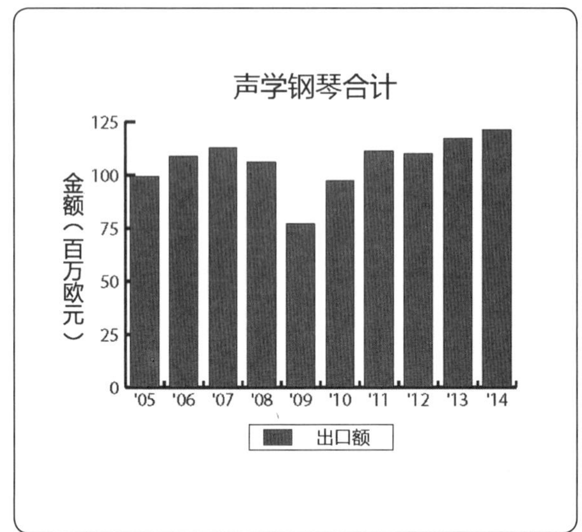
声学钢琴合计
金额（百万欧元）
125
100
75
50
25
0
'05 '06 '07 '08 '09 '10 '11 '12 '13 '14
出口额

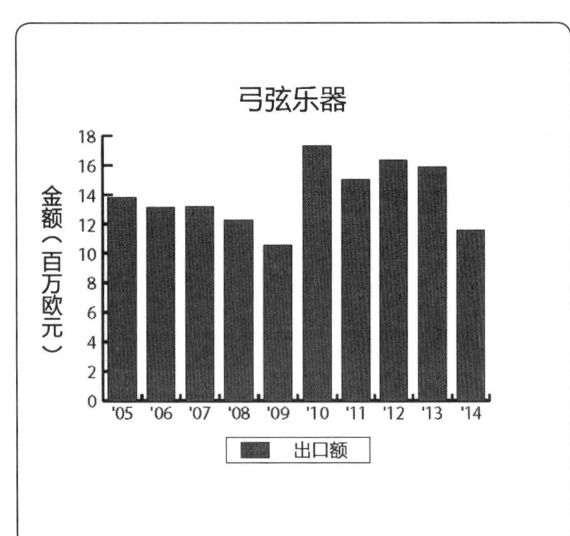
弓弦乐器
金额（百万欧元）
18
16
14
12
10
8
6
4
2
0
'05 '06 '07 '08 '09 '10 '11 '12 '13 '14
出口额

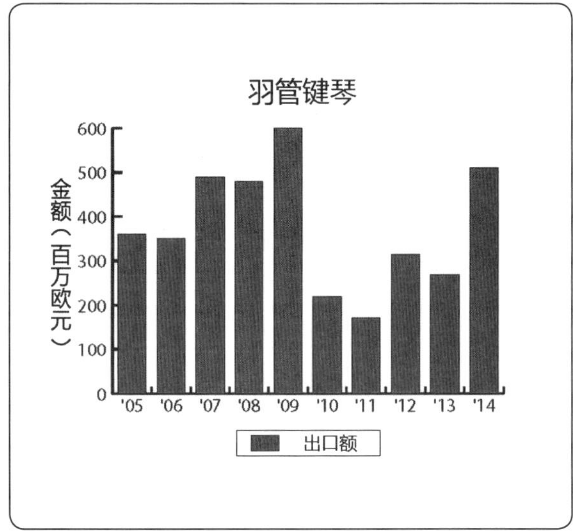
羽管键琴
金额（百万欧元）
600
500
400
300
200
100
0
'05 '06 '07 '08 '09 '10 '11 '12 '13 '14
出口额

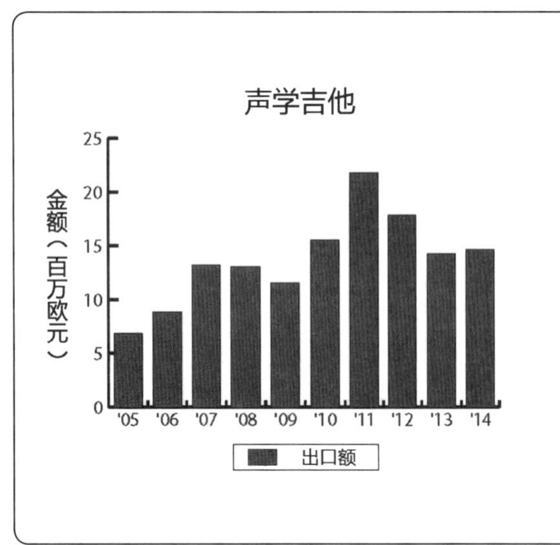
声学吉他
金额（百万欧元）
25
20
15
10
5
0
'05 '06 '07 '08 '09 '10 '11 '12 '13 '14
出口额

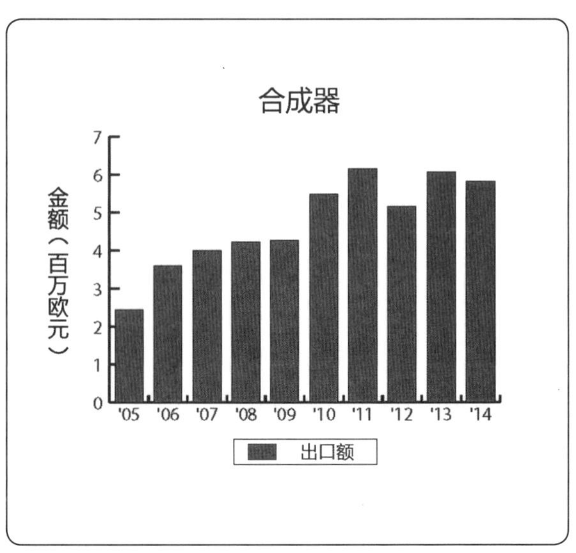
合成器
金额（百万欧元）
7
6
5
4
3
2
1
0
'05 '06 '07 '08 '09 '10 '11 '12 '13 '14
出口额

2015
中国乐器
年鉴
CHINA MUSICAL INSTRUMENT YEARBOOK

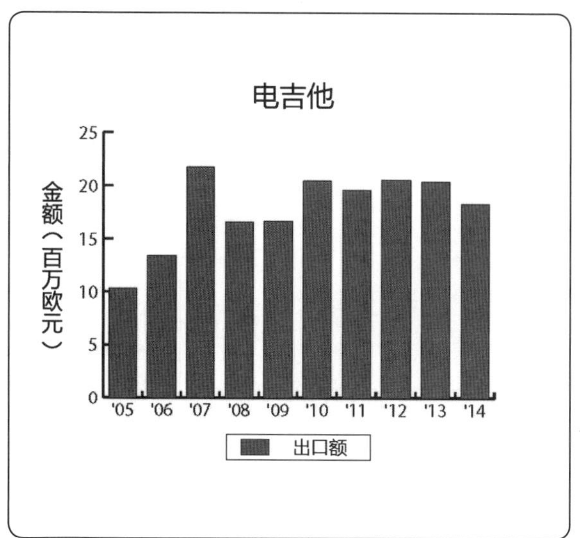
电吉他
金额（百万欧元）
25
20
15
10
5
0
'05 '06 '07 '08 '09 '10 '11 '12 '13 '14
出口额

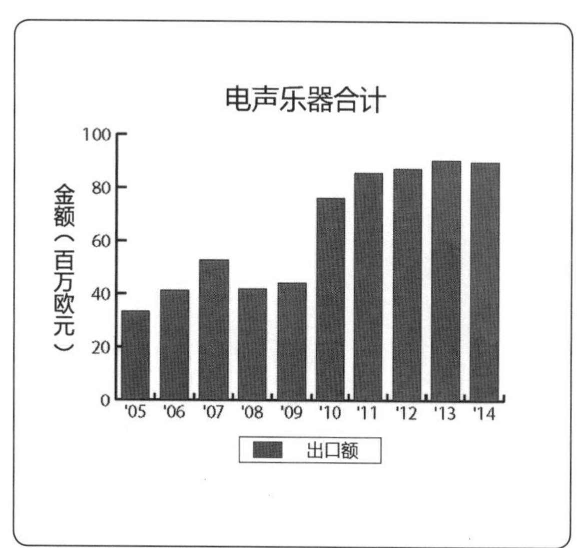
电声乐器合计
金额（百万欧元）
100
80
60
40
20
0
'05 '06 '07 '08 '09 '10 '11 '12 '13 '14
出口额

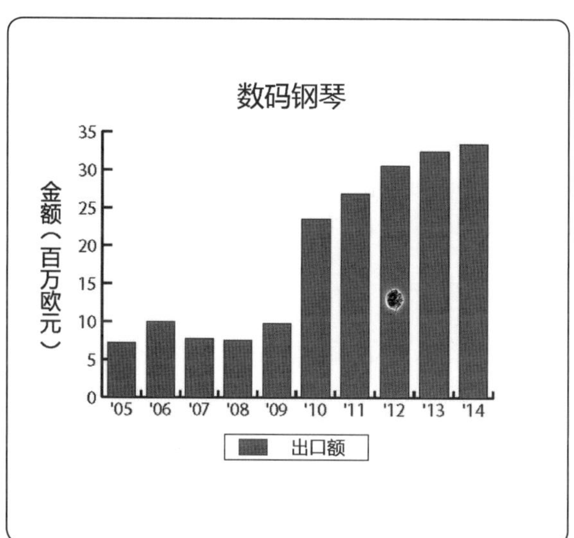
数码钢琴
金额（百万欧元）
35
30
25
20
15
10
5
0
'05 '06 '07 '08 '09 '10 '11 '12 '13 '14
出口额

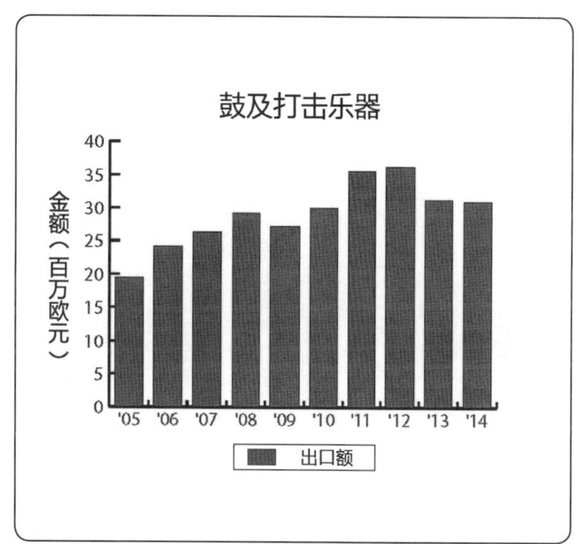
鼓及打击乐器
金额（百万欧元）
40
35
30
25
20
15
10
5
0
'05 '06 '07 '08 '09 '10 '11 '12 '13 '14
出口额

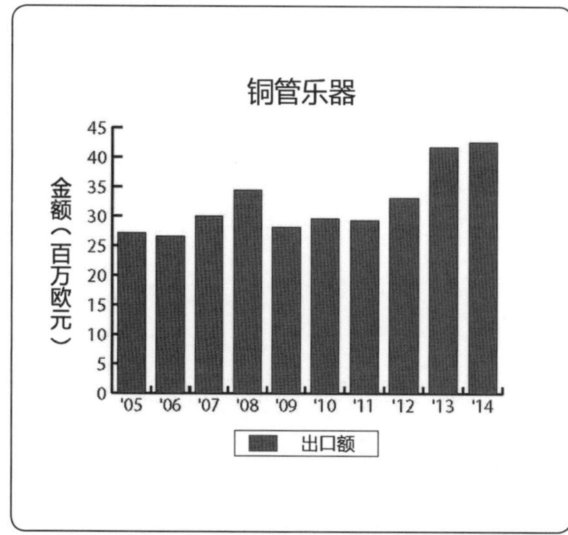
铜管乐器
金额（百万欧元）
45
40
35
30
25
20
15
10
5
0
'05 '06 '07 '08 '09 '10 '11 '12 '13 '14
出口额

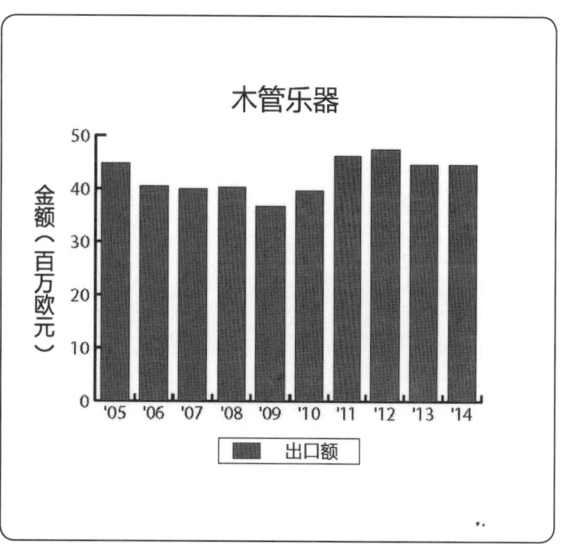
木管乐器
金额（百万欧元）
50
40
30
20
10
0
'05 '06 '07 '08 '09 '10 '11 '12 '13 '14
出口额

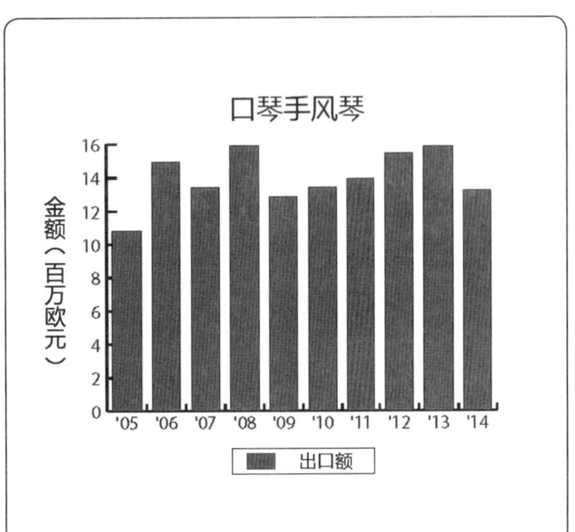
口琴手风琴
金额（百万欧元）
16
14
12
10
8
6
4
2
0
'05 '06 '07 '08 '09 '10 '11 '12 '13 '14
出口额

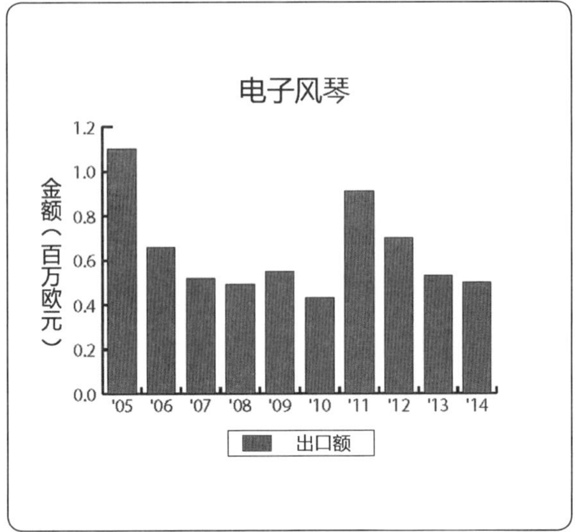
电子风琴
金额（百万欧元）
1.2
1.0
0.8
0.6
0.4
0.2
0.0
'05 '06 '07 '08 '09 '10 '11 '12 '13 '14
出口额

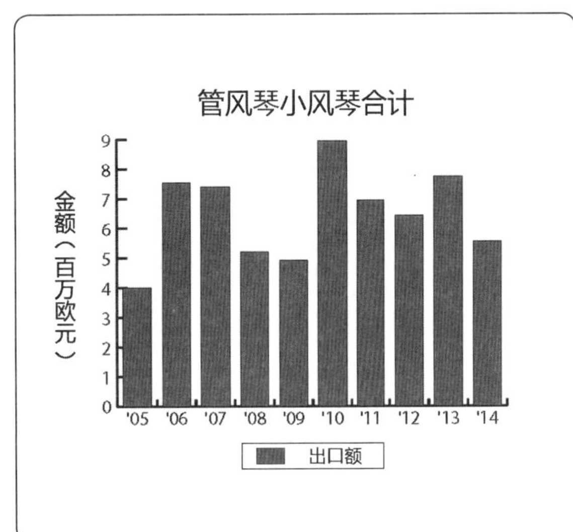
管风琴小风琴合计
金额（百万欧元）
9
8
7
6
5
4
3
2
1
0
'05 '06 '07 '08 '09 '10 '11 '12 '13 '14
出口额

加拿大

2014年，加拿大经济“喜忧参半”。“好消息”是，整体而言，2014年加拿大经济以较快的速度持续增长，2014年GDP同比增长2.3%，2013年同比增长2%，2012年同比增长1.7%。占加拿大出口比重75%的美国是加拿大最大的贸易伙伴。美国经济持续增长也助推了加拿大经济增长。

“坏消息”：油价从2014年6月的峰值每桶115美元急剧降至12月的每桶58美元，在能源领域方面拖累了经济增长，也对加拿大货币-加拿大元产生了负面影响。经济放缓造成阿尔伯塔地区和纽芬兰地区的失业率上升，同时导致加拿大元贬值10%。

加拿大元一路走低，从高位的每加元兑换0.9422美元下降到每加元兑换0.8599美元， 2015年初跌至0.7811美元的新低。加拿大绝大多数进口货物（乐器或类似产品）均以美元计价结算，加元的显著变化直接影响了消费者价格指数以及人们的日常开支。

这种负面影响将在中短期内继续拖累加拿大经济。2015年10月份的联邦选举延期举行，使当前保守党政府行为谨慎，消除了其修改预算的念头并限制其出台经济刺激政策。

2014年，加拿大人均GDP为44500美元，比2013年的44000美元增长1.1%，亦高于2012年/2013年度的增幅。加拿大劳动人口1922.4万，2014年整体失业率降至6.8%，但作为音乐制品行业重点目标人群的年轻人就业持续困难，失业率一直徘徊在13%。2014年加拿大通货膨胀率从原来的1%增长到2%。

美国《音乐贸易》杂志最新数据显示，2013年（2014年数据尚未公布）加拿大音乐制品市场总额7.38亿美元，比2012年增长1.0%。加拿大音乐制品市场规模在世界排名第五，而加拿大人均音乐制品消费21.19美元，仅次于美国，排名第二。

尽管明年才能看到2014年的各项统计数据，但有迹象表明，2014年初加拿大音乐制品市场即出现增长，但2014年4季度音乐制品销售大幅放缓，这与加元和油价下跌趋势一致。

加拿大看起来更像是美国市场的一面镜子。例如，零售连锁店塔吉特（Target）仅仅进驻市场几年之后就决定关闭其在加所有分店，这似乎向人们传递出谨慎信号：情况并未像人们希望的那样乐观。2014年初，加拿大两家主要乐器分销商的倒闭与合并，预计在2015年加拿大乐器市场将继续面临挑战。　　（评注：原加拿大乐器协会会长戴尔）

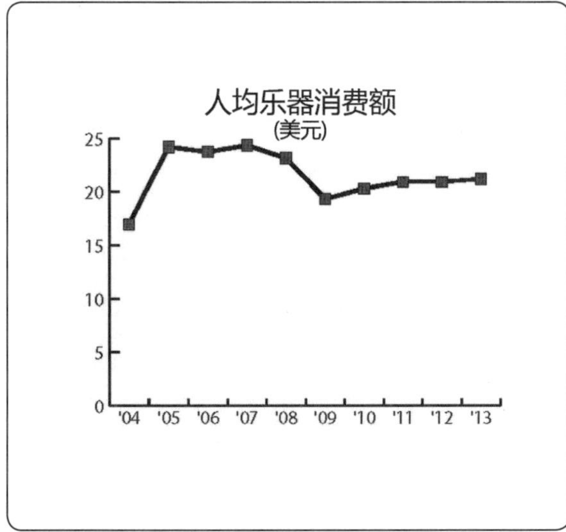

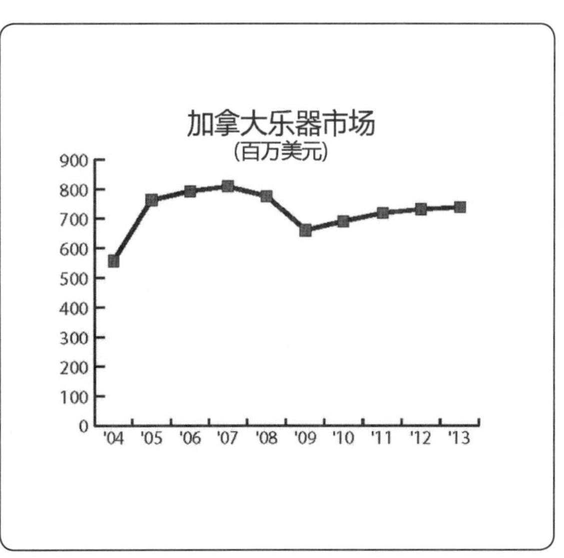

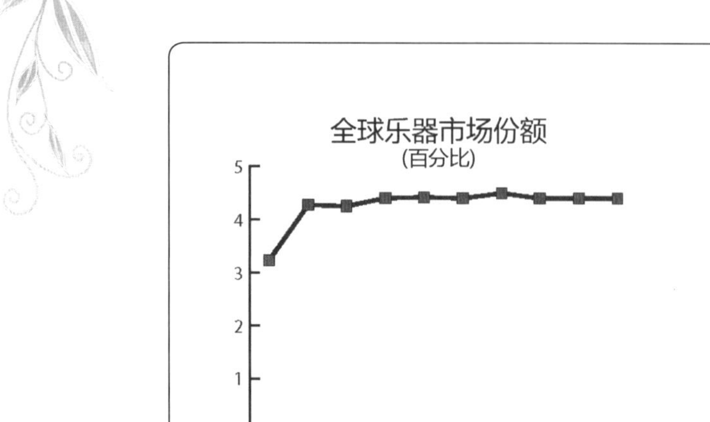
全球乐器市场份额
(百分比)
5
4
3
2
1
0
'04 '05 '06 '07 '08 '09 '10 '11 '12 '13

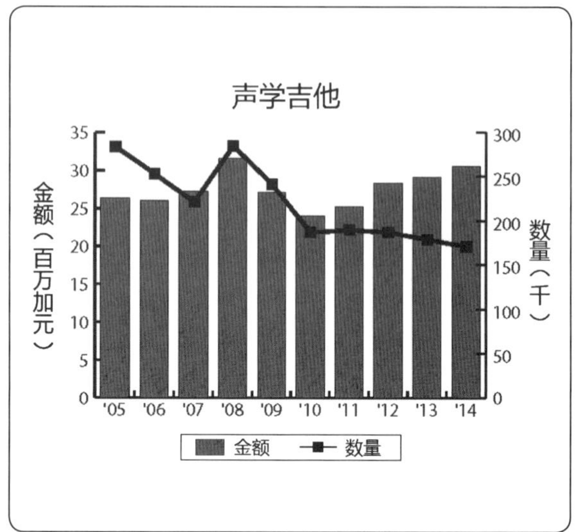
声学吉他
金额（百万加元）
数量（千）
35 30 25 20 15 10 5 0
300 250 200 150 100 50 0
'05 '06 '07 '08 '09 '10 '11 '12 '13 '14
金额 数量

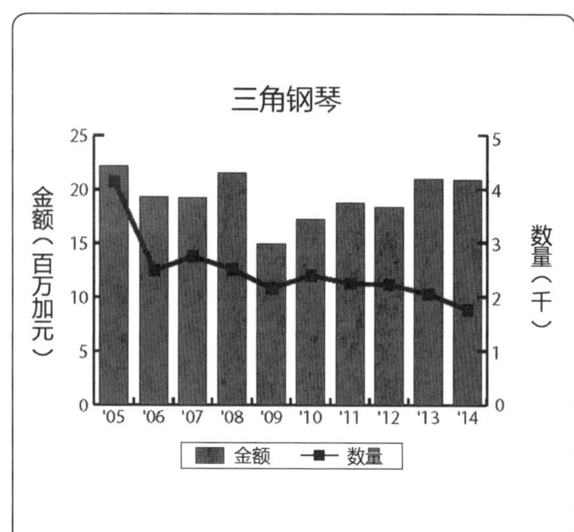
三角钢琴
金额（百万加元）
数量（千）
25 20 15 10 5 0
5 4 3 2 1 0
'05 '06 '07 '08 '09 '10 '11 '12 '13 '14
金额 数量

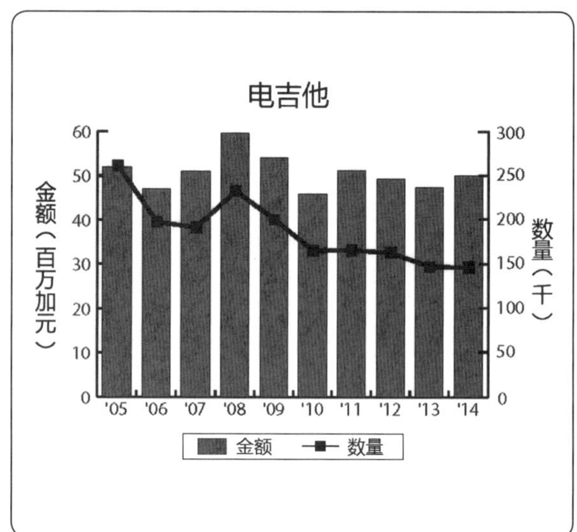
电吉他
金额（百万加元）
数量（千）
60 50 40 30 20 10 0
300 250 200 150 100 50 0
'05 '06 '07 '08 '09 '10 '11 '12 '13 '14
金额 数量

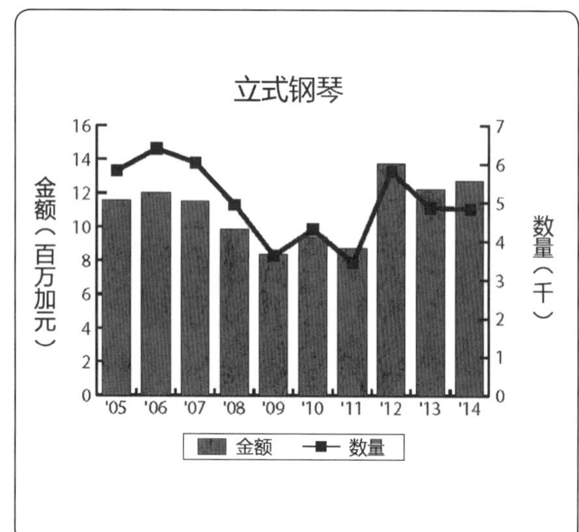
立式钢琴
金额（百万加元）
数量（千）
16 14 12 10 8 6 4 2 0
7 6 5 4 3 2 1 0
'05 '06 '07 '08 '09 '10 '11 '12 '13 '14
金额 数量

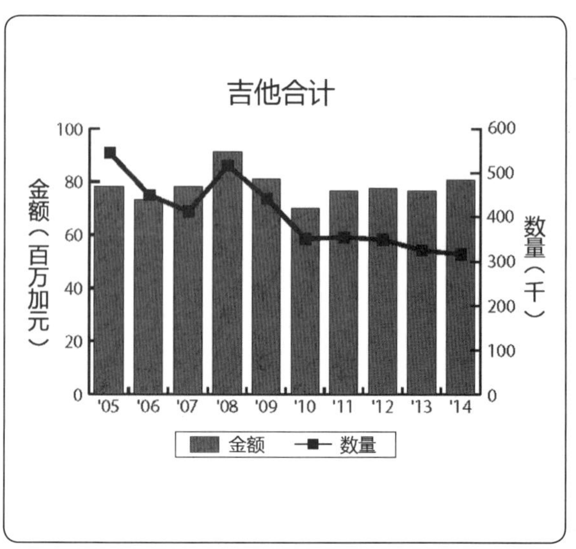
吉他合计
金额（百万加元）
数量（千）
100 80 60 40 20 0
600 500 400 300 200 100 0
'05 '06 '07 '08 '09 '10 '11 '12 '13 '14
金额 数量

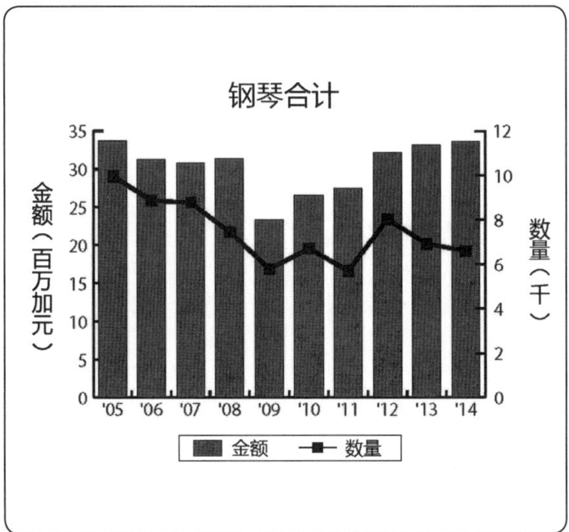
钢琴合计
金额（百万加元）
数量（千）
'05 '06 '07 '08 '09 '10 '11 '12 '13 '14
金额
数量

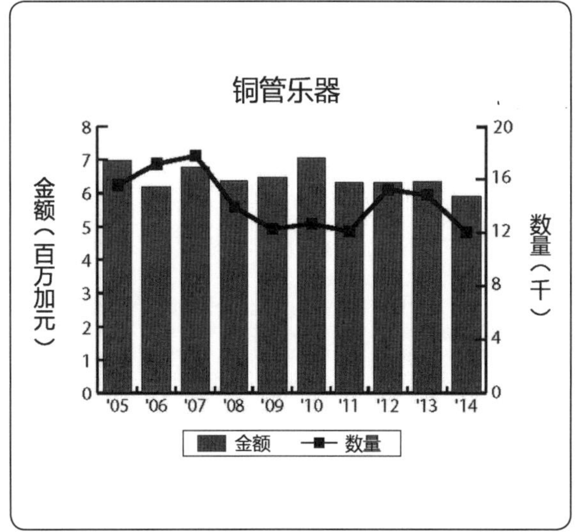
铜管乐器
金额（百万加元）
数量（千）
'05 '06 '07 '08 '09 '10 '11 '12 '13 '14
金额
数量

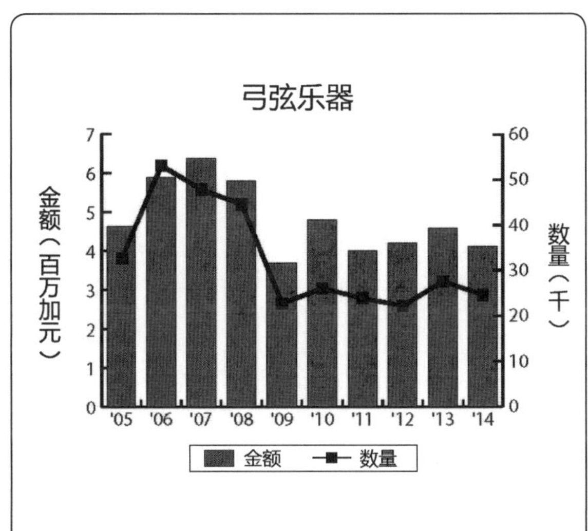
弓弦乐器
金额（百万加元）
数量（千）
'05 '06 '07 '08 '09 '10 '11 '12 '13 '14
金额
数量

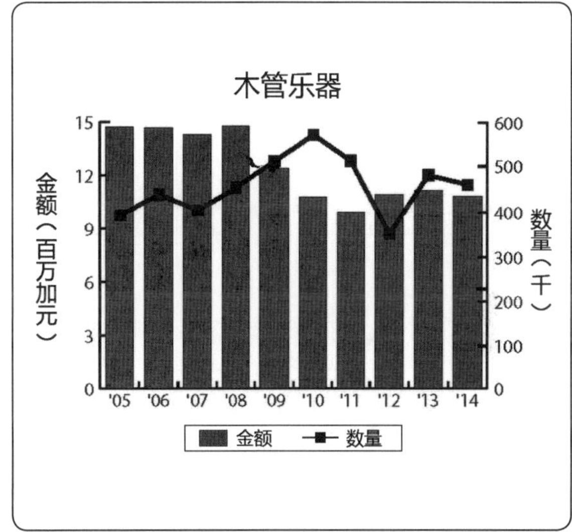
木管乐器
金额（百万加元）
数量（千）
'05 '06 '07 '08 '09 '10 '11 '12 '13 '14
金额
数量

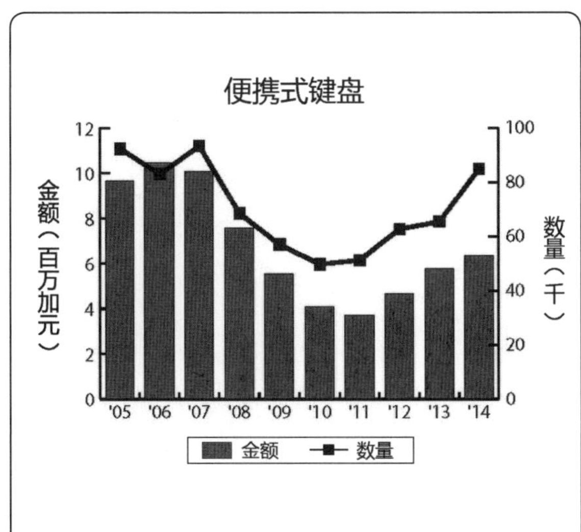
便携式键盘
金额（百万加元）
数量（千）
'05 '06 '07 '08 '09 '10 '11 '12 '13 '14
金额
数量

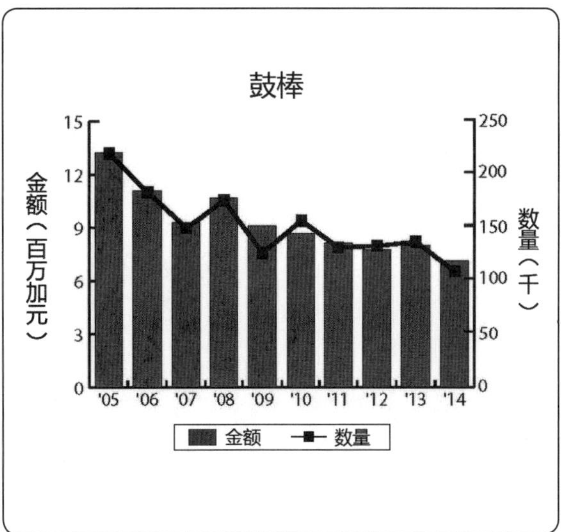
鼓棒
金额（百万加元）
数量（千）
'05 '06 '07 '08 '09 '10 '11 '12 '13 '14
金额
数量

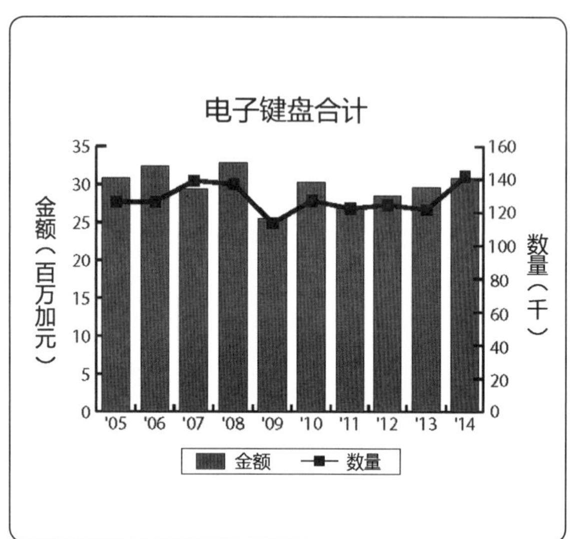

法国

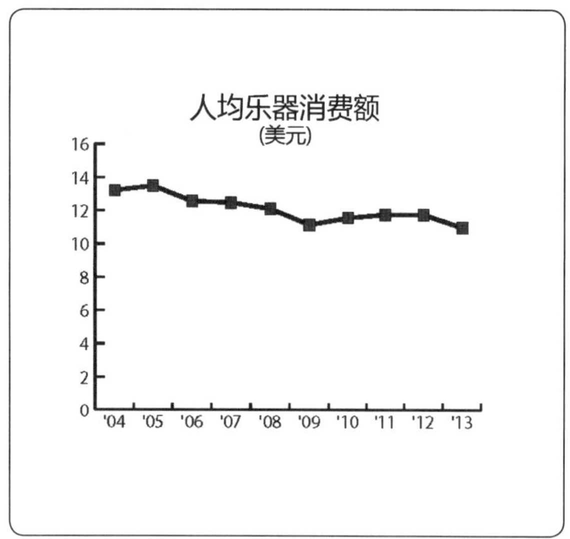

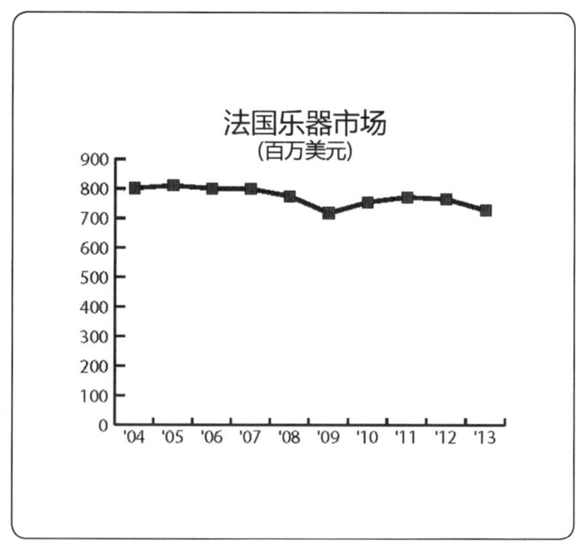

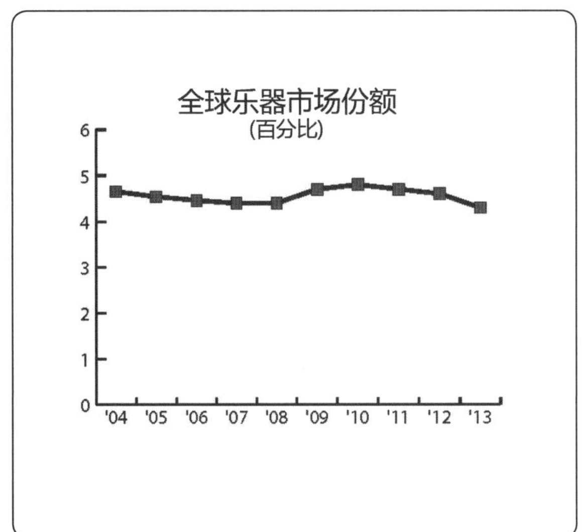
全球乐器市场份额
(百分比)
6
5
4
3
2
1
0
'04 '05 '06 '07 '08 '09 '10 '11 '12 '13

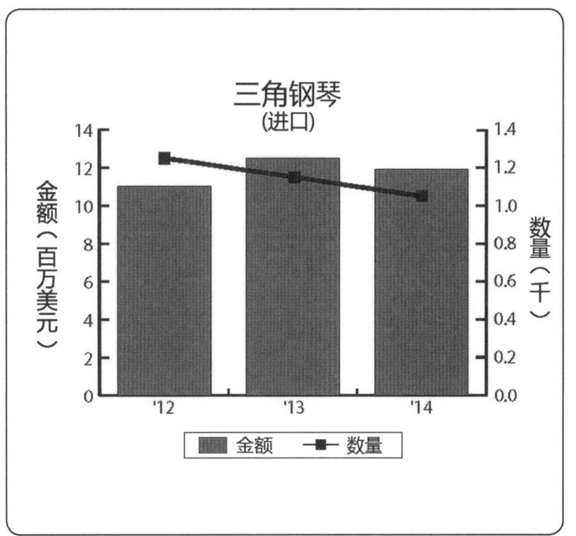
三角钢琴
(进口)
金额(百万美元)
数量(千)
'12 '13 '14
金额 数量

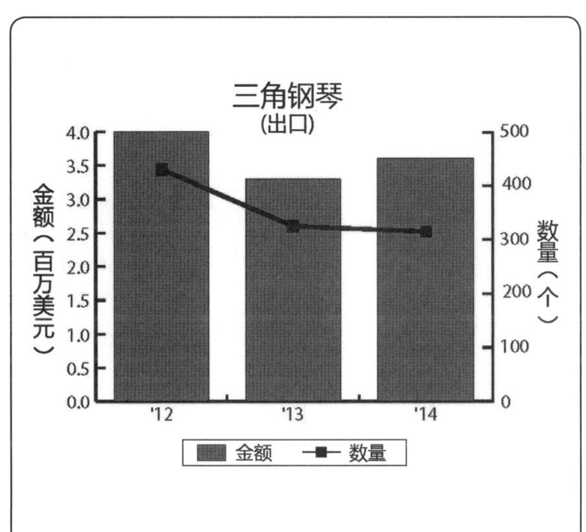
三角钢琴
(出口)
金额(百万美元)
数量(个)
'12 '13 '14
金额 数量

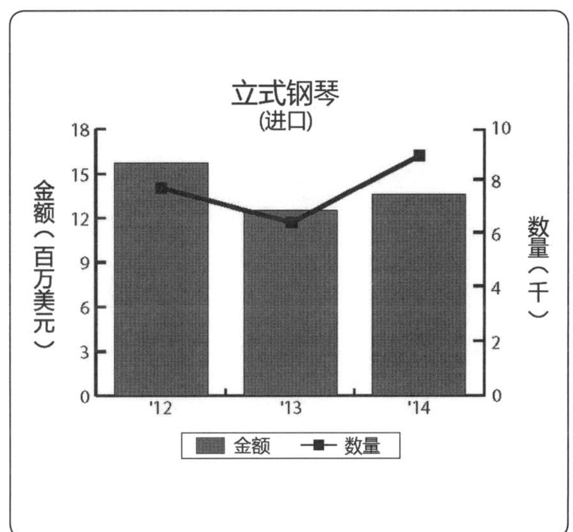
立式钢琴
(进口)
金额(百万美元)
数量(千)
'12 '13 '14
金额 数量

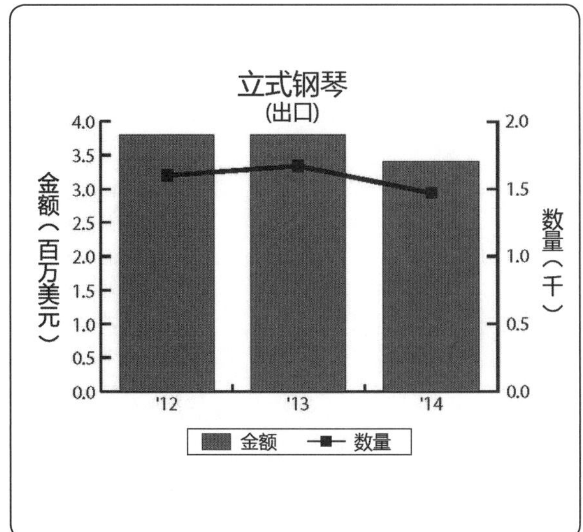
立式钢琴
(出口)
金额(百万美元)
数量(千)
'12 '13 '14
金额 数量

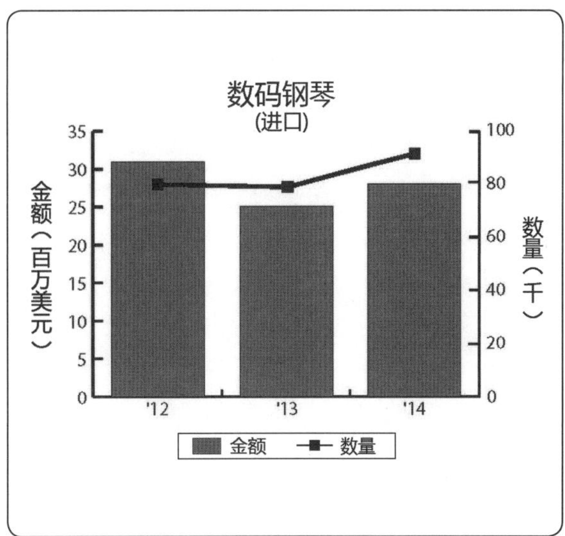
数码钢琴
(进口)
金额(百万美元)
数量(千)
'12 '13 '14
金额 数量

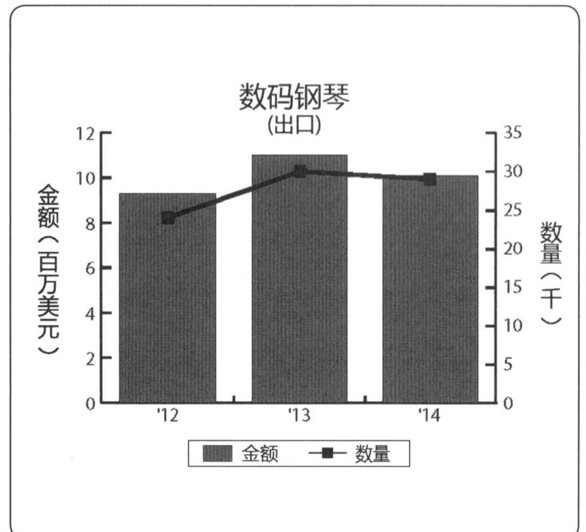
数码钢琴
(出口)
金额（百万美元）
数量（千）
'12
'13
'14
金额
数量

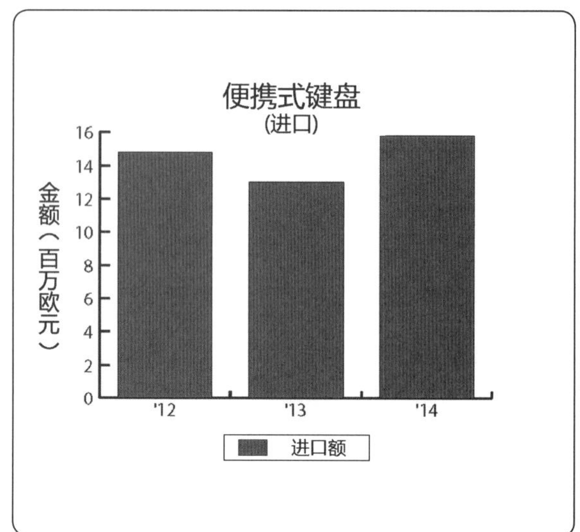
便携式键盘
(进口)
金额（百万欧元）
'12
'13
'14
进口额

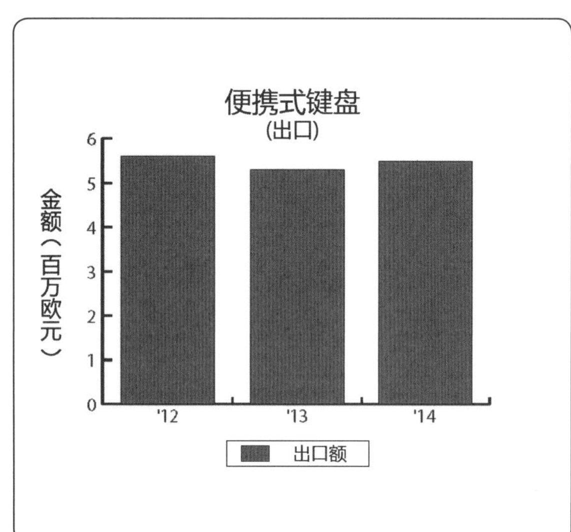
便携式键盘
(出口)
金额（百万欧元）
'12
'13
'14
出口额

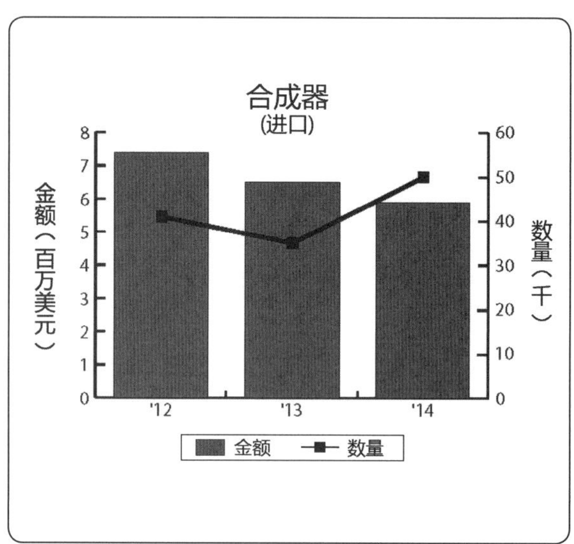
合成器
(进口)
金额（百万美元）
数量（千）
'12
'13
'14
金额
数量

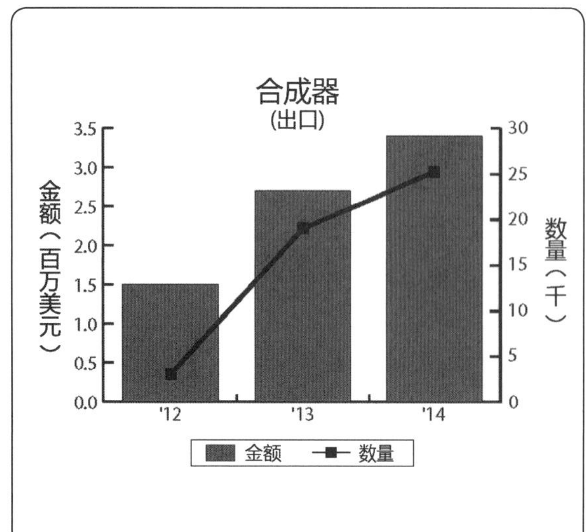
合成器
(出口)
金额（百万美元）
数量（千）
'12
'13
'14
金额
数量

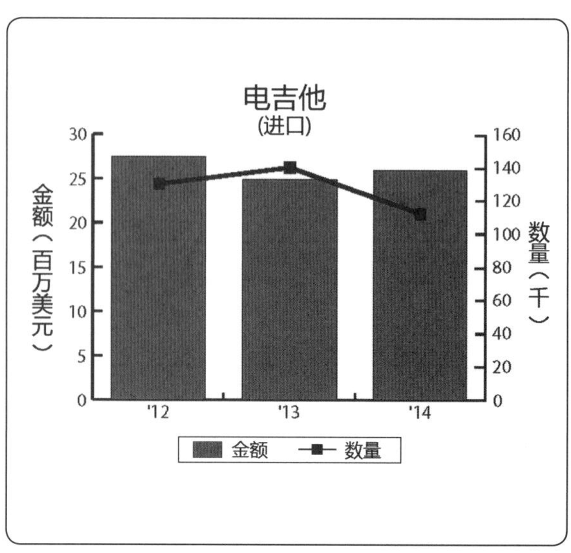
电吉他
(进口)
金额（百万美元）
数量（千）
'12
'13
'14
金额
数量

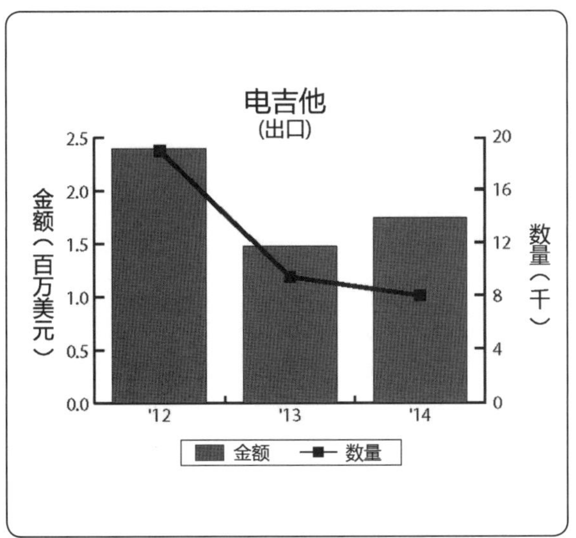
电吉他
(出口)
金额（百万美元）
数量（千）
2.5
2.0
1.5
1.0
0.5
0.0
20
16
12
8
4
0
'12
'13
'14
金额
数量

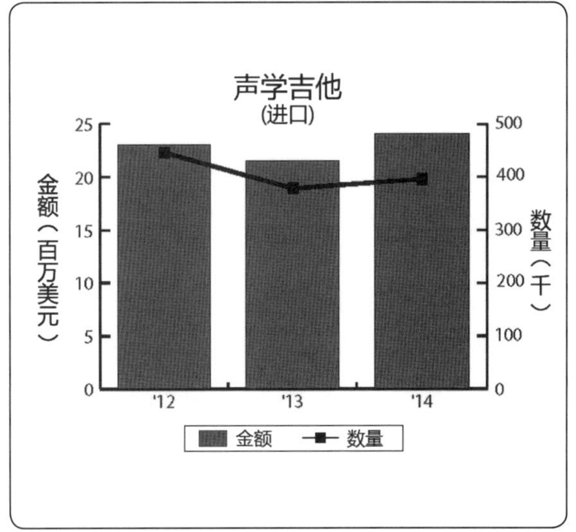
声学吉他
(进口)
金额（百万美元）
数量（千）
25
20
15
10
5
0
500
400
300
200
100
0
'12
'13
'14
金额
数量

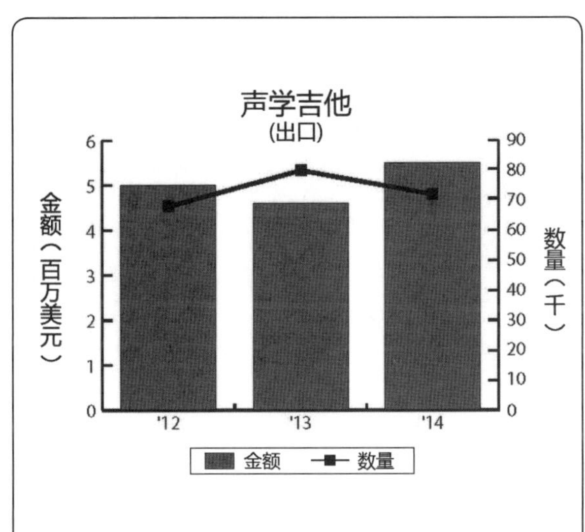
声学吉他
(出口)
金额（百万美元）
数量（千）
6
5
4
3
2
1
0
90
80
70
60
50
40
30
20
10
0
'12
'13
'14
金额
数量

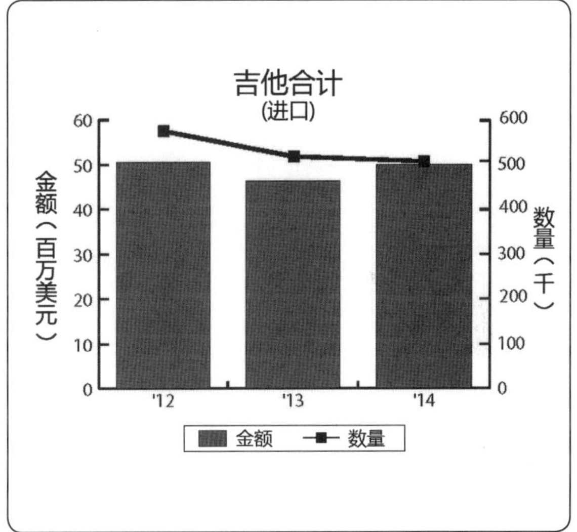
吉他合计
(进口)
金额（百万美元）
数量（千）
60
50
40
30
20
10
0
600
500
400
300
200
100
0
'12
'13
'14
金额
数量

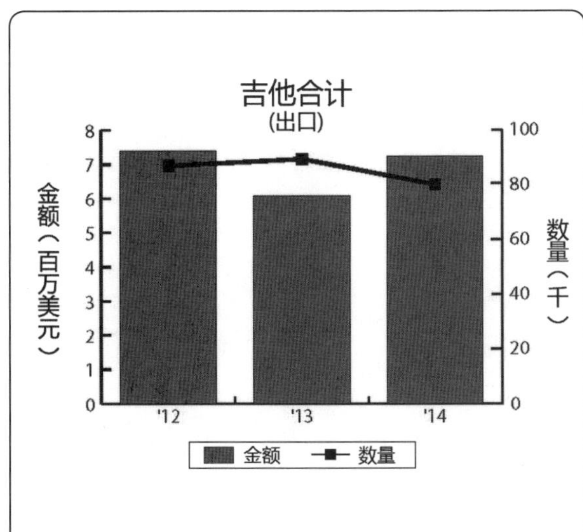
吉他合计
(出口)
金额（百万美元）
数量（千）
8
7
6
5
4
3
2
1
0
100
80
60
40
20
0
'12
'13
'14
金额
数量

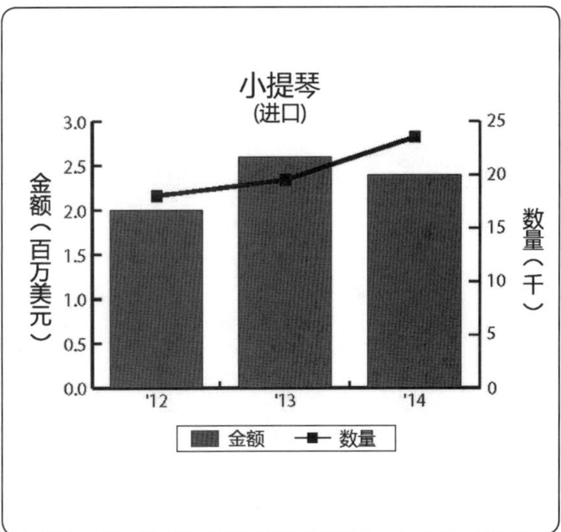
小提琴
(进口)
金额（百万美元）
数量（千）
3.0
2.5
2.0
1.5
1.0
0.5
0.0
25
20
15
10
5
0
'12
'13
'14
金额
数量

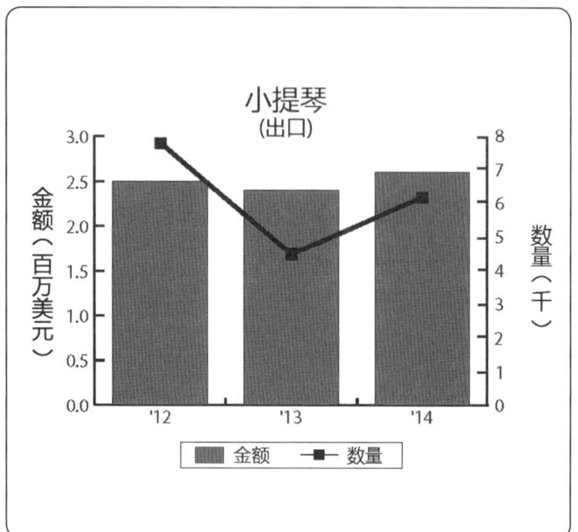
小提琴
(出口)
金额（百万美元）
数量（千）
3.0
2.5
2.0
1.5
1.0
0.5
0.0
8
7
6
5
4
3
2
1
0
'12
'13
'14
金额
数量

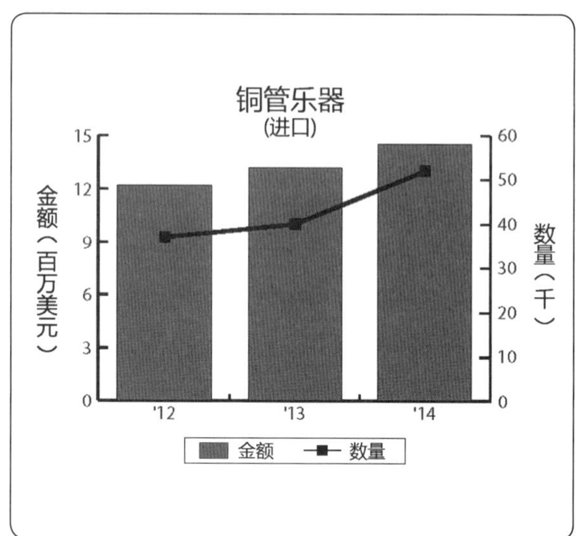
铜管乐器
(进口)
金额（百万美元）
数量（千）
15
12
9
6
3
0
60
50
40
30
20
10
0
'12
'13
'14
金额
数量

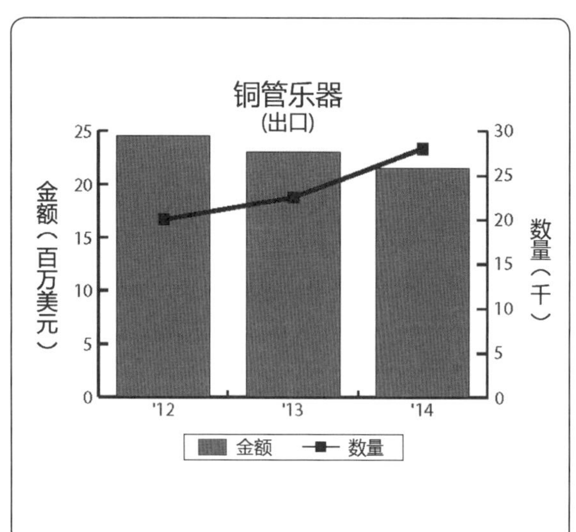
铜管乐器
(出口)
金额（百万美元）
数量（千）
25
20
15
10
5
0
30
25
20
15
10
5
0
'12
'13
'14
金额
数量

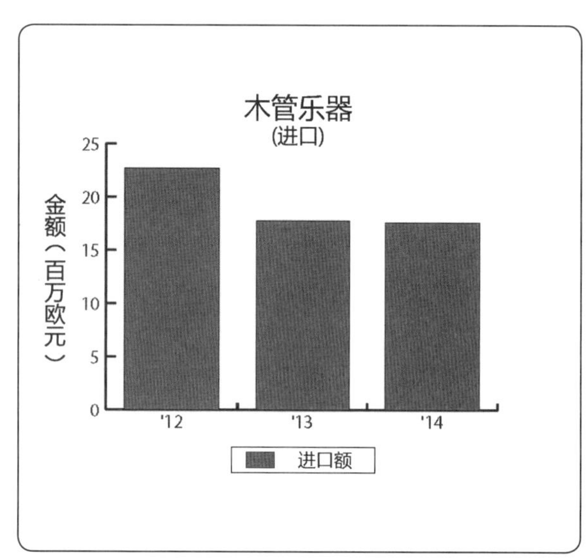
木管乐器
(进口)
金额（百万欧元）
25
20
15
10
5
0
'12
'13
'14
进口额

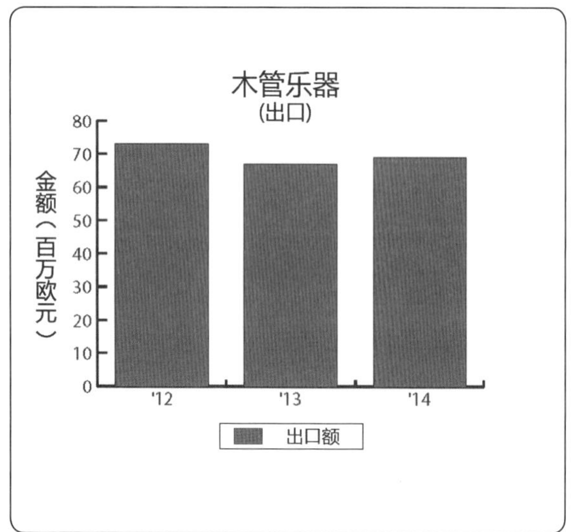
木管乐器
(出口)
金额（百万欧元）
80
70
60
50
40
30
20
10
0
'12
'13
'14
出口额

英国

英国经济整体上从金融危机中缓慢复苏，通过采取各种政策措施，英国已成为当前欧盟经济增长最快的国家。报告显示，经济增长仍然乏力，尚且缺乏驱动市场消费大幅增长的动力。乐器交易总体趋于微增势头。

全球油价下跌对通货膨胀几乎为零的英国影响甚微小。然而英国经济低通货膨胀的正向作用却被英镑与欧元间的汇率波动轻易抵消，也为英国与外国的乐器贸易往来带来了干扰。欧元区内，各公司在英国的贸易额相当大。众所周知，客户只需轻点鼠标，即可对世界任何地方的产品价格进行比较。

从积极方面说，英国实体琴行经营正常，使得实体乐器销售与网上销售实现某种动态平衡。然而，仍有证据显示，大型乐器零售商日益强大，强者愈强，未来几年内，市场似乎会显示出“80/20”法则效应。

电商巨头亚马逊公司仍对音乐制品行业产生着重要影响。英国多数进口类乐器都是由该公司在网上经销，它对当前实体乐器琴行和批发商有着或多或少的影响。有观点认为，该公司的优势在于依赖网络拉拢不常逛琴行的客户。如果真能达到目的，那么也可以认为，亚马逊以它自己的方式为乐器市场的繁荣做出了贡献。

与此同时，eBay和其他新兴的网站也在网上大量销售乐器，已突破了传统意义的乐器销售范畴，这种新型业态的出现，对于如何把握英国乐器市场的总体规模，无疑增加了难度。

音乐制品销售渠道继续拓宽，也增加了销售追踪的难度，重要网络公司的参与有力增强了竞争氛围。确凿贸易数据显示，当前英国的音响市场正经历着相对繁荣的销售“蜜月期”，而“纯”乐器增长并不明显。整体而言，英国乐器市场增速已从百分之零点几上升到个位数，而且，混合业态增长与音响较快增长的势头叠加起来时，我们会发现，整个音乐制品行业在向前发展。

乐器行业在英国和其他许多国家还面临着一个有趣的社会经济问题：并不仅仅是人口老龄化问题，还有行业老化的问题！现在英国许多琴行是由婴儿潮出生的那代人经营，现在很多人已到退休年龄。如何培养好下一代经营人才，让他们成为助推行业发展的接班人，成为目前英国乐器行业面临的现实问题。

总而言之，乐器有传统、非传统销售渠道，普通消费者可通过各种渠道购买乐器。2014年英国乐器协会最新研究显示，当前，无论学习乐器的人口数量还是拥有乐器的家庭数量都在增加。不少人过去学过乐器，后来中断，现在又想重新拾起，还有很多人过去从未接触过乐器但希望现在开始学习，在英国这两类潜在乐器消费群体的数量非常可观，会对促进乐器市场消费形成“双峰效应”，行业的发展从一定程度来说，也受益于这股力量。

“器乐学习演奏日”以及其他类似活动正在创造新的音乐家，同时也会让那些希望重新回归音乐的人群找到归属。英国社会具备把握这样重大机遇的能力，如果能够找到让大家融入音乐的有效方式，那么英国乐器行业的规模就有机会翻番。例如，2015年英国乐器协会策划举办了“器乐学习演奏日”，全英129家琴行为民众提供的免费音乐课程数高达1.2万节！可想而知这种示范效应多么强大，在器乐学习的道路上，继续执著追求自己音乐梦想的人将会越来越多。（评注：英国乐器协会首席执行官保罗）

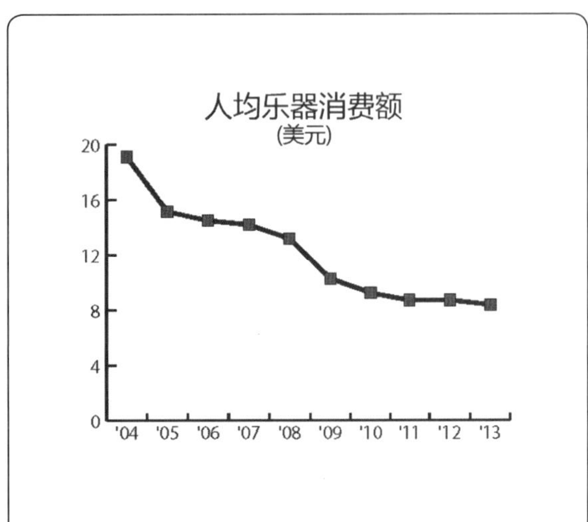
人均乐器消费额
(美元)
20
16
12
8
4
0
'04 '05 '06 '07 '08 '09 '10 '11 '12 '13

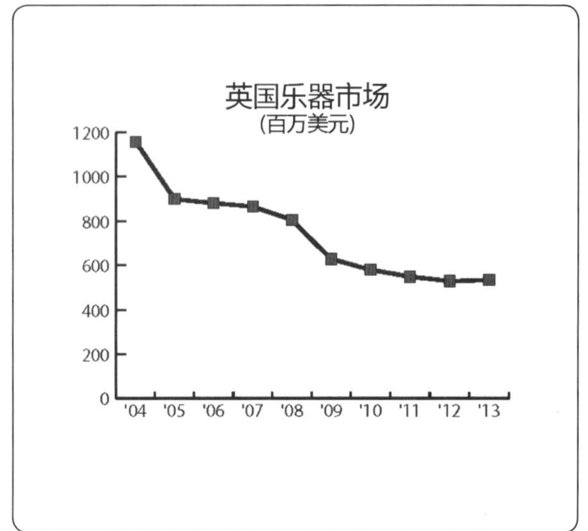
英国乐器市场
(百万美元)
1200
1000
800
600
400
200
0
'04 '05 '06 '07 '08 '09 '10 '11 '12 '13

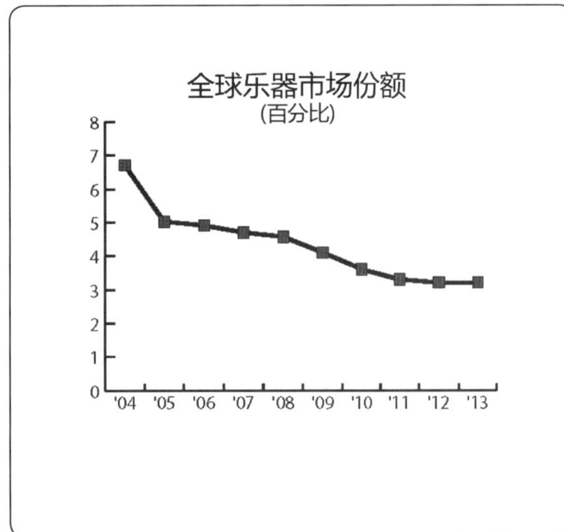
全球乐器市场份额
(百分比)
8
7
6
5
4
3
2
1
0
'04 '05 '06 '07 '08 '09 '10 '11 '12 '13

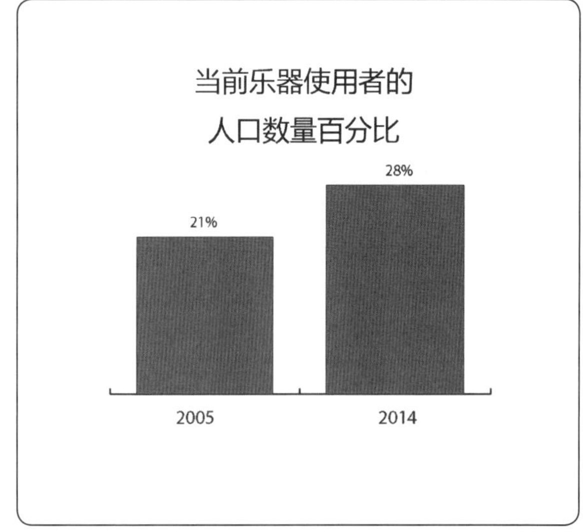
当前乐器使用者的
人口数量百分比
21%
28%
2005
2014

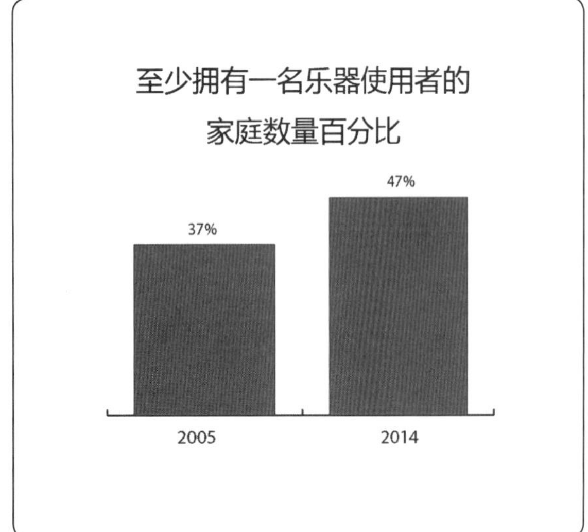
至少拥有一名乐器使用者的
家庭数量百分比
37%
47%
2005
2014

澳大利亚

2014年，澳大利亚经济表现令人满意。数据显示，2014年澳大利亚乐器需求与销量呈增长态势，加之2014年第4季度强劲带动，一举夯实全年市场业绩：全年乐器销量增长11%，销售金额增长4%，乐器行业增幅超过澳大利亚经济2.5%的增幅。

如果以五年为一个周期进行数据对比，以2014年和2009年为例，2009年是继1999年经济衰退后，第二个五年周期内乐器销量首次达到峰值的年份。整体来讲，2014年乐器销量超过200万件，增长10%，销售金额2.37亿澳元，又成为2009年以来销售最好的年份。2011年至2013年澳大利亚乐器行业经历短期波动后，2014年再度巩固向好，说明澳大利亚乐器进口似乎非常强劲。与此同时，2014年，音乐制品行业在通货紧缩形势下基本度过难关，但利润压力日俱增，价格上涨渐渐显现。从2014年最后两个季度情况看，乐器进口成本在增加；从外部环境看，在中国，制造乐器的成本一直很低，而实际上该国制造成本也是逐渐上升的，只不过还没有人公开报告这种情况；还有一个原因：实力较大的分销商还在以原有价格消化库存，也在一定程度上推迟了价格全面上涨。如果我们再把澳元对美元的汇率变化因素考虑进来，那么通过以上分析可以得出这样结论，澳大利亚乐器平均单价实际是上涨的。

2014年乐器进口金额2000万澳元，较2013年有所增加，比2012年增加了20%。

— 2014年，立式钢琴进口量略增，创下了连续两年小幅增长态势，进口均价上涨带动进口额增长9%。

— 数码钢琴销量增长8.5%，销售额增长了2%。2014年，电子键盘类产品整体表现不错，便携式电子键盘进口量增长4%，由于进口均价增长13%，进口总额增长18%。多年进口记录显示，澳大利亚电声乐器进口呈逐步下降趋势，但2014年的结果似乎又让人们感受到“乐观的想象空间”。

— 吉他进口业绩强劲，增幅近7%，主要得益于电声吉他支撑。吉他和低音弦类乐器进口额增长11%。

— 铜管类乐器近5年进口呈下降趋势，而2014年强劲增长，进口量增长近10%，进口金额增加近4%，表现十分突出。木管乐器总体略有增长，进口量增长12%，进口额增长10%。单独而言，2014年，长笛、单簧管和萨克斯管这三类乐器中，只有单簧管的进口好于2013年。

澳大利亚国家统计局数据显示，2014年澳大利亚网上消费额为164亿澳元，比上年147亿澳元有所增加，这一比例相当于实体零售消费（不含咖啡和食物）的6.8%。就乐器市场而言，像电吉他、电声打击乐器、镲片及其他产品适合海运且更加耐用，因此澳大利亚部分乐器品种面临着国外更为廉价的进口商品冲击。

如何为澳大利亚网络和琴行营造公平竞争环境一直是个难题。澳大利亚乐器零售商日渐感觉到来自外国竞争，有些国家人工成本、工资和退休金较低，经济规模却很大。国际贸易中，有多少快递包裹通过离岸交付逃过了“低成本货物服务税”？外国进口货物价格绝大多数都低于1000澳元，而1000澳元正是货物服务税的免税起征点，国外销售者却因为价格优势，避开了10%的“货物服务税”。但在澳大利亚国内，零售商却须向顾客加收10%的货物服务税。

澳大利亚乐器协会不断游说澳大利亚联邦政府和州政府降低或取消货物服务税门槛。协会已对议员和参议员展开游说，再次向立法机构表达业界关注热点。（评注：澳大利亚乐器协会首席执行官沃克尔）

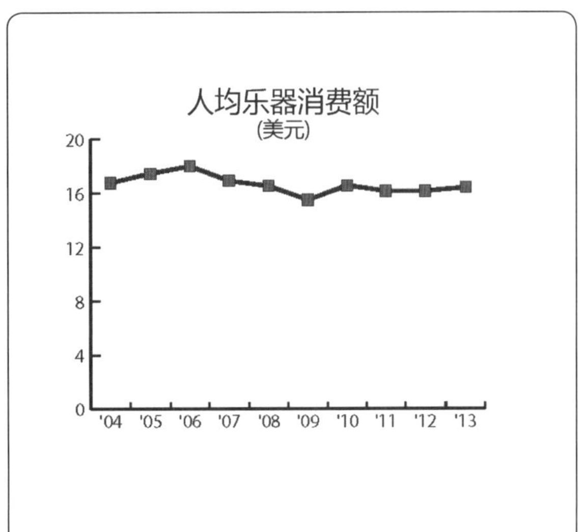

人均乐器消费额
(美元)
20
16
12
8
4
0
'04 '05 '06 '07 '08 '09 '10 '11 '12 '13

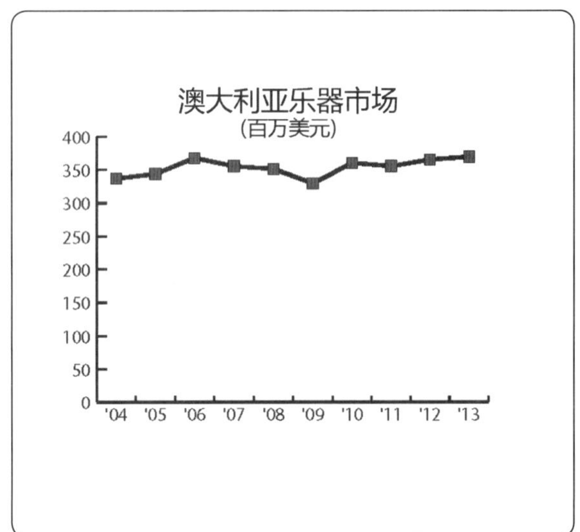

澳大利亚乐器市场
(百万美元)
400
350
300
250
200
150
100
50
0
'04 '05 '06 '07 '08 '09 '10 '11 '12 '13

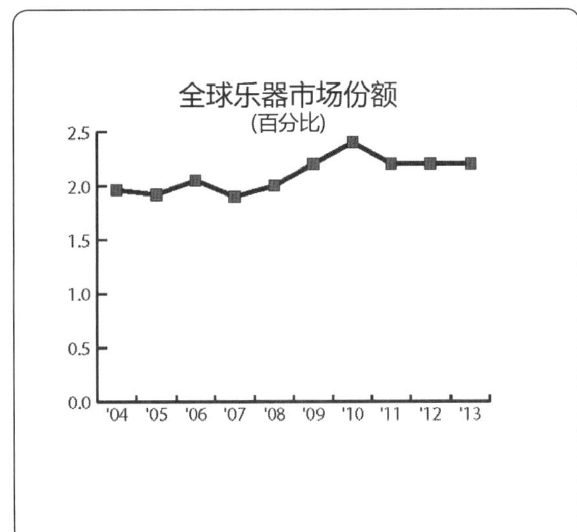

全球乐器市场份额
(百分比)
2.5
2.0
1.5
1.0
0.5
0.0
'04 '05 '06 '07 '08 '09 '10 '11 '12 '13

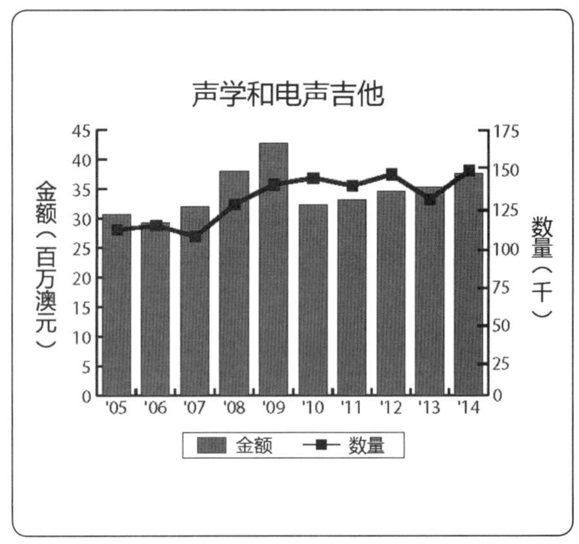

声学和电声吉他
金额（百万澳元）
数量（千）
45
40
35
30
25
20
15
10
5
0
175
150
125
100
75
50
25
0
'05 '06 '07 '08 '09 '10 '11 '12 '13 '14
金额
数量

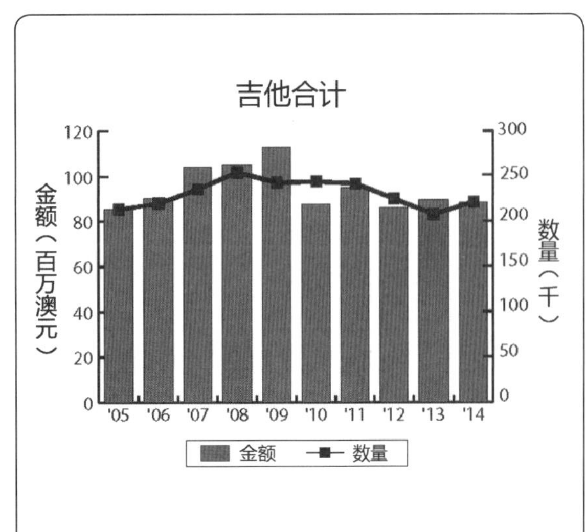

吉他合计
金额（百万澳元）
数量（千）
120
100
80
60
40
20
0
300
250
200
150
100
50
0
'05 '06 '07 '08 '09 '10 '11 '12 '13 '14
金额
数量

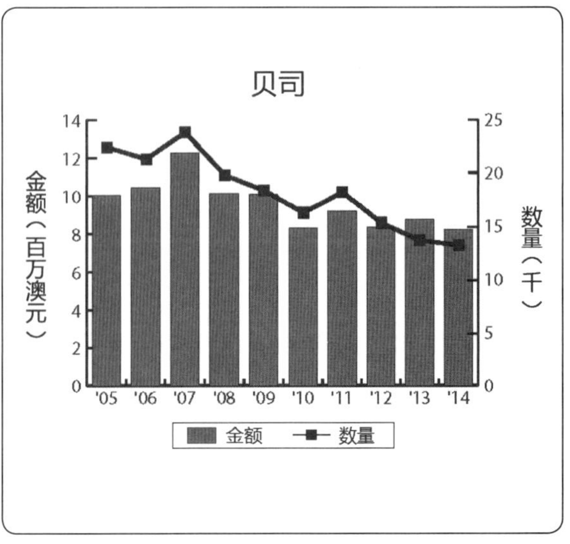

贝司
金额（百万澳元）
数量（千）
14
12
10
8
6
4
2
0
25
20
15
10
5
0
'05 '06 '07 '08 '09 '10 '11 '12 '13 '14
金额
数量

2015
中国乐器年鉴
CHINA MUSICAL INSTRUMENT YEARBOOK

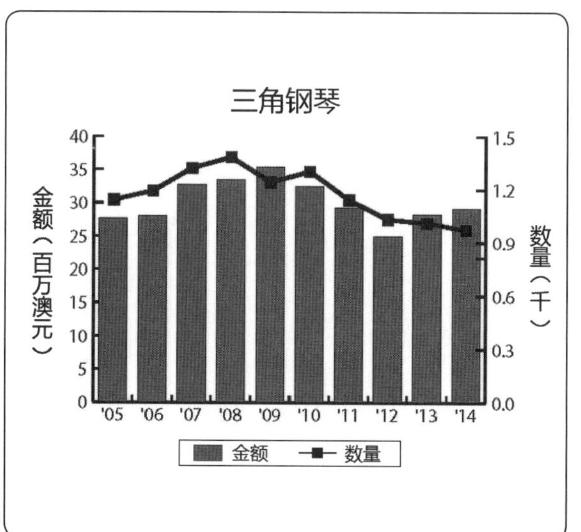
三角钢琴
金额（百万澳元）
数量（千）
'05 '06 '07 '08 '09 '10 '11 '12 '13 '14
金额 数量

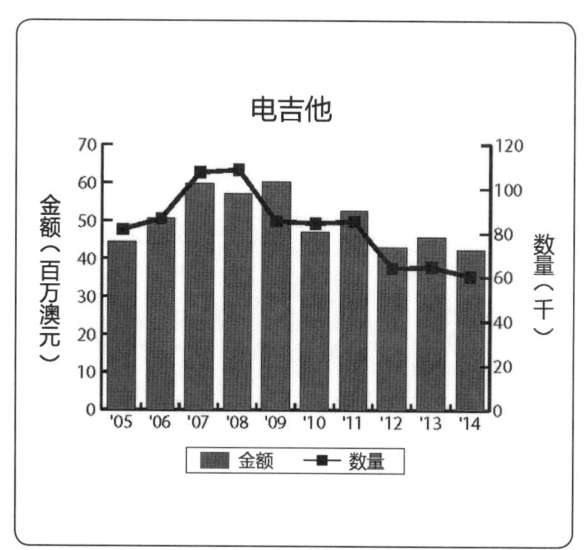
电吉他
金额（百万澳元）
数量（千）
'05 '06 '07 '08 '09 '10 '11 '12 '13 '14
金额 数量

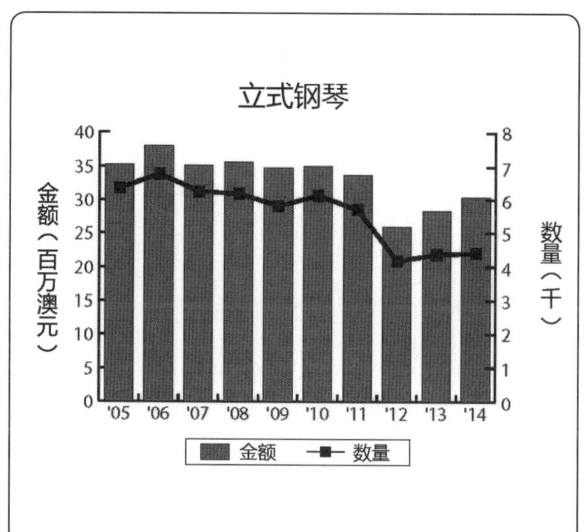
立式钢琴
金额（百万澳元）
数量（千）
'05 '06 '07 '08 '09 '10 '11 '12 '13 '14
金额 数量

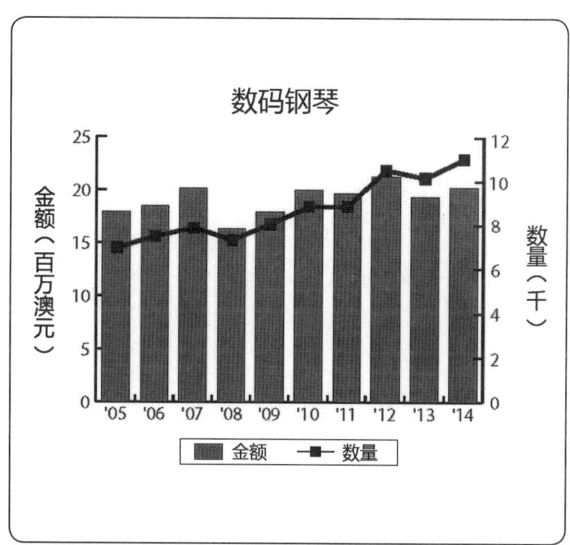
数码钢琴
金额（百万澳元）
数量（千）
'05 '06 '07 '08 '09 '10 '11 '12 '13 '14
金额 数量

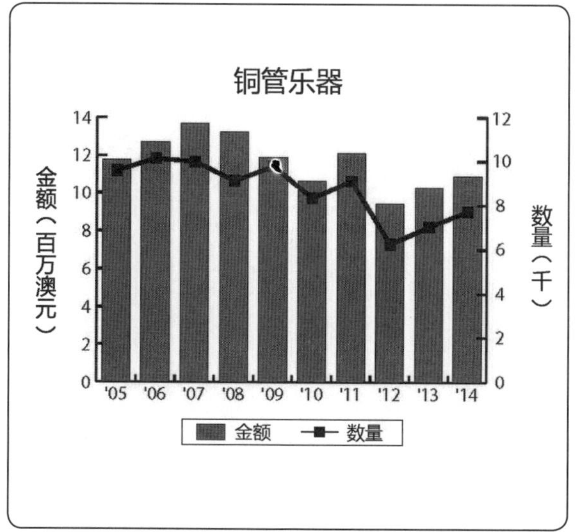
铜管乐器
金额（百万澳元）
数量（千）
'05 '06 '07 '08 '09 '10 '11 '12 '13 '14
金额 数量

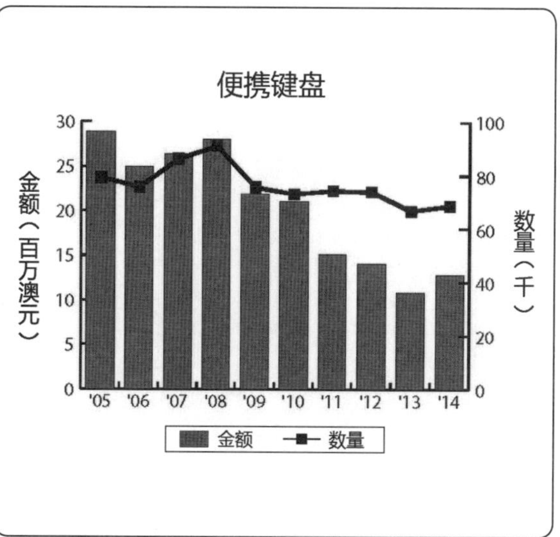
便携键盘
金额（百万澳元）
数量（千）
'05 '06 '07 '08 '09 '10 '11 '12 '13 '14
金额 数量

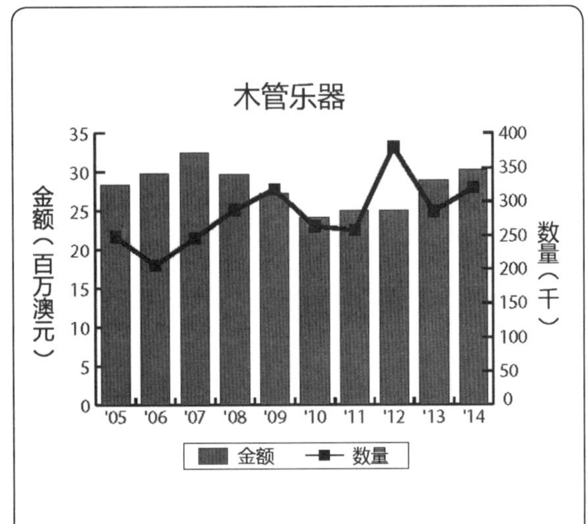
木管乐器
金额（百万澳元）
数量（千）
35
30
25
20
15
10
5
0
400
350
300
250
200
150
100
50
0
'05
'06
'07
'08
'09
'10
'11
'12
'13
'14
金额
数量

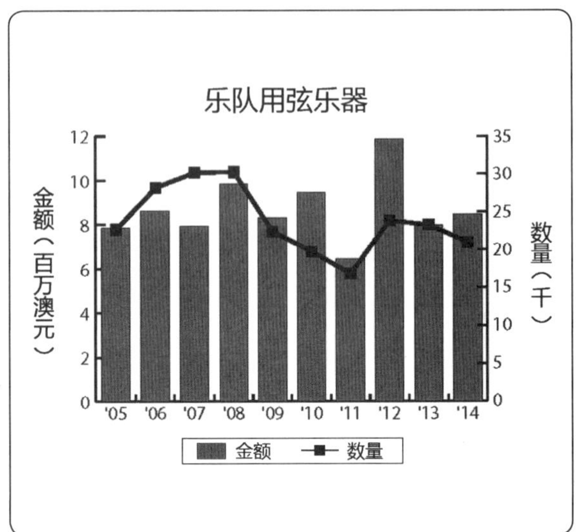
乐队用弦乐器
金额（百万澳元）
数量（千）
12
10
8
6
4
2
0
35
30
25
20
15
10
5
0
'05
'06
'07
'08
'09
'10
'11
'12
'13
'14
金额
数量

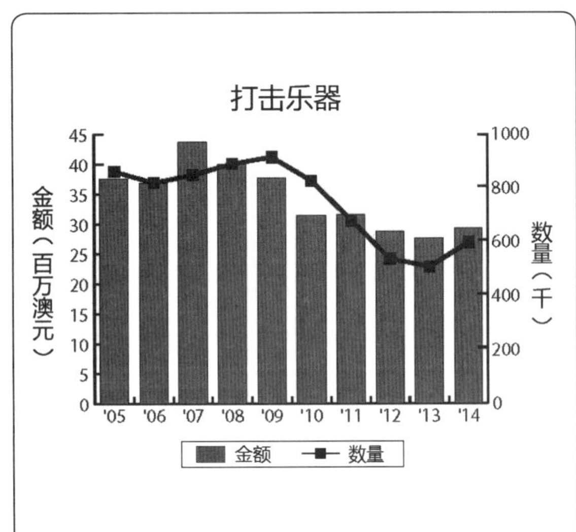
打击乐器
金额（百万澳元）
数量（千）
45
40
35
30
25
20
15
10
5
0
1000
800
600
400
200
0
'05
'06
'07
'08
'09
'10
'11
'12
'13
'14
金额
数量

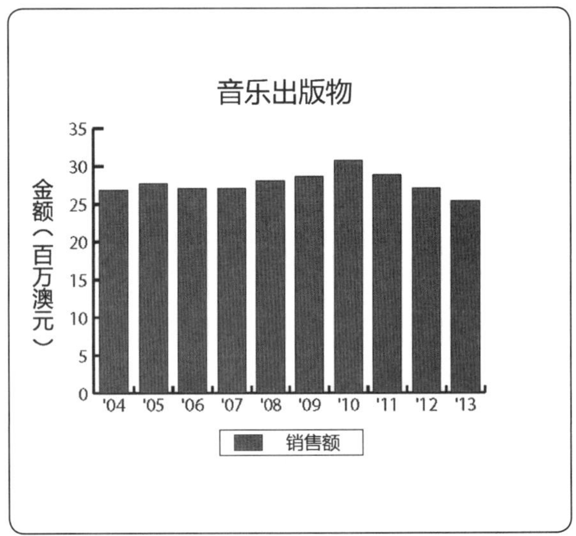
音乐出版物
金额（百万澳元）
35
30
25
20
15
10
5
0
'04
'05
'06
'07
'08
'09
'10
'11
'12
'13
销售额

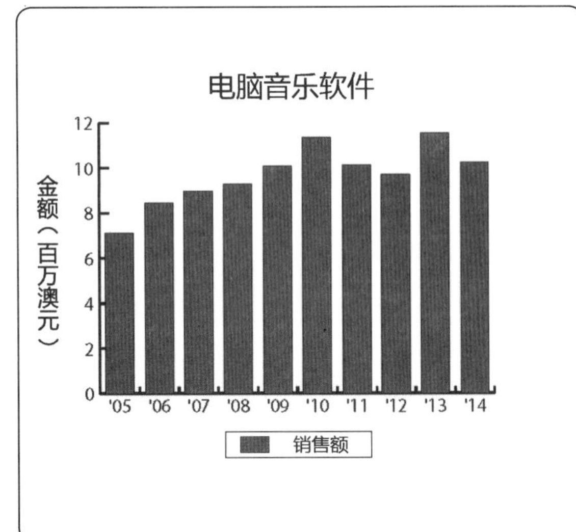
电脑音乐软件
金额（百万澳元）
12
10
8
6
4
2
0
'05
'06
'07
'08
'09
'10
'11
'12
'13
'14
销售额

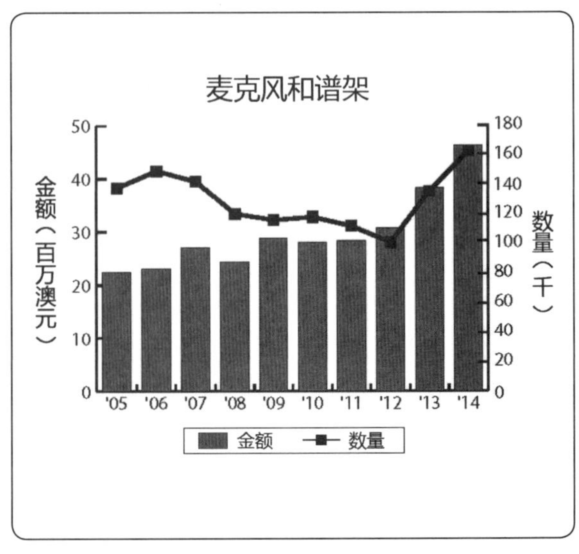
麦克风和谱架
金额（百万澳元）
数量（千）
50
40
30
20
10
0
180
160
140
120
100
80
60
40
20
0
'05
'06
'07
'08
'09
'10
'11
'12
'13
'14
金额
数量

2015
中国乐器
年鉴
CHINA MUSICAL INSTRUMENT YEARBOOK

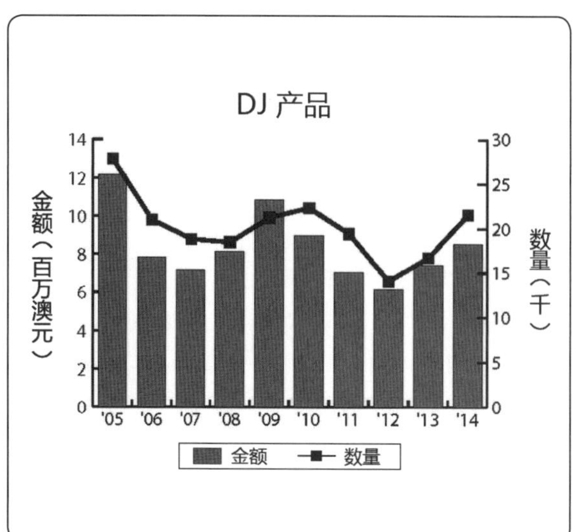
DJ 产品
金额（百万澳元）
数量（千）
14
12
10
8
6
4
2
0
30
25
20
15
10
5
0
'05 '06 '07 '08 '09 '10 '11 '12 '13 '14
金额
数量

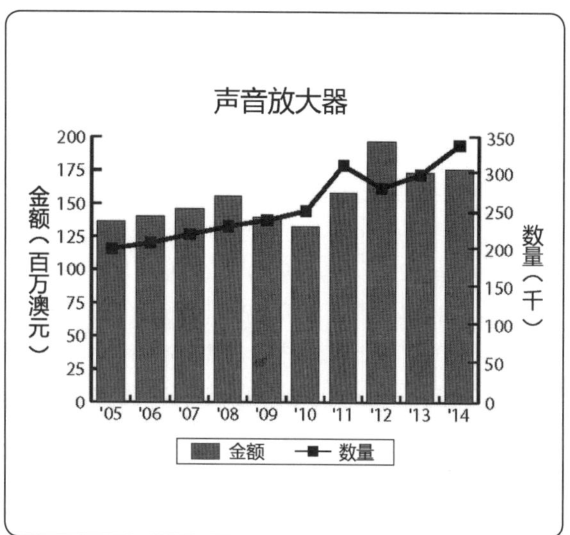
声音放大器
金额（百万澳元）
数量（千）
200
175
150
125
100
75
50
25
0
350
300
250
200
150
100
50
0
'05 '06 '07 '08 '09 '10 '11 '12 '13 '14
金额
数量

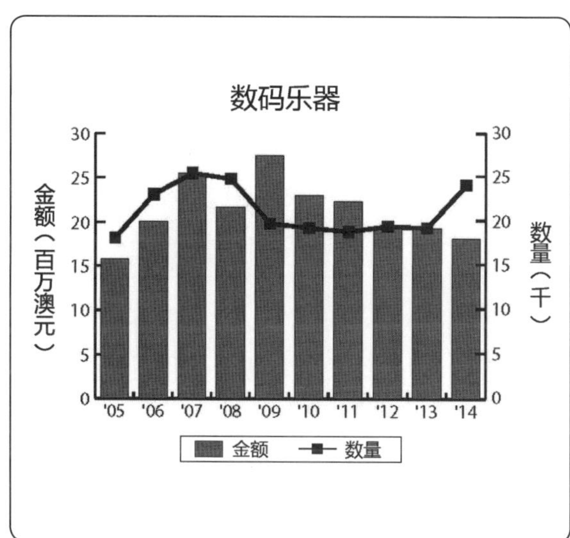
数码乐器
金额（百万澳元）
数量（千）
30
25
20
15
10
5
0
30
25
20
15
10
5
0
'05 '06 '07 '08 '09 '10 '11 '12 '13 '14
金额
数量

意大利

意大利属南欧国家，全国共分20个大区，据2014年意大利国家统计局数据，意大利人口为6100万，国土面积为11.6万平方英里，人口密度为201人/平方公里（或524人/平方英里），意大利是欧盟创始成员国。2014年，意大利乐器产业情况如下。

意大利乐器市场幅增长令人满意。声学钢琴营业额增长6.5%，数码钢琴营业额增长11.2%。其中高端数码钢琴销量大幅下滑49.8%，但其均价上涨98%，总体弥补了销量下跌造成的损失。这种量跌价涨现象也表现在其他乐器门类中，值得意大利乐器界关注。

便携式音乐键盘营业额下跌2.5%

各类乐器均价下降，是我们首先要注意的第一个变化。以便携式键盘为例，零售价格下降，其销量增长30%，达到15868套，营业额同比增加74.4万欧元，增长13%。遗憾的是，由于其他键盘类乐器销量下滑完全抵消了便携式键盘增长，特别是小型键盘乐器，销售额下降44.9万欧元。

音响合成器和音序采样器营业额增长52.4%

该门类音乐制品的价格和销量关系呈“小降小增、大降大增”的有趣特点。首先，键盘控制器均价微降1.7%，带动销量强劲增长44%，营业额增长41.5%；而音响均价大幅下滑43.2%，销量和营业额分别大幅增长330.7%和144.6%。

声学吉他营业额下降5.6%，电吉他营业额下降10.3%

声学价位适中，较易上手，便于音乐爱好者学习，2014年声学吉他市场均价上涨5.6%，销量也下降5.6%，销售额减少100多万欧元。此外，电吉他销售额下滑200多万欧元，声电吉他均呈下滑态势，“小乐器透视大行业”，这表明金融危机对意大利影响的余波仍在，经济复苏任重道远，意大利吉他行业对此不能掉以轻心。

其他弦类乐器营业额增长4.5%

其他弦类乐器增长4.5%，主要得益于尤克里里琴的销售稳步增长。

管乐器营业额总体增长4.8%

管乐器门类值得细致分析。从表面看，2014年，意大利管乐器营业额实现增长，如果细化研究，会发现营业额增长与市场表现无关，仅仅是靠均价上涨带动；从销量分析，单簧管销量增长3.1%，双簧管和巴松管增长22.7%，除此之外，其他门类管乐器销量都在下降。

口琴营业额微增0.4%，基本上处于稳定状态。

弓弦乐器营业额下降5.3%

小提琴和中提琴的销量小幅下降，但大提琴销售量增长，两者正好抵消。真正下滑的是低音提琴，其均价大幅下降16.5%，销量却没有任何起色，反而下降了33.9%，这成为弓弦类乐器销售负增长的决定性因素。

打击乐器营业额增长3.3%

2014年打击乐器出现复苏迹象，镲片营业额基本未变，增长主要来自电子鼓销售，销量电子鼓的营业额增加74.1万欧元，大幅增长21.6%。可以说，打击乐器乐器营业额的增长基本来源于电子鼓。打击乐器销售曾出现大幅下滑，2013年打击乐器营业额2370万欧元，比2012年的3170万欧元下降30%。

手风琴营业额下降2.4%

2014年，意大利手风琴销售下降。传统手风琴均价上涨8.2%，销量减少38.7%，营业额下滑33.7%。

音乐出版物增长16.8%

该领域营业额业绩骄人，增长16.8%，其中古典音乐出版物比重高达三分之二，增长11.8%增长，此外，流行音乐出版物增长27.1%，着实令人鼓舞。

乐器配件附件营业额增长+19.6%

2014年乐器配件销售额增长20.7%，成为乐器成品的重要补充，预计今后仍将保持着增长势头。

结论：

截至2014年底，意大利乐器市场增长3.3%，市场消费信心有所恢复，这种销售趋势我们期待四年了。乐器运行结构非常明显：24类乐器中有17类营业额实现增长，其中13类销量和均价双双增长。

上述微观数据是根据各乐器门类表现，逐项分析得出的，在本报告采用部分百分比形式来体现。意大利市场还面临不少问题，还有巨大创伤没有平复，例如，声学钢琴销量出现了历史新低，这需要全行业付出巨大努力防止其进一步下跌。另外，整个吉他门类也遭受重创，表明金融危机阴霾远未消散，行业不得不时刻保持警惕。

另一方面，我们注意到电子类乐器需求最大。以电子鼓为代表的电子打击乐器持续增长。整个乐器功放、扩音器和麦克风领域与信号处理器表现良好，低成本门类乐器增长强劲。

乐器配件营业额的增长表明，意大利乐器行业正向成本集约化方向发展；音乐出版物销售实现了翻番。自意大利2010年地震后，音乐出版物目前仍处于动态调整阶段，但2015年第1季度数据表明，音乐出版物营业额平均增长4.2%（数据由意大利乐器零售协会多家会员企业提供，在此表示感谢）。

综合分析，意大利乐器市场2014年增长并非偶然，而是展现出市场发展的新方向，意大利乐器行业要抓住这一难得发展机遇，最大程度地激发企业家经营潜质，推动行业发展勇往直前。（评注：意大利乐器零售协会主席克劳迪亚）

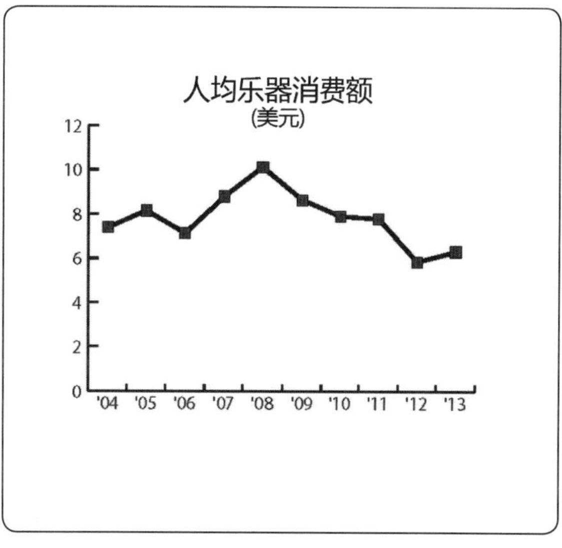

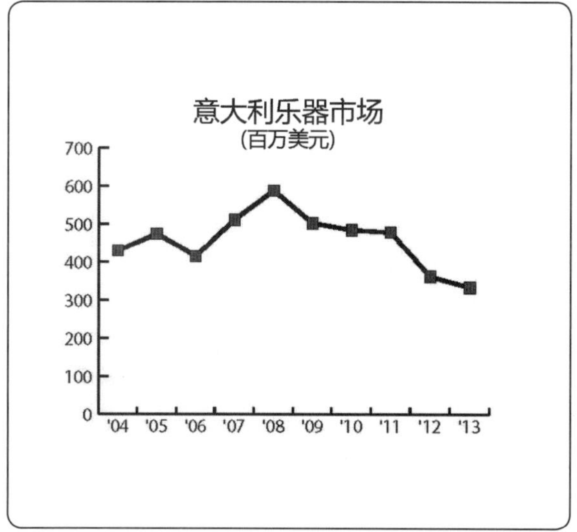

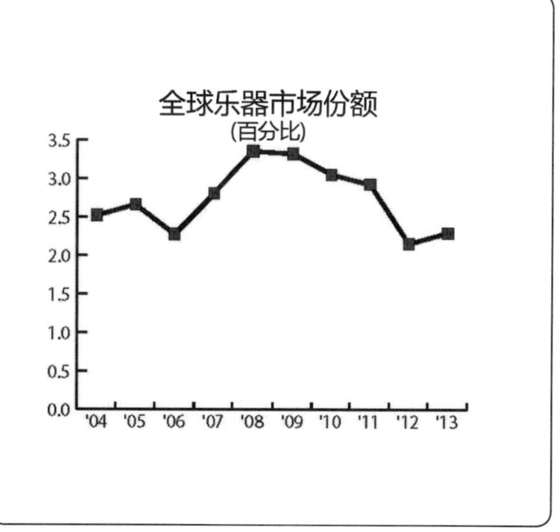

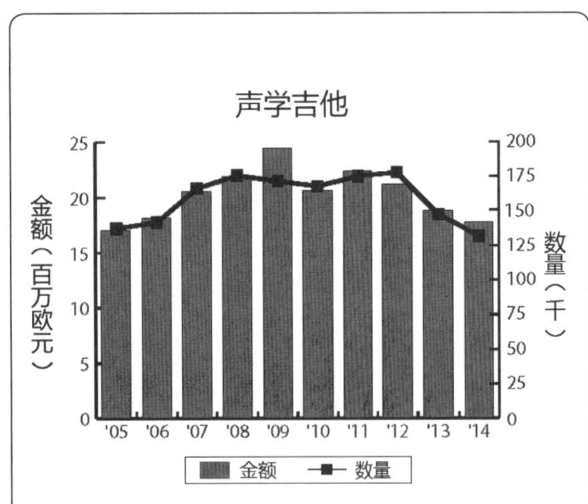
声学吉他
金额（百万欧元）
数量（千）
'05 '06 '07 '08 '09 '10 '11 '12 '13 '14
金额 数量

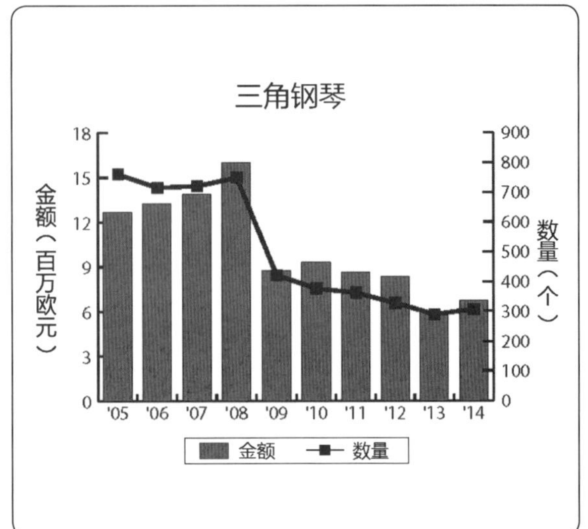
三角钢琴
金额（百万欧元）
数量（个）
'05 '06 '07 '08 '09 '10 '11 '12 '13 '14
金额 数量

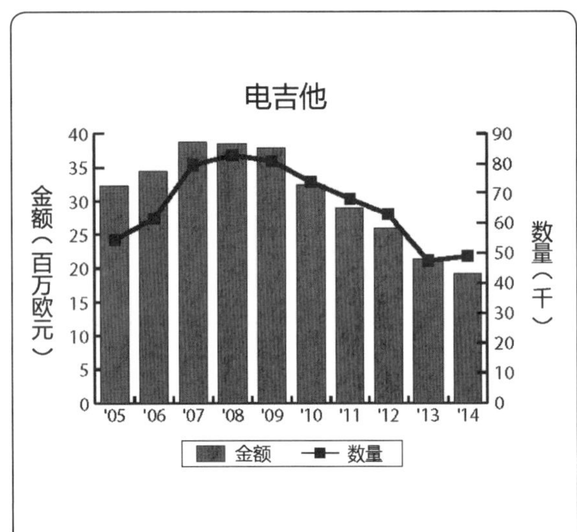
电吉他
金额（百万欧元）
数量（千）
'05 '06 '07 '08 '09 '10 '11 '12 '13 '14
金额 数量

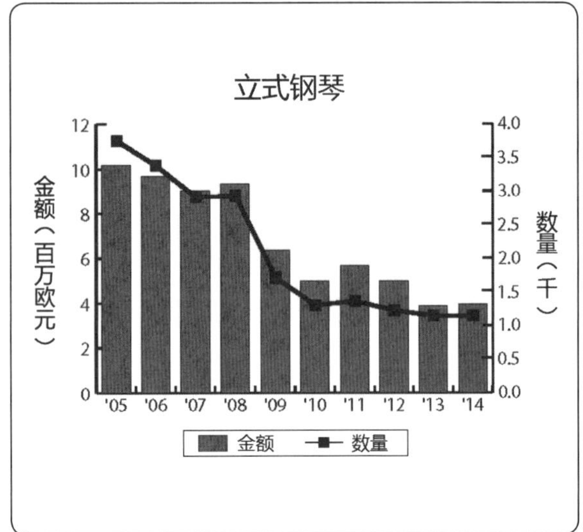
立式钢琴
金额（百万欧元）
数量（千）
'05 '06 '07 '08 '09 '10 '11 '12 '13 '14
金额 数量

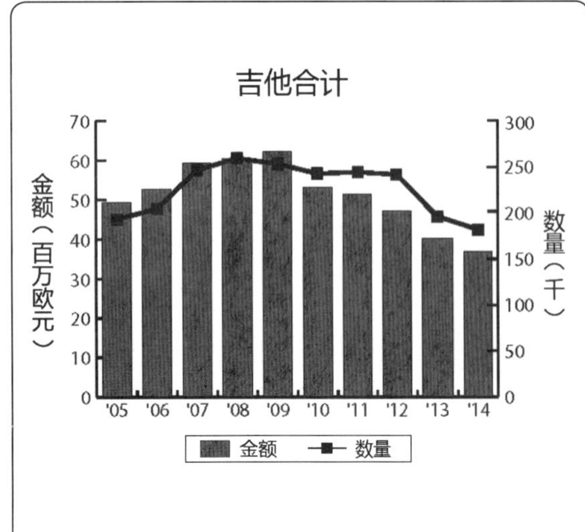
吉他合计
金额（百万欧元）
数量（千）
'05 '06 '07 '08 '09 '10 '11 '12 '13 '14
金额 数量

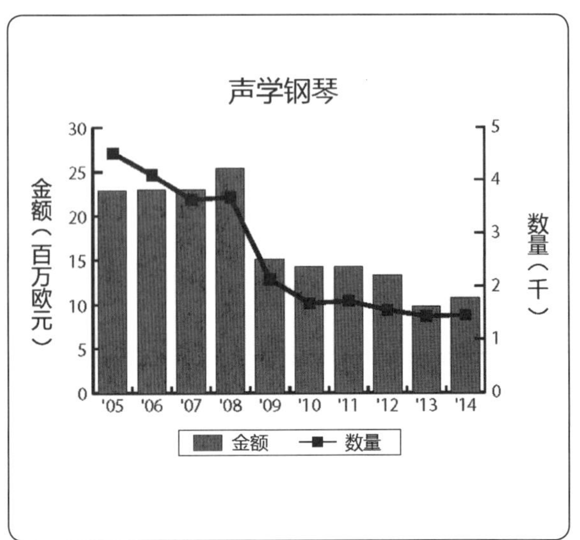
声学钢琴
金额（百万欧元）
数量（千）
'05 '06 '07 '08 '09 '10 '11 '12 '13 '14
金额 数量

2015
中国乐器
年鉴
CHINA MUSICAL INSTRUMENT YEARBOOK

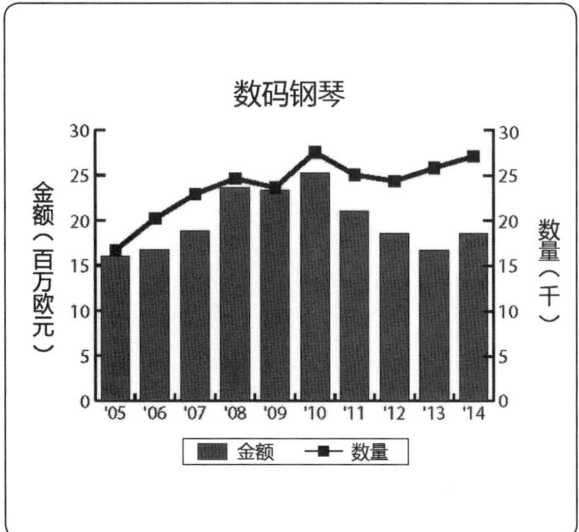
数码钢琴
金额（百万欧元）
数量（千）
'05 '06 '07 '08 '09 '10 '11 '12 '13 '14
金额
数量

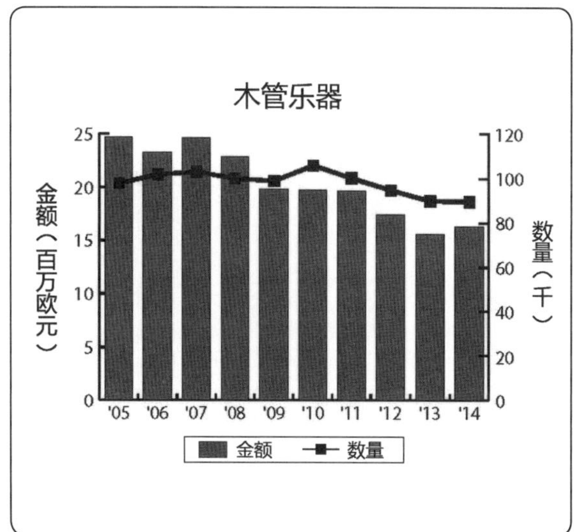
木管乐器
金额（百万欧元）
数量（千）
'05 '06 '07 '08 '09 '10 '11 '12 '13 '14
金额
数量

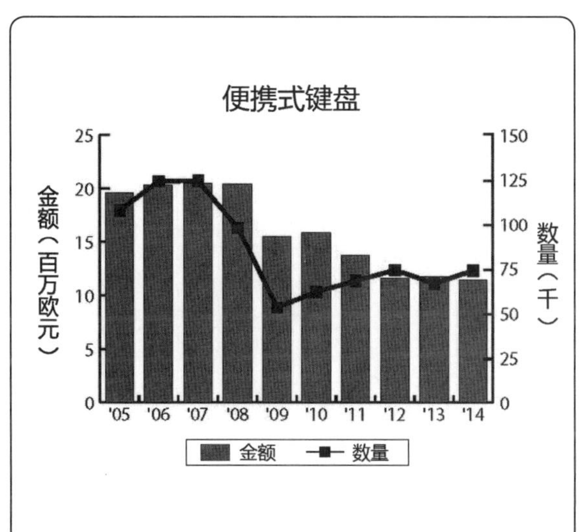
便携式键盘
金额（百万欧元）
数量（千）
'05 '06 '07 '08 '09 '10 '11 '12 '13 '14
金额
数量

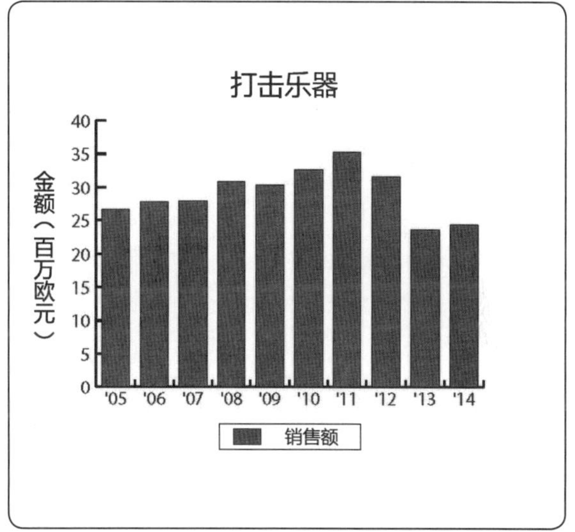
打击乐器
金额（百万欧元）
'05 '06 '07 '08 '09 '10 '11 '12 '13 '14
销售额

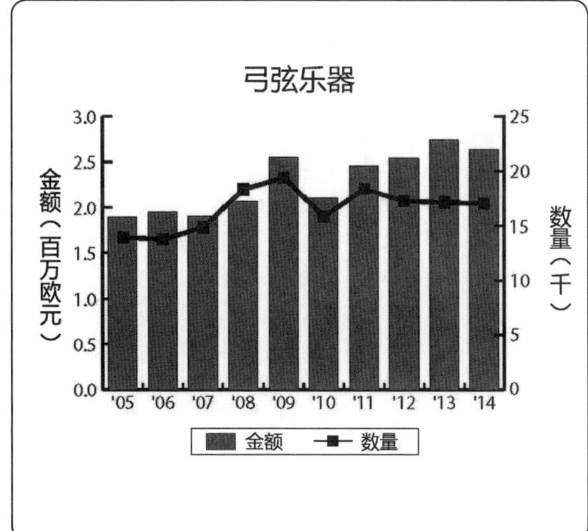
弓弦乐器
金额（百万欧元）
数量（千）
'05 '06 '07 '08 '09 '10 '11 '12 '13 '14
金额
数量

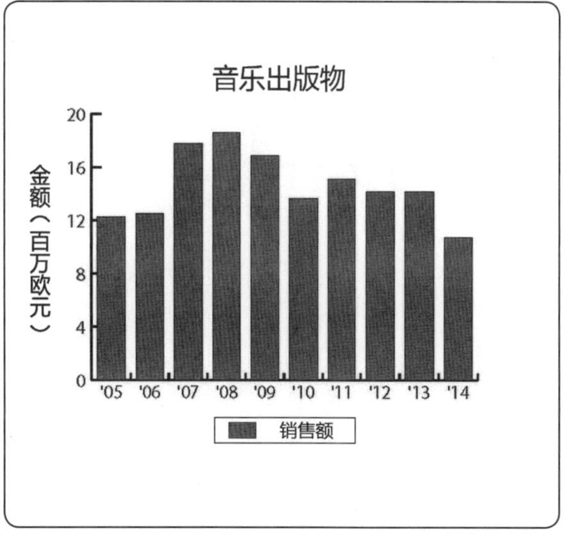
音乐出版物
金额（百万欧元）
'05 '06 '07 '08 '09 '10 '11 '12 '13 '14
销售额

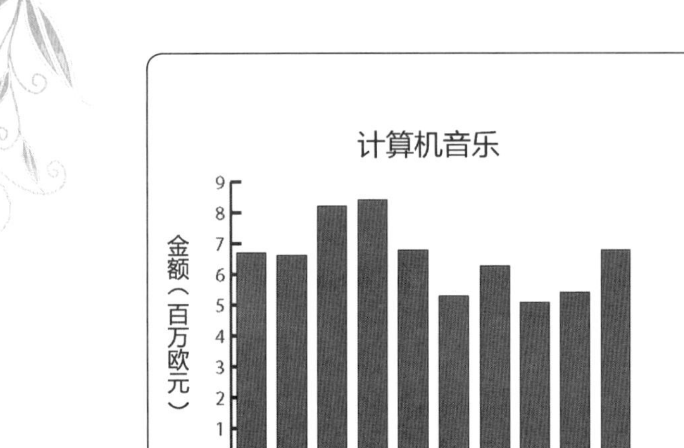
计算机音乐
金额（百万欧元）
'05 '06 '07 '08 '09 '10 '11 '12 '13 '14
销售额

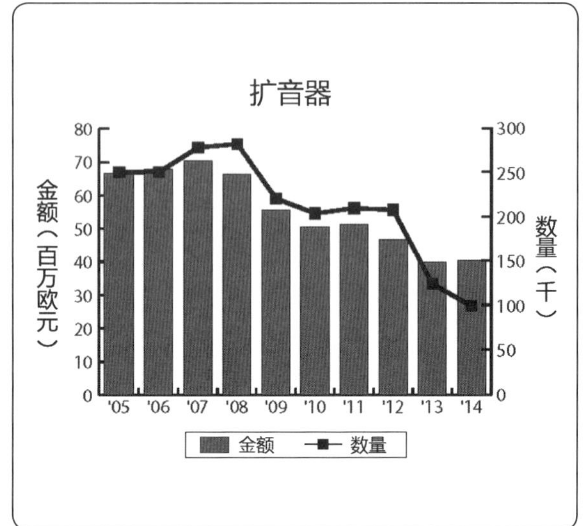
扩音器
金额（百万欧元）
数量（千）
'05 '06 '07 '08 '09 '10 '11 '12 '13 '14
金额 数量

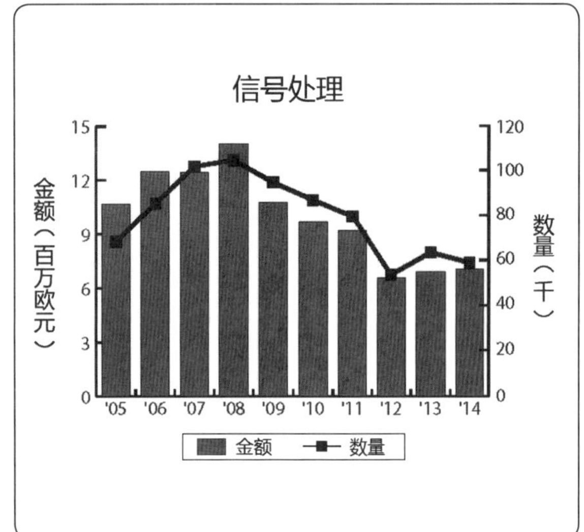
信号处理
金额（百万欧元）
数量（千）
'05 '06 '07 '08 '09 '10 '11 '12 '13 '14
金额 数量

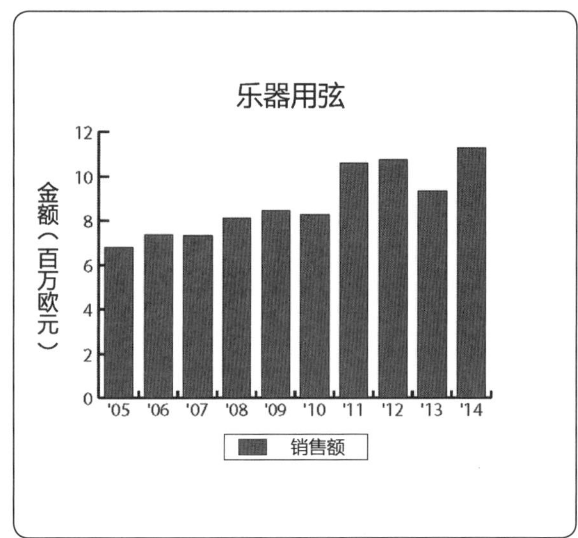
乐器用弦
金额（百万欧元）
'05 '06 '07 '08 '09 '10 '11 '12 '13 '14
销售额

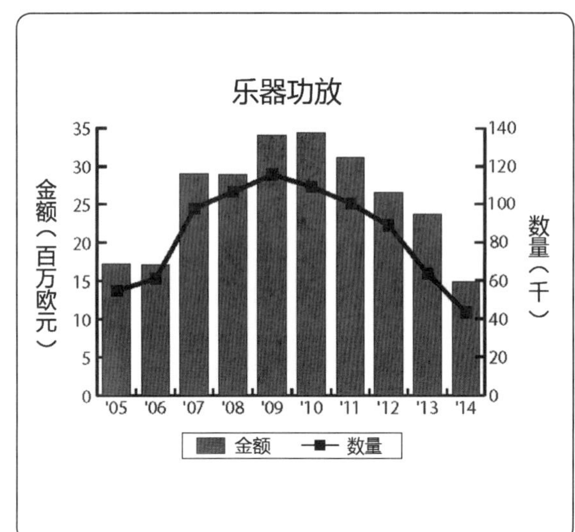
乐器功放
金额（百万欧元）
数量（千）
'05 '06 '07 '08 '09 '10 '11 '12 '13 '14
金额 数量

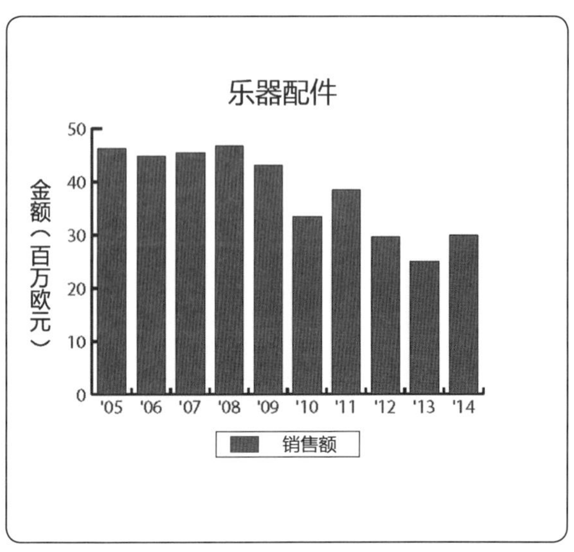
乐器配件
金额（百万欧元）
'05 '06 '07 '08 '09 '10 '11 '12 '13 '14
销售额

巴西

2014年巴西经济特点表现为低增长、高通胀。巴西GDP增长率几近为零，而通货膨胀高达8.3%。当前，为保证该国经济再次实现增长，巴西央行正从全国100多家金融机构收集市场数据进行分析，为转变经济政策，降低外汇汇率提供决策参考。眼下巴西国家石油公司出现危机、缺水缺电、贸易条件恶化等因素短期内会对经济发展造成有害影响。

巴西经商成本高

由于高税赋，购买同样商品，同等条件下巴西人支付的金额快要比美国人高出三倍，听起来让人感觉奇怪，但事实确实如此。绝大多数巴西公民出国机会也不多，导致巴西人较为短视，只能将计就计，被迫接受居高不下的商品价格。

据“巴西消费景气预测指数（INEC）”对巴西各城市街头随机抽取的2000位巴西人所作调查显示，当前巴西人的消费信心指数处于十年来最低水平，这一结果也可从实体零售和网络零售得到佐证。

因此，为保住巴西市场份额，国际乐器品牌无暇顾及品牌宣传推广，只关心销量，把主要精力放在入门级产品上，却把品牌推广方案的任务转移到经销商身上。我敢说，巴西和拉美其他国家一样，并不仅仅想“大路货”，他们也很期待能买到真正品牌产品。（评注：巴西《乐器市场》主编丹尼尔·内维斯）

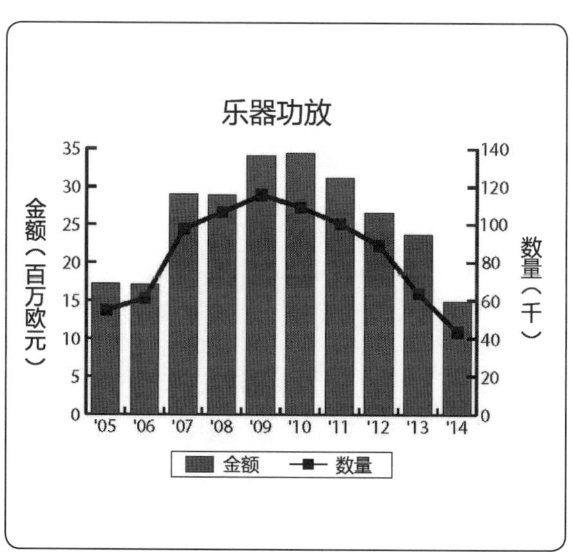

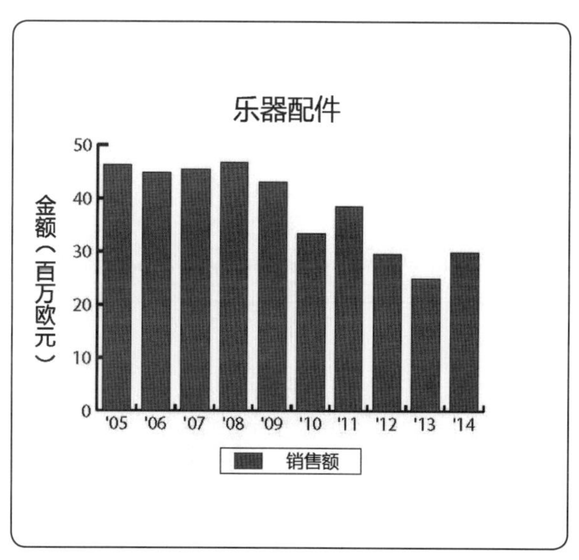

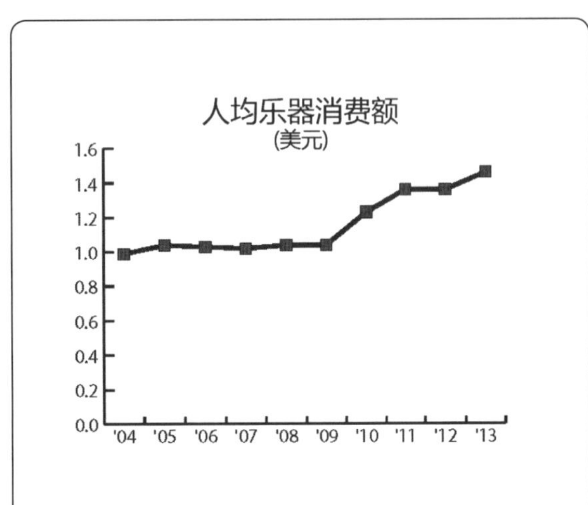
人均乐器消费额
(美元)
1.6
1.4
1.2
1.0
0.8
0.6
0.4
0.2
0.0
'04 '05 '06 '07 '08 '09 '10 '11 '12 '13

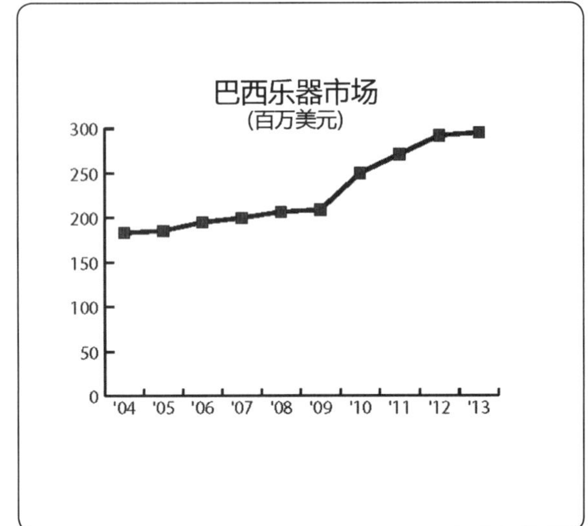
巴西乐器市场
(百万美元)
300
250
200
150
100
50
0
'04 '05 '06 '07 '08 '09 '10 '11 '12 '13

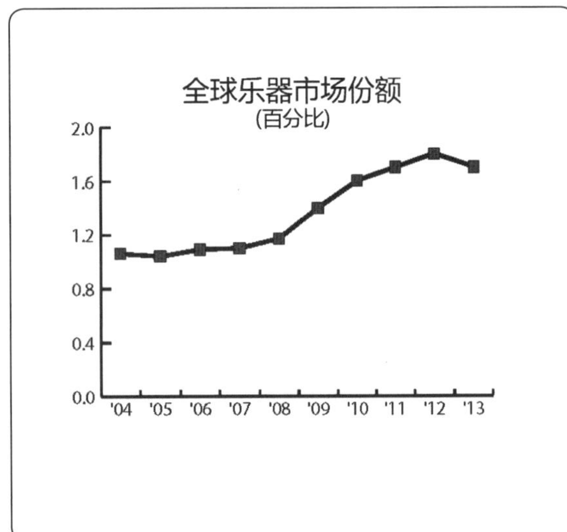
全球乐器市场份额
(百分比)
2.0
1.6
1.2
0.8
0.4
0.0
'04 '05 '06 '07 '08 '09 '10 '11 '12 '13

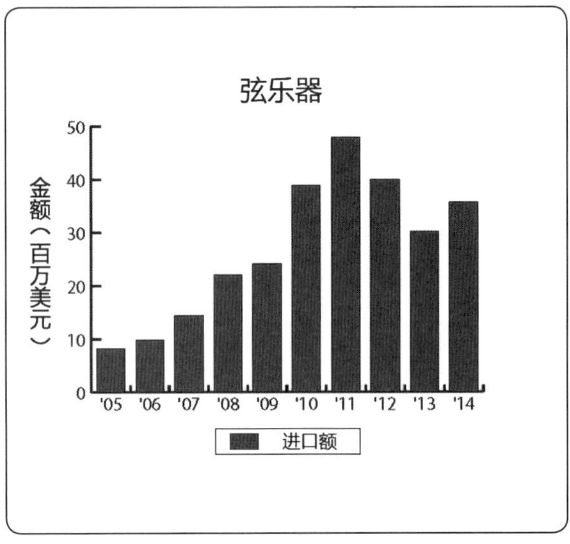
弦乐器
金额（百万美元）
50
40
30
20
10
0
'05 '06 '07 '08 '09 '10 '11 '12 '13 '14
进口额

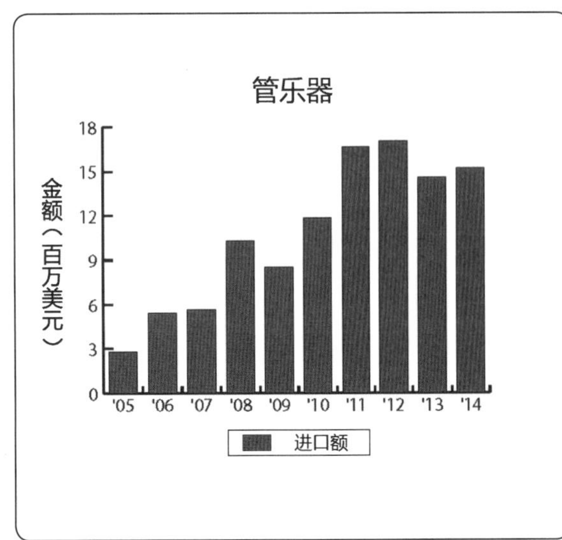
管乐器
金额（百万美元）
18
15
12
9
6
3
0
'05 '06 '07 '08 '09 '10 '11 '12 '13 '14
进口额

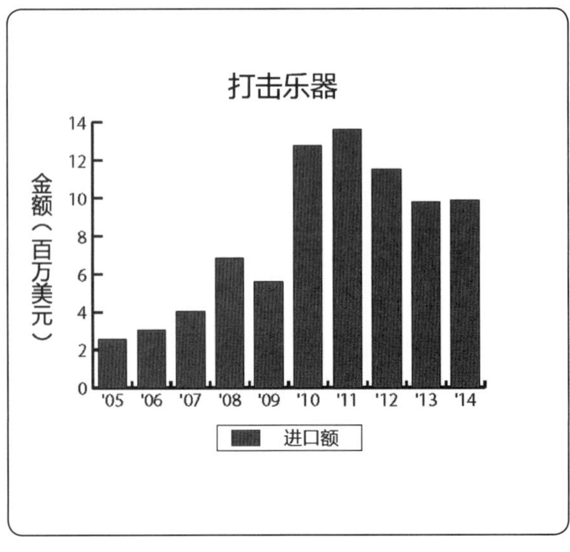
打击乐器
金额（百万美元）
14
12
10
8
6
4
2
0
'05 '06 '07 '08 '09 '10 '11 '12 '13 '14
进口额

2015
中国乐器年鉴
CHINA MUSICAL INSTRUMENT YEARBOOK

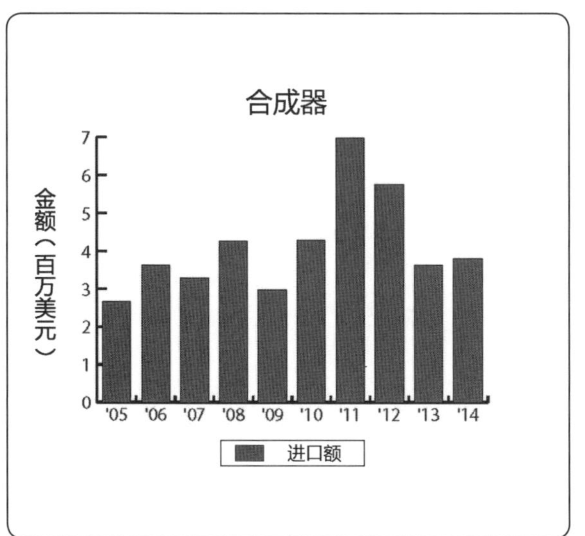
合成器
金额（百万美元）
0
1
2
3
4
5
6
7
'05
'06
'07
'08
'09
'10
'11
'12
'13
'14
进口额

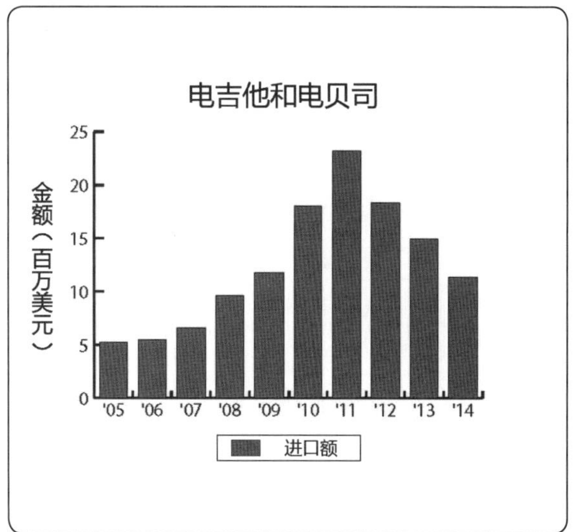
电吉他和电贝司
金额（百万美元）
0
5
10
15
20
25
'05
'06
'07
'08
'09
'10
'11
'12
'13
'14
进口额

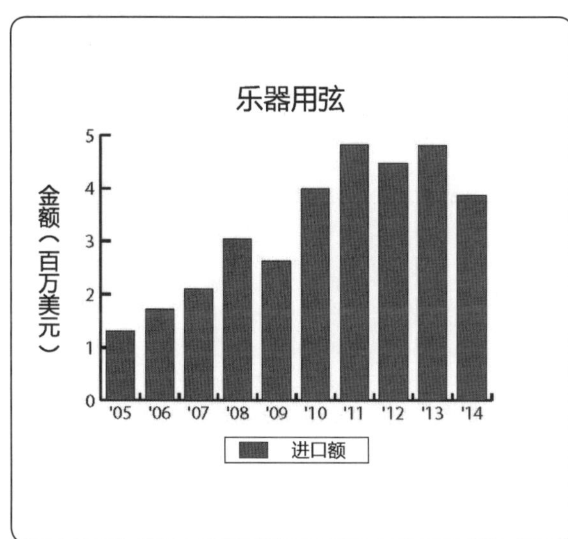
乐器用弦
金额（百万美元）
0
1
2
3
4
5
'05
'06
'07
'08
'09
'10
'11
'12
'13
'14
进口额

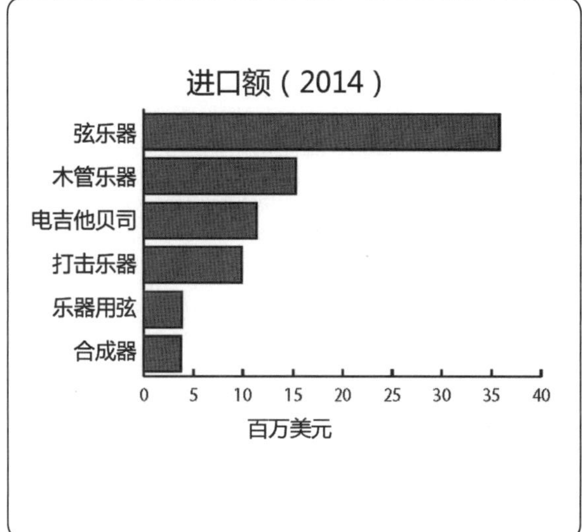
进口额（2014）
弦乐器
木管乐器
电吉他贝司
打击乐器
乐器用弦
合成器
0
5
10
15
20
25
30
35
40
百万美元

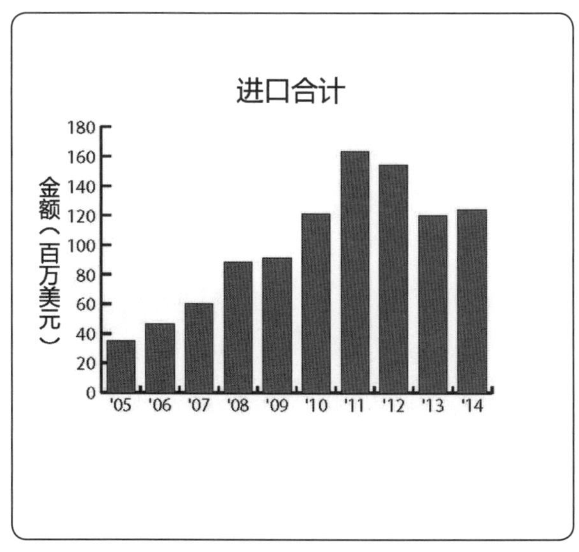
进口合计
金额（百万美元）
0
20
40
60
80
100
120
140
160
180
'05
'06
'07
'08
'09
'10
'11
'12
'13
'14

韩国

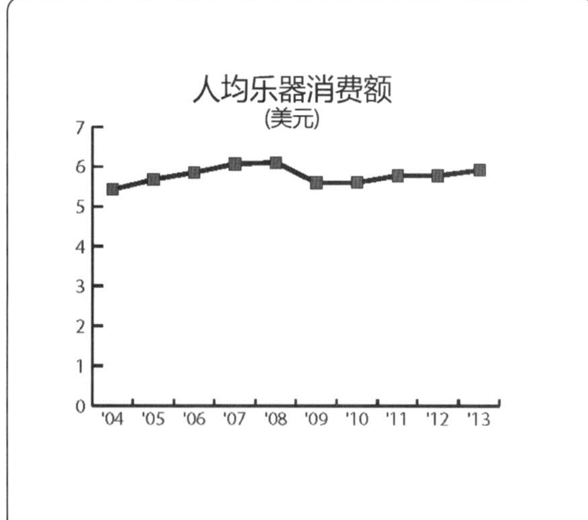

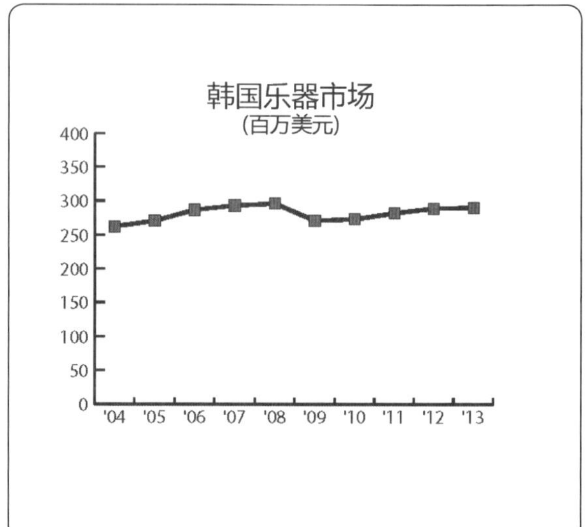

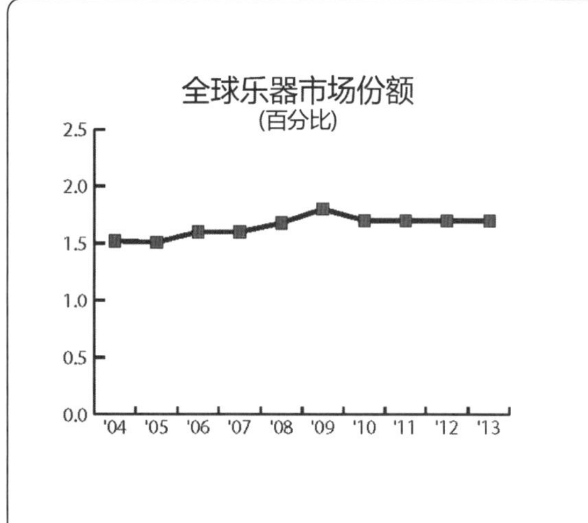

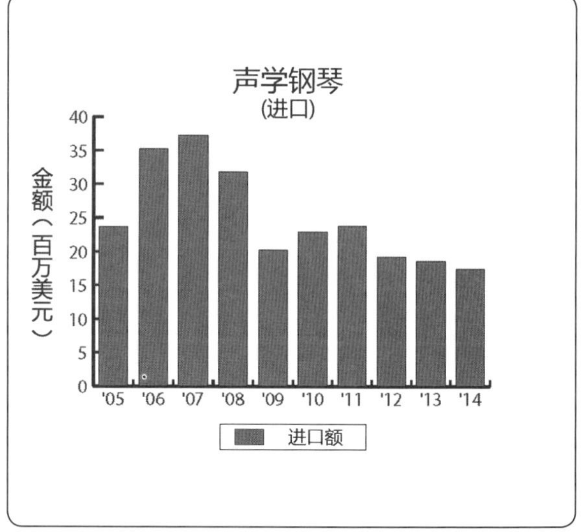

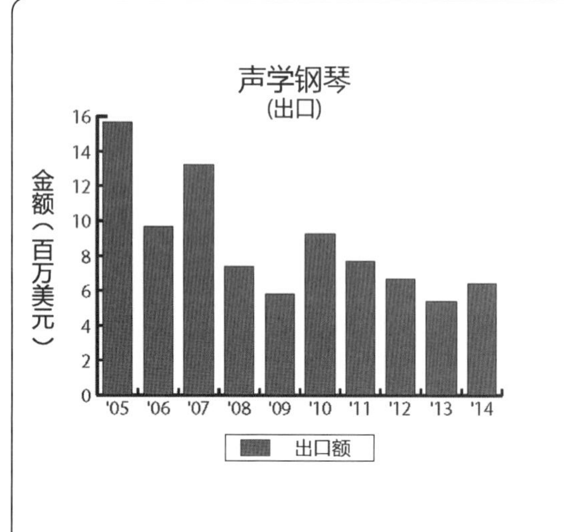

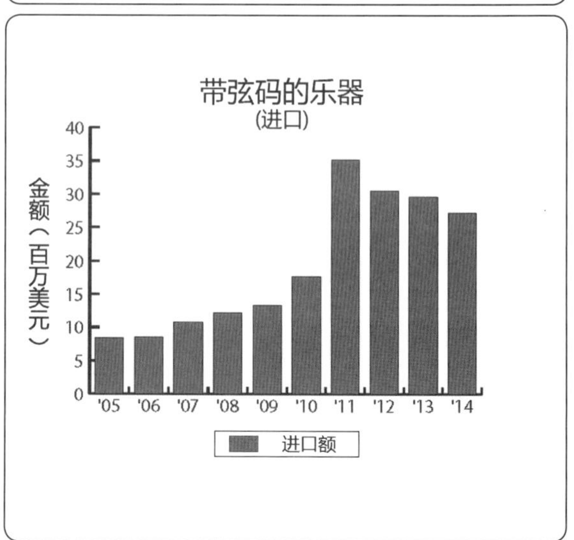

2015
中国乐器年鉴
CHINA MUSICAL INSTRUMENT YEARBOOK

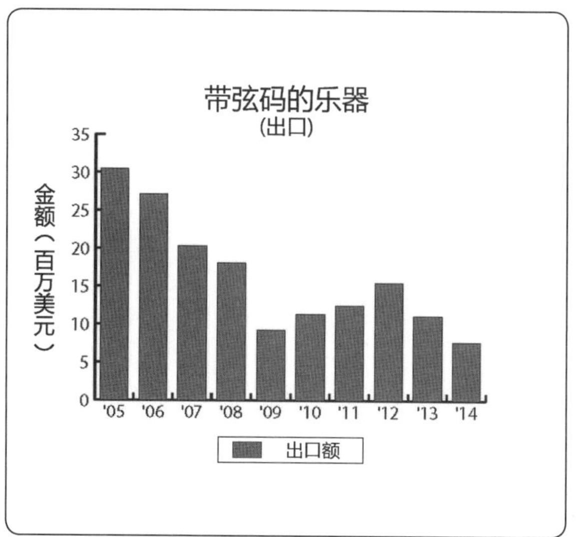
带弦码的乐器
(出口)
金额（百万美元）
35
30
25
20
15
10
5
0
'05 '06 '07 '08 '09 '10 '11 '12 '13 '14
出口额

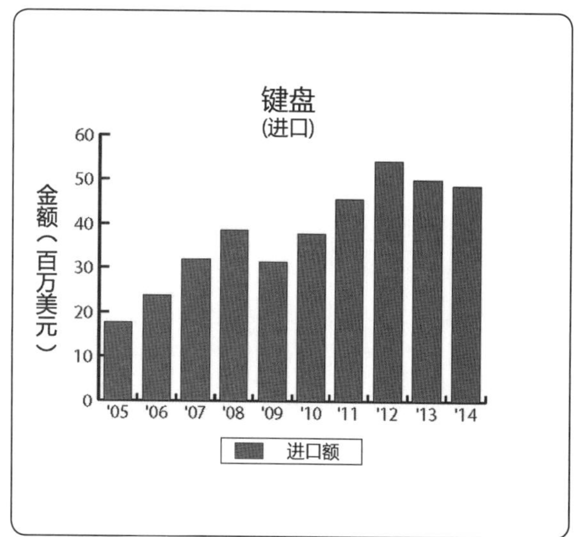
键盘
(进口)
金额（百万美元）
60
50
40
30
20
10
0
'05 '06 '07 '08 '09 '10 '11 '12 '13 '14
进口额

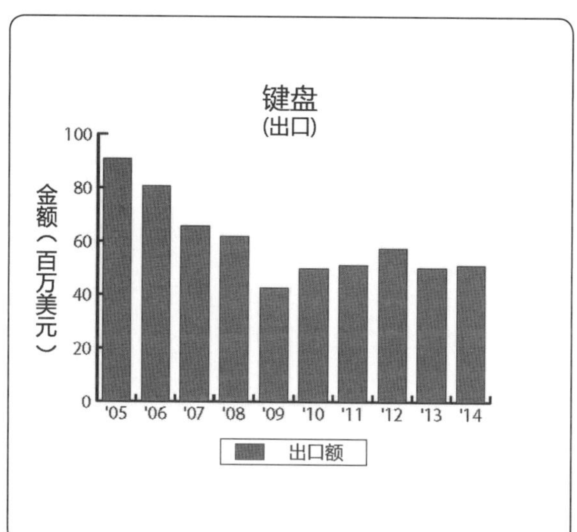
键盘
(出口)
金额（百万美元）
100
80
60
40
20
0
'05 '06 '07 '08 '09 '10 '11 '12 '13 '14
出口额

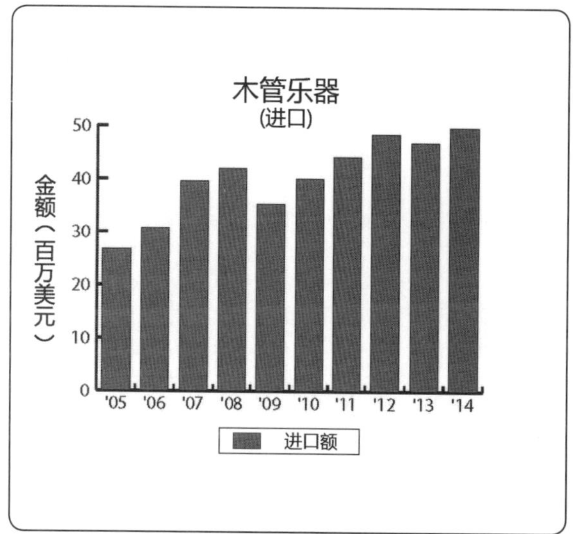
木管乐器
(进口)
金额（百万美元）
50
40
30
20
10
0
'05 '06 '07 '08 '09 '10 '11 '12 '13 '14
进口额

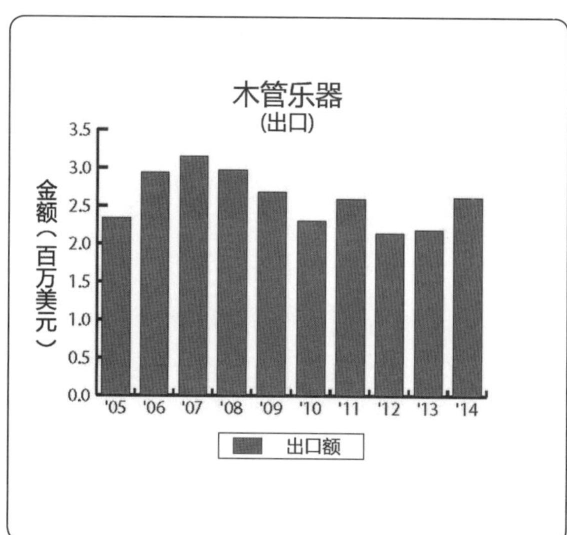
木管乐器
(出口)
金额（百万美元）
3.5
3.0
2.5
2.0
1.5
1.0
0.5
0.0
'05 '06 '07 '08 '09 '10 '11 '12 '13 '14
出口额

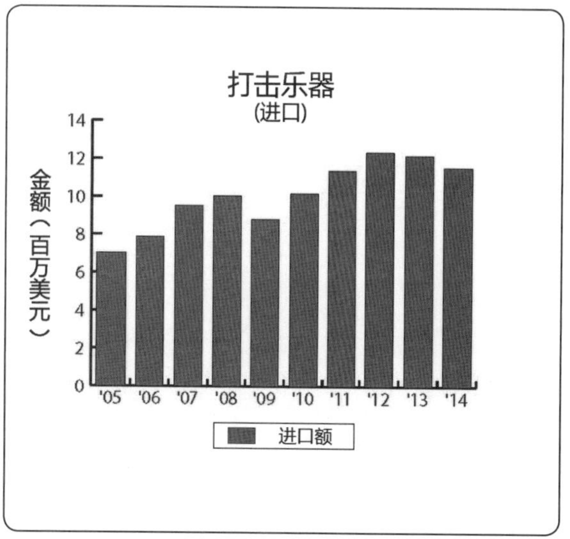
打击乐器
(进口)
金额（百万美元）
14
12
10
8
6
4
2
0
'05 '06 '07 '08 '09 '10 '11 '12 '13 '14
进口额

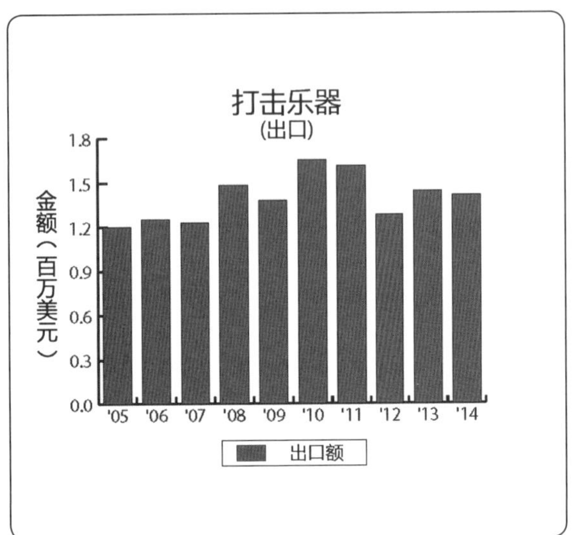
打击乐器
(出口)
金额（百万美元）
1.8
1.5
1.2
0.9
0.6
0.3
0.0
'05 '06 '07 '08 '09 '10 '11 '12 '13 '14
出口额

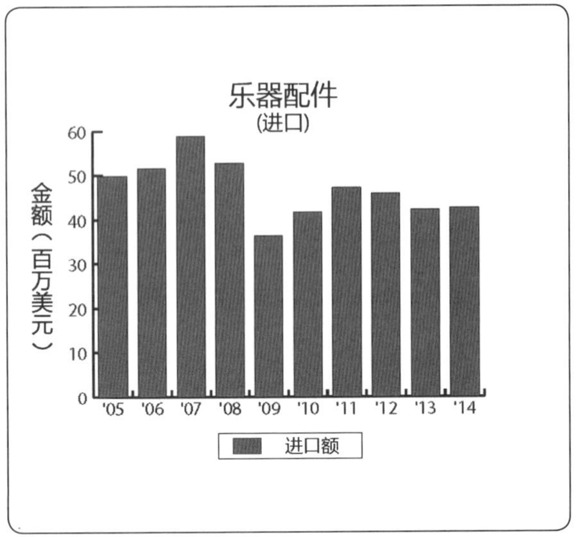
乐器配件
(进口)
金额（百万美元）
60
50
40
30
20
10
0
'05 '06 '07 '08 '09 '10 '11 '12 '13 '14
进口额

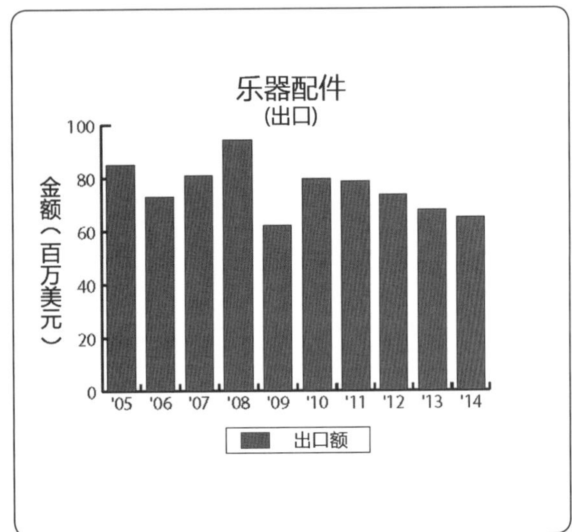
乐器配件
(出口)
金额（百万美元）
100
80
60
40
20
0
'05 '06 '07 '08 '09 '10 '11 '12 '13 '14
出口额

俄罗斯

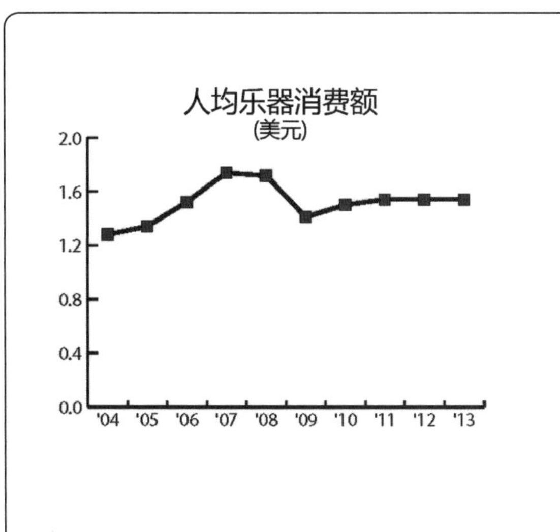

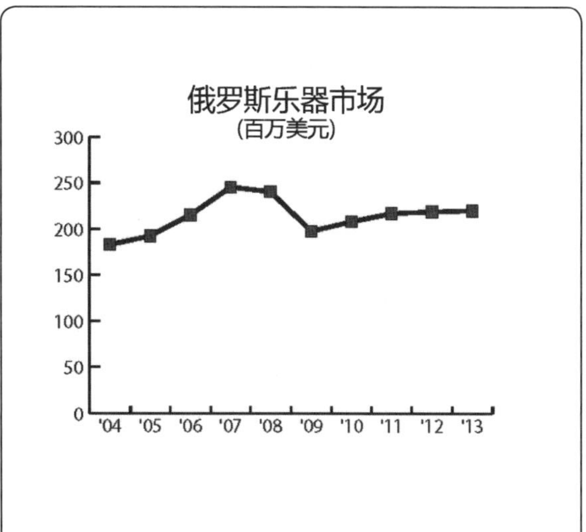

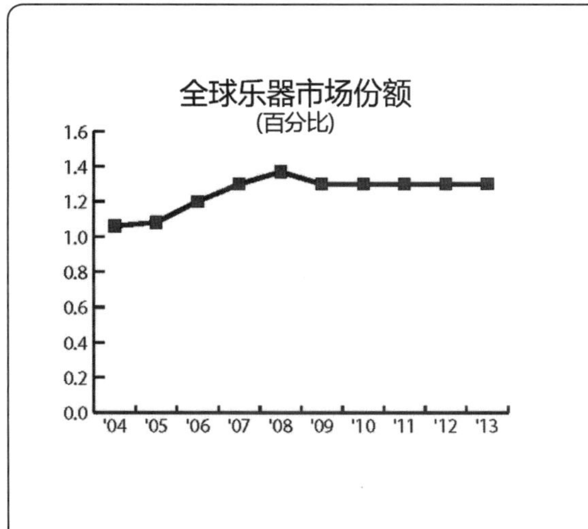

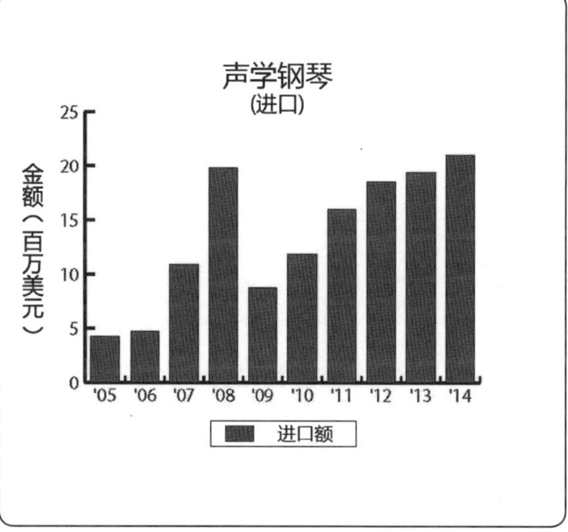

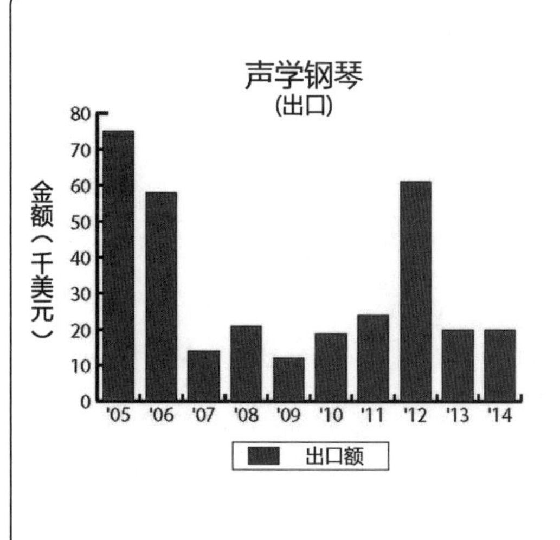

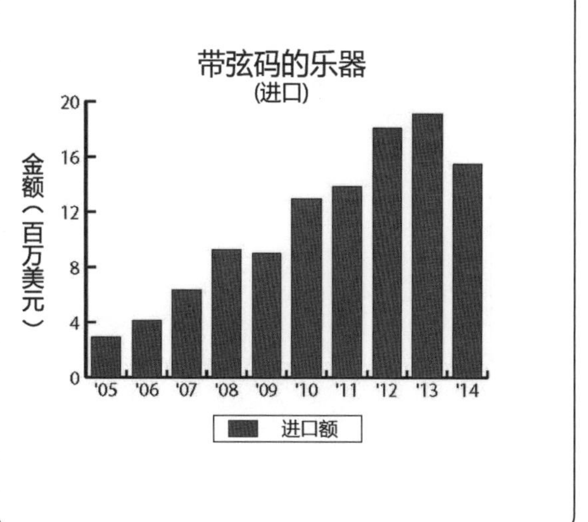

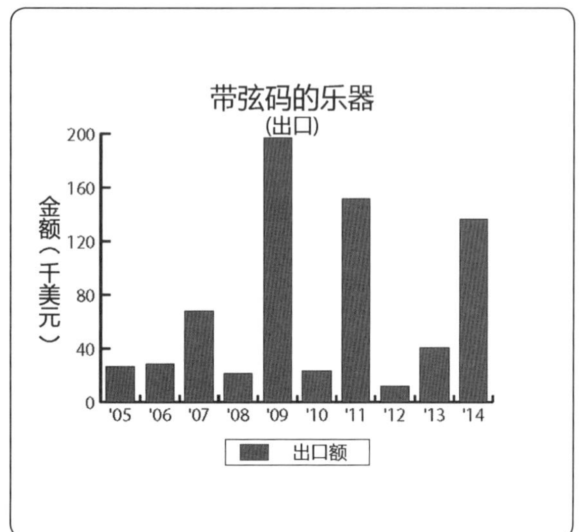
带弦码的乐器
(出口)
金额（千美元）
200
160
120
80
40
0
'05 '06 '07 '08 '09 '10 '11 '12 '13 '14
出口额

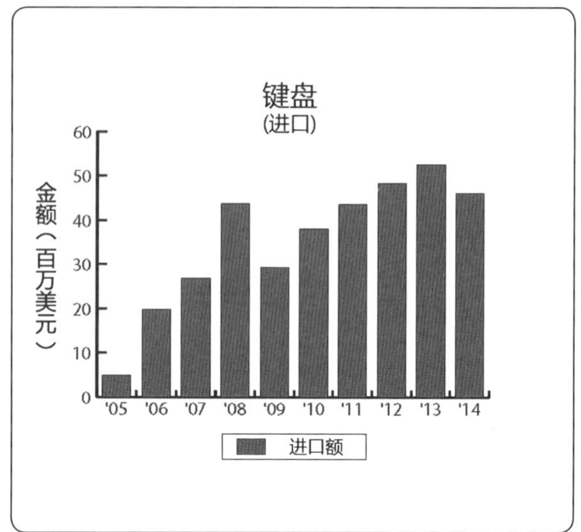
键盘
(进口)
金额（百万美元）
60
50
40
30
20
10
0
'05 '06 '07 '08 '09 '10 '11 '12 '13 '14
进口额

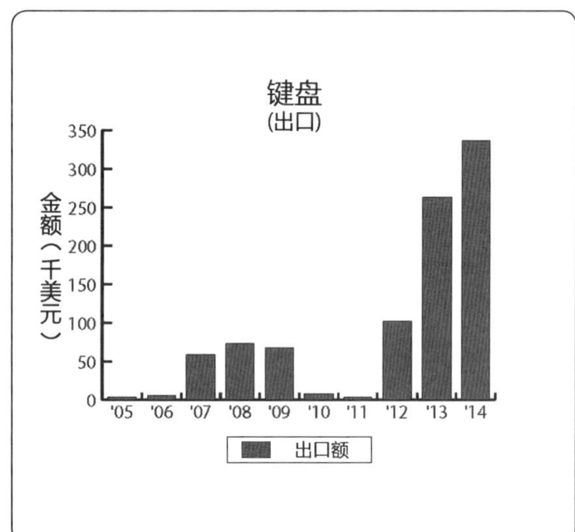
键盘
(出口)
金额（千美元）
350
300
250
200
150
100
50
0
'05 '06 '07 '08 '09 '10 '11 '12 '13 '14
出口额

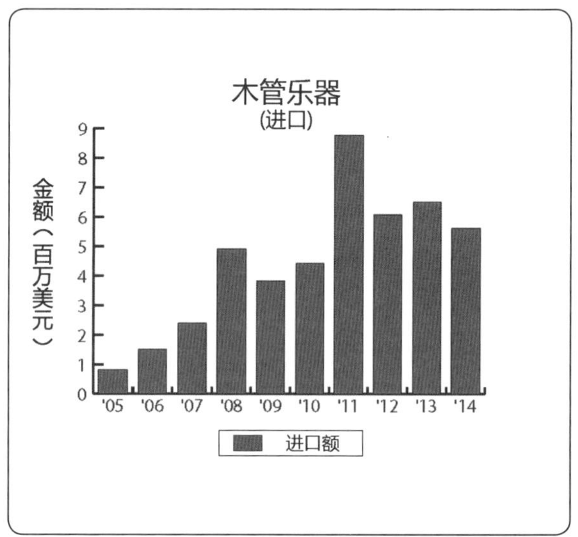
木管乐器
(进口)
金额（百万美元）
9
8
7
6
5
4
3
2
1
0
'05 '06 '07 '08 '09 '10 '11 '12 '13 '14
进口额

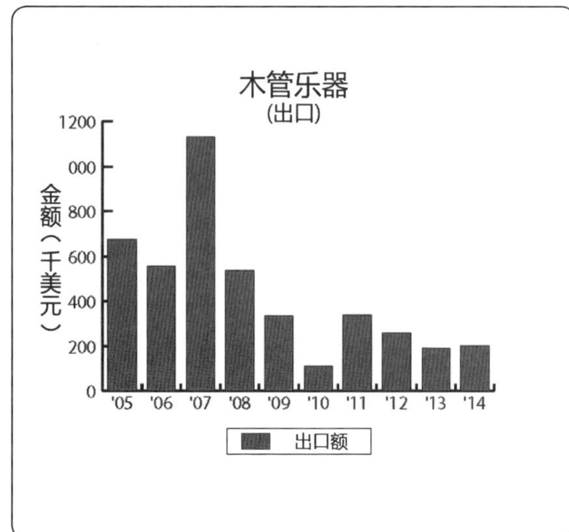
木管乐器
(出口)
金额（千美元）
1200
000
800
600
400
200
0
'05 '06 '07 '08 '09 '10 '11 '12 '13 '14
出口额

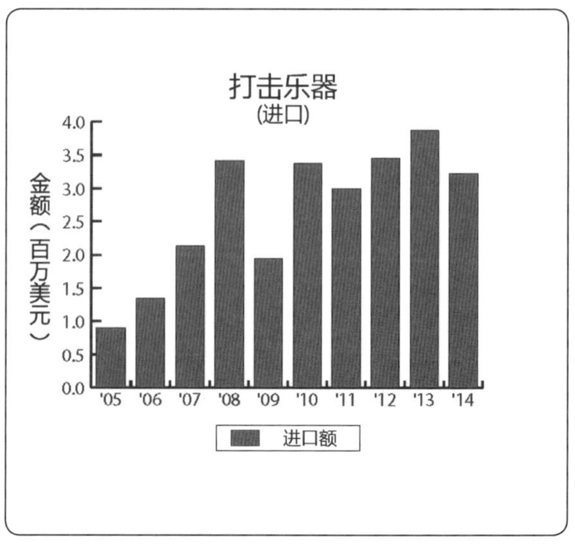
打击乐器
(进口)
金额（百万美元）
4.0
3.5
3.0
2.5
2.0
1.5
1.0
0.5
0.0
'05 '06 '07 '08 '09 '10 '11 '12 '13 '14
进口额

2015
中国乐器
年鉴
CHINA MUSICAL INSTRUMENT YEARBOOK

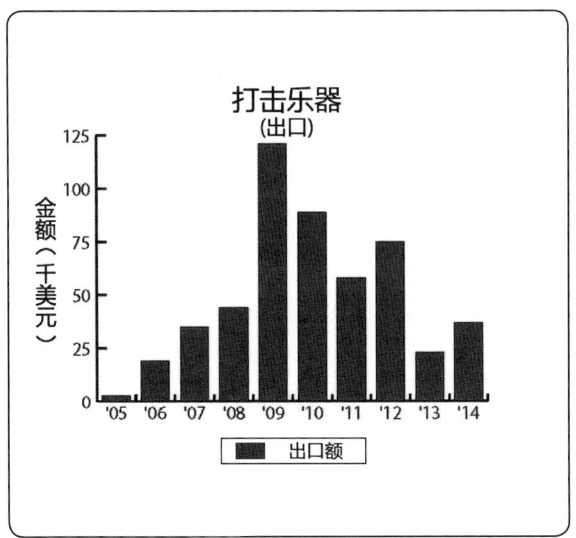
打击乐器
(出口)
金额(千美元)
125
100
75
50
25
0
'05 '06 '07 '08 '09 '10 '11 '12 '13 '14
出口额

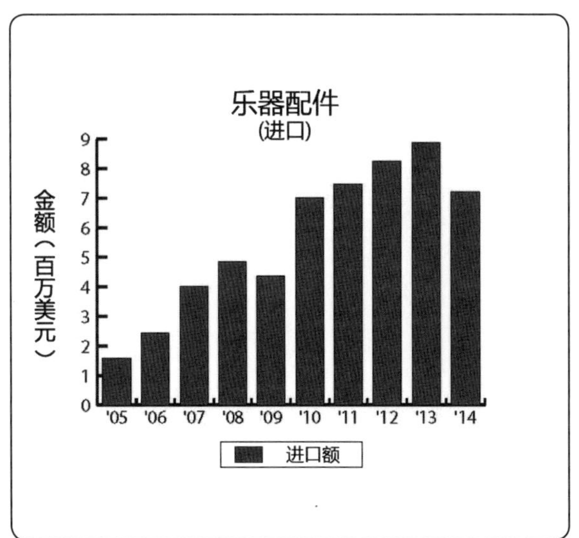
乐器配件
(进口)
金额(百万美元)
9
8
7
6
5
4
3
2
1
0
'05 '06 '07 '08 '09 '10 '11 '12 '13 '14
进口额

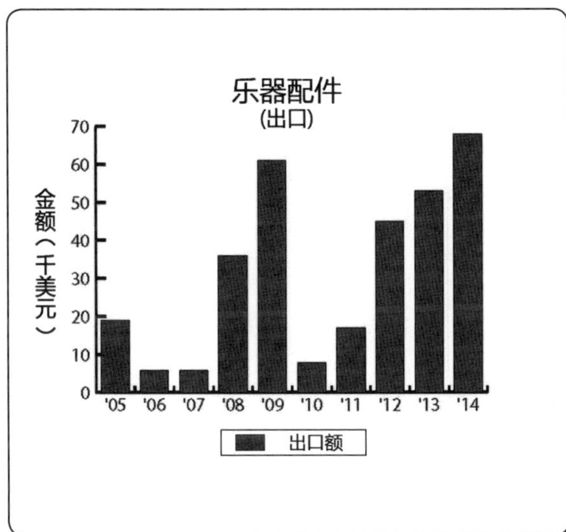
乐器配件
(出口)
金额(千美元)
70
60
50
40
30
20
10
0
'05 '06 '07 '08 '09 '10 '11 '12 '13 '14
出口额

责任编辑：刘云辉
责任终审：劳国强　　　　　　责任监印：张　可
封面设计：郑　雷　　　　　　版式设计：王　超　郑　雷

出版发行：中国轻工业出版社（北京东长安街 6 号，邮编：100740）
印　　刷：北京华睿林彩色印刷有限公司
经　　销：各地新华书店
版　　次：2015 年 9 月第 1 版第 1 次印刷
开　　本：889×1194　1/16　　　　　印张：22.50
字　　数：800 千字　　　　　　　　插页：4
书　　号：ISBN 978-7-5184-0605-0　　定价：300.00 元

邮购电话：010-65241695　　　　　　传真：65128352
发行电话：010-85119835　85119793　　传真：85113293
网　　址：http://www.chlip.com.cn
Email：club@chlip.com.cn
如发现图书残缺请直接与我社邮购联系调换
150629K4X101HBW